공기업
NCS
고졸채용
통합기본서

시대에듀

2025 최신판 시대에듀 공기업 NCS 고졸채용
통합기본서 + 무료NCS특강

Always **with you**

사람의 인연은 길에서 우연하게 만나거나 함께 살아가는 것만을 의미하지는 않습니다.
책을 펴내는 출판사와 그 책을 읽는 독자의 만남도 소중한 인연입니다.
시대에듀는 항상 독자의 마음을 헤아리기 위해 노력하고 있습니다. 늘 독자와 함께하겠습니다.

머리말 PREFACE

공기업은 양질의 일자리를 창출하고자 다각도로 채용을 진행하고 있으며, 필기시험에 국가직무능력표준(NCS)을 도입하여 우리 사회에 직무 위주의 채용 문화를 정착시키는 데 기여하고 있다. 문제 유형은 대표적으로 모듈형, 피듈형, PSAT형 3가지로 구분할 수 있고, 출제되는 영역은 공기업마다 상이하다. 따라서 공기업 채용을 준비하는 수험생들은 지원하는 공기업이 어떤 영역을 어떤 스타일로 출제하는지 미리 파악해 두는 것이 중요하다. 무엇보다 필기시험에서 고득점을 받기 위해서는 다양한 유형에 대한 폭넓은 학습과 문제풀이능력을 높이는 등의 철저한 준비가 필요하다.

공기업 필기시험 합격을 위해 시대에듀에서는 NCS 도서 시리즈 판매량 1위의 출간 경험을 토대로 다음과 같은 특징을 가진 도서를 출간하였다.

도서의 특징

❶ 기출복원문제를 통한 출제 유형 확인!
- 2024년 주요 공기업 NCS 기출문제를 복원하여 공기업별 필기 유형을 파악할 수 있도록 하였다.

❷ 모든 NCS 유형(모듈형 · 피듈형 · PSAT형) 맞춤 문제를 통한 실력 상승!
- 직업기초능력평가 최신 모듈이론 + 대표유형 적중문제 + 심화문제를 수록하여 필기시험에 단계별로 대비할 수 있도록 하였다.

❸ 최종점검 모의고사를 통한 완벽한 실전 대비!
- 철저한 분석을 통해 실제 유형과 유사한 최종점검 모의고사 3회분을 수록하여 자신의 실력을 점검할 수 있도록 하였다.

❹ 다양한 콘텐츠로 최종 합격까지!
- 주요 공기업 최신 면접 기출질문을 수록하여 채용 전반에 대비할 수 있도록 하였다.
- 온라인 모의고사 응시 쿠폰을 무료로 제공하여 필기시험을 준비하는 데 부족함이 없도록 하였다.

끝으로 본 도서를 통해 공기업 채용을 준비하는 모든 수험생 여러분이 합격의 기쁨을 누리기를 진심으로 기원한다.

SDC(Sidae Data Center) 씀

PSAT형

| 수리능력

04 다음은 신용등급에 따른 아파트 보증률에 대한 사항이다. 자료와 상황에 근거할 때, 갑(甲)과 을(乙)의 보증료의 차이는 얼마인가?(단, 두 명 모두 대지비 보증금액은 5억 원, 건축비 보증금액은 3억 원이며, 보증서 발급일로부터 입주자 모집공고 안에 기재된 입주 예정 월의 다음 달 말일까지의 해당 일수는 365일이다)

- (신용등급별 보증료)=(대지비 부분 보증료)+(건축비 부분 보증료)
- 신용평가 등급별 보증료율

구분	대지비 부분	건축비 부분				
		1등급	2등급	3등급	4등급	5등급
AAA, AA	0.138%	0.178%	0.185%	0.192%	0.203%	0.221%
A+		0.194%	0.208%	0.215%	0.226%	0.236%
A−, BBB+		0.216%	0.225%	0.231%	0.242%	0.261%
BBB−		0.232%	0.247%	0.255%	0.267%	0.301%
BB+ ~ CC		0.254%	0.276%	0.296%	0.314%	0.335%
C, D		0.404%	0.427%	0.461%	0.495%	0.531%

※ (대지비 부분 보증료)=(대지비 부분 보증금액)×(대지비 부분 보증료율)×(보증서 발급일로부터 입주자 모집공고 안에 기재된 입주 예정 월의 다음 달 말일까지의 해당 일수)÷365
※ (건축비 부분 보증료)=(건축비 부분 보증금액)×(건축비 부분 보증료율)×(보증서 발급일로부터 입주자 모집공고 안에 기재된 입주 예정 월의 다음 달 말일까지의 해당 일수)÷365
- 기여고객 할인율 : 보증료, 거래기간 등을 기준으로 기여도에 따라 6개 군으로 분류하며, 건축비 부분 요율에서 할인 가능

구분	1군	2군	3군	4군	5군	6군
차감률	0.058%	0.050%	0.042%	0.033%	0.025%	0.017%

〈상황〉

- 갑 : 신용등급은 A+이며, 3등급 아파트 보증금을 내야 한다. 기여고객 할인율에서는 2군으로 선정되었다.
- 을 : 신용등급은 C이며, 1등급 아파트 보증금을 내야 한다. 기여고객 할인율은 3군으로 선정되었다.

① 554,000원
② 566,000원
③ 582,000원
④ 591,000원
⑤ 623,000원

특징 ▸ 대부분 의사소통능력, 수리능력, 문제해결능력을 중심으로 출제(일부 기업의 경우 자원관리능력, 조직이해능력을 출제)
▸ 자료에 대한 추론 및 해석 능력을 요구

대행사 ▸ 엑스퍼트컨설팅, 커리어넷, 태드솔루션, 한국행동과학연구소(행과연), 휴노 등

모듈형

| 문제해결능력

41 문제해결절차의 문제 도출 단계는 (가)와 (나)의 절차를 거쳐 수행된다. 다음 중 (가)에 대한 설명으로 적절하지 않은 것은?

(가)		(나)
전체 문제를 개별화된 이슈들로 세분화	→	문제에 영향력이 큰 핵심이슈를 선정

① 문제의 내용 및 영향 등을 파악하여 문제의 구조를 도출한다.
② 본래 문제가 발생한 배경이나 문제를 일으키는 메커니즘을 분명히 해야 한다.
③ 현상에 얽매이지 말고 문제의 본질과 실제를 봐야 한다.
④ 눈앞의 결과를 중심으로 문제를 바라봐야 한다.
⑤ 문제 구조 파악을 위해서 Logic Tree 방법이 주로 사용된다.

특징
▸ 이론 및 개념을 활용하여 푸는 유형
▸ 채용 기업 및 직무에 따라 NCS 직업기초능력평가 10개 영역 중 선발하여 출제
▸ 기업의 특성을 고려한 직무 관련 문제를 출제
▸ 주어진 상황에 대한 판단 및 이론 적용을 요구

대행사
▸ 인트로맨, 휴스테이션, ORP연구소 등

피듈형(PSAT형 + 모듈형)

| 자원관리능력

07 다음 자료를 근거로 판단할 때, 연구모임 A ~ E 중 세 번째로 많은 지원금을 받는 모임은?

〈지원계획〉

• 지원을 받기 위해서는 한 모임당 5명 이상 9명 미만으로 구성되어야 한다.
• 기본지원금은 모임당 1,500천 원을 기본으로 지원한다. 단, 상품개발을 위한 모임의 경우는 2,000천 원을 지원한다.
• 추가지원금

등급	상	중	하
추가지원금(천 원/명)	120	100	70

※ 추가지원금은 연구 계획 사전평가결과에 따라 달라진다.
• 협업 장려를 위해 협업이 인정되는 모임에는 위의 두 지원금을 합한 금액의 30%를 별도로 지원한다.

〈연구모임 현황 및 평가결과〉

특징
▸ 기초 및 응용 모듈을 구분하여 푸는 유형
▸ 기초인지모듈과 응용업무모듈로 구분하여 출제
▸ PSAT형보다 난도가 낮은 편
▸ 유형이 정형화되어 있고, 유사한 유형의 문제를 세트로 출제

대행사
▸ 사람인, 스카우트, 인크루트, 커리어케어, 트리피, 한국사회능력개발원 등

주요 공기업 적중 문제 TEST CHECK

코레일 한국철도공사

01 다음 글의 제목으로 가장 적절한 것은?

중세 유럽에서는 토지나 자원을 왕실이 소유하고 있었다. 사람들은 이러한 토지나 자원을 이용하려면 일정한 비용을 지불해야 했다. 예를 들어 광산을 개발하거나 수산물을 얻는 사람들은 해당 자원의 이용에 대한 비용을 왕실에 지불하였고 이는 왕실의 권력과 부의 유지를 돕는 동시에 국가의 재정을 보충하는 역할을 하였는데, 이때 지불한 비용이 바로 로열티이다.

로열티의 개념은 산업 혁명과 함께 발전하였다. 산업 혁명을 통해 특허, 상표 등의 지적 재산권이 보호되기 시작하면서 기업들은 이러한 권리를 보유한 개인이나 조직에게 사용에 대한 보상을 지불하게 되었다. 지적 재산권은 기업이 특정한 기술, 디자인, 상표 등을 보유하고 있을 때 그들에게 독점적인 권리를 제공하는 것이며, 이러한 권리의 보호와 보상을 위해 로열티 제도가 도입되었다.

로열티는 기업과 지적 재산권 소유자 간의 계약에 의해 설정되는 형태로 발전하였다. 기업이 특정 제품을 판매하거나 특정 기술을 이용하는 경우 지적 재산권 소유자에게 계약에 따라 정해진 로열티를 지불하게 된다. 이로써 지적 재산권을 보유한 개인이나 조직은 자신들의 창작물이나 기술의 사용에 대한 보상을 받을 수 있으며, 기업들은 이러한 지적 재산권의 이용을 허가받아 경쟁 우위를 확보할 수 있게 되었다.

현재 로열티는 제품 판매나 라이선스, 저작물의 이용 등 다양한 형태로 나타나며 지적 재산권의 보호와 경제적 가치를 확보하는 중요한 수단으로 작용하고 있다. 로열티는 지식과 창조성의 보상으로서의 역할을 수행하며 기업들의 연구 개발을 촉진하고 혁신을 격려한다. 이처럼 로열티 제도는 기업과 지적 재산권 소유자 간의 상호 협력과 혁신적인 경제 발전에 기여하는 중요한 구조적 요소이다.

한국전력공사

10 다음은 도서코드(ISBN)에 대한 자료이다. 주문한 도서에 대한 설명으로 옳은 것은?

〈[예시] 도서코드(ISBN)〉

국제표준도서번호					부가기호		
접두부	국가번호	발행자번호	서명식별번호	체크기호	독자대상	발행형태	내용분류
123	12	1234567		1	1	1	123

※ 국제표준도서번호는 5개의 군으로 나누어지고 군마다 '-'로 구분한다.

〈도서코드(ISBN) 세부사항〉

접두부	국가번호	발행번호	서명식별번호	체크기호
978 또는 979	한국 89 미국 05 중국 72 일본 40 프랑스 22	발행자번호 – 서명식별번호 7자리 숫자 예 8491 – 208 : 발행자번호가 8491번인 출판사에서 208번째 발행한 책		0 ~ 9

독자대상	발행형태	내용분류
0 교양	0 문고본	030 백과사전
1 실용	1 사전	100 철학
2 여성	2 신서판	170 심리학
3 (예비)	3 단행본	200 종교
4 청소년	4 전집	360 법학
5 중고등 학습참고서	5 (예비)	470 생명과학

국민건강보험공단

접속사 ▶ 유형

08 다음 중 빈칸에 들어갈 접속사로 가장 적절한 것은?

날이 추우면 통증이 커질 수 있는 질환이 몇 가지 있다. 골관절염이나 류마티스 관절염 등 관절 관련 질환이 여기에 해당한다. 통증은 신체에 어떤 이상이 있으니 상황이 악화되지 않도록 피할 방법을 준비하라고 스스로에게 알리는 경고이다.

골관절염과 류마티스 관절염은 여러 면에서 차이가 있으나 환절기에 추워지면 증상이 악화될 수 있다는 공통점이 있다. 날씨에 따라 관절염 증상이 악화되는 이유를 의학적으로 명확하게 설명할 수 있는 근거는 다소 부족하지만 추위로 인해 관절염 통증이 심해질 수 있다. 우리는 신체의 신경을 통해 통증을 느끼는데, 날이 추워지면 신체의 열을 빼앗기지 않고자 조직이 수축한다. 이 과정에서 신경이 자극을 받아 통증을 느끼게 되는 것이다. 즉, 관절염의 질환 상태에는 큰 변화가 없을지라도 평소보다 더 심한 통증을 느끼게 된다.

_____ 날이 추워질수록 외부 온도 변화에 대응할 수 있도록 가벼운 옷을 여러 개 겹쳐 입어 체온을 일정하게 유지해야 한다. 특히 일교차가 큰 환절기에는 아침, 점심, 저녁으로 변화하는 기온에 따라 옷을 적절하게 입고 벗을 필요가 있다. 오전에 첫 활동을 시작할 때는 가벼운 스트레칭을 통해 체온을 올린 후 활동하는 것도 효과적이다. 춥다고 웅크린 상태에서 움직이지 않으면 체온이 유지되지 않을 수 있으므로 적절한 활동을 지속하는 것이 중요하다.

① 그러나　　　　　　　② 따라서
③ 한편　　　　　　　　④ 그리고

서울교통공사 9호선

원탁 배치 ▶ 유형

23 남자 2명과 여자 2명이 다음 〈조건〉과 같이 원탁에 앉아 있다. 이를 참고할 때, 옳은 것은?

조건
- 네 사람의 직업은 각각 교사, 변호사, 자영업자, 의사이다.
- 네 사람은 각각 검은색 원피스, 파란색 재킷, 하얀색 니트, 밤색 티셔츠를 입고 있으며, 이 중 검은색 원피스는 여성용, 파란색 재킷은 남성용이다.
- 남자는 남자끼리, 여자는 여자끼리 인접해서 앉아 있다.
- 변호사는 하얀색 니트를 입고 있다.
- 자영업자는 남자이다.
- 의사의 왼쪽 자리에 앉은 사람은 검은색 원피스를 입었다.
- 교사는 밤색 니트를 입은 사람과 원탁을 사이에 두고 마주 보고 있다.

① 교사와 의사는 원탁을 사이에 두고 마주 보고 있다.
② 변호사는 남자이다.
③ 밤색 티셔츠를 입은 사람은 여자이다.
④ 의사는 파란색 재킷을 입고 있다.
⑤ 검은색 원피스를 입은 여자는 자영업자의 옆에 앉아 있다.

주요 공기업 적중 문제 TEST CHECK

건강보험심사평가원

35 다음 글을 읽고 S대학교의 문제를 해결하기 위한 대안으로 가장 적절한 것은?

> S대학교는 현재 학생 관리 프로그램, 교수 관리 프로그램, 성적 관리 프로그램의 3개의 응용 프로그램을 갖추고 있다. 학생 관리 프로그램은 학생 정보를 저장하고 있는 파일을 이용하고 교수 관리 프로그램은 교수 정보 파일, 성적 관리 프로그램은 성적 정보 파일을 이용한다. 즉, 각각의 응용 프로그램들은 개별적인 파일을 이용한다.
> 이런 경우, 파일에는 많은 정보가 중복 저장되어 있다. 그렇기 때문에 중복된 정보가 수정되면 관련된 모든 파일을 수정해야 하는 불편함이 있다. 예를 들어, 한 학생이 자퇴하게 되면 학생 정보 파일뿐만 아니라 교수 정보 파일, 성적 정보 파일도 수정해야 하는 것이다.

① 데이터베이스 구축   ② 유비쿼터스 구축
③ RFID 구축   ④ NFC 구축
⑤ 와이파이 구축

K-water 한국수자원공사

12 다음 문단을 논리적 순서대로 바르게 나열한 것은?

> (가) 고창 갯벌은 서해안에 발달한 갯벌로서 다양한 해양 생물의 산란·서식지이며, 어업인들의 삶의 터전으로 많은 혜택을 주었다. 그러나 최근 축제식 양식과 육상에서부터 오염원 유입 등으로 인한 환경 변화로 체계적인 이용·관리 방안이 지속적으로 요구됐다.
> (나) 정부는 전라북도 고창 갯벌 약 $11.8km^2$를 '습지보전법'에 의한 '습지보호지역'으로 지정하며 고시한다고 밝혔다. 우리나라에서 일곱 번째로 지정되는 고창 갯벌은 칠면초·나문재와 같은 다양한 식물이 자생하고, 천연기념물인 황조롱이와 멸종 위기종을 포함한 46종의 바닷새가 서식하는, 생물 다양성이 풍부하며 보호 가치가 큰 지역으로 나타났다.
> (다) 정부는 이번 습지보호지역으로 지정된 고창 갯벌을 람사르 습지로 등록할 계획이며, 제2차 연안습지 기초조사를 실시하여 보전 가치가 높은 갯벌뿐만 아니라 훼손된 갯벌에 대한 관리도 강화해 나갈 계획이다.
> (라) 습지보호지역으로 지정되면 이 지역에서 공유수면 매립, 골재 채취 등의 갯벌 훼손 행위는 금지되나, 지역 주민이 해오던 어업 활동이나 갯벌 이용 행위에는 특별한 제한이 없다.

① (가) – (나) – (다) – (라)   ② (가) – (라) – (나) – (다)
③ (나) – (가) – (라) – (다)   ④ (다) – (가) – (나) – (라)

한국중부발전

참 거짓 › 유형

06 이번 학기에 4개의 강좌 A ~ D가 새로 개설되는데, 강사 갑 ~ 무 중 4명이 한 강좌씩 맡으려 한다. 배정 결과를 궁금해 하는 5명은 다음 〈보기〉와 같이 예측했다. 배정 결과를 보니 갑 ~ 무의 진술 중 한 명의 진술만이 거짓이고 나머지는 참임이 드러났을 때, 다음 중 바르게 추론한 것은?

> **보기**
> 갑 : 을이 A강좌를 담당하고 병은 강좌를 담당하지 않을 것이다.
> 을 : 병이 B강좌를 담당할 것이다.
> 병 : 정은 D강좌가 아닌 다른 강좌를 담당할 것이다.
> 정 : 무가 D강좌를 담당할 것이다.
> 무 : 을의 말은 거짓일 것이다.

① 갑은 A강좌를 담당한다.
② 을은 C강좌를 담당한다.
③ 병은 강좌를 담당하지 않는다.
④ 정은 D강좌를 담당한다.

한국동서발전

맞춤법 › 유형

04 다음 중 밑줄 친 ㉠ ~ ㉣의 맞춤법 수정 방안으로 적절하지 않은 것은?

> 우리 사회에 사형 제도에 대한 ㉠ 해 묵은 논쟁이 다시 일고 있다. 그러나 지금까지 여론 조사 결과를 보면, 우리 국민의 70% 정도는 사형 제도가 범죄를 예방할 수 있다고 생각한다. 그러나 과연 그 믿음대로 사형 제도는 정의를 실현하는 제도일까? 세계에서 사형을 가장 많이 집행하는 미국에서는 연간 ㉡ 10만건 이상의 살인이 벌어지고 있으며 ㉢ 좀처럼 줄어들지 않고 있다. 또한 2006년 미국의 ㉣ 범죄율을 비교한 결과 사형 제도를 폐지한 주가 유지하고 있는 주보다 오히려 낮았다. 이는 사형 제도가 범죄 예방 효과가 있을 것이라는 생각이 근거 없는 기대일 뿐임을 말해 준다. 또한 사형 제도는 인간에 대한 너무도 잔인한 제도이다. 사람들은 일부 국가에서 행해지는 돌팔매 처형의 잔인성에는 공감하면서도, 어째서 독극물 주입이나 전기의자 등은 괜찮다고 여기는 것인가? 사람을 죽이는 것에는 좋고 나쁜 방법이 있을 수 없으며 둘의 본질은 같다.

① ㉠은 한 단어이므로 '해묵은'으로 수정해야 한다.
② ㉡의 '건'은 의존 명사이므로 '10만 건'으로 띄어 써야 한다.
③ ㉢은 문맥상 같은 의미인 '좀체'로 바꾸어 쓸 수 있다.
④ ㉣은 한글 맞춤법에 따라 '범죄률'로 수정해야 한다.

도서 200% 활용하기 STRUCTURES

1 기출복원문제로 출제경향 파악

▸ 2024년 주요 공기업 NCS 기출문제를 복원하여 공기업별 필기 유형을 파악할 수 있도록 하였다.

2 모듈이론 + 대표유형 적중문제 + 심화문제로 단계적 학습

▸ NCS 출제 영역별 모듈이론을 수록하여 NCS 문제에 대한 내용을 익히고 점검할 수 있도록 하였다.

▸ 모듈형 · 피듈형 · PSAT형 대표유형 적중문제 및 심화문제를 수록하여 NCS를 단계별로 학습할 수 있도록 하였다.

3 최종점검 모의고사 + OMR을 활용한 실전 연습

▶ 최종점검 모의고사 3회분(필수영역 + 핵심영역 + 통합)과 OMR 답안카드를 수록하여 실제로 시험을 보는 것처럼 최종 마무리 연습을 할 수 있도록 하였다.

▶ 모바일 OMR 답안채점/성적분석 서비스를 통해 필기시험에 대비할 수 있도록 하였다.

4 상세한 해설로 정답과 오답을 완벽하게 이해

▶ 정답과 오답에 대한 상세한 해설을 수록하여 혼자서도 충분히 학습할 수 있도록 하였다.

이 책의 차례 CONTENTS

Add+

2024년 주요 공기업
NCS 기출복원문제

2024 | 주요 공기업
NCS 기출복원문제

정답 및 해설 p.002

※ 다양한 직업기초능력평가 기출문제를 수록하기 위해 대졸 및 고졸의 기출문제를 함께 사용했음을 알려드립니다.

| 코레일 한국철도공사 / 의사소통능력

01 다음 글에서 화자의 태도로 가장 적절한 것은?

> 거친 밭 언덕 쓸쓸한 곳에
> 탐스러운 꽃송이 가지 눌렀네.
> 매화비 그쳐 향기 날리고
> 보리 바람에 그림자 흔들리네.
> 수레와 말 탄 사람 그 누가 보아 주리
> 벌 나비만 부질없이 엿보네.
> 천한 땅에 태어난 것 스스로 부끄러워
> 사람들에게 버림받아도 참고 견디네.
>
> — 최치원, 『촉규화』

① 임금에 대한 자신의 충성을 드러내고 있다.

② 사랑하는 사람에 대한 그리움을 나타내고 있다.

③ 현실에 가로막힌 자신의 처지를 한탄하고 있다.

④ 사람들과의 단절로 인한 외로움을 표현하고 있다.

⑤ 역경을 이겨내기 위한 자신의 노력을 피력하고 있다.

02 다음 글에 대한 설명으로 적절하지 않은 것은?

> 중국 연경(燕京)의 아홉 개 성문 안팎으로 뻗은 수십 리 거리에는 관청과 아주 작은 골목을 제외하고는 대체로 길 양옆으로 모두 상점이 늘어서 휘황찬란하게 빛난다.
>
> 우리나라 사람들은 중국 시장의 번성한 모습을 처음 보고서는 "오로지 말단의 이익만을 숭상하고 있군."이라고 말하였다. 이것은 하나만 알고 둘은 모르는 소리이다. 대저 상인은 사농공상(士農工商) 사민(四民)의 하나에 속하지만, 이 하나가 나머지 세 부류의 백성을 소통시키기 때문에 열에 셋의 비중을 차지하지 않으면 안 된다.
>
> 사람들은 쌀밥을 먹고 비단옷을 입고 있으면 그 나머지 물건은 모두 쓸모없는 줄 안다. 그러나 무용지물을 사용하여 유용한 물건을 유통하고 거래하지 않는다면, 이른바 유용하다는 물건은 거의 대부분이 한 곳에 묶여서 유통되지 않거나 그것만이 홀로 돌아다니다 쉽게 고갈될 것이다. 따라서 옛날의 성인과 제왕께서는 이를 위하여 주옥(珠玉)과 화폐 등의 물건을 조성하여 가벼운 물건으로 무거운 물건을 교환할 수 있도록 하셨고, 무용한 물건으로 유용한 물건을 살 수 있도록 하셨다.
>
> 지금 우리나라는 지방이 수천 리이므로 백성들이 적지 않고, 토산품이 구비되어 있다. 그럼에도 산이나 물에서 생산되는 이로운 물건이 전부 세상에 나오지 않고, 경제를 윤택하게 하는 방법도 잘 모르며, 날마다 쓰는 것을 팽개친 채 그것에 대해 연구하지 않고 있다. 그러면서 중국의 거마, 주택, 단청, 비단이 화려한 것을 보고서는 대뜸 "사치가 너무 심하다."라고 말해 버린다.
>
> 그렇지만 중국이 사치로 망한다고 할 것 같으면, 우리나라는 반드시 검소함으로 인해 쇠퇴할 것이다. 왜 그러한가? 검소함이란 물건이 있음에도 불구하고 쓰지 않는 것이지, 자기에게 없는 물건을 스스로 끊어 버리는 것을 일컫지는 않는다. 현재 우리나라에는 진주를 캐는 집이 없고 시장에는 산호 같은 물건의 값이 정해져 있지 않다. 금이나 은을 가지고 점포에 들어가서는 떡과 엿을 사 먹을 수가 없다. 이런 현실이 정말 우리의 검소한 풍속 때문이겠는가? 이것은 그 재물을 사용할 줄 모르기 때문이다. 재물을 사용할 방법을 알지 못하므로 재물을 만들어 낼 방법을 알지 못하고, 재물을 만들어 낼 방법을 알지 못하므로 백성들의 생활은 날이 갈수록 궁핍해진다.
>
> 재물이란 우물에 비유할 수가 있다. 물을 퍼내면 우물에는 늘 물이 가득하지만, 물을 길어내지 않으면 우물은 말라 버린다. 이와 같은 이치로 화려한 비단옷을 입지 않으므로 나라에는 비단을 짜는 사람이 없고, 그로 인해 여인이 베를 짜는 모습을 볼 수 없게 되었다. 그릇이 찌그러져도 이를 개의치 않으며, 기교를 부려 물건을 만들려고 하지도 않아 나라에는 공장(工匠)과 목축과 도공이 없어져 기술이 전해지지 않는다. 더 나아가 농업도 황폐해져 농사짓는 방법이 형편없고, 상업을 박대하므로 상업 자체가 실종되었다. 사농공상 네 부류의 백성이 누구나 할 것 없이 다 가난하게 살기 때문에 서로를 구제할 길이 없다.
>
> 지금 종각이 있는 종로 네거리에는 시장 점포가 연이어 있다고 하지만 그것은 1리도 채 안 된다. 중국에서 내가 지나갔던 시골 마을은 거의 몇 리에 걸쳐 점포로 뒤덮여 있었다. 그곳으로 운반되는 물건의 양이 우리나라 곳곳에서 유통되는 것보다 많았는데, 이는 그곳 가게가 우리나라보다 더 부유해서 그러한 것이 아니고 재물이 유통되느냐 유통되지 못하느냐에 따른 결과인 것이다.
>
> – 박제가, 『시장과 우물』

① 재물이 적절하게 유통되지 않는 현실을 비판하고 있다.

② 재물을 유통하기 위한 성현들의 노력을 근거로 제시하고 있다.

③ 경제의 규모를 늘리기 위한 소비의 중요성을 강조하고 있다.

④ 조선의 경제가 윤택하지 못한 이유를 부족한 생산량으로 보고 있다.

⑤ 산업의 발전을 위해 적당한 사치가 있어야 함을 주장하고 있다.

03 다음 중 한자성어의 뜻이 바르게 연결되지 않은 것은?

① 水魚之交 : 아주 친밀하여 떨어질 수 없는 사이
② 結草報恩 : 죽은 뒤에라도 은혜를 잊지 않고 갚음
③ 靑出於藍 : 제자나 후배가 스승이나 선배보다 나음
④ 指鹿爲馬 : 윗사람을 농락하여 권세를 마음대로 함
⑤ 刻舟求劍 : 말로는 친한 듯 하나 속으로는 해칠 생각이 있음

04 다음 중 밑줄 친 부분의 띄어쓰기가 옳지 않은 것은?

① 운전을 어떻게 해야 <u>하는지</u> 알려 주었다.
② 오랫동안 <u>애쓴 만큼</u> 좋은 결과가 나왔다.
③ 모두가 떠나가고 남은 사람은 고작 <u>셋 뿐이다</u>.
④ 참가한 사람들은 누구의 키가 <u>큰지 작은지</u> 비교해 보았다.
⑤ 민족의 큰 명절에는 온 나라 방방곡곡에서 <u>씨름판이</u> 열렸다.

05 다음 중 밑줄 친 부분의 표기가 옳지 않은 것은?

① 늦게 온다던 친구가 <u>금세</u> 도착했다.
② 변명할 틈도 없이 그에게 일방적으로 <u>채였다</u>.
③ 못 본 사이에 그의 얼굴은 <u>핼쑥하게</u> 변했다.
④ 빠르게 변해버린 고향이 <u>낯설게</u> 느껴졌다.
⑤ 문제의 정답을 찾기 위해 <u>곰곰이</u> 생각해 보았다.

06 다음 중 단어와 그 발음법이 바르게 연결되지 않은 것은?

① 결단력 – [결딴녁]

② 옷맵시 – [온맵씨]

③ 몰상식 – [몰상씩]

④ 물난리 – [물랄리]

⑤ 땀받이 – [땀바지]

07 다음 식을 계산하여 나온 수의 백의 자리, 십의 자리, 일의 자리를 순서대로 바르게 나열한 것은?

$$865 \times 865 + 865 \times 270 + 135 \times 138 - 405$$

① 0, 0, 0　　　　　　　　　② 0, 2, 0

③ 2, 5, 0　　　　　　　　　④ 5, 5, 0

⑤ 8, 8, 0

08 길이가 200m인 A열차가 어떤 터널을 60km/h의 속력으로 통과하였다. 잠시 후 길이가 300m인 B열차가 같은 터널을 90km/h의 속력으로 통과하였다. A열차와 B열차가 이 터널을 완전히 통과할 때 걸린 시간의 비가 10 : 7일 때, 이 터널의 길이는?

① 1,200m　　　　　　　　　② 1,500m

③ 1,800m　　　　　　　　　④ 2,100m

⑤ 2,400m

※ 다음과 같이 일정한 규칙으로 수를 나열할 때, 빈칸에 들어갈 수를 고르시오. [9~10]

| 코레일 한국철도공사 / 수리능력

09

| • 7 | 13 | 4 | 63 |
| • 9 | 16 | 9 | ( ) |

① 45   ② 51

③ 57   ④ 63

⑤ 69

| 코레일 한국철도공사 / 수리능력

10

−2   1   6   13   22   33   46   61   78   97   ( )

① 102   ② 106

③ 110   ④ 114

⑤ 118

| 코레일 한국철도공사 / 수리능력

11 K중학교 2학년 A ~ F 6개의 학급이 체육대회에서 줄다리기 경기를 다음과 같은 토너먼트로 진행하려고 한다. 이때, A반과 B반이 모두 두 번의 경기를 거쳐 결승에서 만나게 되는 경우의 수는?

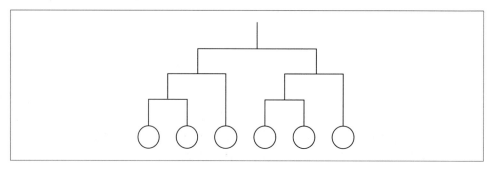

① 6가지   ② 24가지

③ 120가지   ④ 180가지

⑤ 720가지

12 다음은 연령대별로 도시와 농촌에서의 여가생활 만족도 평가 점수를 조사한 자료이다. 〈조건〉에 따라 빈칸 ㄱ ~ ㄹ에 들어갈 수를 순서대로 바르게 나열한 것은?

〈연령대별 도시 · 농촌 여가생활 만족도 평가〉

(단위 : 점)

구분	10대 미만	10대	20대	30대	40대	50대	60대	70대 이상
도시	1.6	ㄱ	3.5	ㄴ	3.9	3.8	3.3	1.7
농촌	1.3	1.8	2.2	2.1	2.1	ㄷ	2.1	ㄹ

※ 매우 만족 : 5점, 만족 : 4점, 보통 : 3점, 불만 : 2점, 매우 불만 : 1점

조건

- 도시에서 여가생활 만족도는 모든 연령대에서 같은 연령대의 농촌보다 높았다.
- 도시에서 10대의 여가생활 만족도는 농촌에서 10대의 2배보다 높았다.
- 도시에서 여가생활 만족도가 가장 높은 연령대는 40대였다.
- 농촌에서 여가생활 만족도가 가장 높은 연령대는 50대지만, 3점을 넘기지 못했다.

	ㄱ	ㄴ	ㄷ	ㄹ
①	3.8	3.3	2.8	3.5
②	3.5	3.3	3.2	3.5
③	3.8	3.3	2.8	1.5
④	3.5	4.0	3.2	1.5
⑤	3.8	4.0	2.8	1.5

13 가격이 500,000원일 때 10,000개가 판매되는 K제품이 있다. 이 제품의 가격을 10,000원 인상할 때마다 판매량은 160개 감소하고, 10,000원 인하할 때마다 판매량은 160개 증가한다. 이때, 총 판매금액이 최대가 되는 제품의 가격은?(단, 가격은 10,000원 단위로만 인상 또는 인하할 수 있다)

① 520,000원   ② 540,000원

③ 560,000원   ④ 580,000원

⑤ 600,000원

14 다음은 전자제품 판매업체 3사를 다섯 가지 항목으로 나누어 평가한 자료이다. 이를 토대로 3사의 항목별 비교 및 균형을 쉽게 파악할 수 있도록 나타낸 그래프로 옳은 것은?

〈전자제품 판매업체 3사 평가표〉

(단위 : 점)

구분	디자인	가격	광고 노출도	브랜드 선호도	성능
A사	4.1	4.0	2.5	2.1	4.6
B사	4.5	1.5	4.9	4.0	2.0
C사	2.5	4.5	0.6	1.5	4.0

①

②

③

④

⑤

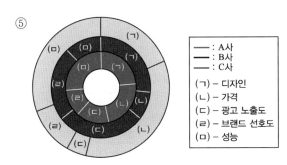

	: A사
	: B사
	: C사
(ㄱ) – 디자인
(ㄴ) – 가격
(ㄷ) – 광고 노출도
(ㄹ) – 브랜드 선호도
(ㅁ) – 성능

15 다음은 2023년 K톨게이트를 통과한 차량에 대한 자료이다. 이에 대한 설명으로 옳지 않은 것은?

〈2023년 K톨게이트 통과 차량〉

(단위 : 천 대)

구분	승용차			승합차			대형차		
	영업용	비영업용	합계	영업용	비영업용	합계	영업용	비영업용	합계
1월	152	3,655	3,807	244	2,881	3,125	95	574	669
2월	174	3,381	3,555	222	2,486	2,708	101	657	758
3월	154	3,909	4,063	229	2,744	2,973	139	837	976
4월	165	3,852	4,017	265	3,043	3,308	113	705	818
5월	135	4,093	4,228	211	2,459	2,670	113	709	822
6월	142	3,911	4,053	231	2,662	2,893	107	731	838
7월	164	3,744	3,908	237	2,721	2,958	117	745	862
8월	218	3,975	4,193	256	2,867	3,123	115	741	856
9월	140	4,105	4,245	257	2,913	3,170	106	703	809
10월	135	3,842	3,977	261	2,812	3,073	107	695	802
11월	170	3,783	3,953	227	2,766	2,993	117	761	878
12월	147	3,730	3,877	243	2,797	3,040	114	697	811

① 전체 승용차 수와 전체 승합차 수의 합이 가장 많은 달은 9월이고, 가장 적은 달은 2월이었다.

② 4월을 제외하고 K톨게이트를 통과한 비영업용 승합차 수는 월별 300만 대 미만이었다.

③ 전체 대형차 수 중 영업용 대형차 수의 비율은 모든 달에서 10% 이상이었다.

④ 영업용 승합차 수는 모든 달에서 영업용 대형차 수의 2배 이상이었다.

⑤ 승용차가 가장 많이 통과한 달의 전체 승용차 수에 대한 영업용 승용차 수의 비율은 3% 이상
이었다.

※ 서울역 근처 K공사에 근무하는 A과장은 1월 10일에 팀원 4명과 함께 부산에 있는 출장지에 열차를 타고 가려고 한다. 다음 자료를 보고 이어지는 질문에 답하시오. [16~17]

〈1월 10일 서울역 → 부산역 열차 시간표〉

구분	출발시각	정차역	다음 정차역까지 소요시간	총주행시간	성인 1인당 요금
KTX	8:00	–	–	2시간 30분	59,800원
ITX-청춘	7:20	대전	40분	3시간 30분	48,800원
ITX-마음	6:40	대전, 울산	40분	3시간 50분	42,600원
새마을호	6:30	대전, 울산, 동대구	60분	4시간 30분	40,600원
무궁화호	5:30	대전, 울산, 동대구	80분	5시간 40분	28,600원

※ 위의 열차 시간표는 1월 10일 운행하는 열차 종류별로 승차권 구입이 가능한 가장 빠른 시간표이다.
※ 총주행시간은 정차 · 대기시간을 제외한 열차가 실제로 달리는 시간이다.

〈운행 조건〉

• 정차역에 도착할 때마다 대기시간 15분을 소요한다.
• 정차역에 먼저 도착한 열차가 출발하기 전까지 뒤에 도착한 열차는 정차역에 들어오지 않고 대기한다.
• 정차역에 먼저 도착한 열차가 정차역을 출발한 후, 5분 뒤에 대기 중인 열차가 정차역에 들어온다.
• 정차역에 2종류 이상의 열차가 동시에 도착하였다면, ITX-청춘 → ITX-마음 → 새마을호 → 무궁화호 순으로 정차역에 들어온다.
• 목적지인 부산역은 먼저 도착한 열차로 인한 대기 없이 바로 역에 들어온다.

16 다음 중 자료에 대한 설명으로 옳지 않은 것은?

① ITX-청춘보다 ITX-마음이 목적지에 더 빨리 도착한다.
② 부산역에 가장 늦게 도착하는 열차는 12시에 도착한다.
③ ITX-마음은 먼저 도착한 열차로 인한 대기시간이 없다.
④ 부산역에 가장 빨리 도착하는 열차는 10시 30분에 도착한다.
⑤ 무궁화호는 울산역, 동대구역에서 다른 열차로 인해 대기한다.

17 다음 〈조건〉에 따라 승차권을 구입할 때, A과장과 팀원 4명의 총요금은?

> **조건**
> • A과장과 팀원 1명은 7시 30분까지 K공사에서 사전 회의를 가진 후 출발한다.
> • 목적지인 부산역에는 11시 30분까지 도착해야 한다.
> • 열차는 모두 같이 탈 필요는 없으며, 요금은 가능한 한 저렴하게 한다.

① 247,400원   ② 281,800원

③ 312,800원   ④ 326,400원

⑤ 347,200원

18 다음 글에서 알 수 있는 논리적 사고의 구성요소로 가장 적절한 것은?

> A는 동업자 B와 함께 신규 사업을 시작하기 위해 기획안을 작성하여 논의하였다. 그러나 B는 신규 기획안을 읽고 시기나 적절성에 대해 부정적인 입장을 보였다. A가 B를 설득하기 위해 B의 의견들을 정리하여 생각해 보니 B는 신규 사업을 시작하는 데 있어 다른 경쟁사보다 늦게 출발하여 경쟁력이 부족하는 점 때문에 신규 사업에 부정적이라는 것을 알게 되었다. 이에 A는 경쟁력을 높이기 위한 다양한 아이디어를 추가로 제시하여 B를 다시 설득하였다.

① 설득

② 구체적인 생각

③ 생각하는 습관

④ 타인에 대한 이해

⑤ 상대 논리의 구조화

19 면접 참가자 A ~ E 5명은 〈조건〉과 같이 면접장에 도착했다. 동시에 도착한 사람은 없다고 할 때, 다음 중 항상 참인 것은?

> **조건**
> • B는 A 바로 다음에 도착했다.
> • D는 E보다 늦게 도착했다.
> • C보다 먼저 도착한 사람이 1명 있다.

① E는 가장 먼저 도착했다.
② B는 가장 늦게 도착했다.
③ A는 네 번째로 도착했다.
④ D는 가장 먼저 도착했다.
⑤ D는 A보다 먼저 도착했다.

20 다음 논리에서 나타난 형식적 오류로 옳은 것은?

> • 전제 1 : TV를 오래 보면 눈이 나빠진다.
> • 전제 2 : 철수는 TV를 오래 보지 않는다.
> • 결론 : 그러므로 철수는 눈이 나빠지지 않는다.

① 사개명사의 오류
② 전건 부정의 오류
③ 후건 긍정의 오류
④ 선언지 긍정의 오류
⑤ 매개념 부주연의 오류

21 다음 글의 내용으로 적절하지 않은 것은?

K공단은 의사와 약사가 협력하여 지역주민의 안전한 약물 사용을 돕는 의·약사 협업 다제약물 관리사업을 6월 26일부터 서울 도봉구에서 시작했다고 밝혔다.

지난 2018년부터 K공단이 진행 중인 다제약물 관리사업은 10종 이상의 약을 복용하는 만성질환자를 대상으로 약물의 중복 복용과 부작용 등을 예방하기 위해 의약전문가가 약물관리 서비스를 제공하는 사업이다. 지역사회에서는 K공단에서 위촉한 자문 약사가 가정을 방문하여 대상자가 먹고 있는 일반 약을 포함한 전체 약을 대상으로 약물의 복용상태, 부작용, 중복 등을 종합적으로 검토하고 그 결과를 바탕으로 상담, 교육 및 처방조정 안내를 실시함으로써 약물관리가 이루어지고, 병원에서는 입원 및 외래환자를 대상으로 의사, 약사 등으로 구성된 다학제팀(전인적인 돌봄을 위해 의사, 간호사, 약사, 사회복지사 등 다양한 전문가들로 이루어진 팀)이 약물관리 서비스를 제공한다.

다제약물 관리사업 효과를 평가한 결과, 약물관리를 받은 사람의 복약순응도가 56.3% 개선되었고, 효능이 유사한 약물을 중복해서 복용하는 환자가 40.2% 감소되었다. 또한, 병원에서 제공된 다제약물 관리사업으로 응급실 방문 위험이 47%, 재입원 위험이 18% 감소되는 등의 효과를 확인하였다.

다만, 지역사회에서는 약사의 약물 상담결과가 의사의 처방조정에까지 반영되는 다학제 협업 시스템이 미흡하다는 의견이 제기되었다. 이러한 문제점의 개선을 위해 K공단은 도봉구 의사회와 약사회, 전문가로 구성된 지역협의체를 구성하고, 지난 4월부터 3회에 걸친 논의를 통해 의·약사 협업 모형을 개발하고, 사업 참여 의·약사 선정, 서비스 제공 대상자 모집 및 정보공유 방법 등의 현장 적용방안을 마련했다. 의사나 K공단이 선정한 약물관리 대상자는 자문 약사의 약물점검(필요시 의사 동행)을 받게 되며, 그 결과가 K공단의 정보 시스템을 통해 대상자의 단골 병원 의사에게 전달되어 처방 시 반영될 수 있도록 하는 것이 주요 골자이다. 지역 의·약사 협업 모형은 2023년 12월까지 도봉구지역의 일차의료 만성질환관리 시범사업에 참여하는 의원과 자문약사를 중심으로 우선 실시한다. 이후 사업의 효과성을 평가하고 부족한 점은 보완하여 다른 지역에도 확대 적용할 예정이다.

① K공단에서 위촉한 자문 약사는 환자가 먹는 약물을 조사하여 직접 처방할 수 있다.
② 다제약물 관리사업으로 인해 환자는 복용하는 약물의 수를 줄일 수 있다.
③ 다제약물 관리사업의 주요 대상자는 10종 이상의 약을 복용하는 만성질환자이다.
④ 다제약물 관리사업은 지역사회보다 병원에서 보다 활발히 이루어지고 있다.

22 다음 문단 뒤에 이어질 내용을 논리적 순서대로 바르게 나열한 것은?

> 아토피 피부염은 만성적으로 재발하는 양상을 보이며 심한 가려움증을 동반하는 염증성 피부 질환으로, 연령에 따라 특징적인 병변의 분포와 양상을 보인다.
>
> (가) 이와 같이 아토피 피부염은 원인을 정확히 파악할 수 없기 때문에 아토피 피부염의 진단을 위한 특이한 검사소견은 없으며, 임상 증상을 종합하여 진단한다. 기존에 몇 가지 국외의 진단기준이 있었으며, 2005년 대한아토피피부염학회에서는 한국인 아토피 피부염에서 특징적으로 관찰되는 세 가지 주진단 기준과 14가지 보조진단 기준으로 구성된 한국인 아토피 피부염 진단기준을 정하였다.
>
> (나) 아토피 피부염 환자는 정상 피부에 비해 민감한 피부를 가지고 있으며 다양한 자극원에 의해 악화될 수 있으므로 앞의 약물치료와 더불어 일상생활에서도 이를 피할 수 있도록 노력해야 한다. 비누와 세제, 화학약품, 모직과 나일론 의류, 비정상적인 기온이나 습도에 대한 노출 등이 대표적인 피부 자극 요인들이다. 면제품 속옷을 입도록 하고, 세탁 후 세제가 남지 않도록 물로 여러 번 헹구도록 한다. 또한 평소 실내 온도, 습도를 쾌적하게 유지하는 것도 중요하다. 땀이나 자극성 물질을 제거하는 목적으로 미지근한 물에 샤워를 하는 것이 좋으며, 샤워 후에는 3분 이내에 보습제를 바르는 것이 좋다.
>
> (다) 아토피 피부염을 진단받아 치료하기 위해서는 보습이 가장 중요하고, 피부 증상을 악화시킬 수 있는 자극원, 알레르겐 등을 피하는 것이 필요하다. 국소 치료제로는 국소 스테로이드제가 가장 기본적이다. 국소 칼시뉴린 억제제도 효과적으로 사용되는 약제이며, 국소 스테로이드제 사용으로 발생 가능한 피부 위축 등의 부작용이 없다. 아직 국내에 들어오지는 않았으나 국소 포스포디에스테라제 억제제도 있다. 이 외에는 전신치료로 가려움증 완화를 위해 사용할 수 있는 항히스타민제가 있고, 필요시 경구 스테로이드제를 사용할 수 있다. 심한 아토피 피부염 환자에서는 면역 억제제가 사용된다. 광선치료(자외선치료)도 아토피 피부염 치료로 이용된다. 최근에는 아토피 피부염을 유발하는 특정한 사이토카인 신호 전달을 차단할 수 있는 생물학적 제제인 두필루맙(Dupilumab)이 만성 중증 아토피 피부염 환자를 대상으로 사용되고 있으며, 치료 효과가 뛰어나다고 알려져 있다.
>
> (라) 많은 연구에도 불구하고 아토피 피부염의 정확한 원인은 아직 밝혀지지 않았다. 현재까지는 피부 보호막 역할을 하는 피부장벽 기능의 이상, 면역체계의 이상, 유전적 및 환경적 요인 등이 복합적으로 상호작용한 결과 발생하는 것으로 보고 있다.

① (다) – (가) – (라) – (나)

② (다) – (나) – (라) – (가)

③ (라) – (가) – (나) – (다)

④ (라) – (가) – (다) – (나)

23 다음 글의 주제로 가장 적절한 것은?

한국인의 주요 사망 원인 중 하나인 뇌경색은 뇌혈관이 갑자기 폐쇄됨으로써 뇌가 손상되어 신경학적 이상이 발생하는 질병이다.

뇌경색의 발생 원인은 크게 분류하면 2가지가 있는데, 그중 첫 번째는 동맥경화증이다. 동맥경화증은 혈관의 중간층에 퇴행성 변화가 일어나서 섬유화가 진행되고 혈관의 탄성이 줄어드는 노화현상의 일종으로, 뇌로 혈류를 공급하는 큰 혈관이 폐쇄되거나 뇌 안의 작은 혈관이 폐쇄되어 발생하는 것이다. 두 번째는 심인성 색전으로, 심장에서 형성된 혈전이 혈관을 타고 흐르다 갑자기 뇌혈관을 폐쇄시켜 발생하는 것이다.

뇌경색이 발생하여 환자가 응급실에 내원한 경우, 폐쇄된 뇌혈관을 확인하기 위한 뇌혈관 조영 CT를 촬영하거나 손상된 뇌경색 부위를 좀 더 정확하게 확인해야 하는 경우에는 뇌 자기공명 영상(Brain MRI) 검사를 한다. 이렇게 시행한 검사에서 큰 혈관의 폐쇄가 확인되면 정맥 내에 혈전용해제를 투여하거나 동맥 내부의 혈전제거술을 시행하게 된다. 시술이 필요하지 않은 경우라면, 뇌경색의 악화를 방지하기 위하여 뇌경색 기전에 따라 항혈소판제나 항응고제 약물 치료를 하게 된다.

뇌경색의 원인 중 동맥경화증의 경우 여러 가지 위험 요인에 의하여 장시간 동안 서서히 진행된다. 고혈압, 당뇨, 이상지질혈증, 흡연, 과도한 음주, 비만 등이 위험 요인이며, 평소 이러한 원인이 있는 사람은 약물 치료 및 생활 습관 개선으로 위험 요인을 줄여야 한다. 특히 뇌경색이 한번 발병했던 사람은 재발 방지를 위한 약물을 지속적으로 복용하는 것이 필요하다.

① 뇌경색의 주요 증상
② 뇌경색 환자의 약물치료 방법
③ 뇌경색의 발병 원인과 치료 방법
④ 뇌경색이 발생했을 때의 조치사항

24 다음은 2019 ~ 2023년 건강보험료 부과 금액 및 1인당 건강보험 급여비에 대한 자료이다. 이에 대한 설명으로 옳지 않은 것은?

〈건강보험료 부과 금액 및 1인당 건강보험 급여비〉

구분	2019년	2020년	2021년	2022년	2023년
건강보험료 부과 금액 (십억 원)	59,130	63,120	69,480	76,775	82,840
1인당 건강보험 급여비(원)	1,300,000	1,400,000	1,550,000	1,700,000	1,900,000

① 건강보험료 부과 금액과 1인당 건강보험 급여비는 모두 매년 증가하였다.
② 2020 ~ 2023년 동안 전년 대비 1인당 건강보험 급여비가 가장 크게 증가한 해는 2023년이다.
③ 2020 ~ 2023년 동안 전년 대비 건강보험료 부과 금액의 증가율은 항상 10% 미만이었다.
④ 2019년 대비 2023년의 1인당 건강보험 급여비는 40% 이상 증가하였다.

※ 다음 명제가 모두 참일 때, 빈칸에 들어갈 명제로 가장 적절한 것을 고르시오. [25~27]

25

- 잎이 넓은 나무는 키가 크다.
- 잎이 넓지 않은 나무는 덥지 않은 지방에서 자란다.
- _____
- 따라서 더운 지방에서 자라는 나무는 열매가 많이 맺힌다.

① 잎이 넓지 않은 나무는 열매가 많이 맺힌다.
② 열매가 많이 맺히지 않는 나무는 키가 작다.
③ 벌레가 많은 지역은 열매가 많이 맺히지 않는다.
④ 키가 작은 나무는 덥지 않은 지방에서 자란다.

26

- 풀을 먹는 동물은 몸집이 크다.
- 사막에서 사는 동물은 물속에서 살지 않는다.
- _____
- 따라서 물속에서 사는 동물은 몸집이 크다.

① 몸집이 큰 동물은 물속에서 산다.
② 물이 있으면 사막이 아니다.
③ 사막에 사는 동물은 몸집이 크다.
④ 풀을 먹지 않는 동물은 사막에 산다.

27

- 모든 1과 사원은 가장 실적이 많은 2과 사원보다 실적이 많다.
- 가장 실적이 많은 4과 사원은 모든 3과 사원보다 실적이 적다.
- 3과 사원 중 일부는 가장 실적이 많은 2과 사원보다 실적이 적다.
- 따라서 _____

① 모든 2과 사원은 4과 사원 중 일부보다 실적이 적다.
② 어떤 1과 사원은 가장 실적이 많은 3과 사원보다 실적이 적다.
③ 어떤 3과 사원은 가장 실적이 적은 1과 사원보다 실적이 적다.
④ 1과 사원 중 가장 적은 실적을 올린 사원과 같은 실적을 올린 사원이 4과에 있다.

28 다음은 대한민국 입국 목적별 비자 종류의 일부이다. 외국인 A ~ D씨가 피초청자로서 입국할 때, 발급받아야 하는 비자의 종류를 바르게 짝지은 것은?(단, 비자면제 협정은 없는 것으로 가정한다)

〈대한민국 입국 목적별 비자 종류〉

- 외교 · 공무
  - 외교(A-1) : 대한민국 정부가 접수한 외국 정부의 외교사절단이나 영사기관의 구성원, 조약 또는 국제관행에 따라 외교사절과 동등한 특권과 면제를 받는 사람과 그 가족
  - 공무(A-2) : 대한민국 정부가 승인한 외국 정부 또는 국제기구의 공무를 수행하는 사람과 그 가족
- 유학 · 어학연수
  - 학사유학(D-2-2) : (전문)대학, 대학원 또는 특별법의 규정에 의하여 설립된 전문대학 이상의 학술기관에서 정규과정(학사)의 교육을 받고자 하는 자
  - 교환학생(D-2-6) : 대학 간 학사교류 협정에 의해 정규과정 중 일정 기간 동안 교육을 받고자 하는 교환학생
- 비전문직 취업
  - 제조업(E-9-1) : 외국인근로자의 고용에 관한 법률의 규정에 의한 국내 취업요건을 갖추어 제조업체에 취업하고자 하는 자
  - 농업(E-9-3) : 외국인근로자의 고용에 관한 법률의 규정에 의한 국내 취업요건을 갖추어 농업, 축산업 등에 취업하고자 하는 자
- 결혼이민
  - 결혼이민(F-6-1) : 한국에서 혼인이 유효하게 성립되어 있고, 우리 국민과 결혼생활을 지속하기 위해 국내 체류를 하고자 하는 외국인
  - 자녀양육(F-6-2) : 국민의 배우자(F-6-1) 자격에 해당하지 않으나 출생한 미성년 자녀(사실혼 관계 포함)를 국내에서 양육하거나 양육하려는 부 또는 모
- 치료 요양
  - 의료관광(C-3-3) : 국내 의료기관에서 진료 또는 요양할 목적으로 입국하는 외국인 환자와 간병 등을 위해 동반입국이 필요한 동반가족 및 간병인(90일 이내)
  - 치료요양(G-1-10) : 국내 의료기관에서 진료 또는 요양할 목적으로 입국하는 외국인 환자와 간병 등을 위해 동반입국이 필요한 동반가족 및 간병인(1년 이내)

〈피초청자 초청 목적〉

피초청자	국적	초청 목적
A	말레이시아	부산에서 6개월가량 입원 치료가 필요한 아들의 간병(아들의 국적 또한 같음)
B	베트남	경기도 소재 O제조공장 취업(국내 취업 요건을 모두 갖춤)
C	사우디아라비아	서울 소재 K대학교 교환학생
D	인도네시아	대한민국 개최 APEC 국제기구 정상회의 참석

	A	B	C	D
①	C-3-3	D-2-2	F-6-1	A-2
②	G-1-10	E-9-1	D-2-6	A-2
③	G-1-10	D-2-2	F-6-1	A-1
④	C-3-3	E-9-1	D-2-6	A-1

29 다음과 같이 일정한 규칙으로 수를 나열할 때 빈칸에 들어갈 수로 옳은 것은?

• 6	13	8	8	144
• 7	11	7	4	122
• 8	9	6	2	100
• 9	7	5	1	( )

① 75 ② 79
③ 83 ④ 87

30 두 주사위 A, B를 던져 나온 수를 각각 a, b라고 할 때, $a \neq b$일 확률은?

① $\dfrac{2}{3}$ ② $\dfrac{13}{18}$
③ $\dfrac{7}{9}$ ④ $\dfrac{5}{6}$

31 어떤 상자 안에 빨간색 공 2개와 노란색 공 3개가 들어 있다. 이 상자에서 공 3개를 꺼낼 때, 빨간색 공 1개와 노란색 공 2개를 꺼낼 확률은?(단, 꺼낸 공은 다시 넣지 않는다)

① $\dfrac{1}{2}$ ② $\dfrac{3}{5}$
③ $\dfrac{2}{3}$ ④ $\dfrac{3}{4}$

32 다음과 같이 둘레의 길이가 2,000m인 원형 산책로에서 오후 5시 정각에 A씨가 3km/h의 속력으로 산책로를 따라 걷기 시작했다. 30분 후 B씨는 A씨가 걸어간 반대 방향으로 7km/h의 속력으로 같은 산책로를 따라 달리기 시작했을 때, A씨와 B씨가 두 번째로 만날 때의 시각은?

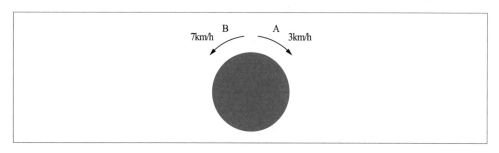

① 오후 6시 30분　　　　　　　　　　② 오후 6시 15분
③ 오후 6시　　　　　　　　　　　　　④ 오후 5시 45분

33 폴더 여러 개가 열려 있는 상태에서 다음과 같이 폴더를 나란히 보기 위해 화면을 분할하고자 할 때, 입력해야 할 단축키로 옳은 것은?

① 〈Shift〉＋〈화살표 키〉

② 〈Ctrl〉＋〈화살표 키〉

③ 〈Window 로고 키〉＋〈화살표 키〉

④ 〈Alt〉＋〈화살표 키〉

34 다음 중 파일 여러 개가 열려 있는 상태에서 즉시 바탕화면으로 돌아가고자 할 때, 입력해야 할 단축키로 옳은 것은?

① 〈Window 로고 키〉+〈R〉

② 〈Window 로고 키〉+〈I〉

③ 〈Window 로고 키〉+〈L〉

④ 〈Window 로고 키〉+〈D〉

35 엑셀 프로그램에서 "서울특별시 영등포구 홍제동"으로 입력된 텍스트를 "서울특별시 서대문구 홍제동"으로 수정하여 입력하고자 할 때, 입력해야 할 함수식으로 옳은 것은?

① =SUBSTITUTE("서울특별시 영등포구 홍제동","영등포","서대문")

② =IF("서울특별시 영등포구 홍제동"="영등포","서대문"," ")

③ =MOD("서울특별시 영등포구 홍제동","영등포","서대문")

④ =NOT("서울특별시 영등포구 홍제동","영등포","서대문")

※ 다음은 중학생 15명을 대상으로 한 달 용돈 금액을 조사한 자료이다. 이어지는 질문에 답하시오. [36~37]

	A	B
1	이름	금액(원)
2	강○○	30,000
3	권○○	50,000
4	고○○	100,000
5	김○○	30,000
6	김△△	25,000
7	류○○	75,000
8	오○○	40,000
9	윤○○	100,000
10	이○○	150,000
11	임○○	75,000
12	장○○	50,000
13	전○○	60,000
14	정○○	45,000
15	황○○	50,000
16	황△△	100,000

┃ 건강보험심사평가원 / 정보능력

36 다음 중 한 달 용돈이 50,000원 이상인 학생 수를 구하고자 할 때, 입력해야 할 함수식으로 옳은 것은?

① =MODE(B2:B16)

② =COUNTIF(B2:B16,">=50000")

③ =MATCH(50000,B2:B16,0)

④ =VLOOKUP(50000,$B$1:$B$16,1,0)

┃ 건강보험심사평가원 / 정보능력

37 다음 중 학생들이 받는 한 달 평균 용돈을 백 원 미만은 버림하여 구하고자 할 때, 입력해야 할 함수식으로 옳은 것은?

① =LEFT((AVERAGE(B2:B16)),2)

② =RIGHT((AVERAGE(B2:B16)),2)

③ =ROUNDUP((AVERAGE(B2:B16)),-2)

④ =ROUNDDOWN((AVERAGE(B2:B16)),-2)

38 S편의점을 운영하는 P씨는 개인사정으로 이번 주 토요일 하루만 오전 10시부터 오후 8시까지 직원들을 대타로 고용할 예정이다. 직원 A~D의 시급과 근무 가능 시간이 다음과 같을 때, 가장 적은 인건비는 얼마인가?

〈S편의점 직원 시급 및 근무 가능 시간〉

직원	시급	근무 가능 시간
A	10,000원	오후 12:00 ~ 오후 5:00
B	10,500원	오전 10:00 ~ 오후 3:00
C	10,500원	오후 12:00 ~ 오후 6:00
D	11,000원	오후 12:00 ~ 오후 8:00

※ 추가 수당으로 시급의 1.5배를 지급한다.
※ 직원 1명당 근무시간은 최소 2시간 이상이어야 한다.

① 153,750원

② 155,250원

③ 156,000원

④ 157,500원

⑤ 159,000원

39 다음은 S마트에 진열된 과일 7종의 판매량에 대한 자료이다. 30개 이상 팔린 과일의 개수를 구하기 위해 [C9] 셀에 입력해야 할 함수식으로 옳은 것은?

〈S마트 진열 과일 판매량〉

	A	B	C
1	번호	과일	판매량(개)
2	1	바나나	50
3	2	사과	25
4	3	참외	15
5	4	배	23
6	5	수박	14
7	6	포도	27
8	7	키위	32
9			

① =MID(C2:C8)

② =COUNTIF(C2:C8, "> =30")

③ =MEDIAN(C2:C8)

④ =AVERAGEIF(C2:C8, "> =30")

⑤ =MIN(C2:C8)

40 다음 〈보기〉 중 실무형 팔로워십을 가진 사람의 자아상으로 옳은 것을 모두 고르면?

> **보기**
>
> ㄱ. 기쁜 마음으로 과업을 수행   ㄴ. 판단과 사고를 리더에 의존
> ㄷ. 조직의 운영 방침에 민감   ㄹ. 일부러 반대의견을 제시
> ㅁ. 규정과 규칙에 따라 행동   ㅂ. 지시가 있어야 행동

① ㄱ, ㄴ   ② ㄴ, ㄷ
③ ㄷ, ㅁ   ④ ㄹ, ㅁ
⑤ ㅁ, ㅂ

41 다음 중 갈등의 과정 단계를 순서대로 바르게 나열한 것은?

> ㄱ. 이성과 이해의 상태로 돌아가며 협상과정을 통해 쟁점이 되는 주제를 논의하고, 새로운 제안을 하고, 대안을 모색한다.
> ㄴ. 설득보다는 강압적·위협적인 방법 등 극단적인 모습을 보이며 상대방의 생각이나 의견, 제안을 부정하고, 상대방은 그에 대한 반격으로 대응함으로써 자신들의 반격을 정당하게 생각한다.
> ㄷ. 의견 불일치가 해소되지 않아 감정이 개입되어 상대방의 주장에 대한 문제점을 찾기 시작하고, 상대방의 입장은 부정하면서 자기주장만 하려고 한다.
> ㄹ. 서로 간의 생각이나 신념, 가치관 차이로 인해 의견 불일치가 생겨난다.
> ㅁ. 회피, 경쟁, 수용, 타협, 통합의 방법으로 서로 간의 견해를 일치하려 한다.

① ㄹ - ㄱ - ㄴ - ㄷ - ㅁ   ② ㄹ - ㄴ - ㄷ - ㄱ - ㅁ
③ ㄹ - ㄷ - ㄴ - ㄱ - ㅁ   ④ ㅁ - ㄱ - ㄴ - ㄷ - ㄹ
⑤ ㅁ - ㄹ - ㄴ - ㄷ - ㄱ

42 다음 〈보기〉 중 근로윤리의 덕목과 공동체윤리의 덕목을 바르게 구분한 것은?

> **보기**
>
> ㉠ 근면 ㉡ 봉사와 책임의식
> ㉢ 준법 ㉣ 예절과 존중
> ㉤ 정직 ㉥ 성실

	근로윤리	공동체윤리
①	㉠, ㉡, ㉥	㉢, ㉣, ㉤
②	㉠, ㉢, ㉤	㉡, ㉣, ㉥
③	㉠, ㉤, ㉥	㉡, ㉢, ㉣
④	㉡, ㉣, ㉤	㉠, ㉢, ㉥
⑤	㉡, ㉤, ㉥	㉠, ㉢, ㉣

43 다음 중 B에 대한 A의 행동이 직장 내 괴롭힘에 해당하지 않는 것은?

① A대표는 B사원에게 본래 업무에 더해 개인적인 용무를 자주 지시하였고, B사원은 과중한 업무로 인해 근무환경이 악화되었다.

② A팀장은 업무처리 속도가 늦은 B사원만 업무에서 배제시키고 청소나 잡일만을 지시하였다. 이에 B사원은 고의적인 업무배제에 정신적 고통을 호소하였다.

③ A팀장은 기획의도와 맞지 않는다는 이유로 B사원에게 수차례 보완을 요구하였다. 계속해서 보완을 명령받은 B사원은 늘어난 업무량으로 인해 스트레스를 받아 휴직을 신청하였다.

④ A대리는 육아휴직 후 복직한 동기인 B대리를 다른 직원과 함께 조롱하고 무시하며 따돌렸다. 이에 B대리는 우울증을 앓았고 결국 퇴사하였다.

⑤ A대표는 실적이 부진하다는 이유로 B과장을 다른 직원이 보는 앞에서 욕설 등의 모욕감을 주었고 이에 B과장은 정신적 고통을 호소하였다.

44 다음 중 S의 사례에서 볼 수 있는 직업윤리 의식으로 옳은 것은?

> 어릴 적부터 각종 기계를 분해하고 다시 조립하는 취미가 있던 S는 공대를 졸업한 뒤 로봇 엔지니어로 활동하고 있다. S는 자신의 직업이 적성에 꼭 맞는다고 생각하여 더 높은 성취를 위해 성실히 노력하고 있다.

① 소명의식   ② 봉사의식
③ 책임의식   ④ 직분의식
⑤ 천직의식

45 다음 중 경력개발의 단계별 내용으로 적절하지 않은 것은?

① 직업 선택 : 외부 교육 등 필요한 교육을 이수함
② 조직 입사 : 조직의 규칙과 규범에 대해 배움
③ 경력 초기 : 역량을 증대시키고 꿈을 추구해 나감
④ 경력 중기 : 이전 단계를 재평가하고 더 업그레이드된 꿈으로 수정함
⑤ 경력 말기 : 지속적으로 열심히 일함

46 다음 10개의 수의 중앙값이 8일 때, 빈칸에 들어갈 수로 옳은 것은?

10	( )	6	9	9	7	8	7	10	7

① 6   ② 7
③ 8   ④ 9

47 1 ~ 200의 자연수 중에서 2, 3, 5 중 어느 것으로도 나누어떨어지지 않는 수는 모두 몇 개인가?

① 50개

② 54개

③ 58개

④ 62개

48 다음 그림과 같은 길의 A지점에서 출발하여 최단거리로 이동하여 B지점에 도착하는 경우의 수는?

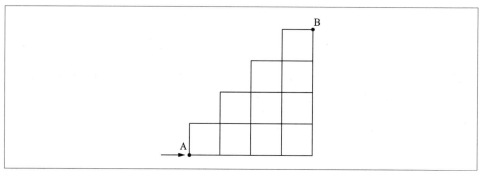

① 36가지

② 42가지

③ 48가지

④ 54가지

49 어떤 원형 시계가 4시 30분을 가리키고 있다. 이 시계의 시침과 분침이 만드는 작은 부채꼴의 넓이 와 전체 원의 넓이의 비는 얼마인가?

① $\dfrac{1}{8}$

② $\dfrac{1}{6}$

③ $\dfrac{1}{4}$

④ $\dfrac{1}{2}$

50 다음은 2019 ~ 2023년 발전설비별 발전량에 대한 자료이다. 이에 대한 설명으로 옳은 것은?

〈발전설비별 발전량〉

(단위 : GWh)

구분	수력	기력	원자력	신재생	기타	합계
2019년	7,270	248,584	133,505	28,070	153,218	570,647
2020년	6,247	232,128	145,910	33,500	145,255	563,040
2021년	7,148	200,895	160,184	38,224	145,711	552,162
2022년	6,737	202,657	158,015	41,886	167,515	576,810
2023년	7,256	199,031	176,054	49,285	162,774	594,400

① 2020 ~ 2023년 동안 기력 설비 발전량과 전체 설비 발전량의 전년 대비 증감 추이는 같다.

② 2019 ~ 2023년 동안 수력 설비 발전량은 항상 전체 설비 발전량의 1% 미만이다.

③ 2019 ~ 2023년 동안 신재생 설비 발전량은 항상 전체 설비 발전량의 5% 이상이다.

④ 2019 ~ 2023년 동안 원자력 설비 발전량과 신재생 설비의 발전량은 전년 대비 꾸준히 증가하였다.

⑤ 2020 ~ 2023년 동안 전년 대비 전체 설비 발전량의 증가량이 가장 많은 해와 신재생 설비 발전량의 증가량이 가장 적은 해는 같다.

아이들이 답이 있는 질문을 하기 시작하면 그들이 성장하고 있음을 알 수 있다.

– 존 J. 플롬프 –

PART 1

직업기초능력평가

CHAPTER 01

의사소통능력

합격 Cheat Key

의사소통능력은 평가하지 않는 공사·공단이 없을 만큼 필기시험에서 중요도가 높은 영역이다. 또한, 의사소통능력의 문제 출제 비중은 가장 높은 편이다. 이러한 점을 볼 때, 의사소통능력은 NCS를 준비하는 수험생이라면 반드시 정복해야 하는 과목이다.

국가직무능력표준에 따르면 의사소통능력의 세부 유형은 문서이해, 문서작성, 의사표현, 경청, 기초외국어로 나눌 수 있다. 문서이해·문서작성과 같은 제시문에 대한 주제, 일치 문제의 출제 비중이 높으며, 공문서·기획서·보고서·설명서 등 문서의 특성을 파악하는 문제도 출제되고 있다. 따라서 이러한 분석을 바탕으로 전략을 세우는 것이 매우 중요하다.

1 문제에서 요구하는 바를 먼저 파악하라!

의사소통능력에서 가장 중요한 것은 제한된 시간 안에 빠르고 정확하게 답을 찾아내는 것이다. 의사소통능력에서는 지문이 아니라 문제가 주인공이므로 지문을 보기 전에 문제를 먼저 파악해야 하며, 문제에 따라 전략적으로 빠르게 풀어내는 연습을 해야 한다.

2 잠재되어 있는 언어 능력을 발휘하라!

세상에 글은 많고 우리가 학습할 수 있는 시간은 한정적이다. 이를 극복할 수 있는 방법은 다양한 글을 접하는 것이다. 실제 시험장에서 어떤 내용의 지문이 나올지 아무도 예측할 수 없으므로 평소에 신문, 소설, 보고서 등 여러 글을 접하는 것이 필요하다.

3 상황을 가정하라!

업무 수행에 있어 상황에 따른 언어 표현은 중요하다. 같은 말이라도 상황에 따라 다르게 해석될 수 있기 때문이다. 그런 의미에서 자신의 의견을 효과적으로 전달할 수 있는 능력을 평가하는 것이다. 업무를 수행하면서 발생할 수 있는 여러 상황을 가정하고 그에 따른 올바른 언어표현을 정리하는 것이 필요하다.

4 말하는 이의 입장에서 생각하라!

잘 듣는 것 또한 하나의 능력이다. 상대방의 이야기에 귀 기울이고 공감하는 태도는 업무를 수행하는 관계 속에서 필요한 요소이다. 그런 의미에서 다양한 상황에서 듣는 능력을 평가하는 것이다. 말하는 이가 요구하는 듣는 이의 태도를 파악하고, 이에 따른 판단을 할 수 있도록 언제나 말하는 사람의 입장이 되는 연습이 필요하다.

01 | 모듈이론

01 의사소통능력의 의의

(1) 의사소통이란?

① 의사소통의 정의 [기출]

두 사람 또는 그 이상의 사람들 사이에서 일어나는 의사의 전달과 상호교류를 의미하며, 어떤 개인 또는 집단이 개인 또는 집단에 대해서 정보, 감정, 사상, 의견 등을 전달하고 그것들을 받아들이는 과정을 말한다.

② 성공적인 의사소통의 조건

> 내가 가진 정보를 상대방이 이해하기 쉽게 표현

+

> 상대방이 어떻게 받아들일 것인가에 대한 고려

||

> 의사소통의 정확한 목적을 알고, 의견을 나누는 자세

(2) 의사소통능력의 종류

① 문서적인 의사소통능력

문서이해능력	문서로 작성된 글이나 그림을 읽고 내용을 이해, 요점을 판단하는 능력
문서작성능력	목적과 상황에 적합하도록 정보를 전달할 수 있는 문서를 작성하는 능력

② 언어적인 의사소통능력

경청능력	상대방의 이야기를 듣고, 의미를 파악하며, 이에 적절히 반응하는 능력
의사표현능력	자신의 의사를 목적과 상황에 맞게 설득력을 가지고 표현하는 능력

③ 특징 [기출]

구분	문서적인 의사소통능력	언어적인 의사소통능력
장점	권위감, 정확성, 전달성, 보존성이 높음	유동성이 높음
단점	의미의 곡해	정확성이 낮음

④ 일상에서의 의사소통

- 고객사에서 보내온 수취 확인서 : 문서적인 의사소통
- 수취확인 문의전화 : 언어적인 의사소통
- 업무지시 메모 : 문서적인 의사소통
- 영문 운송장 작성 : 문서적인 의사소통
- 주간 업무보고서 작성 : 문서적인 의사소통

(3) 의사소통의 저해요인과 의사소통의 유형

① 의사소통의 저해요인 [기출]

ㄱ 의사소통 기법의 미숙, 표현 능력의 부족, 이해 능력의 부족
'일방적으로 말하고', '일방적으로 듣는' 무책임한 태도

ㄴ 판단적인 태도, 잠재적 의도
'전달했는데', '아는 줄 알았는데'라고 착각하는 태도

ㄷ 과거의 경험, 선입견과 고정관념
'말하지 않아도 아는 문화'에 안주하는 태도

ㄹ 기타 요인
정보의 과다, 메시지의 복잡성, 메시지의 경쟁, 상이한 직위와 과업지향성, 신뢰의 부족, 의사소통을 위한 구조상의 권한, 잘못된 의사소통 매체의 선택, 폐쇄적인 의사소통 분위기 등

② 키슬러의 대인관계 의사소통 유형

유형	특징	제안
지배형	자신감이 있고 지도력이 있으나, 논쟁적이고 독단이 강하여 대인 갈등을 겪을 수 있음	타인의 의견을 경청하고 수용하는 자세가 필요
실리형	이해관계에 예민하고 성취지향적으로 경쟁적이며 자기중심적임	타인의 입장을 배려하고 관심을 갖는 자세가 필요
냉담형	이성적인 의지력이 강하고 타인의 감정에 무관심하며 피상적인 대인관계를 유지함	타인의 감정상태에 관심을 가지고 긍정적 감정을 표현하는 것이 필요
고립형	혼자 있는 것을 선호하고 사회적 상황을 회피하며 지나치게 자신의 감정을 억제함	대인관계의 중요성을 인식하고 타인에 대한 비현실적인 두려움의 근원을 성찰하는 것이 필요
복종형	수동적이고 의존적이며 자신감이 없음	적극적인 자기표현과 주장이 필요
순박형	단순하고 솔직하며 자기주관이 부족함	자기주장을 적극적으로 표현하는 것이 필요
친화형	따뜻하고 인정이 많고 자기희생적이며 타인의 요구를 거절하지 못함	타인과의 정서적인 거리를 유지하는 노력이 필요
사교형	외향적이고 인정하는 욕구가 강하며 타인에 대한 관심이 많고 쉽게 흥분함	심리적인 안정을 취하고 지나친 인정욕구에 대한 성찰이 필요

(4) 의사소통능력의 개발방법과 의사소통전략

① 의사소통능력의 개발 [기⭐]

ㄱ 사후검토와 피드백의 활용

직접 말로 물어보거나 얼굴표정, 기타 표시 등을 통해 정확한 반응을 살핀다.

ㄴ 언어의 단순화

명확하고 쉽게 이해 가능한 단어를 선택하여 이해도를 높인다.

ㄷ 적극적인 경청

감정을 이입하여 능동적으로 집중하며 경청한다.

ㄹ 감정의 억제

감정에 치우쳐 메시지를 곡해하지 않도록 침착하게 의사소통한다.

② 입장에 따른 의사소통전략

화자의 입장	• 의사소통에 앞서 생각을 명확히 할 것 • 문서를 작성할 때는 주된 생각을 앞에 쓸 것 • 평범한 단어를 쓸 것 • 편견 없는 언어를 사용할 것 • 사실 밑에 깔린 감정을 의사소통할 것 • 어조·표정 등 비언어적인 행동이 미치는 결과를 이해할 것 • 행동을 하면서 말로 표현할 것 • 피드백을 받을 것
청자의 입장	• 세세한 어휘를 모두 들으려고 노력하기보다는 요점 파악에 집중할 것 • 말하고 있는 바에 관한 생각과 사전 정보를 동원하여 말하는 바에 몰입할 것 • 모든 이야기를 듣기 전에 결론에 이르지 말고 전체 생각을 청취할 것 • 말하는 사람의 관점에서 진술을 반복하여 피드백할 것 • 들은 내용을 요약할 것

OX 문제

01 의사소통은 내가 상대방에게 메시지를 전달하는 과정이다. [　]

02 전문용어는 그 언어를 사용하는 집단 구성원들 사이에서 사용될 때에나 조직 밖에서 사용할 때나 동일하게 이해를 촉진시킨다. [　]

03 '의사소통 과정에서의 상호작용 부족', '분명하지 않은 메시지', '말하지 않아도 아는 문화에 안주하는 마음' 등은 의사소통의 저해요인에 해당한다. [　]

01 [×] 의사소통은 내가 상대방에게 메시지를 전달하는 과정이 아니라, 상대방과의 상호작용을 통해 메시지를 다루는 과정이다.

02 [×] 전문용어의 사용은 그 언어를 사용하는 집단 구성원들 사이에서 사용될 때에는 이해를 촉진시키지만, 조직 밖의 사람들에게 즉, 고객 등의 사람들에게 사용했을 때에는 의외의 문제를 야기할 수 있기 때문에 의사소통을 할 때에는 단어 선택에 반드시 주의를 기울여야 한다.

03 [○]

(1) 문서이해능력의 의의와 문서이해의 절차

① 문서이해능력의 의의

　㉠ 문서이해능력이란? 기출

　　직업현장에서 자신의 업무와 관련된 인쇄물이나 기호화된 정보 등 필요한 문서를 확인하여 문서를 읽고, 내용을 이해하고 요점을 파악하는 능력을 말한다.

　㉡ 문서이해의 필요성

　　문서를 제대로 이해하지 못한다면 자신에게 주어진 업무가 무엇인지, 자신에게 요구된 행동이 무엇인지 파악하기 어렵다. 따라서 이를 이해하기 위해서는 문서이해능력이 필수적이다.

　㉢ 문서이해의 중요성

> • 같은 업무를 추진하더라도 요점을 파악하고 정리하는지의 여부가 업무 성과의 차이를 가져온다.
> • 자신의 업무를 추진하는 데 있어서 문서이해를 통해 정보를 획득하고, 수집・종합하는 것이 중요하다.

② 문서이해의 절차 기출

문서의 목적을 이해하기

⬇

이러한 문서가 작성되게 된 배경과 주제를 파악하기

⬇

문서에 쓰여진 정보를 밝혀내고, 문서가 제시하고 있는 현안문제를 파악하기

⬇

문서를 통해 상대방의 욕구와 의도 및 내게 요구되는 행동에 관한 내용을 분석하기

⬇

문서에서 이해한 목적 달성을 위해 취해야 할 행동을 생각하고 결정하기

⬇

상대방의 의도를 도표나 그림 등으로 메모하여 요약・정리해 보기

(2) 문서의 종류 기출

① 공문서

- 행정기관에서 공무를 집행하기 위해 작성하는 문서
- 정부기관이 일반회사나 단체로부터 접수하는 문서 및 일반회사에서 정부기관을 상대로 사업을 진행할 때 작성하는 문서 포함
- 엄격한 규격과 양식에 따라 정당한 권리를 가진 사람이 작성
- 최종 결재권자의 결재가 있어야 문서로서의 기능이 성립

② 보고서

특정 업무에 대한 현황이나 진행 상황 또는 연구·검토 결과 등을 보고할 때 작성하는 문서이다.

종류	내용
영업보고서	영업상황을 문장 형식으로 기재해 보고하는 문서
결산보고서	진행됐던 사안의 수입과 지출결과를 보고하는 문서
일일업무보고서	매일의 업무를 보고하는 문서
주간업무보고서	한 주간에 진행된 업무를 보고하는 문서
출장보고서	출장 후 외부 업무나 그 결과를 보고하는 문서
회의보고서	회의 결과를 정리해 보고하는 문서

③ 설명서

상품의 특성이나 사물의 성질과 가치, 작동 방법이나 과정을 소비자에게 설명하는 것을 목적으로 작성한 문서이다.

종류	내용
상품소개서	• 일반인들이 내용을 쉽게 이해하도록 하는 문서 • 소비자에게 상품의 특징을 잘 전달해 상품을 구입하도록 유도
제품설명서	• 제품의 특징·활용도를 세부적으로 언급하는 문서 • 제품의 사용법에 대해 알려주는 것이 주목적

④ 비즈니스 메모

업무상 필요한 중요한 일이나 앞으로 체크해야 할 일이 있을 때 필요한 내용을 메모 형식으로 작성하여 전달하는 글이다.

종류	내용
전화 메모	• 업무적인 내용부터 개인적인 전화의 전달사항들을 간단히 작성하여 당사자에게 전달하는 메모 • 스마트폰의 발달로 현저히 줄어듦
회의 메모	• 회의에 참석하지 못한 구성원에게 회의 내용을 적어 전달하거나 참고자료로 남기기 위해 작성하는 메모 • 업무 상황 파악 및 업무 추진에 대한 궁금증이 있을 때 핵심적인 자료
업무 메모	개인이 추진하는 업무나 상대의 업무 추진 상황을 기록하는 메모

⑤ 비즈니스 레터(E-Mail)

- 사업상의 이유로 고객이나 단체에 편지를 쓰는 것
- 직장업무나 개인 간의 연락, 직접 방문하기 어려운 고객관리 등을 위해 사용되는 비공식적 문서
- 제안서나 보고서 등 공식적인 문서를 전달하는 데도 사용됨

OX 문제

01 기획서란 회사의 업무에 대한 협조를 구하거나 의견을 전달할 때 작성하는 문서를 말한다. [　]

02 설명서는 정확한 내용 전달을 위해 명령문으로 작성한다. [　]

01 [×] 기획서가 아닌 기안서에 대한 설명이다. 기획서란 상대방에게 기획의 내용을 전달하여 기획을 시행하도록 설득하는 문서를 말한다.

02 [×] 설명서는 명령문이 아닌 평서문으로 작성해야 한다.

---

03 문서작성능력

(1) 문서작성능력의 의의

① 문서작성의 의의

　㉠ 문서의 의미

　　제안서·보고서·기획서·편지·메모·공지사항 등 문자로 구성된 것을 지칭하며 일상생활 뿐만 아니라 직장생활에서도 다양한 문서를 자주 사용한다.

　㉡ 문서작성의 목적

　　치열한 경쟁상황에서 상대를 설득하거나 조직의 의견을 전달하고자 한다.

　㉢ 문서의 구성요소 기출

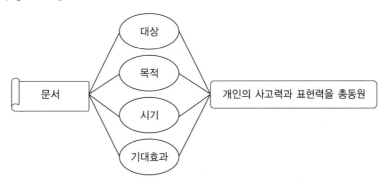

② 문서작성의 원칙

　㉠ 문장구성 시 주의사항 🗐📖

- 문장은 짧고, 간결하게
- 상대방이 이해하기 쉽게
- 중요하지 않은 경우, 한자의 사용은 자제
- 표현은 간결하게 작성
- 문장은 긍정문의 형식으로
- 간단한 표제를 붙일 것
- 결론을 먼저 작성

　㉡ 문서작성 시 주의사항

- 육하원칙에 의해 작성
- 문서의 작성시기에 맞게 작성
- 한 사안을 한 장의 용지에 작성
- 제출 전 반드시 최종점검
- 반드시 필요한 자료만 첨부
- 금액, 수량, 일자는 정확하게 기재
- 경어나 단어 사용에 신중을 기할 것

(2) 문서작성의 실제

① 상황에 따른 문서의 작성 🗐📖

상황	내용
요청이나 확인	• 공문서 형식 • 일정한 양식과 격식을 갖추어 작성
정보제공	• 홍보물, 보도자료, 설명서, 안내서 • 시각적인 정보의 활용 • 신속한 정보 제공
명령이나 지시	• 업무 지시서 • 명확한 지시사항이 필수적
제안이나 기획	• 제안서, 기획서 • 종합적인 판단과 예견적인 지식이 필요
약속이나 추천	• 제품의 이용에 대한 정보 • 입사지원, 이직 시 작성

② 문서의 종류에 따른 작성법 [기출]

㉠ 공문서

- 날짜는 연도와 월일을 반드시 함께 언급해야 한다.
- 내용이 복잡할 경우 '-다음-', '-아래-'와 같은 항목을 만들어 구분한다.
- 마지막에는 반드시 '끝'자로 마무리한다.

㉡ 설명서

- 이해하기 어려운 전문용어의 사용은 가급적 삼가야 한다.
- 복잡한 내용은 도표화한다.
- 명령문보다 평서형으로, 동일한 표현보다는 다양한 표현으로 작성한다.

㉢ 기획서

- 기획서의 목적과 핵심 메시지가 정확히 도출되었는지 확인한다.
- 표나 그래프를 활용하는 경우, 내용이 제대로 도출되었는지 확인한다.
- 인용한 자료의 출처가 정확한지 확인한다.

㉣ 보고서

- 핵심내용을 구체적으로 제시한다.
- 간결하고 핵심적인 내용의 도출이 우선이므로 내용의 중복을 피한다.
- 보고서의 독자가 궁금한 점을 질문할 것에 대비한다.

(3) 문서표현의 시각화

① 시각화의 구성요소

문서의 내용을 시각화하기 위해서는 전하고자 하는 내용의 개념이 명확해야 하고, 수치 등의 정보는 그래프 등을 사용하여 시각화하며, 특히 강조하여 표현하고 싶은 내용은 도형을 이용할 수 있다.

② 문서를 시각화하는 4가지 포인트

- 보기 쉬워야 한다.
- 이해하기 쉬워야 한다.
- 다채롭게 표현되어야 한다.
- 숫자는 그래프로 표시되어야 한다.

③ 시각화 방법

종류	내용
차트 시각화	데이터 정보를 쉽게 이해할 수 있도록 시각적으로 표현하며, 주로 통계 수치 등을 도표나 차트를 통해 명확하고 효과적으로 전달
다이어그램 시각화	개념이나 주제 등 중요한 정보를 도형, 선, 화살표 등 여러 상징을 사용하여 시각적으로 표현
이미지 시각화	전달하고자 하는 내용을 관련 그림이나 사진 등으로 표현

OX 문제

01 문서의 첨부자료는 반드시 필요한 자료 외에는 첨부하지 않도록 하여야 하며, 문서의 작성시기는 문서가 담고 있어야 하는 내용에 상당한 영향을 미친다. [　]

02 문서에 기록되는 문장은 부정문 형식으로 작성해도 괜찮다. [　]

03 다이어그램 시각화란 개념이나 주제 등 중요한 정보를 도형, 선, 화살표 등 여러 상징을 사용하여 시각적으로 표현하는 시각화 방식이다. [　]

01 [O]
02 [×] 문장은 긍정문의 형식으로 작성해야 한다.
03 [O]

(1) 경청능력의 의의

① 경청능력이란?

㉠ 경청의 의미

다른 사람의 말을 주의 깊게 들으며, 공감하는 능력을 말한다.

㉡ 경청의 효과

대화의 상대방이 안도감을 느끼게 되며, 이 효과로 인해 말과 메시지, 감정이 효과적으로 상대방에게 전달된다.

② 경청의 중요성 기출

| 경청을 통해 | + | 대화의 상대방을(의) | ⇨ | • 한 개인으로 존중하게 된다.
• 성실한 마음으로 대하게 된다.
• 입장에 공감하며 이해하게 된다. |

③ 올바른 경청의 방해요인 기출

요인	내용
짐작하기	상대방의 말을 듣고 받아들이기보다 자신의 생각에 들어맞는 단서들을 찾아 자신의 생각을 확인하는 것
대답할 말 준비하기	자신이 다음에 할 말을 생각하기에 바빠서 상대방이 말하는 것을 잘 듣지 않는 것
걸러내기	상대의 말을 듣기는 하지만 상대방의 메시지를 온전하게 듣지 않는 것
판단하기	상대방에 대한 부정적인 판단 때문에, 또는 상대방을 비판하기 위해 상대방의 말을 듣지 않는 것
다른 생각하기	상대방이 말을 할 때 다른 생각을 하는 것으로 현실이 불만스럽지만 이러한 상황을 회피하고 있다는 신호임
조언하기	본인이 다른 사람의 문제를 지나치게 해결해 주고자 하는 것을 말하며, 말끝마다 조언하려고 끼어들면 상대방은 제대로 말을 끝맺을 수 없음
언쟁하기	단지 반대하고 논쟁하기 위해서만 상대방의 말에 귀를 기울이는 것
자존심 세우기	자존심이 강한 사람에게서 나타나는 태도로 자신의 부족한 점에 대한 상대방의 말을 듣지 않으려 함
슬쩍 넘어가기	문제를 회피하려 하거나 상대방의 부정적 감정을 회피하기 위해서 유머 등을 사용하는 것으로, 이로 인해 상대방의 진정한 고민을 놓치게 됨
비위 맞추기	상대방을 위로하기 위해서 너무 빨리 동의하는 것으로, 상대방에게 자신의 생각이나 감정을 충분히 표현할 시간을 주지 못하게 됨

(2) 효과적인 경청방법

① 적극적 경청과 소극적 경청

적극적 경청	상대의 말에 집중하고 있음을 행동을 통해 표현하며 듣는 것으로 질문, 확인, 공감 등으로 표현됨
소극적 경청	상대의 말에 특별한 반응 없이 수동적으로 듣는 것

② 적극적 경청을 위한 태도

- 비판적·충고적인 태도를 버린다.
- 상대방이 말하고 있는 의미 전체를 이해한다.
- 단어 이외의 표현에도 신경을 쓴다.
- 상대방이 말하고 있는 것에 반응한다.
- 감정을 흥분시키지 않아야 한다.

③ 경청의 올바른 자세 기출

- 상대를 정면으로 마주하는 자세는 그와 함께 의논할 준비가 되었음을 알리는 자세이다.
- 손이나 다리를 꼬지 않는 소위 개방적 자세를 취하는 것은 상대에게 마음을 열어 놓고 있다는 표시이다.
- 상대방을 향하여 상체를 기울여 다가앉은 자세는 자신이 열심히 듣고 있다는 사실을 강조하는 것이다.
- 우호적인 눈의 접촉을 통해 자신이 관심을 가지고 있다는 사실을 알리게 된다.

④ 효과적인 경청을 위한 트레이닝

종류	내용
준비	사전에 나누어준 계획서 등을 미리 읽어 강연 등에 등장하는 용어에 친숙해질 필요가 있음
집중	말하는 사람의 속도와 말을 이해하는 속도 사이에 발생하는 간격을 메우는 방법을 학습해야 함
예측	대화를 하는 동안 시간 간격이 있으면, 다음에 무엇을 말할 것인가를 추측하려고 노력해야 함
연관	상대방이 전달하려는 메시지가 무엇인가를 생각해보고 자신의 삶, 목적, 경험과 관련시켜 보는 습관이 필요함
질문	질문에 대한 답이 즉각적으로 이루어질 수 없다고 하더라도 질문을 하려고 하면 경청하는데 적극적이 되고 집중력이 높아지게 됨
요약	대화 도중에 주기적으로 대화의 내용을 요약하면 상대방이 전달하려는 메시지를 이해하고, 사상과 정보를 예측하는데 도움이 됨
반응	상대방에 대한 자신의 지각이 옳았는지 확인할 수 있으며, 상대방에게 자신이 정확하게 의사소통을 하였는가에 대한 정보를 제공함

(3) 경청훈련

① 대화법을 통한 경청훈련 기출

　㉠ 주의 기울이기

　　바라보기, 듣기, 따라하기가 이에 해당하며, 산만한 행동은 중단하고 비언어적인 것, 즉 상대방의 얼굴과 몸의 움직임뿐만 아니라 호흡하는 자세까지도 주의하여 관찰해야 한다.

　㉡ 상대방의 경험을 인정하고 더 많은 정보 요청하기

　　화자가 인도하는 방향으로 따라가고 있다는 것을 언어적 · 비언어적인 표현을 통하여 상대방에게 알려주는 것은 상대방이 더 많은 것을 말할 수 있는 수단이 된다.

　㉢ 정확성을 위해 요약하기

　　상대방에 대한 자신의 이해의 정확성을 확인할 수 있게 하며, 자신과 상대방의 메시지를 공유할 수 있도록 한다.

　㉣ 개방적인 질문하기

　　단답형의 대답이나 반응보다 상대방의 다양한 생각을 이해하고, 상대방으로부터 보다 많은 정보를 얻기 위한 방법이다.

　㉤ '왜?'라는 질문 피하기

　　'왜?'라는 질문은 보통 진술을 가장한 부정적 · 추궁적 · 강압적인 표현이므로 사용하지 않는 것이 좋다.

② 공감적 태도와 공감적 반응 기출

공감적 태도	상대방이 하는 말을 상대방의 관점에서 이해하고 느끼는 것으로 성숙한 인간관계를 유지하기 위해 필요
공감적 반응	상대방의 이야기를 자신의 관점이 아닌 그의 관점에서 이해하며, 상대방의 말 속에 담겨 있는 감정과 생각에 민감하게 반응

OX 문제

01 상대방의 이야기를 들어주는 것과 경청의 의미는 같다. [　]

02 경청은 상대방으로 하여금 개방적이고 솔직한 의사소통을 하도록 촉진하는 기능을 가진다. [　]

03 효과적인 경청을 위해서는 상대방의 말을 적당히 걸러내며 듣는 것이 필요하다. [　]

---

01 [×] 단순히 이야기를 듣는 것은 수동적인 데 반해 경청은 능동적인 의미의 탐색이므로, 이야기를 들어주는 것과 경청의 의미는 다르다.

02 [O]

03 [×] 상대방의 말을 듣기는 하지만 듣는 사람이 임의로 그 내용을 걸러내며 들으면, 상대방의 의견을 제대로 이해할 수 없다.

(1) 의사표현능력이란?

① 의사표현의 의미

말하는 이가 자신의 생각과 감정을 듣는 이에게 음성언어나 신체언어로 표현하는 행위로서, 말하는 이의 목적을 달성하는 데 효과가 있다고 생각하는 말하기를 말한다.

② 의사표현의 종류 [기출]

종류	내용
공식적 말하기	사전에 준비된 내용을 대중을 상대로 하여 말하는 것 [예] 연설, 토의, 토론 등
의례적 말하기	정치적 · 문화적 행사에서와 같이 의례 절차에 따라 말하는 것 [예] 식사, 주례, 회의 등
친교적 말하기	매우 친근한 사람들 사이에서 이루어지는 것으로, 자연스런 상황에서 떠오르는 대로 주고받는 말하기

(2) 의사표현의 중요성

언어에 의해 그려지는 이미지로 인해 자신의 이미지가 형상화될 수 있다. 즉, 자신이 자주 하는 말로써 자신의 이미지가 결정된다는 것이다.

(3) 효과적인 의사표현법 [기출]

종류	내용
지적	• 충고나 질책의 형태로 나타남 • '칭찬 – 질책 – 격려'의 샌드위치 화법을 사용할 것 • 충고는 최후의 수단으로 은유적으로 접근할 것
칭찬	• 대화 서두의 분위기 전환용으로 사용 • 상대에 어울리는 중요한 내용을 포함할 것
요구	• 부탁 : 구체적으로 부탁하며, 거절을 당해도 싫은 내색을 하지 않을 것 • 업무상 지시, 명령 : 강압적 표현보다는 청유식 표현을 활용할 것
거절	• 거절에 대한 사과와 함께 응할 수 없는 이유를 설명할 것 • 요구를 들어주는 것이 불가능할 경우 단호하게 거절하지만, 정색하는 태도는 지양할 것
설득	• 강요는 금물임 • 문 안에 한 발 들여놓기 기법 : 말하는 이가 요청하고 싶은 도움이 100이라면 처음에는 상대방이 'YES'라고 할 수 있도록 50, 60 정도로 부탁을 하고 점차 도움의 내용을 늘려서 상대방의 허락을 유도하는 방법 • 얼굴 부딪히기 기법 : 말하는 이가 원하는 도움의 크기가 50이라면 처음에 100을 상대방에게 요청하고 거절을 유도하는 것이다. 이후 이미 한 번 도움을 거절한 듣는 이는 말하는 이에게 미안한 마음을 가지게 되고, 좀 더 작은 도움을 요청받으면 미안한 마음을 보상하기 위해 100보다 작은 요청을 들어줄 수 있음

(4) 의사표현에 영향을 미치는 요소 기출

① 연단공포증

청중 앞에서 이야기를 해야 하는 상황일 때 정도의 차이는 있지만 누구나 가슴이 두근거리는 등의 현상을 느끼게 된다. 이러한 연단공포증은 소수가 경험하는 심리상태가 아니라, 90% 이상의 사람들이 호소하는 불안이므로 이를 걱정할 필요는 없으며, 오히려 이러한 심리현상을 잘 통제하면서 표현을 한다면 청자는 그것을 더 인간답다고 생각하게 된다.

② 말

종류	내용
장단	표기가 같은 말이라도 소리가 길고 짧음에 따라 전혀 다른 뜻이 되는 단어의 경우 긴 소리와 짧은 소리를 구분하여 정확하게 발음해야 한다.
발음	발음이 분명하지 못하면 듣는 이에게 정확하게 의사를 전달하기 어렵다. 천천히 복식호흡을 하며 깊은 소리로 침착하게 이야기하는 습관을 가져야 한다.
속도	발표할 때의 속도는 10분에 200자 원고지 15장 정도가 적당하다. 이보다 빠르면 청중이 내용에 대해 생각할 시간이 부족하고 놓친 메시지가 있다고 느끼며, 말하는 사람이 바쁘고 성의 없다는 느낌을 주게 된다. 반대로 느리게 말하면, 분위기가 처지게 되어 청중이 내용에 집중을 하지 못한다. 발표에 능숙하게 되면 청중의 반응을 감지하면서 분위기가 처질 경우 좀 더 빠르게, 내용상 중요한 부분을 짚고 넘어가고자 할 경우는 조금 여유 있게 말하는 등의 조절을 할 수 있다.
쉼	의도적으로 쉼을 잘 활용함으로써 논리성, 동질감 등을 확보할 수 있다.

③ 몸짓

종류	내용
몸의 방향	몸의 방향을 통해 대화 상대를 향하는가 혹은 피하는가가 판단된다. 예를 들어 대화 도중에 끼어든 제3자가 있다고 상상했을 때, 말하는 이가 제3자를 불편하게 생각하는 경우 살짝 몸을 돌릴 수 있다. 몸의 방향은 의도적일 수도 있고, 비의도적일 수도 있으나 말하는 이가 그 사람을 '피하고' 있음을 표현하는 방식이 된다.
자세	특정 자세를 보고 그 사람의 분노, 슬픔, 행복과 같은 일부 감정들을 맞히는 것이 90% 이상 일치한다는 연구 결과가 있다. 자신뿐 아니라 지금 대화를 나누고 있는 상대방의 자세에 주의를 기울임으로써 우리는 언어적 요소와는 다른 중요한 정보를 얻을 수 있다.
몸동작	몸짓의 가장 흔한 유형은 몸동작으로, 화자가 말을 하면서 자연스럽게 동반하는 움직임이다. 누군가 우리에게 길을 물어볼 때 자연스럽게 말과 함께 손가락과 몸짓을 통해 길을 알려준다. 몸동작은 말로는 설명하기 어려운 것들을 설명하는 데 자주 사용되며, 몸동작이 완전히 배제된 의사표현은 때로 어색함을 줄 수 있다. 또한, "최고다."라는 긍정적 신호를 보내기 위해 엄지를 들어 올리는 등의 상징적 동작은 말을 동반하지 않아도 의사표현이 가능하게 한다. 상징적 동작은 문화권에 따라 다를 수 있으므로, 다른 문화권의 사람들과 의사소통을 해야 할 경우에는 문화적 차이를 고려해야 한다.
유머	유머는 의사표현을 더욱 풍요롭게 도와준다. 하지만 하루아침에 유머를 포함한 의사표현을 할 수 있는 것은 아니며, 평소 일상생활 속에서 부단히 유머 감각을 훈련하여야만 자연스럽게 상황에 맞는 유머를 즉흥적으로 구사할 수 있다.

OX 문제

01 개방적인 질문은 상대방의 다양한 생각을 이해하게 도와준다. [　]

02 의사표현의 종류에는 공식적인 말하기와 의례적인 말하기가 있으며, 친구들끼리의 친교적 대화는 포함되지 않는다. [　]

03 상대방의 잘못을 지적할 때는 샌드위치 화법으로 칭찬과 격려를 같이 사용한다. [　]

04 상대방에게 부탁해야 할 때는 상대방의 사정은 고려하지 않고 일단 자신의 요구사항부터 제시해야 한다. [　]

05 효과적인 의사표현을 위해서는 말하는 이가 자신이 전달하고 싶은 메시지가 무엇인지 분명하게 인식해야 한다. [　]

---

01 [○]

02 [×] 의사표현의 종류는 상황이나 사태와 관련하여 공식적 말하기, 의례적 말하기, 친교적 말하기로 구분하며, 구체적으로 대화, 토론, 보고, 연설, 인터뷰, 낭독, 구연, 소개하기, 전화로 말하기, 안내하는 말하기 등이 있다. 따라서 친구들끼리의 친교적 대화도 포함된다.

03 [○]

04 [×] 상대방에게 부탁할 때는 먼저 상대방이 그 부탁을 들어줄 수 있는지 상황부터 확인해야 한다.

05 [○]

(1) 기초외국어능력이란?

우리만의 언어가 아닌 세계의 언어로 의사소통을 가능하게 하는 능력을 말하며, 필요한 문서이해나 문서작성, 의사표현, 경청 등 기초적인 의사소통을 기초적인 외국어로서 가능하게 하는 능력을 말한다.

(2) 기초외국어능력의 중요성

외국인들과의 업무가 잦은 특정 직무뿐만 아니라 컴퓨터 활용 및 공장의 기계 사용, 외국산 제품의 사용법을 확인하는 경우 등 기초외국어를 모르면 불편한 경우가 많다.

(3) 외국인과의 비언어적 의사소통

① 표정으로 알아채기

웃는 표정은 행복과 만족, 친절을 표현하는 데 비해, 눈살을 찌푸리는 표정은 불만족과 불쾌를 나타낸다. 또한 눈을 마주 쳐다보는 것은 흥미와 관심이 있음을, 그리고 그렇게 하지 않음은 무관심을 말해준다.

② 음성으로 알아채기

어조가 높으면 적대감이나 대립감을 나타내고, 낮으면 만족이나 안심을 나타낸다. 또한 목소리가 커졌으면 내용을 강조하는 것이거나 흥분, 불만족 등의 감정 상태를 표현하는 것이다. 또한 말의 속도와 리듬이 매우 빠르거나 짧게 얘기하면 공포나 노여움을 나타내는 것이며, 너무 자주 말을 멈추면 결정적인 의견이 없음을 의미하거나 긴장 또는 저항을 의미한다.

OX 문제

01 외국인과의 의사소통 시 자주 말을 중지하는 것은 결정적인 의견이 없음을 의미하거나 긴장 또는 저항을 의미한다. [　]

02 기초외국어능력은 외국인과의 유창한 의사소통능력을 말한다. [　]

---

01 [○]

02 [×] 기초외국어능력은 일 경험 중에 필요한 공문서, 기계 설명서 등 문서이해나 문서작성, E-mail과 전화응대 등 의사표현과 같은 기초적인 의사소통을 기초적인 외국어로 가능하게 하는 능력을 말한다.

02 | 의사소통능력 맛보기

01 김상수 부장은 박정수 부장의 조언에 따라 부하직원들에게 〈보기〉와 같이 말하였다. 이때, 김상수 부장이 박정수 부장의 조언을 제대로 활용하지 못한 것을 모두 고르면?

> 김상수 부장 : 요즘 우리 부서 직원들이 실수를 자주 하는데, 어떻게 꾸짖어야 하는지 잘 모르겠어. 혹시 내가 말을 잘못해서 상처받지 않을까 하고 그냥 참고 있는데, 좋은 방법이 없을까?
>
> 박정수 부장 : 아, 그럴 때는 상황에 맞는 의사표현법을 써야지. 상대방의 기분을 해치지 않으면서도 효과적으로 내 의사를 전달할 수 있게 말이야.
>
> 김상수 부장 : 그래? 몇 가지 방법 좀 알려줄 수 있어?
>
> 박정수 부장 : 부하 직원이 잘못을 저질렀을 때는, 본인이 알 수 있도록 확실하게 지적해야 해. 괜히 돌려 말한다고 모호한 말로 얘기하면 설득력이 떨어져. 그리고 이왕 꾸짖는 거니 그동안 잘못했던 일을 한꺼번에 얘기하면 서로 불편한 일 여러 번 하지 않아서 좋지.
>
> 김상수 부장 : 그렇군.
>
> 박정수 부장 : 그리고 질책만 하지 말고, 칭찬을 먼저하고 질책을 한 다음, 끝에 격려의 말을 한다면 더 좋을 거야.
>
> 김상수 부장 : 그래. 너무 질책만 하면 의기소침해 질 수 있으니까.
>
> 박정수 부장 : 또 충고해야 할 때는 속담이나 예화를 들어 비유법으로 깨우쳐주면 듣는 사람도 이해하기가 쉽겠지. 그리고 충고는 가급적이면 최후의 수단으로 하는 것이 좋아. 그나저나, 우리 부서 강과장이 연단공포증이 있어서 큰일이야. 지난번에 실적 발표를 하면서 덜덜 떨던 거 자네도 기억하나? 앞으로 많은 사람 앞에서 발표할 일이 많을 텐데 어떻게 해줘야 할지 모르겠어.

보기

ㄱ. '두 마리 토끼를 잡으려다 한 마리도 못 잡는다.'라는 말이 있지 않나. 너무 욕심 부리지 말고 지금 진행하고 있는 프로젝트부터 끝내도록 하게.

ㄴ. 보고서 21페이지의 표가 잘못되었어. 2022년이 아니라 2023년 수치로 넣도록 해.

ㄷ. 최근 고객으로부터 자네가 불친절하다는 항의를 들었어. 고객대응 매뉴얼을 다시 한 번 정독하고 앞으로는 이런 얘기가 나오지 않도록 하게.

ㄹ. 계약서를 이렇게 쓰면 어떻게 하나. 그래도 채대리는 꼼꼼한 성격이니 다음부터는 이런 실수가 없을 거야. 기운 내도록 해.

ㅁ. 최사원의 이번 기획안이 참 좋네. 세부 계획의 내용이 좀 부족한데 그 부분을 상세하게 수정하면 잘 될 걸세.

① ㄱ   ② ㄴ

③ ㄹ   ④ ㄴ, ㄷ

⑤ ㄷ, ㄹ, ㅁ

상대방을 질책해야 할 때는 질책을 가운데 두고 칭찬을 먼저 한 다음에 격려의 말을 해야 한다. ㄹ의 경우에는 질책 – 칭찬 – 격려
순으로 구성되어 잘못된 의사표현법에 해당한다.

오답분석

ㄱ. 충고를 하면서 비유법을 활용하고 있다.

ㄴ·ㄷ. 잘못된 부분을 돌려 얘기하지 않고 확실하게 지적하고 있다.

ㅁ. 질책을 가운데 두고 칭찬을 먼저 한 다음, 마지막으로 격려의 말을 하고 있다.

풀이 전략!

실제 대화를 통해 올바른 의사소통방법에 대해 묻는 문제로, 거의 매번 출제되는 유형이다. 특히 상대방의 잘못을 지적할
때는 지금 당장 꾸짖고 있는 내용에만 한정해야 한다는 것에 주의할 필요가 있다. 이것저것 함께 꾸짖으면 효과가 없으며,
'칭찬의 말', '질책의 말', '격려의 말' 순서대로 질책을 가운데 두고 칭찬을 먼저 한 다음 끝에 격려의 말을 하면 상대방이
부드럽게 받아들일 수 있다. 모호한 표현은 설득력을 약화시키므로 확실하게 지적하되 비유를 활용하기도 한다. 통상 오답으로
그동안 잘못했던 일을 한꺼번에 지적하는 사례가 등장하는 경우가 많다.

02 다음 글의 내용으로 가장 적절한 것은?

우리가 조선의 왕을 부를 때 흔히 이야기하는 태종, 세조 등의 호칭은 묘호(廟號)라고 한다. 왕은 묘호뿐 아니라 시호(諡號), 존호(尊號) 등도 받았으므로 정식 칭호는 매우 길었다. 예를 들어 선조의 정식 칭호는 '선조소경정륜입극성덕홍렬지성대의격천희운현문의무성예달효대왕(宣祖昭敬正倫立極盛德洪烈至誠大義格天熙運顯文毅武聖睿達孝大王)'이다. 이 중 '선조'는 묘호, '소경'은 명에서 내려준 시호, '정륜입극성덕홍렬'은 1590년에 올린 존호, '지성대의격천희운'은 1604년에 올린 존호, '현문의무성예달효대왕'은 신하들이 올린 시호이다.

묘호는 왕이 사망하여 삼년상을 마친 뒤 그 신주를 종묘에 모실 때 사용하는 칭호이다. 묘호에는 왕의 재위 당시의 행적에 대한 평가가 담겨 있다. 시호는 왕의 사후 생전의 업적을 평가하여 붙여졌는데, 중국 천자가 내린 시호와 조선의 신하들이 올리는 시호 두 가지가 있었다. 존호는 왕의 공덕을 찬양하기 위해 올리는 칭호이다. 기본적으로 왕의 생전에 올렸지만 경우에 따라서는 '추상존호(追上尊號)'라 하여 왕의 승하 후 생전의 공덕을 새롭게 평가하여 존호를 올리는 경우도 있었다.

왕실의 일원들을 부르는 호칭도 경우에 따라 달랐다. 왕비의 아들은 '대군'이라 부르고, 후궁의 아들은 '군'이라 불렀다. 또한 왕비의 딸은 '공주'라 하고, 후궁의 딸은 '옹주'라 했으며, 세자의 딸도 적실 소생은 '군주', 부실 소생은 '현주'라 불렀다. 왕실에 관련된 다른 호칭으로 '대원군'과 '부원군'도 있었다. 비슷한 듯 보이지만 크게 차이가 있었다. 대원군은 왕을 낳아준 아버지, 즉 생부를 가리키고, 부원군은 왕비의 아버지를 가리키는 말이었다. 조선시대에 선조, 인조, 철종, 고종은 모두 방계에서 왕위를 계승했기 때문에 그들의 생부가 모두 대원군의 칭호를 얻게 되었다. 그런데 이들 중 살아 있을 때 대원군의 칭호를 받은 이는 고종의 아버지 흥선대원군 한 사람뿐이었다. 왕비의 아버지를 부르는 호칭인 부원군은 경우에 따라 책봉된 공신(功臣)에게도 붙여졌다.

① 세자가 왕이 되면 적실의 딸은 옹주로 호칭이 바뀔 것이다.
② 조선시대 왕의 묘호에는 명나라 천자로부터 부여받은 것이 있다.
③ 왕비의 아버지가 아님에도 부원군이라는 칭호를 받은 신하가 있다.
④ 우리가 조선시대 왕을 지칭할 때 사용하는 일반적인 칭호는 존호이다.
⑤ 흥선대원군은 왕의 생부이지만 고종이 왕이 되었을 때 생존하지 않았더라면 대원군이라는 칭호를 부여받지 못했을 것이다.

③

왕비의 아버지를 부르는 호칭인 '부원군'은 경우에 따라 책봉된 공신에게도 붙여졌다고 하였으므로 적절한 내용이다.

오답분석

① 세자의 딸 중 적실 소생은 '군주'라고 칭했으며, '옹주'는 후궁의 딸을 의미한다.

② 왕의 사후에 생전의 업적을 평가하여 붙이는 것을 '시호'라 하는데, 이 '시호'에는 중국 천자가 내린 시호와 조선의 신하들이 올리는 시호 두 가지가 있었다고 하였다. 묘호는 왕이 사망하여 삼년상을 마친 뒤 그 신주를 종묘에 모실 때 사용하는 칭호인데, 이를 중국의 천자가 내린 것인지는 알 수 없다.

④ 우리가 조선의 왕을 부를 때 흔히 이야기하는 태종, 세조 등의 호칭은 묘호라고 하며, 존호는 왕의 공덕을 찬양하기 위해 올리는 칭호이다.

⑤ 대원군이라는 칭호는 생존 여부와는 무관하게 왕을 낳아준 아버지를 모두 지칭하는 말이므로 적절하지 않은 내용이다.

풀이 전략!

흔히 제시문의 첫 부분에 나오는 구체적인 내용들은 중요하지 않은 정보라고 판단하여 넘기곤 한다. 하지만 의외로 첫 부분에 등장하는 내용이 선택지로 구성되는 경우가 상당히 많은 편이며, 물론, 첫 부분의 내용으로 구성된 선택지가 답이 되는 경우는 드물지만 이것이 글 전체의 흐름을 알게 해주는 길잡이와 같은 역할을 하는 경우가 빈번하므로 지엽적인 정보라고 하더라도 꼼꼼하게 챙기도록 하자.

03 | 대표유형 적중문제

정답 및 해설 p.018

|01| 모듈형

01 다음 중 전사 프로젝트 회의에 필요한 문서를 작성하는 방법으로 적절하지 않은 것은?

① 임원들이 참여하므로 문장에 여러 내용을 함축하여 자세하게 쓰되, 한자를 활용한다.

② 문서에는 비관적인 문장보다는 낙관적인 문장으로 쓰되, 경어를 사용한다.

③ 연도별 매출 추이는 비교가 가능하게끔 막대그래프로 표현한다.

④ 문서의 서두에 표제를 붙이고 한 장의 용지에 작성을 원칙으로 한다.

⑤ 문서는 사람들이 보기 쉽고, 또한 이해하기 쉬워야 한다.

02 다음에서 설명하는 문서의 종류는?

> 회사의 업무에 대한 협조를 구하거나 의견을 전달할 때 작성하며, 흔히 사내 공문서라고도 한다.

① 기안서   ② 기획서

③ 보고서   ④ 비즈니스 레터

⑤ 보도자료

03 다음 중 문서적인 의사소통에 대한 설명으로 적절하지 않은 것은?

① 업무지시 메모, 업무보고서 작성 등이 있다.

② 문서적인 의사소통은 정확하지 않을 수 있다.

③ 언어적인 의사소통보다 권위감이 있다.

④ 언어적인 의사소통에 비해 유동성이 크다.

⑤ 언어적인 의사소통보다 전달성이 높고 보존성이 크다.

04 다음은 문제중심학습(PBL)에 대한 글이다. 제시된 문장 다음에 이어질 내용을 논리적 순서대로 바르게 나열한 것은?

> 개인의 일상생활은 물론 사회생활에서도 의사소통능력은 매우 중요하지만, 과거에는 이러한 중요성에도 불구하고 의사소통능력에 대해 단순 암기위주의 수업으로 진행해왔다.

> ㄱ. 이러한 문제중심학습(PBL)은 학생들로 하여금 학습에 더 능동적이게 참여하도록 할 뿐 아니라 자기 주도적으로 문제를 해결할 수 있는 문제해결능력도 기를 수 있도록 도와준다.
> ㄴ. 따라서 의사소통 능력에 관한 지식은 교수자가 단순히 기존에 확립되어 있는 지식을 학습자들에게 이해시키는 강의 교수법이 아닌, 실제 현장에서 일어나는 사례를 예로 들어 실제 현장에서 학습자들이 적용시킬 수 있는 문제중심학습(PBL)이 더 적절할 것이다.
> ㄷ. 하지만 의사소통은 단순 암기위주로 배울 수 있는 특정한 장소와 시간에 관한 단편적인 지식이 아니다. 의사소통은 본래 실제 상황에서 발생하는 현상을 잘 관찰하고 이해를 해야만 얻어질 수 있는 고차원적인 지식이기 때문이다.
> ㄹ. 단, 이 때 교수자는 학생들이 다양한 문제해결능력을 기를 수 있도록 자신의 생각이나 행동들을 객관적 기준으로 생각하지 않게 하는 것이 중요하다.

① ㄱ - ㄴ - ㄷ - ㄹ   ② ㄱ - ㄹ - ㄷ - ㄴ
③ ㄴ - ㄷ - ㄱ - ㄹ   ④ ㄷ - ㄱ - ㄹ - ㄴ
⑤ ㄷ - ㄴ - ㄱ - ㄹ

PART 1

05 다음 글과 가장 관련 있는 한자성어는?

> 정부는 호화생활을 누리면서도 세금을 내지 않는 악의적 고액·상습 체납자에 대해 제재를 강화하기로 하였다. 정부가 추진하는 방안에 따르면 정당한 사유 없이 국세를 상습적으로 체납할 경우 최대 30일간 유치장에 가둘 수 있다. 여권 미발급자에게는 출국 금지 조치가 취해질 수 있고, 당사자뿐 아니라 가까운 친인척에 대해서도 금융거래정보 조회가 이뤄질 수 있다. 이는 악성 체납자를 뿌리 뽑겠다는 정부의 강력한 의지 표시이다.
> 국세청에 따르면 고가 아파트에 살고 외제차를 몰면서 2억 원 이상의 세금 납부를 미루고 있는 고액 체납자는 3만 5,000명이 넘는다. 이들의 체납액은 102조 6,000억 원에 달하지만, 추적 실적은 1조 1,555억 원으로 징수율이 1.1%에 불과하다.
> 이처럼 호화생활 고액 체납자는 강력한 제재로 다스려야 마땅하다. 성실하게 세금을 납부하는 대다수 국민에게 상대적 박탈감을 주고, 계층 간의 위화감으로 사회 통합에 걸림돌이 될 수 있기 때문이다.

① 일벌백계(一罰百戒)   ② 유비무환(有備無患)
③ 일목파천(一目破天)   ④ 가정맹어호(苛政猛於虎)
⑤ 오십보백보(五十步百步)

06 다음은 커뮤니케이션 네트워크의 형태를 정리한 것이다. 주어진 상황에서 나타나는 네트워크 형태로 가장 적절한 것은?

〈커뮤니케이션 네트워크 형태〉

1) 쇠사슬형
   - 공식적인 명령 계통에 따라 수직적, 수평적 형태
   - 단순 반복 업무에 있어 신속성과 효율성이 높음
   - 단방향 소통으로 왜곡 발생 가능성이 높음
2) 수레바퀴(Wheel)형
   - 조직 구조 중심에 리더가 존재
   - 구성원들의 정보 전달이 한 사람에게 집중
   - 상황 파악과 문제 해결이 신속
   - 복잡한 문제 해결에 한계
3) Y형
   - 다수의 구성원을 대표하는 인물이 존재
   - 관료적이고 위계적인 조직에서 발견
   - 라인과 스텝이 혼합되어있는 집단에서 흔히 나타남
4) 원(Circle)형
   - 뚜렷한 서열이 없는 경우에 나타나는 형태
   - 같은 목적을 위해 원활하게 소통이 이루어지는 형태
   - 업무 진행 및 의사 결정이 느림
   - 구성원의 참여도와 만족도가 높음
5) 완전연결(All Channel)형
   - 가장 이상적인 형태로 리더가 존재하지 않음
   - 누구나 커뮤니케이션을 주도할 수 있음
   - 가장 구조화되지 않은 유형
   - 조직 안에서 정보교환이 완전히 이루어짐
   - 가장 효과적이며 구성원 간의 만족도와 참여도가 높음

〈상황〉

- 홍보 팀장은 참여하지 않고, 나머지 팀원이 자유롭게 의견을 공유하고 있다.
- 정보공유가 완전하게 이루어지고 있다.
- 구성원들의 참여도와 만족도가 높다.
- 토의방식이 구조화를 갖추고 있지 않은 상태로 리더가 없다.
- 위에서 주어진 상황에 맞게 여행 홍보팀이 토의한 내용이다.

오부장 : 본부장 회의에서 나온 결론은 매출 향상을 위해서는 여행상품이 연령대, 소득 격차 등에
따라 세분화 될 필요가 있다는 겁니다. 이건 특히 제가 아주 강조한 의견이기도 합니다.
지금까지 얘기한 걸 다들 들었을 것이라 생각하고 이제 여러분들이 여행상품 세분화에 대
한 실행 방안은 어떤 게 있을지 의견을 말씀해주세요.

김대리 : 부장님, 그럼 혹시 각 권역별 특성에 맞는 상품 개발에 대한 논의도 있었나요?

나사원 : 네, 저는 고객의 안전이 최우선이라는 콘텐츠를 권역별로 세분화를 한다면 매출향상에 도
움이 될 것 같다고 예전부터 생각했습니다.

박사원 : 부장님 의견에 전적으로 동의합니다. 소득 격차에 대한 기준을 정해야 할 것 같아요.

이차장 : 글쎄요, 여행상품 세분화로 매출 향상이 될 수 있을지 의문입니다.

김과장 : 제 의견도 이차장님과 같아요. 다양한 세분화보단 더 나은 콘텐츠로 홍보를 진행해야 한
다고 생각해요.

① 원(Circle)형   ② Y형
③ 수레바퀴(Wheel)형   ④ 완전연결(All Channel)형
⑤ 쇠사슬형

07 다음 중 키슬러의 대인관계 의사소통을 참고할 때, P과장에게 해 줄 조언으로 가장 적절한 것은?

> A직원 : Z과장님이 본사로 발령 나시면서, 홍보팀에 과장님이 새로 부임하셨다며, 어떠셔? 계속 지방에 출장 중이어서 이번에 처음 뵙는데 궁금하네.
>
> B직원 : P과장님? 음. 되게 능력이 있으시다고 들었어. 회사에서 상당한 연봉을 제시해 직접 스카우트하셨다고 들었거든. 근데, 좀 직원들에게 관심이 너무 많으셔.
>
> C직원 : 맞아. Z과장님은 업무를 지시하시고 나서는 우리가 보고할 때까지 아무 간섭 안 하시고 보고 후에 피드백을 주셔서 일하는 중에는 부담이 덜했잖아. 근데, 새로 온 P과장님은 업무 중간 중간에 어디까지 했냐? 어떻게 처리되었냐? 이렇게 해야 한다. 저렇게 해야 한다. 계속 말씀하셔서 너무 눈치 보여. 물론 바로바로 피드백을 받을 수 있어 수정이 수월하긴 하지만 말이야.
>
> B직원 : 맞아. 그것도 그거지만 나는 회식 때마다 이전 회사에서 했던 프로젝트에 대해 계속 자랑하셔서 이젠 그 대사도 외울 지경이야. 물론 P과장님의 능력이 출중하다는 건 우리도 알기는 하지만 말이야….

① 독단적으로 결정하시면 대인 갈등을 겪으실 수도 있으니 직원들과의 상의가 필요합니다.

② 자신만 생각하지 마시고, 타인에게 관심을 갖고 배려해 주세요.

③ 직원들과 어울리지 않으시고 혼자 있는 것만 선호하시면 대인관계를 유지하기 어려워요.

④ 인정이 많으신 것은 좋으나 직원들의 요구를 적절하게 거절할 필요성이 있어요.

⑤ 타인에 대한 높은 관심과 인정받고자 하는 욕구는 낮출 필요성이 있어요.

08 다음 중 경청 훈련 방법과 사례가 잘못 연결된 것은?

	방법	사례
①	주의 기울이기	A씨는 말을 하고 있는 B씨의 얼굴과 몸의 움직임뿐만 아니라 호흡하는 자세까지도 주의하여 관찰하고 있다. 또한 B씨의 어조와 억양, 소리 크기에도 귀를 기울이고 있다.
②	상대방의 경험을 인정하고 더 많은 정보 요청하기	C씨는 자신의 경험담을 이야기하고 있는 D씨에게 관심과 존경을 보이고 있으며, D씨가 계속해서 이야기를 할 수 있도록 질문을 던지기도 한다.
③	정확성을 위해 요약하기	E씨는 유치원에서 친구와 다투었다는 아이의 말을 듣고는 "친구와 간식을 두고 다툼을 해서 너의 기분이 좋지 않구나."라며 아이의 이야기를 자신의 말로 반복하여 표현하였다.
④	개방적인 질문	F씨는 G씨에 대한 이해의 정도를 높이기 위해 주말에 부산으로 여행을 간다는 G씨에게 이번 여행은 누구와 가는지 질문하고 있다.
⑤	'왜?'라는 질문 삼가기	H씨는 부정적·강압적인 표현의 '왜?'라는 질문을 사용하지 않으려고 노력하고 있다.

※ 다음 대화를 읽고 이어지는 질문에 답하시오. [9~10]

> 희준 : 민재야, 안녕. 오래 기다렸지?
> 민재 : 아냐. 나도 방금 왔어.
> 희준 : 어? 근데 너 표정이 왜 그래? 아까 통화할 때도 목소리가 좋지 않더니 무슨 일 있는 거야?
> 민재 : 아냐. 이 근처에 볼 일이 있어서 왔는데 네 얼굴도 볼 겸해서 만나자 한 거야.
> 희준 : 아니긴 뭐가 아냐. 나한테 말해봐.
> 민재 : 음, 있잖아...
> 희준 : 아, 목소리 톤하며 표정 보니 알겠다. 여자친구랑 싸운 거지?
> 민재 : 아니, 그런 건 아니고, 사실 나 준비하던 시험에서 떨어졌어.
> 희준 : 그렇구나. 열심히 준비했는데 안타깝네.
> 민재 : 다음 시험 준비하기엔 너무 지쳐서 이제 그냥 포기하려고.
> 희준 : ㉠ 그래, 잘 생각했다. 어디 여행이라도 다니면서 좀 쉬다 새로 시작하는 것도 나쁘지 않지.

09 다음 중 대화에서 희준이 보인 경청의 방해요인에 대한 설명으로 가장 적절한 것은?

① 대화가 너무 사적이거나 위협적이면 주제를 바꾸거나 농담으로 넘기려 하고 있다.
② 단지 반대하고 논쟁하기 위해서 상대방의 말에 귀를 기울이고 있다.
③ 상대방에게 관심을 기울이지 않고 상대방이 말을 할 때 자꾸 다른 생각을 하고 있다.
④ 상대방에 대한 부정적인 판단을 하거나 상대방을 비판하기 위해 상대방의 말을 듣지 않고 있다.
⑤ 상대방의 말을 믿고 받아들이기보다 자신의 생각에 들어맞는 단서들을 찾아 자신의 생각을 확인하고 있다.

10 다음 중 밑줄 친 ㉠에서 나타난 맞장구 표현에 해당하는 것은?

① 치켜 올리듯 가볍게 하는 맞장구
② 동의하는 맞장구
③ 정리하는 맞장구
④ 재촉하는 맞장구
⑤ 감탄하는 맞장구

| 02 | 피듈형

01 다음 글에서 〈보기〉가 들어갈 위치로 가장 적절한 곳은?

> 루트비히 판 베토벤(Ludwig van Beethoven)의 〈교향곡 9번 d 단조〉 Op. 125는 그의 청력이 완전히 상실된 상태에서 작곡한 교향곡으로 유명하다. ____㉠____ 1824년에 완성된 이 작품은 4악장에 합창 및 독창이 포함된 것이 특징이다. 당시 시대적 배경을 볼 때, 이는 처음으로 성악을 기악곡에 도입한 획기적인 작품이었다. ____㉡____ 이 작품은 베토벤의 다른 작품들을 포함해 서양 음악 전체에서 가장 뛰어난 작품 가운데 하나로 손꼽히며, ____㉢____ 현재 유네스코의 세계기록유산으로 지정되어 있다. ____㉣____ 또한 4악장의 전주 부분은 유럽 연합의 공식 상징가로 사용되며, 자필 원본 악보는 2003년 런던 소더비 경매에서 210만 파운드에 낙찰되기도 했다. ____㉤____

> **보기**
>
> 이 작품에 '합창 교향곡'이라는 명칭이 붙은 것도 바로 4악장에 나오는 합창 때문이다.

① ㉠
② ㉡
③ ㉢
④ ㉣
⑤ ㉤

02 다음 글과 가장 관련 있는 한자성어는?

> 중국에 거주하는 J씨는 최근 신고를 받고 출동한 공안에 의해 체포·구금되는 신세로 전락했다. J 씨를 신고한 인물은 그의 친어머니로, J씨는 아버지가 구매한 수입 자동차를 훔쳐 타고 달아난 혐의를 받고 있다.
>
> 어머니의 진술에 의하면 호화로운 사치 생활을 즐기던 J씨는 사회생활을 위해 반드시 고가의 자동차가 필요하다고 요구해왔다. 부모가 요구를 들어주지 않자, 그는 최근 들어 약 8억 원에 달하는 사채를 지는 방식으로 무리한 사치 생활을 이어왔던 것으로 확인됐다. 특히 J씨는 최근 아버지의 주민등록등본과 회사 사업자 등록증 등을 훔쳐 달아난 뒤, 이를 이용해 약 17억 원의 사채를 추가로 대출하려 한 혐의도 받고 있다.
>
> 어머니는 경찰 진술을 통해 "우리 부부는 원래부터 돈이 많은 사람이 아니다."라면서 "농민 출신의 우리 부부가 한두 푼씩을 아껴가면서 지금의 부유한 상황에까지 이른 것이기 때문에 돈을 버는 것이 얼마나 어려운 것인지 잘 알고 있다."라고 했다. "큰돈을 한 번에 쥐여 주기보다는 바닥에서부터 고생하며 돈의 가치를 배우기를 원했다."라면서 "이제는 아들을 내가 자제할 수 없다."라고 덧붙였다.
>
> 한편, 신고를 받고 J씨를 체포·구금한 공안국은 "고가의 자동차를 훔쳐 타고 도주한 뒤 이후 사채업자 등에 되팔았다."라며 "이 행위는 현지법상 최소 징역 10년 형을 받는 중형"이라고 설명했다. 하지만 어머니는 이 같은 상황에 대해 "아들이 정신을 차리고 남은 인생을 올곧게 살아가기 위해서는 이 방법밖에는 달리 도리가 없다."라며 정당한 처벌을 요구했다.

① 반포지효(反哺之孝)
② 지록위마(指鹿爲馬)
③ 불구대천(不俱戴天)
④ 대의멸친(大義滅親)
⑤ 권토중래(捲土重來)

03 다음 글에서 ㉠~㉤의 수정 방안으로 적절하지 않은 것은?

최근 비만에 해당되는 인구가 증가하고 있다. 비만은 다른 질병들을 ㉠ <u>유발할</u> 수 있어 주의를 필요로 ㉡ <u>하는 데</u>, 특히 학생들의 비만이 증가하여 제일 큰 문제가 되고 있다. 학생들의 비만 원인으로 교내 매점에서 판매되는 제품에 설탕이 많이 ㉢ <u>함유되어</u> 있음이 거론되고 있다. 예를 들어 매점의 주요 판매 품목인 탄산음료, 빵 등은 다른 제품들에 비해 설탕 함유량이 높다. 학생들의 비만 문제를 해결하기 위한 방안으로 매점에서 판매되는 설탕 함유량이 높은 제품에 설탕세를 ㉣ <u>메겨서</u> 학생들의 구매를 억제하자는 주장이 있다.

영국의 한 과학자는 생쥐에게 일정 기간 동안 설탕을 주입한 후 변화를 관찰하여 설탕이 비만에 상당한 영향력을 미치고 있으며, 운동 능력도 저하시킬 수 있다는 실험 결과를 발표하였다. 권장량 이상의 설탕은 비만의 주요한 요인이 될 수 있고, 이로 인해 다른 질병에 노출될 가능성도 ㉤ <u>높이는</u> 것이다. 이렇게 비만을 일으키는 주요한 성분 중 하나인 설탕이 들어간 제품에 대해 그 함유량에 따라 부과하는 세금을 '설탕세'라고 한다. 즉, 설탕세는 설탕 함유량이 높은 제품의 가격을 올려 소비를 억제하기 위한 방법이라고 할 수 있다.

① ㉠은 사동의 뜻을 가진 '유발시킬'로 수정해야 한다.
② ㉡의 '-ㄴ데'는 연결 어미로 '하는데'와 같이 붙여 써야 한다.
③ ㉢은 문맥상 같은 의미인 '포함되어'로 바꾸어 쓸 수 있다.
④ ㉣은 잘못된 표기이므로 '매겨서'로 수정해야 한다.
⑤ ㉤은 피동의 뜻을 가진 '높아지는'으로 수정해야 한다.

항원은 감기바이러스, 알레르기 등 면역 반응을 일으키는 원인으로 생명체의 체내에 침입하는 모든 이물질의 일종이다. 대개 병원균, 바이러스 등 외부 침입 물질을 항원으로 취급하지만 체내 합성 물질, 심지어 암세포도 항원의 일종으로 볼 수 있다. 이에 대항하는 것이 항체이다. 항체는 항원을 인식하여 결합하여 항원의 기능을 억제한다. 이 과정에서 우리 몸은 침입한 항원에 대항하는 항체를 생산하는 법을 기억했다가 해당 항원이 재침입하면 우리 몸은 기억했던 항원에 대한 항체를 빠르게 생산하여 재침입한 항원을 무력화한다. 이를 항원 – 항체반응이라고 한다.

그럼에도 우리는 일상에서 감기에 걸리곤 한다. 그렇다면 감기도 바이러스고 항원인데 왜 감기에 걸리는지에 대한 의문이 생길 것이다. 바이러스는 항원 변이를 통해 진화한다. 우리 몸은 이 진화한 항원을 기존 항원과는 다른 새로운 항원으로 인식하여 기존 만든 항체가 쓰지 않고 진화한 항체에 알맞은 항체를 새로 만들게 된다. 즉, 감기바이러스는 수시로 변이하는 항원이므로 한 번 침입한 항원에 대한 항체를 보관하였다 다시 쓸 수 없다는 것이다. 변이 바이러스가 무서운 점이 이것이다. 기존 항원과 다른 항원으로 받아들이므로 새로운 항체를 만들어야 하고 항체 생산이 완료될 때까지 항원이 치명적인 독소를 생산한다면 위험할 것이다. 항체는 너무 적어서도 안 되고 너무 많아서도 안 된다. 당연하지만 항체가 부족하면 체내에 침입한 항원과 대항할 힘이 없다는 의미다. 그렇지만 ⓕ 항체가 너무 많다면 오히려 체내 정상적인 세포를 공격할 수 있다. 항원이 침입하였을 때도 항체의 생산량 또한 너무 적어서도 안 되고 너무 많아서도 안 되며 적정한 수준으로 항체를 생산하여야 한다. 항체는 항상 적정한 수준으로 유지되어야 하며 항원이 침입하였을 때는 항원에 대항할 수 있는 적정한 양의 항체를 생산할 수 있어야 한다.

올해 1월 방역당국은 약 99%의 국민이 코로나19 항체를 보유한 것으로 발표한 바 있다. 하지만 국민 대부분이 코로나19 항체를 보유한 것으로 집단면역이 형성되었다고 판단할 수 없으며 국내외 연구 결과에 따르면 항체의 효과는 3개월 후 효과가 급감하므로 섣부른 판단은 할 수 없다고 밝혔다. 이어서 60대 이상의 고연령층을 포함한 고위험군은 여전히 백신 추가접종이 필요하므로 코로나19 백신을 추가로 접종을 적극적으로 권장하였다.

04 다음 중 윗글을 읽고 이해한 내용으로 적절하지 않은 것은?

① 수혈받을 때 항원 – 항체반응이 일어나지 않도록 조심해야겠네.

② 변이가 빠른 바이러스는 항체를 보유했더라도 그 바이러스에 다시 감염될 수 있겠네.

③ 외할아버지 연세가 78세이시니 백신 접종을 받아보시게 하는 것이 좋겠어.

④ 에볼라 바이러스와 같은 치사율이 매우 높은 바이러스는 의외로 감염률이 낮을 수 있겠네.

⑤ 같은 바이러스에 감염돼도 항체 생성 능력이 떨어지면 완치 기간이 더 길겠네.

05 다음 중 밑줄 친 ⓕ에 해당하는 한자성어는?

① 과유불급(過猶不及)　　　　　　② 오매불망(寤寐不忘)

③ 와신상담(臥薪嘗膽)　　　　　　④ 금의환향(錦衣還鄉)

⑤ 막역지우(莫逆之友)

| 03 | PSAT형

01 다음 글을 통해 추론할 수 있는 내용으로 적절하지 않은 것은?

> 일상에서 타인의 특성과 성향을 구분 지을 때 흔히 좌뇌형 인간과 우뇌형 인간이라는 개념이 쓰이곤 한다. 이 개념에 따르면 좌뇌형 인간은 추상적인 언어나 사고, 수학적 계산 등 논리적인 능력이 뛰어나며, 우뇌형 인간은 전체를 보는 통찰력과 협동성, 예술적인 직관이 뛰어난데, 이를 성별에 빗대 좌뇌형 인간을 남성적이고 우뇌형 인간을 여성적이라고 평가하는 일 또한 흔하다.
>
> 하지만 성별이나 성향에 따른 좌뇌와 우뇌의 활용도 차이는 결과에 따른 사후해석에 가깝다. 물론 말하기를 담당하는 브로카 영역과 듣기를 담당하는 베르니케 영역이 거의 대부분 좌반구에 존재하기 때문에 좌측 뇌에 손상을 받으면 언어 장애가 생기는 것은 사실이다. 하지만 그렇기 때문에 좌뇌형 인간은 언어능력이 뛰어나며, 각자의 성격이나 장점에 직접적으로 관여한다고 결론짓는 것은 근거가 없는 개념인 것이다. 또한 이 개념대로라면 실제로 좌반구는 우측 신체를 담당하고, 우반구는 좌측 신체를 담당하기 때문에 오른손잡이가 대부분 좌뇌형 인간이 되는 불상사가 일어난다.
>
> 다만 성별에 따른 뇌기능 차이에 대해서는 어느 정도 유의미한 실험 결과들이 존재하기도 한다. 1998년 미국 듀크대학 연구팀은 실험을 통해 남성은 공간 정보를 담은 표지물의 절대적 위치를 주로 활용하고, 여성은 '의미화'될 수 있는 공간 정보의 상대적 위치를 가늠하여 기억한다는 사실을 발견했다. 2014년 미국 펜실베이니아대학 연구팀은 여성 뇌에서는 좌뇌와 우뇌의 상호 연결이 발달한 데 반해 남성 뇌에서는 좌뇌와 우뇌 각각의 내부 연결이 발달하는 특징이 나타난다고 보고했다.

① 사람은 특정 행동을 할 때 특정 부위의 뇌를 더 사용한다.

② 좌뇌형 인간과 우뇌형 인간을 판단하는 기준은 실제로는 성별과 크게 관련이 없다.

③ 특정한 작업을 할 때, 여성의 경우 남성에 비해 상대적으로 양쪽의 뇌가 골고루 활성화 될 것이다.

④ 남성에게 길을 물을 때 여성에게 길을 묻는 것보다 수치화된 답변이 나올 가능성이 상대적으로 높을 것이다.

⑤ 단순히 베르니케 영역에 문제가 생겼다고 해서 언어를 이해하는 능력에 문제가 발생할 것이라고 단정 짓기는 어렵다.

02 다음 중 ㉠~㉤에 대한 반응으로 적절하지 않은 것은?

S공사는 2023년부터 지자체 및 전문가는 물론 일반 국민들도 가뭄에 대한 다양한 정보를 손쉽게 제공받을 수 있는 '가뭄 정보 포털' 서비스를 시작했다. 가뭄 정보 포털은 국가가 가뭄 피해 예방을 위해 구축한 종합 가뭄 의사 결정 지원 서비스로, 국민, 정부·지자체, 학계 전문가 각각의 성격에 걸맞도록 다양한 정보를 제공하는 국내 유일의 가뭄 종합시스템이다.

국민들은 가뭄 정보 포털 내 ㉠ <u>우리 동네 가뭄 정보 서비스</u>를 통해 거주 지역의 가뭄 관련 정보를 제공받을 수 있으며, 가뭄 단계별 대응 행동요령과 가뭄 관련 상식, 생활 속 물 절약 방법 등에 대해 알 수 있다.

정부 기관 담당자에게는 전국의 가뭄 현황 및 전망 정보를 공유함으로써 정책 수립에 도움을 주고, 해당 지자체 담당자에게는 특화된 지역 중심의 맞춤형 가뭄 정보를 제공하여 가뭄에 대한 선제적 대응과 의사 결정을 지원하는 가뭄 종합상황판 서비스를 제공한다.

학계 전문가에게는 가뭄 분석을 위한 기초 자료(수원 정보, 시계열 관측 자료), 국내·외 연구 논문을 ㉡ <u>통합 데이터 뷰어 서비스</u>를 통해 제공함으로써 활용 가능한 연구를 진행할 수 있도록 지원한다. S공사는 구축한 가뭄 관련 정보를 세계적으로 공유할 수 있도록 올해 ㉢ <u>영문 포털</u>을 새롭게 오픈했으며, 이를 통해 ㉣ <u>빅데이터를 활용한 가뭄 분석 서비스</u>, 위성영상 자료 등을 이용할 수 있다. 이 밖에도 여러 종류의 IT 기기에서 가뭄 정보 포털을 확인할 수 있도록 ㉤ <u>반응형 웹 서비스</u>도 새로 시작했다.

S공사는 포털을 통해 신속하고 다양한 가뭄 정보를 제공함으로써, 국민들의 가뭄 대처 실행력을 증진 시키고, 정부·지자체의 가뭄 대응 의사 결정을 지원해 가뭄에 선제적으로 대처하고 피해를 예방할 수 있을 것으로 기대한다.

① ㉠ : 평소 일기 예보에 잘 언급되지 않는 지역에서 농사를 짓고 있는 농민에게 유용할 수 있겠어.
② ㉡ : 강수량 변화와 관련된 연구를 진행 중인 교수님이 많은 도움을 얻었다고 했어.
③ ㉢ : 아직 한국어가 서툰 외국인도 관련 정보를 쉽게 얻을 수 있겠어.
④ ㉣ : 분석 자료를 통해 전년도 학기 연구 과제에서 좋은 점수를 받을 수 있었어.
⑤ ㉤ : 스마트폰이나 태블릿 PC에서도 포털 접속이 수월해졌어.

03 다음 글의 주장으로 가장 적절한 것은?

옛날 태학에서는 사람들에게 풍악을 가르쳤기 때문에 명칭을 '성균관(成均館)'이라 하였다. 그러나 지금 태학에서는 풍악을 익히지 않으니 이 이름을 쓰는 것은 옳지 않고 '국자감'으로 바꾸는 것이 옳다. 국자(國子)란 원래 왕실의 적자(嫡者)와 공경대부의 적자인데, 지금 태학에는 국자만 다니는 것이 아니기에 명칭과 실상이 서로 어긋나지만 국자감이 그래도 본래 의미에 가깝다.

옛날에 사람을 가르치는 법은 원래 두 길이었다. 국자는 태학에서 가르쳤는데 대사악(大司樂)이 주관했고, 서민은 향학에서 가르쳤는데 대사도(大司徒)가 주관하였다. 순 임금이 "기여, 너에게 악(樂)을 맡도록 명하노니 주자(胄子)를 가르치되 곧으면서 온화하게 하라." 했으니, 이것은 태학에서 국자를 가르친 것이다. 순 임금이 "설이여, 백성들이 서로 친근하지 않는구나. 너를 사도(司徒)로 삼으니, 공경하게 오교(五敎)를 펼쳐라." 했으니, 이것은 향학에서 서민을 가르친 것이다. 『주례』에 대사악이 육덕(六德)으로 국자를 가르쳤는데 이것도 순 임금이 기에게 명하던 그 법이고, 대사도가 향삼물(鄕三物)로 만민을 가르쳤는데 이것도 순 임금이 설에게 명하던 그 법이었다. 오늘날은 국자가 어떤 인물인지, 성균이 어떤 의미인지 알지 못하여, 서민의 자식이 국자로 자칭하고, 광대의 노래를 성균에 해당시키니 어찌 잘못된 것이 아니겠는가?

왕제(王制)는 한(漢)나라의 법이다. 왕제가 시행된 이래로 국자와 서민이 함께 태학에 들어가게 되었다. 그 제도가 2천 년이나 내려왔으니, 옛 제도는 회복할 수 없게 되었다. 비록 그렇지만 국자를 가르치던 법을 없어지게 해서는 안 된다. 우리나라 제도에 종학(宗學)이 있어 종실 자제를 교육했었는데, 지금은 혁파되었다. 태학은 종실 자제를 교육하던 곳인데 까닭 없이 서민에게 양보하고 따로 학교를 세워 종학이라 한 것도 잘못된 일인데 지금은 그것마저 혁파되었으니 개탄할 일이 아닌가? 지금 태학의 명륜당은 종학으로 만들어 종실의 자제 및 공경의 적자가 다니게 하고, 비천당은 백성들이 다니는 학교로 만들어 별도로 운영하는 것이 합당할 것이다.

① 종실 자제 위주의 독립된 교육은 잘못된 일이다.
② 성균관에서 풍악을 가르치던 전통을 회복해야 한다.
③ 향학의 설립을 통해 백성에 대한 교육을 강화해야 한다.
④ 왕제보다는 『주례』의 교육 전통을 따르는 것이 바람직하다.
⑤ 국자와 서민의 교육 내용을 통합하는 교육 과정이 필요하다.

04 다음 중 옵트인 방식을 도입하자는 주장에 대한 근거로 사용하기에 적절하지 않은 것은?

> 스팸 메일 규제와 관련한 논의는 스팸 메일 발송자의 표현의 자유와 수신자의 인격권 중 어느 것을 우위에 둘 것인가를 중심으로 전개되어 왔다. 스팸 메일의 규제 방식은 옵트인(Opt-in) 방식과 옵트아웃(Opt-out) 방식으로 구분된다. 전자는 광고성 메일을 금지하지는 않되 수신자의 동의를 받아야만 발송할 수 있게 하는 방식으로, 영국 등 EU 국가들에서 시행하고 있다. 그러나 이 방식은 수신 동의 과정에서 발송자와 수신자 양자에게 모두 비용이 발생하며, 시행 이후에도 스팸 메일이 줄지 않았다는 조사 결과도 나오고 있어 규제 효과가 크지 않을 수 있다.
> 반면 옵트아웃 방식은 일단 스팸 메일을 발송할 수 있게 하되 수신자가 이를 거부하면 이후에는 메일을 재발송할 수 없도록 하는 방식으로, 미국에서 시행되고 있다. 그런데 이러한 방식은 스팸 메일과 일반적 광고 메일의 선별이 어렵고, 수신자가 수신 거부를 하는 데 따르는 불편과 비용을 초래하며 불법적으로 재발송되는 메일을 통제하기 힘들다. 또한, 육체적·정신적으로 취약한 청소년들이 스팸 메일에 무차별적으로 노출되어 피해를 입을 수 있다.

① 옵트아웃 방식을 사용한다면 수신자가 수신 거부를 하는 것이 더 불편해질 것이다.
② 옵트인 방식은 수신에 동의하는 데 따르는 수신자의 경제적 손실을 막을 수 있다.
③ 옵트아웃 방식을 사용한다면 재발송 방지가 효과적으로 이루어지지 않을 것이다.
④ 옵트인 방식은 수신자 인격권 보호에 효과적이다.
⑤ 날로 수법이 교묘해져 가는 스팸 메일을 규제하기 위해서는 수신자 사전 동의를 받아야 하는 옵트인 방식을 채택하는 것이 효과적이다.

05 김대리는 요즘 업무에 집중이 잘되지 않아 고민이 많다. 그러던 중 인터넷에서 다음과 같은 기사를 읽었다. 이에 대한 내용으로 적절하지 않은 것은?

〈번아웃 증후군〉

'번아웃(Burn Out)'의 사전적 정의는 '(신체적 또는 정신적인) 극도의 피로, (로켓의) 연료 소진'이다. 어떤 일을 하면서 또는 그 일이 끝나고 난 뒤, 자신이 갖고 있던 에너지를 다 써버린 느낌이 든다면 '번아웃 증후군'을 의심해봐야 한다.

'번아웃 증후군'이란 한 가지 일에 몰두하던 사람이 극도의 신체적·정서적 피로로 인해 무기력증·자기혐오·직무거부 등에 빠지는 것을 말한다. 직장인에게 자주 나타나 '직장인 번아웃 증후군'이라고도 부른다. 이상이 높고 자기 일에 열정을 쏟는 적극적인 성격의 사람, 지나치게 적응력이 강한 사람에게 주로 나타난다. 쉽게 말해서 돌연 보람과 성취감을 잃고 슬럼프에 빠지는 것이다.

번아웃 증후군에 걸리면 의욕이 저하되고, 성취감이 안 느껴지고, 공감 능력이 떨어지는 등의 증상이 나타난다. 그 뒤 '모든 일을 그만두고 싶다.'는 생각이 들다가, 예전에는 기뻤던 일이 더 이상 기쁘게 느껴지지 않는 지경에 이른다고 한다. 이외에도 불면증, 과다수면, 폭식 등의 증상이 있다.

〈번아웃 증후군 자가진단 체크리스트〉

1. 일하기에는 몸이 너무 지쳤다는 생각이 든다.
2. 퇴근할 때 녹초가 된다.
3. 아침에 출근할 생각만 하면 피곤해진다.
4. 일하는 것에 부담감과 긴장감을 느낀다.
5. 일이 주어지면 무기력하고 싫증이 느껴진다.
6. 자신이 하는 일에 관심조차 없다.
7. 주어진 업무를 할 때 소극적이고 방어적이다.
8. 성취감을 못 느낀다.
9. 스트레스를 풀기 위해 쾌락 요소(폭식, 흡연 등)만 찾는다.
10. 최근 짜증이 늘고 불안감이 잘 느껴진다.

※ 10개 항목 중 3개 이상에 해당하면 번아웃 증후군을 의심해 봐야 함

번아웃 증후군은 신체 질병은 아니지만 방치하면 심각한 문제로 이어지기 쉽기 때문에 적극적으로 대처해야 한다.

---

① 번아웃 증후군에 걸리는 데는 성격도 큰 역할을 하지.
② 무기력증이 주된 증상이니까 휴식이 가장 필요해.
③ 모자라는 것 못지않게 과해도 안 돼. 몰입으로 문제가 생길 수 있다고는 생각하지 못했는데.
④ 원하는 목표를 달성하려고 노력하다가 걸릴 수도 있고, 오히려 목표를 달성함으로써 걸릴 수도 있어.
⑤ 이 증후군에 걸린 사람은 환경을 바꾸지 않는 것이 좋아. 적응을 하려면 또 에너지를 써야 하니까 말야.

04 | 심화문제

정답 및 해설 p.021

※ 다음 글을 읽고 이어지는 질문에 답하시오. [1~2]

영화의 역사는 신기한 눈요깃거리라는 출발점을 지나 예술적 가능성을 실험하며 고유의 표현 수단을 발굴해 온 과정이었다. 그 과정에서 미학적 차원의 논쟁과 실천이 거듭되었다. 그중 리얼리즘 미학의 확립에 큰 역할을 한 인물로 프랑스 영화 비평가 바쟁이 있다.

바쟁은 '미라(Mirra) 콤플렉스'와 관련하여 조형 예술의 역사를 설명한다. 고대 이집트인이 만든 미라에는 죽음을 넘어서 생명을 길이 보존하고자 하는 욕망이 깃들어 있거니와, 그러한 '복제의 욕망'은 회화를 비롯한 조형 예술에도 강력한 힘으로 작용해 왔다고 한다. 그 욕망은 르네상스 시대 이전까지 작가의 자기표현 의지와 일정한 균형을 이루어 왔다. 하지만 원근법이 등장하여 대상의 사실적 재현에 성큼 다가서면서 회화의 관심은 복제의 욕망 쪽으로 기울게 되었다. 그 상황은 사진이 발명되면서 다시 한번 크게 바뀌었다. 인간의 주관성을 배제한 채 대상을 기계적으로 재현하는 사진이 발휘하는 모사의 신뢰도는 회화에 비할 바가 아니었다. 사진으로 인해 조형예술은 비로소 복제의 욕망으로부터 자유롭게 되었다.

영화의 등장은 대상의 재현에 또 다른 획을 그었다. 바쟁은 영화를, 사진의 기술적 객관성을 시간 속에서 완성함으로써 대상의 살아 숨 쉬는 재현을 가능케 한 진일보한 예술로 본다. 시간의 흐름에 따른 재현이 가능해진 결과, 더욱 닮은 지문(指紋) 같은 현실을 제공하게 되었다. 바쟁에 의하면 영화와 현실은 본질적으로 친화력을 지닌다. 영화는 현실을 시간적으로 구현한다는 점에서 현실의 연장이며, 현실의 숨은 의미를 드러내고 현실에 밀도를 제공한다는 점에서 현실의 정수이다. 영화의 이러한 리얼리즘적 본질은 그 자체로 심리적·기술적·미학적으로 완전하다는 것이 그의 시각이다.

바쟁은 형식주의적 기교가 현실의 복잡성과 모호성을 침해하여 현실을 왜곡할 수 있다고 본다. 그는 현실의 참모습을 변조하는 과도한 편집 기법보다는 단일한 숏(Shot)을 길게 촬영하는 롱 테이크 기법을 지지한다. 그것이 사건의 공간적 단일성을 존중하고 현실적 사건으로서의 가치를 보장하기 때문이다. 그는 또한 전경에서 배경에 이르기까지 공간적 깊이를 제공하는 촬영을 지지한다. 화면 속에 여러 층을 형성하여 모든 요소를 균등하게 드러냄으로써 현실을 진실하게 반영할 수 있으며 관객의 시선에도 자유를 부여할 수 있다는 것이다. 영화는 현실을 겸손한 자세로 따라가면서 해석의 개방성을 담보해야 한다는 믿음, 이것이 바쟁이 내건 영화관의 핵심에 놓여 있다. 그 관점은 수많은 형식적 기교가 발달한 오늘날에도 많은 지지를 얻으며 영화적 실천의 한 축을 이루고 있다.

※ 숏(Shot) : 카메라가 한 번 촬영하기 시작해서 끝날 때까지의 연속된 한 화면 단위

01 다음 중 바쟁의 생각과 거리가 먼 것은?

① 조형 예술의 역사에는 '미라 콤플렉스'가 내재되어 있다.

② 영화는 회화나 사진보다 재현의 완성도가 높은 예술이다.

③ 영화는 현실을 의도적으로 변형하고 재구성하는 예술이다.

④ 영화는 현실의 풍부함과 진실을 드러낼 수 있는 예술이다.

⑤ 사진은 회화가 표현의 자율성을 확보하는 데 영향을 미쳤다.

02 다음 중 바쟁의 영화관(映畫觀)에 동조하는 감독이 영화를 제작했다고 할 때, 이 영화에 대한 반응으로 적절하지 않은 것은?

① 불가피한 경우를 제외하고는 편집을 자제하고 있구나.

② 현실을 대하는 것 같은 공간적 깊이감을 보여주는구나.

③ 대상을 왜곡할 수 있는 기교를 배제하려고 노력하는구나.

④ 숏의 길이를 길게 하여 현실의 시간과 유사한 느낌을 주는구나.

⑤ 화면 속의 중심 요소에 주목하게 하여 관객의 시선을 고정하고 있구나.

03 다음 글의 밑줄 친 ㉠을 약화하는 진술로 가장 적절한 것은?

침팬지, 오랑우탄, 피그미 침팬지 등 유인원도 자신이 다른 개체의 입장이 됐을 때 어떤 생각을 할지 미루어 짐작해 보는 능력이 있다는 연구 결과가 나왔다. 그동안 다른 개체의 입장에서 생각을 미루어 짐작해 보는 능력은 사람에게만 있는 것으로 여겨져 왔다. 연구팀은 오랑우탄 40마리에게 심리 테스트를 위해 제작한 영상을 보여 주었다. 그들은 '시선 추적기'라는 특수 장치를 이용하여 오랑우탄들의 시선이 어디를 주목하는지 조사하였다. 영상에는 유인원의 의상을 입은 두 사람 A와 B가 싸우는 장면이 보인다. A와 싸우던 B가 건초더미 뒤로 도망친다. 화가 난 A가 문으로 나가자 B는 이 틈을 이용해 옆에 있는 상자 뒤에 숨는다. 연구팀은 몽둥이를 든 A가 다시 등장하는 장면에서 피험자 오랑우탄들의 시선이 어디로 향하는지를 분석하였다. 이 장면에서 오랑우탄 40마리 중 20마리는 건초더미 쪽을 주목했다. B가 숨은 상자를 주목한 오랑우탄은 10마리였다. 이 결과를 토대로 연구팀은 피험자 오랑우탄 20마리는 B가 상자 뒤에 숨었다는 사실을 모르는 A의 입장이 되어 건초더미를 주목했다는 ㉠ 해석을 제시하였다. 이 실험으로 오랑우탄에게도 다른 개체의 생각을 미루어 짐작하는 능력이 있는 것으로 볼 수 있으며, 이러한 점은 사람과 유인원의 심리 진화 과정을 밝히는 실마리가 될 것으로 보인다.

① 상자를 주목한 오랑우탄들은 A보다 B와 외모가 유사한 개체들임이 밝혀졌다.

② 사람 40명을 피험자로 삼아 같은 실험을 하였더니 A의 등장 장면에서 30명이 건초더미를 주목하였다.

③ 새로운 오랑우탄 40마리를 피험자로 삼고 같은 실험을 하였더니 A의 등장 장면에서 21마리가 건초더미를 주목하였다.

④ 오랑우탄 20마리는 단지 건초더미가 상자보다 자신들에게 가까운 곳에 있었기 때문에 건초더미를 주목한 것임이 밝혀졌다.

⑤ 건초더미와 상자 중 어느 쪽도 주목하지 않은 나머지 오랑우탄 10마리는 영상 속의 유인원이 가짜라는 것을 알고 있었다.

04 다음 글의 빈칸에 들어갈 내용으로 가장 적절한 것은?

> 최근 경제·시사분야에서 빈번하게 등장하는 단어인 탄소배출권(CER; Certified Emission Reduction)에 대한 개념을 이해하기 위해서는 먼저 교토메커니즘(Kyoto Mechanism)과 탄소배출권거래제(Emission Trading)를 알아둘 필요가 있다.
> 교토메커니즘은 지구 온난화의 규제 및 방지를 위한 국제 협약인 기후변화협약의 수정안인 교토 의정서에서, 온실가스를 보다 효과적이고 경제적으로 줄이기 위해 도입한 세 유연성체제인 '공동이행제도', '청정개발체제', '탄소배출권거래제'를 묶어 부르는 것이다.
> 이 중 탄소배출권거래제는 교토의정서 6대 온실가스인 이산화탄소, 메테인, 아산화질소, 과불화탄소, 수소불화탄소, 육불화황의 배출량을 줄여야 하는 감축의무국가가 의무감축량을 초과 달성하였을 경우에 그 초과분을 다른 국가와 거래할 수 있는 제도로, ＿＿＿＿＿＿＿＿＿＿＿＿＿＿
> 결국 탄소배출권이란 현금화가 가능한 일종의 자산이자 가시적인 자연보호성과인 셈이며, 이에 따라 많은 국가 및 기업에서 탄소배출을 줄임과 동시에 탄소감축활동을 통해 탄소배출권을 획득하기 위해 동분서주하고 있다. 특히 기업들은 탄소배출권을 확보하는 주요 수단인 청정개발체제 사업을 확대하는 추세인데, 청정개발체제 사업은 개발도상국에 기술과 자본을 투자해 탄소배출량을 줄였을 경우에 이를 탄소배출량 감축목표달성에 활용할 수 있도록 한 제도이다.

① 다른 감축의무국가를 도움으로써 획득한 탄소배출권이 사용되는 배경이 되는 제도이다.

② 교토메커니즘의 세 유연성체제 중에서도 가장 핵심이 되는 제도라고 할 수 있다.

③ 6대 온실가스 중에서도 특히 이산화탄소를 줄이기 위해 만들어진 제도이다.

④ 의무감축량을 준수하지 못한 경우에도 다른 국가로부터 감축량을 구입할 수 있는 것이 특징이다.

⑤ 다른 국가를 도왔을 때, 그로 인해 줄어든 탄소배출량을 감축목표량에 더할 수 있는 것이 특징이다.

현대 사회에서 스타는 대중문화의 성격을 규정짓는 가장 중요한 열쇠이다. 스타를 생산, 관리, 활용, 거래, 소비하는 전체적인 순환 메커니즘이 바로 스타 시스템이다. 이것이 자본주의 대중문화의 가장 핵심적인 작동 원리로 자리 잡게 되면서 사람들은 스타가 되기를 열망하고, 또 스타 만들기에 진력하게 되었다.

스크린과 TV 화면에 보이는 스타는 화려하고 강하고 영웅적이며, 누구보다 매력적인 인간형으로 비춰진다. 사람들은 스타에 열광하는 순간 스타와 자신을 무의식적으로 동일시하며 그 환상적 이미지에 빠진다. 스타를 자신들이 스스로 결여되어 있다고 느끼는 부분을 대리 충족시켜 주는 대상으로 생각하기 때문이다. 그런 과정이 가장 전형적으로 드러나는 장르가 영화이다.

영화는 어떤 환상도 쉽게 먹혀들어갈 수 있는 조건에서 상영되며 기술적으로 완벽한 이미지를 구현하여 압도적인 이미지로 관객을 끌어들인다. 컴컴한 극장 안에서 관객은 부동자세로 숨죽인 채 영화에 집중하게 되며 자연스럽게 영화가 제공하는 이미지에 매료된다. 그리고 그 순간 무의식적으로 자신을 영화 속의 주인공과 동일시하게 된다. 관객은 매력적인 대상과 자신을 동일시하면서 자신의 진짜 모습을 잊고 이상적인 인간형을 간접 체험하게 되는 것이다.

스크린과 TV 화면에 비친 대중이 선망하는 스타의 모습은 현실적인 이미지가 아니라 허구적인 이미지에 불과하다. 사람들은 스타 역시 어쩔 수 없는 약점과 한계를 안고 사는 한 인간일 수밖에 없다는 사실을 아주 쉽게 망각해 버리곤 한다. 이렇게 스타에 대한 열광의 성립은 대중과 스타의 관계가 기본적으로 익명적일 수밖에 없다는 데서 가능해진다. 자본주의의 특징 가운데 하나는 필요 이상의 물건을 생산하고 그것을 팔기 위해 갖은 방법으로 소비자들의 욕망을 부추긴다는 것이다. 스타는 그 과정에서 소비자들의 구매 욕구를 불러일으키는 가장 중요한 연결고리 역할을 함과 동시에 그들도 상품처럼 취급되어 소비되는 경향이 있다. 스타 시스템은 대중문화의 안과 밖에서 스타의 화려하고 소비적인 생활 패턴의 소개를 통해 사람들의 욕망을 자극하게 된다. 또한 스타들을 상품의 생산과 판매를 위한 도구로 이용하며, 끊임없이 오락과 소비의 영역을 확장하고 거기서 이윤을 발생시킨다. 이 모든 것이 가능한 것은 많은 대중이 스타를 닮고자 하는 욕구를 가지고 있어 스타의 패션과 스타일, 소비 패턴을 모방하기 때문이다.

스타 시스템을 건전한 대중문화의 작동 원리로 발전시키기 위해서는 우선 대중문화 산업에 종사하고 싶어 하는 사람들을 위한 활동 공간과 유통 구조를 확보하여 실험적이고 독창적인 활동을 다양하게 벌일 수 있는 토양을 마련해 주어야 한다. 나아가 이러한 예술 인력을 스타 시스템과 연결하는 중간 메커니즘도 육성해야 할 것이다.

05 다음 중 윗글의 논지 전개상 특징에 대한 설명으로 가장 적절한 것은?

① 상반된 이론을 제시한 후 절충적 견해를 이끌어내고 있다.

② 현상에 대한 문제점을 언급한 후 해결 방안을 제시하고 있다.

③ 권위 있는 학자의 견해를 들어 주장의 정당성을 입증하고 있다.

④ 대상을 하위 항목으로 구분하여 논의의 범주를 명확히 하고 있다.

⑤ 현상의 변천 과정을 고찰하고 향후의 발전 방향을 제시하고 있다.

06 다음 중 윗글을 바탕으로 〈보기〉를 이해한 내용으로 적절하지 않은 것은?

> 보기
>
> 인간은 자기에게 욕망을 가르쳐주는 모델을 통해 자신의 욕망을 키워간다. 이런 모델을 ⓐ 욕망의 매개자라고 부른다. 욕망의 매개자가 존재한다는 사실은 욕망이 '대상-주체'의 이원적 구조가 아니라 '주체-모델-대상'의 삼원적 구조를 갖고 있음을 보여준다. ⓑ 욕망의 주체와 모델은 ⓒ 욕망 대상을 두고 경쟁하는 욕망의 경쟁자이다. 이런 경쟁은 종종 욕망 대상의 가치를 실제보다 높게 평가하게 된다. 이렇게 과대평가된 욕망 대상을 소유한 모델은 주체에게는 ⓓ 우상적 존재가 된다.

① ⓐ는 ⓑ가 무의식적으로 자신과 동일시하는 인물이다.
② ⓑ는 스타를 보고 열광하는 사람들을 말한다.
③ ⓒ는 ⓑ가 지향하는 이상적인 대상이다.
④ ⓒ는 ⓐ와 ⓑ가 동시에 질투를 느끼는 인물이다.
⑤ ⓓ는 ⓑ의 진짜 모습을 잊게 하는 환상적인 인물이다.

07 다음 중 윗글에 대한 비판적 이해로 가장 적절한 것은?

① 대중과 스타의 관계가 익명적 관계임을 근거로 대중과 스타의 관계를 무의미한 것으로 치부하고 있어.
② 스타 시스템이 대중문화를 대변하고 있다는 데 치중하여 스타 시스템의 부정적인 측면을 간과하고 있어.
③ 스타 시스템과 스타가 소비 대중에게 가져다 줄 전망만을 주로 다룸으로써 대책 없는 낙관주의에 빠져 있어.
④ 스타를 스타 시스템에 의해 조종되는 수동적인 존재로만 보고, 그들도 주체성을 지니고 행동한다는 사실을 간과하고 있어.
⑤ 대중이 스타를 무비판적으로 추종하는 면을 지적하여 그런 욕망으로부터 벗어나기 위한 방법을 제시하기에 급급하고 있어.

다음 글의 논지로 가장 적절한 것은?

> 물리학의 근본 법칙들은 실재 세계의 사실들을 정확하게 기술하는가? 이 질문에 확신을 가지고 그렇다고 대답할 사람은 많지 않을 것이다. 사실 다양한 물리 현상들을 설명하는 데 사용되는 물리학의 근본 법칙들은 모두 이상적인 상황만을 다루고 있는 것 같다. 정말로 물리학의 근본 법칙들이 이상적인 상황만을 다루고 있다면 이 법칙들이 실재 세계의 사실들을 정확히 기술한다는 생각에는 문제가 있는 듯하다.
>
> 가령 중력의 법칙을 생각해 보자. 중력의 법칙은 "두 개의 물체가 그들 사이의 거리의 제곱에 반비례하고 그 둘의 질량의 곱에 비례하는 힘으로 서로 당긴다."라는 것이다. 이 법칙은 두 물체의 운동을 정확하게 설명할 수 있는가? 그렇지 않다는 것은 분명하다. 만약 어떤 물체가 질량뿐만이 아니라 전하를 가지고 있다면 그 물체들 사이에 작용하는 힘은 중력의 법칙만으로 계산된 것과 다를 것이다. 즉 위의 중력의 법칙은 전하를 가지고 있는 물체의 운동을 설명하지 못한다.
>
> 물론 사실을 정확하게 기술하는 형태로 중력의 법칙을 제시할 수 있다. 가령, 중력의 법칙은 "중력 이외의 다른 어떤 힘도 없다면, 두 개의 물체가 그들 사이의 거리의 제곱에 반비례하고 그 둘의 질량의 곱에 비례하는 힘으로 서로 당긴다."라고 수정될 수 있다. 여기서 '중력 이외의 다른 어떤 힘도 없다면'이라는 구절이 추가된 것에 주목하자. 일단, 이렇게 바뀐 중력의 법칙이 참된 사실을 표현한다는 것은 분명해 보인다. 그러나 이렇게 바꾸면 한 가지 중요한 문제가 발생한다.
>
> 어떤 물리 법칙이 유용한 것은 물체에 작용하는 힘들을 통해 다양하고 복잡한 현상을 설명할 수 있기 때문이다. 물리 법칙은 어떤 특정한 방식으로 단순한 현상만을 설명하는 것을 목표로 하지 않는다. 중력의 법칙 역시 마찬가지다. 그것이 우리가 사는 세계를 지배하는 근본적인 법칙이라면 중력이 작용하는 다양한 현상들을 설명할 수 있어야 한다. 하지만 '중력 이외의 다른 어떤 힘도 없다면'이라는 구절이 삽입되었을 때, 중력의 법칙이 설명할 수 있는 영역은 무척 협소해진다. 즉, 그것은 오로지 중력만이 작용하는 아주 특수한 상황만을 설명할 수 있을 뿐이다. 결과적으로 참된 사실들을 진술하기 위해 삽입된 구절은 설명력을 현저히 감소시킨다. 이 문제는 거의 모든 물리학의 근본 법칙들이 가지고 있다.

① 물리학의 근본 법칙은 그 영역을 점점 확대하는 방식으로 발전해 왔다.

② 물리적 자연 현상이 점점 복잡하고 다양해짐에 따라 물리학의 근본 법칙도 점점 복잡해진다.

③ 더 많은 실재 세계의 사실들을 기술하는 물리학의 법칙이 그렇지 않은 법칙보다 뛰어난 설명력을 가진다.

④ 물리학의 근본 법칙들은 이상적인 상황을 다루고 있어 실재 세계의 사실들을 정확하게 기술하는 데 어려움이 없다.

⑤ 참된 사실을 정확하게 기술하려고 물리 법칙에 조건을 추가하면 설명 범위가 줄어 다양한 물리 현상을 설명하기 어려워진다.

※ 다음 글을 읽고 이어지는 질문에 답하시오. [9~10]

(가) 사실 19세기 중엽은 전화 발명으로 무르익은 시기였고, 전화 발명에 많은 사람이 도전했다고 볼 수 있다. 한 개인이 전화를 발명했다기보다 여러 사람이 전화 탄생에 기여했다는 이야기로 이어질 수 있다. 하지만 결국 최초의 공식 특허를 받은 사람은 벨이며, 벨이 만들어낸 전화 시스템은 지금도 세계 통신망에 단단히 뿌리를 내리고 있다.

(나) 그러나 벨의 특허와 관련된 수많은 소송은 무치의 죽음, 벨의 특허권 만료와 함께 종료되었다. 그레이와 벨의 특허 소송에서도 벨은 모두 무혐의 처분을 받았고, 1887년 재판에서 전화의 최초 발명자는 벨이라는 판결이 났다. 그레이가 전화의 가능성을 처음 인지한 것은 사실이지만, 전화를 완성하기 위한 후속 조치를 취하지 않았다는 것이었다.

(다) 하지만 벨이 특허를 받은 이후 누가 먼저 전화를 발명했는지에 대해 치열한 소송전이 이어졌다. 여기에는 그레이를 비롯하여 안토니오 무치 등 많은 사람이 관련되어 있었다. 특히 무치는 1871년 전화에 대한 임시 특허를 신청하였지만, 돈이 없어 정식 특허로 신청하지 못했다. 2002년 미국 하원 의회에서는 무치가 10달러의 돈만 있었다면 벨에게 특허가 부여되지 않았을 것이라며 무치의 업적을 인정하기도 했다.

(라) 알렉산더 그레이엄 벨은 전화를 처음 발명한 사람으로 알려져 있다. 1876년 2월 14일 벨은 설계도와 설명서를 바탕으로 전화에 대한 특허를 신청했고, 같은 날 그레이도 전화에 대한 특허 신청서를 제출했다. 1876년 3월 7일 미국 특허청은 벨에게 전화에 대한 특허를 부여했다.

09 다음 중 (가) ~ (라) 문단을 논리적 순서대로 바르게 나열한 것은?

① (가) – (다) – (라) – (나)
② (가) – (라) – (다) – (나)
③ (라) – (가) – (다) – (나)
④ (라) – (나) – (가) – (다)
⑤ (라) – (다) – (나) – (가)

10 다음 중 윗글의 내용으로 가장 적절한 것은?

① 법적으로 전화를 처음으로 발명한 사람은 벨이다.
② 그레이는 벨보다 먼저 특허 신청서를 제출했다.
③ 무치는 1871년 전화에 대한 정식 특허를 신청하였다.
④ 현재 세계 통신망에는 그레이의 전화 시스템이 사용되고 있다.
⑤ 그레이는 전화의 가능성을 인지하지 못하였다.

CHAPTER 02

수리능력

합격 Cheat Key

수리능력은 사칙 연산·통계·확률의 의미를 정확하게 이해하고 이를 업무에 적용하는 능력으로, 기초 연산과 기초 통계, 도표 분석 및 작성의 문제 유형으로 출제된다. 수리능력 역시 채택하지 않는 공사·공단이 거의 없을 만큼 필기시험에서 중요도가 높은 영역이다.

특히, 난이도가 높은 공사·공단의 시험에서는 도표 분석, 즉 자료 해석 유형의 문제가 많이 출제되고 있고, 응용 수리 역시 꾸준히 출제하는 공사·공단이 많기 때문에 기초 연산과 기초 통계에 대한 공식의 암기와 자료 해석 능력을 기를 수 있는 꾸준한 연습이 필요하다.

1 응용 수리의 공식은 반드시 암기하라!

응용 수리는 공사·공단마다 출제되는 문제는 다르지만, 사용되는 공식은 비슷한 경우가 많으므로 자주 출제되는 공식을 반드시 암기하여야 한다. 문제에서 묻는 것을 정확하게 파악하여 그에 맞는 공식을 적절하게 적용하는 꾸준한 노력과 공식을 암기하는 연습이 필요하다.

2 자료의 해석은 자료에서 즉시 확인할 수 있는 지문부터 확인하라!

수리능력 중 도표 분석, 즉 자료 해석 능력은 많은 시간을 필요로 하는 문제가 출제되므로, 증가 · 감소 추이와 같이 눈으로 확인이 가능한 지문을 먼저 확인한 후 복잡한 계산이 필요한 지문을 확인하는 방법으로 문제를 풀이한다면 시간을 조금이라도 아낄 수 있다. 또한, 여러 가지 보기가 주어진 문제 역시 지문을 잘 확인하고 문제를 풀이한다면 불필요한 계산을 생략할 수 있으므로 항상 지문부터 확인하는 습관을 들여야 한다.

3 도표 작성에서 지문에 작성된 도표의 제목을 반드시 확인하라!

도표 작성은 하나의 자료 혹은 보고서와 같은 수치가 표현된 자료를 도표로 작성하는 형식으로 출제되는데, 대체로 표보다는 그래프를 작성하는 형태로 많이 출제된다. 지문을 살펴보면 각 지문에서 주어진 도표에도 소제목이 있는 경우가 대부분이다. 이때, 자료의 수치와 도표의 제목이 일치하지 않는 경우 함정이 존재하는 문제일 가능성이 높으므로 도표의 제목을 반드시 확인하는 것이 중요하다.

01 | 모듈이론

01 수리능력의 의의

(1) 수리능력의 기초

① 수리능력이란?

사칙연산과 기초적인 통계를 이해하고, 도표의 의미를 파악하거나 도표를 이용해서 결과를 효과적으로 제시하는 능력을 의미한다.

② 수리능력의 분류

분류	내용
기초연산능력	기초적인 사칙연산과 계산방법을 이해하고 활용하는 능력
기초통계능력	평균, 합계와 같은 기초적인 통계기법을 활용하여 자료의 특성과 경향성을 파악하는 능력
도표분석능력	도표의 의미를 파악하고, 필요한 정보를 해석하는 능력
도표작성능력	도표를 이용하여 결과를 효과적으로 제시하는 능력

③ 수리능력의 중요성

㉠ 수학적 사고를 통한 문제해결

수학적 원리를 활용하면 업무 중 문제 해결이 더욱 쉽고 편해진다.

㉡ 직업세계의 변화에 적응

수리능력은 논리적이고 단계적인 학습을 통해서만 향상된다. 수십 년에 걸친 직업세계의 변화에 적응하기 위해 수리능력을 길러야 한다.

㉢ 실용적 가치의 구현

수리능력의 향상을 통해 일상생활과 업무수행에 필요한 수학적 지식을 습득하며, 생활수준의 발전에 따라 실용성도 늘어난다.

(2) 도표의 분석 및 해석

① 도표의 의의

내용을 선·그림·원 등으로 시각화하여 표현하는 것이며, 한 눈에 내용을 파악할 수 있다는 데에 그 특징이 있다.

② 도표작성의 목적

㉠ 타인에 대한 보고·설명 : 회의에서의 설명, 상급자에게 보고

㉡ 현재의 상황분석 : 상품별 매출액의 경향

㉢ 관리목적 : 진도표

③ 도표 작성시 주의사항

- 보기 쉽게 깨끗이 그린다.
- 하나의 도표에 여러 가지 내용을 넣지 않는다.
- 특별히 순서가 정해 있지 않는 것은 큰 것부터, 왼쪽에서 오른쪽으로, 또는 위에서 아래로 그린다.
- 눈금의 간격을 부적절하게 설정할 경우 수치가 왜곡될 수 있으므로 주의한다.
- 수치를 생략할 경우에는 잘못 이해하는 경우가 생기니 주의한다.
- 컴퓨터에 의한 전산 그래프를 최대한 이용한다.

④ 도표 해석시 주의사항

- 요구되는 지식의 수준
- 도표에 제시된 자료의 의미에 대한 정확한 숙지
- 도표로부터 알 수 있는 것과 없는 것의 구별
- 총량의 증가와 비율 증가의 구분
- 백분위수와 사분위수의 이해

⑤ 도표 해석 시 필요한 단위의 환산 기출

종류	단위 환산
길이	1cm=10mm, 1m=100cm, 1km=1,000m
넓이	$1cm^2=100mm^2$, $1m^2=10,000cm^2$, $1km^2=1,000,000m^2$
부피	$1cm^3=1,000mm^3$, $1m^3=1,000,000cm^3$, $1km^3=1,000,000,000m^3$
들이	$1m\ell=1cm^3$, $1d\ell=100cm^3=100m\ell$, $1\ell=1,000cm^3=10d\ell$
무게	1kg=1,000g, 1t=1,000kg=1,000,000g
시간	1분=60초, 1시간=60분=3,600초
할푼리	1푼=0.1할, 1리=0.01할

OX 문제

01 도표는 연산의 결과를 확인하기 위해 작성한다. [   ]

02 수리능력이 중요한 이유로는 수학적 사고를 통한 문제해결, 직업세계의 변화에 적응, 실용적 가치의
　　구현, 정확하고 간결한 의사소통 등을 들 수 있다. [   ]

---

01 [×] 도표는 '보고ㆍ설명을 하기 위해', '상황분석을 위해', '관리 목적으로' 사용되며, 연산의 결과를 확인하기
　　　 위해 작성하는 것은 아니다.

02 [O]

---

02 기초연산능력

(1) 사칙연산과 검산

① 사칙연산의 의의 기출

수에 관한 덧셈, 뺄셈, 곱셈, 나눗셈의 네 종류의 계산법으로, 사칙계산이라고도 한다. 특히 업무를
원활하게 수행하기 위해서는 기본적인 사칙연산뿐만 아니라 복잡한 사칙연산까지도 수행할 수 있어
야 한다.

② 기초연산능력이 요구되는 상황

③ 검산

 ㉠ 검산의 의의

  연산의 결과를 확인하는 과정을 의미하며, 업무를 수행하는데 있어서 연산의 결과를 확인하는 검
  산과정을 거치는 것은 필수적이다.

 ㉡ 검산방법의 종류 기📖

역연산법	본래의 풀이와 반대로 연산을 해가면서 본래의 답이 맞는지를 확인해나가는 방법
구거법	원래의 수와 각자리 수의 합이 9로 나눈 나머지와 같다는 원리를 이용하는 것으로, 각각의 수를 9로 나눈 나머지가 같은지를 확인하는 방법

 ㉢ 구거법의 예

  $3,456+341=3,797$에서 좌변의 $3+4+5+6$을 9로 나눈 나머지는 0, $3+4+1$을 9로 나눈 나
  머지는 8이고, 우변의 $3+7+9+7$을 9로 나눈 나머지는 8인데, 구거법에 의하면 좌변의 나머지
  의 합(8)과 우변의 나머지(8)가 같으므로 이 계산은 옳은 것이 된다.

(2) 응용수리

 ① 방정식 · 부등식의 활용

  ㉠ 거리 · 속력 · 시간

$$(거리)=(속력)\times(시간),\ (속력)=\frac{(거리)}{(시간)},\ (시간)=\frac{(거리)}{(속력)}$$

  ㉡ 농도

$$[소금물의\ 농도(\%)]=\frac{(소금의\ 양)}{(소금물의\ 양)}\times100,\ (소금의\ 양)=\frac{[소금물의\ 농도(\%)]}{100}\times(소금물의\ 양)$$

  ㉢ 비율

$$x가\ a\%\ 증가 : x\times\left(1+\frac{a}{100}\right),\ x가\ a\%\ 감소 : x\times\left(1-\frac{a}{100}\right)$$

  ㉣ 금액

   ⅰ) (정가)=(원가)+(이익), (이익)=(원가)×(이율)

   ⅱ) a원에서 $b\%$ 할인한 가격$=a\times\left(1-\dfrac{b}{100}\right)$

   ⅲ) 단리법 · 복리법(원금 : a, 이율 : r, 기간 : n, 원리합계 : S)

단리법	복리법
• 정의 : 원금에 대해서만 약정된 이자율과 기간을 곱해 이자를 계산 • $S=a\times(1+r\times n)$	• 정의 : 원금에 대한 이자를 가산한 후 이 합계액을 새로운 원금으로 계산 • $S=a\times(1+r)^n$

  ㉤ 날짜 · 요일

   ⅰ) 1일=24시간=$1,440(=24\times60)$분=$86,400(=1,440\times60)$초

   ⅱ) 월별 일수 : 1, 3, 5, 7, 8, 10, 12월은 31일, 4, 6, 9, 11월은 30일, 2월은 28일 또는 29일

   ⅲ) 윤년(2월 29일)은 4년에 1번

ⓑ 시계

    ⅰ) 시침이 1시간 동안 이동하는 각도 : $\dfrac{360°}{12}=30°$

    ⅱ) 시침이 1분 동안 이동하는 각도 : $\dfrac{30°}{60}=0.5°$

    ⅲ) 분침이 1분 동안 이동하는 각도 : $\dfrac{360°}{60}=6°$

ⓢ 수

    ⅰ) 연속한 두 자연수 : x, $x+1$

    ⅱ) 연속한 세 자연수 : $x-1$, x, $x+1$

    ⅲ) 연속한 두 짝수(홀수) : x, $x+2$

    ⅳ) 연속한 세 짝수(홀수) : $x-2$, x, $x+2$

    ⅴ) 십의 자릿수가 x, 일의 자릿수가 y인 두 자리 자연수 : $10x+y$

    ⅵ) 백의 자릿수가 x, 십의 자릿수가 y, 일의 자릿수가 z인 세 자리 자연수 : $100x+10y+z$

② 경우의 수

  ㉠ 어떤 사건이 일어날 수 있는 모든 가짓수

  ㉡ 합의 법칙 : 두 사건 A와 B 동시에 일어나지 않을 때, 사건 A가 일어나는 경우의 수를 m, 사건 B가 일어나는 경우의 수를 n이라 하면, 사건 A 또는 B가 일어나는 경우의 수는 $(m+n)$이다.

  ㉢ 곱의 법칙 : 사건 A가 일어나는 경우의 수를 m, 사건 B가 일어나는 경우의 수를 n이라 하면, 사건 A와 B가 동시에 일어나는 경우의 수는 $(m\times n)$이다.

③ 순열·조합

순열	조합
• 서로 다른 n개에서 r개를 순서대로 나열하는 경우의 수 • $_nP_r=\dfrac{n!}{(n-r)!}$ • $_nP_n=n!$, $0!=1$, $_nP_0=1$	• 서로 다른 n개에서 r개를 순서에 상관없이 나열하는 경우의 수 • $_nC_r=\dfrac{n!}{(n-r)!\times r!}$ • $_nC_r=\,_nC_{n-r}$, $_nC_0=\,_nC_n=1$

④ 확률

  ㉠ (사건 A가 일어날 확률)$=\dfrac{(\text{사건 A가 일어나는 경우의 수})}{(\text{모든 경우의 수})}$

  ㉡ 여사건의 확률 : 사건 A가 일어날 확률이 p일 때, 사건 A가 일어나지 않을 확률은 $(1-p)$이다.

  ㉢ 확률의 덧셈정리 : 두 사건 A, B가 동시에 일어나지 않을 때 A가 일어날 확률을 p, B가 일어날 확률을 q라고 하면, 사건 A 또는 B가 일어날 확률은 $(p+q)$이다.

  ㉣ 확률의 곱셈정리 : A가 일어날 확률을 p, B가 일어날 확률을 q라고 하면, 사건 A와 B가 동시에 일어날 확률은 $(p\times q)$이다.

(1) 통계의 의의

① 통계란?

집단현상에 대한 구체적인 양적 기술을 반영하는 숫자를 의미하며, 특히 사회집단 또는 자연집단의 상황을 숫자로 나타낸 것을 말한다.

② 통계의 기능 [기圖]

- 많은 수량적 자료를 처리가능하고 쉽게 이해할 수 있는 형태로 축소시킨다.
- 표본을 통해 연구대상 집단의 특성을 유추할 수 있게 한다.
- 의사결정의 보조수단으로 이용된다.
- 관찰가능한 자료를 통해 논리적으로 결론을 추출·검증할 수 있게 한다.

③ 통계의 속성

㉠ 단위와 표지

집단을 구성하는 각 개체를 단위라 하며, 단위가 가지고 있는 공통의 성질을 표지라고 한다.

㉡ 표지의 분류

속성통계	질적인 표지	남녀, 산업, 직업 등
변수통계	양적인 표지	연령, 소득금액 등

(2) 통계자료의 해석 [기圖]

① 기본적인 통계치

종류	내용
빈도	어떤 사건이 일어나거나 증상이 나타나는 정도
빈도분포	빈도를 표나 그래프로 종합적이면서도 일목요연하게 표시하는 것
평균	모든 사례의 수치를 합한 후 총 사례 수로 나눈 값
백분율	백분비라고도 하며, 전체의 수량을 100으로 하여, 해당되는 수량이 그 중 몇이 되는가를 가리키는 수를 %로 나타낸 것
범위	분포의 흩어진 정도를 가장 간단히 알아보는 방법으로, 최고값에서 최저값을 뺀 값을 의미
분산	각 관찰값과 평균값과의 차이를 제곱한 값의 평균을 의미하며, 구체적으로는 각 관찰값과 평균값과의 차이를 제곱한 값을 모두 합하여 개체의 수로 나눈 값
표준편차	분산의 제곱근 값을 의미하며, 개념적으로는 평균으로부터 얼마나 떨어져 있는가를 나타내는 개념으로 분산과 개념적으로 동일함

② 다섯 숫자 요약

종류	내용
최솟값(m)	원자료 중 값의 크기가 가장 작은 값
최댓값(M)	원자료 중 값의 크기가 가장 큰 값
중앙값(Q_2)	최솟값부터 최댓값까지 크기에 의하여 배열하였을 때 중앙에 위치하는 값
하위 25%값(Q_1) 상위 25%값(Q_3)	원자료를 크기순으로 배열하여 4등분한 값을 의미하며, 백분위 수의 관점에서 25백분위수, 제75백분위수로 표기

PART 1

③ 평균값과 중앙값

　　㉠ 원자료에 대한 대푯값으로써 평균값과 중앙값은 엄연히 다른 개념이지만 모두 중요한 역할을 하게 되므로 통계값을 제시할 때에는 어느 수치를 이용했는지를 명확하게 제시해야 한다.

　　㉡ 평균값이 중앙값보다 높다는 의미는 자료 중에 매우 큰 값이 일부 있음을 의미하며, 이와 같은 경우는 평균값과 중앙값 모두를 제시해줄 필요가 있다.

OX 문제

01 통계란 선·그림·원 등으로 그림을 그려서 내용을 시각적으로 표현하여, 다른 사람이 한눈에 자신의 주장을 알아볼 수 있게 한 것이다. [　]

02 통계는 관찰 가능한 자료를 통해 논리적으로 어떠한 결론을 추출·검증한다. [　]

03 평균은 관찰값(자료값) 전부에 대한 정보를 담고 있으나, 극단적인 값이나 이질적인 값에 의해 쉽게 영향을 받아 전체를 바르게 대표하지 못할 가능성이 있다. [　]

04 빈도란 어떤 사건이 일어나거나 증상이 나타나는 정도를 말한다. [　]

05 통계란 어떤 현상의 상태를 양으로 나타낸 것이다. [　]

---

01 [×] 통계가 아닌 도표에 대한 설명이다.

02 [O]

03 [O]

04 [O]

05 [O]

(1) 도표의 활용 [기][출]

종류	내용
선 그래프	시간적 추이(시계열 변화)를 표시할 때 적합 [예] 연도별 매출액 추이 변화
막대 그래프	수량간의 대소 관계를 비교하고자 할 때 적합 [예] 영업소별 매출액
원 그래프	내용의 구성비를 분할하여 나타내고자 할 때 적합 [예] 제품별 매출액 구성비
점 그래프	지역분포를 비롯한 기업 등의 평가나 위치, 성격을 표시할 때 적합 [예] 광고비율과 이익률의 관계
층별 그래프	합계와 각 부분의 크기를 백분율로 나타내고 시간적 변화를 보고자 할 때 적합 [예] 상품별 매출액 추이
거미줄 그래프	다양한 요소를 비교할 때 적합 [예] 매출액의 계절변동

(2) 도표의 형태별 특징 [기][출]

① 선 그래프

시간의 경과에 따라 수량에 의한 변화의 상황을 선의 기울기로 나타내는 그래프로, 시간적 변화에 따른 수량의 변화를 표현하기에 적합하다.

〈중학교 장학금, 학비감면 수혜현황〉

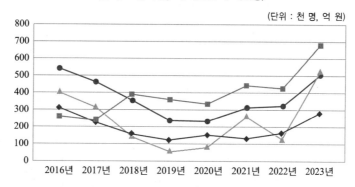

② 막대 그래프

비교하고자 하는 수량을 막대 길이로 표시하고 그 길이를 비교하여 각 수량간의 대소관계를 나타내는 그래프로, 전체에 대한 구성비를 표현할 때 다양하게 활용할 수 있다.

〈연도별 암 발생 추이〉

③ 원 그래프

내용의 구성비를 원을 분할하여 작성하는 그래프로, 전체에 대한 구성비를 표현할 때 다양하게 활용할 수 있다.

〈입후보자의 득표수〉

④ 층별 그래프

선의 움직임보다는 선과 선 사이의 크기로써 데이터 변화를 나타내는 그래프로, 시간적 변화에 따른 구성비의 변화를 표현하고자 할 때 활용할 수 있다.

〈우리나라 세계유산 현황〉

⑤ 점 그래프

종축과 횡축에 두 개의 요소를 두고, 각 항목이 어떤 위치에 있는가를 알고자 하는 데 쓰인다.

〈OECD 국가의 대학졸업자 취업률 및 경제활동인구 비중〉

⑥ 거미줄 그래프(레이더 차트)

비교하는 수량을 직경으로 나누어 원의 중심에서의 거리에 따라 각각의 관계를 나타낸다.

〈외환위기 전후 한국의 경제상황〉

OX 문제

01 원 그래프는 내역이나 내용의 구성비를 분할하여 나타내고자 하는 경우에 작성하며, 선 그래프는 꺾은
   선으로 시간적 추이를 표시하고자 할 때 작성한다. [   ]

02 그래프 중에서 다양한 요소의 비교를 가장 잘 나타내는 것은 방사형 그래프이다. [   ]

03 그래프 중에서 자료의 분포상태를 가장 잘 나타내는 것은 점 그래프이다. [   ]

01 [O]
02 [O]
03 [O]

04 도표작성능력

(1) 도표의 작성절차 기출

작성하려는 도표의 종류 결정

⬇

가로축과 세로축에 나타낼 것을 결정

⬇

가로축과 세로축의 눈금의 크기 결정

⬇

자료를 가로축과 세로축이 만나는 곳에 표시

⬇

표시된 점에 따라 도표 작성

⬇

도표의 제목 및 단위 표기

(2) 도표 작성시 유의사항

① 선 그래프

- 세로축에 수량(금액, 매출액 등), 가로축에 명칭 구분(연, 월, 장소 등)을 표시하고 축의 모양은 L자형으로 하는 것이 일반적이다.
- 선의 높이에 따라 수치를 파악하는 경우가 많으므로 세로축의 눈금을 가로축의 눈금보다 크게 하는 것이 효과적이다.
- 선이 두 종류 이상인 경우는 각각에 대해 명칭을 기입해야 하며, 중요한 선을 다른 선보다 굵게 하는 등의 노력을 기울일 필요가 있다.

② 막대 그래프

- 세로형이 보다 일반적이나 가로형으로 작성할 경우 사방을 틀로 싸는 것이 좋다.
- 가로축은 명칭 구분(연, 월, 장소 등), 세로축은 수량(금액, 매출액)을 표시하는 것이 일반적이다.
- 막대의 수가 많은 경우에는 눈금선을 기입하는 것이 알아보기에 좋다.
- 막대의 폭은 모두 같게 하여야 한다.

③ 원 그래프

- 12시의 선을 시작선으로 하며, 이를 기점으로 하여 오른쪽으로 그리는 것이 일반적이다.
- 구성비율이 큰 순서로 그리되, '기타' 항목은 구성비율의 크기에 관계없이 가장 뒤에 그린다.
- 각 항목의 명칭은 같은 방향으로 기록하는 것이 일반적이나, 각도가 작아서 명칭을 기록하기 힘든 경우에는 지시선을 사용하여 기록한다.

④ 층별 그래프

- 가로로 할 것인지 세로로 할 것인지는 작성자의 기호나 공간에 따라 판단하나, 구성비율 그래프는 가로로 작성하는 것이 좋다.
- 눈금은 선 그래프나 막대 그래프보다 적게 하고 눈금선을 넣지 않아야 하며, 층별로 색이나 모양이 모두 완전히 다른 것이어야 한다.
- 세로 방향일 경우 위로부터 아래로, 가로 방향일 경우 왼쪽에서 오른쪽으로 나열하면 보기가 좋다.

(3) 도수분포표의 작성

① 도수분포표의 의의

자료의 범위가 넓은 연속적 변수인 경우에 사용하는 것으로, 각 계급을 중복되지 않는 일정한 구간으로 정하여 그 구간에 속하는 자료의 개수를 정리한 것을 말한다.

〈도수분포표의 예〉

계급구간(초임연봉)	도수	상대도수	누적도수	누적상대도수
1,500만 원 미만	15	0.15	15	0.15
1,500만 원 이상 2,000만 원 미만	45	0.45	60	0.60
2,000만 원 이상 2,500만 원 미만	25	0.25	85	0.85
2,500만 원 이상 3,000만 원 미만	10	0.10	95	0.95
3,000만 원 이상	5	0.05	100	1.00
계	100	1.00	−	−

② 도수분포표의 작성원칙

- 각 구간의 폭은 같은 것이 바람직하다.
- 계급의 수는 분포의 특성이 나타날 수 있게 6개 이상 15개 미만이 바람직하다.
- 계급에 속하는 도수가 없거나 너무 적지 않게 구간을 결정한다.
- 극한값을 반영하기 위하여 제일 아래 계급이나 위 계급을 개방할 수도 있다.

③ 도수분포표의 작성절차

> - 1단계 : 자료의 최댓값과 최솟값을 찾아 범위(=최댓값−최솟값)를 구한다.
> - 2단계 : 자료의 수와 범위를 고려하여 계급의 수를 잠정적으로 결정한다.
> - 3단계 : 잠정적으로 계급의 폭(=범위/계급의 수)를 올림하여 소수를 정리한 후 계급의 폭을 조정한다.
> - 4단계 : 첫 계급의 하한과 마지막 계급의 상한을 조정한다(계급의 시작은 0, 1, 5, 10으로, 상한은 0, 5, 9, 10으로 정하는 것이 바람직하다).
> - 5단계 : 각 계급에 속하는 도수 등을 계산한다.

OX 문제

01 원 그래프를 작성할 때 '기타' 항목의 구성비율이 가장 큰 경우에는 가장 앞에 그리는 것이 좋다. [　]

02 막대 그래프를 작성할 때에는 막대의 폭은 모두 같도록 하여야 한다. [　]

03 엑셀 프로그램을 활용하여 그래프를 그릴 때는 풀다운 메뉴 중 삽입을 사용한다. [　]

04 층별 그래프를 작성할 때에는 층별로 색이나 모양은 다르게 하고, 같은 항목끼리는 선으로 연결하여 보기 쉽도록 하는 것이 좋다. [　]

05 엑셀 프로그램을 활용하여 그래프를 그리는 경우, 범례는 별도로 작성하여 붙여넣기를 해야 한다. [　]

---

01 [×] 원 그래프를 작성할 때에는 '기타' 항목의 구성비율이 가장 크다고 할지라도 가장 마지막에 그리는 것이 좋다.

02 [O]

03 [O]

04 [O]

05 [×] 별도로 작성하는 것이 아니라 그래프를 작성할 때에 같이 입력한다.

02 | 수리능력 맛보기

01 다음 자료를 도표로 나타내고자 할 때, 가장 적절한 그래프는?

<Nタイ어 전국 가맹점 연간 매출액>

(단위 : 억 원)

가맹점	2020년	2021년	2022년	2023년
서울 1호점	120	150	180	280
부산 2호점	150	140	135	110
대구 3호점	30	70	100	160

① 원 그래프
② 점 그래프
③ 띠 그래프
④ 선 그래프
⑤ 꺾은선 그래프

정답 ④

선 그래프는 시간의 경과에 따른 수량의 변화를 선의 기울기로 나타내는 그래프로서, 해당 자료를 표현하기에 가장 적절하다.

오답분석
① 원 그래프 : 작성 시, 정각 12시의 선을 시작선으로 하며, 이를 기점으로 하여 오른쪽으로 그리는 것이 보통이다. 또한 분할선은 구성비율이 큰 순서로 그리되, '기타' 항목은 구성비율의 크기에 관계없이 가장 뒤에 그리는 것이 일반적이다.
② 점 그래프 : 지역분포를 비롯하여 도시, 지방, 기업, 상품 등의 평가나 위치, 성격 등을 표시하는 데 주로 이용된다.
③ 띠 그래프 : 전체에 대한 부분의 비율을 나타내는 데 많이 쓰인다.
⑤ 꺾은선 그래프 : 시간이 흐름에 따라 변해가는 모습을 나타내는 데 많이 쓰이며, 날씨 변화, 에너지 사용 증가율, 물가의 변화 등을 나타내기에는 막대 그래프보다 꺾은선 그래프가 유용하다. 그래서 꺾은선 그래프를 읽을 때는 변화의 추이를 염두에 두고 자료를 분석하는 것이 좋다.

풀이 전략!

단순히 문제풀이를 위해서 뿐만 아니라 도표는 우리 삶의 여러 부분에서 다양하게 활용되며, 활용되는 국면에 따라 도표의 종류를 달리할 필요가 있다. 따라서 업무 수행을 원활하게 하기 위해서는 각각의 도표가 어떤 경우에 활용되는지에 대해 숙지하고 있을 필요가 있다.

02 다음은 2023년 극한기후 유형별 발생일수와 발생지수에 대한 자료이다. 이에 대한 설명으로 옳은 것은?

〈2023년 극한기후 유형별 발생일수와 발생지수〉

유형	폭염	한파	호우	대설	강풍
발생일수(일)	16	5	3	0	1
발생지수	5.00	( )	( )	1.00	( )

※ 극한기후 유형은 폭염, 한파, 호우, 대설, 강풍만 존재함

〈산정식〉

$$(극한기후\ 발생지수)=4\times\left(\frac{A-B}{C-B}\right)+1$$

- A＝당해 연도 해당 극한기후 유형 발생일수
- B＝당해 연도 폭염, 한파, 호우, 대설, 강풍의 발생일수 중 최솟값
- C＝당해 연도 폭염, 한파, 호우, 대설, 강풍의 발생일수 중 최댓값

① 발생지수가 가장 높은 유형은 한파이다.
② 호우의 발생지수는 2.00 이상이다.
③ 대설과 강풍의 발생지수의 합은 호우의 발생지수보다 크다.
④ 극한기후 유형별 발생지수의 평균은 3.00 이상이다.
⑤ 폭염의 발생지수는 강풍의 발생지수의 5배이다.

먼저 산정식에서 B는 0이고, C는 16이므로 극한기후 발생지수 산정식은 $\dfrac{A}{4}+1$로 단순화시킬 수 있다. 이를 이용하여 빈칸을 채워 넣으면 다음과 같다.

유형	폭염	한파	호우	대설	강풍
발생일수(일)	16	5	3	0	1
발생지수	5.00	$\dfrac{9}{4}$	$\dfrac{7}{4}$	1.00	$\dfrac{5}{4}$

대설(1.00)과 강풍$\left(\dfrac{5}{4}\right)$의 발생지수의 합은 $\dfrac{9}{4}$이므로, 호우의 발생지수 $\dfrac{7}{4}$보다 크다. 따라서 옳은 내용이다.

[오답분석]

① 발생지수가 가장 높은 것은 폭염(5.00)이므로 옳지 않은 내용이다.

② 호우의 발생지수는 $\dfrac{7}{4}$이므로 2.00에 미치지 못한다. 따라서 옳지 않은 내용이다.

④ 제시된 극한기후 유형별 발생지수를 모두 더하면 $\dfrac{(20+9+7+4+5)}{4}=\dfrac{45}{4}$이므로, 이의 평균은 $\left(\dfrac{45}{20}=\dfrac{9}{4}\right)$임을 알 수 있다. 이는 3에 미치지 못하는 수치이므로 옳지 않은 내용이다.

⑤ 폭염의 발생지수는 $\dfrac{20}{4}$이고, 강풍의 발생지수는 $\dfrac{5}{4}$이므로 전자는 후자의 4배이다. 따라서 옳지 않은 내용이다.

풀이 전략!

빈칸이 4개 이하이면서 덧셈, 뺄셈과 같이 간단한 사칙연산으로만 이루어진 경우에는 미리 채워놓고 시작하는 것이 현명하다. 표의 크기가 작고, 빈칸의 개수가 적을수록 그것이 선택지에 활용될 가능성은 높아지며, 빈칸이 4개 이하라면 확실하다고 봐도 무방하다. 하지만 반대로 빈칸의 수가 적더라도 항목의 수가 많은 경우라면 기계적으로 먼저 채워놓기보다는 일단 선택지를 보고 판단하는 것이 좋다. 자료의 크기가 커진다면 꼭 그 빈칸이 아니더라도 선택지로 활용될 수 있는 것들이 많아지기 때문이다.

03 | 대표유형 적중문제

정답 및 해설 p.023

| 01 | 모듈형

01 철도 길이가 570m인 터널이 있다. A기차는 터널을 완전히 빠져나갈 때까지 50초가 걸리고, 기차 길이가 A기차의 길이보다 60m 짧은 B기차는 23초가 걸렸다. 두 기차가 터널 양 끝에서 동시에 출발하면 $\frac{1}{3}$ 지점에서 만난다고 할 때, A기차의 길이는 얼마인가?(단, 기차 속력은 일정하다)

① 150m   ② 160m

③ 170m   ④ 180m

⑤ 190m

02 A기업은 B복사기 업체에서 복사지를 구입하고 있다. A기업은 복사지 20,000장을 구매하면 10개월 동안 사용한다. B복사기 업체는 복사지 16,000장을 사용한 후에 미리 연락을 달라고 하였다. A기업이 현재, 지난 10개월보다 두 배의 복사지를 사용해야 한다면 지금부터 몇 개월 후에 연락해야 하는가?(단, 매달 사용하는 복사지 수는 같다)

① 2개월   ② 3개월

③ 4개월   ④ 5개월

⑤ 6개월

03 다음 글을 참고할 때, 증가율을 나타내는 그래프로 옳은 것은?

> 읽기능력이란 문자 텍스트에만 국한된 것이 아니라 통계표, 도표(그래프), 그림이나 사진 등 다양한 형태의 텍스트가 나왔을 때 이를 읽어낼 수 있는 능력을 포함한다. 주로 복잡한 통계 자료를 나타낼 때는 이를 정리해서 간단한 숫자의 표로 정리하기도 하는데, 때론 이를 더 보기 쉽도록 그림으로 나타내기도 한다. 이렇게 그림으로 나타낸 것을 우리는 도표 즉, 그래프라고 부른다.

① 막대 그래프   ② 꺾은선 그래프

③ 원 그래프   ④ 띠 그래프

⑤ 그림 그래프

※ 다음은 새로 착공된 K공장에 들여온 공장용 기계들의 구입 가격과 전기요금 및 관리비, 그리고 1년 뒤 중고로 판매했을 때의 가격을 나타낸 것이다. 이어지는 질문에 답하시오. **[4~5]**

〈2022년〉

구분	구입 가격(만 원)	전기요금(원/월)	관리비(원/월)
(가) 기계	1,900	300,000	100,000
(나) 기계	1,600	300,000	200,000
(다) 기계	1,300	400,000	100,000

〈2023년〉

구분	중고 판매 가격(만 원)
(가) 기계	0
(나) 기계	1,000
(다) 기계	• 100회 미만으로 사용하였을 경우 : 500 • 100회 이상 사용하였을 경우 : 200

04 (가) ~ (다) 기계의 2022년 구입 가격의 평균치와 2023년에 중고로 팔았을 때의 가격의 평균치로 옳은 것은?(단, 판매 시점의 (가) ~ (다) 기계는 모두 90회 사용하였다)

① 1,550만 원, 500만 원

② 1,600만 원, 500만 원

③ 1,550만 원, 300만 원

④ 1,600만 원, 300만 원

⑤ 1,600만 원, 530만 원

05 (가) ~ (다) 기계를 구입한 후 공장에 전기요금이 발생하지 않는 자가발전 시스템을 도입하려고 한다. 5년 동안 사용할 것을 가정할 때, 지불 총액이 가장 적은 기계를 모두 고르면?

① (가), (나)   ② (가)

③ (나), (다)   ④ (다)

⑤ (가), (나), (다)

※ 다음은 Y기업 직원 (가) ~ (바)의 사내 업무 평가 점수이다. 이어지는 질문에 답하시오. [6~7]

직원	(가)	(나)	(다)	(라)	(마)	(바)
점수	83	76	75	85	91	79
편차	0	-3	x	3	9	-3

06 다음 중 직원 (다)의 편차 x의 값으로 옳은 것은?

① 4 ② 1

③ 0 ④ -4

⑤ -6

07 다음 중 직원 (가) ~ (바)의 사내 업무 평가 점수의 중앙값은?

① 79 ② 80

③ 81 ④ 83

⑤ 86

08 슬기, 효진, 은경, 민지, 은빈 5명은 여름휴가를 떠나기 전 원피스를 사러 백화점에 갔다. 모두 마음에 드는 원피스 하나를 발견해 각자 원하는 색깔의 원피스를 고르기로 하였다. 원피스가 노란색 2벌, 파란색 2벌, 초록색 1벌이 있을 때, 5명이 각자 한 벌씩 고를 수 있는 경우의 수는?

① 28가지   ② 30가지
③ 32가지   ④ 34가지
⑤ 36가지

09 5%의 소금물 800g에서 물이 증발된 후 소금 30g을 더 넣었더니 14%의 소금물이 되었다. 증발된 물의 양은 몇 g인가?

① 230g   ② 250g
③ 280g   ④ 330g
⑤ 350g

10 C회사는 사옥 옥상 정원에 있는 가로 644cm, 세로 476cm인 직사각형 모양의 뜰 가장자리에 조명을 설치하려고 한다. 네 모퉁이에는 반드시 조명을 설치하고, 일정한 간격으로 조명을 추가 배열하려고 할 때, 필요한 조명의 최소 개수는?(단, 조명의 크기는 고려하지 않는다)

① 68개   ② 72개
③ 76개   ④ 80개
⑤ 84개

01 다음은 주요 곡물별 수급 현황에 대한 자료이다. 이에 대한 설명으로 옳지 않은 것은?

〈주요 곡물별 수급 현황〉

(단위 : 백만 톤)

구분		2021년	2022년	2023년
소맥	생산량	697	656	711
	소비량	697	679	703
옥수수	생산량	886	863	964
	소비량	883	860	937
대두	생산량	239	268	285
	소비량	257	258	271

① 2021년부터 2023년까지 대두의 생산량과 소비량이 지속적으로 증가했다.

② 전체적으로 2023년에 생산과 소비가 가장 활발했다.

③ 2022년 옥수수 소비량은 다른 곡물에 비해 소비량의 변화가 전년 대비 작았다.

④ 2021년 전체 곡물 생산량과 2021년 전체 곡물 생산량의 차는 138백만 톤이다.

⑤ 2023년 생산량 대비 소비량의 비중이 가장 낮았던 곡물은 대두이다.

02 민수가 아이들에게 노트를 나눠주려고 하는데 남는 노트가 없이 나눠주려고 한다. 7권씩 나눠주면 13명이 노트를 못 받고, 마지막으로 노트를 받은 아이는 2권밖에 받지 못해서 6권씩 나눠주었더니 10명이 노트를 못 받고, 마지막으로 노트를 받은 아이는 2권밖에 받지 못했다. 그렇다면 몇 권씩 나눠주어야 노트가 남지 않으면서 공평하게 나눠줄 수 있겠는가?

① 1권

② 2권

③ 3권

④ 4권

⑤ 5권

03 다음은 A중학교 여름방학 방과 후 학교 신청 학생 중 과목별 학생 수를 비율로 나타낸 그래프이다. 방과 후 학교를 신청한 전체 학생이 200명일 때, 수학을 선택한 학생은 미술을 선택한 학생보다 몇 명이 더 적은가?

① 3명   ② 4명

③ 5명   ④ 6명

⑤ 7명

※ 다음은 어느 나라의 중학교 졸업자의 그해 진로에 대한 조사 결과이다. 이어지는 질문에 답하시오.
  [4~5]

〈중학교 졸업자 및 진로 결과〉

(단위 : 명)

구분	성별		중학교 종류		
	남	여	국립	공립	사립
중학교 졸업자	908,388	865,323	11,733	1,695,431	66,547
고등학교 진학자	861,517	838,650	11,538	1,622,438	66,146
진학 후 취업자	6,126	3,408	1	9,532	1
직업학교 진학자	17,594	11,646	106	29,025	109
진학 후 취업자	133	313	0	445	1
취업자(진학자 제외)	21,639	8,913	7	30,511	34
실업자	7,523	6,004	82	13,190	255
사망, 실종	155	110	0	222	3

04 다음 중 남성과 여성의 고등학교 진학률은 각각 얼마인가?

	남성	여성
①	약 94.8%	약 96.9%
②	약 94.8%	약 94.9%
③	약 95.9%	약 96.9%
④	약 95.9%	약 94.9%
⑤	약 96.8%	약 96.9%

05 공립 중학교를 졸업한 남자 중 취업자는 몇 %인가?

① 50%   ② 60%

③ 70%   ④ 80%

⑤ 알 수 없음

06 다음은 2020년 하반기부터 2023년 하반기까지의 1인 1일 스팸 수신량에 대한 그래프이다. 이에 대한 설명으로 옳지 않은 것은?

① 이메일과 휴대전화 모두 스팸 수신량이 가장 높은 시기는 2021년 하반기이다.

② 이메일 스팸 수신량이 휴대전화 스팸 수신량보다 항상 많다.

③ 이메일과 휴대전화 스팸 수신량 사이에 밀접한 관련이 있다고 보기 어렵다.

④ 이메일 스팸 총수신량의 평균은 휴대전화 스팸 총수신량 평균의 3배 이상이다.

⑤ 컴퓨터 사용량과 이메일 스팸 수신량이 정비례 관계에 있다고 한다면, 2021년 하반기 우리나라 국민의 평균 컴퓨터 사용량이 제일 높았을 것이다.

07 다음은 10대 무역수지 흑자국에 대한 자료이다. 이에 대한 설명으로 옳지 않은 것은?

〈10대 무역수지 흑자국〉

(단위 : 백만 달러)

순위	2021년		2022년		2023년	
	국가명	금액	국가명	금액	국가명	금액
1	중국	32,457	중국	45,264	중국	47,779
2	홍콩	18,174	홍콩	23,348	홍콩	28,659
3	마샬군도	9,632	미국	9,413	싱가포르	11,890
4	미국	8,610	싱가포르	7,395	미국	11,635
5	멕시코	6,161	멕시코	7,325	베트남	8,466
6	싱가포르	5,745	베트남	6,321	멕시코	7,413
7	라이베리아	4,884	인도	5,760	라이베리아	7,344
8	베트남	4,780	라이베리아	5,401	마샬군도	6,991
9	폴란드	3,913	마샬군도	4,686	브라질	5,484
10	인도	3,872	슬로바키아	4,325	인도	4,793

① 2021년부터 2023년까지 10대 무역수지 흑자국에 2번 이상 포함된 국가의 수는 9개국이다.

② 2023년 1위 흑자국의 액수는 10위 흑자국 액수의 10배 이상이다.

③ 싱가포르의 2021년 대비 2023년의 흑자액은 2배 이상이다.

④ 싱가포르를 제외하고 2021년 대비 2023년의 흑자 증가율이 가장 높은 나라는 베트남이다.

⑤ 2021년부터 2023년까지 매년 순위가 상승한 나라는 2개국이다.

08 귤 상자 2개에 각각 귤이 들어있다고 한다. 한 상자 당 귤이 안 익었을 확률이 10%, 썩었을 확률이 15%이고 나머지는 잘 익은 귤일 때, 두 사람이 각각 다른 상자에서 귤을 꺼낼 때 한 사람은 잘 익은 귤을 꺼내고, 다른 한 사람은 썩거나 안 익은 귤을 꺼낼 확률은 몇 %인가?

① 31.5% ② 33.5%

③ 35.5% ④ 37.5%

⑤ 39.5%

01 다음은 학교별 급식학교수와 급식인력의 현황에 대한 자료이다. 이에 대한 설명으로 옳지 않은 것은?

〈학교별 급식학교수와 급식인력 현황〉

(단위 : 개, 명)

구분	급식학교 수	직종					
		영양사			조리사	조리보조원	총계
		정규직	비정규직	소계			
초등학교	5,417	3,377	579	3,956	4,955	25,273	34,184
중학교	2,492	626	801	1,427	1,299	10,147	12,873
고등학교	1,951	1,097	603	1,700	1,544	12,485	15,729
특수학교	129	107	6	113	135	211	459
전체	9,989	5,207	1,989	7,196	7,933	48,116	63,245

① 급식인력은 4개의 학교 중 초등학교가 가장 많다.

② 영양사 정규직 비율은 특수학교가 중학교보다 2배 이상 높다.

③ 중학교 정규직 영양사는 고등학교 비정규직 영양사보다 23명 더 많다.

④ 특수학교는 4개의 학교 중 유일하게 정규직 영양사보다 비정규직 영양사가 더 적다.

⑤ 4개의 학교 모두 급식인력(영양사, 조리사, 조리보조원) 중 조리보조원이 차지하는 비율이 가장 높다.

02 다음은 4대 유통업태의 성별, 연령대별 구매액 비중에 대한 자료이다. 이에 대한 설명으로 옳은 것을 〈보기〉에서 모두 고르면?

〈4대 유통업태의 성별, 연령대별 구매액 비중〉

※ 유통업태는 소셜커머스, 오픈마켓, 일반유통, 할인점으로만 구성됨

보기

㉠ 유통업태별 전체 구매액 중 50대 이상 연령대의 구매액 비중이 가장 큰 유통업태는 할인점이다.

㉡ 유통업태별 전체 구매액 중 여성의 구매액 비중이 남성보다 큰 유통업태 각각에서는 40세 이상의 구매액 비중이 60% 이상이다.

㉢ 4대 유통업태 각각에서 50대 이상 연령대의 구매액 비중은 20대 이하보다 크다.

㉣ 유통업태별 전체 구매액 중 40세 미만의 구매액 비중이 50% 미만인 유통업태에서는 여성의 구매액 비중이 남성보다 크다.

---

① ㉠, ㉡   ② ㉠, ㉢

③ ㉡, ㉢   ④ ㉠, ㉡, ㉣

⑤ ㉡, ㉢, ㉣

※ 다음은 A국의 교통사고 사상자 2,500명 대해 조사한 자료이다. 이어지는 질문에 답하시오. [3~4]

〈교통사고 현황〉

■ 사륜차와 사륜차   ■ 사륜차와 이륜차   ■ 사망자   ■ 부상자
■ 사륜차와 보행자   ■ 이륜차와 보행자

※ 사상자 수와 가해자 수는 같다.

〈교통사고 가해자 연령〉

구분	20대	30대	40대	50대	60대 이상
비율	38%	21%	11%	8%	

※ 교통사고 가해자 연령 비율의 합은 100%이다.

03 다음 중 자료에 대한 설명으로 옳지 않은 것은?

① 교통사고 가해자 연령에서 60대 이상의 비율은 30대보다 높다.

② 사륜차와 사륜차 교통사고 사망사건 가해자가 모두 20대라고 할 때, 20대 가해건수의 35% 이상을 차지한다.

③ 이륜차와 관련된 교통사고의 가해자 연령대가 모두 30대 이하라고 할 때, 30대 이하 가해건수의 70% 이상을 차지한다.

④ 보행자와 관련된 교통사고의 40%는 사망사건이라고 할 때, 보행자 관련 사망건수는 사륜차와 사륜차의 교통사고 건수보다 적다.

⑤ 사륜차와 이륜차 교통사고 사망자와 부상자의 비율이 사륜차와 사륜차 교통사고 사망자와 부상자 비율의 반대라고 할 때, 사륜차와 이륜차 교통사고 사망자 수가 사륜차와 사륜차 교통사고 사망자 수보다 많다.

04 이륜차 또는 보행자와 관련된 교통사고 중 가해자 20%가 20대라고 할 때, 이 인원이 20대 가해자에서 차지하는 비율은 얼마인가?(단, 비율은 소수점 첫째 자리에서 버림한다)

① 10%   ② 15%

③ 20%   ④ 25%

⑤ 30%

05 다음은 연도별 공연예술의 행사 추이에 대한 자료이다. 이에 대한 설명으로 옳은 것은?

<연도별 공연예술 행사 추이>

(단위 : 건)

구분	2015년	2016년	2017년	2018년	2019년	2020년	2021년	2022년	2023년
양악	2,658	2,658	2,696	3,047	3,193	3,832	3,934	4,168	4,628
국악	617	1,079	1,002	1,146	1,380	1,440	1,884	1,801	2,192
무용	660	626	778	1,080	1,492	1,323	미집계	1,480	1,521
연극	610	482	593	717	1,406	1,113	1,300	1,929	1,794

① 이 기간 동안 매년 국악 공연 건수가 연극 공연 건수보다 더 많았다.

② 이 기간 동안 매년 양악 공연 건수가 국악, 무용, 연극보다 더 많았다.

③ 이 기간 동안 공연 건수의 증가율이 가장 높은 장르는 국악이었다.

④ 연극 공연 건수가 무용 공연 건수보다 많아진 것은 2022년부터였다.

⑤ 2022년에 비해 2023년에 공연 건수가 가장 많이 증가한 장르는 국악이다.

04 심화문제

정답 및 해설 p.027

01 다음은 2023년 8월부터 2024년 1월까지의 산업별 월간 국내카드 승인액에 대한 자료이다. 이에 대한 설명으로 옳은 것을 〈보기〉에서 모두 고르면?

〈산업별 월간 국내카드 승인액〉

(단위 : 억 원)

산업별	2023년 8월	2023년 9월	2023년 10월	2023년 11월	2023년 12월	2024년 1월
도매 및 소매업	3,116	3,245	3,267	3,261	3,389	3,241
운수업	161	145	165	159	141	161
숙박 및 음식점업	1,107	1,019	1,059	1,031	1,161	1,032
사업시설관리 및 사업지원 서비스업	40	42	43	42	47	48
교육 서비스업	127	104	112	119	145	122
보건 및 사회복지 서비스업	375	337	385	387	403	423
예술·스포츠 및 여가관련 서비스업	106	113	119	105	89	80
협회 및 단체·수리 및 기타 개인 서비스업	163	155	168	166	172	163

보기

ㄱ. 교육 서비스업의 2024년 1월 국내카드 승인액의 전월 대비 감소율은 25% 이상이다.

ㄴ. 2023년 11월 운수업과 숙박 및 음식점업의 국내카드 승인액의 합은 도매 및 소매업의 국내카드 승인액의 40% 미만이다.

ㄷ. 2023년 10월부터 2024년 1월까지 사업시설관리 및 사업지원 서비스업과 예술·스포츠 및 여가관련 서비스업 국내카드 승인액의 전월 대비 증감 추이는 동일하다.

ㄹ. 2023년 9월 협회 및 단체·수리 및 기타 개인 서비스업의 국내카드 승인액은 보건 및 사회복지 서비스업 국내카드 승인액의 35% 이상이다.

① ㄱ, ㄴ
② ㄱ, ㄷ
③ ㄴ, ㄷ
④ ㄴ, ㄹ
⑤ ㄷ, ㄹ

02 다음은 2019 ~ 2023년의 시행된 국가고시 현황에 대한 자료이다. 이를 참고하여 작성한 그래프로 옳지 않은 것은?(단, 응시자와 합격자 수는 일의 자리에서 반올림한다)

〈국가고시 현황〉

(단위 : 명)

구분	2019년	2020년	2021년	2022년	2023년
접수자	3,540	3,380	3,120	2,810	2,990
응시율	79.40%	78.70%	82.70%	75.10%	74.20%
합격률	46.60%	44.70%	46.90%	47.90%	53.20%

※ [응시율(%)]= $\dfrac{(응시자\ 수)}{(접수자\ 수)} \times 100$

※ [합격률(%)]= $\dfrac{(합격자\ 수)}{(응시자\ 수)} \times 100$

① 연도별 미응시자 수 추이

② 연도별 응시자 중 불합격자 수 추이

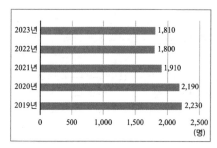

③ 2020 ~ 2023년 전년 대비 접수자 수 변화량

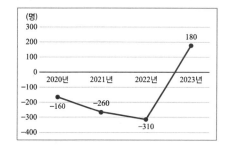

④ 2020 ~ 2023년 전년 대비 합격자 수 변화량

⑤ 2020 ~ 2023년 전년 대비 합격률 증감량

03 다음은 연도별 국내은행 대출 현황을 나타낸 자료이다. 이에 대한 내용으로 옳지 않은 것은?

〈연도별 국내은행 대출 현황〉

(단위 : 조 원)

구분	2015년	2016년	2017년	2018년	2019년	2020년	2021년	2022년	2023년
가계대출	437.1	447.5	459.0	496.4	535.7	583.6	620.0	647.6	655.7
주택담보대출	279.7	300.9	309.3	343.7	382.6	411.5	437.2	448.0	460.1
기업대출	432.7	449.2	462.0	490.1	537.6	546.4	568.4	587.3	610.4
부동산담보대출	156.7	170.9	192.7	211.7	232.8	255.4	284.4	302.4	341.2

※ (은행대출)＝(가계대출)＋(기업대출)

① 2019년 대비 2023년 부동산담보대출 증가율이 가계대출 증가율보다 높다.

② 주택담보대출이 세 번째로 높은 연도에서 부동산담보대출이 기업대출의 50% 이상이다.

③ 2020 ~ 2023년 동안 가계대출의 전년 대비 증가액은 기업대출보다 매년 높다.

④ 2017년 은행대출은 2020년 은행대출의 80% 이상 차지한다.

⑤ 2016 ~ 2023년 동안 전년 대비 주택담보대출이 가장 많이 증가한 해는 2019년이다.

04 다음은 농산물 도매시장의 품목별 조사단위당 가격에 대한 자료이다. 이를 참고하여 작성한 그래프로 옳지 않은 것은?

〈품목별 조사단위당 가격〉

(단위 : kg, 원)

구분	품목	조사단위	조사단위당 가격		
			금일	전일	전년 평균
곡물	쌀	20	52,500	52,500	47,500
	찹쌀	60	180,000	180,000	250,000
	검정쌀	30	120,000	120,000	106,500
	콩	60	624,000	624,000	660,000
	참깨	30	129,000	129,000	127,500
채소	오이	10	23,600	24,400	20,800
	부추	10	68,100	65,500	41,900
	토마토	10	34,100	33,100	20,800
	배추	10	9,500	9,200	6,200
	무	15	8,500	8,500	6,500
	고추	10	43,300	44,800	31,300

① 쌀, 찹쌀, 검정쌀의 조사단위당 가격

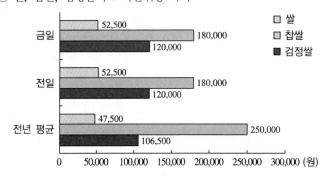

② 채소의 조사단위당 전일가격 대비 금일가격 등락액

③ 채소 1kg당 금일가격

④ 곡물 1kg당 금일가격

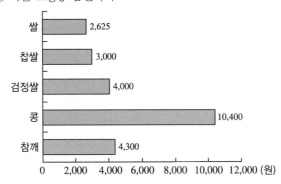

⑤ 채소의 조사단위당 전년 평균가격 대비 금일가격 비율

05 다음은 2023년 노인의 연간 총소득의 항목별 비율을 나타낸 자료이다. 이에 대한 설명으로 옳은 것을 〈보기〉에서 모두 고르면?

〈2023년 노인 연간 총소득 항목별 비율〉

(단위 : %)

구분		근로소득	사업소득	재산소득	기타소득
결혼상태별	배우자 있음	30.3	14.8	10.0	44.9
	배우자 없음	43.4	9.1	5.4	42.1
가구형태별	노인독거	10.5	4.6	8.6	76.3
	노인부부	15.6	15.3	12.3	56.8
	자녀동거	60.8	12.0	5.4	21.8
	기타	33.5	20.0	3.0	43.5
교육수준별	무학(글자모름)	39.5	11.6	2.2	46.7
	무학(글자해독)	38.2	12.4	4.4	45
	초등학교	35.7	14.9	6.6	42.8
	중학교	34.9	15.7	9.1	40.3
	고등학교	33.4	11.6	11.0	44
	전문대학 이상	23.9	8.4	16.9	50.8
현 취업상태	취업중	34.7	27.6	4.4	33.3
	미취업	34.0	6.1	10.7	49.2

〈2023년 노인 기타소득 세부항목 비율〉

(단위 : %)

구분		사적이득소득	공적이전소득	사적연금소득
결혼상태별	배우자 있음	14.2	29.1	1.6
	배우자 없음	17.3	23.5	1.3
가구형태별	노인독거	34.3	39.9	2.1
	노인부부	18.5	36.4	1.9
	자녀동거	6.4	14.5	0.9
	기타	15.6	26.7	1.2
교육수준별	무학(글자모름)	20.0	24.8	1.9
	무학(글자해독)	18.5	24.8	1.7
	초등학교	16.2	25.5	1.1
	중학교	13.3	25.8	1.2
	고등학교	13.7	28.7	1.6
	전문대학 이상	11.7	36.7	2.4
현 취업상태	취업중	10.7	21.5	1.1
	미취업	17.3	30.3	1.6

보기

ㄱ. 자녀와 동거하는 노인의 공적이전소득이 기타소득에서 차지하는 비중은 65% 이상이다.

ㄴ. 교육수준이 중학교인 노인의 사업소득은 전문대학 이상인 노인의 재산소득보다 많다.

ㄷ. 노인독거의 근로소득 비율은 노인독거 재산소득과 기타소득 비율 합의 20% 미만이다.

ㄹ. 취업중인 노인의 기타소득 중 사적이득소득과 사적연금소득의 차액은 배우자가 있는 노인의 공적이전소득과 사적연금소득의 차액보다 적다.

① ㄱ, ㄷ   ② ㄴ, ㄷ

③ ㄴ, ㄹ   ④ ㄱ, ㄴ, ㄹ

⑤ ㄴ, ㄷ, ㄹ

CHAPTER 03

문제해결능력

합격 Cheat Key

문제해결능력은 업무를 수행하면서 여러 가지 문제 상황이 발생하였을 때, 창의적이고 논리적인 사고를 통하여 이를 올바르게 인식하고 적절히 해결하는 능력으로, 하위 능력에는 사고력과 문제처리능력이 있다.

문제해결능력은 NCS 기반 채용을 진행하는 대다수의 공사·공단에서 채택하고 있으며, 다양한 자료와 함께 출제되는 경우가 많아 어렵게 느껴질 수 있다. 특히, 난이도가 높은 문제로 자주 출제되기 때문에 다른 영역보다 더 많은 노력이 필요할 수는 있지만 그렇기에 차별화를 할 수 있는 득점 영역이므로 포기하지 말고 꾸준하게 노력해야 한다.

1 질문의 의도를 정확하게 파악하라!

문제해결능력은 문제에서 무엇을 묻고 있는지 정확하게 파악하여 먼저 풀이 방향을 설정하는 것이 가장 효율적인 방법이다. 특히, 조건이 주어지고 답을 찾는 창의적·분석적인 문제가 주로 출제되고 있기 때문에 처음에 정확한 풀이 방향이 설정되지 않는다면 문제를 제대로 풀지 못하게 되므로 첫 번째로 출제 의도 파악에 집중해야 한다.

2 중요한 정보는 반드시 표시하라!

출제 의도를 정확히 파악하기 위해서는 문제의 중요한 정보를 반드시 표시하거나 메모하여 하나의 조건, 단서도 잊고 넘어가는 일이 없도록 해야 한다. 실제 시험에서는 시간의 압박과 긴장감으로 정보를 잘못 적용하거나 잊어버리는 실수가 많이 발생하므로 사전에 충분한 연습이 필요하다.

3 반복 풀이를 통해 취약 유형을 파악하라!

문제해결능력은 특히 시간관리가 중요한 영역이다. 따라서 정해진 시간 안에 고득점을 할 수 있는 효율적인 문제 풀이 방법을 찾아야 한다. 이때, 반복적인 문제 풀이를 통해 자신이 취약한 유형을 파악하는 것이 중요하다. 정확하게 풀 수 있는 문제부터 빠르게 풀고 취약한 유형은 나중에 푸는 효율적인 문제 풀이를 통해 최대한 고득점을 맞는 것이 중요하다.

01 | 모듈이론

01 문제해결능력의 의의

(1) 문제의 의의

① 문제와 문제점 [기출]

문제	업무를 수행함에 있어서 답을 요구하는 질문이나 의논하여 해결해야 하는 사항
문제점	문제의 원인이 되는 사항으로 문제해결을 위해서 조치가 필요한 대상

난폭운전으로 전복사고가 일어난 경우는 '사고의 발생'이 문제이며, '난폭운전'은 문제점이다.

② 문제의 유형

    ㉠ 기능에 따른 분류 : 제조 문제, 판매 문제, 자금 문제, 인사 문제, 경리 문제, 기술상 문제

    ㉡ 시간에 따른 분류 : 과거 문제, 현재 문제, 미래 문제

    ㉢ 해결방법에 따른 분류 : 논리적 문제, 창의적 문제

③ 문제의 분류 [기출]

발생형 문제 (보이는 문제)	• 눈앞에 발생되어 해결하기 위해 고민하는 문제를 말하며, 원인지향적인 문제라고도 함 • 이탈 문제 : 어떤 기준을 이탈함으로써 생기는 문제 • 미달 문제 : 기준에 미달하여 생기는 문제
탐색형 문제 (보이지 않는 문제)	• 현재의 상황을 개선하거나 효율을 높이기 위한 문제를 말하며, 문제를 방치하면 뒤에 큰 손실이 따르거나 해결할 수 없게 되는 것 • 잠재 문제 : 문제가 잠재되어 인식하지 못하다가 결국 확대되어 해결이 어려운 문제 • 예측 문제 : 현재는 문제가 아니지만 계속해서 현재 상태로 진행될 경우를 가정하고 앞으로 일어날 수 있는 문제 • 발견 문제 : 현재는 문제가 없으나 좋은 제도나 기법, 기술을 발견하여 개선·향상시킬 수 있는 문제
설정형 문제 (미래의 문제)	• 장래의 경영전략을 통해 앞으로 어떻게 할 것인가 하는 문제 • 새로운 목표를 설정함에 따라 일어나는 문제로, 목표 지향적 문제라고도 함 • 많은 창조적인 노력이 요구되므로 창조적 문제라고도 함

(2) 문제해결의 의의

① 문제해결이란?

목표와 현상을 분석하고, 이 분석 결과를 토대로 과제를 도출하여 최적의 해결책을 찾아 실행·평가해가는 활동을 말한다.

② 문제해결의 장애요소

- 문제를 철저하게 분석하지 않는 것
- 고정관념에 얽매이는 것
- 쉽게 떠오르는 단순한 정보에 의지하는 것
- 너무 많은 자료를 수집하려고 노력하는 것

③ 문제해결에 필요한 기본적 사고 [기출]

　㉠ 전략적 사고

　　현재 당면하고 있는 문제와 해결방법에만 집착하지 말고, 그 문제와 해결방안이 상위 시스템과 어떻게 연결되어 있는지를 생각하는 것이 필요하다.

　㉡ 분석적 사고

　　전체를 각각의 요소로 나누어 그 요소의 의미를 도출한 다음 우선순위를 부여하고, 구체적인 문제해결방법을 실행하는 것이 요구된다.

종류	요구되는 사고
성과 지향의 문제	기대하는 결과를 명시하고 효과적으로 달성하는 방법을 사전에 구상하고 실행에 옮길 것
가설 지향의 문제	현상 및 원인분석 전에 지식과 경험을 바탕으로 일의 과정이나 결과 · 결론을 가정한 다음 검증 후 사실일 경우 다음 단계의 일을 수행할 것
사실 지향의 문제	일상 업무에서 일어나는 상식 · 편견을 타파하여 객관적 사실로부터 사고와 행동을 시작할 것

　㉢ 발상의 전환

　　기존에 가지고 있는 사물과 세상을 바라보는 인식의 틀을 전환하여 새로운 관점에서 바로 보는 사고를 지향하는 것이 필요하다.

　㉣ 내 · 외부자원의 효과적 활용

　　기술, 재료, 방법, 사람 등 필요한 자원 확보 계획을 수립하고, 내 · 외부자원을 효과적으로 활용하도록 해야 한다.

(3) 제3자를 통한 문제해결 [기출]

종류	내용
소프트 어프로치	• 대부분의 기업에서 볼 수 있는 전형적인 스타일 • 조직 구성원들이 같은 문화적 토양을 가짐 • 직접적인 표현보다는 암시를 통한 의사전달 • 결론이 애매하게 산출되는 경우가 적지 않음 • 제3자 : 결론을 미리 그려 가면서 권위나 공감에 의지함
하드 어프로치	• 조직 구성원들이 상이한 문화적 토양을 가짐 • 직설적인 주장을 통한 논쟁과 협상 • 논리, 즉 사실과 원칙에 근거한 토론 • 이론적으로는 가장 합리적인 방법 • 제3자 : 지도와 설득을 통해 전원이 합의하는 일치점 추구 • 창조적인 아이디어나 높은 만족감을 이끌어내기 어려움
퍼실리테이션	• 그룹의 지향점을 알려주고, 공감을 이룰 수 있도록 도와주는 것 • 창조적인 해결방안 도출, 구성원의 동기와 팀워크 강화 • 퍼실리테이터의 줄거리대로 결론이 도출되어서는 안됨 • 제3자 : 깊이 있는 커뮤니케이션을 통해 창조적인 문제해결 도모

(4) 퍼실리테이션 기출

① 퍼실리테이션을 통해 배양되는 능력

- 객관적으로 사물을 보는 능력
- 다른 사람의 견해를 편견 없이 들을 수 있는 청취 능력
- 다양한 관점에서 사물을 볼 수 있는 관찰력
- 현상에 대한 분석력
- 인간관계 능력
- 논리적인 사고 능력

② 퍼실리테이션에 필요한 기본 역량

- 문제의 탐색과 발견
- 문제해결을 위한 구성원 간의 커뮤니케이션 조정
- 합의를 도출하기 위한 구성원들 사이의 갈등 관리

OX 문제

01 문제란 해결하기를 원하지만 실제로 해결해야 하는 방법을 모르고 있는 상태를 말한다. [　]

02 발생형 문제란 현재의 상황을 개선하거나 효율을 높이기 위한 문제를 말한다. [　]

03 앞으로 어떻게 할 것인가에 대한 문제는 설정형 문제라고 한다. [　]

04 현상 및 원인분석 전에 일의 과정이나 결론을 가정한 후 일을 수행하는 것은 가설 지향의 문제에 해당한다. [　]

05 객관적 사실로부터 사고와 행동을 시작하는 것은 성과 지향의 문제에 해당한다. [　]

---

01 [O]

02 [×] 탐색형 문제에 대한 설명이다. 발생형 문제란 현재 직면하여 해결하기 위해 고민하는 문제를 말한다.

03 [O]

04 [O]

05 [×] 사실 지향의 문제에 대한 설명이다. 성과 지향의 문제에는 기대하는 결과를 명시하고 효과적으로 달성하는 방법을 사전에 구상하는 것이 해당한다.

(1) 창의적 사고와 브레인스토밍

① 창의적 사고란? 기출

당면한 문제를 해결하기 위해 경험적 지식을 해체하여 새로운 아이디어를 다시 도출하는 것으로, 개인이 가지고 있는 경험과 지식을 통해 참신한 아이디어를 산출하는 힘이다.

② 창의적 사고의 특징 기출

- 발전적(확산적) 사고
- 새롭고 유용한 아이디어를 생산해 내는 정신적인 과정
- 기발하거나, 신기하며 독창적인 것
- 유용하고 적절하며, 가치가 있는 것
- 기존의 정보들을 새롭게 조합시킨 것

③ 브레인스토밍

미국의 알렉스 오즈번이 고안한 그룹발산기법으로, 창의적인 사고를 위한 발산방법 중 가장 흔히 사용되는 방법이다. 집단의 효과를 살려서 아이디어의 연쇄반응을 일으켜 자유분방한 아이디어를 내고자 하는 것이다.

④ 브레인스토밍 진행 방법

- 주제를 구체적이고 명확하게 정한다.
- 구성원의 얼굴을 볼 수 있는 좌석 배치와 큰 용지를 준비한다.
- 구성원들의 다양한 의견을 도출할 수 있는 사람을 리더로 선출한다.
- 구성원은 다양한 분야의 사람들로 5~8명 정도로 구성한다.
- 발언은 누구나 자유롭게 할 수 있도록 하며, 모든 발언 내용을 기록한다.
- 아이디어에 대해 비판해서는 안 된다.

(2) 창의적 사고의 개발 방법 기출

① 자유 연상법 – 생각나는 대로 자유롭게 발상 – 브레인스토밍

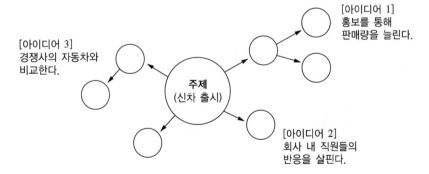

[아이디어 1]
홍보를 통해 판매량을 늘린다.

[아이디어 3]
경쟁사의 자동차와 비교한다.

주제
(신차 출시)

[아이디어 2]
회사 내 직원들의 반응을 살핀다.

② 강제 연상법 – 각종 힌트와 강제적으로 연결지어서 발상 – 체크리스트

[아이디어 1]
신규 해외 수출
지역을 물색한다.

③ 비교 발상법 – 주제의 본질과 닮은 것을 힌트로 발상 – NM법, Synetics

[아이디어 1]
지난달에 출시하여 히트를 친
비누의 판매전략을 벤치마킹한다.

(3) 논리적 사고의 의의

① 논리적 사고란?

- 사고의 전개에 있어서 전후의 관계가 일치하고 있는가를 살피고, 아이디어를 평가하는 능력을 말한다.
- 업무 수행 중에 자신이 만든 계획이나 주장을 주위 사람에게 이해시켜 실현시키기 위해서는 체계적인 설득 과정을 거쳐야 하는데, 이때 필요로 하는 것이 논리적 사고이다.

② 논리적 사고의 5요소 기출

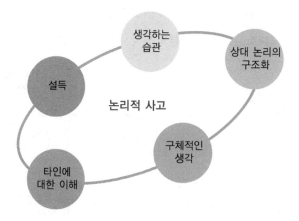

③ 논리적 사고를 개발하기 위한 방법 기출
ㄱ 피라미드 기법
보조 메시지들을 통해 주요 메인 메시지를 얻고, 다시 메인 메시지를 종합한 최종적인 정보를 도출해
내는 방법이다.

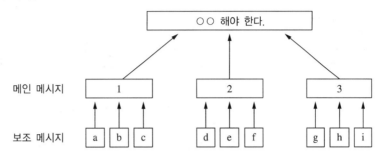

ㄴ So What 기법
"그래서 무엇이지?" 하고 자문자답하는 의미로 눈앞에 있는 정보로부터 의미를 찾아내어 가치 있
는 정보를 이끌어 내는 사고이다. "So what?"은 단어나 체언만으로 표현하는 것이 아니라 주어와
술어가 있는 글로 표현함으로써 "어떻게 될 것인가?", "어떻게 해야 한다."라는 내용이 포함되어
야 한다.

[상황]
ㄱ. 우리 회사의 자동차 판매대수가 사상 처음으로 전년 대비 마이너스를 기록했다.
ㄴ. 우리나라의 자동차 업계 전체는 일제히 적자 결산을 발표했다.
ㄷ. 주식 시장은 몇 주간 조금씩 하락하는 상황에 있다.

[So What?을 사용한 논리적 사고의 예]
a. 자동차 판매의 부진
b. 자동차 산업의 미래
c. 자동차 산업과 주식시장의 상황
d. 자동차 관련 기업의 주식을 사서는 안 된다.
e. 지금이야말로 자동차 관련 기업의 주식을 사야 한다.

[해설]
a. 상황 ㄱ만 고려하고 있으므로 So What의 사고에 해당하지 않는다.
b. 상황 ㄷ을 고려하지 못하고 있으므로 So What의 사고에 해당하지 않는다.
c. 상황 ㄱ ~ ㄷ을 모두 고려하고는 있으나 자동차 산업과 주식시장이 어떻게 된다는 것을 알
수 없으므로 So What의 사고에 해당하지 않는다.
d·e. "주식을 사지 마라(사라)."는 메시지를 주고 있으므로 So What의 사고에 해당한다.

(4) 비판적 사고

① 비판적 사고

어떤 주제나 주장 등에 대해서 적극적으로 분석하고 종합하며 평가하는 능동적인 사고를 말한다. 이는 문제의 핵심을 중요한 대상으로 하며, 지식과 정보를 바탕으로 한 합당한 근거에 기초를 두고 현상을 분석하여 평가하는 사고이다.

② 비판적 사고에 필요한 요소 기출

종류	내용
문제의식	문제의식을 가지고 있다면 주변의 사소한 일에서도 정보를 수집할 수 있으며, 이러한 정보를 통해서 새로운 아이디어를 끊임없이 생산해 낼 수 있다.
고정관념의 타파	고정관념은 사물을 보는 시각에 영향을 주며, 일방적인 평가를 내리기 쉽게 한다. 따라서 지각의 폭을 넓히기 위해 고정관념을 타파해야 한다.

OX 문제

01 창의적 사고란 기존의 정보를 객관적으로 분석하는 것을 말한다. [　]

02 자유 연상법은 생각나는 대로 자유롭게 발상하는 방법으로, 체크리스트가 대표적인 방법이다. [　]

03 비교 발상법은 주제의 본질과 닮은 것을 힌트로 발상해 내는 것으로, NM법이나 Synetics가 대표적이다. [　]

04 논리적인 사고의 구성요소에서 자신의 사상을 강요하지 않고 자신이 함께 일을 진행하는 상대와 의논해 나가는 가운데, 자신이 깨닫지 못했던 새로운 가치를 발견하고 생각해 낼 수 있는 과정은 설득에 해당한다. [　]

05 비판적 사고를 방해하는 것으로서, 사물을 바라보는 편협적인 시각을 의미하는 것을 고정관념이라고 한다. [　]

01 [×] 기존의 정보를 객관적으로 분석하는 일은 논리적 사고 혹은 비판적 사고의 개념이다.
02 [×] 자유 연상법의 대표적인 방법은 브레인스토밍이며, 체크리스트는 강제 연상법의 대표적인 방법이다.
03 [○]
04 [○]
05 [○]

(1) 문제 인식의 절차 기출

① 환경 분석(3C 분석)

사업환경을 구성하고 있는 요소인 자사, 경쟁사, 고객을 3C라고 하며, 3C에 대한 체계적인 분석을 통해서 환경 분석을 수행할 수 있다.

② 주요 과제 도출

과제안을 작성할 때는 과제들 간의 수준은 동일한지, 표현은 구체적인지, 주어진 기간 내에 해결가능한 안인지를 확인해야 한다.

③ 과제 선정

과제안 중 효과 및 실행 가능성 측면을 평가하여 우선순위를 부여한 후 우선순위가 높은 안을 선정하며, 우선순위 평가시에는 과제의 목표, 자원현황 등을 종합적으로 고려하여 평가한다.

(2) SWOT 분석 기출

① SWOT 분석의 의의

기업내부의 강점·약점과 외부환경의 기회·위협요인을 분석 및 평가하며, 이들을 서로 연관지어 전략을 개발하고 문제해결 방안을 개발하는 방법이다.

② SWOT 분석의 흐름

	내부환경요인	
	강점 (Strengths)	약점 (Weaknesses)
기회 (Opportunities)	**SO** 내부강점과 외부기회 요인을 극대화	**WO** 외부기회를 이용하여 내부약점을 강점으로 전환
위협 (Threats)	**ST** 외부위협을 최소화하기 위해 내부강점을 극대화	**WT** 내부약점과 외부위협을 최소화

(외부환경요인)

③ SWOT 전략 수립 방법

내부의 강점과 약점을, 외부의 기회와 위협을 대응시켜 기업 목표 달성을 위한 SWOT분석을 바탕으로 구축한 발전전략의 특성은 다음과 같다.

종류	내용
SO전략	외부환경의 기회를 활용하기 위해 강점을 사용하는 전략 선택
ST전략	외부환경의 위협을 회피하기 위해 강점을 사용하는 전략 선택
WO전략	자신의 약점을 극복함으로써 외부환경의 기회를 활용하는 전략 선택
WT전략	외부환경의 위협을 회피하고 자신의 약점을 최소화하는 전략 선택

④ SWOT 분석의 구체적인 방법

종류	내용
외부환경 분석	• 좋은 쪽으로 작용하는 것은 기회, 나쁜 쪽은 위협으로 분류 • 언론매체, 개인 정보망 등을 통하여 입수한 상식적인 세상의 변화 내용을 시작으로 당사자에게 미치는 영향을 순서대로 점차 구체화 • 인과관계가 있는 경우 화살표로 연결 • 동일한 데이터라도 자신에게 긍정적으로 전개되면 기회로, 부정적으로 전개되면 위협으로 구분 • 외부환경분석시에는 SCEPTIC 체크리스트를 활용 Social(사회), Competition(경쟁), Economic(경제), Politic(정치), Technology(기술), Information(정보), Client(고객)
내부환경 분석	• 경쟁자와 비교하여 나의 강점과 약점을 분석 • 강점과 약점의 내용 : 보유하거나 동원 가능하거나 활용 가능한 자원 • 내부환경 분석에는 MMMITI 체크리스트를 활용 Man(사람), Material(물자), Money(돈), Information(정보), Time(시간), Image(이미지)

(3) 표적집단면접(Focus Group Interview)

① 표적집단면접의 의미

6~8인으로 구성된 그룹에서 특정 주제에 대해 논의하는 과정으로, 숙련된 사회자의 컨트롤 기술에 의해 집단의 이점을 십분 활용하여 구성원들의 의견을 도출하는 방법이다.

② 표적집단면접 진행 절차

절차	조사 목적 수립	대상자 분석	그룹 수 결정	대상자 리쿠르트	가이드라인 작성
내용	확보해야 하는 정보는?	정보 획득 대상의 특징은?	정보를 획득하는 가장 적절한 그룹 수는?	대상자를 어떻게 선발할 것인가?	일반적인 주제에서 심층적인 주제로 작성

③ 표적집단면접 시 주의사항

- 인터뷰 종료 후 전체 내용에 대한 합의를 한다.
- 가이드라인에 따라 내용을 열거하고, 열거된 내용의 상호 관련을 생각하면서 결론을 얻어 나간다.
- 가능한 그룹으로 분석 작업을 진행한다.
- 동의 혹은 반대의 경우 합의 정도와 강도를 중시한다.
- 조사의 목적에 따라 결론을 이끌 수 있도록 한다.
- 앞뒤에 흩어져 있는 정보들을 주제에 대한 연관성을 고려하여 수집한다.
- 확실한 판정이 가능한 것은 판정을 하지만 그렇지 못한 경우는 판정을 내려서는 안 된다.

(4) 문제 도출

① 세부 절차

절차	문제 구조 파악	핵심 문제 선정
내용	문제를 작고, 다룰 수 있는 이슈들로 세분화	문제에 영향력이 큰 이슈를 핵심이슈로 선정

② 문제 구조 파악

㉠ 전체 문제를 개별화된 세부 문제로 쪼개는 과정으로 문제의 내용 및 미치고 있는 영향 등을 파악하여 문제의 구조를 도출해내는 것이다. 이를 위해서는 문제가 발생한 배경이나 문제를 일으키는 메커니즘을 분명히 해야 하며, 문제의 본질을 다면적으로 보아야 한다.

㉡ Logic Tree 방법

주요 과제를 나무모양으로 분해・정리하는 기술로서, 제한된 시간 동안 문제의 원인을 깊이 파고 든다든지, 해결책을 구체화할 때 유용하게 사용된다. 이를 위해서는 전체 과제를 명확히 해야 하며, 분해해가는 가지의 수준을 맞춰야 하고, 원인이 중복되거나 누락되지 않고 각각의 합이 전체를 포함해야 한다.

(5) 원인 분석

① 세부 절차

② Issue 분석

절차	내용
핵심이슈설정	업무에 가장 크게 영향을 미치는 문제로 선정하며, 사내·외 고객 인터뷰 등을 활용한다.
가설설정	이슈에 대해 자신의 직관, 경험 등에 의존하여 일시적인 결론을 예측하는 것이며, 설정된 가설은 관련자료 등을 통해 검증할 수 있어야 하며, 논리적이며 객관적이어야 한다.
Output 이미지 결정	가설검증 계획에 의거하여 분석결과를 미리 이미지화하는 것이다.

③ Data 분석

절차	내용
Data 수집계획 수립	데이터 수집 시에는 목적에 따라 수집 범위를 정하고, 전체 자료의 일부인 표본을 추출하는 전통적인 통계학적 접근과 전체 데이터를 활용한 빅데이터 분석을 구분해야 한다. 이때, 객관적인 사실을 수집해야 하며 자료의 출처를 명확히 밝힐 수 있어야 한다.
Data 정리/가공	데이터 수집 후에는 목적에 따라 수집된 정보를 항목별로 분류·정리해야 한다.
Data 해석	정리된 데이터는 "What", "Why", "How" 측면에서 의미를 해석해야 한다.

④ 원인 파악

절차	내용
단순한 인과관계	원인과 결과를 분명하게 구분할 수 있는 경우로, 어떤 원인이 앞에 있어 여기에서 결과가 생기는 인과관계를 의미한다.
닭과 계란의 인과관계	원인과 결과를 구분하기가 어려운 경우로, 브랜드의 향상이 매출확대로 이어지고, 매출확대가 다시 브랜드의 인지도 향상으로 이어지는 경우가 이에 해당한다.
복잡한 인과관계	단순한 인과관계와 닭과 계란의 인과관계의 유형이 복잡하게 서로 얽혀 있는 경우로, 대부분의 경영상 과제가 이에 해당한다.

(6) 해결안 개발

① 세부 절차

절차	해결안 도출	해결안 평가 및 최적안 선정
내용	문제로부터 최적의 해결안을 도출하고, 아이디어를 명확화	최적안 선정을 위한 평가 기준을 선정하고, 우선순위 선정을 통해 최적안 선정

② 해결안 도출 과정

- 근본원인으로 열거된 내용을 어떠한 방법으로 제거할 것인지를 명확히 한다.
- 독창적이고 혁신적인 방안을 도출한다.
- 전체적인 관점에서 보아 해결의 방향과 방법이 같은 것을 그룹으로 묶는다.
- 최종 해결안을 정리한다.

③ 해결안 평가 및 최적안 선정

문제(What), 원인(Why), 방법(How)을 고려해서 해결안을 평가하여 가장 효과적인 해결안을 선정해야 하며, 중요도와 실현가능성 등을 고려해서 종합적인 평가를 내리고 채택 여부를 결정하는 과정이다.

④ 해결안 개발의 예시

해결안	중요도		실현가능성			종합평가	채택여부
	고객만족도	문제해결	개발기간	개발능력	적용가능성		
해결안 1							
해결안 2							
해결안 3							
해결안 4							

(7) 실행 및 후속조치

① 세부 절차

절차	실행계획 수립	실행	후속조치
내용	최종 해결안을 실행하기 위한 구체적인 계획 수립	실행계획에 따른 실행 및 모니터	실행 결과에 대한 평가

② 실행계획 수립

세부 실행내용의 난이도를 고려하여 가급적 구체적으로 세우는 것이 좋으며, 각 해결안별 실행계획서를 작성함으로써 실행의 목적과 과정별 진행내용을 일목요연하게 파악하도록 하는 것이 필요하다.

PART 1

③ 실행 및 후속조치
  ㉠ 파일럿 테스트를 통해 문제점을 발견하고, 해결안을 보완한 후 대상 범위를 넓혀서 전면적으로 실시해야 한다. 그리고 실행상의 문제점 및 장애요인을 신속히 해결하기 위해서 모니터링 체제를 구축하는 것이 바람직하다.
  ㉡ 모니터링 시 고려 사항

  > • 바람직한 상태가 달성되었는가?
  > • 문제가 재발하지 않을 것을 확신할 수 있는가?
  > • 사전에 목표한 기간 및 비용은 계획대로 지켜졌는가?
  > • 혹시 또 다른 문제를 발생시키지 않았는가?
  > • 해결책이 주는 영향은 무엇인가?

OX 문제

01 전체 문제를 세부 문제로 쪼개는 과정을 통해 문제의 구조를 파악하는 방법을 Logic Tree 방법이라고 한다. [ ]

02 해결안을 평가하고 채택할 때 사용되는 실현 가능성의 평가 기준은 개발 기간, 고객 만족, 적용 가능성 등을 들 수 있다. [ ]

03 해결안 평가 및 최적안 선정은 문제(What), 원인(Why), 방법(How)을 고려해서 해결안을 평가하고, 가장 효과적인 해결안을 선정해야 한다. [ ]

04 실행계획을 수립할 때에는 실행상의 문제점을 해결하기 위한 모니터링 체제를 구축해야 한다. [ ]

05 문제해결 절차 중 선정된 문제를 분석하여 해결해야 할 것이 무엇인지를 명확히 하는 단계는 문제 도출 단계이다. [ ]

---

01 [○]
02 [×] 개발 기간, 개발 능력, 적용 가능성은 해결안이 실현 가능한지를 평가하는 기준인 반면, 고객 만족은 해결안의 평가 기준이지만 실현 가능성이 아니라 해결안이 적절한지에 대한 기준이다.
03 [○]
04 [×] 모니터링 체제의 구축은 실행 및 후속조치 단계에서 이루어지는 것이다.
05 [○]

02 | 문제해결능력 맛보기

01 다음 글의 내용이 참일 때, 최종 선정되는 단체로 옳은 것은?

> ○○부는 우수 문화예술 단체 A∼E 다섯 중 한 곳을 선정하여 지원하려 한다. 이번 선정 방침은 다음 두 가지다. 첫째, 어떤 형태로든 지원을 받고 있는 단체는 최종 후보가 될 수 없다. 둘째, 최종 선정 시 올림픽 관련 단체를 엔터테인먼트 사업(드라마, 영화, K-pop) 단체보다 우선한다.
> A단체는 자유무역협정을 체결한 갑국에 드라마 컨텐츠를 수출하고 있지만 올림픽과 관련된 사업은 하지 않는다. B는 올림픽의 개막식 행사를, C는 폐막식 행사를 각각 주관하는 단체다. E는 오랫동안 한국 음식문화를 세계에 보급해 온 단체다. A와 C 중 적어도 한 단체가 최종 후보가 되지 못한다면, 대신 B와 E 중 적어도 한 단체는 최종 후보가 된다. 반면 게임 개발로 각광을 받은 단체인 D가 최종 후보가 된다면, 한국과 자유무역협정을 체결한 국가와 교역을 하는 단체는 모두 최종 후보가 될 수 없다. 후보 단체들 중 가장 적은 부가가치를 창출한 단체는 최종 후보가 될 수 없고, 최종 선정은 최종 후보가 된 단체 중에서만 이루어진다. 올림픽의 개막식 행사를 주관하는 모든 단체는 이미 ○○부로부터 지원을 받고 있다. 그리고 위 문화예술 단체 가운데 한국 음식문화 보급과 관련된 단체의 부가가치 창출이 가장 저조하였다.

① A

② B

③ C

④ D

⑤ E

정답 ③

ⅰ) 먼저 주어진 조건만으로 소거되는 단체를 찾아보면, 어떤 형태로든 지원을 받고 있는 단체는 최종 후보가 될 수 없다는 점에서 B를 제거할 수 있으며, 부가가치 창출이 가장 적었던 E 역시 최종 후보가 될 수 없다.

ⅱ) 다음으로 제시된 조건을 정리해보면 $[A(\times) \vee C(\times)] \rightarrow [B(\bigcirc) \vee E(\bigcirc)]$으로 나타낼 수 있으며, 이를 대우로 변환하면 $[B(\times) \wedge E(\times)] \rightarrow [A(\bigcirc) \wedge C(\bigcirc)]$으로 표시할 수 있다. 이 조건식과 앞서 B와 E가 모두 최종 후보가 될 수 없다는 것을 결합하면, 결국 A와 C가 최종 후보에 올라간다는 것을 알 수 있다.

ⅲ) 이제 D가 최종 후보가 될 경우 자유무역협정을 체결한 국가와 교역을 하는 단체는 모두 최종 후보가 될 수 없다는 두 번째 조건을 정리하면 $[D(\bigcirc) \rightarrow A(\times)]$으로 나타낼 수 있으며, 이를 대우로 변환하면 $(A\bigcirc \rightarrow D\times)$로 표시할 수 있다. 그런데 앞서 A는 최종 후보에 올라가는 것이 확정되어 있는 상태이기 때문에 D는 후보가 될 수 없다는 것을 알 수 있다.

결국 최종 후보는 A와 C만 남은 상황인데, 조건에서 올림픽 단체를 엔터테인먼트 사업단체보다 우선한다고 하였으므로 폐막식 행사를 주관하는 C가 최종 선정되게 된다.

풀이 전략!

거의 대부분의 논리문제는 대우명제를 결합하여 숨겨진 논리식을 찾는 수준을 벗어나지 않는다. 따라서 '∼라면'이 포함된 조건식이 등장한다면 일단 대우명제로 바꾼 것을 같이 적어주는 것이 좋다. 조금 더 과감하게 정리한다면, 제시된 조건식은 그 자체로는 사용되지 않고 대우명제로만 사용되는 경우가 대부분이다.

02 다음 글에서 말하고 있는 문제해결방법인 퍼실리테이션에 대한 설명으로 가장 적절한 것은?

> A협회에서는 지난 달 1일 대한민국 퍼실리테이션/퍼실리테이터 협의회를 개최하였다. 퍼실리테이션이란 리더가 전권을 행사하는 기존의 조직과는 달리 그룹 구성원들이 심도 높은 의사소통 등 효과적인 기법과 절차에 따라 문제해결 과정에 적극적으로 참여하고 상호 작용을 촉진해 문제를 해결하고 목적을 달성하는 활동을 의미한다. 퍼실리테이터란 이러한 퍼실리테이션 활동을 능숙하게 해내는 사람 또는 퍼실리테이션을 수행하는 조직의 리더라고 정의할 수 있다. 이번 협의회에서는 4차 산업혁명의 기술을 활용한 디지털 혁신이 산업 생태계 및 공공 부분 등 사회 전반의 패러다임을 바꾸고 있는 상황에서, 퍼실리테이션의 중요성을 강조하는 자리를 마련하였다. 개최사를 맡은 한국대학교 최선아 교수는 지금까지의 조직변화와 사회변화를 위한 퍼실리테이션의 역할을 다시 한 번 생각하고, 시대 변화에 따른 역할과 기능을 탐색하는 노력을 통해 퍼실리테이션의 방향성을 제시하는 것이 필요하다고 언급하였다. 또한 퍼실리테이션을 통한 성공적인 문제해결 사례로 K기업의 워크숍 사례를 소개하였다. 이 워크숍에서는 미래 조직관점에서 퍼실리테이터의 역할과 요구, 조직 내 갈등해결, 협력적 의사결정, 변화 촉진 등의 다양한 문제해결을 위한 내용이 포함되어 있다고 밝혔다.

① 문제해결방법의 종류인 소프트 어프로치와 하드 어프로치를 혼합한 방법이라 할 수 있다.

② 서로의 생각을 직설적으로 주장하고 논쟁이나 협상을 통해 서로의 의견을 조정해 가는 방법이다.

③ 주관적 관점에서 사물을 보는 관찰력과 추상적인 사고 능력으로 문제를 해결한다.

④ 직접적인 표현이 바람직하지 않다고 여기며, 무언가를 시사하거나 암시를 통하여 의사를 전달하고 서로를 이해하게 함으로써 문제해결을 도모한다.

⑤ 깊이 있는 커뮤니케이션을 통해 서로의 문제점을 이해하고 공감함으로써 창조적인 문제해결을 도모하여, 초기에 생각하지 못했던 창조적인 해결 방법이 도출된다.

정답 ⑤

퍼실리테이션(Facilitation)이란 '촉진'을 의미하며, 어떤 그룹이나 집단이 의사결정을 잘 하도록 도와주는 일을 의미한다. 깊이 있는 커뮤니케이션을 통해 서로의 문제점을 이해하고 공감함으로써, 초기에는 미처 생각하지 못했던 창조적인 문제해결 방법이 도출된다.

오답분석

② 하드 어프로치에 대한 설명이다. 하드 어프로치란 상이한 문화적 토양을 가지고 있는 구성원을 가정하여 서로의 생각을 직설적으로 주장하고 논쟁이나 협상을 통해 의견을 조정해 가는 방법이다. 이때 중심적 역할을 하는 것이 논리, 즉 사실과 원칙에 근거한 토론이다.

③ 퍼실리테이션의 효과에 대한 설명이다. 퍼실리테이션의 효과로는 객관적으로 사물을 보는 관찰력, 논리적 사고 능력, 편견 없이 듣는 청취력, 원만한 인간관계 능력, 문제를 탐색 및 발견하는 능력, 자신의 변혁 추구 능력, 문제해결을 위한 구성원 간의 커뮤니케이션 조정 능력, 합의 도출을 위한 구성원 간의 갈등 관리능력 등이 있다.

④ 소프트 어프로치에 대한 설명이다. 소프트 어프로치란 조직 구성원들은 같은 문화적 토양을 가지고 이심전심으로 서로를 이해하는 상황을 가정한다.

풀이 전략!

퍼실리테이션에 관련된 문제가 자주 출제되고 있다. 특히 그 중에서도 중요한 것은 퍼실리테이터가 존재한다고 하더라도 구성원이 문제해결을 할 때는 자율적으로 실행하는 것이며, 제3자가 합의점이나 줄거리를 준비해 놓고 예정대로 결론이 도출되어 가도록 해서는 안 된다는 것이다. 따라서 구성원의 역할이 유동적이라고 볼 수 있으며, 반대로 전통적인 조직에서의 구성원의 역할은 고정적이라고 볼 수 있다.

03 | 대표유형 적중문제

정답 및 해설 p.029

| 01 | 모듈형

01 다음 중 SWOT 분석에 대한 설명으로 적절하지 않은 것은?

〈SWOT 분석〉

강점, 약점, 기회, 위협요인을 분석·평가하고 이들을 서로 연관 지어 전략을 개발하고 문제해결 방안을 개발하는 방법이다.

	강점 (Strengths)	약점 (Weaknesses)
기회 (Opportunities)	SO	WO
위협 (Threats)	ST	WT

① 강점과 약점은 외부 환경요인에 해당하며, 기회와 위협은 내부 환경요인에 해당한다.
② SO전략은 강점을 살려 기회를 포착하는 전략을 의미한다.
③ ST전략은 강점을 살려 위협을 회피하는 전략을 의미한다.
④ WO전략은 약점을 보완하여 기회를 포착하는 전략을 의미한다.
⑤ WT전략은 약점을 보완하여 위협을 회피하는 전략을 의미한다.

02 다음 상황에 논리적 사고를 개발하는 방법 중 'So what? 기법'을 사용한 예로 옳은 것은?

> • 우리 회사의 자동차 판매대수가 사상 처음으로 전년 대비 마이너스를 기록했다.
> • 우리나라의 자동차 업계 전체는 일제히 적자 결산을 발표했다.
> • 주식 시장은 몇 주간 조금씩 하락하는 상황에 있다.

① 자동차 판매가 부진하다.
② 자동차 산업의 미래가 좋지 않다.
③ 자동차 산업과 주식시장의 상황이 복잡하다.
④ 자동차 관련 기업의 주식을 사서는 안 된다.
⑤ 자동차 판매를 높이기 위해 가격을 낮춘다.

03 다음 중 문제해결과정을 순서대로 바르게 나열한 것은?

> ㄱ. 문제 인식   ㄴ. 실행 및 평가
> ㄷ. 원인 분석   ㄹ. 문제 도출
> ㅁ. 해결안 개발

① ㄱ → ㄴ → ㄷ → ㄹ → ㅁ
② ㄱ → ㄹ → ㄷ → ㅁ → ㄴ
③ ㄴ → ㄷ → ㄹ → ㅁ → ㄱ
④ ㄹ → ㄱ → ㄷ → ㅁ → ㄴ
⑤ ㄹ → ㄷ → ㅁ → ㄴ → ㄱ

04 다음 중 문제를 해결할 때, 필요한 분석적 사고에 대한 설명으로 옳은 것은?

① 전체를 각각의 요소로 나누어 그 요소의 의미를 도출한 다음 우선순위를 부여하고 구체적인 문제 해결 방법을 실행하는 것이 요구된다.
② 성과 지향의 문제는 일상업무에서 일어나는 상식, 편견을 타파하여 사고와 행동을 객관적 사실로 부터 시작해야 한다.
③ 가설 지향의 문제는 기대하는 결과를 명시하고 효과적인 달성 방법을 사전에 구상하고 실행에 옮겨야 한다.
④ 사실 지향의 문제는 현상 및 원인분석 전에 지식과 경험을 바탕으로 일의 과정이나 결과, 결론을 가정한 다음 검증 후 사실일 경우 다음 단계의 일을 수행해야 한다.
⑤ 개별 요소가 나타나는 문제의 해결보다는 조직의 분위기에 부합하는 방향으로만 문제해결 방안을 수립해야 한다.

※ 다음은 GE 맥킨지 매트릭스 모델에 대한 자료이다. 이어지는 질문에 답하시오. [5~6]

산업매력도	고	A (청신호)	(청신호)	C (주의신호)
	중	(청신호)	E (주의신호)	(적신호)
	저	B (주의신호)	(적신호)	D (적신호)
		고	중	저
			사업의 강점	

05 다음 중 GE 맥킨지 매트릭스 모델에 대한 설명으로 옳지 않은 것은?

① BCG 매트릭스보다 발전된 기법으로 평가받고 있다.

② 좌상의 청신호 지역은 지속적으로 성장시키는 전략이 필요하다.

③ 대각선 상의 주의신호 지역은 선별적인 투자 전략이 필요하다.

④ 우하의 적신호 지역은 사업을 철수하거나 투자를 최소화해야 한다.

⑤ 사업단위 간의 상호작용을 고려하므로 실제 산업에 적용하기 쉽다.

06 다음 중 자료의 A ~ E사업에 대한 설명으로 옳지 않은 것은?

① A사업은 매력적인 사업으로, 집중적으로 투자하여 시장 지위를 유지하면서 새로운 진출을 모색해야 한다.

② B사업은 강점은 있지만 시장 매력이 적은 사업으로, 시장 지위를 보호해야 한다.

③ C사업은 시장 매력은 있지만 강점이 없는 사업으로, 선택적으로 투자하고 사업의 회수 및 철수시기를 파악해야 한다.

④ D사업은 시장 매력이 낮고 강점이 없는 사업으로, 사업을 축소하거나 매각해야 한다.

⑤ E사업은 현상을 유지하면서 앞으로의 계획을 수립해야 한다.

07 정과장은 신입직원들을 대상으로 기업의 미래사업이라는 주제에 대해 토론을 하고자 한다. 정과장은 직원들이 최대한 자유롭게 다양한 아이디어를 제시할 수 있도록 동기부여를 해야겠다고 생각했다. 이런 상황에서 정과장이 직원들에게 할 수 있는 말로 가장 적절한 것은?

① 우리 기업의 비전이나 미션을 생각해보고, 그에 부합하는 주제로 이야기를 시작해보면 좋을 것 같아요.

② 오늘의 토론주제는 미래사업입니다. 어차피 정답도 없고, 지금 현실을 꼭 반영하지 않아도 되니까 이 순간 머리에 떠오르는 것을 아무거나 자유롭게 얘기해 보세요.

③ 현재 우리 기업에서 주력으로 하고 있는 사업들이 무엇인지 한번 생각해보고 그와 관련된 단어들을 이야기해 보면 좋을 것 같아요.

④ 기업 홈페이지 사업안내에 제시되어 있는 사업 분야 중 미래에도 지속적 경영이 가능한 주제를 골라서 이에 대한 이야기를 해주세요.

⑤ 자신의 부서업무를 바탕으로 미래사업 분야와 관련된 아이디어를 적어도 하나씩 발표하면 좋을 것 같아요.

08 다음 사례에 적용된 문제해결 방법 중 원인 파악 단계의 결과로 가장 적절한 것은?

> 1980년대 초반에 헝가리 부다페스트 교통 당국은 혼잡한 시간대에 대처하기 위해 한 노선에 버스를 여러 대씩 운행시켰다. 그러나 사람들은 45분씩 기다려야 했거나 버스 서너 대가 한꺼번에 온다고 짜증을 냈다. 사람들은 버스 운전사가 멍청하거나 아니면 악의적으로 배차를 그렇게 한다고 여겼다. 다행스럽게도 시 당국은 금방 문제의 원인을 파악했고 해결책도 찾았다. 버스 세 대 이상을 노선에 투입하고 간격을 똑같이 해 놓으면, 버스의 간격은 일정하게 유지되지 않는다. 앞서 가는 버스는 승객을 많이 태우게 되고, 따라서 정차 시간이 길어진다. 바로 뒤 따라가는 버스는 승객이 앞 차만큼 많지 않기 때문에 정차 시간이 짧아진다. 이러다 보면 어쩔 수 없이 뒤차가 앞차를 따라 잡아서 버스가 한참 안 오다가 줄줄이 두세 대씩 한꺼번에 몰려오게 된다. 버스들이 자기 조직화 때문에 한꺼번에 다니게 되는 것이다.
>
> 상황을 이해하고 나면 해결책도 나온다. 버스 관리자는 이 문제가 같은 노선의 버스는 절대로 앞차를 앞지르지 못하게 되어 있기 때문임을 인지했다. 이 문제를 없애기 위해 당국은 운전사들에게 새로운 규칙을 따르게 했다. 같은 노선의 버스가 서 있는 것을 보면 그 버스가 정류장의 승객을 다 태우지 못할 것 같아도 그냥 앞질러 가라는 것이다. 이렇게 하면 버스들이 한꺼번에 줄줄이 오는 것을 막게 되어 더 효율적으로 운행할 수 있다.

① 버스 운전사의 운전 미숙

② 부다페스트의 열악한 도로 상황

③ 유연하지 못한 버스 운행 시스템

④ 의도적으로 조절한 버스 배차 시간

⑤ 정차된 같은 노선의 버스를 앞지르는 규칙

| 02 | 피듈형

01 네 개의 상자 A ∼ D 중 어느 하나에 두 개의 진짜 열쇠가 들어 있고, 다른 어느 한 상자에 두 개의 가짜 열쇠가 들어 있다. 또한 각 상자에는 아래와 같이 두 개의 안내문이 쓰여 있는데, 각 상자의 안내문 중 하나는 참이고 다른 하나는 거짓이다. 다음 중 항상 옳은 것은?

〈안내문〉

• A상자
  − 어떤 진짜 열쇠도 순금으로 되어 있지 않다.
  − C상자에 진짜 열쇠가 들어 있다.
• B상자
  − 가짜 열쇠는 이 상자에 들어 있지 않다.
  − A상자에는 진짜 열쇠가 들어 있다.
• C상자
  − 이 상자에 진짜 열쇠가 들어 있다.
  − 어떤 가짜 열쇠도 구리로 되어 있지 않다.
• D상자
  − 이 상자에 진짜 열쇠가 들어 있다.
  − 가짜 열쇠 중 어떤 것은 구리로 되어 있다.

---

① B상자에 가짜 열쇠가 들어 있지 않다.

② C상자에 진짜 열쇠가 들어 있지 않다.

③ D상자의 첫 번째 안내문은 거짓이다.

④ 모든 가짜 열쇠는 구리로 되어 있다.

⑤ 어떤 진짜 열쇠는 순금으로 되어 있다.

02 K공단의 사보에는 최근 업무를 통해 쉽게 발생할 수 있는 논리적 오류를 조심하자는 의미로 아래와 같이 3가지의 논리적 오류를 소개하였다. 다음 중 3가지 논리적 오류에 해당하지 않는 것은?

> ▶ 권위에 호소하는 오류
> 논지와 직접적인 관련이 없는 권위자의 견해를 신뢰하여 발생하는 오류
> ▶ 인신공격의 오류
> 주장이나 반박을 할 때 관련된 내용을 근거로 제시하지 않고, 성격이나 지적 수준, 사상, 인종 등과 같이 주장과 무관한 내용을 근거로 사용할 때 발생하는 오류
> ▶ 대중에 호소하는 오류
> 많은 사람들이 생각하거나 선택했다는 이유로 자신의 결론이 옳다고 주장할 때 발생하는 오류

① 인사부 최부장님께 의견을 여쭤보았는데, 우리 다음 도서의 디자인은 A안으로 가는 것이 좋겠어.

② 최근 조사 결과, 우리 회사의 세탁기를 소비자의 80%가 사용하고 있다는 점에서 성능이 매우 뛰어나다는 것을 알 수 있습니다. 주저하지 마시고 우리 회사 세탁기를 구매해주시기 바랍니다.

③ 최근 일본의 예법을 주제로 한 자료를 보면 알 수 있듯이, 일본인들 대부분은 예의가 바르다고 할 수 있습니다. 따라서 우리 회사의 효도상품을 일본 시장에 진출시킬 필요가 있겠습니다.

④ B사원이 제시한 기획서 내용은 잘못되었다고 생각해. B사원은 평소에 이해심이 없기로 유명하기 때문이야.

⑤ 최근 많은 사람들이 의학용 대마초가 허용되는 것에 찬성하고 있어. 따라서 우리 회사도 대마초와 관련된 의약개발에 투자를 해야 할 것으로 생각돼.

03 K공사의 직원들은 산악회를 결성하여 정기적으로 등산을 하고 있다. 이번 산악회에는 A ~ H직원 중 5명이 참석한다고 할 때, 다음 〈조건〉에 따라 반드시 산악회에 참가하는 사람은?

> **조건**
> • B, C, F 중에서 두 명만이 참가한다.
> • C, E, G 중에서 두 명만이 참가한다.
> • D, E, F 중에서 두 명만이 참가한다.
> • H가 참가하지 않으면 A도 참가하지 않는다.

① B ② D

③ G ④ H

⑤ 알 수 없음

04 문제해결절차의 문제 도출 단계는 (가), (나)의 절차를 거쳐 수행된다. 다음 중 (가) 절차에 대한 설명으로 적절하지 않은 것은?

(가)		(나)
전체 문제를 개별화된 이슈들로 세분화	→	문제에 영향력이 큰 핵심이슈를 선정

① 문제의 내용 및 영향 등을 파악하여 문제의 구조를 도출한다.
② 본래 문제가 발생한 배경이나 문제를 일으키는 메커니즘을 분명히 해야 한다.
③ 현상에 얽매이지 말고 문제의 본질과 실제를 봐야 한다.
④ 눈앞의 결과를 중심으로 문제를 바라봐야 한다.
⑤ 문제 구조 파악을 위해서 Logic Tree 방법이 주로 사용된다.

05 귀하의 회사에서 신제품을 개발하여 중국시장에 진출하고자 한다. 귀하의 상사가 3C 분석 결과를 건네며, 사업 계획에 반영하고 향후 해결해야 할 회사의 전략 과제가 무엇인지 정리하여 보고하라는 지시를 내렸다. 다음 중 회사에서 해결해야 할 전략 과제로 적절하지 않은 것은?

〈자사의 3C 분석 결과〉

고객(Customer)	경쟁사(Competitor)	자사(Company)
• 중국시장은 매년 10% 성장 • 20 ~ 30대 젊은 층이 중심 • 온라인 구매가 약 80% 이상 • 인간공학 지향	• 중국기업들의 압도적인 시장점유 • 중국기업들 간의 치열한 가격경쟁 • A/S 및 사후관리 취약 • 생산 및 유통망 노하우 보유	• 국내시장 점유율 1위 • A/S 등 고객서비스 부문 우수 • 해외 판매망 취약 • 온라인 구매시스템 미흡(보안, 편의 등) • 높은 생산원가 구조 • 높은 기술개발력

① 중국시장의 판매유통망 구축
② 온라인 구매시스템 강화
③ 고객서비스 부문 강화
④ 원가 절감을 통한 가격 경쟁력 강화
⑤ 인간공학을 기반으로 한 제품 개발 강화

06 안전본부 사고분석 개선처에 근무하는 B대리는 혁신우수 연구대회에 출전하여 첨단장비를 활용한 차종별 보행자사고 모형개발을 발표했다. SWOT 분석 결과에 대응하는 전략과 그 내용이 잘못 짝지어진 것은?

<표>

〈차종별 보행자사고 모형개발 SWOT 분석 결과〉	
강점(Strength)	약점(Weakness)
10년 이상 지속적인 교육과 연구로 신기술 개발을 위한 인프라 구축	보행자사고 모형개발을 위한 예산 및 실차 실험을 위한 연구소 부재
기회(Opportunity)	위협(Threat)
첨단 과학장비(3D스캐너, MADYMO) 도입으로 정밀 시뮬레이션 분석 가능	교통사고에 대한 국민의 관심과 분석수준 향상으로 공단의 사고분석 질적 제고 필요

① WO전략 : 실차 실험 대신 과학장비를 통한 시뮬레이션 연구로 모형개발

② WT전략 : 신기술 개발을 위한 연구대회를 개최해 인프라를 더욱 탄탄히 구축

③ WT전략 : 보행자사고 실험을 위한 연구소를 만들어 사고 분석 데이터를 축적

④ SO전략 : 과학장비를 통한 정밀 시뮬레이션 분석을 토대로 국내 차량의 전면부 형상을 취득하고 보행자사고를 분석해 신기술 개발에 도움

⑤ ST전략 : 지속적 교육과 연구로 쌓아온 데이터를 바탕으로 사고분석 프로그램 신기술 개발을 통해 사고분석 질적 향상에 기여

| 03 | PSAT형

01 봉사 동아리의 다섯 학생이 주말을 포함한 일주일 동안 각자 하루를 골라 봉사를 하러 간다. 다음 〈조건〉에 따를 때 항상 참이 아닌 것은?(단, 일주일의 시작은 월요일이고 끝은 일요일이라고 가정한다)

> **조건**
> • 다섯 학생 A ~ E는 일주일 동안 정해진 요일에 혼자서 봉사를 하러 간다.
> • A는 B보다 앞서 봉사를 하러 간다.
> • E는 C가 봉사를 다녀오고 이틀 후에 봉사를 하러 간다.
> • B와 D는 평일에 봉사를 하러 간다.
> • C는 목요일에 봉사를 하러 가지 않는다.
> • A는 월요일, 화요일 중에 봉사를 하러 간다.

① B가 화요일에 봉사를 하러 간다면 토요일에 봉사를 하러 가는 사람은 없다.

② D가 금요일에 봉사를 하러 간다면 다섯 명은 모두 평일에 봉사를 하러 간다.

③ D가 A보다 빨리 봉사를 하러 간다면 B는 금요일에 봉사를 하러 가지 않는다.

④ E가 수요일에 봉사를 하러 간다면 토요일에 봉사를 하러 가는 사람이 있다.

⑤ C가 A보다 빨리 봉사를 하러 간다면 D는 목요일에 봉사를 하러 갈 수 있다.

02 K공사는 국내 관광열차를 효과적으로 홍보하기 위해 해당 지역과 그 테마에 관련된 관광열차를 맞춘 사람에게 선물을 증정하는 행사를 기획하였다. 다음 참여자 중 선물을 받을 사람은 누구인가?

〈관광열차〉

• 정선아리랑열차(A – train) : 유네스코 세계인류무형유산으로 등재된 아리랑의 고장, 정선의 비경을 파노라마로 즐길 수 있도록 천장을 제외한 모든 부분이 창으로 이루어져 있습니다.
• 서해금빛열차(West Gold – train) : 세계 최초 한옥식 온돌마루와 온천 족욕시설을 갖춘 열차를 타고 갯벌, 섬, 낙조 등 풍요로운 자원이 가득한 서해안 7개 지역의 명소를 찾아갑니다.
• 백두대간협곡열차(V – train) : 백두대간 협곡 구간을 왕복 운행하는 국내 최초 개방형 관광열차로, 백호를 형상화한 외관과 복고풍 실내 장식이 여행의 즐거움을 더해줍니다.
• 중부내륙순환열차(O – train) : 고요한 중부내륙 3도(강원, 충북, 경북) 두메산골의 수채화 같은 자연경관을 끼고 순환 운행하는 관광열차입니다.
• 남도해양열차(S – train) : 영남과 호남을 이어주는 열차 안에서 각종 공연과 다례체험을 즐기며, 천혜의 자연경관과 풍성한 문화자원을 지닌 남도의 맛과 멋을 찾아 떠납니다.
• 평화열차(DMZ – train) : 한국전쟁의 상처를 딛고 다시 태어난 비무장지대를 향해 달리는 관광열차로, 역사·자연·평화가 공존하는 뜻깊은 여정을 선사합니다.

① 갑 : E지역에 정선아리랑열차가 확실합니다.
② 을 : 중부내륙순환열차는 D지역을 구경할 수 있겠어요.
③ 병 : B지역은 S – train을 타면 관광할 수 있을 것 같아요.
④ 정 : C지역에 해당하는 열차는 V – train입니다.
⑤ 무 : 비무장지대를 향해 달리는 열차인 DMZ – train은 A지역에 해당합니다.

03 K항공사는 현재 신입사원을 모집하고 있으며, 지원자격은 다음과 같다. 〈보기〉의 지원자 중 K항공사 지원자격에 부합하는 사람은 모두 몇 명인가?

〈K항공사 대졸공채 신입사원 지원자격〉

- 4년제 정규대학 모집대상 전공 중 학사학위 이상 소지한 자(졸업예정자 지원 불가)
- TOEIC 750점 이상인 자(국내 응시 시험에 한함)
- 병역필 또는 면제자로 학업성적이 우수하고, 해외여행에 결격사유가 없는 자

※ 공인회계사, 외국어 능통자, 통계 전문가, 전공 관련 자격 보유자 및 장교 출신 지원자 우대

모집분야		대상 전공
일반직	일반관리	• 상경, 법정 계열 • 통계 / 수학, 산업공학, 신문방송, 식품공학(식품 관련 학과) • 중국어, 러시아어, 영어, 일어, 불어, 독어, 서반아어, 포르투갈어, 아랍어
	운항관리	• 항공교통, 천문기상 등 기상 관련 학과 　– 운항관리사, 항공교통관제사 등 관련 자격증 소지자 우대
전산직		• 컴퓨터공학, 전산학 등 IT 관련 학과
시설직		• 전기부문 : 전기공학 등 관련 전공 　– 전기기사, 전기공사기사, 소방설비기사(전기) 관련 자격증 소지자 우대 • 기계부문 : 기계학과, 건축설비학과 등 관련 전공 　– 소방설비기사(기계), 전산응용기계제도기사, 건축설비기사, 공조냉동기사, 건설기계기사, 일반기계기사 등 관련 자격증 소지자 우대 • 건축부문 : 건축공학 관련 전공(현장 경력자 우대)

보기

지원자	지원분야	학력	전공	병역사항	TOEIC 점수	참고사항
A	전산직	대졸	컴퓨터공학	병역필	820점	• 중국어, 일본어 능통자이다. • 해외 비자가 발급되지 않는 상태이다.
B	시설직 (건축부문)	대졸	식품공학	면제	930점	• 건축현장 경력이 있다. • 전기기사 자격증을 소지하고 있다.
C	일반직 (운항관리)	대재	항공교통학	병역필	810점	• 전기공사기사 자격증을 소지하고 있다. • 학업 성적이 우수하다.
D	시설직 (기계부문)	대졸	기계공학	병역필	745점	• 건축설비기사 자격증을 소지하고 있다. • 장교 출신 지원자이다.
E	일반직 (일반관리)	대졸	신문방송학	미필	830점	• 소방설비기사 자격증을 소지하고 있다. • 포르투갈어 능통자이다.

① 1명
② 2명
③ 3명
④ 4명
⑤ 없음

04 A팀과 B팀은 보안등급 상에 해당하는 문서를 나누어 보관하고 있다. 이에 따라 두 팀은 보안을 위해 아래와 같은 규칙에 따라 각 팀의 비밀번호를 지정하였다. 다음 중 A팀과 B팀에 들어갈 수 있는 암호배열은?

〈규칙〉

• 1 ~ 9까지의 숫자로 (한 자리 수)×(두 자리 수)=(세 자리 수)=(두 자리 수)×(한 자리 수) 형식의 비밀번호로 구성한다.

• 가운데에 들어갈 세 자리 수의 숫자는 156이며 숫자는 중복 사용할 수 없다. 즉, 각 팀의 비밀번호에 1, 5, 6이란 숫자가 들어가지 않는다.

A팀

B팀

① 23

② 27

③ 29

④ 37

⑤ 39

05 A씨는 영업비밀 보호를 위해 자신의 컴퓨터 속 각 문서의 암호를 다음 규칙에 따라 만들었다. 파일 이름이 아래와 같을 때, 이 파일의 암호는 무엇인가?

〈규칙〉

1. 비밀번호 중 첫 번째 자리에는 파일 이름의 첫 문자가 한글일 경우 @, 영어일 경우 #, 숫자일 경우 *로 특수문자를 입력한다.
   → 고슴Dochi＝@, haRAMY801＝#, 1app루＝*
2. 두 번째 자리에는 파일 이름의 총 자리 개수를 입력한다.
   → 고슴Dochi＝@7, haRAMY801＝#9, 1app루＝*5
3. 세 번째 자리부터는 파일 이름 내에 숫자를 순서대로 입력한다. 숫자가 없을 경우 0을 두 번 입력한다.
   → 고슴Dochi＝@700, haRAMY801＝#9801, 1app루＝*51
4. 그 다음 자리에는 파일 이름 중 한글이 있을 경우 초성만 순서대로 입력한다. 없다면 입력하지 않는다.
   → 고슴Dochi＝@700ㄱㅅ, haRAMY801＝#9801, 1app루＝*51ㄹ
5. 그 다음 자리에는 파일 이름 중 영어가 있다면 뒤에 덧붙여 순서대로 입력하되, a, e, i, o, u만 'a＝1, e＝2, i＝3, o＝4, u＝5'로 변형하여 입력한다(대문자・소문자 구분 없이 모두 소문자로 입력한다).
   → 고슴Dochi＝@700ㄱㅅd4ch3, haRAMY801＝#9801h1r1my, 1app루＝*51ㄹ1pp

---

2022매운전골Cset3인기준recipe8

① @23202238ㅁㅇㅈㄱㅇㄱㅈcs2trecipe
② @23202238ㅁㅇㅈㄱㅇㄱㅈcs2tr2c3p2
③ *23202238ㅁㅇㅈㄱㅇㄱㅈcs2trecipe
④ *23202238ㅁㅇㅈㄱㅇㄱㅈcs2tr2c3p2
⑤ *23202238ㅁㅇㅈㄱㅇㄱㅈcsetrecipe

04 | 심화문제

정답 및 해설 p.034

01 다음은 문제의 유형에 대한 설명이다. 사례를 참고할 때, ㉠ ~ ㉢을 순서대로 바르게 분류한 것은?

> 업무수행 과정 중 발생한 문제를 효과적으로 해결하기 위해서는 문제의 유형을 파악하는 것이 우선시 되어야 하며, 이러한 문제의 유형은 발생형 문제, 탐색형 문제, 설정형 문제의 세 가지로 분류할 수 있다.

> **〈사례〉**
>
> ㉠ 지속되는 경기 악화에 따라 새로운 신약 개발에 사용되는 원료 중 일부의 단가가 상승할 것으로 예상되어 다른 공급처를 물색할 필요성이 대두되고 있다.
> ㉡ 새로운 신약 개발과정 중에서의 임상시험 중 임상시험자의 다수가 부작용을 보이고 있어 신약 개발이 전면 중단되었다.
> ㉢ 현재는 신약개발이 주 업무인 제약회사이지만, 매년 새로운 감염병이 발생하고 있는 현 실정에 진단키트 개발도 추진한다면, 회사의 성장가능성은 더 커질 것으로 보고 있다.

	발생형 문제	탐색형 문제	설정형 문제
①	㉠	㉡	㉢
②	㉠	㉢	㉡
③	㉡	㉠	㉢
④	㉡	㉢	㉠
⑤	㉢	㉡	㉠

02 A ~ D 네 명은 한 판의 가위바위보를 한 후 그 결과에 대해 각각 두 가지의 진술을 하였다. 두 가지의 진술 중 하나는 반드시 참이고, 하나는 반드시 거짓이라고 할 때, 항상 참인 것은?

> A : C는 B를 이길 수 있는 것을 냈고, B는 가위를 냈다.
> B : A는 C와 같은 것을 냈지만, A가 편 손가락의 수는 나보다 적었다.
> C : B는 바위를 냈고, 그 누구도 같은 것을 내지 않았다.
> D : A, B, C 모두 참 또는 거짓을 말한 순서가 동일하다. 이 판은 승자가 나온 판이었다.

① B와 같은 것을 낸 사람이 있다.
② 보를 낸 사람은 1명이다.
③ D는 혼자 가위를 냈다.
④ B가 기권했다면 가위를 낸 사람이 지는 판이다.
⑤ 바위를 낸 사람은 2명이다.

03 A기업에서 다음 면접방식으로 면접을 진행할 때, 심층면접을 할 수 있는 최대 인원수와 마지막 심층면접자의 기본면접 종료 시각을 순서대로 바르게 나열한 것은?

> **〈면접방식〉**
> • 면접은 기본면접과 심층면접으로 구분된다. 기본면접실과 심층면접실은 각 1개이고, 면접대상자는 1명씩 입실한다.
> • 기본면접과 심층면접은 모두 개별면접의 방식을 취한다. 기본면접은 심층면접의 진행 상황에 관계없이 10분 단위로 계속되고, 심층면접은 기본면접의 진행 상황에 관계없이 15분 단위로 계속된다.
> • 기본면접을 마친 면접대상자는 순서대로 심층면접에 들어간다.
> • 첫 번째 기본면접은 오전 9시 정각에 실시되고, 첫 번째 심층면접은 첫 번째 기본면접이 종료된 시각에 시작된다.
> • 기본면접과 심층면접 모두 낮 12시부터 오후 1시까지 점심 및 휴식 시간을 가진다.
> • 각각의 면접 도중에 점심 및 휴식 시간을 가질 수 없고, 1인을 위한 기본면접 시간이나 심층면접 시간이 확보되지 않으면 새로운 면접을 시작하지 않는다.
> • 기본면접과 심층면접 모두 오후 1시에 오후 면접 일정을 시작하고, 기본면접의 일정과 관련 없이 심층면접은 오후 5시 정각에는 종료되어야 한다.
> ※ 면접대상자의 이동 및 교체 시간 등 다른 조건은 고려하지 않는다.

	인원수	종료 시각
①	27명	오후 2시 30분
②	27명	오후 2시 40분
③	28명	오후 2시 30분
④	28명	오후 2시 40분
⑤	28명	오후 2시 50분

04 경영기획실에서 근무하는 귀하는 매년 부서별 사업계획을 정리하는 업무를 맡고 있다. 부서별 사업계획을 간략하게 정리한 보고서를 보고 귀하가 할 수 있는 생각으로 옳은 것은?

<사업별 기간 및 소요예산>

- A사업 : 총사업기간은 2년으로, 첫해에는 1조 원, 둘째 해에는 4조 원의 예산이 필요함
- B사업 : 총사업기간은 3년으로, 첫해에는 15조 원, 둘째 해에는 18조 원, 셋째 해에는 21조 원의 예산이 필요함
- C사업 : 총사업기간은 1년으로, 총소요예산은 15조 원임
- D사업 : 총사업기간은 2년으로, 첫해에는 15조 원, 둘째 해에는 8조 원의 예산이 필요함
- E사업 : 총사업기간은 3년으로, 첫해에는 6조 원, 둘째 해에는 12조 원, 셋째 해에는 24조 원의 예산이 필요함

올해를 포함한 향후 5년간 위의 5개 사업에 투자할 수 있는 예산은 아래와 같다.

<연도별 가용예산>

(단위 : 조 원)

1차연도(올해)	2차연도	3차연도	4차연도	5차연도
20	24	28.8	34.5	41.5

<규정>

(1) 모든 사업은 한번 시작하면 완료될 때까지 중단할 수 없다.
(2) 예산은 당해 사업연도에 남아도 상관없다.
(3) 각 사업연도의 예산은 이월될 수 없다.
(4) 모든 사업을 향후 5년 이내에 반드시 완료한다.

① B사업을 세 번째 해에 시작하고, C사업을 최종연도에 시행한다.
② A사업과 D사업을 첫해에 동시에 시작한다.
③ 첫해에는 E사업만 시작한다.
④ D사업을 첫해에 시작한다.
⑤ 첫해에 E사업과 A사업을 같이 시작한다.

05 K회사는 창립 10주년을 맞이하여 전 직원 단합대회를 준비하고 있다. 이를 위해 사장은 여행상품 중 한 가지를 직원 투표 결과를 통해 결정하려고 한다. 직원 투표 결과와 여행지별 1인당 경비가 다음과 같고 행사를 위한 부서별 고려사항을 참고하여 선택할 때, 〈보기〉에서 적절한 것을 모두 고르면?

〈직원 투표 결과〉

상품내용		투표 결과					
상품명	1인당 비용(원)	총무팀	영업팀	개발팀	홍보팀	공장1	공장2
A	500,000	2	1	2	0	15	6
B	750,000	1	2	1	1	20	5
C	600,000	3	1	0	1	10	4
D	1,000,000	3	4	2	1	30	10
E	850,000	1	2	0	2	5	5

〈여행 상품별 정보 정리〉

상품명	날짜	장소	식사제공	차량지원	편의시설	체험시설
A	5/10 ~ 5/11	해변	○	○	×	×
B	5/10 ~ 5/11	해변	○	○	○	×
C	6/7 ~ 6/8	호수	○	○	○	×
D	6/15 ~ 6/17	도심	○	×	○	○
E	7/10 ~ 7/13	해변	○	○	○	×

〈부서별 고려사항〉

- 총무팀 : 행사 시 차량 지원 가능함
- 영업팀 : 6월 초순에 해외 바이어와 가격 협상 회의 일정이 예정됨
- 공장1 : 3일 연속 공장 비가동시 품질의 저하가 예상됨
- 공장2 : 7월 중순 공장의 이전 계획이 있음

보기

a. 필요한 여행 상품 비용은 총 1억 500만 원이다.
b. 투표 결과, 가장 인기가 좋은 여행 상품은 B이다.
c. 공장1의 A, B 투표 결과가 바뀐다면, 여행 상품의 선택도 변경된다.

① a
② a, b
③ a, c
④ b, c
⑤ a, b, c

CHAPTER 04

자원관리능력

합격 Cheat Key

자원관리능력은 현재 NCS 기반 채용을 진행하는 많은 공사·공단에서 핵심영역으로 자리 잡아, 대부분의 시험에서 출제되고 있다.

자원관리능력의 세부 유형은 비용 계산, 해외파견 지원금 계산, 주문 제작 단가 계산, 일정 조율, 일정 선정, 행사 대여 장소 선정, 최단거리 구하기, 시차 계산, 소요시간 구하기, 해외파견 근무 기준에 부합하는 또는 부합하지 않는 직원 고르기 등으로 나눌 수 있다.

1 시차를 먼저 계산하라!

시간 자원 관리의 대표유형 중 시차를 계산하여 일정에 맞는 항공권을 구입하거나 회의시간을 구하는 문제에서는 각각의 나라 시간을 한국 시간으로 전부 바꾸어 계산하는 것이 편리하다. 조건에 맞는 나라들의 시간을 전부 한국 시간으로 바꾸고 한국 시간과의 시차만 더하거나 빼면 시간을 단축하여 풀 수 있다.

2 선택지를 잘 활용하라!

계산을 해서 값을 요구하는 문제 유형에서는 선택지를 먼저 본 후 자리 수가 몇 단위로 끝나는지 확인해야 한다. 예를 들어 412,300원, 426,700원, 434,100원인 선택지가 있다고 할 때, 제시된 조건에서 100원 단위로 나올 수 있는 항목을 찾아 그 항목만 계산하는 방법이 있다. 또한, 일일이 계산하는 문제가 많다. 예를 들어 640,000원, 720,000원, 810,000원 등의 수를 이용해 푸는 문제가 있다고 할 때, 만 원 단위를 절사하고 계산하여 64, 72, 81처럼 요약하는 방법이 있다.

3 최적의 값을 구하는 문제인지 파악하라!

물적 자원 관리의 대표유형에서는 제한된 자원 내에서 최대의 만족 또는 이익을 얻을 수 있는 방법을 강구하는 문제가 출제된다. 이때, 구하고자 하는 값을 x, y로 정하고 연립방정식을 이용해 x, y 값을 구한다. 최소 비용으로 목표생산량을 달성하기 위한 업무 및 인력 할당, 정해진 시간 내에 최대 이윤을 낼 수 있는 업체 선정, 정해진 인력으로 효율적 업무 배치 등을 구하는 문제에서 사용되는 방법이다.

4 각 평가항목을 비교하라!

인적 자원 관리의 대표유형에서는 각 평가항목을 비교하여 기준에 적합한 인물을 고르거나, 저렴한 업체를 선정하거나, 총점이 높은 업체를 선정하는 문제가 출제된다. 이런 유형은 평가항목에서 가격이나 점수 차이에 영향을 많이 미치는 항목을 찾아 1 ~ 2개의 선택지를 삭제하고, 남은 3 ~ 4개의 선택지만 계산하여 시간을 단축할 수 있다.

01 모듈이론

01 자원관리능력의 의의

(1) 자원과 자원관리

① 자원이란?

사전적으로는 인간생활에 도움이 되는 자연계의 일부를 말하며, 물질적 자산(물적자원), 재정적 자산(예산), 인적 자산(인적자원)으로 나누기도 한다. 최근에는 여기에 시간도 중요한 자원 중 하나로 보고 있다.

② 자원의 유한성

주어진 시간은 제한되기 마련이어서 정해진 시간을 어떻게 활용하느냐가 중요하며, 돈과 물적자원 역시 제한적일 수밖에 없다. 또한 인적자원 역시 제한된 사람들을 알고 활용할 수 밖에 없다. 이러한 자원의 유한성으로 인해 자원을 효과적으로 확보·유지·활용하는 자원관리는 매우 중요하다고 할 수 있다.

③ 자원관리의 분류

④ 자원낭비의 요인 기출

종류	내용
비계획적 행동	계획 없이 충동적이고 즉흥적으로 행동하여 자신이 활용할 수 있는 자원들을 낭비하게 되는 것
편리성 추구	자원을 활용하는데 있어서 너무 편한 방향으로만 활용하는 것
자원에 대한 인식 부재	자신이 가지고 있는 중요한 자원을 인식하지 못하는 것
노하우 부족	자원관리의 중요성을 인식하면서도 효과적인 방법을 활용할 줄 모르는 것

(2) 자원관리의 과정 기출

자원관리 기본 과정

① 필요한 자원의 종류와 양 확인하기

　　업무를 추진하는데 있어서 어떤 자원이 필요하며, 또 얼마만큼 필요한지를 파악하는 단계이다.

② 이용 가능한 자원 수집하기

　　실제 준비나 활동을 하는 데 있어서 계획과 차이를 보이는 경우가 빈번하기 때문에, 자원을 여유 있
　　게 확보하는 것이 안전하다.

③ 자원 활용 계획 세우기

　　자원을 실제 필요한 업무에 할당하여 계획을 세워야 하며, 목적을 이루는 데 핵심이 되는 것에 우선
　　순위를 두고 계획을 세울 필요가 있다.

④ 계획대로 수행하기

　　최대한 계획대로 수행하는 것이 바람직하며, 불가피하게 수정해야 하는 경우에는 전체 계획에 미칠
　　수 있는 영향을 고려해야 한다.

OX 문제

01 자원을 확보하는 데 있어 중요한 것은 실제 수행상에서의 차이 발생에 대비하여 여유 있게 확보하는
　　것이다. [　]

02 주어진 과제나 활동의 우선순위를 고려하여 달성하고자 하는 최종 목적을 이루는 데 가장 핵심이 되는
　　것에 우선순위를 두고 자원을 활용하는 계획을 세우는 것은 자원 활용 계획 수립 단계이다. [　]

03 자원은 기업 활동을 위해 사용되는 모든 시간, 예산, 물적·인적자원을 의미한다. [　]

04 자원관리 과정은 자원 확인, 자원 수집, 자원 활용 계획 수립, 계획 수행의 과정으로 이루어진다. [　]

01 [O]
02 [O]
03 [O]
04 [O]

(1) 시간자원관리의 효과 기출

※ '가격 인상'은 기업의 입장에서 일을 수행할 때 소요되는 시간을 단축함으로써 비용이 절감되고, 상대적으로 이익이 늘어남으로써 사실상 '가격 인상' 효과가 있다는 의미이다.

(2) 시간낭비

① 시간낭비의 요인 기출

• 목적이 불명확하다.	• 우선순위가 없이 일을 한다.
• 여러 가지 일을 한 번에 많이 다룬다.	• 일에 도움이 되지 않는 일을 한다.
• 하루의 계획이 구체적이지 않다.	• 책상 위가 항상 번잡하다.
• 서류정리를 하다가 서류를 숙독한다.	• 파일링시스템이 부적당하다.
• 메모 등을 찾는 시간이 걸리는 편이다.	• 일에 대한 의욕이 없다.
• 팀워크가 부족하다.	• 전화를 너무 많이 한다.
• 예정외의 방문자가 많다.	• 'NO'라고 말하지 못한다.
• 불완전하거나 지연된 정보가 많다.	• 극기심이 결여되어 있다.
• 일을 끝내지 않고 남겨둔다.	• 주의가 산만하다.
• 회의 시간이 길다.	• 회의에 대한 준비가 불충분하다.
• 커뮤니케이션이 부족하다.	• 잡담이 많다.
• 통지문서가 많다.	• 메모 회람이 많다.
• 일을 느긋하게 처리하는 경향이 있다.	• 모든 것에 대해 사실을 알고 싶어 한다.
• 기다리는 시간이 많다.	• 초조하고 성질이 급하다.
• 권한위임을 충분히 하지 않는다.	• 권한위임한 업무의 관리가 부족하다.

② 시간관리에 대한 오해

시간관리는 상식에 불과하다. 나는 회사에서 일을 잘하고 있기 때문에 시간관리도 잘한다고 말할 수 있다.

나는 시간에 쫓기면 일을 더 잘하는데, 시간을 관리하면 오히려 나의 이런 강점이 없어질지도 모른다.

시간관리에 대한 오해

나는 약속을 표시해 둔 달력과 해야 할 일에 대한 목록만으로 충분하다.

시간관리 자체는 유용할지 모르나 창의적인 일을 하는 나에게는 잘 맞지 않는다. 나는 일상적인 업무에 얽매이는 것이 싫다.

(3) 시간계획

① 시간계획의 의의

시간이라고 하는 자원을 최대한 활용하기 위하여,
• 가장 많이 반복되는 일에 가장 많은 시간을 분배하고,
• 최단시간에 최선의 목표를 달성하는 것을 의미한다.

② SMART 법칙 [기][출]

SMART 법칙은 목표를 어떻게 설정할 것인지와 그 목표를 성공적으로 달성하기 위해 꼭 필요한 필수요건들을 S.M.A.R.T.라는 5개 철자에 따라 제시한 것이다.

구분	의미	내용
S(Specific)	구체적으로	• 목표를 구체적으로 작성한다. 예 나는 토익점수 700점을 넘을 것이다.
M(Measurable)	측정가능하도록	• 수치화, 객관화 시켜 측정이 가능한 척도를 세운다. 예 나는 2시간 안에 10페이지 분량의 보고서를 작성한다.
A(Action-Oriented)	행동지향적으로	• 사고 및 생각에 그치는 것이 아닌 행동을 중심으로 목표를 세운다. 예 매일 부모님을 생각하기(×) 매일 아침 부모님에게 전화드리기(○)
R(Realistic)	현실성 있게	• 실현 가능한 목표를 세운다. 예 하루 만에 5개 국어 마스터하기(×) 1년 안에 토익 700점 넘기기(○)
T(Time limited)	시간적 제약이 있게	• 목표를 설정함에 있어 제한 시간을 둔다. 예 오늘 안에, 이번 주까지 등

③ 시간계획 작성의 순서 기출

㉠ 명확한 목표 설정

㉡ 일의 우선순위 판단(Stenphen R. Covey)

중요성	결과와 연관되는 사명과 가치관, 목표에 기여하는 정도
긴급성	즉각적인 처리가 요구되고 눈앞에 보이며, 심리적으로 압박감을 주는 정도

	긴급함	긴급하지 않음
중요함	**Ⅰ 긴급하면서 중요한 일** • 위기상황 • 급박한 문제 • 기간이 정해진 프로젝트	**Ⅱ 긴급하지 않지만 중요한 일** • 예방 생산 능력 활동 • 인간관계 구축 • 새로운 기회 발굴 • 중장기 계획, 오락
중요하지 않음	**Ⅲ 긴급하지만 중요하지 않은 일** • 잠깐의 급한 질문 • 일부 보고서 및 회의 • 눈앞의 급박한 상황 • 인기 있는 활동	**Ⅳ 긴급하지 않고 중요하지 않은 일** • 바쁜 일, 하찮은 일 • 우편물, 전화 • 시간낭비거리 • 즐거운 활동

㉢ 예상 소요시간 결정

모든 일마다 자세한 계산을 할 필요는 없으나, 규모가 크거나 힘든 일의 경우에는 정확한 소요시간을 계산하여 결정하는 것이 효과적이다.

㉣ 시간 계획서 작성

해야 할 일의 우선순위와 소요 시간을 바탕으로 작성하며 간단한 서식, 일정관리 소프트웨어 등 다양한 도구를 활용할 수 있다.

④ 60 : 40의 법칙 기출

계획된 행동(60%)	계획 외의 행동(20%)	자발적 행동(20%)

총시간

⑤ 시간계획 시 고려요소 기출

종류	내용
행동과 시간 / 저해요인의 분석	어디에서 어떻게 시간을 사용하고 있는가를 점검
일과 행동의 목록화	해당 기간에 예정된 행동을 모두 목록화
규칙성-일관성	시간계획을 정기적·체계적으로 체크하여 일관성 있게 일을 마칠 수 있게 해야 함
현실적인 계획	무리한 계획을 세우지 않도록 해야 하며, 실현가능한 것만을 계획화해야 함
유연성	머리를 유연하게 하여야 함. 시간계획은 그 자체가 중요한 것이 아니고, 목표달성을 위해 필요한 것
시간의 손실	발생된 시간 손실은 가능한 한 즉시 메워야 함. 밤을 세우더라도 미루지 않는 자세가 중요함
기록	체크리스트나 스케줄표를 활용하여 계획을 반드시 기록하여 전체상황을 파악할 수 있게 하여야 함

미완료된 일	꼭 해야만 할 일을 끝내지 못했을 경우, 차기 계획에 반영함
성과	예정 행동만을 계획하는 것이 아니라 기대되는 성과나 행동의 목표도 기록
시간 프레임	적절한 시간 프레임을 설정하고 특정의 일을 하는 데 소요되는 꼭 필요한 시간만을 계획에 삽입할 것
우선순위	여러 일 중에서 어느 일이 가장 우선적으로 처리해야 할 것인가를 결정하여야 함
권한위양	기업의 규모가 커질수록 그 업무활동은 점점 복잡해져서 관리자가 모든 것을 다스리기가 어려우므로, 사무를 위임하고 책임을 지움
시간의 낭비요인	예상 못한 방문객 접대, 전화 등의 사건으로 예정된 시간이 부족할 경우를 대비하여 여유 시간 확보
여유 시간	자유롭게 된 시간(이동시간 또는 기다리는 시간)도 계획에 삽입하여 활용할 것
정리 시간	중요한 일에는 좀 더 시간을 할애하고, 중요도가 낮은 일에는 시간을 단축시켜 전체적인 계획을 정리
시간 계획의 조정	자기 외 다른 사람(비서·부하·상사)의 시간 계획을 감안하여 계획 수립

OX 문제

01 시간계획이란 시간이라는 자원을 최대한 활용하기 위하여 가장 많이 반복되는 일에 가장 많은 시간을 분배하고, 최단시간에 최선의 목표를 달성하는 것을 의미한다. [　]

02 시간계획 수립 시 계획 외의 행동이라 함은 예정 외의 행동에 대비한 시간을 의미한다. [　]

01 [○]

02 [○]

03　예산자원관리능력

(1) 예산자원관리능력의 의의

① 예산이란? 기본

필요한 비용을 미리 헤아려 계산하는 것 또는 그 비용을 의미한다.

② 예산자원관리 기본

아무리 예산을 정확하게 수립하였다 하더라도 활동이나 사업을 진행하는 과정에서 계획에 따라 적절히 관리하지 않으면 아무런 효과가 없다. 따라서 활동이나 사업에 소요되는 비용을 산정하고, 예산을 편성하는 것뿐만 아니라 예산을 통제하는 과정이 필요하며, 이 과정을 예산자원관리라 한다.

③ 예산자원관리의 필요성

예산자원관리란 이용 가능한 예산을 확인하고, 어떻게 사용할 것인지 계획하여 그 계획대로 사용하는 능력을 의미하며, 최소의 비용으로 최대의 효과를 얻기 위해 요구된다.

④ 예산책정의 원칙 기출

(2) 예산의 구성요소 기출

① 직접비용

간접비용에 상대되는 용어로서, 제품 생산 또는 서비스를 창출하기 위해 직접 소비된 것으로 여겨지는 비용을 말한다.

② 직접비용의 구성

종류	내용
재료비	제품의 제조를 위하여 구매된 재료에 지출된 비용
원료와 장비	제품을 제조하는 과정에서 소모된 원료나 과제를 수행하기 위해 필요한 장비에 지출된 비용. 이 비용에는 실제 구매·임대한 비용이 모두 포함
시설비	제품을 효과적으로 제조하기 위한 목적으로 건설되거나 구매된 시설에 지출한 비용
여행(출장)경비 및 잡비	제품 생산 또는 서비스를 창출하기 위해 출장이나 타 지역으로의 이동이 필요한 경우와 기타 과제 수행 상에서 발생하는 다양한 비용을 포함
인건비	제품 생산 또는 서비스 창출을 위한 업무를 수행하는 사람들에게 지급되는 비용. 계약에 의해 고용된 외부 인력에 대한 비용도 인건비에 포함. 일반적으로 인건비는 전체 비용 중에서 가장 비중이 높은 항목

③ 간접비용

제품을 생산하거나 서비스를 창출하기 위해 소비된 비용 중에서 직접비용을 제외한 비용으로, 제품 생산에 직접 관련되지 않은 비용을 말한다.

예 보험료, 건물관리비, 광고비, 통신비, 사무비품비, 각종 공과금 등

(3) 예산수립과 예산집행

① 예산수립절차 기출

② 필요한 과업 및 활동 규명 : 과업세부도 기출

과제 및 활동의 계획을 수립하는데 있어서 가장 기본적인 수단으로 활용되는 그래프로, 필요한 모든 일들을 중요한 범주에 따라 체계화시켜 구분해 놓은 것을 말한다. 다음은 생일파티를 진행하기 위한 과업세부도의 예이다.

③ 우선순위 결정 기출

과제를 핵심적인 활동과 부수적인 활동으로 구분한 후, 핵심활동 위주로 예산을 편성한다.

④ 예산 배정 기출

- 과업세부도와 예산을 서로 연결하여 배정할 경우 어떤 항목에 얼마만큼의 비용이 소요되는지를 정확하게 파악할 수 있다.
- 이를 통해 과제 수행에 필요한 예산 항목을 빠뜨리지 않고 확인할 수 있으며, 전체 예산을 정확하게 분배할 수 있다.
- 큰 단위의 예산을 수립하고자 할 때에는 해당 기관의 규정을 잘 확인하여야 한다.

⑤ 예산 집행

효과적으로 예산을 관리하기 위해서는 예산 집행 과정에 대한 관리가 중요하다. 개인 차원에서는 가계부 등을 작성함으로 인해 관리할 수 있으며, 프로젝트나 과제와 같은 경우는 예산 집행 실적 워크시트를 작성함으로써 효과적인 예산관리를 할 수 있다.

OX 문제

01 예산은 '필요한 과업 및 활동 규명 → 예산 배정 → 우선순위 결정'의 과정을 거쳐 수립된다. [   ]

02 예산자원관리능력은 최소의 비용으로 최대의 효과를 얻기 위해 요구되는 능력이다. [   ]

03 예산관리에서 중요한 점은 무조건 적은 비용을 들여야 한다는 것이다. [   ]

04 인건비에는 계약에 의해 고용된 외부 인력에 대한 비용도 포함한다. [   ]

---

01 [×] 예산은 '필요한 과업 및 활동 규명 → 우선순위 결정 → 예산 배정'의 과정을 거쳐 수립된다.

02 [O]

03 [×] 예산관리에서 중요한 점은 무조건 적은 비용을 들이는 것이 아니라 개발 책정 비용과 실제 비용의 차이를 비슷한 상태로 만드는 것이며, 이것이 가장 이상적인 상태라고 할 수 있다.

04 [O]

---

04 물적자원관리능력

(1) 물적자원관리의 의의

① 물적자원의 종류

② 물적자원관리의 중요성 [기출]

물적자원을 효과적으로 관리하지 않으면 경제적 손실과 더불어 과제 및 사업의 실패를 낳을 수 있다.

③ 물적자원 활용의 방해요인

- 보관 장소를 파악하지 못하는 경우
- 훼손된 경우
- 분실한 경우
- 분명한 목적 없이 물건을 구입한 경우

(2) 물적자원관리 과정과 기법

① 물적자원관리의 과정 [기출]

② 바코드와 QR코드 [기출]

바코드	컴퓨터가 쉽게 판독하고 데이터를 빠르게 입력하기 위하여 굵기가 다른 검은 막대와 하얀 막대를 조합시켜 문자나 숫자를 코드화한 것
QR코드	• 격자무늬 패턴으로 정보를 나타내는 매트릭스 형식의 바코드 • 바코드가 용량 제한에 따라 가격과 상품명 등 한정된 정보만 담는 데 비해, QR코드는 넉넉한 용량을 강점으로 다양한 정보를 담을 수 있음

③ 전자태그(RFID) 물품관리 시스템

- 물품에 RFID 태그를 부착하여 취득·보관·사용·처분까지 물품의 수명기간 동안 실시간, 무선으로 물품을 추적 관리하는 시스템
- RFID 관리시스템 구축으로 인해 63 ~ 87%의 생산성이 향상될 것으로 기대되고, 장부에 의한 재물조사 방식에 비해 시간이 약 75% 절감됨

OX 문제

01 회전대응 보관의 원칙은 입·출하의 빈도가 높은 품목은 출입구 가까운 곳에 보관하는 것을 말한다. [　]

02 QR코드란 문자나 숫자를 흑과 백의 막대 모양 기호로 조합한 것으로, 컴퓨터가 쉽게 판독하고 데이터를 빠르게 입력하기 위하여 쓰인다. [　]

03 QR코드는 바코드에 비해 정보를 담을 수 있는 용량이 적은 단점이 있다. [　]

04 효과적인 물적자원관리를 위해서는 '사용 물품과 보관 물품의 구분 → 동일 및 유사 물품의 분류 → 물품 특성에 맞는 보관 장소 선정'의 단계를 거쳐야 한다. [　]

---

01 [O]

02 [×] 바코드에 대한 설명이다.

03 [×] 기존의 바코드는 기본적으로 가로 배열에 최대 20여 자의 숫자 정보만 넣을 수 있는 1차원적 구성이지만, QR코드는 가로·세로를 활용하여 숫자는 최대 7,089자, 문자는 최대 4,296자, 한자도 최대 1,817자 정도를 기록할 수 있는 2차원적 구성이다.

04 [O]

---

05 인적자원관리능력

(1) 인적자원의 의의

① 인적자원관리란?

- 기업이 필요한 인적자원을 조달·확보·유지·개발하여 경영조직 내에서 구성원들이 능력을 최고로 발휘하게 하는 것
- 근로자 스스로가 자기만족을 얻게 하는 동시에 경영 목적을 효율적으로 달성하게끔 관리하는 것

② 효율적이고 합리적인 인사관리 원칙 기圖

종류	내용
적재적소 배치의 원칙	해당 직무 수행에 가장 적합한 인재를 배치해야 한다.
공정 보상의 원칙	근로자의 인권을 존중하고 공헌도에 따라 노동의 대가를 공정하게 지급해야 한다.
공정 인사의 원칙	직무 배당·승진·상벌·근무 성적의 평가·임금 등을 공정하게 처리해야 한다.
종업원 안정의 원칙	직장에서 신분이 보장되고 계속해서 근무할 수 있다는 믿음을 갖게 하여 근로자가 안정된 회사 생활을 할 수 있도록 해야 한다.
창의력 계발의 원칙	근로자가 창의력을 발휘할 수 있도록 새로운 제안·건의 등의 기회를 마련하고, 적절한 보상을 하여 인센티브를 제공해야 한다.
단결의 원칙	직장 내에서 구성원들이 소외감을 갖지 않도록 배려하고, 서로 유대감을 가지고 협동·단결하는 체제를 이루도록 해야 한다.

(2) 개인차원과 조직차원에서의 인적자원관리

① 개인차원에서의 인적자원관리 기圖

㉠ 인맥의 분류

종류	내용
핵심인맥	자신과 직접적인 관계가 있는 사람들
파생인맥	핵심인맥으로부터 파생되어 자신과 연결된 사람들

㉡ 개인이 인맥을 활용할 경우 이를 통해 각종 정보와 정보의 소스를 획득하고, 참신한 아이디어와 해결책을 도출하며, 유사시 필요한 도움을 받을 수 있다는 장점이 있다.

② 조직차원에서의 인적자원관리 기圖

㉠ 인적자원관리의 중요성

기업체의 경우 인적자원에 대한 관리가 조직의 성과에 큰 영향을 미치는데, 이는 기업의 인적자원이 가지는 특성에서 비롯된다.

㉡ 인적자원의 특성

종류	내용
능동성	물적자원으로부터의 성과는 자원 자체의 양과 질에 의해 지배되는 수동적인 특성을 지니고 있는 반면, 인적 자원의 경우는 욕구와 동기, 태도와 행동 그리고 만족감 여하에 따라 성과가 결정됨
개발가능성	인적자원은 자연적인 성장과 성숙, 그리고 교육 등을 통해 개발될 수 있는 잠재능력과 자질을 보유하고 있다는 것
전략적 중요성	조직의 성과는 인적자원, 물적자원 등을 효과적이고 능률적으로 활용하는데 달려 있음

(3) 인맥관리방법

① 명함관리
㉠ 명함의 가치

- 자신의 신분을 증명한다.
- 자신을 PR하는 도구로 사용할 수 있다.
- 자신의 정보를 전달하고 상대방에 대한 정보를 얻을 수 있다.
- 대화의 실마리를 제공할 수 있다.
- 후속 교류를 위한 도구로 사용할 수 있다.

㉡ 명함에 메모해 두면 좋은 정보 [기울]

- 언제, 어디서, 무슨 일로 만났는지에 관한 내용
- 소개자의 이름
- 학력이나 경력
- 상대의 업무내용이나 취미, 기타 독특한 점
- 전근 · 전직 등의 변동 사항
- 가족사항
- 거주지와 기타 연락처
- 대화를 나누고 나서의 느낀 점이나 성향

② 소셜네트워크(SNS; Social Network Service)
㉠ 초연결사회
정보통신기술 발달하면서 사람 · 정보 · 사물 등을 네트워크로 촘촘하게 연결한 사회를 말하는데, 초연결사회에서는 직접 대면하지 않고 시간과 공간을 초월하여 네트워크상에서 인맥을 형성하고 관리한다.
㉡ 소셜네트워크 서비스(SNS)와 더불어 인맥 구축과 채용에 도움이 되는 비즈니스 특화 인맥관리 서비스(BNS; Business social Network Service)로 관심이 증대되고 있다.

(4) 인력 배치의 원리

① 인력 배치의 3원칙 [기울]
㉠ 적재적소주의
팀의 효율성을 높이기 위해 팀원의 능력이나 성격을 바탕으로 적합한 위치에 배치하여 팀원 개개인의 능력을 최대로 발휘해 줄 것을 기대하는 것이다.
㉡ 능력주의
능력을 발휘할 수 있는 기회와 장소를 부여하고, 그 성과를 바르게 평가하고, 평가된 능력과 실적에 대해 그에 상응하는 보상을 주는 원칙을 말하며, 적재적소주의 원칙의 상위개념이다.
㉢ 균형주의
모든 팀원에 대한 평등한 적재적소, 즉 팀 전체의 적재적소를 고려할 필요가 있다는 것이다.

② 배치의 3가지 유형 [기]

종류	내용
양적 배치	부분의 작업량과 조업도, 여유 또는 부족 인원을 감안하여 소요인원을 결정하여 배치하는 것
질적 배치	적재적소주의와 동일한 개념
적성 배치	팀원의 적성 및 흥미에 따라 배치하는 것

③ 과업세부도

할당된 과업에 따른 책임자와 참여자를 명시하여 관리함으로써 업무 추진에 차질이 생기는 것을 막기 위한 문서이다. 다음은 과업세부도의 예이다.

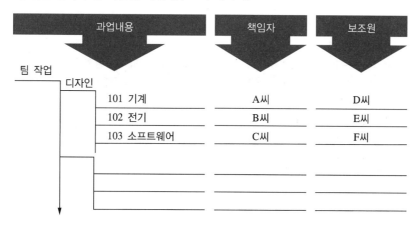

OX 문제

01 과업세부도란 과제 및 활동의 계획을 수립할 때 가장 기본적인 수단으로 활용되는 그래프로, 필요한 모든 일들을 중요한 범주에 따라 체계화하여 구분해 놓은 것이다. [　]

02 명함은 자신의 신분을 증명하고, 대화의 실마리를 제공할 수 있다. [　]

03 적재적소 배치의 원리란 해당 직무 수행에 가장 적합한 인재를 배치해야 한다는 것이다. [　]

04 공정 인사의 원칙이란 직장 내에서 구성원들이 소외감을 갖지 않도록 배려하고, 서로 유대감을 가지고 협동·단결하는 체제를 이루게 하는 것이다. [　]

---

01 [O]

02 [O]

03 [O]

04 [×] 공정 인사의 원칙이 아닌 단결의 원칙에 대한 설명이다. 공정 인사의 원칙이란 직무 배당·승진·상별·근무 평정·임금을 공평하게 처리해야 한다는 것을 의미한다.

01 다음 대화에서 알 수 있는 오팀장이 선호하는 인력 배치 유형의 특징으로 옳은 것은?

> 오팀장 : 저는 주로 팀원들이 자신의 적성에 맞고 흥미를 가지고 있는 업무를 할 때 성과가 높아진
> 다고 생각합니다.
> 이팀장 : 제 의견으로는 인력 배치를 통해 팀원 개개인이 자신들의 역량을 발휘해 줄 것을 기대하
> 고 있습니다. 그래서 저는 팀원의 능력이나 성격 등과 가장 적합한 위치에 배치하여 팀의
> 효율성을 높이고 싶습니다. 즉, 작업이나 직무가 요구하는 요건과 개인이 보유하고 있는
> 역량을 균형 있게 배치하는 것을 선호하는 편입니다.
> 김팀장 : 저는 인력 배치를 할 때 작업량과 여유 또는 부족 인원을 감안하여 소요 인원을 결정하여
> 배치하는 것을 선호합니다.
> 박부장 : 팀장님들의 의견 잘 들었습니다. 말씀해 주신 인력 배치 유형들을 적절하게 조화하여 팀
> 을 운영한다면 더 좋은 성과를 낼 수 있겠네요.

① 자신의 업무에 흥미를 느낄 수 있는 곳으로 배치된다.

② 작업량과 조업도, 여유 또는 부족 인원을 감안하여 소요 인원을 결정 및 배치한다.

③ 능력이나 성격 등을 고려하여, 가장 적합한 위치에 배치한다.

④ 개인에게 능력을 발휘할 수 있는 기회와 장소를 부여한다.

⑤ 모든 팀원을 평등하게 고려해서 배치한다.

정답 ①

오팀장이 선호하는 인력 배치 유형은 적성 배치로, 팀원들이 각자의 적성에 맞고 흥미를 가지고 있는 업무를 할 때 성과가 높아진다고 가정하여 배치한다.

오답분석

② 양적 배치 : 작업량과 조업도, 여유 또는 부족 인원을 감안하여 소요 인원을 결정 및 배치하는 것에 해당한다.
③ 질적 배치 : 능력이나 성격 등과 가장 적합한 위치에 배치하는 것에 해당한다.
④ 능력주의 : 개인에게 능력을 발휘할 수 있는 기회와 장소를 부여하는 것으로, 효과적인 인력배치를 위한 3가지 원칙 중 하나에 해당한다.
⑤ 균형주의 : 효과적인 인력배치를 위한 3가지 원칙 중 하나로, 모든 팀원에 대한 평등한 적재적소, 즉 팀 전체의 적재적소를 고려할 필요가 있다는 것이다.

풀이 전략!

인적자원관리와 관련된 문제 중 가장 중요한 것을 꼽으라면 단연 배치유형별 특징을 묻는 문제를 들 수 있다. 이에 대한 것은 다음 내용을 숙지하고 있지 않으면 풀이가 불가능한 경우가 많으므로 확실하게 정리해 두도록 하자.

인력 배치 유형	내용
적성 배치	인력 배치 시 팀원들이 적성에 맞고 흥미를 가질 때 성과가 높아진다는 가정 하에, 각 팀원들의 적성 및 흥미에 따라 배치하는 인력 배치 유형이다.
질적 배치	인력 배치 시 팀원들을 능력이나 성격 등과 가장 적합한 적재적소에 배치하여 팀원 개개인의 능력을 최대로 발휘해 줄 것을 기대하는 것으로서, 작업이나 직무가 요구하는 요건과 개인이 보유하고 있는 조건이 서로 균형 있고 적합하게 대응되어야 하는 인력 배치 유형이다.
양적 배치	인력 배치 시 작업량과 여유 또는 부족 인원을 감안해서 소요 인원을 결정하여 배치하는 인력 배치 유형이다.

다음은 갑 회사의 공채 지원자 평가 자료와 평가 점수 및 평가 등급의 결정방식에 대한 자료이다. 이에 대한 설명으로 옳지 않은 것은?

〈갑 회사의 공채 지원자 평가 자료〉

(단위 : 점)

지원자＼구분	창의성 점수	성실성 점수	체력 점수	최종 학위	평가 점수
가	80	90	95	박사	( )
나	90	60	80	학사	310
다	70	60	75	석사	300
라	85	( )	50	학사	255
마	95	80	60	학사	295
바	55	95	65	학사	280
사	60	95	90	석사	355
아	80	( )	85	박사	375
자	75	90	95	석사	( )
차	60	70	( )	학사	290

〈평가 점수 및 평가 등급의 결정방식〉

• 최종 학위 점수는 학사 0점, 석사 1점, 박사 2점이다.
• (지원자 평가 점수)=(창의성 점수)+(성실성 점수)+[(체력 점수)×2]+(최종 학위 점수)×20
• 평가 등급 및 평가 점수

평가 등급	평가 점수
S	350점 이상
A	300점 이상 350점 미만
B	300점 미만

① '가'의 평가 점수는 400점으로, 지원자 중 가장 높다.
② '라'의 성실성 점수는 '다'보다 높지만 '마'보다는 낮다.
③ '아'의 성실성 점수는 '라'와 같다.
④ S등급인 지원자는 4명이다.
⑤ '차'는 체력 점수를 원래 점수보다 5점 더 받는다면 A등급이 된다.

제시된 평가 점수와 평가 등급의 결정방식에 따라 갑 회사의 공채 지원자 평가 자료의 빈칸을 채우면 다음과 같다.

지원자 \ 구분	창의성 점수	성실성 점수	체력 점수	최종 학위	평가 점수
가	80	90	95	박사	(400)
나	90	60	80	학사	310
다	70	60	75	석사	300
라	85	(70)	50	학사	255
마	95	80	60	학사	295
바	55	95	65	학사	280
사	60	95	90	석사	355
아	80	(85)	85	박사	375
자	75	90	95	석사	(375)
차	60	70	(80)	학사	290

따라서 '아'의 성실성 점수(85점)는 '라'의 성실성 점수(70점)와 같지 않으므로 옳지 않다.

오답분석
① 위 표에 따르면 '가'의 평가 점수는 400점이고, 전체 지원자 중 가장 높으므로 옳은 내용이다.
② 위 표에 따르면 '라'의 성실성 점수(70점)는 '다'(60점)보다 높지만 '마'(80점)보다 낮으므로 옳은 내용이다.
④ 평가 점수가 350점 이상인 지원자에게 S등급이 부여되므로, 이를 충족하는 지원자는 '가, 사, 아, 자' 4명이다.
⑤ '차'가 체력 점수에서 5점을 더 얻는다면 2배 가중한 값인 10점만큼 전체 평가 점수가 상승하게 되어 300점을 얻게 된다. 제시된 기준에 따르면 300점 이상 350점 미만인 경우 A등급이 부여된다고 하였으므로 옳은 내용이다.

풀이 전략!

산식이 주어지고 무엇인가를 계산해야 하는 문제는 많을 경우에는 거의 절반 이상의 비중을 차지한다. 이 문제들은 사칙연산에 약한 취준생에게는 시간을 잡아먹는 문제가 될 수 있고, 평소에 조건이나 단서를 놓치는 등의 실수가 잦은 취준생에게는 오답을 체크할 확률이 높은 문제이다. 따라서 평소 문제를 많이 풀면서 자신의 강점과 약점을 파악한 후, 풀 수 없는 문제는 패스하고 풀 수 있는 문제에 집중하여 정답률을 높이는 것이 핵심 전략이라고 할 수 있다. 한 가지 확실한 것은 아무리 계산 문제에 자신이 없다고 하여도, 이 문제들을 모두 스킵해서는 절대로 합격할 수 없다는 사실이다.

03 | 대표유형 적중문제

정답 및 해설 p.036

| 01 | 모듈형

※ 다음은 물적자원을 효과적으로 관리하기 위해 필요한 과정을 나타낸 글이다. 이어지는 질문에 답하시오. [1~2]

(가) 물품을 적절하게 보관할 수 있는 장소를 선정하여야 한다. 종이류와 유리, 플라스틱 등은 그 재질의 차이로 인해서 보관 장소의 차이를 두는 것이 좋다. 특히 유리의 경우 쉽게 파손될 우려가 있기 때문에 따로 보관해야 한다. 또한, 물품의 무게와 부피에 따라서도 차이를 두어야 한다. 보관 장소에 따라 물품의 무게가 무겁거나 부피가 큰 것은 별도로 취급하는 것이 적절하다. 모든 물품을 같이 놓아두게 된다면 개별 물품의 훼손이 생길 수 있으므로 주의해야 한다.

(나) 보관의 원칙 중 동일성의 원칙과 유사성의 원칙에 따라 물품을 분류한다. 이는 보관한 물품을 다시 활용할 때 보다 쉽고 빠르게 찾을 수 있도록 하기 위해서이다. 특정 물품의 정확한 위치를 알 수 없어도 대략의 위치를 알고 있다면 물품을 찾는 시간을 단축할 수 있기 때문이다.

(다) 물품을 정리하고 보관하고자 할 때, 해당 물품을 앞으로 계속 사용할 것인지, 그렇지 않을지를 구분해야 한다. 그렇지 않으면 가까운 시일 내에 활용하게 될 물품도 창고나 박스 등에 넣어 두었다가 다시 꺼내야 하는 경우가 발생하게 될 것이다. 처음부터 철저하게 물품의 활용계획이나 여부를 확인하는 것이 이러한 시행착오를 예방할 수 있다.

01 다음 중 (가) ~ (다)를 효과적인 물적자원관리 과정에 따라 순서대로 바르게 나열한 것은?

① (가) – (나) – (다)
② (가) – (다) – (나)
③ (나) – (다) – (가)
④ (다) – (가) – (나)
⑤ (다) – (나) – (가)

02 다음 중 (가)의 단계에서 물품 보관 장소를 선정할 때 기준으로 옳은 것은?

① 물품의 재질
② 물품의 부피
③ 물품의 무게
④ 물품의 특성
⑤ 물품의 파손 여부

03 다음 중 자원관리과정을 순서대로 바르게 나열한 것은?

> ㄱ. 필요한 자원의 종류와 양 확인하기   ㄴ. 계획대로 수행하기
> ㄷ. 자원 활용 계획 세우기   ㄹ. 이용 가능한 자원 수집하기

① ㄱ - ㄴ - ㄷ - ㄹ   ② ㄱ - ㄹ - ㄷ - ㄴ
③ ㄴ - ㄷ - ㄹ - ㄱ   ④ ㄷ - ㄹ - ㄱ - ㄴ
⑤ ㄹ - ㄱ - ㄷ - ㄴ

04 자원의 낭비요인을 4가지로 나누어볼 때, 다음 중 〈보기〉의 사례에 해당하는 낭비요인을 바르게 연결한 것은?

〈자원의 낭비요인〉

(가) 비계획적 행동 : 자원을 어떻게 활용할 것인가에 대한 계획 없이 충동적이고 즉흥적으로 행동하여 자원을 낭비하게 된다.

(나) 편리성 추구 : 자원을 편한 방향으로만 활용하는 것을 의미하며, 물적자원뿐만 아니라 시간, 돈의 낭비를 초래할 수 있다.

(다) 자원에 대한 인식 부재 : 자신이 가지고 있는 중요한 자원을 인식하지 못하는 것으로, 무의식적으로 중요한 자원을 낭비하게 된다.

(라) 노하우 부족 : 자원관리의 중요성을 인식하면서도 자원관리에 대한 경험이나 노하우가 부족한 경우를 말한다.

보기

㉠ A는 가까운 거리에 있는 패스트푸드점을 직접 방문하지 않고 배달 앱을 통해 배달료를 지불하고 음식을 주문한다.

㉡ B는 의자를 만들어 달라는 고객의 주문에 공방에 남은 재료와 주문할 재료를 떠올리고는 일주일 안으로 완료될 것이라고 이야기하였지만, 생각지 못한 재료의 배송 기간으로 제작 시간이 부족해 약속된 기한을 지키지 못하였다.

㉢ 현재 수습사원인 C는 처음으로 프로젝트를 담당하게 되면서 나름대로 계획을 세우고 열심히 수행했지만, 예상치 못한 상황이 발생하자 당황하여 처음 계획했던 대로 진행할 수 없었고 결국 아쉬움을 남긴 채 프로젝트를 완성하였다.

㉣ D는 TV에서 홈쇼핑 채널을 시청하면서 품절이 임박했다는 쇼호스트의 말을 듣고는 무작정 유럽 여행 상품을 구매하였다.

	(가)	(나)	(다)	(라)
①	㉡	㉣	㉠	㉢
②	㉢	㉣	㉡	㉠
③	㉢	㉠	㉡	㉣
④	㉣	㉠	㉡	㉢
⑤	㉣	㉢	㉡	㉠

05 다음은 인력확보 계획의 2가지 방식을 설명한 것이다. 이에 대한 내용으로 옳지 않은 것은?

> 1. 적응전략방식 : 미래시점에 필요한 인력을 그때의 시점에 확보하는 방식이다.
> 2. 계획전략방식 : 미래시점에 필요한 인력을 미리 예측하여 사전에 확보하고 미래의 환경변화를
>   예측하여 인력의 확보를 준비하는 방식을 말한다.

① 적응전략방식은 직무와 인력 간의 적합성을 극대화하기 어렵다.
② 적응전략방식은 예측위험성에 대한 비용이 감소될 수 있다.
③ 적응전략방식은 시장기회를 상실할 수 있다.
④ 계획전략방식은 외부노동시장의 의존성을 줄일 수 있다.
⑤ 계획전략방식은 근로자의 교육비용이 증가될 수 있다.

06 다음 중 제시된 사례에 대한 물적자원관리의 방해요인을 잘못 나열한 것은?

> • A는 손톱깎이를 사용한 뒤 항상 아무 곳에나 놓는다. 그래서 손톱깎이가 필요할 때마다 한참 동안
>   집 안 구석구석을 찾아야 한다.
> • B는 길을 가다가 귀여운 액세서리를 발견하면 그냥 지나치지 못한다. 그래서 B의 화장대 서랍에
>   는 액세서리가 쌓여 있다.
> • C는 지난주에 휴대폰을 잃어버려 얼마 전에 새로 구입하였다. 그런데 오늘 또 지하철에서 새로
>   산 휴대폰을 잃어버리고 말았다.
> • D는 작년에 친구로부터 선물 받은 크리스마스 한정판 화장품을 잃어버린 후 찾지 못했고, 다시
>   구입하려고 하니 이미 판매가 끝난 상품이라 구입할 수 없었다.
> • E는 건조한 실내 공기에 작년에 사용하고 넣어 두었던 가습기를 찾았으나, 창고에서 꺼내 온 가습
>   기는 곰팡이가 피어 작동하지 않았다.

① A – 보관 장소를 파악하지 못하는 경우
② B – 분명한 목적 없이 물건을 구입하는 경우
③ C – 물품을 분실한 경우
④ D – 보관 장소를 파악하지 못하는 경우
⑤ E – 물품이 훼손된 경우

| 02 | 피둘형

01 다음 글을 읽고 〈보기〉의 ㉠~㉟을 입찰 경매 순서대로 바르게 나열한 것은?

> H은행의 온라인 거래소는 산지 농산물을 인터넷이나 모바일을 통해 경매나 정가·수의매매로 거래할 수 있는 농산물 공영유통시장이다. 기존의 도매시장처럼 경매나 정가·수의매매로 거래하되, 거래 방법은 출하처가 지정한다. 입찰 경매는 하루에 두 번, 오전과 오후에 진행되지만, 정가 거래는 별도의 시간 제약이 없다.
>
> 온라인 거래소는 생산자의 결정권이 강화되었다는 평가를 받는다. 정가 거래 시 출하처가 등록한 희망 가격으로만 거래할 수 있으며, 입찰 거래 시에도 출하처가 입찰 최저가격과 출하권역, 배송 최소물량 등을 미리 지정하기 때문이다. 구매자는 출하처가 제시한 최저가격과 물량으로만 입찰할 수 있다. 대신 가격 안정과 거래 활성화를 위해 입찰 거래는 낙찰자 제시가 중 최저가를 일괄 적용한다.
>
> 온라인 거래소는 일반 도매시장과 달리 출하 표준규격이 없다. 중도매인 외에 식자재 업체나 마트 바이어 등 다양한 구매자가 참여하는 만큼 특정 규격을 지정하기보다 주요 생산 품목을 다양하게 등록할 수 있도록 했다. 또한 낙찰 이후 배송이 지체되면 가격변동으로 인해 구매 의욕 저하가 발생할 수 있기 때문에 산지직송을 통한 익일배송을 원칙으로 한다.
>
> 온라인 거래소는 정산 주체의 역할도 수행한다. 출하처에 대금을 선지급하고, 차후 구매자가 결제하는 방식이다. 다만 클레임 발생으로 인한 재정산, 정산취소를 방지하기 위해 구매자 상품 수령과 검품 절차를 마친 거래 확정 건에 대해서만 정산한다.

① ㉠ - ㉡ - ㉢ - ㉣ - ㉤ - ㉟   ② ㉠ - ㉢ - ㉡ - ㉣ - ㉟ - ㉤

③ ㉠ - ㉢ - ㉣ - ㉤ - ㉡ - ㉟   ④ ㉠ - ㉢ - ㉣ - ㉟ - ㉡ - ㉤

⑤ ㉢ - ㉠ - ㉣ - ㉟ - ㉤ - ㉡

02 다음 중 물적자원에 대한 설명으로 옳지 않은 것은?

① 세상에 존재하는 모든 물체가 물적자원에 포함되는 것은 아니다.

② 물적자원은 자연자원과 인공자원으로 나눌 수 있다.

③ 자연자원은 석유, 석탄, 나무 등을 가리킨다.

④ 인공자원은 사람들이 인위적으로 가공하여 만든 것이다.

⑤ 물적자원을 얼마나 확보하고 활용할 수 있느냐가 큰 경쟁력이 된다.

03 다음 중 물품의 특성에 맞는 보관 장소를 선정할 때 고려해야 할 요소로 적절하지 않은 것은?

> 물품은 개별 물품의 특성을 고려하여 적절하게 보관할 수 있는 장소를 선정해야 한다. 예를 들어 종이류와 유리, 플라스틱 등은 그 재질의 차이로 인해서 보관 장소를 다르게 하는 것이 적당하다. 특히 유리의 경우 쉽게 파손될 우려가 있기 때문에 따로 보관하는 것이 중요하다.

① 재질   ② 무게

③ 부피   ④ 모양

⑤ 사용빈도

04 B공사에서 근무하는 K사원은 새로 도입되는 교통관련 정책 홍보자료를 만들어서 배포하려고 한다. 다음 중 가장 저렴한 비용으로 인쇄할 수 있는 업체로 옳은 것은?

〈인쇄업체별 비용 견적〉

(단위 : 원)

업체명	페이지당 비용	표지 가격		권당 제본비용	할인
		유광	무광		
A인쇄소	50	500	400	1,500	–
B인쇄소	70	300	250	1,300	–
C인쇄소	70	500	450	1,000	100부 초과 시 초과 부수만 총비용에서 5% 할인
D인쇄소	60	300	200	1,000	–
E인쇄소	100	200	150	1,000	총 인쇄 페이지 5,000페이지 초과 시 총비용에서 20% 할인

※ 홍보자료는 관내 20개 지점에 배포하고, 각 지점마다 10부씩 배포한다.
※ 홍보자료는 30페이지 분량으로 제본하며, 표지는 유광표지로 한다.

① A인쇄소 　　　　　　　　② B인쇄소
③ C인쇄소 　　　　　　　　④ D인쇄소
⑤ E인쇄소

05 기획팀 A사원은 다음 주 금요일에 열릴 세미나 장소를 섭외하라는 부장님의 지시를 받았다. 세미나에 참여할 인원은 총 17명이며, 모든 인원이 앉을 수 있는 테이블과 의자, 발표에 사용할 빔프로젝터 1개가 필요하다. A사원은 모든 회의실의 잔여상황을 살펴보고 가장 적합한 대회의실을 선택하였고, 필요한 비품은 다른 회의실과 창고에서 확보한 후 부족한 물건을 주문하였다. 주문한 비품이 도착한 후 물건을 확인했지만 수량을 착각해 빠트린 것이 있었다. 다시 주문하게 된다면 A사원이 주문할 물품 목록으로 옳은 것은?

〈회의실별 비품현황〉

(단위 : 개)

구분	대회의실	1회의실	2회의실	3회의실	4회의실
테이블(2인용)	1	1	2	–	–
의자	3	2	–	–	4
빔프로젝터	–	–	–	–	–
화이트보드	–	–	–	–	–
보드마카	2	3	1	–	2

〈창고 내 비품보유현황〉

(단위 : 개)

구분	테이블(2인용)	의자	빔프로젝터	화이트보드	보드마카
창고	–	2	1	5	2

〈1차 주문서〉

1. 테이블(2인용) 4개
2. 의자 1개
3. 화이트보드 1개
4. 보드마카 2개

① 빔프로젝터 : 1개, 의자 : 3개
② 빔프로젝터 : 1개, 테이블 : 1개
③ 테이블 : 1개, 의자 : 5개
④ 테이블 : 9개, 의자 : 6개
⑤ 테이블 : 9개, 의자 : 3개

01 A와 B는 각각 해외에서 직구로 물품을 구매하였다. 해외 관세율이 다음과 같을 때, A와 B 중 어떤 사람이 더 관세를 많이 냈으며 그 금액은 얼마인가?

〈해외 관세율〉

(단위 : %)

품목	관세	부가세
책	5	5
유모차, 보행기	5	10
노트북	8	10
스킨, 로션 등 화장품	6.5	10
골프용품, 스포츠용 헬멧	8	10
향수	7	10
커튼	13	10
카메라	8	10
신발	13	10
TV	8	10
휴대폰	8	10

※ 향수 화장품의 경우 개별소비세 7%, 농어촌특별세 10%, 교육세 30%가 추가된다.

※ 100만 원 이상 전자제품(TV, 노트북, 카메라, 핸드폰 등)은 개별소비세 20%, 교육세 30%가 추가된다.

〈구매 품목〉

A : TV(110만 원), 화장품(5만 원), 휴대폰(60만 원), 스포츠용 헬멧(10만 원)
B : 책(10만 원), 카메라(80만 원), 노트북(110만 원), 신발(10만 원)

① A, 91.5만 원 ② B, 90.5만 원
③ A, 94.5만 원 ④ B, 92.5만 원
⑤ B, 93.5만 원

02 다음은 A ~ E자동차의 성능을 비교한 자료이다. K씨의 가족은 서울에서 거리가 140km 떨어진 곳으로 여행을 가려고 한다. 가족 구성원은 총 4명이며 모두가 탈 수 있는 차를 렌트하려고 할 때, 어떤 자동차를 이용하는 것이 가장 비용이 적게 드는가?(단, 비용은 일의 자리에서 반올림한다)

〈자동차 성능 현황〉

구분	종류	연료	연비
A자동차	하이브리드 자동차	일반 휘발유	25km/L
B자동차	전기 자동차	전기	6km/kW
C자동차	가솔린 자동차	고급 휘발유	22km/L
D자동차	가솔린 자동차	일반 휘발유	20km/L
E자동차	가솔린 자동차	고급 휘발유	22km/L

〈연료별 비용〉

구분	비용
전기	500원/kW
일반 휘발유	1,640원/L
고급 휘발유	1,870원/L

〈자동차 인원〉

구분	인원
A자동차	5인용
B자동차	2인용
C자동차	4인용
D자동차	6인용
E자동차	4인용

① A자동차 ② B자동차

③ C자동차 ④ D자동차

⑤ E자동차

03 A은행 B지점에서는 8월 둘째 주(8월 9일 ~ 8월 13일) 중에 2회에 걸쳐 전 직원을 대상으로 '고객 개인정보 유출 방지'에 관한 교육을 지역 문화회관에서 진행하려고 한다. 자료를 토대로 B지점이 교육을 진행할 수 있는 요일과 시간대를 모두 나열한 것은?(단, 교육은 1회당 3시간씩 진행된다)

〈문화회관 이용 가능 요일〉

구분	월요일	화요일	수요일	목요일	금요일
9시 ~ 12시	○	×	○	×	○
12시 ~ 13시	점심시간(운영 안 함)				
13시 ~ 17시	×	○	○	×	×

〈주간 주요 일정표〉

일정	내용
8월 9일 월요일	08:30 ~ 09:30 주간조회 및 부서별 회의 14:00 ~ 15:00 팀별 전략 회의
8월 10일 화요일	09:00 ~ 10:00 경쟁력 강화 회의
8월 11일 수요일	11:00 ~ 13:00 부서 점심 회식 17:00 ~ 18:00 팀 회식
8월 12일 목요일	15:00 ~ 16:00 경력사원 면접
8월 13일 금요일	특이사항 없음

※ 주요 일정이 있는 시간 이외에 문화회관 이용 시간과 일정 시간이 겹치지 않는다면 언제든지 교육을 받을 수 있음

① 월요일 오전, 수요일 오후, 금요일 오전
② 화요일 오전, 수요일 오후, 목요일 오전
③ 화요일 오후, 수요일 오전, 금요일 오전
④ 화요일 오후, 수요일 오후, 금요일 오전
⑤ 수요일 오전, 수요일 오후, 금요일 오전

※ 다음은 수발실에서 근무하는 직원들에 대한 4분기 근무평정 자료이다. 이어지는 질문에 답하시오.
[4~5]

〈정보〉

- 수발실은 공단으로 수신되거나 공단에서 발송하는 문서를 분류, 배부하는 업무를 한다. 문서 수발이 중요한 업무인 만큼, 공단은 매분기 수발실 직원별로 사고 건수를 조사하여 다음의 벌점 산정 방식에 따라 벌점을 부과한다.
- 공단은 이번 4분기 수발실 직원들에 대해 벌점을 부과한 후, 이를 반영하여 성과급을 지급하고자 한다.

〈벌점 산정방식〉

- 분기 벌점은 사고 유형별 건수와 유형별 벌점의 곱의 총합으로 계산한다.
- 전분기 무사고였던 직원의 경우, 해당분기 벌점에서 5점을 차감하는 혜택을 부여받는다.
- 전분기에 무사고였더라도, 해당분기 발신사고 건수가 4건 이상인 경우 벌점차감 혜택을 적용받지 못한다.

〈사고 건수당 벌점〉

(단위 : 점)

사고 종류	수신사고		발신사고	
	수신물 오분류	수신물 분실	미발송	발신물 분실
벌점	2	4	4	6

〈4분기 직원별 오류발생 현황〉

(단위 : 건)

직원	수신물 오분류	수신물 분실	미발송	발신물 분실	전분기 총사고 건수
A	–	2	–	4	2
B	2	3	3	–	–
C	2	–	3	1	4
D	–	2	2	2	8
E	1	–	3	2	–

04 벌점 산정방식에 따를 때, 수발실 직원 중 두 번째로 높은 벌점을 부여받는 직원은?

① A직원
② B직원
③ C직원
④ D직원
⑤ E직원

05 공단은 수발실 직원들의 등수에 따라 4분기 성과급을 지급하고자 한다. 수발실 직원들의 경우 해당 분기 벌점이 적을수록 부서 내 등수가 높다고 할 때, 다음 중 B직원과 E직원이 지급받을 성과급 총액은 얼마인가?

〈성과급 지급 기준〉

• (성과급)=(부서별 성과급 기준액)×(등수별 지급비율)
• 수발실 성과급 기준액 : 100만 원
• 등수별 성과급 지급비율

등수	1등	2~3등	4~5등
지급비율	100%	90%	80%

※ 분기당 벌점이 30점을 초과하는 경우 등수와 무관하게 성과급 기준액의 50%만 지급한다.

① 100만 원
② 160만 원
③ 180만 원
④ 220만 원
⑤ 200만 원

06 K사의 5명의 직원들(과장 1명, 대리 2명, 사원 2명)이 10월 중에 연차를 쓰려고 한다. 다음 〈조건〉을 참고하여 직원들이 나눈 대화 내용 중 옳지 않은 말을 한 직원을 모두 고르면?

조건
• 연차는 하루이다.
• 10월 1일은 월요일이며, 3일과 9일은 공휴일이다.
• 대리는 교육을 신청한 주에 연차를 신청할 수 없다.
• 같은 주에 3명 이상 교육 및 연차를 신청하면 안 된다.
• 워크숍은 5주차 월·화이다.
• 연차는 연이어 쓸 수 없다.
• 대리급 교육은 매주 이틀 동안 목~금에 있으며, 교육은 한 번만 받으면 된다.
• 연차와 교육 신청 순서는 대화 내용에서 말한 차례대로 적용한다.

A과장 : 난 9일에 시골 내려가야 해서 10일에 쓰려고 하네. 나머지 사람들은 그날 제외하고 서로 조율해서 신청하면 좋겠네.
B대리 : 저는 10월에 교육받으러 18~19일에 갈 예정입니다. 그리고 그 다음 주 수요일 날 연차 쓰겠습니다. 그럼 저 교육받는 주에 다른 사람 2명 신청 가능할 것 같은데요.
C사원 : 오, 그럼 제가 15일에 쓰겠습니다.
D대리 : 저는 연이어 16일에 신청할 수 없으니까 17일에 쓰고, 교육은 11~12일에 받겠습니다.
E사원 : 저만 정하면 끝나네요. 2일로 하겠습니다.

① A과장, B대리
② B대리, D대리
③ D대리, C사원
④ C사원, E사원
⑤ E사원, D대리

04 | 심화문제

01 다음은 주중과 주말 교통상황에 대한 자료이다. 이에 대한 설명으로 옳은 것을 〈보기〉에서 모두 고르면?

〈주중·주말 예상 교통량〉

(단위 : 만 대)

구분	전국	수도권 → 지방	지방 → 수도권
주말 교통량	490	50	51
주중 교통량	380	42	35

〈대도시 간 예상 최대 소요시간〉

구분	서울 – 대전	서울 – 부산	서울 – 광주	서울 – 강릉	남양주 – 양양
주말	2시간 40분	5시간 40분	4시간 20분	3시간 20분	2시간 20분
주중	1시간 40분	4시간 30분	3시간 20분	2시간 40분	1시간 50분

보기

ㄱ. 대도시 간 예상 최대 소요시간은 모든 구간에서 주중이 주말보다 적게 걸린다.
ㄴ. 주중 전국 교통량 중 수도권에서 지방으로 가는 교통량의 비율은 10% 이상이다.
ㄷ. 지방에서 수도권으로 가는 주말 예상 교통량은 주중 예상 교통량보다 30% 미만으로 많다.
ㄹ. 서울 – 광주 구간 주중 예상 최대 소요시간은 서울 – 강릉 구간 주말 예상 최대 소요시간과 같다.

① ㄱ, ㄴ
② ㄴ, ㄷ
③ ㄷ, ㄹ
④ ㄱ, ㄴ, ㄹ
⑤ ㄴ, ㄷ, ㄹ

02 K공사는 직원들에게 매월 25일 월급을 지급하고 있다. A대리는 이번 달 급여명세서를 보고 자신의 월급이 잘못 나왔음을 알았다. 다음 〈조건〉을 참고하여 다음 달 A대리가 상여금과 다른 수당들이 없다고 할 때, 소급된 금액과 함께 받을 월급은 총 얼마인가?(단, 4대 보험은 국민연금, 건강보험, 장기요양, 고용보험이며 금액의 10원 미만은 절사한다)

〈급여명세서〉

(단위 : 원)

성명 : A	직위 : 대리	지급일 : 2024-6-25	
지급항목	지급액	공제항목	공제액
기본급	2,000,000	소득세	17,000
야근수당(2일)	80,000	주민세	1,950
휴일수당	–	고용보험	13,000
상여금	50,000	국민연금	90,000
기타	–	장기요양	4,360
식대	100,000	건강보험	67,400
교통비	–	연말정산	–
복지후생	–		
		공제합계	193,710
지급 총액	2,230,000	차감수령액	2,036,290

> **조건**
> • 국민연금은 9만 원이고, 건강보험은 기본급의 6.24%이며 회사와 50%씩 부담한다.
> • 장기요양은 건강보험 총금액의 7.0% 중 50%만 내고 고용보험은 13,000원이다.
> • 잘못 계산된 금액은 다음 달에 소급한다.
> • 야근수당은 하루당 기본급의 2%이며, 상여금은 5%이다.
> • 다른 항목들의 금액은 급여명세서에 명시된 것과 같으며 매달 같은 조건이다.

① 1,865,290원
② 1,866,290원
③ 1,924,290원
④ 1,966,290원
⑤ 1,986,290원

03 S구청은 주민들의 정보화 교육을 위해 정보화 교실을 동별로 시행하고 있고, 주민들은 각자 일정에 맞춰 정보화 교육을 수강하려고 한다. 다음 중 개인 일정상 신청과목을 수강할 수 없는 사람은?(단, 하루라도 수강을 빠진다면 수강이 불가능하다)

〈정보화 교육 일정표〉

교육날짜	교육시간	장소	과정명	장소	과정명
화, 목	09:30~12:00	A동	인터넷 활용하기	C동	스마트한 클라우드 활용
	13:00~15:30		그래픽 초급 픽슬러 에디터		스마트폰 SNS 활용
	15:40~18:10		ITQ한글2020(실전반)		–
수, 금	09:30~12:00		한글 문서 활용하기		Windows10 활용하기
	13:00~15:30		스마트폰 / 탭 / 패드(기본앱)		스마트한 클라우드 활용
	15:40~18:10		컴퓨터 기초(윈도우 및 인터넷)		–
월	09:30~15:30		포토샵 기초		사진 편집하기
화~금	09:30~12:00	B동	그래픽 편집 달인 되기	D동	한글 시작하기
	13:00~15:30		한글 활용 작품 만들기		사진 편집하기
	15:40~18:10		–		엑셀 시작하기
월	09:30~15:30		Windows10 활용하기		스마트폰 사진 편집&앱 배우기

〈개인 일정 및 신청과목〉

구분	개인 일정	신청과목
D동의 홍길동	• 매주 월~금 08:00~15:00 편의점 아르바이트 • 매주 월요일 16:00~18:00 음악학원 수강	엑셀 시작하기
A동의 이몽룡	• 매주 화, 수, 목 09:00~18:00 학원 강의 • 매주 월 16:00~20:00 배드민턴 동호회 활동	포토샵 기초
C동의 성춘향	• 매주 수, 금 17:00~22:00 호프집 아르바이트 • 매주 월 10:00~12:00 과외	스마트한 클라우드 활용
B동의 변학도	• 매주 월, 화 08:00~15:00 카페 아르바이트 • 매주 수, 목 18:00~20:00 요리학원 수강	그래픽 편집 달인되기
A동의 김월매	• 매주 월, 수, 금 10:00~13:00 필라테스 수강 • 매주 화 14:00~17:00 제빵학원 수강	인터넷 활용하기

① 홍길동
② 이몽룡
③ 성춘향
④ 변학도
⑤ 김월매

04 K공사 인재개발원에 근무하고 있는 A대리는 〈조건〉에 따라 신입사원 교육을 위한 스크린을 구매하려고 한다. 다음 중 가장 적절한 제품은 무엇인가?

> **조건**
>
> • 조명도는 5,000lx 이상이어야 한다.
> • 예산은 150만 원이다.
> • 제품에 이상이 생겼을 때 A/S가 신속해야 한다.
> • 위 조건을 모두 충족할 시 가격이 저렴한 제품을 가장 우선으로 선정한다.
>
> ※ lux(럭스) : 조명이 밝은 정도를 말하는 조명도에 대한 실용단위로 기호는 lx이다.

	제품	가격(만 원)	조명도(lx)	특이사항
①	A	180	8,000	2년 무상 A/S 가능
②	B	120	6,000	해외직구(해외 A/S)
③	C	100	3,500	미사용 전시 제품
④	D	150	5,000	미사용 전시 제품
⑤	E	130	7,000	2년 무상 A/S 가능

05 어느 버스회사에서 A시에서 B시를 연결하는 버스 노선을 개통하기 위해 새로운 버스를 구매하려고 한다. 다음 〈조건〉과 같이 노선을 운행하려고 할 때, 최소 몇 대의 버스를 구매해야 하며 이때 필요한 운전사는 최소 몇 명인가?

> **조건**
>
> 1) 새 노선의 왕복 시간 평균은 2시간이다(승하차 시간을 포함).
> 2) 배차시간은 15분 간격이다.
> 3) 운전사의 휴식시간은 매 왕복 후 30분씩이다.
> 4) 첫차는 05시 정각에, 막차는 23시에 A시를 출발한다.
> 5) 모든 차는 A시에 도착하자마자 B시로 곧바로 출발하는 것을 원칙으로 한다.
>   즉, A시에 도착하는 시간이 바로 B시로 출발하는 시간이다.
> 6) 모든 차는 A시에서 출발해서 A시로 복귀한다.

	버스	운전사
①	6대	8명
②	8대	10명
③	10대	12명
④	12대	14명
⑤	14대	16명

정보능력

합격 Cheat Key

정보능력은 업무를 수행함에 있어 기본적인 컴퓨터를 활용하여 필요한 정보를 수집·분석·활용하는 능력으로, 업무와 관련된 정보를 수집하고, 이를 분석하여 의미 있는 정보를 얻는 능력을 의미한다. 세부 유형은 컴퓨터 활용, 정보 처리로 나눌 수 있다.

1 평소에 컴퓨터 활용 스킬을 틈틈이 익혀라!

윈도우(OS)에서 어떠한 설정을 할 수 있는지, 응용프로그램(엑셀 등)에서 어떠한 기능을 활용할 수 있는지를 평소에 직접 사용해 본다면 문제를 보다 수월하게 해결할 수 있다. 여건이 된다면 컴퓨터 활용 능력에 관련된 자격증 공부를 하는 것도 이론과 실무를 익히는 데 도움이 될 것이다.

2 문제의 규칙을 찾는 연습을 하라!

일반적으로 코드체계나 시스템 논리체계를 제공하고 이를 분석하여 문제를 해결하는 유형이 출제된다. 이러한 문제는 문제해결능력과 같은 맥락으로 규칙을 파악하여 접근하는 방식으로 연습이 필요하다.

3 **현재 보고 있는 그 문제에 집중하라!**

정보능력의 모든 것을 공부하려고 한다면 양이 너무나 방대하다. 그렇기 때문에 수험서에서 본인이 현재 보고 있는 문제들을 집중적으로 공부하고 기억하려고 해야 한다. 그러나 엑셀의 함수 수식, 연산자 등 암기를 필요로 하는 부분들은 필수적으로 암기를 해서 출제가 되었을 때 오답률을 낮출 수 있도록 한다.

4 **사진·그림을 기억하라!**

컴퓨터 활용 능력을 파악하는 영역이다 보니 컴퓨터 속 옵션, 기능, 설정 등의 사진·그림이 문제에 같이 나오는 경우들이 있다. 그런 부분들은 직접 컴퓨터를 통해서 하나하나 확인을 하면서 공부한다면 더 기억에 잘 남게 된다. 조금 귀찮더라도 한 번씩 클릭하면서 확인해 보도록 한다.

01 | 모듈이론

01 정보능력의 의의

(1) 정보의 의의

① 정보능력의 의미

컴퓨터를 활용하여 필요한 정보를 수집·분석·활용하는 능력이다.

② 자료(Data)·정보(Information)·지식(Knowledge) 기출

구분	일반적 정의	사례
자료	객관적 실체를 전달이 가능하게 기호화한 것	스마트폰 활용 횟수
정보	자료를 특정한 목적과 문제 해결에 도움이 되도록 가공한 것	20대의 스마트폰 활용 횟수
지식	정보를 체계화 하여 보편성을 갖도록 한 것	스마트폰 디자인에 대한 20대의 취향
일반적으로 '자료⊇지식⊇정보'의 포함관계로 나타낼 수 있다.		

③ 정보의 특성

㉠ 적시성 : 정보는 원하는 시간에 제공되어야 한다.

㉡ 독점성 : 정보는 공개가 되고 나면 정보가치가 급감하나(경쟁성), 정보획득에 필요한 비용이 줄어드는 효과도 있다(경제성).

구분	공개 정보	반(半)공개 정보	비(非)공개 정보
경쟁성	낮음	⇨	높음
경제성	높음	⇨	낮음

(2) 정보화 사회

① 정보화 사회의 의의

정보가 사회의 중심이 되는 사회로, IT기술을 활용해 필요한 정보가 창출되는 사회이다.

② 정보화 사회의 특징

- 정보의 사회적 중요성이 요구되며, 정보 의존성이 강화된다.
- 전 세계를 하나의 공간으로 여기는 수평적 네트워크 커뮤니케이션이 가능해진다.
- 경제 활동의 중심이 유형화된 재화에서 정보·서비스·지식의 생산으로 옮겨간다.
- 정보의 가치 생산을 중심으로 사회 전체가 움직이게 된다.

③ 미래 사회의 특징

> • 지식 및 정보 생산 요소에 의한 부가가치 창출
> • 세계화의 진전
> • 지식의 폭발적 증가

④ 정보화 사회의 필수 행위

정보 검색, 정보 관리, 정보 전파

⑤ 미래사회의 6T

정보기술(IT), 생명공학(BT), 나노기술(NT), 환경기술(ET), 문화산업(CT), 우주항공기술(ST)

(3) 컴퓨터의 활용 분야 기출

① 기업 경영 분야

경영정보시스템(MIS)	기업 경영에 필요한 정보를 효과적으로 활용하도록 지원하여 경영자가 신속히 의사
의사결정지원시스템(DSS)	결정을 할 수 있게 함
전략정보시스템(SIS)	기업의 전략을 실현해 경쟁 우위를 확보하기 위한 목적으로 사용
사무자동화(OA)	문서 작성과 보관의 자동화, 전자 결재 시스템이 도입되어 업무 처리의 효율을 높여 줌
전자상거래(EC)	기업의 입장에서는 비용을 절감할 수 있으며, 소비자는 값싸고 질 좋은 제품을 구매할 수 있게 함

② 행정 분야

행정 데이터베이스	민원 처리, 행정 통계 등의 행정 관련 정보의 데이터베이스 구축
행정 사무자동화	민원 서류의 전산 발급

③ 산업 분야

공업	컴퓨터를 이용한 공정 자동화
산업	산업용 로봇의 활용
상업	POS 시스템

④ 전자상거래(EC)

> • 컴퓨터나 정보통신망 등 전자화된 기술을 이용해 기업과 소비자가 상품과 서비스를 사고파는 것을 의미한다.
> • 홈쇼핑, 홈뱅킹, 인터넷 서점 등이 이에 해당한다.
> • 모든 기업과 모든 소비자를 대상으로 기업의 상품 및 서비스가 제공된다.
> • 전자상거래가 활성화되면 기업은 물류 비용을 줄일 수 있으며, 소비자는 값싸고 질 좋은 제품을 집에서 구매할 수 있게 된다.

(4) 정보 처리 과정

| 기획 | ⇒ | 수집 | ⇒ | 관리 | ⇒ | 활용 |

① 기획

정보 활동의 가장 첫 단계이며, 정보 관리의 가장 중요한 단계이다.

5W	What(무엇을)	정보의 입수대상을 명확히 한다.
	Where(어디에서)	정보의 소스를 파악한다.
	When(언제)	정보의 요구시점을 고려한다.
	Why(왜)	정보의 필요 목적을 염두에 둔다.
	Who(누가)	정보 활동의 주체를 확정한다.
2H	How(어떻게)	정보의 수집 방법을 검토한다
	How much(얼마나)	정보 수집의 효용성을 중시한다

② 수집

㉠ 다양한 정보원으로부터 목적에 적합한 정보를 입수하는 것이다.

㉡ 정보 수집의 최종적인 목적은 '예측'을 잘하기 위함이다.

③ 관리 기출

㉠ 수집된 다양한 형태의 정보를 사용하기 쉬운 형태로 바꾸는 것이다.

㉡ 정보관리의 3원칙

목적성	사용 목적을 명확히 설명해야 한다.
용이성	쉽게 작업할 수 있어야 한다.
유용성	즉시 사용할 수 있어야 한다.

④ 정보활용능력 기출

- 정보가 필요하다는 문제 상황을 인지할 수 있는 능력
- 문제해결에 적합한 정보를 찾고 선택할 수 있는 능력
- 찾은 정보를 문제해결에 적용할 수 있는 능력
- 윤리의식을 가지고 합법적으로 정보를 활용할 수 있는 능력

01 정보란 정보 작성을 위하여 필요한 데이터를 말하는 것으로, 이는 '아직 특정의 목적에 대하여 평가되지 않은 상태의 숫자나 문자들의 단순한 나열'을 뜻한다. [   ]

02 지식이란 자료를 가공하여 이용 가능한 정보로 만드는 과정이다. [   ]

03 정보관리의 3원칙이란 목적성, 용이성, 유용성을 말한다. [   ]

04 정보관리의 3원칙 중 용이성이란 해당 정보를 즉시 사용할 수 있어야 한다는 것을 의미한다. [   ]

01 [×] 정보가 아닌 자료에 대한 설명이다. 정보란 자료를 일정한 프로그램에 따라 컴퓨터가 처리·가공함으로써 '특정한 목적을 달성하는 데 필요하거나 특정한 의미를 가진 것으로 다시 생산된 것'을 뜻한다.

02 [×] 지식이 아닌 정보처리에 대한 설명이다. 지식이란 '어떤 특정의 목적을 달성하기 위해 과학적 또는 이론적으로 추상화되거나 정립되어 있는 일반화된 정보'를 뜻한다.

03 [○]

04 [×] 용이성이 아닌 유용성에 대한 설명이다. 용이성이란 쉽게 작업할 수 있어야 한다는 것을 의미한다.

(1) 인터넷 서비스의 종류 기출

① 전자우편

> • 인터넷을 이용하여 다른 이용자들과 정보를 주고받는 통신 방법을 말한다.
> • 포털·회사·학교 등에서 제공하는 전자우편 시스템에 계정을 만들어 이용 가능하다.

② 웹하드

웹서버에 대용량의 저장 기능을 갖추고 사용자가 개인의 하드디스크와 같은 기능을 인터넷을 통해 이용할 수 있게 하는 서비스를 말한다.

③ 메신저

컴퓨터를 통해 실시간으로 메시지와 데이터를 주고받을 수 있는 서비스이며, 응답이 즉시 이루어져 가장 보편적으로 사용되는 서비스이다.

④ 클라우드

> • 사용자들이 별도의 데이터 센터를 구축하지 않고도, 인터넷 서버를 활용해 정보를 보관하고 있다가 필요할 때 꺼내 쓰는 기술을 말한다.
> • 모바일 사회에서는 장소와 시간에 관계없이 다양한 단말기를 통해 사용 가능하다.

⑤ SNS

온라인 인맥 구축을 목적으로 개설된 커뮤니티형 웹사이트를 말하며, 트위터, 페이스북, 인스타그램과 같은 1인 미디어와 정보 공유 등을 포괄하는 개념이다.

⑥ 전자상거래

협의의 전자상거래	인터넷이라는 전자적인 매체를 통해 재화나 용역을 거래하는 것
광의의 전자상거래	소비자와의 거래뿐만 아니라 관련된 모든 기관과의 행위를 포함

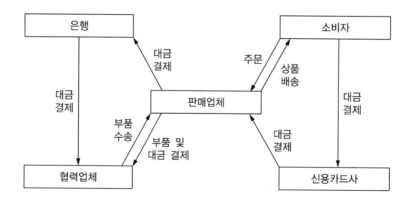

(2) 인터넷 정보 검색

① 정보 검색 단계

검색 주제에 대한 사전 지식을 확보하면 정보검색에 드는 시간을 절약할 수 있다.

첫째, 뉴스 정보인가?

둘째, 인터넷 정보원을 활용해야 하는가?

셋째, 논문자료에서 찾을 수 있는가?

넷째, 해당 주제와 관련 있는 학회나 관공서 사이트에서 찾을 수 있는가?

❶ 검색주제 선정 ➡ **❷ 정보원 선택** ➡ **❸ 검색식 작성** ➡ **❹ 결과 출력**

② 검색 엔진의 유형 기출

종류	내용
키워드 검색 방식	• 정보와 관련된 키워드를 직접 입력하여 정보를 찾는 방식 • 방법이 간단하나 키워드를 불명확하게 입력하면 검색이 어려움
주제별 검색 방식	• 주제별, 계층별로 문서들을 정리해 DB를 구축한 후 이용하는 방식 • 원하는 정보를 찾을 때까지 분류된 내용을 차례로 선택해 검색
자연어 검색 방식	문장 형태의 질의어를 형태소 분석을 거쳐 각 질문에 답이 들어 있는 사이트를 연결해 주는 방식
통합형 검색 방식	• 검색 엔진 자신만의 DB를 구축하지 않음 • 검색어를 연계된 다른 검색 엔진에 보낸 후 검색 결과를 보여줌

③ 정보 검색 시 주의사항

• 논문 등 특정 데이터들은 특화된 검색 엔진을 이용하는 것이 효율적이다.

• 키워드는 구체적으로 입력하는 것이 좋으며, 결과 내 재검색 기능을 활용한다.

• 검색 연산자는 검색 엔진에 따라 다소 차이가 있을 수 있다.

(3) 업무용 소프트웨어 기출

① 워드프로세서

ㄱ 문서를 작성·편집·저장·인쇄할 수 있는 프로그램을 말하며, 키보드 등으로 입력한 문서의 내용을 화면으로 확인하면서 쉽게 고칠 수 있어 편리하다.

ㄴ 흥글과 MS-Word가 가장 대표적으로 활용되는 프로그램이다.

ㄷ 워드프로세서의 주요 기능

종류	내용
입력	키보드나 마우스를 통해 문자·그림 등을 입력할 수 있는 기능
표시	입력한 내용을 표시 장치를 통해 나타내 주는 기능
저장	입력된 내용을 저장하여 필요할 때 사용할 수 있는 기능
편집	문서의 내용이나 형태 등을 변경해 새롭게 문서를 꾸미는 기능
인쇄	작성된 문서를 프린터로 출력하는 기능

② 스프레드시트

　　㉠ 수치나 공식을 입력하여 그 값을 계산해 내고, 결과를 차트로 표시할 수 있는 프로그램을 말하며, 다양한 함수를 이용해 복잡한 수식도 계산할 수 있다.

　　㉡ 엑셀이 가장 대표적으로 활용되는 프로그램이다.

　　㉢ 스프레드시트의 구성단위

　　　스프레드시트는 셀, 열, 행, 영역의 4가지 요소로 구성된다. 그중에서 셀은 가로행과 세로열이 교차하면서 만들어지는 공간을 말하며, 이는 정보를 저장하는 기본단위이다.

③ 프레젠테이션

　　㉠ 컴퓨터 등을 이용하여 그 속에 담겨 있는 각종 정보를 전달하는 행위를 프레젠테이션이라고 하며, 이를 위해 사용되는 프로그램들을 프레젠테이션 프로그램이라고 한다.

　　㉡ 파워포인트와 키노트가 가장 대표적으로 활용되는 프로그램이다.

(4) 유틸리티 프로그램

① 파일 압축 유틸리티

　　파일의 크기를 압축하거나 줄여 준다. 파일을 압축하면 하드 디스크 또는 플로피 디스크의 저장 용량을 적게 차지하므로 디스크의 저장 공간을 넓혀 주고, 파일을 전송하거나 내려받을 때 걸리는 시간을 단축할 수 있다.

② 바이러스 백신 프로그램

　　바이러스 백신 프로그램이란 컴퓨터 바이러스를 찾아내고 기능을 정지시키거나 제거하여 손상된 파일을 치료하는 기능을 가진 소프트웨어를 뜻한다. 따라서 백신 프로그램은 일종의 치료제 역할을 하는 프로그램으로, 사전에 바이러스 프로그램의 감염을 막지는 못한다.

③ 화면 캡처 프로그램

　　모니터 화면에 나타나는 영상을 사용자가 원하는 크기·모양 등을 선택하여 이미지 파일로 만들어 주는 프로그램이다.

④ 이미지 뷰어 프로그램

　　이미지 뷰어 프로그램은 그림 파일이나 디지털 카메라로 찍은 이미지 파일들을 볼 수 있도록 도와 주는 유틸리티 프로그램이다. 여러 장의 이미지를 편리하게 볼 수 있도록 화면 크기에 맞게 확대·축소·연속 보기·두 장 보기 등의 기능이 있다.

⑤ 동영상 재생 프로그램

　　동영상 재생 프로그램은 각종 영화나 애니메이션을 감상하거나 음악을 즐길 수 있는 유틸리티 프로그램이다. 느린 속도와 빠른 속도로 선택 재생이 가능하고, 재생 시점을 임의로 조정할 수 있다.

(5) 데이터베이스

① 데이터베이스의 의의

여러 개의 서로 연관된 파일을 데이터베이스라 하며, 이 연관성으로 인해 사용자는 여러 파일에 있는 정보를 한 번에 검색할 수 있다.

데이터베이스 관리시스템	데이터와 파일의 관계를 생성·유지·검색할 수 있게 하는 소프트웨어
파일 관리시스템	한 번에 한 개의 파일만 생성·유지·검색할 수 있는 소프트웨어

② 데이터베이스의 필요성 기출

종류	내용
데이터 중복 감소	데이터를 한 곳에서만 갖고 있으므로 유지 비용이 절감된다.
데이터 무결성 증가	데이터가 변경될 경우 한 곳에서 수정하는 것만으로 해당 데이터를 이용하는 모든 프로그램에 반영된다.
검색의 용이	한 번에 여러 파일에서 데이터를 찾을 수 있다.
데이터 안정성 증가	사용자에 따라 보안등급의 차등을 둘 수 있다.

③ 데이터베이스의 기능

종류	내용
입력 기능	형식화된 폼을 사용해 내용을 편리하게 입력할 수 있다.
검색 기능	필터나 쿼리 기능을 이용해 데이터를 빠르게 검색하고 추출할 수 있다.
일괄 관리 기능	테이블을 사용해 데이터를 관리하기 쉽고, 많은 데이터를 종류별로 분류해 일괄적으로 관리할 수 있다.
보고서 기능	데이터를 이용해 청구서나 명세서 등의 문서를 쉽게 만들 수 있다.

④ 데이터베이스의 작업순서 기출

시작

↓

데이터베이스 만들기

↓

자료 입력

↓

저장

↓

자료 검색

↓

보고서 인쇄

↓

종료

OX 문제

01 정보 검색은 '검색주제 선정 → 정보원 선택 → 검색식 작성 → 결과 출력'의 과정을 거친다. [   ]

02 파일시스템은 데이터베이스 시스템에 비해서 여러 개의 파일이 서로 연관되어 있으므로, 사용자는 여러 개의 파일에 있는 정보를 한 번에 검색해서 볼 수 있는 이점이 있다. [   ]

03 데이터베이스는 데이터가 중복되지 않고 한 곳에만 기록되어 있으므로 데이터의 무결성, 즉 결함 없는 데이터를 유지하는 것이 훨씬 쉬워졌다. [   ]

04 검색 엔진 자신만의 DB를 구축하지 않으며, 검색어를 연계된 다른 검색 엔진에 보낸 후 검색 결과를 보여주는 것을 통합형 검색 방식이라고 한다. [   ]

---

01 [○]

02 [×] 데이터베이스 시스템은 파일시스템에 비해서 여러 개의 파일이 서로 연관되어 있으므로, 사용자는 여러 개의 파일에 있는 정보를 한 번에 검색해서 볼 수 있는 이점이 있다.

03 [○]

04 [○]

---

03 정보처리능력

(1) 정보의 수집

① 1차 자료와 2차 자료 [기][출]

1차 자료	• 원래의 연구 성과가 기록된 자료 • 단행본, 학술지와 학술지 논문, 학술회의자료, 연구보고서, 학위논문, 특허정보, 표준 및 규격자료, 레터, 출판 전 배포자료, 신문, 잡지 등
2차 자료	• 1차 자료를 효과적으로 찾아보기 위한 자료 혹은 1차 자료에 포함되어 있는 정보를 압축·정리한 자료 • 사전, 백과사전, 편람, 연감, 서지데이터베이스 등

② 인포메이션과 인텔리전스

인포메이션	하나하나의 개별적인 정보
인텔리전스	인포메이션 중에 몇 가지를 선별해 그것을 연결시켜 판단하기 쉽게 도와주는 하나의 정보 덩어리

③ 정보 수집을 잘하기 위한 방법 [기][출]

ㄱ 신뢰관계 수립 : 중요한 정보는 신뢰관계가 좋은 사람에게만 전해지므로, 중요한 정보를 수집하려면 먼저 신뢰관계를 이루어야 한다.

ㄴ 선수필승(先手必勝) : 변화가 심한 시대에는 질이나 내용보다 빠른 정보 획득이 중요하다.

ㄷ 구조화 : 얻은 정보를 의식적으로 구조화하여 머릿속에 가상의 서랍을 만들어두어야 한다.

ㄹ 도구의 활용 : 기억력에는 한계가 있으므로 박스·스크랩 등을 활용하여 정리하여야 한다.

(2) 정보 분석

① 정보 분석의 정의

여러 정보를 상호 관련지어 새로운 정보를 생성해내는 활동을 말한다.

② 정보 분석의 절차 기출

③ 정보 분석의 특징

- 좋은 자료가 있다고 해서 항상 훌륭한 분석이 되는 것은 아니다.
- 반드시 고도의 수학적 기법을 요구하는 것만은 아니다.
- 한 개의 정보만으로는 불분명한 사항일지라도 다른 정보를 통해 이를 명백히 할 수 있다.
- 서로 상반되는 정보들을 판단하여 새로운 해석을 가능하게 한다.

④ 정보의 서열화와 구조화 기출

(3) 효율적인 정보 관리 방법 기출

① 목록을 이용한 정보 관리
   정보에서 중요 항목을 찾아 기술한 후 정리해 목록을 만드는 것이다.

② 색인을 이용한 정보 관리

   ㉠ 목록과 색인의 차이

목록	한 정보원에 하나의 목록이 대응된다.
색인	한 정보원에 여러 색인을 부여할 수 있다.

   ㉡ 색인의 구성요소

   | 색인어 | + | 위치정보 | = | 색인 |

③ 분류를 이용한 정보 관리

   ㉠ 유사한 정보를 하나로 모아 분류하여 정리하는 것은 신속한 정보 검색을 가능하게 한다.

   ㉡ 분류 기준 예시

기준	내용	예
시간적 기준	정보의 발생 시간별로 분류	2021년 봄, 7월 등
주제적 기준	정보의 내용에 따라 분류	정보사회, ○○대학교 등
기능적/용도별 기준	정보의 용도나 기능에 따라 분류	참고자료용, 강의용, 보고서 작성용 등
유형적 기준	정보의 유형에 따라 분류	도서, 비디오, CD, 한글파일, 파워포인트 파일 등

④ 특징

   - 디지털 파일에 색인을 저장하면 추가·삭제·변경이 쉽다.
   - 목록은 한 정보원에 하나만 대응하지만, 색인은 여러 개를 부여할 수 있다.
   - 정보 목록은 정보에서 중요 항목을 찾아 기술한 후 정리하면서 만들어진다.

(4) 정보의 활용 기출

① 정보활용의 형태

   - 수집한 정보를 그대로 활용한다.
   - 수집한 정보를 그대로 활용하되, 일정한 형태로 표현하여 활용한다.
   - 수집한 정보를 정리·분석·가공하여 활용한다.
   - 수집한 정보를 정리·가공하여 활용하되, 일정한 형태로 표현하여 활용한다.
   - 생산된 정보를 일정한 형태로 재표현하여 활용한다.
   - 일정한 형태로 표현한 정보, 한 번 이용한 정보를 보존·정리하여 장래에 활용한다.

② 동적정보와 정적정보

동적정보	• 시시각각으로 변하는 정보이다. • 정보를 입수한 그 자리에서 판단해 처리하면 미련 없이 버릴 수 있다. • 변화하는 정보이기 때문에 유통기한이 있다.
정적정보	• 보존되어 멈추어 있는 정보(저장정보)이다.

(5) 인터넷의 역기능과 네티켓

① 인터넷의 역기능 기출

> • 불건전 정보의 유통
> • 개인 정보 유출
> • 사이버 성폭력
> • 사이버 언어폭력
> • 언어 훼손
> • 인터넷 중독
> • 불건전한 교제
> • 저작권 침해

② 네티켓 기출

③ 컴퓨터 바이러스 예방방법

> • 출처가 불분명한 첨부파일은 바이러스 검사 후 사용
> • 백신 프로그램의 실시간 감시 기능 활용, 정기적인 업데이트
> • 정품 소프트웨어 사용
> • 중요한 파일은 별도의 보조 매체에 백업
> • 프로그램 복사 시 바이러스 감염 여부 확인

(6) 개인정보 보호

① 개인정보의 의미

생존하는 개인에 관한 정보로서, 정보에 포함된 성명 등에 의해 개인을 식별할 수 있는 정보를 의미하며, 단일 정보뿐만 아니라 다른 정보와 결합해 식별할 수 있는 것도 이에 해당한다.

② 개인정보의 유출 방지 [기][▣]

- 회원 가입 시 이용 약관 확인
- 이용 목적에 부합하는 정보를 요구하는지 확인
- 정기적인 비밀번호 교체
- 정체가 불분명한 사이트 접속 자제
- 가입 해지 시 정보 파기 여부 확인
- 생년월일, 전화번호 등 유추 가능한 비밀번호 사용 자제

OX 문제

01 정보원은 정보를 수집하는 사람의 입장에서 볼 때 공개된 것만 포함된다. [   ]

02 정적정보는 유효기간이 비교적 짧고, 보존이 불가능한 정보를 말한다. [   ]

03 정보분석을 위해서는 1차 정보가 포함하는 주요 개념을 대표하는 용어(Key Word)를 추출하며, 이를 간결하게 서열화 및 구조화하여야 한다. [   ]

04 색인은 한 정보원에 하나의 색인이 대응되는 반면, 목록은 한 정보원에 여러 목록을 부여할 수 있다는 점에서 차이가 있다. [   ]

05 현행 법령상 개인정보란 생존하는 개인에 관한 정보를 뜻한다. [   ]

---

01 [×] 정보원은 정보를 수집하는 사람의 입장에서 볼 때 공개된 것은 물론이고, 비공개된 것도 포함된다.

02 [×] 정적정보는 유효기간이 비교적 길고, 보존이 가능한 정보를 말하며 잡지, 책 등이 이에 해당한다.

03 [○]

04 [×] 목록은 한 정보원에 하나의 목록이 대응되는 반면, 색인은 한 정보원에 여러 색인을 부여할 수 있다는 점에서 차이가 있다.

05 [○]

02 | 정보능력 맛보기

01 A기업의 최윤오 연구원은 기업의 성과관리에 대한 보고서를 작성하던 도중, 임금체계와 성과급에 대한 자료가 필요해 이를 데이터베이스에서 찾으려고 한다. 임금체계와 성과관리가 모두 언급된 자료를 검색하기 위한 검색 키워드로 '임금체계'와 '성과급'을 입력했을 때, 최윤오 연구원이 활용할 수 있는 검색 명령어를 〈보기〉에서 모두 고르면?

> A기업은 사회 이슈에 대해 보고서를 발간하며, 모든 자료는 사내 데이터베이스에 보관하고 있다. 데이터베이스를 구축한지 오랜 시간이 흐르고, 축적한 자료도 많아 원하는 자료를 일일이 찾기엔 어려워 A기업에서는 데이터베이스 이용시 검색 명령을 활용하라고 권장하고 있다. A기업의 데이터베이스에서 사용할 수 있는 검색 명령어는 아래와 같다.
>
> | 명령어 | 설명 |
> |---|---|
> | * | 두 단어가 모두 포함된 문서를 검색 |
> | OR | 두 단어가 모두 포함되거나, 두 단어 중에서 하나만 포함된 문서를 검색 |
> | \| | OR 대신 사용할 수 있는 명령어 |
> | ! | ! 기호 뒤에 오는 단어는 포함하지 않는 문서를 검색 |
> | ~ | 앞/뒤에 단어가 가깝게 인접해 있는 문서를 검색 |

보기

㉠ * ㉡ OR ㉢ ! ㉣ ~

① ㉠
② ㉠, ㉡
③ ㉠, ㉡, ㉢
④ ㉠, ㉡, ㉣
⑤ ㉡, ㉢, ㉣

정답 ④

임금체계와 성과급이 모두 언급된 자료를 검색해야 하므로, 한 단어가 포함되지 않는 문서를 검색하는 명령어 '!'는 적절하지 않다.
㉠ 임금체계 * 성과급 : 임금체계와 성과급이 모두 포함된 문서를 검색한다.
㉡ 임금체계 OR 성과급 : 임금체계와 성과급이 모두 포함되거나, 두 단어 중에서 하나만 포함된 문서를 검색한다.
㉣ 임금체계 ~ 성과급 : 임금체계와 성과급이 가깝게 인접해 있는 문서를 검색한다.

풀이 전략!

최근에는 자연어 검색방식이 매우 발달하였지만 정확한 검색결과를 얻기 위해서는 여전히 명령어를 사용한 검색방법이 활용되고 있다. 이러한 유형의 문제가 출제된다면 특정한 검색방법을 숙지하고 있는지를 묻는 것이 아닌, 검색방법이 지문에 주어지고 그 방법에 따라 명령어를 입력하면 되게끔 출제되고 있으니 큰 부담은 없는 유형이다. 따라서 이러한 유형의 문제가 출제된다면 반드시 맞춰야 한다는 것을 명심하자.

02 현재 판매량을 제외한 판매 금액이 10,000원 이상인 것들만 모아서 따로 합계를 내고 싶을 때, 사용할 수 있는 함수식으로 옳은 것은?

◢	A	B	C	D	E	F	G
1							
2			표1				표2
3	제품	판매량	단가	금액		물품	금액
4	샴푸	6	10,000	30,000		샴푸	
5	린스	7	10,000	30,000		린스	300,000
6	비누	3	2,000	5,000		비누	90,000
7	바디워시	9	10,000	20,000		바디워시	320,000
8	비누	5	5,000	15,000			
9	린스	9	5,000	10,000			
10	샴푸	30	2,000	5,000			
11	바디워시	14	5,000	10,000			
12	면도크림	4	10,000	20,000			
13	면도기	9	20,000	40,000			
14							

① =SUM(C4:D13, ">=10,000")

② =SUM(D4:D13, ">=10,000")

③ =SUMIF(D4:D13, ">=10,000")

④ =SUMIF(D4:D13, "=10,000")

⑤ =SUMIFS(D4:D13, "=10,000")

정답 ③

SUMIF는 조건을 만족하는 경우의 합을 구하는 함수식으로, 판매 금액을 10,000원 이상만 모아서 따로 합계를 내고 싶을 때 사용할 수 있는 옳은 함수식은 '=SUMIF(D4:D13, ">=10,000")'이다.

오답분석

⑤ SUMIFS 함수식은 주어진 조건에 따라 지정되는 셀을 더한다.

풀이 전략!

엑셀의 함수식을 활용하는 문제는 매번 등장하는 유형이지만 실제 출제되는 문제들의 난도는 그리 높지 않은 편이다. 하지만 엑셀의 활용법 및 함수식을 숙지하고 있지 않으면 손을 댈 수 없는 유형이므로 시간적 여유가 있을 때 별도로 학습해둘 것을 추천한다. 컴퓨터 활용능력 2급 수준의 지식만 익혀놓고 있으면 충분하다.

03 | 대표유형 적중문제

정답 및 해설 p.043

| 01 | 모듈형

01 다음 중 정보분석에 대한 설명으로 옳지 않은 것은?

① 정보분석이란 여러 정보를 상호 관련지어 새로운 정보를 생성해내는 활동이다.

② 서로 상반되거나 큰 차이가 있는 정보의 내용을 판단해서 새로운 해석을 할 수 있다.

③ 좋은 자료는 항상 훌륭한 분석이 될 수 있다.

④ 한 개의 정보로써 불분명한 사항을 다른 정보로써 명백히 할 수 있다.

⑤ 반드시 고도의 수학적 기법을 요구하는 것만은 아니다.

02 다음 〈보기〉 중 정보, 자료, 지식에 대한 설명으로 옳은 것을 모두 고르면?

> **보기**
>
> A. 자료와 정보 가치의 크기는 절대적이다.
> B. 정보는 특정한 상황에 맞도록 평가한 의미 있는 기록이다.
> C. 정보는 사용하는 사람과 사용하는 시간에 따라 달라질 수 있다.
> D. 지식은 평가되지 않은 상태의 숫자나 문자들의 나열을 의미한다.

① A, B   ② A, C

③ B, C   ④ B, D

⑤ C, D

03 다음은 D고객과 E기사가 나눈 대화이다. D고객이 취해야 할 행동으로 가장 적절한 것은?

> D고객 : 안녕하세요. 오늘 오전에 이메일에서 파일을 받았는데, 제 컴퓨터에서 바이러스 감지 알람이 울리고, 이상한 문자가 날아왔어요. 아무래도 개인정보가 유출된 것 같아 연락드립니다.
> E기사 : 아, 네. 다운받으신 파일에서 바이러스가 있었나 봅니다.
> D고객 : 빨리 조치를 취하고 싶은데 무슨 방법이 없을까요?
> E기사 : 현재 새로운 보안 프로그램이 나왔어요. 메일로 보내드릴게요. 우선은 이걸로 컴퓨터를 치료해 보세요.
> D고객 : 감사합니다.

① 의심이 가는 e-메일은 열어서 글을 확인하고 삭제한다.

② 바이러스나 해킹 프로그램 방지를 위해 365일 백신 프로그램을 실행해야 한다.

③ 백신 프로그램은 자동 업데이트 설정보다는 3달에 1번 가능하도록 설정해 놓는 것이 유리하다.

④ 회원 가입한 사이트의 패스워드는 잊어버리지 않도록 알기 쉬운 번호로 설정한다.

⑤ 경제적인 불법 소프트웨어를 사용한다.

※ 다음 자료를 보고 이어지는 질문에 답하시오. [4~5]

[4~5]

〈코드 부여 방식〉

[제품 종류] – [생산 지역] – [일련번호]

일련번호는 생산된 순서를 나타냄. 예를 들어 일련번호가 10인 경우 열 번째 생산된 장비이다.

제품 종류 코드	제품 종류	생산 지역 코드	생산 지역
DCA	디지털 카메라	WO	원주
DFC	필름 카메라	GY	경주
DSL	DSLR 카메라	YE	여수
DMC	미니 카메라	BU	부산

---

04 다음 중 여수에서 8번째로 생산된 DSLR 카메라의 코드를 고르면?

① DMC – YE – 8

② 8 – YE – DSL

③ DSL – YE – 8

④ GY – 8 – DCA

⑤ DFC – WO – 8

05 다음 중 'DFC – YE – 20'의 코드를 가지고 있는 생산품의 정보로 옳은 것은?

① 경주에서 20번째로 생산된 미니 카메라이다.

② 여수에서 20번째로 생산된 미니 카메라이다.

③ 여수에서 20번째로 생산된 필름 카메라이다.

④ 원주에서 10번째로 생산된 DSLR 카메라이다.

⑤ 부산에서 10번째로 생산된 디지털 카메라이다.

06 다음은 자동차 관련 부품을 개발하고 있는 A사의 내부회의 내용이다. 정보의 특성을 고려할 때, 밑줄 친 내용 ㉠~㉢ 중 적절한 것을 모두 고르면?

> 김팀장 : 이번 A프로젝트의 기한은 9월 11일까지입니다.
> 최대리 : T사에서 차량 외부차양 개발에 대한 안을 요청했습니다. 외부차양이 내부차양에 비해 실용적인지 자료가 필요합니다.
> 김팀장 : 시간이 없네. 효율적으로 찾아봐야 하니 박주임은 1차 자료보다는 ㉠ 2차 자료를 찾아보도록 해요.
> 박주임 : 네, 그럼 성능 비교에 대한 ㉡ 논문을 찾아보겠습니다.
> 김팀장 : 김대리는 B프로젝트를 맡았으니, 기온에 따른 냉방 효과를 예측할 수 있는 ㉢ 인포메이션 (Information)을 만들어보도록 해요.
> 김대리 : 네, 알겠습니다.

① ㉠
② ㉡
③ ㉠, ㉢
④ ㉡, ㉢
⑤ ㉠, ㉡, ㉢

07 다음 글을 읽고 알 수 있는 데이터베이스의 특징으로 옳지 않은 것은?

> 데이터베이스란, 대량의 자료를 관리하고 내용을 구조화하여 검색이나 자료 관리 작업을 효과적으로 실행하는 프로그램으로 삽입, 삭제, 수정, 갱신 등을 통하여 항상 최신의 데이터를 유동적으로 유지할 수 있으며, 이와 같은 다량의 데이터는 사용자의 질의에 대한 신속한 응답 처리를 가능하게 한다. 또한 이러한 데이터를 여러 명의 사용자가 동시에 공유가 가능하고 각 데이터를 참조할 때는 사용자가 요구하는 내용에 따라 참조가 가능함은 물론 응용프로그램과 데이터베이스를 독립시킴으로써 데이터를 변경시키더라도 응용프로그램은 변경되지 않는다.

① 실시간 접근성
② 계속적인 진화
③ 동시 공유
④ 내용에 의한 참조
⑤ 데이터 논리적 의존성

08 다음 중 엑셀의 메모에 대한 설명으로 옳지 않은 것은?

① 새 메모를 작성하려면 바로가기 키 〈Shift〉+〈F2〉를 누른다.
② [메모서식]에서 채우기 효과를 사용하면 이미지를 삽입할 수 있다.
③ 피벗 테이블의 셀에 메모를 삽입한 경우 데이터를 정렬하면 메모도 데이터와 함께 정렬된다.
④ 메모의 텍스트 서식을 변경하거나 메모에 입력된 텍스트에 맞도록 메모 크기를 자동으로 조정할 수 있다.
⑤ 작성된 메모가 표시되는 위치를 자유롭게 지정할 수 있고, 메모가 항상 표시되도록 설정할 수 있다.

09 다음 중 Windows 원격 지원에 대한 설명으로 옳지 않은 것은?

① Windows 방화벽을 사용하고 있으면 원격 지원을 위해 임시로 방화벽 포트를 열어야 한다.

② [간단한 연결]은 두 컴퓨터 모두 Windows를 실행하고 인터넷에 연결된 경우에 좋은 방법이다.

③ 다른 사용자의 도움을 요청할 때에는 [간단한 연결]을 사용하거나 [도움 요청 파일]을 사용할 수 있다.

④ [도움 요청 파일]은 다른 사용자의 컴퓨터에 연결할 때 사용할 수 있는 특수한 유형의 원격 지원 파일이다.

⑤ 다른 사용자에게 도움을 주기 위해서는 먼저 원격 지원을 시작한 후 도움 받을 사용자가 요청하는 연결을 기다려야 한다.

10 다음 중 온라인에서의 개인정보 오남용으로 인한 피해를 예방하기 위한 행동으로 적절하지 않은 것은?

① 회원가입을 하거나 개인정보를 제공할 때 개인정보 취급방침 및 약관을 꼼꼼히 살핀다.

② 회원가입 시 비밀번호를 타인이 유추하기 어렵도록 설정하고 이를 주기적으로 변경한다.

③ 아무 자료나 함부로 다운로드하지 않는다.

④ 온라인에 자료를 올릴 때 개인정보가 포함되지 않도록 한다.

⑤ 금융거래 시 금융정보 등은 암호화하여 저장하고, 되도록 PC방, 공용 컴퓨터 등 개방 환경을 이용한다.

11 다음 중 Windows의 [폴더 옵션]에서 설정할 수 있는 작업에 해당하지 않는 것은?

① 숨김 파일 및 폴더를 표시할 수 있다.

② 색인된 위치에서는 파일 이름뿐만 아니라 내용도 검색하도록 설정할 수 있다.

③ 숨김 파일 및 폴더의 숨김 속성을 일괄 해제할 수 있다.

④ 파일이나 폴더를 한 번 클릭해서 열 것인지, 두 번 클릭해서 열 것인지를 설정할 수 있다.

⑤ 파일 확장자명을 숨길 수 있다.

12 다음은 데이터베이스에 대한 설명이다. 빈칸 ㉠, ㉡에 들어갈 말을 순서대로 바르게 나열한 것은?

> 파일시스템에서는 하나의 파일은 독립적이고 어떤 업무를 처리하는 데 필요한 모든 정보를 가지고
> 있다. 파일도 데이터의 집합이므로 데이터베이스라고 볼 수도 있으나 일반적으로 데이터베이스라
> 함은 _____㉠_____ 을 의미한다. 따라서 사용자는 여러 개의 파일에 있는 정보를 한번에 검색해 볼
> 수 있다. 데이터베이스 관리시스템은 데이터와 파일, 그들의 관계 등을 생성하고, 유지하고 검색할
> 수 있게 해주는 소프트웨어이다. 반면에 파일관리시스템은 _____㉡_____ 에 대해서 생성, 유지, 검
> 색을 할 수 있는 소프트웨어다.

	㉠	㉡
①	여러 개의 독립된 파일	한 번에 복수의 파일
②	여러 개의 독립된 파일	한 번에 한 개의 파일
③	여러 개의 연관된 파일	한 번에 복수의 파일
④	여러 개의 연관된 파일	한 번에 한 개의 파일
⑤	여러 개의 연관된 파일	여러 개의 독립된 파일

13 다음 중 피벗 테이블에 대한 설명으로 옳지 않은 것은?

① 피벗 테이블의 결과가 표시되는 장소는 동일한 시트 내에만 지정된다.
② 피벗 테이블로 작성된 목록에서 행 필드를 열 필드로 편집할 수 있다.
③ 피벗 테이블 작성 후에도 사용자가 새로운 수식을 추가하여 표시할 수 있다.
④ 피벗 테이블은 많은 양의 데이터를 손쉽게 요약하기 위해 사용되는 기능이다.
⑤ 피벗 테이블에서 필터 기능을 사용할 수 있다.

14 다음 중 워드프로세서의 복사(Copy)와 잘라내기(Cut)에 대한 설명으로 옳은 것은?

① 복사하거나 잘라내기를 할 때 영역을 선택한 다음에 해야 한다.
② 한 번 복사하거나 잘라낸 내용은 한 번만 붙이기를 할 수 있다.
③ 복사한 내용은 버퍼(Buffer)에 보관되며, 잘라내기한 내용은 내문서에 보관된다.
④ 복사하거나 잘라내기를 하여도 문서의 분량에는 변화가 없다.
⑤ 〈Ctrl〉+〈C〉는 잘라내기, 〈Ctrl〉+〈X〉는 복사하기의 단축키이다.

15 귀하는 최근 회사 내 업무용 개인 컴퓨터의 보안을 강화하기 위하여 다음과 같은 메일을 받았다. 이를 토대로 귀하가 취해야 할 행동으로 옳지 않은 것은?

발신 : 전산보안팀

수신 : 전 임직원

제목 : 업무용 개인 컴퓨터 보안대책 공유

내용 :
안녕하십니까. 전산팀장입니다.
최근 개인정보 유출 등 전산보안 사고가 자주 발생하고 있어 각별한 주의가 필요한 상황입니다. 이에 따라 자사에서도 업무상 주요 정보가 유출되지 않도록 보안프로그램을 업그레이드하는 등 전산보안을 더욱 강화하고 있습니다.
무엇보다 업무용 개인 컴퓨터를 사용하는 분들이 특히 신경을 많이 써주셔야 철저한 보안이 실천됩니다. 번거로우시더라도 다음과 같은 사항을 따라주시길 바랍니다.

• 인터넷 익스플로러를 종료할 때마다 검색기록이 삭제되도록 설정해 주세요.
• 외출 또는 외근으로 장시간 컴퓨터를 켜두어야 하는 경우에는 인터넷 검색기록을 직접 삭제해 주세요.
• 인터넷 검색기록 삭제 시 기본 설정되어 있는 항목 외에도 '다운로드 기록', '양식 데이터', '암호', '추적방지, ActiveX 필터링 및 Do Not Track 데이터'를 모두 체크하여 삭제해 주세요(단, 즐겨찾기 웹 사이트 데이터 보존 부분은 체크 해제할 것).
• 인터넷 익스플로러에서 방문한 웹 사이트 목록을 저장하는 기간을 5일로 변경해 주세요.
• 자사에서 제공 중인 보안프로그램은 항시 업데이트하여 최신 상태로 유지해 주세요.

위 사항을 적용하는 데 어려움이 있을 경우에는 첨부파일에 이미지와 함께 구체적으로 설명되어 있으니 참고 바랍니다.

〈첨부〉 업무용 개인 컴퓨터 보안대책 적용 방법 설명(이미지).zip

---

① 자사의 보안프로그램을 실행하고 [설정]에서 업데이트를 실행한다.
② 장시간 외출할 경우에는 [인터넷 옵션]의 '일반' 카테고리에 있는 [삭제]를 클릭해 직접 삭제한다.
③ 검색기록 삭제 시 [인터넷 옵션]의 '일반' 카테고리에 있는 [삭제]를 클릭하여 기존에 설정되어 있는 항목을 포함한 모든 항목을 체크하여 삭제한다.
④ [인터넷 옵션]의 '일반' 카테고리 중 검색기록 부분에서 [설정]을 클릭하고, '기록' 카테고리의 [페이지 보관일수]를 5일로 설정한다.
⑤ 인터넷 익스플로러에서 [도구(또는 톱니바퀴 모양)]를 클릭하여 [인터넷 옵션]의 '일반' 카테고리에 있는 [종료할 때 검색 기록 삭제]를 체크한다.

| 02 | 엑셀형

01 아래 시트에서 [A2:A4] 영역의 데이터를 이용하여 [C2:C4] 영역처럼 표시하려고 할 때, [C2] 셀에 입력할 수식으로 옳은 것은?

◢	A	B	C
1	주소	사원 수	출신지
2	서귀포시	10	서귀포
3	여의도동	90	여의도
4	김포시	50	김포

① $=$ LEFT(A2, LEN(A2) $-$ 1)

② $=$ RIGHT(A2, LENGTH(A2)) $-$ 1

③ $=$ MID(A2, 1, VALUE(A2))

④ $=$ LEFT(A2, TRIM(A2)) $-$ 1

⑤ $=$ MID(A2, LENGTH(A3))

02 K사 인사부에 근무하는 김대리는 신입사원들의 교육점수를 다음과 같이 정리한 후 VLOOKUP 함수를 이용해 교육점수별 등급을 입력하려고 한다. [E2:F8]의 데이터 값을 이용해 (A) 셀에 함수식을 입력한 후 자동 채우기 핸들로 사원들의 교육점수별 등급을 입력할 때, (A) 셀에 입력해야 할 함수식으로 옳은 것은?

◢	A	B	C	D	E	F
1	사원	교육점수	등급		교육점수	등급
2	최○○	100	(A)		100	A
3	이○○	95			95	B
4	김○○	95			90	C
5	장○○	70			85	D
6	정○○	75			80	E
7	소○○	90			75	F
8	신○○	85			70	G
9	구○○	80				

① $=$ VLOOKUP(B2, E2:F8, 2, 1)

② $=$ VLOOKUP(B2, E2:F8, 2, 0)

③ $=$ VLOOKUP(B2, $E$2:$F$8, 2, 0)

④ $=$ VLOOKUP(B2, $E$2:$F$8, 1, 0)

⑤ $=$ VLOOKUP(B2, $E$2:$F$8, 1, 1)

03 다음 시트에서 [B1] ~ [B5] 셀에 〈보기〉의 (가) ~ (마) 함수를 순서대로 입력하였을 때, 표시되는 결괏값이 나머지 넷과 다른 하나는?

◢	A	B
1	333	
2	합격	
3	불합격	
4	12	
5	7	

보기

(가) =ISNUMBER(A1)　　　　　　　(나) =ISNONTEXT(A2)

(다) =ISTEXT(A3)　　　　　　　　(라) =ISEVEN(A4)

(마) =ISODD(A5)

① (가)　　　　　　　　　　　② (나)

③ (다)　　　　　　　　　　　④ (라)

⑤ (마)

04 다음 시트에서 판매수량과 추가판매의 합계를 구하기 위해서 [B6] 셀에 들어갈 수식으로 옳은 것은?

◢	A	B	C
1	일자	판매수량	추가판매
2	06월19일	30	8
3	06월20일	48	
4	06월21일	44	
5	06월22일	42	12
6	합계	184	

① =SUM(B2,C2,C5)

② =LEN(B2:B5, 3)

③ =COUNTIF(B2:B5, ">=12")

④ =SUM(B2:B5)

⑤ =SUM(B2:B5,C2,C5)

05 K사 영업부에 근무 중인 C사원은 영업부 사원들의 월별 매출을 다음과 같이 함수를 이용해 만 단위로 나타내려고 한다. 다음 중 [B9] 셀에 입력된 함수로 옳은 것은?

◢	A	B	C	D	E	F
1	구분	1월	2월	3월	5월	6월
2	A대리	1,252,340	1,345,620	1,568,670	1,321,670	1,563,850
3	B주임	1,689,320	1,859,460	1,546,210	1,689,250	1,123,960
4	C사원	1,432,670	1,965,230	1,532,460	1,326,030	1,659,210
5	D주임	1,235,640	1,635,420	1,236,950	1,468,210	1,246,180
6	E사원	1,743,560	1,325,470	1,125,350	1,856,920	1,216,530
7						
8	구분	1월	2월	3월	5월	6월
9	A대리	1,260,000	1,350,000	1,570,000	1,330,000	1,570,000
10	B주임	1,690,000	1,860,000	1,550,000	1,690,000	1,130,000
11	C사원	1,440,000	1,970,000	1,540,000	1,330,000	1,660,000
12	D주임	1,240,000	1,640,000	1,240,000	1,470,000	1,250,000
13	E사원	1,750,000	1,330,000	1,130,000	1,860,000	1,220,000

① $=$ROUND(B2, $-$ 3)

② $=$ROUND(B2, $-$ 4)

③ $=$ROUNDUP(B2, $-$ 3)

④ $=$ROUNDUP(B2, $-$ 4)

⑤ $=$ROUNDDOWN(B2, $-$ 4)

※ 귀하는 지점별 매출 및 매입 현황을 정리하고 있다. 다음 자료를 보고 이어지는 질문에 답하시오.
　[6~7]

	A	B	C	D	E	F
1	지점명	매출	매입			
2	주안점	2,500,000	1,700,000			
3	동암점	3,500,000	2,500,000		최대 매출액	
4	간석점	7,500,000	5,700,000		최소 매출액	
5	구로점	3,000,000	1,900,000			
6	강남점	4,700,000	3,100,000			
7	압구정점	3,000,000	1,500,000			
8	선학점	2,500,000	1,200,000			
9	선릉점	2,700,000	2,100,000			
10	교대점	5,000,000	3,900,000			
11	서초점	3,000,000	1,900,000			
12	합계					

06 다음 중 매출과 매입의 합계를 구할 때 사용할 함수는?

① REPT　　　　　　　　　　　② CHOOSE

③ SUM　　　　　　　　　　　④ AVERAGE

⑤ DSUM

07 다음 중 [F3] 셀을 구하는 함수식으로 옳은 것은?

① =MIN(B2:B11)　　　　　　② =MAX(B2:C11)

③ =MIN(C2:C11)　　　　　　④ =MAX(C2:C11)

⑤ =MAX(B2:B11)

| 03 | 코딩형

01 다음 중첩 반복문을 실행할 때 "Do all one can"이 출력되는 횟수는 총 몇 번인가?

```
for ( i = 0; i < 4; i++)
{
for ( j = 0; j < 6; j++)
{
printf("Do all one can\n");
}
}
```

① 4번   ② 6번
③ 12번   ④ 18번
⑤ 24번

※ 다음 프로그램의 실행 결과로 옳은 것을 고르시오. [2~4]

02
```
#include <stdio.h>
void main() {
    int arr[10] = {1, 2, 3, 4, 5};
    int num = 10;
    int i;

    for (i = 0; i < 10; i++) {
      num += arr[i];
    }
    printf("%d\n", num);
}
```

① 10   ② 20
③ 25   ④ 30
⑤ 55

03

```
#include <stdio.h>
void main( ) {
    int temp = 0;
    int i = 10;

    temp = i++;
    temp = i--;

    printf("%d, %d", temp, i);
}
```

① 10, 10
② 11, 10
③ 11, 11
④ 10, 11
⑤ 0, 10

04

```
#include <stdio.h>
void main( ){
    char *arr[ ] = {"AAA","BBB","CCC"};
    printf("%s", *(arr+1));
}
```

① AAA
② AAB
③ BBB
④ CCC
⑤ AAABBBCCC

CHAPTER 06

기술능력

합격 Cheat Key

기술능력은 업무를 수행함에 있어 도구, 장치 등을 포함하여 필요한 기술에 어떠한 것들이 있는지 이해하고, 실제 업무를 수행함에 있어 적절한 기술을 선택하여 적용하는 능력이다.

세부 유형은 기술 이해·기술 선택·기술 적용으로 나눌 수 있다. 제품설명서나 상황별 매뉴얼을 제시하는 문제 또는 명령어를 제시하고 규칙을 대입할 수 있는지 묻는 문제가 출제되기 때문에 이런 유형들을 공략할 수 있는 전략을 세워야 한다.

1   긴 지문이 출제될 때는 보기의 내용을 미리 보라!

기술능력에서 자주 출제되는 제품설명서나 상황별 매뉴얼을 제시하는 문제에서는 기술을 이해하고, 상황에 알맞은 원인 및 해결방안을 고르는 문제가 출제된다. 실제 시험장에서 문제를 풀 때는 시간적 여유가 없기 때문에 보기를 먼저 읽고, 그 다음 긴 지문을 보면서 동시에 보기와 일치하는 내용이 나오면 확인해 가면서 푸는 것이 좋다.

2   모듈형에도 대비하라!

모듈형 문제의 비중이 늘어나는 추세이므로 공기업을 준비하는 취업준비생이라면 모듈형 문제에 대비해야 한다. 기술능력의 모듈형 이론 부분을 학습하고 모듈형 문제를 풀어보고 여러 번 읽으며 이론을 확실히 익혀두면 실제 시험장에서 이론을 묻는 문제가 나왔을 때 단번에 답을 고를 수 있다.

3 **전공 이론도 익혀 두어라!**

지원하는 직렬의 전공 이론이 기술능력으로 출제되는 경우가 많기 때문에 전공 이론을
익혀두는 것이 좋다. 깊이 있는 지식을 묻는 문제가 아니더라도 출제되는 문제의 소재가
전공과 관련된 내용일 가능성이 크기 때문에 최소한 지원하는 직렬의 전공 용어는 확실히
익혀 두어야 한다.

4 **쉽게 포기하지 말라!**

직업기초능력평가에서 주요 영역이 아니면 소홀한 경우가 많다. 시험장에서 기술능력을
읽어보지도 않고 포기하는 경우가 많은데 차근차근 읽어보면 지문만 잘 읽어도 풀 수
있는 문제들이 출제되는 경우가 있다. 이론을 모르더라도 풀 수 있는 문제인지 파악해보자.

01 | 모듈이론

01 기술능력의 의의

(1) 기술의 의의

① **기술의 의미** 기출

지적인 도구를 특정한 목적에 사용하는 지식 체계를 말하며, 제품이나 용역을 생산하는 원료・생산 공정 등에 관한 지식의 집합체를 의미한다.

② **노하우(Know-how)와 노와이(Know-why)** 기출

원래 노하우의 개념이 강하였으나 시대가 지남에 따라 노하우와 노와이가 결합하는 모습을 보이고 있다.

노하우	• 특허권을 수반하지 않는 엔지니어 등이 가지고 있는 체화된 기술 • 경험적・반복적인 행위를 통해 얻게 됨
노와이	• 어떻게 기술이 성립하고 작용하는가에 관한 원리적 측면 • 이론적인 지식으로 과학적인 탐구를 통해 얻게 됨

③ **기술의 특징** 기출

- 하드웨어나 인간에 의해 만들어진 비자연적인 대상 혹은 그 이상을 의미한다.
- 기술을 설계・생산・사용하기 위해서는 노하우가 필요하므로, 기술은 노하우를 포함한다.
- 하드웨어를 생산하는 과정이다.
- 인간의 능력을 확장시키기 위한 하드웨어와 그것의 활용이다.
- 정의 가능한 문제를 해결하기 위해 순서화되고, 이해 가능한 노력을 뜻한다.

④ **광의의 기술과 협의의 기술**

광의의 기술	직업 세계에서 필요로 하는 기술적 요소
협의의 기술	구체적 직무 수행 능력

⑤ **지속가능한 발전과 기술** 기출

지속가능한 발전	현재의 욕구를 충족시키지만, 동시에 후속 세대의 욕구 충족을 침해하지 않는 발전
지속가능한 기술	• 지속가능한 발전을 가능하게 하는 기술 • 고갈되지 않는 자연 에너지를 활용 • 낭비적인 소비 행태를 지양 • 기술적 효용만이 아닌 환경효용을 추구하는 기술

(2) 기술능력의 의의

① 기술교양과 기술능력 [기출]

기술교양	기술의 특성 등에 대해 일정 수준의 지식을 갖추는 것
기술능력	• 기술교양의 개념을 구체화시킨 개념 • 일상적으로 요구되는 수단·도구·조작 등에 관한 기술적인 요소들을 이해하고, 적절한 기술을 선택·적용하는 능력

② 기술능력을 향상시키는 방법 [기출]

전문 연수원	• 연수 분야의 노하우를 통한 체계적인 교육이 가능 • 최신 실습장비, 전산 시설 등을 활용할 수 있음 • 자체교육에 비해 교육비가 저렴하며, 고용보험 환급도 가능
E-Learning	• 원하는 시간과 장소에서 학습이 가능 • 새로운 내용을 커리큘럼에 반영하기가 수월 • 의사소통과 상호작용이 자유롭게 이루어질 수 있음
상급학교 진학	• 실무 중심의 교육이 가능하며, 인적 네트워크 형성이 가능 • 경쟁을 통해 학습 효과를 향상시킬 수 있음
OJT	• 시간 낭비가 적고 조직의 필요에 부합하는 교육이 가능 • 교육자와 피교육자 사이에 친밀감이 조성

(3) 산업재해

① 산업재해의 의미

산업 활동 중의 사고로 인해 사망·부상을 당하거나 유해 물질에 의한 중독 등으로 직업성 질환·신체적 장애를 가져오는 것

② 산업재해의 원인 [기출]

교육적 원인	안전지식의 불충분, 안전수칙의 오해, 훈련의 불충분 등
기술적 원인	기계 장치의 설계불량, 구조물의 불안정, 생산 공정의 부적당 등
작업 관리상 원인	안전관리 조직의 결함, 작업 준비 불충분, 인원 배치의 부적당 등

③ 산업재해 예방 대책 5단계 [기출]

안전관리 조직	• 경영자 : 사업장의 안전 목표 설정, 안전관리 책임자 선정 • 안전관리 책임자 : 안전계획 수립·시행·감독
사실의 발견	사고 조사, 현장 분석, 관찰 및 보고서 연구, 면담 등
원인 분석	발생 장소, 재해 형태, 재해 정도, 공구 및 장비의 상태 등
시정책의 선정	기술적 개선, 인사 조정 및 교체, 공학적 조치 등
시정책의 적용	안전에 대한 교육 및 훈련 실시, 결함 개선 등

④ 불안전한 행동과 상태의 제거 [기출]

불안전한 행동 제거	안전수칙 제정, 상호 간 불안전한 행동 지적, 쾌적한 작업 환경 등
불안전한 상태 제거	안전성이 보장된 설비 제작, 사고 요인의 사전 제거

OX 문제

01 기술교양은 모든 사람들이 광범위한 관점에서 기술의 특성, 기술적 행동, 기술의 힘, 기술의 결과에 대해 어느 정도의 지식을 가지는 것을 의미한다. [   ]

02 E-Learning이란 조직 안에서 피교육자인 종업원이 직무에 종사하면서 받게 되는 교육 훈련방법의 하나이다. [   ]

---

01 [○]

02 [×] E-Learning이 아닌 OJT에 대한 설명이다. E-Learning은 인터넷을 활용하여 개인 및 조직의 목적과 연결되는 학습경험과 네트워크 기술을 이용하여 상호작용하는 자기주도적인 학습활동이다.

02　기술이해능력과 기술선택능력

(1) 기술 시스템

① 기술 시스템의 의의

　개별 기술들이 네트워크로 결합하여 새로운 기술이 만들어지는 것을 말한다.

② 기술 시스템의 발전 4단계 [기출]

1단계	• 발명 · 개발 · 혁신의 단계 • 기술 시스템이 탄생하고 성장 • 기술자의 역할이 중요
2단계	• 기술 이전의 단계 • 성공적인 기술이 다른 지역으로 이동 • 기술자의 역할이 중요
3단계	• 기술 경쟁의 단계 • 기술 시스템 사이의 경쟁이 이루어짐 • 기업가의 역할이 중요
4단계	• 기술 공고화 단계 • 경쟁에서 승리한 기술 시스템이 관성화 • 자문 엔지니어의 역할이 중요

(2) 기술혁신

① 기술혁신의 특성 [기출]

> • 과정 자체가 매우 불확실하고, 장기간의 시간을 필요로 한다.
> • 지식 집약적인 활동이며, 조직의 경계를 넘나드는 특성이 있다.
> • 혁신과정의 불확실성 · 모호함은 기업 내에서 많은 논쟁과 갈등을 유발할 수 있다.
> • 기술혁신은 조직의 경계를 넘나드는 특성을 갖고 있다.

② 기술혁신의 과정과 역할 [기출]

과정	혁신 활동	필요한 자질
아이디어 창안	• 아이디어를 창출하고 가능성을 검증 • 일을 수행하는 새로운 방법 고안	• 각 분야의 전문지식 • 추상화와 개념화 능력
챔피언	• 아이디어의 전파 • 혁신을 위한 자원 확보	• 정력적이고 위험을 감수 • 아이디어의 응용
프로젝트 관리	• 리더십 발휘 • 프로젝트의 기획 및 조직	• 의사결정능력 • 업무 수행 방법에 대한 지식
정보 수문장	• 조직외부의 정보를 내부에 전달 • 조직 내 정보원 기능	• 높은 수준의 기술적 역량 • 원만한 대인관계능력
후원	• 혁신에 대한 격려와 안내 • 불필요한 제약에서 프로젝트 보호	조직의 주요 의사결정에 대한 영향력

③ 기술혁신의 지식 집약성

> • 지식과 경험은 인간의 개별적인 지능과 창의성, 상호 학습을 통해 축적되고 학습된다.
> • 개발에 참가한 엔지니어의 지식은 문서화되기 어렵기 때문에 다른 사람들에게 쉽게 전파될 수 없다.

OX 문제

01 기술 이전의 단계는 성공적인 기술이 다른 지역으로 이동하는 단계로 기술자들의 역할이 중요하며, 기술 공고화 단계는 경쟁에서 승리한 기술 시스템이 관성화되는 단계이다. [   ]

02 기술혁신은 그 과정 자체가 매우 불확실하고, 장기간의 시간을 필요로 한다. [   ]

03 기술혁신은 노동 집약적인 활동이다. [   ]

04 기술혁신은 조직의 경계를 넘나드는 특성을 갖고 있다. [   ]

05 사전의 의도나 계획보다는 우연에 의해 이루어지는 경우도 기술혁신에 포함된다. [   ]

---

01 [O]

02 [O]

03 [×] 기술혁신은 지식 집약적인 활동이다.

04 [O]

05 [O]

(1) 기술선택

① 기술선택의 의의 기출

기술을 외부로부터 도입할 것인지 자체 개발할 것인지를 결정하는 것이다.

② 기술선택 방법 기출

상향식 기술선택	• 연구자나 엔지니어들이 자율적으로 기술을 선택 • 고객의 니즈와 동떨어진 기술이 선택될 수 있음
하향식 기술선택	• 경영진과 기획담당자들에 의한 체계적인 분석이 이루어짐 • 내부역량과 외부환경 분석, 전략수립을 통해 우선순위를 결정

③ 기술선택 시 우선순위

- 제품의 성능이나 원가에 미치는 영향력이 큰 기술
- 매출과 이익 창출 잠재력이 큰 기술
- 기업 간에 모방이 어려운 기술
- 기업이 생산하는 제품에 보다 광범위하게 활용할 수 있는 기술
- 최신 기술로 인해 진부화될 가능성이 적은 기술

④ 기술선택 절차 기출

- ㉠ 외부 환경 분석 : 수요 변화 및 경쟁자 변화, 기술 변화 등 분석
- ㉡ 중장기 사업목표 설정 : 기업의 장기 비전, 중장기 매출목표 및 이익목표 설정
- ㉢ 내부 역량 분석 : 기술능력, 생산능력, 마케팅·영업능력, 재무능력 등 분석
- ㉣ 사업 전략 수립 : 사업 영역 결정, 경쟁우위 확보 방안 수립
- ㉤ 요구 기술 분석 : 제품 설계·디자인 기술, 제품 생산공정, 원재료·부품 제조 기술 분석
- ㉥ 기술 전략 수립 : 핵심기술의 선택, 기술 획득 방법 결정

(2) 벤치마킹

① 벤치마킹의 의의

특정 분야에서 뛰어난 기술 등을 배워 합법적으로 응용하는 것으로, 단순한 모방이 아니라 자사의 환경에 맞추어 재창조하는 것을 말한다.

② 벤치마킹의 종류 기출

비교대상에 따른 분류	내부 벤치마킹	• 대상 : 같은 기업 내의 유사한 활용 • 자료 수집이 용이하고 다각화된 우량기업의 경우 효과가 크나, 관점이 제한적일 수 있다.
	경쟁적 벤치마킹	• 대상 : 동일 업종에서 고객을 공유하는 경쟁기업 • 기술에 대한 비교가 가능하지만, 대상의 적대적인 태도로 인해 자료 수집이 어렵다.
	비경쟁적 벤치마킹	• 대상 : 우수한 성과를 거둔 비경쟁 기업 • 혁신적인 아이디어의 창출 가능성이 높으나, 환경이 상이하다는 것을 감안하지 않으면 효과가 없다.
	글로벌 벤치마킹	• 대상 : 최고로 우수한 동일 업종의 비경쟁적 기업 • 자료 수집이 용이하나, 문화적·제도적 차이를 감안하지 않으면 효과가 없다.
수행방식에 따른 분류	직접적 벤치마킹	• 직접 접촉하여 자료를 입수하고 조사하기 때문에 정확도가 높으며 지속가능하다. • 벤치마킹 대상의 선정이 어렵고, 수행비용 및 시간이 과다하게 소요된다.
	간접적 벤치마킹	• 벤치마킹 대상의 수에 제한이 없고 다양하다. • 벤치마킹 대상을 직접적으로 방문하지 않고 문서 등을 이용해 수행한다. • 비용 또는 시간이 상대적으로 많이 절감된다. • 벤치마킹 결과가 피상적이며, 정확한 자료의 확보가 어렵다.

(3) 매뉴얼

① 매뉴얼의 의의

기술선택과 적용·활용에 있어 가장 종합적이고 기본적인 안내서를 말한다.

② 매뉴얼의 종류 기출

제품 매뉴얼	• 제품의 특징이나 기능 설명, 사용방법, 유지보수, A/S, 폐기까지 제품에 관련된 정보를 소비자에게 제공하는 것 • 사용능력 및 사용자의 오작동까지 고려해 만들어야 함
업무 매뉴얼	• 어떤 일의 진행방식, 규칙, 관리상의 절차 등을 일관성 있게 표준화해 설명하는 지침서 • 프랜차이즈 점포의 경우 '편의점 운영 매뉴얼', '제품 진열 매뉴얼', 기업의 경우 '부서 운영 매뉴얼', '품질 경영 매뉴얼' 등이 대표적임

③ 매뉴얼 작성 방법 기출

- 내용이 정확해야 한다.
  추측성 기능 설명은 사용자에게 사고를 유발할 수 있으므로 절대 금물이다.
- 사용자가 이해하기 쉬운 문장으로 작성해야 한다.
  하나의 문장에는 하나의 명령 또는 밀접하게 관련된 소수의 명령만을 포함해야 하며, 수동태보다는 능동태를, 추상적 명사보다는 행위 동사를 사용한다.
- 사용자를 위한 심리적 배려가 있어야 한다.
  사용자의 질문들을 예상하고 사용자에게 답을 제공한다.
- 사용자가 찾고자 하는 정보를 쉽게 찾을 수 있어야 한다.
  짧고 의미 있는 제목을 사용하여 원하는 정보의 위치를 파악하는 데 도움이 된다.
- 사용하기 쉬워야 한다.
  사용자가 보기 불편하게 크거나, 구조가 복잡해 찾아보기 힘들다면 아무 소용이 없다.

(4) 지식재산권 기출

① 지식재산권의 의의

인간의 창조적 활동 또는 경험 등을 통해 창출되거나 발견한 지식·정보·기술이나 표현·표시, 그 밖에 무형적인 것으로서, 재산적 가치가 실현될 수 있는 지적 창작물에 부여된 권리를 말한다.

② 지식재산권의 체계

③ 지식재산권의 특징

- 국가 산업 발전 및 경쟁력을 결정짓는 산업자본이다.
- 눈에 보이지 않는 무형의 재산이다.
- 지식재산권을 활용한 다국적 기업화가 이루어지고 있다.
- 연쇄적인 기술 개발을 촉진하는 계기를 마련하고 있다.
- 타인에게 사용권을 설정하거나 권리 자체를 양도해 판매 수입 등을 얻을 수 있다.

OX 문제

01 하향식 기술선택은 기술 개발 실무를 담당하는 기술자들의 흥미를 유발하고, 그들의 창의적인 아이디어를 활용할 수 있다는 장점이 있다. [　]

02 인터넷 및 문서 형태의 자료를 통해서 수행하는 방법은 간접적 벤치마킹에 해당하는 방법이다. [　]

03 매뉴얼은 작성자 위주의 쉬운 문장으로 쓰여야 한다. [　]

04 특허란 기술적 창작 수준이 소발명 정도인 실용적인 창작(고안)을 보호하기 위한 것을 말한다. [　]

05 지식재산권은 타인에게 사용권을 설정하거나 권리 자체를 양도할 수 있다. [　]

---

01 [×] 상향식 기술선택은 기술 개발 실무를 담당하는 기술자들의 흥미를 유발하고, 창의적인 아이디어를 활용할 수 있다는 장점이 있다. 하향식 기술선택은 경영진에 의한 체계적인 분석이 이루어지고, 내부역량·외부환경 분석·전략수립을 통해 우선순위를 결정한다는 특징이 있다.

02 [○]

03 [×] 매뉴얼은 작성자가 아닌 사용자가 알기 쉽도록 작성되어야 한다.

04 [×] 특허가 아닌 실용신안에 대한 설명이다. 특허란 자연법칙을 이용한 기술적 사상(Idea)의 창작으로, 기술 수준이 높은 것에 대한 독점적 권리를 뜻한다.

05 [○]

(1) 기술적용능력

① 기술적용능력의 의의

직장생활에 필요한 기술을 실제로 적용하고 결과를 확인하는 능력을 말한다.

② 기술적용의 형태

기술을 그대로 적용	• 시간과 비용의 절감 • 기술이 적합하지 않을 경우 실패할 가능성 높음
기술을 그대로 적용하되, 불필요한 기술은 버리고 적용	• 시간과 비용의 절감, 프로세스의 효율성 • 버린 기술이 과연 불필요한가에 대한 문제 제기
기술을 분석하고 가공	• 시간과 비용의 소요 • 업무 환경에 맞는 프로세스를 구축할 수 있음

③ 기술적용 시 고려사항 기출

- 기술적용에 따른 비용이 많이 드는가?
- 기술의 수명주기는 어떻게 되는가?
- 기술의 전략적 중요도는 어떻게 되는가?
- 잠재적으로 응용 가능성이 있는가?

(2) 기술경영

① 기술경영자의 일반적 요건

- 기술 개발이 결과 지향적으로 수행되도록 유도하는 능력
- 기술 개발 과제의 세부 사항까지 파악하는 치밀함
- 기술 개발 과제의 전 과정을 전체적으로 조망하는 능력

② 기술경영자에게 요구되는 행정능력 기출

- 기술을 기업의 전반적인 전략 목표에 통합시키는 능력
- 새로운 기술을 습득하고 기존의 기술에서 탈피하는 능력
- 기술을 효과적으로 평가할 수 있는 능력
- 기술 이전을 효과적으로 할 수 있는 능력
- 새로운 제품 개발 시간을 단축할 수 있는 능력
- 서로 다른 분야에 걸쳐있는 프로젝트를 수행할 수 있는 능력
- 기술 전문 인력을 운용할 수 있는 능력

(3) 네트워크 혁명과 융합기술

① 네트워크 혁명의 의의

사람과 사람을 연결하는 방법, 정보를 교환하는 방법 등 대상 간의 연결 방법에 혁명적인 변화가 생기고 있는 현상을 말하며, 인터넷이 상용화된 1990년대 이후에 촉발되었다.

② 네트워크 혁명의 특징 기圖

- 정보통신 네트워크의 전 지구성에 따라 네트워크 혁명도 전 지구적이다.
- 상호 영향이 보편화되면서 사회의 위험과 개인의 불안이 증가한다.
- '이타적 개인주의'라는 공동체 철학이 부각된다.

③ 네트워크 혁명의 3가지 법칙 기圖

무어의 법칙	컴퓨터의 파워가 18개월마다 2배씩 증가
메트칼프의 법칙	네트워크의 가치는 사용자 수의 제곱에 비례
카오의 법칙	창조성은 네트워크가 가진 다양성에 비례

④ 네트워크 혁명의 역기능 기圖

- 사례 : 디지털 격차(Digital Divide), 정보화에 따른 실업, 게임 중독, 반사회적 사이트 활성화, 정보기술을 이용한 감시
- 문제점 : 네트워크의 역기능과 순기능은 잘 분리되지 않아 해결책을 찾기 어려움
- 해결방안 : 법적－제도적 기반 구축, 사회 전반에 걸친 정보화 윤리의식 강화, 시스템 보안－관리 제품의 개발

⑤ 융합기술 기圖

- 나노기술(NT), 생명공학기술(BT), 정보기술(IT), 인지과학(CS)의 4대 핵심기술(NBIC)이 상호 의존적으로 결합되는 것을 의미
- NT, BT, IT 등의 신기술 간 또는 이들과 기존 산업·학문 간의 상승적인 결합을 통해 새로운 창조적 가치를 창출함으로써 미래 경제와 사회·문화의 변화를 주도하는 기술

OX 문제

01 기술경영자는 새로운 제품개발 시간을 연장할 수 있는 능력을 가져야 한다. [   ]

02 무어의 법칙이란 네트워크의 가치는 사용자 수의 제곱에 비례한다는 법칙을 말한다. [   ]

01 [×] 기술경영자는 새로운 제품개발 시간을 연장하는 것이 아니라 단축할 수 있는 능력을 보유해야 한다.

02 [×] 무어의 법칙이 아닌 메트칼프의 법칙에 대한 설명이다. 무어의 법칙이란 컴퓨터의 파워가 18개월마다 2배씩 증가한다는 법칙을 말한다.

02 | 기술능력 맛보기

01 B사원은 다음 제품 설명서의 내용을 기반으로 직원들을 위해 '사용 전 꼭 읽어야 할 사항'을 만들려고 한다. 작성된 내용으로 적절하지 않은 것은?

〈제품 설명서〉

[사용 전 알아두어야 할 사항]

1. 물통 또는 제품 내부에 절대 의류 외에 다른 물건을 넣지 마십시오.
2. 제품을 작동시키기 전 문이 제대로 닫혔는지 확인하십시오.
3. 필터는 제품 사용 전후로 반드시 청소해 주십시오.
4. 제품의 성능유지를 위해서 물통을 자주 비워 주십시오.
5. 겨울철이거나 건조기가 설치된 곳의 기온이 낮을 경우 건조시간이 길어질 수 있습니다.
6. 과도한 건조물을 넣고 기계를 작동시키면 완벽하게 건조되지 않거나 의류에 구김이 생길 수 있습니다. 최대용량 5kg 이내로 의류를 넣어 주십시오.
7. 가죽, 슬립, 전기담요, 마이크로 화이바 소재 의류, 이불, 동ㆍ식물성 충전재 사용 제품은 사용을 피해 주십시오.

[동결 시 조치방법]

1. 온도가 낮아지게 되면 물통이나 호스가 얼 수 있습니다.
2. 동결 시 작동 화면에 'ER' 표시가 나타납니다. 이 경우 일시정지 버튼을 눌러 작동을 멈춰 주세요.
3. 물통이 얼었다면, 물통을 꺼내 따뜻한 물에 20분 이상 담가 주세요.
4. 호스가 얼었다면, 호스 안의 이물질을 모두 꺼내고, 호스를 따뜻한 물 또는 따뜻한 수건으로 20분 이상 녹여 주세요.

---

① 사용 전, 후로 필터는 꼭 청소해 주세요.
② 건조기에 넣은 의류는 5kg 이내로 조절해 주세요.
③ 사용이 불가한 의류 제품 목록을 꼭 확인해 주세요.
④ 화면에 ER 표시가 떴을 때는 전원을 끄고 작동을 멈춰 주세요.
⑤ 호스가 얼었다면, 호스를 따뜻한 물 또는 따뜻한 수건으로 20분 이상 녹여 주세요.

제시문의 [동결 시 조치방법] 2에서는 화면에 'ER' 표시가 나타나면 전원 버튼이 아닌, 일시정지 버튼을 눌러 작동을 멈추라고 설명하고 있다.

오답분석
① [사용 전 알아두어야 할 사항] 3에서 필터는 제품 사용 전후로 반드시 청소하라고 기술되어 있다.
② [사용 전 알아두어야 할 사항] 6에서 과도한 건조물을 넣고 기계를 작동시키면 완벽하게 건조되지 않거나 의류에 구김이 생길 수 있으니, 최대용량 5kg 이내로 의류를 넣으라고 기술되어 있다.
③ [사용 전 알아두어야 할 사항] 7에서 건조기 사용이 불가한 제품 목록이 기술되어 있다.
⑤ [동결 시 조치방법] 4에서 호스가 얼었다면, 호스 안의 이물질을 모두 꺼내고, 호스를 따뜻한 물 또는 따뜻한 수건으로 20분 이상 녹이라고 설명하고 있다.

풀이 전략!

일상에서 흔히 접할 수 있는 가전제품 등의 설명서와 실제 해당 제품을 사용하는 상황이 주어지는 유형이다. 결론적으로 매우 쉬운 유형이지만 제시되는 설명서의 분량이 방대하여 선택지의 내용이 설명서의 어느 부분에 해당하는지를 찾는 것에 상당한 시간이 소요된다. 이 유형은 문제를 푼다는 마음으로 깊이 있게 접근하기보다는, 자신이 가전제품을 구입했다고 생각하고 가볍게 접근하는 것이 좋다.

박사원은 반도체 생산기업에 기술직으로 입사한 신입사원이다. 기술 시스템 관련 교육에 참석한 박사원은 기술직뿐만 아니라 다양한 직무의 신입사원들이 함께 교육받는다는 것을 알고 의아해했다. 그러나 기술 시스템의 발전 단계를 보고 각 단계에서 중요한 역할을 하는 직무 및 사람이 다르다는 것을 알게 되어 의문이 풀렸다. 아래는 박사원이 교육받은 내용이다.

• 기술 시스템의 의미

개별기술이 네트워크와 결합하여 만들어진 것으로, 인공물의 집합체만이 아니라 회사, 투자회사, 법적 제도, 더 나아가 정치, 과학, 자연자원을 모두 포함하는 개념이다. 기술적인 것과 사회적인 것이 결합하여 공존하므로 사회기술 시스템이라고 불리기도 한다.

• 기술 시스템의 발전 단계

1) 발명, 개발, 혁신의 단계 : 기술 시스템이 탄생하고 성장

2) ㉠ : 성공적인 기술이 다른 지역으로 이동

3) ㉡ : 기술 시스템 사이의 경쟁

4) 기술 공고화 단계 : 경쟁에서 승리한 기술 시스템의 관성화

02 다음 발전 단계 중 ㉠에 해당하는 내용으로 옳은 것은?

① 기술 상세화 단계

② 기술 이전의 단계

③ 기술 이후의 단계

④ 기술 경쟁의 단계

⑤ 기술 공고화 단계

03 다음 중 ㉡ 단계에서 중요한 역할을 하는 사람은?

① 자문 엔지니어 　　　　　　　② 기술자

③ 금융 전문가 　　　　　　　　④ 기업가

⑤ 정치인

02

정답 ②

기술 시스템의 발전 단계

발명(Invention)·개발(Development)·혁신(Innovation)의 단계 → 기술 이전(Transfer)의 단계 → 기술 경쟁(Competition)의 단계 → 기술 공고화(Consolidation) 단계

03

정답 ④

기술 시스템의 발전 단계

단계	중요 역할자
발명·개발·혁신의 단계	기술자
기술 이전의 단계	기술자
기술 경쟁의 단계	기업가
기술 공고화 단계	자문 엔지니어, 금융 전문가

풀이 전략!

앞서 살펴본 영역들과 기술능력 부분은 사전적으로 알고 있어야 풀이가 가능한 문제들이 종종 출제되는 편이다. 특히 이 문제와 같이 특정한 단계에 대한 세부적인 내용을 묻는 경우가 많은데, 이를 위해서는 본 교재의 이론편에 수록된 이론들을 확실하게 숙지할 필요가 있다. 다른 영역에 비해 투입 대비 산출이 명확한 영역이 바로 기술능력이다.

03 | 대표유형 적중문제

정답 및 해설 p.047

| 01 | 모듈형

01 다음 중 기술경영자의 능력으로 옳지 않은 것은?

① 기술을 기업의 전반적인 전략 목표에 통합시키는 능력

② 빠르고 효과적으로 새로운 기술을 습득하고 기존의 기술에서 탈피하는 능력

③ 기술을 효과적으로 평가할 수 있는 능력

④ 조직 밖의 기술 이용을 수행할 수 있는 능력

⑤ 기술 이전을 효과적으로 할 수 있는 능력

02 다음은 산업재해를 예방하기 위해 제시되고 있는 하인리히의 법칙이다. 이에 의거하였을 때, 산업재해의 예방을 위해 조치를 취해야 하는 단계는 무엇인가?

> 1931년 미국의 한 보험회사에서 근무하던 하인리히는 회사에서 접한 수많은 사고를 분석하여 하나의 통계적 법칙을 발견하였다. '1 : 29 : 300 법칙'이라고도 부르는 이 법칙은 큰 사고로 인해 산업재해가 발생하면 이 사고가 발생하기 이전에 같은 원인으로 발생한 작은 사고 29번, 잠재적 사고 징후가 300번이 있었다는 것을 나타낸다.
> 하인리히는 이처럼 심각한 산업재해의 발생 전에 여러 단계의 사건이 도미노처럼 발생하기 때문에 앞 단계에서 적절히 대처한다면 산업재해를 예방할 수 있다고 주장했다.

① 사회 환경적 문제가 발생한 단계

② 개인 능력의 부족이 보이는 단계

③ 기술적 결함이 나타난 단계

④ 불안전한 행동 및 상태가 나타난 단계

⑤ 작업 관리상 문제가 나타난 단계

※ 다음 자료를 보고 이어지는 질문에 답하시오. [3~4]

〈기술능력 향상 교육 안내〉

교육	내용
E-Learning을 활용한 기술교육	• 원하는 시간에 원하는 내용을 원하는 순서대로 학습할 수 있다. • 비디오, 사진, 소리 등 멀티미디어를 이용한 학습이 가능하다. • ㉠ 현장 중심의 실무 교육이 어렵다.
전문 연수원을 통한 기술과정 연수	• 연수 시설을 보유하지 않고 있는 기업에 적합하다. • 이론을 겸한 실무 중심의 교육을 실시할 수 있다. • ㉡ 교수자와 동료들 간의 인간적인 접촉이 상대적으로 적으며, 중도에 탈락할 가능성이 높다.
상급학교 진학을 통한 기술교육	• 학문적이고 최신의 기술흐름을 반영한 기술교육이 가능하다. • 관련 분야 종사자들과 인적 네트워크를 형성할 수 있다. • ㉢ 일정 시간을 할애해야 하며 학습자가 직접 학습을 조절하거나 통제할 수 없다.
OJT를 활용한 기술교육	• ㉣ 조직의 필요에 합치되는 교육훈련을 실시할 수 있다. • 시간의 낭비가 적으며 교육자와 피교육자 사이에 친밀감이 조성된다. • ㉤ 모든 관리자 및 감독자는 업무 수행상 지휘감독자이자 부하직원의 능력 향상을 담당하는 교육자라는 사실에 기반한다.

03 다음 ㉠~㉤ 중 기술능력 향상 교육에 대한 내용으로 옳지 않은 것은?

① ㉠   ② ㉡

③ ㉢   ④ ㉣

⑤ ㉤

04 다음 중 자료에서 김대리가 이사원의 실무능력을 향상시켜주기 위해 사용한 교육방법은 무엇인가?

> Z은행에 취업한 이사원은 취업하기 이전에 대학교 학업에 충실하였고, 대학교와 연계된 기업에서 인턴을 수행하며 좋은 평가를 받았다. 이사원은 충분한 경험과 이론적 지식을 갖추고 있지만 출근 첫날에는 실무에 대한 파악이 전혀 되어있지 않은 상태이다. 이사원의 선임인 김대리는 자신의 업무 분담을 통해 업무 지식 및 실무에 적용하는 기술을 가르쳐 줄 생각이다. 또한 기업 내 시설을 둘러보며, 각 부서와 위치에서 어떠한 역할을 수행하고 있는지도 함께 알려줄 계획이다.

① Action Learning   ② E-Learning

③ OJT(On-The-Job Training)   ④ Off JT

⑤ Problem Based Learning

05 다음은 기술선택을 설명한 글이다. 이에 대한 내용으로 옳지 않은 것은?

> 기술선택이란 기업이 어떤 기술에 대하여 외부로부터 도입할 것인가 또는 그 기술을 자체 개발하여 활용할 것인가를 결정하는 것이다. 기술을 선택하는 데에 대한 의사결정은 크게 다음과 같이 두 가지 방법으로 볼 수 있다.
> 먼저 상향식 기술선택(Bottom Up Approach)은 기업 전체 차원에서 필요한 기술에 대한 체계적인 분석이나 검토 없이 연구자나 엔지니어들이 자율적으로 기술을 선택하도록 하는 것이다.
> 다음으로 하향식 기술선택(Top Down Approach)은 기술경영진과 기술기획담당자들에 의한 체계적인 분석을 통해 기업이 획득해야 하는 대상기술과 목표기술수준을 결정하는 것이다.

① 상향식 기술선택은 기술자들의 창의적인 아이디어를 얻기 어렵다는 단점이 있다.

② 상향식 기술선택은 경쟁기업과의 경쟁에서 승리할 수 없는 기술이 선택될 수 있다.

③ 상향식 기술선택은 시장의 고객들이 요구하는 제품이나 서비스를 개발하는 데 부적합한 기술이 선택될 수 있다.

④ 하향식 기술선택은 사업전략의 성공적인 수행을 위해 필요한 기술들을 열거하고, 각각의 기술에 대한 획득의 우선순위를 결정하는 것이다.

⑤ 하향식 기술선택은 먼저 기업이 직면하고 있는 외부환경과 보유 자원에 대한 분석을 통해 중·장기적인 사업목표를 설정하는 것이다.

06 다음 글을 읽고 벤치마킹의 종류에 대한 설명으로 옳은 것은?

> 네스프레소는 가정용 커피머신 시장의 선두주자이다. 이러한 성장 배경에는 기존의 산업 카테고리를 벗어나 랑콤, 이브로쉐 등 고급 화장품 업계의 채널 전략을 벤치마킹했다는 사실이 있다. 고급 화장품 업체들은 독립 매장에서 고객들에게 화장품을 직접 체험할 수 있는 기회를 제공하고, 이를 적극적으로 수요와 연계하고 있었다. 네스프레소는 이를 통해 신규 수요를 창출하기 위해서는 커피머신의 기능을 강조하는 것이 아니라, 즉석에서 추출한 커피의 신선한 맛을 고객에게 체험하게 하는 것이 중요하다는 인사이트를 도출했다. 이후 전 세계 유명 백화점에 오프라인 단독 매장들을 개설해 고객에게 커피를 시음할 수 있는 기회를 제공했다. 이를 통해 네스프레소의 수요는 급속도로 늘어나 매출 부문에서 30 ~ 40%의 고속성장을 거두게 됐고 전 세계로 확장되며 여전히 높은 성장세를 이어가고 있다.

① 자료수집이 쉬우며 효과가 크지만 편중된 내부시각에 대한 우려가 있다는 단점이 있다.

② 비용 또는 시간적 측면에서 상대적으로 많이 절감할 수 있다는 장점이 있다.

③ 문화 및 제도적인 차이에 대한 검토가 부족하면 잘못된 결과가 나올 수 있다.

④ 경영성과와 관련된 정보 입수가 가능하나 윤리적인 문제가 발생할 소지가 있다.

⑤ 새로운 아이디어가 나올 가능성이 높지만 가공하지 않고 사용한다면 실패할 수 있다.

07 다음 글을 읽고 추론할 수 있는 기술혁신의 특성으로 옳은 것은?

> 인간의 개별적인 지능과 창의성, 상호학습을 통해 발생하는 새로운 지식과 경험은 빠른 속도로 축적되고 학습되지만, 이러한 지식은 문서화되기 어렵기 때문에 다른 사람들에게 쉽게 전파될 수 없다. 따라서 연구개발에 참가한 연구원과 엔지니어들이 그 기업을 떠나는 경우 기술과 지식의 손실이 크게 발생하여 기술 개발을 지속할 수 없는 경우가 종종 발생한다.

① 기술혁신은 그 과정 자체가 매우 불확실하다.
② 기술혁신은 장기간의 시간을 필요로 한다.
③ 기술혁신은 지식 집약적인 활동이다.
④ 기술혁신 과정의 불확실성과 모호함은 기업 내에서 많은 갈등을 유발할 수 있다.
⑤ 기술혁신은 조직의 경계를 넘나든다.

08 다음 중 벤치마킹의 주요 단계에 대한 설명으로 옳지 않은 것은?

① 개선계획 수립 : 벤치마킹 결과를 바탕으로 성과차이를 측정항목별로 분석한다.
② 범위 결정 : 벤치마킹이 필요한 상세 분야를 정의하고 목표와 범위를 결정하며 벤치마킹을 수행할 인력들을 결정한다.
③ 대상 결정 : 비교분석의 대상이 되는 기업·기관들을 결정하고, 대상 후보별 벤치마킹 수행의 타당성을 검토하여 최종적인 대상 및 대상별 수행방식을 결정한다.
④ 측정범위 결정 : 상세분야에 대한 측정항목을 결정하고, 측정항목이 벤치마킹의 목표를 달성하는 데 적정한가를 검토한다.
⑤ 변화 관리 : 개선목표 달성을 위한 변화사항을 지속적으로 관리하고, 개선 후 변화사항과 예상했던 변화사항을 비교한다.

09 다음 글은 무엇에 대한 설명인가?

> 농부는 농기계와 화학비료를 써서 밀을 재배하고 수확한다. 이렇게 생산된 밀은 보관업자, 운송업자, 제분회사, 제빵 공장을 거쳐 시장에서 판매된다. 보다 높은 생산성을 위해 화학비료를 연구하고, 공장을 가동하기 위해 공작기계와 전기를 생산한다. 보다 빠른 운송을 위해서 트럭이나 기차, 배가 개발되었고, 보다 효과적인 운송수단과 농기계를 운용하기 위해 증기기관에서 석유에너지로 발전하였다. 이렇듯 우리의 식탁에 올라오는 빵은 여러 기술이 네트워크로 결합하여 시너지를 낸 결과이다.

① 기술시스템　　　　　　　　　② 기술혁신
③ 기술경영　　　　　　　　　　④ 기술이전
⑤ 기술경쟁

※ 다음은 벤치마킹에 대한 자료이다. 이어지는 질문에 답하시오. [10~11]

〈벤치마킹의 기본〉

어느 특정분야에서 우수한 상대를 표적 삼아 자기 기업과의 성과차이를 비교하고 이를 극복하기 위해 그들의 뛰어난 운영 프로세스 등을 배우면서 부단히 자기 혁신을 추구하는 기법이다. 즉 뛰어난 상대에게서 배울 것을 찾아 배우는 것이다. 기본적으로 측정 프로세스이나 이러한 측정 프로세스는 결과적으로 상대방의 성과를 비교하는 데 그치는 것이 아니라 상대방의 우수한 성과가 어떻게 도출되었는가 하는 방법론적인 노하우까지도 비교대상으로 삼는다. 즉 벤치마킹 활동의 결과물로는 상대적인 성과의 비교뿐만 아니라 우수한 성과를 가져오게 된 동인(Enabler)도 분석하여 제시되어야 한다. 벤치마킹의 종류는 비교대상에 따른 분류와 수행방식에 따른 분류로 나뉜다. 그 중 비교대상에 따른 분류에는 총 4가지가 있다. 내부 벤치마킹, 경쟁적 벤치마킹, 비경쟁적 벤치마킹 그리고 글로벌 벤치마킹으로 구분된다.

〈벤치마킹의 원리〉

벤치마킹은 우선 자사의 개선활동을 위한 노력의 일환으로 진행되지만, 벤치마킹 대상 파트너(경쟁회사일 수도 있음)의 협조가 필수적이기 때문에 상호 이득이 될 수 있는 방향에서 진행되어야 한다.

(1) ⊙

벤치마킹은 상호 관련성을 기반으로 수행되므로 파트너와 정보를 상호 교환하는 것이 모든 참가자들에게 서로 이익이 될 수 있다. 따라서 기업들은 상호 이득을 가져올 수 있는 상황의 창조를 위해 노력해야 한다. 또한 정보의 공유 정도와 데이터의 상호 교환 정도는 반드시 파트너와 협의되어야 한다.

(2) ⊙

벤치마킹을 수행하기 위해서는 먼저 파트너 기업과의 프로세스가 비교 가능한 것이거나 유사성이 존재해야 한다는 전제가 있어야 한다. 조직의 문화와 구조, 경영 방식 등을 충분히 이해하고 자사의 환경에 맞게 잘 전달될 수 있다면 어떤 기업의 어떠한 프로세스도 벤치마킹의 대상이 될 수는 있다. 벤치마킹 파트너 선정을 위한 기준을 잘 이해하고 유사성이 높은 기업과 프로세스를 선정하는 것이 벤치마킹의 성공여부를 결정하는 데 주요한 요소이다.

(3) ©

프로세스의 측정은 자사와 파트너사의 프로세스 성과를 비교하기 위해서 반드시 수행되어야 한다. 이를 위해서는 먼저 성과 측정의 단위를 결정하여야 할 뿐만 아니라 측정단위가 계량화 되어야 한다. 유사한 프로세스에 대한 정확한 측정과 관찰만이 프로세스 동인을 파악하여 자사의 프로세스에 적용하는데 도움을 줄 수 있다.

(4) ②

자사나 경쟁사의 프로세스 측정과 검사결과는 타당한 실적 자료나 연구 자료에 의한 근거를 갖고 있어야 한다. 이는 벤치마킹 업무수행의 신뢰성을 확보하기 위하여 필수적이다. 따라서 영감이나 의견, 감정보다는 자료 위주의 접근법을 이용하여야만 벤치마킹에 대한 신뢰성과 타당성을 확보할 수 있다.

10 다음 중 윗글을 바탕으로 비경쟁적 벤치마킹의 비교 대상으로 가장 적절한 것은?

① 같은 기업 내의 다른 지역이나 타 부서를 비교 대상으로 한다.

② 동일 업종에서 고객을 직접적으로 공유하는 경쟁기업을 대상으로 한다.

③ 국가 간의 유사한 활용을 비교 대상으로 한다.

④ 프로세스에 있어 최고로 우수한 성과를 보유한 동일 업종의 비경쟁적 기업을 대상으로 한다.

⑤ 제품, 서비스 및 프로세스의 단위 분야에 있어 가장 우수한 실무를 보이는 비경쟁적 기업 내의 유사 분야를 대상으로 한다.

11 다음 중 윗글에서 설명하는 벤치마킹 원리 ㉠ ~ ㉢과 그 유형을 순서대로 바르게 나열한 것은?

	상호성	유사성	측정성	타당성
①	㉣	㉠	㉢	㉢
②	㉢	㉢	㉢	㉠
③	㉠	㉢	㉢	㉣
④	㉣	㉢	㉠	㉢
⑤	㉠	㉢	㉣	㉢

※ 다음은 기술경영자에게 필요한 능력에 대한 직원들의 의견이다. 이어지는 질문에 답하시오. [12~14]

소프트웨어 생산기술팀에 있는 사원들은 기술경영자에게 필요한 능력에 대해 토론하고 있다. 다음은 토론 중 사원들의 의견과 능력을 이용한 사례이다.

[의견]
이사원 : 기업의 전반적인 전략 목표에 기술을 통합시키는 능력은 중요합니다.
박주임 : 빠르고 효과적으로 새로운 기술을 습득하지만, 기존의 기술에서 탈피하는 능력은 필요 없습니다.
신과장 : 조직 내의 기술을 이용하는 것은 기본적인 능력이라 할 수 있습니다.
김대리 : 크고 복잡하며 서로 다른 분야에 걸쳐 있는 프로젝트를 수행할 수 있는 능력이 필요합니다.
박과장 : 기술 전문 인력을 운용하거나, 효과적으로 평가할 수 있는 능력 또한 필요합니다.

[사례1]
지금의 마이크로소프트사를 만든 것은 Windows 이전에 MS-DOS였다. 1981년 당시 세계 최대의 컴퓨터 회사인 IBM은 후에 IBM-PC로 불리게 되는 퍼스널 컴퓨터 개발에 착수하였으며, 마이크로소프트사에 8086용 CP/M 개발을 의뢰했다. 이에 빌 게이츠는 시애틀 컴퓨터사가 독자적으로 개발한 86-DOS의 판권을 구입한 후 IBM-PC용으로 보완하여 PC-DOS를 만들어냈으며, 이후 마이크로소프트사는 자사상표인 MS-DOS라는 이름으로 이를 시장에 내놓았다. 사용자들은 너도나도 IBM-PC를 사용하기를 원했고, IBM-PC에서 사용할 수 있는 유일한 OS는 거의 MS-DOS뿐이었다.

[사례2]
영상 스트리밍 사이트에 동영상을 업로드하면 '영상 처리 중입니다.'라는 문구가 나온다. 이는 올린 영상을 트랜스코딩하는 것인데 시간은 보통 영상 재생 길이와 맞먹는다. 즉, 한 시간의 동영상을 업로드하려면 한 시간을 영상 포맷하는 데 소비해야 하는 것이다. ○○기업은 이러한 문제점을 해결하고자 동영상 업로드 시 포맷 변환을 생략하고 바로 재생할 수 있는 '노 컷 어댑티브 스트리밍' 기술을 개발했다. 이 기술을 처음 제안한 ○○기업의 기술최고책임자 A는 "영상 길이에 맞춰 기다려야 했던 포맷 변환 과정을 건너뛴 것"이라 며 "기존 영상 스트리밍 사이트가 갖고 있던 단점을 보완한 기술"이라고 설명했다. 화질을 유동적으로 변환 시켜 끊김 없이 재생하는 어댑티브 스트리밍 기술은 대부분의 영상 스트리밍 사이트에 적용되고 있다. Mp4 나 Fly 같은 동영상 포맷을 업로드할 경우 어댑티브 스트리밍 포맷에 맞춰 변환시켜줘야 한다. 바로 이 에어 브로드 기술은 자체 개발한 알고리즘으로 변환 과정을 생략한 것이다.

12 다음 중 기술경영자에게 필요한 능력에 대하여 옳지 않은 의견을 말한 사람은?

① 이사원
② 박주임
③ 신과장
④ 김대리
⑤ 박과장

13 다음 중 [사례1]을 통해 배울 수 있는 기술경영자의 능력으로 가장 적절한 것은?

① 크고 복잡하며 서로 다른 분야에 걸쳐 있는 프로젝트를 수행할 수 있는 능력

② 기술을 기업의 전반적인 전략 목표에 통합시키는 능력

③ 조직 내의 기술 이용을 수행할 수 있는 능력

④ 빠르고 효과적으로 새로운 기술을 습득하고, 기존의 기술에서 탈피하는 능력

⑤ 기술 전문 인력을 운용할 수 있는 능력

14 다음 중 [사례2]를 바탕으로 알 수 있는 기술경영자의 능력으로 가장 적절한 것은?

① 새로운 제품개발 시간을 단축할 수 있는 능력

② 기술을 기업의 전반적인 전략 목표에 통합시키는 능력

③ 기술 전문 인력을 운용할 수 있는 능력

④ 새로운 기술을 습득하고, 기존의 기술에서 탈피하는 능력

⑤ 기술 이전을 효과적으로 할 수 있는 능력

| 02 | 피듈형

※ 다음은 K사의 업소용 식기세척기의 고장신고 전에 확인해야 할 사항이다. 이어지는 질문에 답하시오.
[1~3]

<고장신고 전에 확인해야 할 사항>

이상증상	확인사항	조치방법
세척이 잘 되지 않은 때	식기가 겹쳐있다.	식기의 배열 상태에 따라 세척성능에 차이가 있습니다. 사용설명서의 효율적인 그릇배열 및 주의사항을 참고해서 다시 해 보세요.
	세척날개가 회전할 때 식기가 부딪 친다.	국자, 젓가락 등 가늘고 긴 식기가 바구니 밑으로 빠지지 않도록 해야 합니다. 세척날개에 걸려 세척이 되지 않습니다.
	세척날개의 구멍이 막혔다.	세척날개를 분리하고 세척해 줍니다.
	필터가 찌꺼기 등으로 인해 막혔다.	필터를 청소 및 필터 주변의 찌꺼기를 제거합니다.
	필터가 제대로 장착이 안 됐다.	필터의 조립상태를 확인하여 다시 조립합니다.
	세제 양을 확인한다.	적정량의 세제를 넣어야 정상적으로 세척이 되므로 표시선에 맞춰 적정량의 세제를 넣어 줍니다.
	전용세제를 사용해야 한다.	일반 세제를 사용하면 거품으로 인해 정상적인 세척이 되지 않을 수 있습니다.
작동이 되지 않을 때	문을 확실하게 닫는다.	문 중앙을 딸깍 소리가 날 때까지 눌러 확실하게 닫아 줍니다.
	수도꼭지가 잠겨있다.	수도꼭지가 잠겨있는지 확인 후 열어 줍니다.
	단수인지 확인한다.	다른 곳의 수도꼭지를 확인해 주세요.
	물이 채워지지 않았다.	설정된 양만큼 급수될 때까지 기다리세요.
	버튼 잠금 표시가 켜져 있다.	버튼 잠금 설정이 되어 있는 경우 '전원'과 '동작'을 동시에 3초간 누르면 해제할 수 있습니다.
소음이 날 때	내부에서 달그락거리는 소리가 난다.	가벼운 식기들이 분사압에 의해 서로 부딪혀 나는 소리일 수 있습니다.
	세척날개가 회전할 때 식기가 부딪 친다.	동작을 멈춘 후 문을 열어 선반 아래로 뾰족하게 내려온 것이 있는지 등 식기 배열을 다시 해 줍니다.
	작동하면 우웅 ~ 진동소리가 난다.	급수 전에 내부에 남은 잔수를 배수하기 위해 배수펌프가 동작하는 소리이므로 안심해도 됩니다.
	급수 시 소음이 들린다.	급수압이 높을 경우, 소음이 발생할 수 있습니다. 급수밸브를 약간만 잠가 급수압을 약하게 줄이면 소리가 줄어듭니다.
냄새가 날 때	타는 냄새가 난다.	사용 초기에는 제품 운전 시 발생하는 열에 의해 세척모터 등의 전기 부품에서 특유의 냄새가 날 수 있습니다. 이러한 냄새는 5회 정도 사용하면 냄새가 날아가니 안심하고 사용하셔도 됩니다.
	세제 냄새가 난다.	문이 닫힌 상태로 운전이 되므로 운전이 끝난 후 문을 열게 되면 제품 내부에 갇혀 있던 세제 특유의 향이 날 수 있습니다.
	새 제품인데 냄새가 난다.	제품을 처음 꺼내면 새 제품 특유의 냄새가 날 수 있으나 설치 후 사용을 시작하면 냄새가 없어집니다.

01 K사의 서비스센터에서 근무하고 있는 S사원은 고객으로부터 세척이 잘 되지 않는다는 문의전화를 받았다. 다음 중 S사원이 확인을 권할 사항이 아닌 것은?

① 식기가 서로 겹쳐 있는지?
② 세척날개의 구멍이 막히진 않았는지?
③ 타는 듯한 냄새가 나진 않았는지?
④ 필터가 들뜨거나 잘못 조립되진 않았는지?
⑤ 전용세제를 사용했는지?

02 다음 중 식기세척기가 작동이 되지 않을 때의 조치방법으로 옳지 않은 것은?

① 문이 안 닫힌 경우에는 문 중앙을 딸깍 소리가 날 때까지 눌러 확실하게 닫는다.
② 급수밸브와 수도꼭지가 잠긴 경우에는 급수밸브와 수도꼭지를 열어준다.
③ 젓가락 등이 아래로 빠진 경우에는 식기배열을 다시 한다.
④ 단수인지 아닌지 다른 수도꼭지를 확인한다.
⑤ 설정된 양만큼 급수될 때까지 기다린다.

03 다음 중 고객이 식기세척기의 세척날개를 분리하고 세척을 하지 않았을 때 나타나는 이상증상으로 옳은 것은?

① 작동이 잘 되지 않는다.
② 밤에 소음이 심하게 생긴다.
③ 세척을 해도 오염이 남아있다.
④ 세척 후 냄새가 난다.
⑤ 세척 날개가 회전할 때 식기가 부딪친다.

※ 다음 자료를 참고하여 이어지는 질문에 답하시오. [4~6]

스위치	기능
○	1번과 2번 기계를 시계 방향으로 90° 회전함
●	1번과 4번 기계를 시계 방향으로 90° 회전함
□	2번과 3번 기계를 시계 방향으로 90° 회전함
■	1번과 3번 기계를 시계 반대 방향으로 90° 회전함
◑	2번과 4번 기계를 시계 반대 방향으로 90° 회전함
◑	3번과 4번 기계를 시계 반대 방향으로 90° 회전함

04 처음 상태에서 스위치를 두 번 눌렀더니 화살표 모양과 같은 상태로 바뀌었다. 어떤 스위치를 눌렀는가?

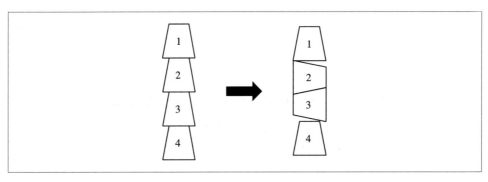

① ○■   ② □◑

③ ●■   ④ □◑

⑤ ●□

05 처음 상태에서 스위치를 두 번 눌렀더니 화살표 모양과 같은 상태로 바뀌었다. 어떤 스위치를 눌렀는가?

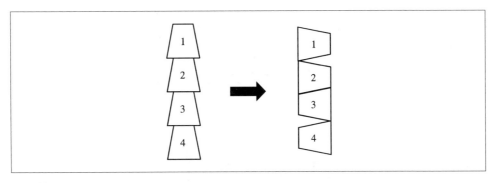

① ●◐

② ◑◐

③ ●□

④ ■●

⑤ ○◐

06 처음 상태에서 스위치를 세 번 눌렀더니 화살표 모양과 같은 상태로 바뀌었다. 어떤 스위치를 눌렀는가?

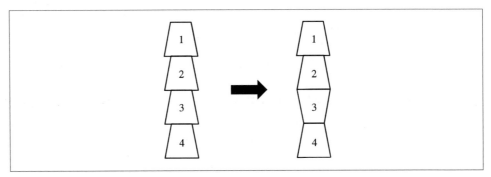

① ○□●

② □◐○

③ ◑■●

④ ■○□

⑤ ■○●

※ 귀하가 근무하는 기술자격팀에서 작년부터 연구해 온 데이터의 흐름도가 완성되었다. 이어지는 질문에 답하시오. [7~8]

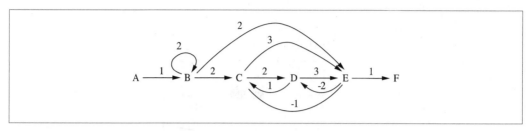

• 데이터는 화살표 방향으로만 이동할 수 있으며, 같은 경로를 여러 번 반복해서 이동할 수 있다.
• 화살표 위의 숫자는 그 경로를 통해 데이터가 1회 이동할 때마다 데이터에 곱해지는 수치를 의미한다.
• 각 경로를 따라 데이터가 이동할 때, 1회 이동 시간은 1시간이며, 데이터의 총 이동 시간은 10시간을 초과할 수 없다.
• 데이터의 대소 관계는 [음수<0<양수]의 원칙에 따른다.

07 다음 중 A에서 1이 입력되었을 때 F에서의 결과가 가장 크게 되는 값은 얼마인가?

① 256　　　　　　　　　　② 384
③ 432　　　　　　　　　　④ 864
⑤ 1,296

08 다음 중 A에 100이 입력되었을 때, F에서의 결과가 가장 작은 경로를 순서대로 바르게 나열한 것은?

① A − B − B − E − D − C − E − C − E − F
② A − B − C − D − E − D − C − D − E − F
③ A − B − E − D − C − E − C − D − E − F
④ A − B − C − D − E − D − E − D − E − F
⑤ A − B − B − C − E − D − E − D − E − F

※ K레스토랑에서는 영유아 손님들을 위해 유아용 식탁 의자를 구비하였다. 다음 자료를 보고 이어지는 질문에 답하시오. [9~10]

우리 회사의 유아용 식탁 의자는 아이가 도움 없이 혼자 앉을 수 있는 6 ~ 7개월부터 사용할 수 있습니다.

■ 안전에 대한 유의사항
- 압사의 위험 방지를 위해 사용 전 모든 플라스틱 커버를 제거하고, 유아 및 아동의 손이 미치지 않는 곳에 두세요.
- 항상 벨트를 채워 주세요.
- 아이가 혼자 있지 않도록 해 주세요.
- 모든 구성 요소가 제대로 장착되어 있지 않으면 의자 사용을 삼가세요.
- 부품이 망가지거나 부서지면 의자 사용을 삼가세요.
- 강한 열원이나 난로가 있는 곳에서는 의자 사용을 삼가세요.
- 아이가 의자 근처에서 놀거나 의자에 올라가지 못하도록 해 주세요.
- 의자가 항상 평평하고 안정된 상태에서 사용될 수 있도록 해 주세요.
- 식탁 의자는 계단, 층계, 창문, 벽과는 거리를 두고 비치해 주세요.
- 의자에 충격이 가해지면 안정성을 해칠 우려가 있고 의자가 뒤집어질 수 있어요.
- 아이가 앉아 있는 동안에는 의자의 높낮이를 조정하지 마세요.

■ 청소 및 유지
- 젖은 천이나 중성 세제로 유아용 의자나 액세서리를 청소할 수 있습니다.
- 재료를 손상시킬 수 있는 연마 세제나 용제는 사용하지 마세요.
- 알루미늄 식탁 다리는 부식이 되지 않지만, 충격이나 긁힘으로 손상될 수 있습니다.
- 햇빛에 지속적으로 장시간 노출되면 여러 부품의 색이 변할 수 있습니다.
- 손상을 파악하기 위해 정기적으로 검사하십시오.

09 다음 중 레스토랑 내 유아용 식탁 의자를 비치하기 위한 장소 선정 시 고려해야 할 사항으로 적절하지 않은 것은?

① 난방기구가 있는 곳은 피하도록 한다.
② 바닥이 평평하여 안정된 상태로 의자가 서 있을 수 있는지 확인한다.
③ 아이를 식탁 의자에 혼자 두지 않으며, 항상 벨트를 채워야 한다.
④ 계단이나 창문이 있는 곳은 피하도록 한다.
⑤ 의자에 충격이 가해질 수 있는 장소는 피하도록 한다.

10 다음 중 직원들에게 안내할 유아용 식탁 의자 청소 및 관리법으로 적절하지 않은 것은?

① 식탁 의자 사용 후에는 햇볕이 들지 않는 곳에 보관한다.
② 사용 후 젖은 천을 사용해 깨끗하게 닦는다.
③ 이동 시 식탁 다리가 부딪히거나 긁히지 않도록 주의한다.
④ 더러운 부분은 연마 세제를 사용해서 닦는다.
⑤ 정기적인 검사를 통해 손상 여부를 확인한다.

조직이해능력

합격 Cheat Key

조직이해능력은 업무를 원활하게 수행하기 위해 조직의 체제와 경영을 이해하고 국제적인 추세를 이해하는 능력이다. 현재 많은 공사·공단에서 출제 비중을 높이고 있는 영역이기 때문에 미리 대비하는 것이 중요하다. 실제 업무 능력에서 조직이해능력을 요구하기 때문에 중요도는 점점 높아질 것이다.

세부 유형은 조직 체제 이해, 경영 이해, 업무 이해, 국제 감각으로 나눌 수 있다. 조직도를 제시하는 문제가 출제되거나 조직의 체계를 파악해 경영의 방향성을 예측하고, 업무의 우선순위를 파악하는 문제가 출제된다.

1 문제 속에 정답이 있다!

경력이 없는 경우 조직에 대한 이해가 낮을 수밖에 없다. 그러나 문제 자체가 실무적인 내용을 담고 있어도 문제 안에는 해결의 단서가 주어진다. 부담을 갖지 않고 접근하는 것이 중요하다.

2 경영·경제학원론 정도의 수준은 갖추도록 하라!

지원한 직군마다 차이는 있을 수 있으나, 경영·경제이론을 접목시킨 문제가 꾸준히 출제되고 있다. 따라서 기본적인 경영·경제이론은 익혀 둘 필요가 있다.

3 지원하는 공사·공단의 조직도를 파악하라!

출제되는 문제는 각 공사·공단의 세부내용일 경우가 많기 때문에 지원하는 공사·공단의 조직도를 파악해 두어야 한다. 조직이 운영되는 방법과 전략을 이해하고, 조직을 구성하는 체제를 파악하고 간다면 조직이해능력에서 조직도가 나올 때 단기간에 문제를 풀수 있을 것이다.

4 실제 업무에서도 요구되므로 이론을 익혀라!

각 공사·공단의 직무 특성상 일부 영역에 중요도가 가중되는 경우가 있어서 많은 취업준비생들이 일부 영역에만 집중하지만, 실제 업무 능력에서 직업기초능력평가 10개 영역이 골고루 요구되는 경우가 많고, 현재는 필기시험에서도 조직이해능력을 출제하는 기관의 비중이 늘어나고 있기 때문에 미리 이론을 익혀 둔다면 모듈형 문제에서 고득점을 노릴수 있다.

01 모듈이론

01 조직이해능력의 의의

(1) 조직과 조직이해능력

① 조직의 의의

두 사람 이상이 공동의 목표를 달성하기 위해 의식적으로 구성되며, 상호작용과 조정을 행하는 행동의 집합체를 말한다.

② 조직의 기능

경제적 기능	재화나 서비스를 생산
사회적 기능	조직 구성원들에게 만족감을 주고 협동을 지속시킴

(2) 조직의 유형 기본

① 공식성에 따른 분류

비공식조직으로부터 공식화가 진행되어 공식조직으로 발전되지만, 공식조직 내에서 인간관계를 지향하면서 비공식조직이 새롭게 생성되기도 한다.

공식조직	조직의 구조 · 기능 · 규정 등이 조직화되어 있는 조직
비공식 조직	개인들의 협동과 상호작용에 따라 형성된 자발적인 집단 조직

② 영리성에 따른 분류

영리조직	기업과 같이 이윤을 목적으로 하는 조직
비영리조직	정부조직을 비롯해 공익을 추구하는 조직

③ 조직 규모에 따른 분류

소규모조직	가족 소유의 상점과 같이 규모가 작은 조직
대규모조직	대기업과 같이 규모가 큰 조직, 최근에는 동시에 둘 이상의 국가에서 법인을 설립하고 경영 활동을 벌이는 다국적 기업이 증가하고 있음

(3) 조직 체제의 구성 요소 기본

① 체제이해능력

조직은 하나의 체제(System)이며, 체제는 특정한 방식이나 양식으로 서로 결합된 부분들의 총체를 의미한다. 따라서 한 조직의 구성원은 자신이 속한 조직의 체제를 이해할 수 있어야 한다.

② 체제(System)의 구성

- 인풋(Input) : 시스템에 유입되는 것
- 업무 프로세스(Process) : 시스템의 연결망, 즉 조직의 구조를 통해서 인풋이 아웃풋으로 전환되는 과정
- 아웃풋(Output) : 업무 프로세스를 통해 창출된 시스템의 결과물

③ 조직의 목표

- 조직이 달성하려는 장래의 상태로, 조직이 존재하는 정당성·합법성을 제공
- 전체 조직의 성과·자원·시장·인력개발·혁신과 변화·생산성에 대한 목표를 포함

④ 조직의 구조

기계적 조직	구성원들의 업무나 권한이 분명하게 정의된 조직
유기적 조직	의사결정권이 하부에 위임되고 업무가 고정적이지 않은 조직

⑤ 조직도와 업무 프로세스

조직도	구성원들의 임무와 수행하는 과업, 일하는 장소 등을 알 수 있게 해줌
업무 프로세스	조직에 유입된 인풋 요소들이 최종 산출물로 만들어지기까지 구성원 간의 업무 흐름이 어떻게 연결되는지를 보여줌

⑥ 조직의 문화

- 조직 구성원들의 사고, 행동에 영향을 주며, 일체감·정체성을 부여하고 조직이 안정적으로 유지되게 함
- 조직문화를 긍정적인 방향으로 조성하기 위한 경영층의 노력이 강조

⑦ 조직의 규칙

- 조직의 목표나 전략에 따라 수립되어 조직 구성원들의 활동 범위를 제약, 일관성 부여
- 공식화 정도에 따라 조직의 구조가 결정되기도 함

(4) 조직의 변화

① 조직 변화의 의의

급변하는 환경에 맞춰 조직이 생존하려면 조직은 새로운 아이디어와 행동을 받아들이는 조직 변화에 적극적이어야 한다.

② 조직 변화의 과정

환경변화 인지	환경변화 중에 해당 조직에 영향을 미치는 변화를 인식하는 것
조직 변화 방향 수립	체계적으로 구체적인 추진 전략을 수립하고, 추진 전략별 우선순위를 마련함
조직 변화 실행	수립된 조직 변화 방향에 따라 조직을 변화시킴
변화결과 평가	조직 개혁의 진행 사항과 성과를 평가함

③ 조직 변화의 유형

제품 · 서비스의 변화	기존 제품, 서비스의 문제점을 인식하고 고객의 요구에 부응하기 위한 것
전략 · 구조의 변화	조직의 목적 달성과 효율성 제고를 위해 조직 구조 · 경영 방식 · 각종 시스템 등을 개선함
기술 변화	새로운 기술을 도입하는 것으로, 신기술이 발명되었을 때나 생산성을 높이기 위한 변화
문화의 변화	구성원들의 사고방식 · 가치체계를 변화시키는 것으로, 조직의 목적과 일치시키기 위해 문화를 유도함

OX 문제

01 조직이 발달해 온 역사를 보면 공식조직에서 자유로운 비공식조직으로 발전해 왔다. [　]

02 체제이해능력이란 조직의 구조와 목적, 업무 프로세스, 조직문화, 규칙 및 규정 등 자신이 속한 조직의 체제를 이해하는 능력을 말한다. [　]

03 조직 구조는 구성원들의 업무나 권한이 분명하게 정의된 유기적 조직과 의사결정권이 하부 구성원들에게 많이 위임되고 업무가 고정적이지 않은 기계적 조직으로 구분된다. [　]

04 조직의 구조는 조직 내의 부문 사이에 형성된 관계로, 조직 구성원들의 공유된 생활양식이나 가치이다. [　]

05 조직 변화는 기존의 조직 구조나 경영방식하에서 환경변화에 따라 제품이나 기술을 변화시키는 것이다. [　]

---

01 [×] 조직이 발달해 온 역사를 보면 비공식조직으로부터 공식화가 진행되어 공식조직으로 발전해 왔다.

02 [○]

03 [×] 조직 구조는 구성원들의 업무나 권한이 분명하게 정의된 기계적 조직과 의사결정권이 하부 구성원들에게 많이 위임되고 업무가 고정적이지 않은 유기적 조직으로 구분된다.

04 [×] 조직의 구조가 아닌 조직 문화에 대한 설명이다.

05 [×] 조직 변화는 전략이나 구조의 변화를 통해 조직의 조직 구조나 경영방식을 개선하는 것을 의미한다.

(1) 경영의 의의

① 경영이란?

조직의 목적을 달성하기 위한 전략·관리·운영 활동을 의미하며, 조직은 목적을 달성하기 위해 지속적인 관리와 운영이 요구된다.

② 경영의 4요소 기출

경영 목적	조직의 목적을 어떤 과정과 방법을 통해 수행할 것인가를 제시함
조직 구성원	조직에서 일하고 있는 임직원들로, 이들의 역량과 직무수행능력에 따라 경영 성과가 달라짐
자금	경영 활동에 사용할 수 있는 돈으로, 이윤 추구를 목적으로 하는 사기업에서 자금은 새로운 이윤을 창출하는 기초가 됨
경영 전략	기업 내 모든 인적·물적 자원을 경영 목적을 달성하기 위해 조직화하고, 이를 실행에 옮겨 경쟁우위를 달성하는 일련의 방침 및 활동

③ 경영의 과정

(2) 경영 활동

① 경영 활동의 유형

외부 경영 활동	조직 외부에서 조직의 효과성을 높이기 위해 이루어지는 활동으로 외적 이윤 추구 활동을 말하며, 마케팅 활동이 이에 해당함
내부 경영 활동	조직 내부에서 자원 및 기술을 관리하는 것을 말하며 인사·재무·생산 관리가 이에 해당함

② 경영참가제도 기출

의의	근로자 또는 노동조합을 경영의 파트너로 인정하는 협력적 노사관계가 중시됨에 따라 이들을 경영의사결정 과정에 참여시키는 것
목적	경영의 민주성 제고, 노사 간의 세력 균형 추구, 새로운 아이디어 제시 또는 현장에 적합한 개선방안 마련, 경영의 효율성 향상, 노사 간 상호 신뢰 증진
종류	공동의사결정제도, 노사협의회제도, 이윤분배제도, 종업원지주제도 등

(3) 의사결정과정

① 확인 단계

의사결정이 필요한 문제를 인식하는 단계이다.

> • 문제의 중요도나 긴급도에 따라서 체계적으로 이루어지기도 하고, 비공식적으로 이루어지기도 함
> • 문제를 신속히 해결할 필요가 있는 경우에는 진단시간을 줄이고 즉각 대응해야 함
> • 일반적으로는 다양한 문제를 리스트한 후 주요 문제를 선별하거나, 문제의 증상을 리스트한 후 그러한 증상이 나타나는 근본원인을 찾아야 함

② 개발 단계

확인된 문제의 해결방안을 모색하는 단계이다.

탐색	• 조직 내의 기존 해결 방법 중에서 새로운 문제의 해결방법을 찾는 과정 • 조직 내 관련자와의 대화나 공식적인 문서 등을 참고
설계	• 이전에 없었던 새로운 문제의 경우 이에 대한 해결안을 설계 • 시행착오적 과정을 거치면서 적합한 해결방법 모색

③ 선택 단계

실행 가능한 해결안을 선택하는 단계이다.

판단	한 사람의 의사결정권자의 판단에 의한 선택
분석	경영과학기법과 같은 분석에 의한 선택
교섭	이해관계집단의 토의와 교섭에 의한 선택
승인	해결방안의 선택 후에 조직 내에서 공식적인 승인 절차를 거친 다음 실행

(4) 집단의사결정

① 집단의사결정의 특징 기출

> • 한 사람보다 집단이 가지고 있는 지식과 정보가 더 많으므로 집단의 의사결정이 더 효과적이다.
> • 다양한 집단 구성원이 각자 다른 시각에서 문제를 바라보므로 다양한 견해를 가지고 접근할 수 있다.
> • 의견이 불일치하는 경우 의사결정을 내리는 데 시간이 많이 소요된다.
> • 특정 구성원에 의해 의사결정이 독점될 가능성이 있다.

② 브레인스토밍의 의의

여러 명이 한 가지의 문제를 놓고 아이디어를 비판 없이 제시해 그 중에서 최선책을 찾아내는 방법을 말한다.

③ 브레인스토밍의 규칙 〖기〗〖실〗

- 다른 사람이 아이디어를 제시할 때에는 비판하지 않는다.
- 문제에 대한 제안은 자유롭게 이루어질 수 있다.
- 아이디어는 많이 나올수록 좋다.
- 모든 아이디어들이 제안되고 나면 이를 결합하여 해결책을 마련한다.

④ 브레인라이팅(Brain Writing)

구두로 의견을 교환하는 브레인스토밍과 달리 포스트잇 같은 메모지에 의견을 적은 다음 메모된 내용을 차례대로 공유하는 방법을 말한다.

⑤ 레드팀

조직 내부의 전략 수립에 개입되지 않은 독립적인 팀이 경쟁자들처럼 생각하고 시뮬레이션하여 기존에 세워진 가설을 검증하고, 취약점을 살피며, 나아가 대체방안을 분석하는 과정을 거쳐 복잡하게 얽힌 문제에 대해 새로운 시각으로 해결책을 제시하는 팀을 말한다.

(5) 경영 전략

① 경영 전략의 개념

조직이 환경에 적응해 목표를 달성할 수 있도록 경영 활동을 체계화하는 수단을 말한다.

② 경영 전략의 종류

조직 전략	조직의 사명을 정의함
사업 전략	사업 수준에서 각 사업의 경쟁적 우위를 점하기 위한 방향을 다룸
부문 전략	기능 부서별로 사업 전략을 구체화해 세부적인 수행 방법을 결정함

③ 본원적 경쟁 전략(Michael E. Porter) 〖기〗〖실〗

원가우위 전략	• 원가를 절감해 해당 산업에서 우위를 점하는 전략 • 대량생산을 통해 원가를 낮추거나 새로운 생산 기술을 개발해야 함
차별화 전략	• 생산품과 서비스를 차별화해 고객에게 가치있게 인식되도록 하는 전략 • 연구·개발·광고를 통해 기술·품질·서비스·브랜드 이미지를 개선해야 함
집중화 전략	• 특정 시장과 고객에게 한정된 전략 • 경쟁 조직들이 소홀히 하고 있는 시장을 집중적으로 공략함

OX 문제

01 경영실행 단계에서는 구체적인 실행방안을 선정하고 조직 구성원을 관리한다. [   ]

02 의사결정과정 중 선택 단계에서는 새로운 문제에 대한 해결안을 계획한다. [   ]

03 브레인스토밍을 이용하여 의사결정을 할 때는 다른 사람이 아이디어를 비판하지 않는 것이 중요하다. [   ]

---

01 [×] 경영의 과정은 계획·실행·평가로 구분되며, 실행 단계에서는 계획 단계에서 수립된 실행방안에 따라 조직목적 달성을 위한 활동과 조직 구성원의 관리가 이루어진다.

02 [×] 조직 내 의사결정과정 중 개발 단계에서는 새로운 문제에 대한 해결안을 설계한다.

03 [O]

---

03 │ 체제이해능력

(1) 조직 목표

① 조직 목표의 개념

조직이 달성하려는 장래의 상태로, 미래지향적이지만 현재 조직 행동의 방향을 결정하는 역할을 한다.

② 조직 목표의 기능 📖

• 조직이 존재하는 정당성과 합법성 제공 • 조직이 나아가야 할 방향 제시 • 조직 구성원 의사결정의 기준 • 조직 구성원 행동수행의 동기유발 • 수행평가의 기준 • 조직설계의 기준

③ 조직 목표의 특징 📖

• 공식적 목표와 실제적 목표가 다를 수 있음 • 다수의 조직목표 추구 가능 • 조직 목표간 위계적 상호관계가 있음 • 가변적 속성 • 조직의 구성요소와 상호관계를 가짐

④ 목표에 영향을 미치는 요인

내적 요인	조직 리더의 결단이나 태도 변화, 조직 내 권력 구조의 변화 등
외적 요인	경쟁업체의 변화, 자원의 변화, 경제 정책의 변화 등

⑤ MBO(Management by Objectives)와 OKR(Objective Key Results)

기업의 성과관리 기법의 하나로 사업 전략·사업 계획에서 출발해 목표를 정하고 결과를 측정·평가하는 기법이다.

MBO	1년간 달성해야 하는 목표치를 제시하고, 이를 달성하기 위해 노력하는 과정에서 생산성이 향상될 것이라고 막연히 기대한다.
OKR	단기간에 구체적인 수준의 목표를 달성하라고 요구하고, 이를 확인하는 과정에서 생산성 향상을 도모하는 것이다. 구글의 '3-3-3 원칙'이 대표적으로, 이는 3개월간 3개 목표에 집중하고 목표당 3개의 핵심 결과를 도출해내도록 하는 것이다.

(2) 조직 구조

① 조직 구조의 이해

② 조직 구조의 결정 요인

전략	• 조직의 목적을 달성하기 위해 수립한 계획 • 조직이 자원을 배분하고 경쟁적 우위를 달성하기 위한 주요 방침
규모	대규모 조직은 소규모 조직에 비해 업무가 전문화·분화되어 있고, 많은 규칙과 규정이 존재함
기술	• 조직이 투입 요소를 산출물로 전환시키는 지식·절차 등을 의미 • 소량생산 기술은 유기적 조직, 대량생산 기술은 기계적 조직과 연결
환경	• 안정적이고 확실한 환경에서는 기계적 조직 • 급변하는 환경에서는 유기적 조직이 적합

③ 조직 구조의 유형 기출

기계적 조직	• 구성원들의 업무가 분명하게 정의됨 • 다수의 규칙과 규제가 존재하며, 위계질서가 엄격함 • 상하간 의사소통이 공식적인 경로를 통해 이루어짐
유기적 조직	• 의사결정권한이 하부 구성원들에게 많이 위임됨 • 업무가 고정되지 않고 공유 가능 • 비공식적인 의사소통이 원활함 • 규제나 통제의 정도가 낮음

(3) 조직 구조의 형태 기출

① 기능적 조직 구조

- 최상층에 최고경영자(CEO)가 위치하고, 구성원들이 단계적으로 배열되는 구조
- 환경이 안정되었거나 일상적인 기술을 사용하는 경우에 유리함
- 기업의 규모가 작을 때 업무의 내용이 유사한 것들을 결합

② 사업별 조직 구조

- 급변하는 환경에 대응하고 제품·지역 등의 차이에 신속하게 대응하기 위함
- 의사결정이 분권화되어 이루어짐
- 개별 제품·서비스·프로젝트 등에 따라 조직화됨

③ 애자일(Agile) 조직 구조

급변하는 시장 환경 속에서 다양한 수요에 유연하고 민첩하게 대응하기 위한 경영방식으로, 부서 간 경계를 허물고 필요에 맞게 소규모 팀을 구성해 업무를 수행하는 조직 구조를 말한다.

(4) 조직 내 집단

① 집단의 유형 기출

공식적인 집단	• 조직의 공식적인 목표를 추구하기 위해 의도적으로 만든 집단 • 목표·임무가 명확하게 규정 • 참여하는 구성원들도 인위적으로 결정 예 각종 위원회, 임무 수행을 위한 태스크포스
비공식적인 집단	• 조직 구성원들의 요구에 따라 자발적으로 형성된 집단 • 공식적인 업무 수행 이외의 다양한 요구에 의해 이루어짐 예 스터디 모임, 봉사활동 동아리, 각종 친목회

② 집단 간 경쟁 기출

조직 내의 한정된 자원을 더 많이 가지려 하거나, 서로 상반되는 목표를 추구하기 때문에 발생하게 된다.

순기능	집단 내부에서는 응집성이 강화되고, 집단의 활동이 더욱 조직화됨
역기능	경쟁이 과열되면 자원의 낭비, 업무 방해, 비능률 등의 문제가 발생

③ 팀

- 구성원들이 공동의 목표를 이루기 위해 기술을 공유하고 공동으로 책임을 지는 집단
- 상호 공동 책임을 중요시 하나, 자율성을 가지고 스스로 관리하는 경향이 강함
- 생산성을 높이고 의사를 신속하게 결정하며 창의성 향상을 도모하기 위해 구성
- 조직 구성원들의 협력과 관리자층의 지지가 필수적임

OX 문제

01 조직 목표 중 공식적인 목표인 조직 사명은 측정 가능한 형태로, 기술되는 단기적인 목표이다. [　]

02 유기적 조직에서는 비공식적인 상호 의사소통이 원활히 이루어지며, 규제나 통제의 정도가 낮아 변화에 따라 쉽게 변할 수 있는 특징을 가진다. [　]

01 [×] 조직 목표는 공식적이고 장기적인 목표인 조직 사명과 이를 달성하기 위한 단기적 관점의 세부목표로 이루어진다.

02 [O]

04 　업무이해능력

(1) 업무의 의의와 특성

① 업무의 의의

　상품이나 서비스를 창출하기 위한 생산적인 활동으로, 조직의 목적 달성을 위한 근거가 된다.

② 업무의 특성 기圓

공통된 목적 지향	업무는 조직 목적의 효과적 달성을 위해 세분화된 것이므로 궁극적으로 같은 목적을 지향한다.
적은 재량권	개인이 선호하는 업무를 임의로 선택할 수 있는 재량권이 적다.
다른 업무와의 관련성	업무는 서로 독립적으로 이루어지지만 업무 간에는 서열이 있어서 순차적으로 이루어지기도 하며, 서로 정보를 주고 받기도 한다.
업무권한	구성원들이 업무를 공적으로 수행할 수 있는 힘을 말하며, 구성원들은 이에 따라 자신이 수행한 일에 대한 책임도 부여받는다.

(2) 업무 수행 계획 수립의 절차

① 업무 지침 확인

- 개인이 임의로 업무를 수행하지 않고 조직의 목적에 부합될 수 있도록 안내함
- 업무 지침을 토대로 작성하는 개인의 업무 지침은 업무 수행의 준거가 됨
- 개인의 업무 지침 작성 시에는 조직의 업무 지침, 장·단기 목표, 경영 전략 등을 고려
- 개인의 업무 지침은 3개월에 한 번 정도로 지속적인 개정이 필요

② 활용 자원 확인

- 물적 자원과 인적 자원 등의 업무 관련 자원을 확인
- 자원은 무한정하지 않으므로 효과적인 활용이 필요함
- 업무 수행에 필요한 지식, 기술이 부족하면 이를 함양하기 위한 계획의 수립이 필요

③ 업무 수행 시트의 작성 [기출]

- 구체적인 업무 수행 계획을 수립하여 가시적으로 나타냄
- 주어진 시간 내에 일을 끝낼 수 있게 동기부여
- 단계별로 협조를 구해야 할 사항과 처리해야 할 일을 체계적으로 알 수 있음
- 문제 발생시 발생 지점을 정확히 파악할 수 있음

(3) 업무 수행 시트의 종류 [기출]

① 간트 차트

단계별로 업무를 시작해서 끝내는 데 걸리는 시간을 바 형식으로 표시한다. 전체 일정을 한 눈에 볼 수 있고, 단계별로 소요되는 시간과 각 업무활동 사이의 관계를 파악할 수 있다.

업무		6월				7월				8월				9월			
설계	자료 수집	■	■	■													
	기본 설계						■	■	■								
	타당성 조사 및 실시 설계										■						
시공	시공												■	■			
	결과 보고														■	■	■

② 워크플로 시트

일의 흐름을 동적으로 보여주는 데 효과적이며, 사용되는 도형을 다르게 표현함으로써 각각의 작업의 특성을 구분하여 표현할 수 있다.

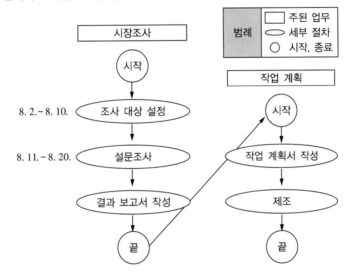

③ 체크리스트

업무의 각 단계를 효과적으로 수행했는지 자가 점검해볼 수 있으며, 활동별로 기대되는 수행 수준을 달성했는지를 확인하는 데 효과적이다. 단, 시간의 흐름을 표현하기는 어렵다.

업무		체크	
		YES	NO
고객관리	고객 대장을 정비하였는가?		
	3개월에 한 번씩 고객 구매 데이터를 분석하였는가?		
	고객의 청구 내용 문의에 정확하게 응대하였는가?		
	고객 데이터를 분석하여 판매 촉진 기획에 활용하였는가?		

01 워크플로 시트는 전체 일정을 한눈에 볼 수 있고, 단계별로 업무의 시작과 끝을 알려주며, 간트 차트는 도형과 선으로 일의 흐름을 동적으로 보여준다. [   ]

01 [×] 간트 차트는 전체 일정을 한눈에 볼 수 있고, 단계별로 업무의 시작과 끝을 알려주며, 워크플로 시트는 도형과 선으로 일의 흐름을 동적으로 보여준다.

05 국제감각

(1) 국제감각이란

① 국제감각의 의의

업무를 하는 중에 다른 나라의 문화를 이해하고 국제적인 동향을 이해하는 능력을 말한다.

② 글로벌화의 의의 기출

활동 범위가 세계로 확대되는 것으로, 경제나 산업 등의 측면에서 벗어나 문화나 정치 등 다른 영역까지 확대되는 개념을 말한다.

③ 글로벌화에 따른 변화 기출

세계적인 경제통합	• 신기술을 확보한 기업이 국경을 넘어 확장 • 다국적 기업의 증가에 따른 국가간 경제 통합 강화
FTA 체결	무역장벽을 없애기 위한 노력

(2) 외국인과의 커뮤니케이션

① 문화충격(Culture Shock)

- 한 문화권에 속한 사람이 다른 문화를 접하게 되었을 때 체험하는 충격이다.
- 상대문화를 이질적으로 대하게 되고, 위화감·심리적 부적응 상태를 경험하게 된다.
- 문화충격에 대비하려면 다른 문화에 대해 개방적인 태도를 견지해야 한다.
- 자신의 기준으로 다른 문화를 평가하지 않되, 자신의 정체성은 유지해야 한다.

② 이문화(Intercultural) 커뮤니케이션

언어적 커뮤니케이션	• 언어를 통해 의사소통하는 것으로 상대방에게 의사를 전달할 때 직접적으로 이용되는 것이다. • 외국어 사용능력과 직결된다.
비언어적 커뮤니케이션	• 생활양식·행동규범 등을 통해 상대방과 의사소통하는 것이다. • 외국어 능력이 유창해도 문화적 배경을 잘 모르면 언어에 내포된 의미를 오해하거나 수용하지 못할 수 있다.

OX 문제

01 국제감각은 자신의 업무와 관련하여 국제적인 동향을 파악하고, 이를 적용할 수 있는 능력이다. [　]

02 문화충격에 대비해서 가장 중요한 것은 자신이 속한 문화를 기준으로 다른 문화를 객관적으로 평가하는 일이다. [　]

---

01 [○]

02 [×] 문화충격에 대비해서 가장 중요한 것은 자신이 속한 문화를 기준으로 다른 문화를 평가하지 말고, 자신의 정체성은 유지하되 다른 문화를 경험하는 데 개방적이고 적극적 자세를 취하는 것이다.

02 | 조직이해능력 맛보기

※ 다음 글을 읽고 이어지는 질문에 답하시오. [1~2]

C사의 교육팀에 신입사원이 입사를 하게 되었다. 교육팀장은 교육운영을 맡았던 박대리에게 그간의 업무는 신입사원에게 인수인계를 하고, 같은 팀 최과장을 도와 교육을 기획하는 업무를 담당하라고 이야기했다. 박대리는 신입사원이 출근하기에 앞서 교육팀에서 지난 2년간 수행했던 업무들을 정리하여 인수인계서를 작성했다. 인수인계서를 모두 작성하고 팀장의 결제를 받기 전에 내용이 빠짐없이 작성되었는지 확인할 필요가 있다고 판단되어 박대리는 팀 내에서 공통으로 활용하는 다음과 같은 점검표를 활용하기로 했다.

업무		확인	
		YES	NO
현황	담당업무에 대한 구분 및 정의는 명확하게 기술되었는가?		
	주요 업무계획 및 진행사항은 구체적으로 서술되었는가?		
	현안사항 및 문제점은 빠짐없이 작성되었는가?		
	주요 미결사항은 리스트와 세부 내용이 서술되었는가?		
⋮	⋮		

01 다음 중 박대리가 업무 인수인계서를 작성할 때 필수적으로 고려해야 할 항목으로 거리가 먼 것은?

① 조직의 업무 지침

② 업무 요령 및 활용 팁

③ 요구되는 지식, 기술, 도구

④ 관련 업무 및 유관부서 담당자

⑤ 요구되는 태도 및 재량권

02 다음 중 박대리는 업무수행을 점검하기 위해 어떤 도구를 활용하였는가?

① 체크리스트 ② 간트 차트

③ 워크플로 시트 ④ 벤 다이아그램

⑤ 스프레드 시트

01

정답 ②

업무 수행에 필요한 요령이나 활용 팁 등은 인수인계서 작성 시 필수적으로 고려해야 할 항목은 아니다.

오답분석

업무 인수인계서를 작성할 때 필수적으로 고려해야 할 항목으로는 조직의 업무 지침, 요구되는 지식, 기술, 도구, 태도, 관련 업무 및 관련 부서 담당자, 자율권 및 재량권, 업무에 대한 구분 및 정의 등이 해당된다.

02

정답 ①

박대리는 팀 내에서 공통으로 활용하는 체크리스트로 업무를 점검하였다.

업무 수행 시트의 종류

시트	내용
체크리스트 (Checklist)	업무의 각 단계를 효과적으로 수행했는지 스스로 점검해 볼 수 있는 도구로, 시간의 흐름을 표현하는 데에는 한계가 있지만 업무를 세부적인 활동들로 나누고 각 활동별로 기대되는 수행수준을 달성했는지를 확인하는 데에는 효과적이다.
간트 차트 (Gantt Chart)	미국의 간트가 1919년에 창안한 작업진도 도표로, 단계별로 업무 전체 시간을 바(Bar) 형식으로 표시한 것이다. 일정을 한눈에 볼 수 있고, 단계별로 소요되는 시간과 각 업무활동 사이의 관계를 보여준다.
워크플로 시트 (Work Flow Sheet)	일의 흐름을 동적으로 보여 주는 데 효과적이다. 특히 도형을 다르게 표현함으로써 주된 작업과 부차적인 작업, 혼자 처리할 수 있는 일과 다른 사람의 협조를 필요로 하는 일, 주의해야 할 일, 컴퓨터와 같은 도구를 사용해서 할 일 등을 구분해서 표현할 수 있다.

풀이 전략!

조직이해능력에서는 조직 자체에 대한 내용과 그 조직이 수행하는 업무에 대한 이해력을 묻는 두 가지의 유형으로 출제된다. 전자의 경우는 본 교재에서 설명하고 있는 조직이해론을 이해하고 있으면 충분히 풀이가 가능하나, 후자의 경우는 업무 자체에 대한 이해와 그 업무를 수행하는 데 필요한 절차 및 도표에 대한 문제들이 복합적으로 연결되어 출제되는 편이다. 의외로 이 유형의 문제에서 난도가 높은 문제가 종종 출제되므로 주의하기 바란다.

※ 다음 H그룹의 부서별 업무소개 자료를 읽고 이어지는 질문에 답하시오. [3~4]

---

1. ___㉠___ 직무 특성 및 소개

시설투자·공사지원·유지관리로 회사의 자산 가치를 극대화하고 임직원과의 소통과 원활한 경영활동 지원을 위한 업무를 수행합니다. 효율적인 공간 활용 및 쾌적한 사무환경 구축, 임직원 복지 증진으로 업무 효율성을 높이는 등 총체적인 업무지원 제반 활동을 진행합니다. 세부적으로 본사 및 사업장 부동산 자산관리, 임대차 자산 계약관리 등을 담당하는 관재업무, 설비 총괄 관리 및 시설물 관리로 쾌적한 근무 환경 조성 업무, 주주총회 기획·운영·관리 업무, 임직원 복리후생 제도 기획·운영 및 사회공헌 프로 그램을 진행하는 복지관련 업무, 경영진 및 VIP 의전 및 대민·대관 관련 업무 등을 수행합니다.

2. 구매직무 주요 업무 내용
  - 시장조사 : 환율, 원부자재 가격 변동 등 Trend 조사 및 분석
  - 업체발굴 : TCO관점에서 QCD 만족시키는 협력사 검토
  - 협상/계약 : 가격 협상 및 납기 조율
  - 자재관리 : 시스템 상 재고와 실 창고 재고 일치화 및 재고 수량 조사
  - 협력사 관리 및 협력사 기술/품질지원 : SRM시스템 구축 및 운영
  - 원가절감 활동 : 통합구매, 구매방식 다양화, 구매 시기 조정

---

03 다음 중 빈칸 ㉠에 들어갈 업무로 옳은 것은?

① 총무　　　　　　　　　　② 인사
③ 회계　　　　　　　　　　④ 생산
⑤ 기획

04 다음 중 구매 직무를 수행하기 위해 필요한 능력으로 옳지 않은 것은?

① 원가에 대한 이해력
② 데이터 분석 및 가공능력
③ 협상 및 설득능력
④ 생산 제품에 대한 지식
⑤ 협력사 검토 및 관리력

03

정답 ①

총무 업무는 일반적으로 주주총회 및 이사회 개최 관련 업무, 의전 및 비서업무, 집기비품 및 소모품의 구입과 관리, 사무실 임차 및 관리, 차량 및 통신시설의 운영, 국내외 출장 업무 협조, 복리후생업무, 법률자문과 소송관리, 사내외 홍보 광고업무 등이 있다.

오답분석

② 인사 업무 : 조직기구의 개편 및 조정, 업무분장 및 조정, 직원수급계획 및 관리, 직무 및 정원의 조정 종합, 노사관리, 평가관리, 상벌관리, 인사발령, 교육체계 수립 및 관리, 임금제도, 복리후생제도 및 지원업무, 복무관리, 퇴직관리 등
③ 회계 업무 : 회계제도의 유지 및 관리, 재무상태 및 경영실적 보고, 결산 관련 업무, 재무제표 분석 및 보고, 법인세, 부가가치세, 국세 지방세 업무자문 및 지원, 보험가입 및 보상업무, 고정자산 관련 업무 등
④ 생산 업무 : 생산계획 수립 및 총괄, 생산실행 및 인원관리, 원자재 수급 및 관리, 공정관리 및 개선업무, 원가관리, 외주관리 등
⑤ 기획 업무 : 경영계획 및 전략 수립, 전사기획업무 종합 및 조정, 중장기 사업계획의 종합 및 조정, 경영정보 조사 및 기획보고, 경영진단업무, 종합예산수립 및 실적관리, 단기사업계획 종합 및 조정, 사업계획, 손익추정, 실적관리 및 분석 등

04

정답 ④

생산 제품에 대한 지식은 품질관리 직무를 수행하기 위해 필요한 능력이다.

오답분석

① 원가절감 활동을 하기 위해서는 원가에 대한 이해력이 있어야 한다.
② 시장조사를 하기 위해서는 각종 데이터 분석 및 가공능력이 있어야 한다.
③ 협상 및 계약을 하기 위해서는 설득능력이 있어야 한다.
⑤ 업체 발굴 및 협력사 관리를 위해 필요한 능력이다.

풀이 전략!

업무 자체에 대한 이해를 묻는 문제로, 경우에 따라서는 실제 회사의 조직도가 주어지고 이와 연계하여 출제되는 경우도 종종 있는 편이다. 회사별로 업무 분장이 차이가 있을 수 있으나 총무, 인사 등과 같은 기본 업무들은 그 내용이 대동소이하므로 지원하는 곳의 조직도를 미리 구해 각 부서들이 실제로 수행하는 업무들을 살펴보는 것이 좋다. 이는 NCS 직업기초능력평가 뿐만 아니라 필기시험 합격 후 면접 시험을 대비할 때에도 큰 도움이 된다.

03 | 대표유형 적중문제

정답 및 해설 p.051

|01| 모듈형

01 H공단에 근무 중인 B차장은 새로운 사업을 실행하기에 앞서 설문조사를 하려고 한다. 아래의 방법을 이용하려고 할 때, 설문조사 순서를 바르게 나열한 것은?

> 델파이 기법은 전문가들의 의견을 종합하기 위해 고안된 기법으로 불확실한 상황을 예측하고자 할 경우 사용하는 인문사회과학 분석기법 중 하나이다. 설문지로만 이루어지기 때문에 전문가들의 익명성이 보장되고, 반복적인 설문을 통해 얻은 반응을 수집·요약해 특정한 주제에 대한 전문가 집단의 합의를 도출하는 방식으로 진행된다.

① 설문지 제작 - 발송 - 회수 - 검토 후 결론 도출 - 결론 통보
② 설문지 제작 - 1차 대면 토론 - 중간 분석 - 2차 대면 토론 - 합의 도출
③ 설문지 제작 - 발송 - 회수 - 중간 분석 - 대면 토론 - 합의 도출
④ 설문지 제작 - 발송 - 새 설문지 제작 - 발송 - 회수 - 합의 도출
⑤ 설문지 제작 - 발송 - 회수 - 중간 분석 - 재발송 - 회수 - 합의 도출

02 귀하는 W은행의 프라이빗뱅킹(PB) 서비스를 제공하는 업무를 담당하고 있다. 최근 팀 내의 실적이 감소하고 있는 추세에 대해서 근본적인 원인을 파악하기 위해서 여러 가지 떠오르는 생각들을 순서대로 기술하였다. 이를 체계적으로 분석하여 팀 회의에서 보고하려고 하는데, 다음 원인들의 인과관계를 따져보고 귀하가 택할 가장 근본적인 원인은 무엇인가?

> • 재무설계 제안서의 미흡
> • 절대적인 고객 수 감소
> • 고객과의 PB 서비스 계약 감소
> • 고객정보의 수집 부족
> • 금융상품의 다양성 부족

① 고객과의 PB 서비스 계약 감소
② 절대적인 고객 수 감소
③ 고객정보의 수집 부족
④ 금융상품의 다양성 부족
⑤ 재무설계 제안서의 미흡

※ 다음의 대화를 읽고 이어지는 질문에 답하시오. [3~4]

> 김희연 : 좋은 직장과 안 좋은 직장을 알 수 있는 기준은 참 많지만, 하나를 골라보라면 ___⊙___ 을/를 고를 겁니다. 전임자가 회사를 도망치듯 나오거나 회사 자체가 ___⊙___ 의 중요성을 모르거나 후임자가 알아서 적응하는 것을 당연히 여기는 모습을 관행으로 여긴다면 좋은 회사일 리가 없죠.
>
> 김동원 : 저도 그렇게 생각해요. ___⊙___ 을/를 잘하는 것이 조직의 경쟁력 중에 하나가 될 수 있는데 말이죠. 앞서 일을 맡은 사람이 긴 시간 동안 보고 듣고 느낀 내용 중 가장 중요한 것만 전달할 수 있는 학습의 장이자, 업무의 질을 한 단계 올릴 수 있는 시간으로 만들 수도 있는데요.
>
> 임영훈 : 그러게 말이에요. 제가 지금 딱 그 상황입니다. 이번 달에 부서 이동을 해서 업무를 진행하기 전 ___⊙___ 자료를 보면서 업무 파악을 하고 있어요. 그런데 전임자였던 김호중씨가 정말 기본적인 정보 외에는 주지 않더군요. 물어볼 사항이 한두 가지가 아닌데… 경쟁자로 의식하나 봅니다. ⓛ 이전에 김호중씨가 작성했던 보고서를 참고하려고 자료를 요청했는데 자신이 직접 작성한 거라 공유하기가 어렵다고 하더군요. 그나마 시급한 문제들은 장민호 계장이 도와준 덕분에 잘 해결되었으니 다행이죠.
>
> 이준원 : 저도 곧 인사발령이 나면 제 업무를 누군가가 담당해야 할 것인데 김호중씨처럼 본인의 담당업무 외에 일을 안 맡으려는 분이 있으니 마음이 좀 무겁네요. 서로 도우면 좋을 텐데.

03 다음 중 빈칸 ⊙에 공통으로 들어갈 내용으로 가장 적절한 것은?

① 업무지침　　　　　　　　② 체크리스트
③ 인수인계　　　　　　　　④ 직무기술서
⑤ 간트 차트

04 다음 중 밑줄 친 ⓛ과 같은 상황에서의 주의사항으로 옳지 않은 것은?

① 전임자의 업무 경험과 같이 파일을 공유해야 한다.
② 팀 단위의 상황에서는 과거 사례를 바탕으로 팀원의 핵심역량에 대해 인계해야 한다.
③ 맡았던 모든 일을 일일이 디테일하게 다 알려주어야 한다.
④ 조직 내에서 현재 진행하고 있는 일에 대해 주요 이슈별로 정리해서 현재 진척 상황을 공유해야 한다.
⑤ 정식 인수인계 문서를 작성하고 관리자와 기타 영향을 받을 주요 직원들과 함께 문서를 검토해야 한다.

※ 다음 D기업의 경영전략의 자료를 읽고 이어지는 질문에 답하시오. [5~6]

지난 해 D기업은 총매출 1조 2,490억 원을 달성했다. 이는 대한민국 인구 5,000만 명을 기준으로 했을 때, 인당 D기업 제품을 연간 약 20개를 구입한 셈이다. 평균가 1,200원 제품을 기준으로 했을 때는 연간 총약 10억 개가 팔린 수치다. 하루 평균 약 273만개, 시간당 약 11만개, 분당 약 1,830개, 초당 약 30개가 팔린 것이다. 하루 D기업 매장을 이용하는 고객수도 일일 60만 명에 이르고 있다. 요즘 SNS상에는 D기업이라는 이름보다 '다있소'라는 말이 더 많이 검색된다. "오늘 다있소에서 득템했어.", "다있소의 희귀템 추천합니다." 등은 없는 것이 없는 D기업을 지칭하는 말이다. 이같이 인식시킬 수 있었던 비결에는 D기업만의 차별화된 콘셉트와 마케팅 전략이 숨어 있기 때문이라고 회사는 설명한다. ㉠ 1,000원 상품 비중이 50% 이상, 국산 제품 비중이 50% 이상이어야 한다는 기본 경영철학 하에 가격 고정이라는 카테고리 전략을 펼친 것이다. 이것에 승부를 걸어온 D기업은 전국 어디에서나 일상생활에 필요한 모든 상품을 공급한다는 차별화 된 정책을 지속시키고 있다. 과거에는 불황시대의 산물로써 비춰진 적도 있었지만, 불황이나 호황에 구애받지 않는 것 또한 D기업만의 차별화된 행보다. 매월 600여 개의 신제품을 쏟아내는 것 또한 D기업만의 차별화 된 소싱 능력으로 꼽을 수 있다.

05 다음 중 밑줄 친 ㉠에 해당하는 D기업의 경영전략에 해당하는 것은?

① 원가우위전략　　　　　　　　② 차별화전략
③ 집중화전략　　　　　　　　　④ 혁신전략
⑤ 비차별화전략

06 경영전략은 전략 목표 설정, 전략 환경 분석, 경영전략 도출, 경영전략 실행, 전략평가 및 피드백의 단계로 실행된다. 경영전략의 5단계 추진 과정 중 윗글의 사례에 해당하는 것은?

① 전략 환경 분석　　　　　　　② 경영전략 도출
③ 경영전략 실행　　　　　　　　④ 전략 평가 및 피드백
⑤ 전략 목표 설정

※ 다음 글을 읽고 이어지는 질문에 답하시오. [7~8]

최근 서울 강서구에 있는 L전자제품 유통채널인 'B샵'에 한 손님이 찾아왔다. 이 손님은 건물 1 ~ 2층에 위치한 고객 체험형 가전공간과 연계한 인테리어 숍인숍, 3층 서비스센터 등 매장 곳곳을 살펴봤다. 이 손님은 코로나 사태로 힘든 시기임에도 제품 판매와 A/S, 배송 등 서비스 제공을 위해 최선을 다하는 직원들에게 감사를 표하고 매장을 떠났다. 이 손님은 바로 L그룹 대표였다. 그는 직원들 업무에 지장을 주지 않도록 B샵 담당 임원과 책임급 실무자 3 ~ 4명과 함께 이 매장을 찾았다. 당시 매장에는 고객들이 적지 않았지만, L그룹 회장의 방문을 눈치챈 사람은 한 명도 없었던 것으로 알려졌다.

L그룹 대표는 불필요한 형식과 격식은 과감하게 없애고, 진심을 갖고 구성원과 이해관계자들을 대하면서 L그룹의 미래를 위한 새로운 변화를 이끌고 있다. L그룹 대표는 2022년 6월 29일 L그룹 대표이사 회장에 취임한 직후 임직원들에게 '회장'이 아닌 '대표'로 불러 달라 당부했다. 또 문자나 이메일 등으로 임직원과 격의 없이 소통한다. L그룹 내에는 대표의 문자를 받고 깜짝 놀랐다는 임원이 적지 않은 것으로 알려졌다. 또한 코로나19 등의 감염병 확산 방지를 염두에 두고, 올해부터 아예 온라인 시무식으로 전환해 신년사를 담은 영상을 전 세계 25만 명의 임직원에게 이메일로 전달했다. 회의문화도 철저히 실용적으로 변화시켰다.

07 다음 중 윗글을 읽고 유추할 수 있는 L그룹의 경영전략으로 적절하지 않은 것은?

① 대표는 실용성과 진정성, 이 두 가지 리더십을 가지고 회사를 경영하고 있다.
② 회장이라는 직위보다는 지주회사 대표라는 직책이 갖는 의미를 강조하고 있다.
③ 1등 전략을 통해 국내 선도기업을 목표로 하고 있다.
④ 직원들과 격의 없이 소통하며 직원들을 동반자의 관계로 존중하고 있다.
⑤ 코로나 시대에 직원 간 소통을 비대면으로 하며 효과적으로 대응하고 있다.

08 조직문화에 가장 많은 영향을 주는 사람은 CEO이다. 다음 조직문화를 구성하는 7가지 요소 중 윗글의 사례에 해당하는 것은?

〈조직문화를 구성하는 7요소〉

공유가치(Shared Value), 전략(Strategy), 조직구조(Structure), 제도(System), 구성원(Staff), 관리기술(Skill), 리더십스타일(Style)

① 리더십스타일   ② 구성원
③ 제도   ④ 관리기술
⑤ 공유가치

09 다음 중 직무수행교육(OJT; On the Job Training)의 네 가지 단계를 순서대로 바르게 나열한 것은?

> ㉠ 시켜보고 잘못을 시정한다. 시켜보면서 작업을 설명하도록 한다. 다시 한 번 시켜보면서 급소를 말하도록 한다. 완전히 이해할 때까지 확인한다.
> ㉡ 편안하게 한다. 어떤 작업을 하는지 말한다. 그 작업에 대해서 어느 정도 알고 있는지 확인한다. 작업을 배우고 싶은 기분이 되도록 한다. 올바른 위치에 자세를 취하도록 한다.
> ㉢ 중요한 스텝(Step)을 하나씩 말해서 들려주고, 해 보이고, 기록해 보인다. 급소를 강조한다. 확실하게, 빠짐없이, 끈기 있게, 이해하는 능력 이상으로 하지 않는다.
> ㉣ 작업에 종사시킨다. 모를 때에 답변할 사람을 지정해 둔다. 몇 번이고 조사한다. 질문하도록 작용한다. 차츰 지도를 줄인다.

① ㉠ - ㉢ - ㉡ - ㉣
② ㉡ - ㉠ - ㉢ - ㉣
③ ㉡ - ㉢ - ㉠ - ㉣
④ ㉢ - ㉠ - ㉣ - ㉡
⑤ ㉢ - ㉡ - ㉠ - ㉣

10 다음은 경영참가제도의 유형에 대한 자료이다. 밑줄 친 ㉠ ~ ㉢에 대한 설명으로 옳지 않은 것은?

① ㉠의 경우 초기단계에서는 경영자가 경영 관련 정보를 근로자에게 제공한다.
② ㉡은 구성원의 몰입과 관심을 높일 수 있는 방법이다.
③ ㉡은 생산의 판매 가치나 부가가치의 증대를 기준으로 성과배분을 하기도 한다.
④ ㉢은 근로자들이 퇴직 후에 생활자금을 확보할 수 있는 방법이 될 수 있다.
⑤ ㉢의 사례로는 공동의사결정제도와 노사협의회제도를 볼 수 있다.

| 03 | 피듈형

01 C사원은 베트남에서의 국내 자동차 판매량에 대해 조사를 하던 중에 한 가지 특징을 발견했다. 베트남 사람들은 간접적인 방법을 통해 구매하는 것보다 매장에 직접 방문해 구매하는 것을 더 선호한다는 사실이다. 다음 중 이를 참고하여 C사원이 기획한 신사업 전략으로 옳지 않은 것은?

① 인터넷과 TV광고 등 비대면채널 홍보를 활성화한다.

② 쾌적하고 깔끔한 매장 환경을 조성한다.

③ 언제 손님이 방문할지 모르므로 매장에 항상 영업사원을 배치한다.

④ 매장 곳곳에 홍보물을 많이 비치해둔다.

⑤ 정확한 설명을 위해 사원들에게 신차에 대한 정보를 숙지하게 한다.

02 다음 상황에서 팀장의 지시를 적절히 수행하기 위하여 오대리가 거쳐야 할 부서명을 순서대로 바르게 나열한 것은?

> 오대리, 내가 내일 출장 준비 때문에 무척 바빠서 그러는데 자네가 좀 도와줘야 할 것 같군. 우선 박비서한테 가서 오후 사장님 회의 자료를 좀 가져다 주게나. 오는 길에 지난주 기자단 간담회 자료 정리가 되었는지 확인해 보고 완료됐으면 한 부 챙겨 오고. 다음 주에 승진자 발표가 있을 것 같은데 우리 팀 승진 대상자 서류가 잘 전달되었는지 그것도 확인 좀 해 줘야겠어. 참, 오후에 바이어가 내방하기로 되어 있는데 공항 픽업 준비는 잘 해 두었지? 배차 예약 상황도 다시 한 번 점검해 봐야 할 거야. 그럼 수고 좀 해 주게.

① 기획팀 – 홍보팀 – 총무팀 – 경영관리팀

② 비서실 – 홍보팀 – 인사팀 – 총무팀

③ 인사팀 – 법무팀 – 총무팀 – 기획팀

④ 경영관리팀 – 법무팀 – 총무팀 – 인사팀

⑤ 회계팀 – 경영관리팀 – 인사팀 – 총무팀

※ 다음 J회사의 조직구성표를 보고 이어지는 질문에 답하시오. [3~4]

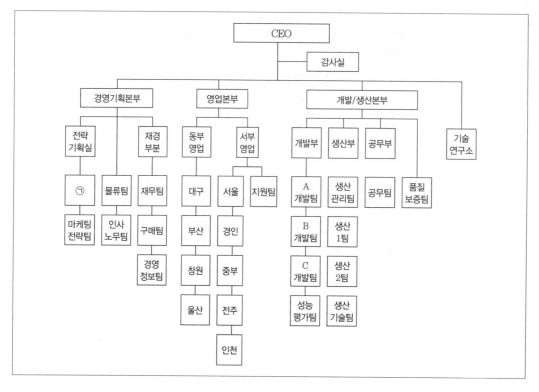

03 다음 중 빈칸 ㉠에 들어갈 팀으로 적절하지 않은 것은?

① 전략지원팀
② 경영기획팀
③ 시설관리팀
④ 기획홍보팀
⑤ 인력지원팀

04 다음은 K씨가 담당하고 있는 업무의 소개이다. K씨는 어느 본부 소속인가?

> K씨는 생산 제품의 영업기획, 영업계획 수립, 견적, 계약, 판매관리, 채권관리, 홍보관리 등의 업무
> 를 담당한다. 영업기획은 시장, 경쟁사 동향 파악은 물론 신제품 개발 및 신규사업 수요조사를 통한
> 장·단기 수요, 판매를 예측하고 대응전략을 수립한다. 그리고 영업계획 수립은 월별 견적, 수주,
> 판매, 수금 계획을 작성 및 관리하며, 사양 및 원가를 검토해 견적서를 제출한다. 이외에 계약 전반
> 적인 사항의 검토 및 협의, 기준 판매 가격 책정, 영업실적 및 출하일정 관리, 국내 딜러 및 고객사
> 관리·지원 등의 업무를 수행한다.

① 경영기획본부
② 영업본부
③ 개발/생산본부
④ 기술 연구소
⑤ 감사실

※ 다음은 어떤 기관에서 공지한 교육 홍보물의 내용 중 일부를 발췌한 자료이다. 이어지는 질문에 답하시오. [5~6]

– 상략 –

▶ 신청 자격 : 중소기업 재직자, 중소기업 관련 협회·단체 재직자
 – 성공적인 기술 연구개발을 통해 기술 경쟁력을 강화하고자 하는 중소기업
 – 정부의 중소기업 지원 정책을 파악하고 국가 연구개발 사업에 신청하고자 하는 중소기업

▶ 교육비용 : 100% 무료교육(교재 및 중식 제공)

▶ 교육일자 : 모든 교육과정은 2일 16시간 과정, 선착순 60명 마감

과정명	교육내용	교육일자	교육장소	접수마감
정규(일반)	연구개발의 성공을 보장하는 R&D 기획서 작성	8. 19(월) ~ 20(화)	B대학교	8. 18(일)
정규(종합)	R&D 기획서 작성 및 사업화 연계	8. 28(수) ~ 29(목)	A센터	8. 23(금)

※ 선착순 모집으로 접수마감일 전 정원 초과 시 조기 마감될 수 있습니다.

본 교육과 관련하여 보다 자세한 정보를 원하시면 ___㉠___ K사원(123-4567)에게 문의하여 주시기 바랍니다.

---

05 다음 중 K사원이 속해 있을 부서에서 수행하고 있을 업무로 적절하지 않은 것은?

① 중소기업 R&D 지원 사업 기획 및 평가·관리
② R&D 교육 관련 전문 강사진 관리
③ 연구개발 기획 역량 개발 지원 사업 기획·평가·관리
④ R&D 관련 장비 활용 지원 사업 기획 및 평가·관리
⑤ R&D 사업화 연계·지원 관리

06 교육 홍보물에 공지한 교육과 관련된 고객의 질문에 대해 K사원이 대답하기 어려운 질문은?

① 교육 과정을 신청할 때 한 기업에서 참여할 수 있는 인원수 제한이 있습니까?
② 본 교육의 내용을 바탕으로 기획서를 작성한다면 저희 기업도 개발 지원이 가능합니까?
③ 접수 마감일인 18일 현재 신청이 마감되었습니까? 혹시 추가 접수도 가능합니까?
④ 이전 차수에서 동일한 교육 과정을 이수했을 경우 이번 교육은 참여가 불가능합니까?
⑤ 일반과 종합과정을 모두 신청하는 것도 가능합니까?

CHAPTER 08

대인관계능력

합격 Cheat Key

대인관계능력은 직장생활에서 접촉하는 사람들과 원만한 관계를 유지하고 조직구성원들에게 도움을 줄 수 있으며 조직 내부 및 외부의 갈등을 원만히 해결하고 고객의 요구를 충족할 수 있는 능력을 의미한다. 또한, 직장생활을 포함한 일상에서 스스로를 관리하고 개발하는 능력을 말한다. 세부 유형은 팀워크, 갈등 관리, 협상, 고객 서비스로 나눌 수 있다.

1 일반적인 수준에서 판단하라!

일상생활에서의 대인관계를 생각하면서 문제에 접근하면 어렵지 않게 풀 수 있다. 그러나 수험생들 입장에서 직장 내에서의 상황, 특히 역할(직위)에 따른 대인관계를 묻는 문제는 까다롭게 느껴질 수 있고 일상과는 차이가 있을 수 있기 때문에 이런 유형에 대해서는 따로 알아둘 필요가 있다.

2 이론을 먼저 익혀라!

대인관계능력 이론을 접목한 문제가 종종 출제된다. 물론 상식 수준에서도 풀 수 있지만 정확하고 신속하게 해결하기 위해서는 이론을 정독한 후 자주 출제되는 부분들은 암기를 필수로 해야 한다. 자주 출제되는 부분은 리더십과 멤버십의 차이, 단계별 협상 과정, 고객 불만 처리 프로세스 등이 있다.

3   실제 업무에 대한 이해를 높여라!

출제되는 문제의 수는 많지 않으나, 고객과의 접점에 있는 서비스직군 시험에 출제될 가능성이 높은 영역이다. 특히 상황 제시형 문제들이 많이 출제되므로 실제 업무에 대한 이해를 높여야 한다.

4   애매한 유형의 빈출 문제, 선택지를 파악하라!

대인관계능력의 출제 문제들을 보면 이것도 맞고, 저것도 맞는 것 같은 선택지가 많다. 하지만 정답은 하나이다. 출제자들은 대인관계능력이란 공부를 통해 얻는 것이 아닌 본인의 독립적인 성품으로부터 자연스럽게 나오는 것이라고 생각한다. 수험생들이 선택하는 보기로 그 수험생들을 파악한다. 그러므로 대인관계능력은 빈출 유형의 문제와 선택지를 파악하고 가는 것이 애매한 문제들의 정답률을 높이는 데 도움이 될 것이다. 내가 맞다고 생각하는 선택지가 답이 아닐 가능성이 있기 때문이다.

01 | 모듈이론

01 대인관계능력의 의의

(1) 대인관계능력이란?

① 대인관계의 의의

조직 구성원 간에 협조적인 관계를 유지하고, 구성원들에게 도움을 줄 수 있으며, 조직 내·외부의 갈등을 원만히 해결하는 능력을 말한다.

② 대인관계능력의 하위능력

종류	내용
팀워크 능력	다른 구성원들과 목표를 공유하고 원만한 관계를 유지하며, 책임감 있게 업무를 수행하는 능력
리더십 능력	조직 구성원들의 업무 향상에 도움을 주며 동기화시킬 수 있고, 조직의 목표 및 비전을 제시할 수 있는 능력
갈등관리 능력	조직 구성원 사이에 갈등이 발생하였을 경우, 이를 원만히 조절하는 능력
협상 능력	협상 가능한 목표를 세우고 상황에 맞는 협상 전략을 선택하여 다른 사람과 협상하는 능력
고객서비스 능력	고객서비스에 대한 이해를 바탕으로 실제 현장에서 다양한 고객에 대처하고 고객만족을 이끌어 낼 수 있는 능력

(2) 대인관계 양식의 유형과 특징 기🖼

유형	특징
지배형	• 대인관계에 자신이 있으며 자기주장이 강하고 주도권을 행사함 • 지도력과 추진력이 있음 • 강압적·독단적·논쟁적이어서 마찰이 발생할 가능성이 높음 • 지시에 순종하지 않고 거만하게 보임
실리형	• 이해관계에 예민하며 성취 지향적임 • 자기중심적·경쟁적이며, 이익을 우선시함 → 타인에 대한 관심과 배려가 부족함 • 타인을 신뢰하지 못함 • 불공평한 대우에 예민함
냉담형	• 이성적이고 냉철하며, 의지가 강하고 타인과 거리를 둠 • 타인의 감정에 무관심함 • 긍정적인 감정 표현을 어려워함 • 오랜 기간 깊게 사귀기 어려움
고립형	• 혼자 일하는 것을 좋아하며, 감정을 드러내지 않음 • 사회적 상황을 회피하며 감정을 지나치게 억제함 • 침울하고 우유부단하여 고립될 가능성이 있음

복종형	• 수동적이고 의존적임 • 자신감이 낮고 주목받는 일을 피함 • 자신의 의사를 전달하기 어려워함 • 상급자의 위치에서 일하는 것에 부담을 느낌
순박형	• 단순하고 솔직하며, 너그럽고 겸손함 • 주관 없이 끌려다니기 쉬움 → 이용당할 가능성이 높음 • 원치 않을 때에도 타인의 의견에 반대하지 못함
친화형	• 타인을 배려하며 자기희생적 태도 • 요구를 잘 거절하지 못하고 타인의 필요를 자신보다 앞세움 • 타인과의 정서적 거리 유지 노력 • 본인의 이익도 중요함을 인식
사교형	• 외향적, 인정받고자 하는 욕구 • 타인에게 간섭하는 경향 • 흥분, 충동적 성향 • 개인적인 일을 타인에게 너무 알리는 경향이 있음 • 자신의 내면적 생활에 관심을 가지고, 인정받고자 하는 욕구에 대해 성찰할 필요가 있음

OX 문제

01 대인관계능력이란 조직원들과 협조적인 관계 유지, 조직 구성원들에게 업무상의 도움, 조직 내부 및 외부의 갈등 해결, 고객의 요구를 충족시켜줄 수 있는 능력 등을 포괄하는 개념이다. [ ]

02 친화형 인간의 경우는 나의 이익보다는 타인의 이익이 중요하다는 것을 인식함으로서 문제점을 해결할 수 있다. [ ]

03 대인관계 유형 중 순박형은 겸손하고 너그러운 경향이 있으며, 본인이 원치 않는 것에 대해서는 반대 의견을 잘 표현한다. [ ]

01 [○]

02 [×] 친화형의 경우 타인의 요구를 잘 거절하지 못하고 타인의 필요를 자신의 것보다 앞세우는 경향이 있기 때문에, 타인의 이익만큼이나 나의 이익이 중요하다는 것을 인식하는 게 중요하다.

03 [×] 순박형은 겸손하고 너그러운 경향이 있으며, 본인이 원치 않는 것에 대해서는 반대 의견을 잘 표현하지 못한다. 이에 자신의 의견을 표현하고 주장하는 노력이 필요하다.

(1) 팀워크의 의의와 특징

① 팀워크의 정의

'Team'과 'Work'의 합성어로, 팀 구성원이 공동의 목적을 달성하기 위해 상호 관계성을 가지고 협력해 업무를 수행하는 것을 말한다.

② 팀워크와 응집력의 차이

팀워크	응집력
구성원이 공동의 목적을 달성하기 위해 상호 관계성을 가지고 서로 협력해 업무를 수행하는 것	사람들로 하여금 집단에 머물도록 하고, 그 집단의 구성원으로 계속 남아 있기를 원하게 만드는 힘

③ 팀워크의 유형

협력·통제·자율 등의 3가지 기제를 통해 구분되는데, 조직이나 팀의 목적, 추구하는 사업 분야에 따라 서로 다른 유형의 팀워크를 필요로 한다.

④ 팀워크를 저해하는 요소 기출

- 조직에 대한 이해 부족
- 이기주의
- 자아의식 과잉
- 질투나 시기로 인한 파벌주의
- 그릇된 우정과 인정
- 사고방식의 차이에 대한 무시

(2) 리더십과 팔로워십

① 팔로워십의 의의

리더를 따르는 것으로, 따르는 사람들은 헌신, 전문성, 용기, 정직하고 현명한 평가 능력, 융화력, 겸손함이 있어야 하며, 리더가 결점이 보일 때 덮어주는 아량도 있어야 한다. 리더십과 팔로워십은 상호 보완적이며 필수적인 관계를 이룬다.

② 팔로워십의 유형 기출

구분	자아상	동료 / 리더의 시각	조직에 대한 자신의 느낌
소외형	• 자립적 • 일부러 반대의견 제시 • 조직의 양심	• 냉소적 • 부정적 • 고집이 셈	• 자신을 인정하지 않음 • 적절한 보상의 부재 • 불공정하며 문제가 있음
순응형	• 기쁜 마음으로 과업수행 • 팀플레이 • 리더나 조직을 믿고 헌신	• 아이디어 없음 • 인기 없는 일은 하지 않음 • 조직을 위해 자신과 가족의 요구를 양보	• 기존 질서 존중 • 리더의 의견을 거스르지 못함 • 획일적인 태도
실무형	• 조직의 운영방침에 민감 • 균형 잡힌 시각 • 규정과 규칙	• 개인의 이익 극대화 • 적당한 열의와 평범한 수완	• 규정 준수 강조 • 명령과 계획의 잦은 변경 • 리더와 부하 간의 비인간적 풍토

수동형	• 리더에 의존 • 지시에 의한 행동	• 제 몫을 하지 못함 • 감독이 반드시 필요	• 조직이 자신의 아이디어를 원치 않음 • 노력과 공헌은 소용없음
주도형	이상적인 유형		

(3) 팀워크의 촉진방법

① 건설적 피드백

문제 제기	해당 팀원으로 하여금 업무 수행이나 근무태도의 특정 사안에 대해 시정해야 할 부분이 있음을 알게 하는 것으로, 업무목표 달성과 관련된 경우나 자신이 해야 할 일이 아닌 업무를 하고 있을 때 문제를 제기하는 단계
상황 이해	업무 수행과 근무태도가 부서에 미치는 영향에 관해 기술하고, 상호 이해에 도달함으로써 해당 팀원이 무엇이 문제인지를 알게 하는 단계
문제 해결	바람직한 결과를 끌어내기 위해서 해당 팀원이 현재 상황을 개선할 수 있도록 행동을 취하게 하는 단계

② 갈등의 해결
  ㉠ 성공적으로 운영되는 팀은 갈등의 해결에 능숙하다. 효과적인 갈등관리로 혼란과 내분을 방지하고, 팀 진전 과정에서의 방해 요소를 미리 없앤다.
  ㉡ 팀원 사이의 갈등을 발견하면 제3자로서 신속히 개입해 중재해야 한다.

③ 훌륭한 결정이 되기 위해서 고려해야 할 2가지 측면

결정의 질	• 쟁점의 모든 측면을 다루었는가? • 모든 팀원과 협의하였는가? • 추가 정보나 조언을 얻기 위해 팀 외부와 협의할 필요가 있는가?
구성원의 참여	• 모든 팀원이 결정에 동의하는가? • 팀원들은 결정을 실행함에 있어서 각자의 역할을 이해하고 있는가? • 팀원들은 결정을 열성적으로 실행하고자 하는가?

OX 문제

01 응집력이란 사람들로 하여금 집단에 머물도록 만들고, 그 집단의 멤버로서 계속 남아 있기를 원하게 만드는 힘을 의미한다. [　]

02 팔로워십 유형 중 실무형은 조직의 운영방침에 민감하며 사건을 균형 잡힌 시각으로 보는 특징을 가진다. [　]

03 팔로워십의 유형 중 소외형은 조직이 자신을 인정해 주지 않는다고 느끼며, 다른 사람이 볼 때 다소 냉소적·부정적으로 보인다. [　]

01 [○]
02 [○]
03 [○]

(1) 리더십의 의의

① 리더십의 의의 📖

모든 조직 구성원이 각자의 위치에서 가질 수 있는 것으로, '조직의 공통된 목적을 달성하기 위하여 개인이 조직원들에게 영향을 미치는 과정'을 의미한다.

② 리더십에 대한 일반적인 정의·개념

> • 조직 구성원들로 하여금 조직의 목표를 위해 자발적으로 노력하도록 영향을 주는 행위
> • 어떤 주어진 상황 내에서 목표 달성을 위해 개인 또는 집단에 영향력을 행사하는 과정
> • 자신의 주장을 소신 있게 나타내고 다른 사람들을 격려하는 힘

③ 리더와 관리자

리더	관리자
• 새로운 상황 창조자	• 상황에 수동적
• 혁신지향적	• 유지지향적
• '내일'에 초점을 맞춘다.	• '오늘'에 초점을 맞춘다.
• 사람을 중시	• 체제나 기구를 중시
• 정신적	• 기계적
• 계산된 리스크를 취한다.	• 리스크를 회피한다.
• '무엇을 할까?'를 생각한다.	• '어떻게 할까?'를 생각한다.

④ 리더십의 발휘 구도

산업 사회에서 정보 사회로 이행되면서 상사가 하급자에게 발휘하는 형태뿐만 아니라 조직원이 동료나 상사에게까지도 발휘해야 하는 전방위적 형태로 바뀌었다.

(2) 리더십의 유형 📖

① 독재자 유형

ⓐ 정책의사결정과 대부분의 핵심 정보를 자신에게만 국한해 소유한다.

ⓑ 통제가 없이 방만한 상태에 있을 때 혹은 가시적인 성과물이 보이지 않을 때 효과적이다.

ⓒ 특징 : 질문 금지, 모든 정보는 내 것, 실수를 용납하지 않음

② 민주주의 근접 유형

ⓐ 독재자 유형보다는 관대하다. 전체 그룹 구성원 모두를 목표 방향 설정에 참여시킴으로써 구성원들에게 확신을 심어주려고 노력한다.

ⓑ 혁신적이고 탁월한 부하 직원들을 거느리고, 그러한 방향을 계속적으로 지향할 때 가장 효과적이다.

ⓒ 특징 : 참여, 토론의 장려, 거부권

③ 파트너십 유형

ⓐ 리더와 집단 구성원 사이의 구분이 희미하다.

ⓑ 소규모 조직에서 풍부한 경험과 재능을 소유한 개개인들에게 적합하고 신뢰, 정직, 구성원들의 능력에 대한 믿음이 파트너십의 핵심 요소이다.

ⓒ 특징 : 평등, 집단의 비전, 책임 공유

④ 변혁적 유형

ⓐ 개개인과 팀이 유지해 온 업무 수행 상태를 뛰어넘으려 한다.

ⓑ 특징 : 카리스마, 자기 확신, 존경심과 충성심, 풍부한 칭찬, 감화

(3) 동기부여

① 동기부여의 의의

'동기부여'는 리더십의 핵심 개념이다. 성과와 목표의 실현은 동기부여의 직접적인 결과이며, 자신에게 동기를 부여해야 좋은 결과를 얻을 수 있다.

② 동기부여의 방법 📖

긍정적 강화법	목표달성을 높이 평가하여 곧바로 보상하는 행위
새로운 도전의 기회 부여	환경 변화에 따라 조직원에게 새로운 업무를 맡을 기회를 제공하여 발전과 창조성을 고무
창의적인 문제 해결법 발견	문제를 해결하도록 지도하고 개입하지만, 해결책은 스스로 찾을 수 있도록 분위기를 조성
역할과 행동에 책임감 부여	업무에 책임을 지도록 하는 환경 조성 → 안정감을 느끼고 의미 있는 일을 하고 있다는 긍지를 가짐
코칭	문제 및 진척 상황을 팀원들과 함께 살피고 지원하며, 지도 및 격려
변화를 두려워하지 않음	위험을 감수해야 할 이유와 목표 제시를 통해 팀원이 안전지대를 벗어나 높은 목표를 향하도록 격려
지속적 교육	지속적인 교육과 성장의 기회 제공을 통해 상사로부터 인정받고 있으며, 권한을 위임받았다고 느낄 수 있도록 동기부여

(4) 임파워먼트(Empowerment)

① 임파워먼트의 의의

직원들에게 일정 권한을 위임하면 자신의 능력을 인정받았다고 인식해 업무 효율성이 높아지므로 훨씬 쉽게 목표를 달성할 수 있다.

② 임파워먼트 환경의 특징 🗐🗐

- 도전적이고 흥미 있는 일
- 학습과 성장의 기회
- 높은 성과와 지속적인 개선을 가져오는 요인들에 대한 통제
- 긍정적인 인간관계
- 개인들이 공헌하며 만족한다는 느낌
- 상부로부터의 지원

③ 임파워먼트의 장애요인 🗐🗐

개인 차원	주어진 일을 해내는 역량의 결여, 동기의 결여, 결의의 부족, 책임감 부족, 의존성
대인 차원	다른 사람과의 성실성 결여, 약속 불이행, 성과를 제한하는 조직의 규범, 갈등 처리 능력 부족, 승패의 태도
관리 차원	통제적 리더십 스타일, 효과적 리더십 발휘 능력 결여, 경험 부족, 정책 및 기획의 실행 능력 결여, 비전의 효과적 전달 능력 결여
조직 차원	공감대 형성이 없는 구조와 시스템, 제한된 정책과 절차

(5) 변화관리의 단계 🗐🗐

① 1단계 : 변화의 이해

리더는 먼저 변화의 실상을 정확히 파악한 다음, 익숙했던 것들을 버리는 데서 오는 감정과 심리적 상태를 어떻게 다룰 것인가에 대해 심사숙고해야 한다. 변화관리에서 변화를 다루는 방법만큼 중요한 것은 없다.

- 변화가 왜 필요한가?
- 무엇이 변화를 일으키는가?
- 변화는 모두 좋은 것인가?

② 2단계 : 변화의 인식

리더는 직원들에게 변화와 관련된 상세한 정보를 제공하여 직원들 자신이 변화를 주도하고 있다는 마음이 들도록 이끌어야 한다.

- 개방적인 분위기를 조성한다.
- 구성원들의 감정을 세심하게 살핀다.
- 변화의 긍정적인 면을 강조한다.
- 변화에 적응할 시간을 준다.

③ 3단계 : 변화의 수용

> • 부정적인 행동을 보이는 구성원은 개별 면담을 통해 늘 관심 있게 지켜보고 있다는 사실과 언제든지 대화를 나눌 수 있다는 점을 주지시킨다.
> • 변화에 스스로 대처하려는 직원들에게도 도움을 주어야 한다. 이런 구성원들에게는 '인간은 자기 실현적 예언자'라는 점을 인식시키면 좋다.

OX 문제

01 독재자 유형의 리더십은 집단이 통제가 없이 방만한 상태에 있을 때 혹은 가시적인 성과물이 보이지 않을 때 사용한다면 효과적일 수 있다. [　]

02 목표달성을 높이 평가하여 곧바로 보상하는 행위를 긍정적 강화라고 한다. [　]

03 지속적으로 동기부여하기 위해 가장 좋은 방법은 금전적인 보상이나 편익, 승진 등의 외적인 동기유발이다. [　]

04 성공적인 임파워먼트를 위해서는 권한 위임의 한계를 명확하게 하여야 한다. [　]

---

01 [O]

02 [O]

03 [×] 외적인 동기유발제는 일시적으로 효과를 낼 수 있으며, 단기간에 좋은 결과를 가져오고 사기를 끌어올릴 수 있지만, 그 효과는 오래가지 못한다.

04 [O]

(1) 갈등의 의의

① '갈등'의 일반적 의미

조직을 구성하는 개인과 집단, 조직 간에 잠재적 또는 현재적으로 대립하고 마찰하는 사회적・심리적 상태를 말한다.

② 갈등과 조직성과 사이의 관계

갈등수준이 전혀 없거나 낮을 때에는 조직 내부는 의욕이 상실되고 환경 변화에 대한 적응력도 떨어져 조직성과가 낮아지게 된다. 그러나 갈등수준이 적절(X_1)할 때는 조직 내부에 생동감이 넘치고 변화지향적이며 문제해결 능력이 발휘된다.

[갈등과 조직성과]

③ 갈등의 증폭원인 기출

적대적 행동	• 팀원은 '승리・패배의 경기'를 시작한다. • 팀원은 문제를 해결하기보다는 '승리하기'를 원한다.
입장 고수	• 팀원은 공동의 목표를 달성할 필요성을 느끼지 않는다. • 팀원은 각자의 입장만을 고수하고, 의사소통의 폭을 줄이며, 서로 접촉하는 것을 꺼린다.
감정적 관여	• 팀원은 자신의 입장에 감정적으로 묶인다.

(2) 갈등의 두 가지 쟁점 기출

핵심적인 문제들은 대부분 갈등의 밑바닥에 깔려 있는 반면에, 감정적인 문제들은 갈등을 복잡하게 만든다. 갈등을 해결하기 위해서는 핵심적인 문제부터 해결해야 한다.

핵심 문제	감정적 문제
• 역할 모호성 • 방법에 대한 불일치 • 목표에 대한 불일치 • 책임에 대한 불일치 • 가치에 대한 불일치	• 공존할 수 없는 개인적 스타일 • 통제나 권력 확보를 위한 싸움 • 자존심에 대한 위협 • 질투 • 분노

(3) 갈등을 해결하기 위한 방법

① 갈등의 과정

의견 불일치	상대방에게 생각과 동기를 설명할 수 있는 기회를 주고 대화를 나누다 보면 오해가 사라지고 더 좋은 관계로 발전할 수 있지만, 그냥 내버려 두면 심각한 갈등으로 발전하게 된다.
대결 국면	상대방의 입장은 부정하면서 자기주장만 하려고 하며, 서로의 입장을 고수하려는 강도가 높아지면서 서로 간의 긴장은 더욱 높아지고 감정적인 대응이 더욱 격화되어 간다.
격화 국면	상대방에 대하여 더욱 적대적으로 발전해 나가며, 상대방의 생각이나 의견·제안을 부정하고, 그에 대한 반격으로 대응함으로써 자신들의 반격을 정당하게 생각한다.
진정 국면	흥분과 불안이 가라앉고 이성과 이해의 원상태로 돌아가려 하며, 협상이 시작된다. 협상과정을 통해 쟁점이 되는 주제를 논의하고 새로운 제안을 하며 대안을 모색하게 된다.
갈등의 해소	갈등 당사자들은 문제를 해결하지 않고는 자신들의 목표를 달성하기 어렵다는 것을 알게 된다. 서로 간에 쌓인 갈등의 해소는 회피형, 지배 또는 강압형, 타협형, 순응형, 통합 또는 협력형 등의 방법으로 이루어진다.

② 갈등 해결 방법

회피형 (Avoiding)	• 자신과 상대방에 대한 관심이 모두 낮은 경우 • 개인의 갈등상황으로부터 철회 또는 회피하는 것 • '나도 지고, 너도 지는 방법(I Lose-You Lose)'
경쟁형 (Competing)	• '지배형'이라고도 함 • 자신에 대한 관심은 높고, 상대방에 대한 관심은 낮은 경우 • '나는 이기고, 너는 지는 방법(Win-Lose)', 제로섬(Zero Sum)
수용형 (Accomodating)	• 자신에 대한 관심은 낮고, 상대방에 대한 관심은 높은 경우 • '나는 지고, 너는 이기는 방법(I Lose-You Win)' • 상대방이 거친 요구를 해오는 경우에 전형적으로 나타나는 반응
타협형 (Compromising)	• 서로가 받아들일 수 있는 결정을 하기 위하여 타협적으로 주고받는 방식(Give and Take) • 갈등 당사자들이 반대의 끝에서 시작하여 중간 정도 지점에서 타협하여 해결점을 찾는 것
통합형 (Integrating)	• '협력형(Collaborating)'이라고도 함 • 자신은 물론 상대방에 대한 관심이 모두 높은 경우로서, '나도 이기고, 너도 이기는 방법 (Win-Win)' • 가장 바람직한 갈등 해결 유형

(4) 원-윈(Win-Win) 갈등관리법 [기출]

① 원-윈 갈등관리법의 의미

문제해결을 위해 서로의 관점과 공동의 책임을 수용하도록 하는 방법으로, 팀원들에게 서로의 역할을 바꾸어서 수행해보도록 하는 것 등을 예시로 들 수 있다(어떤 모델을 적용할지 미리 결정하는 것보다 팀 내에서 대립이 있을 때마다 적절한 모델을 적용하는 것이 중요).

② 원-윈 전략에 의거한 갈등해결 7단계

ㄱ 1단계 : 충실한 사전 준비

ㄴ 2단계 : 긍정적인 접근 방식

ㄷ 3단계 : 두 사람의 입장을 명확히 하기

ㄹ 4단계 : Win-Win에 기초한 기준에 동의하기

ㅁ 5단계 : 몇 가지 해결책을 생각해내기

ㅂ 6단계 : 몇 가지 해결책을 평가하기

ㅅ 7단계 : 최종 해결책을 선택하고, 실행하는 것에 동의하기

01 '윈 – 윈(Win – Win) 갈등 관리법'이란 갈등을 피하거나 타협으로 예방하기 위한 방법이다. [   ]

> **01** [×] 갈등을 피하거나 타협으로 예방하려고 하는 접근법은 상당히 효과적이기는 하지만 문제를 근본적으로 해결해 주는 데에는 한계가 있다.

05 협상능력

(1) 협상의 의의 기출

차원	내용
의사소통 차원	이해당사자들이 자신들의 욕구를 충족시키기 위해 상대방으로부터 최선의 것을 얻어내려고 상대방을 설득하는 커뮤니케이션 과정
갈등 해결 차원	개인·조직 또는 국가가 가지고 있는 갈등의 문제를 해결하기 위해서 갈등관계에 있는 이해당사자들이 대화를 통해서 상반되는 이익은 조정하고, 공통되는 이익은 증진시키는 상호작용 과정
지식과 노력 차원	우리가 얻고자 원하는 것을 어떻게 다른 사람들보다 더 우월한 지위를 점유하면서 얻을 수 있을 것인가 등에 관련된 지식이며, 노력의 장
의사결정 차원	둘 이상의 이해당사자들이 여러 대안들 가운데 이해당사자들 모두가 수용가능한 대안을 찾기 위한 의사결정 과정
교섭 차원	선호가 서로 다른 당사자들이 합의에 도달하기 위해 의사결정하는 과정

(2) 협상의 단계 기출

협상 시작	• 협상 당사자들 사이에 상호 친근감을 쌓음 • 간접적인 방법으로 협상 의사를 전달함
상호 이해	• 적극적으로 경청하고 자기주장을 제시함 • 협상을 위한 협상 대상 안건을 결정함
실질 이해	• 겉으로 주장하는 것과 실제로 원하는 것을 구분하여 실제로 원하는 것을 찾아냄 • 분할과 통합 기법을 활용해 이해관계를 분석함
해결 대안	• 협상 안건마다 대안들을 평가함 • 대안 이행을 위한 실행 계획을 수립함
합의 문서	• 합의문을 작성함 • 합의문 상의 합의 내용·용어 등을 재점검한 후 서명함

(3) 협상 전략의 종류 기출

종류	내용
협력전략 : 문제해결전략 (Cooperative Strategy)	• 협상 참여자들이 협동과 통합으로 문제를 해결하고자 하는 협력적 문제해결전략 • 문제를 해결하는 합의에 이르기 위해서 협상 당사자들이 서로 협력하는 것 • 'I Win, You Win, We Win' 전략 • 협상전술 : 협동적 원인 탐색, 정보수집과 제공, 쟁점의 구체화, 대안들에 대한 공동평가, 협동하여 최종안 선택
유화전략 : 양보전략 (Smoothing Strategy)	• 상대방이 제시하는 것을 일방적으로 수용하여 협상의 가능성을 높이려는 전략 • 상대방의 욕구와 주장에 자신의 욕구와 주장을 조정하고 순응시켜 굴복 • 'I Lose, You Win' 전략 • 협상전술 : 유화, 양보, 순응, 수용, 굴복, 요구사항의 철회 등
회피전략 : 무행동전략 (Avoiding Strategy)	• 협상을 피하거나 잠정적으로 중단 또는 철수하는 전략 • 협상의 가치가 낮거나 중단하고자 할 때 혹은 상대방에게 필요한 양보를 얻어내고자 할 때, 또는 협상 이외의 방법으로 대안이 존재할 경우에 회피전략 사용 • 'I Lose, You Lose, We Lose' 전략 • 협상전술 : 협상을 회피·무시, 상대방의 도전에 대한 무반응, 협상안건을 타인에게 넘겨주기, 협상으로부터 철수 등
강압전략 : 경쟁전략 (Forcing Strategy)	• 상대방의 주장을 무시하고 자신의 힘으로 일방적으로 밀어붙여 상대방에게 자신의 입장을 강요하는 전략 • 상대방에 비해 자신의 힘이 강하거나 서로 인간관계가 나쁘고, 신뢰가 전혀 없는 상황에서 자신의 실질적 결과를 극대화하고자 할 때 강압전략을 사용 • 'I Win, You Lose' 전략 • 협상전술 : 위압적인 입장 천명, 협박과 위협, 협박적 설득, 확고한 입장에 대한 논쟁, 협박적 회유와 설득, 상대방 입장에 대한 강압적 설명 요청

(4) 상대방을 설득하는 방법

① See – Feel – Change 전략 기출

| See (시각화해 이해시킨다) | ⇨ | Feel (느끼게 해 감동시킨다) | ⇨ | Change (변화시켜 설득에 성공한다) |

② 상대방 이해 전략

협상 전략에 있어서 상대방 이해란 협상 과정상의 갈등해결을 위해서 상대방에 대한 이해가 선행되어 있으면 갈등해결이 용이하다는 것이다.

③ 호혜관계 형성 전략

협상 당사자 사이에 어떤 혜택들을 주고받는 관계가 형성되어 있으면 그 협상 과정상의 갈등해결에 용이하다.

④ 헌신과 일관성 전략

협상 당사자 사이에 기대하는 바에 일관성 있게 헌신적으로 부응해 행동하게 되면 협상 과정상의 갈등해결이 용이하다.

⑤ 사회적 입증 전략

어떤 과학적인 논리보다도 동료나 이웃의 언행에 의해서 상대방 설득을 진행하는 것이 협상 과정상의 갈등해결이 더 쉽다.

⑥ 연결 전략

협상 과정상의 갈등상태가 발생했을 때 그 갈등 문제와 갈등관리자를 연결하는 것이 아니라 그 갈등을 야기한 사람과 관리자를 연결하면 갈등해결이 용이해진다.

⑦ 권위 전략 [기술]

직위나 전문성, 외모 등을 이용하면 협상 과정상의 갈등해결에 도움이 될 수 있다.

⑧ 희소성 해결 전략

사람들은 시간적으로 희소하고 사회경제적으로 희소한 것을 소유하고자 하는 강력한 욕구가 있을 때 목숨을 걸 정도로 설득을 잘 당한다.

⑨ 반항심 극복 전략

반대가 심화될수록 희소성이 강화되고 반항심을 더욱 자극해 설득에 실패할 확률이 높아진다.

OX 문제

01 협상에서 성공하기 위해서는 시종 협상의 통제권을 잃지 않도록 해야 한다. [ ]

02 협력전략은 협상 당사자들이 자신들의 목적이나 우선순위에 대한 정보를 서로 교환하여 통합적으로 해결하고자 할 때 사용한다. [ ]

03 유화전략은 자신의 주장을 견지하면서 자신과 상대방의 주장을 절충하여 서로 양보하고자 할 때 사용한다. [ ]

---

01 [×] 협상은 통제권을 확보하는 것이 아니라 함께 의견 차이를 조정하면서 최선의 해결책을 찾는 것이다.

02 [○]

03 [×] 유화전략은 상대방과의 충돌을 피하고자 상대방의 주장에 대하여 자신의 욕구와 주장을 순응시켜 양보하고 굴복하는 전략이다.

---

06 고객서비스 능력

(1) 고객서비스의 의의와 고객의 불만

① 고객서비스의 의의

다양한 고객의 요구를 파악하고, 대응법을 마련하여 양질의 서비스를 제공하는 것을 말한다.

② 고객의 불만표현 유형 [기술]

유형	내용
거만형	• 자신의 과시욕을 드러내고 싶어 하는 고객으로, 보통 제품을 폄하하는 사람들이 많다. • 대응법 : 정중하게 대하는 것이 좋고, 자신의 과시욕이 충족되도록 제지하지 않는 것이 좋다.
의심형	• 직원의 설명이나 제품의 품질에 대해 의심을 많이 하는 고객을 말한다. • 대응법 : 분명한 증거나 근거를 제시해 스스로 확신을 갖도록 유도하고, 때로는 책임자로 하여금 응대하도록 하는 것도 좋다.

트집형	• 사소한 것으로 트집을 잡는 까다로운 고객을 말한다. • 대응법 : 이야기를 경청하면서 맞장구치거나 추켜세우고 설득하는 방법이 효과적이다. 잠자코 고객의 의견을 경청하고 사과를 하는 응대가 바람직하다.
빨리빨리형	• 성격이 급하고, 확신 있는 말이 아니면 잘 믿지 않는 고객을 말한다. • 대응법 : 애매한 화법의 사용은 피하도록 하고, 여러 가지 일을 신속하게 처리하는 모습을 보이면 응대하기 쉽다.

③ 고객불만 처리 프로세스 기🔖

경청	고객의 항의를 경청하며, 선입관을 버리고 문제를 파악한다.
감사와 공감 표시	• 일부러 시간을 내서 해결의 기회를 준 것에 감사를 표시한다. • 고객의 항의에 공감을 표시한다.
사과	문제점에 대해 인정하고, 잘못된 부분에 대해 사과한다.
해결약속	고객이 불만을 느낀 상황에 대해 관심과 공감을 보이며, 문제의 빠른 해결을 약속한다.
정보파악	• 문제 해결을 위해 꼭 필요한 질문만 하여 정보를 얻는다. • 최선의 해결 방법을 찾기 어려우면 고객에게 어떻게 해주면 만족스러울지를 묻는다.
신속처리	잘못된 부분을 신속하게 시정한다.
처리확인과 사과	불만 처리 후 고객에게 처리 결과에 만족하는지를 물어본다.
피드백	고객불만 사례를 회사 및 전 직원에게 알려 다시는 동일한 문제가 발생하지 않도록 한다.

(2) 고객만족 조사

① 고객만족 조사계획 수립 기🔖

- 조사 분야 및 대상 설정
- 조사 목적 설정
- 조사 방법 및 횟수
- 조사 결과 활용 계획

② 고객만족 조사 시 주의사항

- 조사 방향에 일관성을 부여하기 위하여 조사 결과의 활용계획을 설정한다.
- 1회만 실시하는 조사보다는 연속해서 시행하는 것이 더 정확한 결과를 얻을 수 있다.

OX 문제

01 트집형 고객을 대할 때에는 고객의 주장이 옳지 않다는 것에 대한 분명한 증거나 근거를 제시하여 확신을 갖도록 유도하는 것이 좋다. [　]

---

01 [×] 트집형 고객에 대해서는 반박을 하기 보다는 고객의 지적이 옳음을 표시하고, 고객의 의견을 들어주며 사과를 하는 응대가 바람직하다.

02 | 대인관계능력 맛보기

※ 다음 글을 읽고 이어지는 질문에 답하시오. [1~2]

직원 : 안녕하세요. 어떻게 오셨습니까?

고객 : 네, 안녕하세요. 다름이 아니라 이 회사가 있는 건물의 주차장 천장에 부착된 안내판이 위험해 보여서요. 제가 며칠 전에도 왔는데 그 때도 떨어질 것 같이 흔들거리더니, 오늘도 계속 흔들거리는 게 위험해 보이네요.

직원 : ㉠ 그러셨습니까? 고객님. 일부러 찾아오셔서 알려주시니 정말 감사합니다. 그리고 ㉡ 이용에 불편을 드려 죄송합니다.

고객 : 아니에요. 그게 떨어지면 큰 사고가 날 것 같은데, 얼른 조치를 취하셔야 할 것 같아요.

직원 : 네, 알겠습니다. 확인하는 대로 바로 처리하겠습니다. ㉢ 혹시 몇 층 주차장인지 알려주실 수 있을까요?

고객 : 지하 3층 B 구역이요.

직원 : 감사합니다. ㉣ 바로 담당 직원을 보내 확인 후 처리하도록 하겠습니다. ㉤ 다시 한 번 이용에 불편을 드려 죄송합니다.

01 다음 중 윗글의 밑줄 친 ㉠~㉤과 이에 해당하는 고객 불만처리 프로세스가 잘못 짝지어진 것은?

① ㉠ : 일부러 시간을 내서 해결의 기회를 준 것에 감사를 표시한다.

② ㉡ : 고객의 이야기를 듣고 잘못된 부분에 대해 사과한다.

③ ㉢ : 문제 해결을 위해 꼭 필요한 정보를 얻는다.

④ ㉣ : 고객 불만 사례를 회사 및 전 직원에게 알려 다시는 동일한 문제가 발생하지 않도록 한다.

⑤ ㉤ : 문제점에 대해 인정하며 잘못된 부분에 대해 사과한다.

02 다음 중 윗글의 밑줄 친 ㉢은 고객 불만 처리 과정 중 어느 단계에 해당하는가?

① 정보파악 단계　　　　　　　② 신속처리 단계

③ 처리확인과 사과 단계　　　　④ 피드백 단계

⑤ 감사와 공감 표시 단계

01

정답 ④

ㄹ은 문제의 빠른 해결을 약속하는 '해결약속' 단계에서 해야 될 말이다.

오답분석

① 감사와 공감 표시에 대한 설명이다.
②·⑤ 사과에 대한 설명이다.
③ 정보파악에 대한 설명이다.

고객 불만 처리 프로세스

경청	고객의 항의에 선입관을 버리고 끝까지 경청한다.
감사와 공감표시	일부러 시간을 내서 해결의 기회를 준 것에 감사를 표시하며, 고객의 항의에 공감을 표시한다.
사과	고객의 이야기를 듣고 문제점에 대해 인정하며, 잘못된 부분에 대해 사과한다.
해결약속	고객이 불만을 느낀 상황에 대해 관심과 공감을 보이며, 문제의 빠른 해결을 약속한다.
정보파악	문제해결을 위해 꼭 필요한 질문만 하여 정보를 얻고, 최선의 해결방법을 찾기 어려우면 고객에게 어떻게 해주면 만족스러운지를 묻는다.
신속처리	잘못된 부분을 신속하게 시정한다.
처리확인과 사과	불만처리 후 고객에게 처리 결과에 만족하는지를 물어보고, 고객에게 불편을 끼친 점에 대해 사과한다.
피드백	고객 불만 사례를 회사 및 전 직원에게 알려 다시는 동일한 문제가 발생하지 않도록 한다.

02

정답 ①

ⓒ은 문제해결을 위해 꼭 필요한 질문만 하여 정보를 얻고, 최선의 해결방법을 찾기 어려우면 고객에게 어떻게 해주면 만족스러운지를 묻는 정보파악 단계 과정이다.

풀이 전략!

대인관계능력에서는 주로 고객과 직접 접촉하는 과정에서 발생할 수 있는 상황이 주어지고 이 상황에서 어떻게 대처하는 것이 올바른가를 묻는 문제가 출제된다. 특히 이 문제와 같이 가상의 대화가 주어지고 올바르게 대처하지 않은 부분을 찾게 하는 유형이 대표적이다. 그런데 이 유형의 경우 '이 정도는 괜찮겠지.'라고 생각되는 부분이 오답으로 처리되는 경우가 자주 등장한다. 따라서 대화를 분석할 때에는 일상적인 대화보다는 도덕교과서 수준으로 보다 엄격하게 해석할 필요가 있다.

※ 다음은 A시 시설공단의 고객만족도 조사 시행계획이다. 이어지는 질문에 답하시오. [3~4]

〈고객만족도 제고를 위한 집단심층면접(FGI; Focus Group Interview) 조사 공고〉

고객님께 더 나은 서비스를 제공하고자 고객만족도 제고를 위한 집단심층면접 조사를 실시하게 되어 이를 공고합니다.

• 조사개요
  - 조사명 : 고객만족도 제고를 위한 집단심층면접 조사
  - 조사 대상 : 공단 서비스 이용 고객
  - 조사 기간 : 2024년 7월
  - 조사 수행업체 : B리서치(123-456-7890)
• 조사목적 및 내용
  - 선별된 주요 고객과의 심층 인터뷰를 통해 고객의 불만해소, 니즈 파악, 이후의 사업 관련 정보 입수 목적
  - 공단의 사업별 만족 요인 심층 조사
  - 공단의 전반적인 서비스 만족/불만족 주요 요인에 대한 심층 조사
  - 개선이 필요한 서비스 심층 조사

---

03 다음 중 윗글에서 나타난 조사의 내용으로 적절하지 않은 것은?

① 고객에 대한 대응 및 고객과의 관계 유지 파악 목적이다.
② 평균치 계산으로 많은 목적이 달성된다.
③ 고객심리 및 평가의 결정요인에 대한 해명 등이 분석의 대상이다.
④ 공단의 고객에 대한 개선이 필요한 서비스를 조사하고자 하는 목적이다.
⑤ 고객만족도 수준은 어떠한 상황에 있는지, 어떠한 요인에 의해 결정되는지 등 전체적인 관점에서 조사한다.

04 다음 중 윗글에서 나타난 조사 방법에 대한 설명으로 적절하지 않은 것은?

① 인터뷰 결과를 사실과 다르게 해석할 수 있다.
② 비교적 빠른 시간 내에 조사를 실시할 수 있다.
③ 다른 방법을 통해 포착할 수 없는 심층적이고, 독특한 정보를 경험적으로 얻을 수 있다.
④ 여러 응답자들을 모아놓고 조사하고자 하는 주제에 대해 서로 토론하도록 하는 방법이다.
⑤ 조사자와 응답자 간의 대면접촉에 의해 응답자의 잠재적 동기, 신념, 태도 등을 발견하는 데 사용된다.

03

정답 ②

제시문에서는 고객만족도 조사에 대한 평균치 계산에 대한 내용은 포함되어 있지 않다. 고객만족도 조사의 목적에는 전체적 경향 파악, 고객에 대한 개별대응 및 고객과의 관계 유지 파악, 평가목적, 개선목적 등이 있다.

04

정답 ②

집단심층면접은 주로 소비자 면접 전용 장소에 6 ~ 12명의 소비자들을 모아놓고 조사하고자 하는 주제에 대해 서로 토론하도록 하는 방법으로, 심층면접법은 일반 면접법에 비해 30분에서 1시간 정도의 비교적 긴 시간이 소요된다.

풀이 전략!

고장난 가전제품을 A/S 받은 상황에서 주로 접하게 되는 고객만족도 조사에 대한 문제도 자주 출제되는 유형이다. 앞서 기술능력의 설명서 문제유형과 같이 자신이 직접 고객만족도 조사에 참여한다고 생각하고 문제를 풀면 의외로 간단하게 풀리는 유형이다. 단, 주의할 것은 문제를 풀 때에 기업의 입장에서 판단해서는 안 된다는 것이다. 반드시 제품 내지는 서비스를 이용하는 고객의 입장에서 판단해야 한다.

03 | 대표유형 적중문제

정답 및 해설 p.053

|01| 모듈형

※ 다음 글을 읽고 이어지는 질문에 답하시오. [1~3]

> M기업의 대외홍보팀은 M기업이 조직 개편을 하면서 신설된 팀으로, 개설된 지 2개월이 되지 않았다. 업무
> 수행을 위한 체계는 어느 정도 갖추어졌지만, 최근 팀 구성원 간의 마찰과 갈등이 수차례 발생하고 있다.
> 최선우 팀장은 팀원 한 명 씩 면담을 진행하여 팀의 발전방안에 대한 의견을 나누었다.
> • 연우진 대리는 팀의 갈등 원인이 자기중심적인 팀원들 때문이라고 말하였다. 그는 팀원들이 모두 개인성과
>   에 집중하여 각자의 성과를 올리기 위해 노력하고 경쟁하지만, 선의의 경쟁이 되지 못하고 서로가 서로를
>   경계하고 본인에게 도움이 되지 않는다고 서로를 돕지 않아 협업이 발생하지 않는 상황이라고 설명하였다.
> • 김성주 사원은 팀의 갈등 원인이 조직의 정체성 때문이라고 말하였다. 그는 팀원 모두가 '대외홍보팀'이라
>   는 팀에서는 무엇을 목표로 무엇을 해야 하는지 잘 이해하지 못하고 있어 자신이 무엇을 해야 하는지 잘
>   모르고 있다고 말하였다. 무엇을 해야 하는지 모르니 역할 분담과 책임 분담도 잘 되지 않아 갈등이 발생할
>   수밖에 없는 상황이라고 하였다.
> • 정형권 대리는 현재 팀에 대해서 팀이 자신의 아이디어를 원치 않고, 노력과 공헌을 해도 아무런 소용과
>   보상이 없으니 동기부여가 잘 되지 않는다고 말하였다. 팀원들이 자신에 대해 하는 일이 없고 제 몫을 하지
>   않는다고 생각할 것이지만, 동기부여가 되지 않으니 어쩔 수 없다고 언급하였다.
> 최선우 팀장은 팀원들의 의견을 듣고 효과적인 팀을 위해 ㉠ 팀의 사명과 목표를 명확하게 기술하여 조직의
> 정체성과 업무 목표를 명확히 하기로 하였으며, 또 ㉡ 개인의 강점을 활용하여 역할과 책임을 명료화하고
> 팀원들의 업무와 책임 분담을 확실히 하기로 하였다. ㉢ 개방적인 의사소통을 통해 의견 불일치를 건설적으
> 로 해결하는 팀 문화를 조성하기로 하였다. 뿐만 아니라 효과적인 팀을 구성하기 위해 ㉣ 자신이 가지고
> 있는 리더십을 다른 팀원들에게 공유하는 방법도 고려하고 있다. 팀원에게 각각 리더로서 능력을 발휘할 기
> 회를 제공하면, 팀원들이 감독자의 역할을 이해할 수 있게 되며, 팀원 개인의 역량 또한 향상될 수 있을 것이
> 라고 기대하고 있다. 또한 서로 다른 업무수행 방식을 시도하고 의도적인 모험을 강행하여 실패하더라도 두
> 려워하지 않음으로써 유연하고 ㉤ 창조적인 운영을 할 것을 고려하고 있다.

01 다음 중 M기업의 대외홍보팀은 팀의 발전 단계 중 어느 단계에 해당하는가?

① 형성기　　　　　　　　　② 격동기
③ 규범기　　　　　　　　　④ 해지기
⑤ 통합기

02 다음 〈보기〉 중 연우진 대리와 김성주 사원이 언급한 팀워크 저해 요소를 모두 고르면?

> **보기**
> ㉠ 사고방식의 차이에 대한 무시
> ㉡ 자기중심적인 이기주의
> ㉢ 조직에 대한 이해 부족
> ㉣ 질투나 시기로 인한 파벌주의

① ㉠, ㉡
② ㉠, ㉣
③ ㉡, ㉢
④ ㉡, ㉣
⑤ ㉢, ㉣

03 다음 중 정형권 대리의 말에 근거하여 추론하였을 때, 정형권 대리가 해당되는 멤버십의 유형은?

① 소외형 멤버십
② 순응형 멤버십
③ 실무형 멤버십
④ 수동형 멤버십
⑤ 주도형 멤버십

04 다음 중 A부서가 직면한 상황에서 대안으로 제시될 팀워크(Teamwork) 유형의 핵심 가치로 옳은 것을 〈보기〉에서 모두 고르면?

> A부서는 최근 도전적인 프로젝트 진행을 위해 새로운 팀워크 유형을 모델로 삼으려고 한다. 빠른 실천과 피드백이 필요한 만큼, 구성원 개인이 거쳐야 하는 결재 절차를 간소화하는 방향의 팀워크 유형을 적용하여 조직 구조를 변화시키고자 한다.

> **보기**
> ㄱ. 일관성
> ㄴ. 개인적 책임
> ㄷ. 유연성
> ㄹ. 제한된 조망

① ㄱ, ㄴ
② ㄱ, ㄷ
③ ㄴ, ㄷ
④ ㄴ, ㄹ
⑤ ㄷ, ㄹ

X기업의 신입사원 A씨는 입사 후 현재의 부서로 발령받아 근무를 시작한 지 3개월이 다 되어가고 있다. 팀에 융화되기 위해 A씨가 지금까지 팀의 분위기를 살펴본 결과, 팀이 팀장에게 의존하는 정도가 심하다고 느꼈다. 팀원들은 간단한 문서 작성, 고객과의 접촉, 의사결정에 있어서 무조건 팀장의 판단에 의지하였다. 예를 들어, 보고서 작성 시 스타일을 어떻게 해야 할지, 자신이 만나는 고객인데도 약속 시간을 몇 시로 해야 할지 팀장에게 묻는 것이다. A씨는 그 정도는 팀원 각자 결정해서 해도 될 것 같은데, 매번 팀장에게 물어보고 확인하는 팀원들을 보며 자신도 그렇게 해야 하는지 고민하고 있다. 또한, 팀원들은 팀장의 지시가 있어야 행동하는 특징도 발견되었다. 어떤 프로젝트를 진행하는 데 있어서, 자신이 맡은 부분이 있다 하더라도 팀장의 자세한 설명과 지시가 있어야 일을 시작하는 경향이 있는 것이다. A씨는 자신의 스타일대로 행동해야 할지, 아니면 팀의 분위기에 맞춰서 자신도 팀장에게 의존하면서 업무를 수행해야 할지 고민하고 있다.

05 다음 중 윗글에서 나타난 A사원이 속한 팀의 멤버십 유형은 무엇인가?

① 소외형 ② 순응형
③ 실무형 ④ 수동형
⑤ 주도형

06 다음 중 윗글에서 나타난 A사원이 속한 팀의 멤버십 유형의 특징으로 가장 적절한 것은?

① 스스로 생각하고 건설적 비판을 하며, 주인의식을 가지고 있다.
② 판단, 사고를 리더에게 의존하며 지시가 있어야 행동한다.
③ 팀플레이를 하며 리더나 조직을 믿고 헌신한다.
④ 조직의 운영방침에 민감하게 반응하고 사건을 균형잡힌 시각으로 본다.
⑤ 일부러 반대의견을 제시하기도 하며 자립적으로 행동한다.

07 다음 중 팀워크에 효과적인 방법으로 적절하지 않은 것은?

① 사소한 것에도 관심을 가진다.

② 결과보다 과정에 초점을 맞춘다.

③ 기대와 책임 등을 명확하게 한다.

④ 목표를 명확하게 한다.

⑤ 개인의 강점을 활용한다.

08 다음은 멤버십 유형별 특징에 대한 자료이다. 이를 참고하여 각 유형의 멤버십을 가진 사원에 대한 리더의 대처방안으로 가장 적절한 것은?

〈멤버십 유형별 특징〉

소외형	순응형
• 조직에서 자신을 인정해주지 않음 • 적절한 보상이 없음 • 업무 진행에 있어 불공정하고 문제가 있음	• 기존 질서를 따르는 것이 중요하다고 생각함 • 리더의 의견을 거스르는 것은 어려운 일임 • 획일적인 태도와 행동에 익숙함
실무형	수동형
• 조직에서 규정준수를 강조함 • 명령과 계획을 빈번하게 변경함	• 조직이 나의 아이디어를 원치 않음 • 노력과 공헌을 해도 아무 소용이 없음 • 리더는 항상 자기 마음대로 함

① 소외형 사원은 팀에 협조하는 경우에 적절한 보상을 주도록 한다.

② 소외형 사원은 팀을 위해 업무에서 배제시킨다.

③ 순응형 사원에 대해서는 조직을 위해 순응적인 모습을 계속 권장한다.

④ 실무형 사원에 대해서는 징계를 통해 규정 준수를 강조한다.

⑤ 수동형 사원에 대해서는 자신의 업무에 대해 자신감을 주도록 한다.

※ 다음 글을 읽고 이어지는 질문에 답하시오. [9~10]

최근 S기업의 강천 생산공장의 생산 실적이 하락하고, 불량품 발생률이 급증하자 본사에서는 김일동 이사를 강천 생산공장으로 긴급 파견하였다. 김일동 이사는 강천 공장에서 20년 이상 근무한 베테랑으로, 현재는 본사의 생산혁신본부를 총괄하고 있다. 김일동 이사는 강천 공장에 있는 2개월 동안 공장 직원들의 역량을 강화하여 생산량을 늘리고 불량품은 줄일 것이라고 포부를 밝혔다. 생산량과 불량품률 등 구체적인 수치의 목표는 공장 상황을 명확하게 파악하고 결정할 계획이다. 이를 위해서 김일동 이사는 본인의 노하우를 공유하면서도, 최우선적으로 직원들의 의견을 적극 경청하여 현장의 문제점과 작업 시 애로사항을 도출하고, 이를 통해 작업 개선 방안을 수립할 계획이다. 작업 개선 방안이 성공적으로 현장에 정착하기 위해서 개선 방안의 수립과 고도화 과정 중 직원 스스로 해결책을 찾도록 유도하고, 일부 권한을 위임하는 등 직원 스스로가 작업 개선에 책임의식을 갖도록 할 것이다.

09 다음 중 윗글에서 나타난 김일동 이사의 리더십 역량 강화에 대한 설명으로 가장 적절한 것은?

① 높은 성과를 달성한 조직원에게는 곧바로 보상을 부여하는 동기부여 방법의 리더십이다.

② 직원들이 안전지대에서 벗어나 더욱 높은 목표를 향해 나아가도록 격려하는 리더십이다.

③ 불량률을 줄이기 위해 실수를 불허하며, 저항하는 직원은 과감하게 해고하려고 한다.

④ 리더가 지식이나 정보를 하달하며 의사결정의 권한을 가지고 있는 전통적인 커뮤니케이션 접근법을 사용하는 리더십이다.

⑤ 지침보다는 질문과 논의를 통해, 통제보다는 경청과 지원을 통해 상황의 발전과 좋은 결과를 이끌어낸다.

10 다음 중 윗글에서 나타난 리더십 역량 강화 방법을 통해 얻을 수 있는 혜택이라고 보기 어려운 것은?

① 개인이 문제 해결 과정에 적극적으로 노력하도록 유도할 수 있다.

② 직원들의 반발심을 줄일 수 있다.

③ 높은 품질의 제품을 생산할 수 있다.

④ 효율성 및 생산성의 전반적인 상승을 기대할 수 있다.

⑤ 동기를 부여받은 직원들이 책임감을 갖고 자신감 있게 업무에 임하게 된다.

11 다음 중 김사원의 업무 스타일에 따라 멤버십 유형을 판단할 때, 〈보기〉에서 김사원에 대한 동료들의 시각으로 옳은 것을 모두 고르면?

> 김사원은 과업이 부여되면 즐거운 마음으로 수행하며, 부서원과 협업하는 것을 어려워하지 않는다. 팀플레이에 익숙하며, 그만큼 조직 구성원들을 신뢰한다. 리더에 대해서도 높은 신뢰도를 보이며, 조직에 헌신한다.

> **보기**
> ㄱ. 참신한 아이디어가 없는 편이다.
> ㄴ. 인기가 있거나 촉망받지 않는 일은 수행하지 않는다.
> ㄷ. 조직을 위해 자신 혹은 가족의 요구를 희생할 줄 안다.
> ㄹ. 업무 수행에는 반드시 감독이 필요하다.

① ㄱ, ㄷ   ② ㄴ, ㄷ
③ ㄴ, ㄹ   ④ ㄱ, ㄴ, ㄷ
⑤ ㄴ, ㄷ, ㄹ

12 다음은 S공사 총무부에 근무하는 최과장과 S공사에 사무용품을 납품하는 협력업체 정사장의 대화이다. 거래처 관리를 위한 최과장의 업무처리 방식으로 가장 적절한 것은?

> 정사장 : 과장님, 이번 달 사무용품 주문량이 급격히 감소하여 궁금해 찾아왔습니다. 저희 물품에 무슨 문제라도 있습니까?
> 최과장 : 사장님께서 지난 7년간 계속 납품해 주고 계시는 것에 저희는 정말 만족하고 있습니다. 그런데 아시다시피 요즘 들어 경기가 침체되어 저희 내부에서도 비용절약운동을 하고 있어요. 그래서 개인책상 및 서랍 정리를 통해 사용 가능한 종이와 펜들이 많이 수거되었지요. 아마 이런 이유 때문이 아닐까요?
> 정사장 : 그렇군요. 그런데 얼마 전 저희에게 주문하시던 종이가방을 다른 업체에서도 견적서를 받으신 것을 우연히 알게 되었습니다. 저희 종이가방에 어떤 하자가 있었나요?
> 최과장 : 아, 그러셨군요. 사실 회사의 임원께서 종이가방의 비용이 많이 든다는 지적을 하셨습니다. 그래서 가격비교 차원에서 다른 업체의 견적서를 받아 본 것입니다.

① 거래할 때마다 다른 거래처와 거래를 함으로써 여러 거래처를 아는 것이 좋다.
② 오래된 거래업체라고 해도 가끔 상호관계와 서비스에 대해 교차점검을 하는 것이 좋다.
③ 사내 임원이나 동료의 추천으로 거래처를 소개받았을 경우에는 기존의 거래처에서 변경하는 것이 좋다.
④ 한 번 선정된 업체는 될 수 있는 대로 변경하지 않고 동일 조건으로 계속 거래를 유지하는 것이 바람직하다.
⑤ 유사 서비스를 제공하는 업체는 많으므로 늘 가격 비교 및 서비스 비교를 통해 업체를 자주 변경하는 것이 유리하다.

13 다음 상황에서 알 수 있는 잘못된 고객응대 자세는?

> 직원 J씨는 규모가 큰 대형 마트에서 육류제품의 유통 업무를 담당하고 있다. 전화벨이 울리고 신속하게 인사와 함께 전화를 받았는데 채소류에 관련된 업무 문의였다. 직원 J씨는 고객에게 자신은 채소류에 관련된 담당자가 아니라고 설명하고, "지금 거신 전화는 육류에 관련된 부서로 연결되어 있습니다. 채소류 관련 부서로 전화를 연결해드릴 테니 잠시만 기다려 주십시오."라고 말하고 다른 부서로 돌렸다.

① 신속하게 전화를 받지 않았다.
② 기다려 주신 데 대한 인사를 하지 않았다.
③ 고객의 기다림에 대해 양해를 구하지 않았다.
④ 전화를 다른 부서로 돌려도 괜찮은지 묻지 않았다.
⑤ 자신의 직위를 밝히지 않았다.

14 K사원은 현재 H공단에서 고객응대 업무를 맡고 있다. 다음과 같이 고객의 민원에 답변하였을 때, 고객 전화 응대법과 관련하여 적절하지 않은 답변은?

> 고　객 : 저기요. 제가 너무 답답해서 이렇게 전화했습니다.
> K사원 : 안녕하세요, 고객님. 상담사 ○○○입니다. 무슨 문제로 전화해 주셨나요? … ①
>
> 고　객 : 아니, 아직 납부기한이 지나지도 않았는데, 홈페이지에 왜 '납부하지 않은 보험료'로 나오는 건가요? 일 처리를 왜 이렇게 하는 건가요?
> K사원 : 고객님, 이건 저희 실수가 아니라 고객님이 잘못 이해하신 부분 같습니다. … ②
>
> 고　객 : 무슨 소리예요? 내가 지금 홈페이지에서 확인하고 왔는데.
> K사원 : 네, 고객님. 홈페이지 '납부하지 않은 보험료'로 표시되는 경우에는 고객님께서 다음 달 10일까지 납부하셔야 할 당월분 보험료라고 이해하시면 됩니다. … ③
>
> 고　객 : 정말이에요? 나, 참. 왜 이렇게 헷갈리게 만든 건가요?
> K사원 : 죄송합니다, 고객님. 참고로 이미 보험료를 납부했는데도 '납부하지 않은 보험료'로 표시되는 경우에는 보험료 납부내역이 공단 전산에 반영되는 기준일이 '납부 후 최장 4일 경과한 시점'이기 때문임을 유의해 주시기 바랍니다. … ④
>
> 고　객 : 알겠습니다. 수고하세요.
> K사원 : 감사합니다. 고객님 좋은 하루 보내세요. 상담사 ○○○이었습니다. … ⑤

15 다음은 접경도로 개선에 대하여 조정합의가 이루어진 사례이다. 이를 통해 A시에서 취한 갈등해결 방법으로 가장 적절한 것은?

> A시와 B시의 경계 부근에 위치한 C중소기업의 사장이 민원을 제기하였다. A시와 B시의 접경지역에는 8개의 중소기업 및 인근 경작지 $300,000m^2$의 통행을 위한 농로가 존재하였으나, 도로폭이 좁아서 차량사고의 위험이 높고, 기업 운영에 애로가 크니 이에 대한 대책을 마련해 달라는 내용이었다.
>
> A시의 위원회에서는 3차례의 현지 조사를 통해 8개 중소기업의 기업 활동에 애로가 많다고 판단하고 문제의 해결을 위해 A시에서 도로 정비 및 개선에 필요한 부지를 B시와 2분의 1씩 나누어 부담하고, A시에서는 도로 정비 및 개선에 필요한 설계 및 확장·포장 공사를 맡아서 진행하기로 했다. B시는 이에 대해 공사비 60% 부담하는 것을 대안으로 제시하였다. 이후 수십 차례 문제해결 방안을 협의하고, 세 차례의 업무 회의 등을 거쳐 피신청기관의 의견을 계속적으로 조율한 결과, A시 위원회가 작성한 조정서의 내용대로 접경도로 개선을 추진하기로 의견이 모아졌고, A시 위원회가 현지 조정회의를 개최하여 조정서를 작성하고 조정 합의하였다.

① 갈등상황을 회피하면서 위협적인 상황을 피하는 데 사용하는 방법
② 나는 지고, 너는 이기는 방법(I lose, You win)
③ 서로 간에 정보를 교환하면서 모두의 목표를 달성할 수 있는 방법(Win – Win)
④ 서로가 받아들일 수 있는 결정을 하기 위하여 타협적으로 주고받는 방식
⑤ 나는 이기고, 너는 지는 방법(I win, You lose)

CHAPTER 09

자기개발능력

합격 Cheat Key

자기개발능력은 직업인으로서 자신의 능력, 적성, 특성 등의 객관적 이해를 기초로 자기 발전 목표를 스스로 수립하고 자기관리를 통하여 성취해 나가는 능력을 의미한다. 또한 직장 생활을 포함한 일상에서 스스로를 관리하고 개발하는 능력을 말한다. 국가직무능력표준에 따르면 세부 유형은 자아 인식·자기 관리·경력 개발로 나눌 수 있다.

1 개념을 정립하라!

자기개발능력의 문제들은 대부분 어렵거나 특별한 지식을 요구하지는 않는다. 그렇기 때문에 따로 시간을 할애해 학습하지 않아도 득점이 가능하다. 다만, 매슬로의 욕구 단계, 조하리의 창 등의 개념이나 키워드들은 정리해서 미리 알아 둘 필요가 있다.

2 개념과 상황에 대비하라!

자신에 대한 이해를 바탕으로 스스로를 관리하고 나아가 개발하는 것에 대한 문제가 대부분인데, 상식으로 풀 수 있는 내용뿐만 아니라 지식을 알아 두지 않으면 틀릴 수밖에 없는 내용도 많다. 그렇기 때문에 자주 출제되는 개념들은 분명히 정리해야 하고, 출제되는 유형이 지식 자체를 묻기보다는 대화나 예시와 함께 제시되기 때문에 상황과 함께 연결해서 정리해 두어야 한다.

3　업무 사례와 연관 지어라!

자기개발의 정의와 구성 요인을 파악하는 기본적인 이론도 중요하지만, 실제 업무 사례와 연관 짓거나 상황에 적용하는 등의 문제를 통해 자기개발 전략에 대해 이해할 필요가 있다. 스스로 자기개발 계획을 수립하여 실제 업무 수행 시 반영할 수 있어야 한다.

4　출제 이유를 생각하라!

이 영역은 굳이 공부를 하지 않아도 되는 영역이라고 생각하는 사람들이 많다. 그럼에도 공사·공단에서 자기개발능력을 시험으로 출제하는 근본적인 이유를 생각해 볼 필요가 있다. 대부분의 수험생들이 자기개발능력에 공부시간을 전혀 할애하지 않고 시험을 보러 간다. 그렇기 때문에 본인이 찍는 정답이 곧 본인의 가치관을 반영하는 것이라고 할 수 있다. 자기개발은 본인 스스로를 위해서 이루어지고, 직장생활에서의 자기개발은 업무의 성과를 향상시키기 위해 이루어진다. 출제자들은 그것을 파악하려고 하는 것이다. 이는 기본적인 개념을 암기해야 할 이유이다.

01 | 모듈이론

01 자기개발능력의 의의

(1) 자기개발의 의미와 필요성

① 자기개발의 의미

자신의 능력·적성·특성 등에 있어서 강점을 강화하고, 약점을 관리해 성장을 위한 기회로 활용하는 것이다.

② 자기개발능력의 의미

자신의 능력·적성·특성 등의 이해를 기초로 자기 발전 목표를 스스로 수립하고 자기관리를 통해 성취해 나가는 능력을 말한다.

③ 자기개발의 특징 [기출]

- 자기개발을 통해 지향하는 바와 선호하는 방법 등이 사람마다 다르다.
- 평생에 걸쳐 이루어지는 과정이다.
- 일과 관련해 이루어지는 활동이다.
- 생활 가운데 이루어져야 한다.
- 모든 사람이 해야 하는 것이다.

④ 자기개발의 필요성 [기출]

- 효과적인 업무 처리, 즉 업무 성과의 향상을 위해 필요하다.
- 빠르게 변화하는 환경에 적응하기 위해 필요하다.
- 주변 사람들과 긍정적인 인간관계를 형성하기 위해 필요하다.
- 달성하고자 하는 목표의 성취를 위해 필요하다.
- 개인적으로 보람된 삶을 살기 위해 필요하다.

(2) 자기개발의 방법 기출

① 자아인식

의미	• 자신의 가치, 신념 등 자신이 누구인지 아는 것 • 자신이 어떠한 특성을 가지고 있는 지를 인식할 수 있어야 함
방법	내가 아는 나를 확인하는 방법, 다른 사람과의 대화를 통해 알아가는 방법, 표준화된 검사 척도를 이용하는 방법 등

② 자기관리

의미	자신을 이해하고, 목표의 성취를 위해 자신의 행동 및 업무수행을 관리하는 것
과정	자신에 대한 이해를 토대로 비전·목표를 수립 → 과제를 발견 → 자신의 일정을 수립·조정해 자기관리를 수행 → 반성 및 피드백

③ 경력개발

경력	일생에 걸쳐서 지속적으로 이루어지는 일과 관련된 경험
경력개발	개인의 경력목표와 전략을 수립하고 실행하며 피드백하는 과정
경력계획	자신과 상황을 인식하고 경력 관련 목표를 설정해 목표를 달성하기 위한 과정
경력관리	경력계획을 준비하고 실행하며 피드백함

(3) 자기개발 계획

① 자기개발 설계 전략

종류	내용
장·단기 목표의 수립	• 장기 목표 : 보통 5 ~ 20년 정도의 목표로, 욕구·가치·흥미·적성·기대를 고려해 수립한다. • 단기 목표 : 보통 1 ~ 3년 정도의 목표로, 장기 목표를 이루기 위한 기본 단계가 된다.
인간관계의 고려	• 인간관계를 고려하지 않고 자기개발 계획을 수립하면 계획을 실행하는 데 어려움을 겪는다. • 다른 사람과의 관계를 발전시키는 것도 하나의 자기개발 목표가 된다.
현재의 직무 고려	• 현재의 직무 상황과 이에 대한 만족도가 자기개발 계획의 수립에 중요한 역할을 한다. • 현재의 직무 담당에 필요한 능력과 이에 대한 자신의 수준, 개발해야 할 능력, 관련된 적성 등을 고려한다.
구체적인 방법 계획	• 자기개발 방법을 명확하고 구체적으로 수립하면, 노력을 집중하고 효율화할 수 있다. • 장기 목표일 경우에는 구체적인 방법을 계획하는 것이 어렵거나 바람직하지 않을 수도 있다.
자신의 브랜드화	• 자신을 알리는 것을 넘어 다른 사람과의 차별화된 특징을 지속적인 자기개발을 통하여 알리는 것을 말한다. • 구체적인 방법으로는 소셜네트워크와 인적네트워크 활용, 경력 포트폴리오의 구성 등이 있다.

② 자기개발 계획 수립의 장애 요인 기출

자기 정보의 부족, 내·외부 작업 정보의 부족, 의사결정 시 자신감의 부족, 일상생활의 요구사항, 주변 상황의 제약

OX 문제

01 자기개발 계획을 수립함에 있어 장기 목표는 단기 목표를 수립하기 위한 기본 단계가 된다. [　]

02 인간관계는 자기개발 목표를 수립하는 데 고려해야 될 사항인 동시에 하나의 자기개발 목표가 될 수 있다. [　]

03 자기개발은 일과 관련하여 이루어지는 활동이다. [　]

04 자기개발은 주변 사람과의 관계에서 우위에 서기 위해 필요하다. [　]

---

01 [×] 단기 목표는 장기 목표를 수립하기 위한 기본 단계가 된다.

02 [O]

03 [O]

04 [×] 자기개발은 주변 사람들과 긍정적인 인간관계를 형성하기 위해서 필요한 것이지, 타인과의 관계에서 우위에 서기 위해 필요한 것은 아니다.

02　자아인식능력

(1) 자아인식의 개념

① 자아인식의 의미

자신의 요구를 파악하고 자신의 능력·기술을 이해하여 자신의 가치를 확신하는 것으로, 개인과 팀의 성과를 높이는 데 필수적으로 요구된다.

② 자아존중감

개인의 가치에 대한 주관적인 평가와 판단을 통해 자기결정에 도달하는 과정이며, 스스로에 대한 긍정적 또는 부정적 평가를 통해 가치를 결정짓는 것이다.

종류	내용
가치 차원	다른 사람들이 자신을 가치 있게 여기며 좋아한다고 생각하는 것
능력 차원	과제를 완수하고 목표를 달성할 수 있다는 신념
통제감 차원	자신이 세상에서 경험하는 일들과 거기에 영향을 미칠 수 있다고 느끼는 정도

③ 나를 아는 방법 기출

- 본인 스스로에게 질문하는 방법
- 다른 사람과의 대화를 통하는 방법
- 표준화된 검사도구를 활용하는 방법

(2) 흥미와 적성의 개발 방법과 자아성찰

① 흥미와 적성의 개발 방법 기출

- 마인드 컨트롤을 하라.
- 조금씩 성취감을 느껴라.
- 기업의 문화 및 풍토를 고려하라.

② 자아성찰의 필요성 기출

• 다른 일을 할 때 필요한 노하우의 축적	• 성장의 기회
• 신뢰감 형성	• 창의적인 사고

OX 문제

01 성찰을 하더라도 한 번 한 실수는 반복적으로 하게 되므로, 어떤 경우에도 실수를 하지 않는 것이 중요하다. [　]

02 자아존중감이란 개인의 가치에 대한 주관적인 평가와 판단을 통해 자기결정에 도달하는 과정이며, 스스로에 대한 긍정적 또는 부정적 평가를 통해 가치를 결정짓는 것이다. [　]

01 [×] 사람은 누구나 처음에는 실수할 수 있다. 그러나 자아성찰을 통해 과거에 했었던 실수를 반복하지 않을 수 있으며, 이로 인해 업무를 수행하는 능력이 향상될 수 있다.

02 [○]

(1) 자기관리 단계별 계획 📖

① 비전 및 목적 정립

> • 나에게 가장 중요한 것은 무엇인가?
> • 나의 가치관은?
> • 내 삶의 목적은 어디에 있는가?

② 과제 발견

③ 일정 수립

긴급한 문제라고 하여 우선순위를 높게 잡고 계획을 세우면 오히려 중요한 일을 놓칠 수 있다. 앞서 분석한 우선순위에 따라 중요한 일을 모두 수행할 수 있도록 계획을 세워야 한다.

종류	내용
월간 계획	장기적인 관점에서 계획하고 준비해야 될 일을 작성
주간 계획	우선순위가 높은 일을 먼저 하도록 계획을 세움
일간 계획	보다 자세하게 시간 단위로 작성

④ 수행

내가 하려고 하는 일은 무엇인지, 이 일에 영향을 미치는 요소들은 무엇인지, 이를 관리하기 위한 방법은 어떤 것이 있는지 찾아 계획한대로 바람직하게 수행한다.

⑤ 반성 및 피드백

ㄱ 일을 수행하고 나면 다음의 질문을 통해 분석한다.

> • 일을 수행하는 동안 어떤 문제에 직면했는가?
> • 어떻게 결정을 내리고 행동했는가?
> • 우선순위, 일정에 따라 계획적으로 수행했는가?

ㄴ 분석 결과를 다음 수행에 반영한다.

(2) 합리적인 의사결정

① 합리적인 의사결정 과정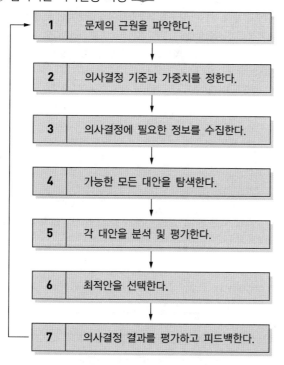

1	문제의 근원을 파악한다.
2	의사결정 기준과 가중치를 정한다.
3	의사결정에 필요한 정보를 수집한다.
4	가능한 모든 대안을 탐색한다.
5	각 대안을 분석 및 평가한다.
6	최적안을 선택한다.
7	의사결정 결과를 평가하고 피드백한다.

② 거절의 의사결정을 하고 표현할 때 유의할 사항

- 상대방의 말을 들을 때에는 주의를 기울여 문제의 본질을 파악한다.
- 거절의 의사결정은 빠를수록 좋다.
- 거절을 할 때에는 분명한 이유를 만들어야 한다.
- 대안을 제시한다.

(3) 의사결정의 오류 🗐🗎

숭배에 의한 논증	권위 있는 전문가의 말을 따르는 것은 일반적으로 옳을 수 있지만, 무작정 따라간다면 문제가 있다.
상호성의 법칙	상대의 호의로 인한 부담으로 인해 부당한 요구를 거절하지 못하게 된다면 문제가 있다.
사회적 증거의 법칙	베스트셀러를 사는 것처럼 많은 사람들이 하는 것을 무의식적으로 따라간다면 문제가 있다.
호감의 법칙	자신에게 호감을 주는 상대의 권유에 무의식적으로 따라간다면 문제가 있다.
권위의 법칙	권위에 맹종하여 따라간다면 문제가 있다.
희귀성의 법칙	'얼마 없습니다.', '이번이 마지막 기회입니다.'라는 유혹에 꼭 필요하지 않은 것임에도 따라간다면 문제가 있다.

(4) 자신의 내면 관리와 성과 향상 방법 🗐🗎

- 인내심 키우기
- 긍정적인 마음 가지기
- 업무수행 성과를 높이기 위한 행동전략 : 역할 모델 설정, 일을 미루지 않음, 회사·팀의 업무 지침을 따름, 업무를 묶어서 처리

OX 문제

01 인내심을 키우기 위해서는 일관되게 한 가지 시각으로 상황을 분석한다. [　]

02 합리적인 의사결정을 위해서는 핵심적으로 연관된 대안들을 찾은 후 분석하여야 한다. [　]

03 권위 있는 전문가의 말을 따르는 것이 옳다고 생각하는 것은 숭배에 의한 논증 오류(동굴의 우상)에 해당한다. [　]

---

01 [×] 인내심을 키우기 위해서는 여러 가지 새로운 시각으로 상황을 분석해야 한다.

02 [×] 합리적인 의사결정을 위해서는 가능한 모든 대안을 찾아야 한다.

03 [O]

(1) 경력개발의 의미

① 경력개발

개인이 경력목표와 전략을 수립하고 실행하며 피드백하는 과정으로, 개인은 한 조직의 구성원으로서 조직과 함께 상호작용하며 자신의 경력을 개발한다.

② 경력개발능력

자신의 진로에 대해 단계적 목표를 설정하고, 목표 성취에 필요한 역량을 개발해 나가는 능력을 말한다.

③ 경력개발능력의 필요성 기출

④ 지속적인 경력관리

계속적·적극적인 경력관리를 통해 경력목표를 지속적으로 수정하며, 환경·조직의 변화에 따라 새로운 미션을 수립해 새로운 경력이동 경로를 만들어야 한다.

(2) 경력단계의 과정

① 경력개발 단계별 세부 내용 기출

직업선택 (0세 ~ 25세)	• 최대한 여러 직업의 정보를 수집하여 탐색 후 나에게 적합한 최초의 직업 선택 • 관련학과 외부 교육 등 필요한 교육 이수
조직입사 (18세 ~ 25세)	• 원하는 조직에서 일자리 얻음 • 정확한 정보를 토대로 적성에 맞는 적합한 직무 선택
경력초기 (25세 ~ 40세)	• 조직의 규칙과 규범에 대해 배움 • 직업과 조직에 적응해 감 • 역량(지식·기술·태도)을 증대시킴
경력중기 (40세 ~ 55세)	• 경력초기를 재평가함 • 성인 중기에 적합한 선택을 함
경력말기 (55세 ~ 퇴직)	• 자존심 유지 • 퇴직 준비의 자세한 계획

② 경력개발 계획의 단계

```
┌─────────────┐       ┌─────────────────────────────┐
│   1단계     │       │ • 관심 직무에서 요구하는 능력  │
│ 직무정보 탐색 │  ▶    │ • 고용이나 승진 전망          │
│             │       │ • 직무만족도 등              │
└─────────────┘       └─────────────────────────────┘
      ▼
┌─────────────┐       ┌─────────────────────────────┐
│   2단계     │       │ • 자신의 능력 · 흥미 · 적성 · 가치관 │
│ 자신과 환경 이해│  ▶   │ • 직무 관련 환경의 기회와 장애 요인 │
└─────────────┘       └─────────────────────────────┘
      ▼
┌─────────────┐       ┌─────────────────────────────┐
│   3단계     │       │ • 장기 목표 수립 : 5~7년      │
│ 경력목표 설정 │  ▶    │ • 단기 목표 수립 : 2~3년      │
└─────────────┘       └─────────────────────────────┘
      ▼
┌─────────────┐       ┌─────────────────────────────┐
│   4단계     │       │ • 현재 직무의 성공적 수행       │
│ 경력개발 전략 수립│ ▶  │ • 역량 강화                 │
│             │       │ • 인적 네트워크 강화          │
└─────────────┘       └─────────────────────────────┘
      ▼
┌─────────────┐       ┌─────────────────────────────┐
│   5단계     │       │ • 실행                     │
│ 실행 및 평가 │  ▶    │ • 경력목표 · 전략의 수정      │
└─────────────┘       └─────────────────────────────┘
```

(3) 경력개발 관련 최근 이슈

① 평생학습 사회
② 투잡스(Two-Jobs)
③ 청년 실업
④ 독립근로자와 같은 새로운 노동 형태의 등장
⑤ 일과 생활의 균형(WLB; Work-life Balance, 워라밸)

OX 문제

01 경력개발은 자신과 자신의 환경 상황을 인식하고 분석하여 합당한 경력 관련 목표를 설정하는 과정으로, 경력계획과 이를 준비하고 실행하며 피드백 하는 경력관리로 이루어진다. [   ]

02 경력은 개인의 경력목표와 전략을 수립하고 실행하며 피드백하는 과정이며, 이는 자신과 상황을 인식하고 경력 관련 목표를 설정하여 그 목표를 달성하기 위한 과정인 경력계획과, 경력계획을 준비하고 실행하며 피드백하는 경력관리로 이루어진다. [   ]

03 경력개발은 경력을 탐색하고, 자신에게 적합한 경력목표를 설정하며, 이에 따른 전략을 수립해서 실행하고, 평가하여 관리하는 단계로 이루어진다. [   ]

04 경력초기를 재평가하고 업그레이드된 목표로 수정하는 단계는 경력중기 단계에 해당한다. [   ]

---

01 [○]

02 [×] 경력이 아닌 경력개발에 대한 내용이다. 경력은 일생에 걸쳐서 지속적으로 이루어지는 일과 관련된 경험을 의미한다.

03 [○]

04 [○]

02 | 자기개발능력 맛보기

※ 다음 글을 읽고 이어지는 질문에 답하시오. [1~2]

제과업체 인사부서에서 20년간 일하고 있는 40대 후반의 C씨는 최근 경기상황 악화로 인해 경영전략의 변화, 인사적체로 인해 조직 내에서 퇴사에 대한 압박을 받고 있다. 가장으로서 계속 경제활동을 해야 하는 입장이고, 하고 있는 일 이외에 마땅히 다른 일에 대한 고민도 해 보지 않았던 C씨는 갑자기 심각함을 느꼈다. 며칠 동안 고심하던 중 C씨는 중장년 재취업상담을 하는 기관에서 경력과 심리 상담을 받아보기로 했다. 심리 상담 결과를 분석해보니 C씨는 사람 중심의 업무를 선호하고, 사회봉사와 교육 분야에 특히 관심이 많은 것으로 나타났다. 또한 인사 및 노무 관리, 교육훈련 등 인사 분야의 경험이 많아 이에 대한 전문성을 가지고 있는 것으로 나왔다. C씨는 이를 바탕으로 취업 컨설턴트와 상의를 거쳐 취업 방향을 노인이나 아동 복지 기관이나 직업훈련 기관의 교육행정직으로 정하고 몇 군데 기관에 지원서를 제출했다. 얼마 지나지 않아 C씨는 직장에서 퇴사를 하게 되었지만 경력과 직무 강점을 살려 사회복지 관련 기관의 교육훈련팀장으로 재취업을 하는데 성공했다.

01 다음 중 C씨는 경력단계에서 어느 단계에 놓여 있는가?

① 경력초기　　　　　　　　　② 경력중기
③ 경력말기　　　　　　　　　④ 직업선택
⑤ 조직입사

02 다음 중 C씨의 경력단계에서 나타나는 현상으로 적절하지 않은 것은?

① 자신이 그동안 성취한 것을 재평가하고, 생산성을 그대로 유지한다.
② 직업 및 조직에서 어느 정도 입지를 굳혀 수직적인 승진가능성이 적은 경력 정체시기에 이른다.
③ 현재의 직종 및 직무와 관련 없는 다른 직업군으로 이동하는 경력변화가 일어나기도 한다.
④ 조직에서 자신의 입지를 확고히 다져나가 승진하는 데 많은 관심을 가지게 된다.
⑤ 개인적으로 현 직업이나 생활스타일에 대한 불만을 느끼며, 매일의 반복적인 일상에 따분함을 느끼기도 한다.

01

정답 ②

C씨는 40 ~ 55세의 성인중기에 위치해 있고, 경력중기 단계에 놓여 있다. 경력중기는 자신이 그동안 성취한 것을 재평가하고, 생산성을 그대로 유지하는 단계로 일반적으로 40 ~ 55세의 성인중기를 일컫는다.

02

정답 ④

경력중기 단계는 자신이 그동안 성취한 것을 재평가하고, 생산성을 그대로 유지하는 단계이다. 그러나 경력중기에 이르면 직업 및 조직에서 어느 정도 입지를 굳히게 되어 더 이상 수직적인 승진가능성이 적은 경력 정체시기에 이르게 되며, 새로운 환경의 변화에 직면하게 되어 생산성을 유지하는데 어려움을 겪기도 한다. 또한 개인적으로 현 직업이나 생활스타일에 대한 불만을 느끼며, 매일의 반복적인 일상에 따분함을 느끼기도 한다. 이에 따라 자신의 경력초기의 생각을 재검토하게 되며, 현재의 경력경로와 관련 없는 다른 직업으로 이동하는 경력변화가 일어나기도 한다.

풀이 전략!

경력개발 단계에 대한 문제는 매우 자주 출제되는 유형이다. 이 유형은 일반적인 상식으로는 풀이가 어려운 경우가 많으므로 본 교재의 이론편에서 설명하고 있는 각 단계별 세부 내용들을 확실하게 숙지할 필요가 있다. 이 문제와 같이 가상의 사례가 주어지고 주인공이 어느 단계에 해당하는지를 정확하게 잡아낼 수 있어야만 풀이가 가능하므로 주의가 필요하다. 대부분 초반부에 주인공의 연령대가 제시되므로 그 부분만 읽고 곧바로 문제를 풀이해도 큰 무리가 없다.

의류회사에 디자이너로 일하고 직장인 A씨는 평소 관심이 많았던 메이크업에 대해 꾸준히 공부하고 기술을 익혀 얼마 전부터 패션 유튜버로 활동하고 있다. 주중에는 회사에서 본연의 업무에 충실하고 주 52시간 근무 제가 자리를 잡으면서 저녁 여가시간과 주말을 이용해 메이크업과 코디네이션에 대한 콘텐츠를 만들어 유튜 버로 이름을 알리고 있다. 사람들이 평소 관심이 많은 분야라서 그런지 구독자 수는 생각보다 빨리 늘어나기 시작했다.

몇 개월 준비기간을 거쳐 일주일에 한 번씩 콘텐츠를 꾸준히 올린 결과 활동 6개월째부터는 많지는 않지만 광고수입도 일부 얻을 수 있었다. A씨는 유튜버로 활동하면서 추가 수입과 자신의 흥미를 충족시킬 수 있어 좋다는 생각도 들었다. 또 시간이 많이 흐르고 조직생활을 끝나면 창업을 하거나 독립을 하게 되어도 자신에 게 도움이 될 것이라는 생각도 하게 되었다.

03 다음 중 윗글은 경력개발과 관련된 어떤 이슈와 가장 연관이 깊은가?

① 청년실업

② 창업경력

③ 평생학습사회

④ 투잡(Two Jobs)

⑤ 일과 생활의 균형(Work-Life Balance)

04 다음 중 A씨가 하고 있는 경력개발과 관련된 사회 환경의 변화로 적절하지 않은 것은?

① 꾸준한 경력 개발에 대한 중요성이 커지고 있고, 경력 개발의 방법이 다양해지고 있다.

② 지속적인 경기불황에 따라 2개 혹은 그 이상의 직업을 가지는 사람들이 늘어나고 있다.

③ 주 5일제와 주 52시간 근무제가 시행되면서 직장인들 사이에 확대되는 추세를 보이고 있다.

④ 경제적인 이유와 자아실현, 실직 대비 등이 주요 목적으로 나타난다.

⑤ 지식과 정보의 폭발적인 증가로 새로운 기술개발에 따라 직업에서 요구되는 능력도 변화하고 있다.

03

정답 ④

A씨는 주중에는 회사에서 패션디자이너로 일을 하고, 퇴근 후와 주말시간에는 유튜버로 활동하는 투잡을 가진 사람이다. 최근 사회 환경을 변화에 따라 투잡을 희망하거나 가지고 있는 사람이 꾸준히 증가하고 있다.

오답분석

① 외환위기 이후 우리나라 노동시장에서 부각된 문제로 경기 침체 시 대부분의 기업들은 우선적으로 신규채용을 억제하기 때문에 청년 노동시장은 경기변동에 매우 민감한 특징이 있다.
② 전 세계적으로 창업이 증가하는 추세로, 최근에는 인터넷의 확산으로 공간이나 시간의 제약 없이 손쉽게 창업을 하고 있으며, 여성들의 창업도 증가하고 있다.
③ 지식과 정보의 폭발적인 증가로 새로운 기술개발에 따라 직업에서 요구되는 능력도 변화하고 있으며, 지속적인 능력개발이 필요한 시대가 되었다.
⑤ 우리나라의 경우 경쟁력 있는 복리후생 제도와 일과 삶의 균형에 대한 관심이 증가하고 있다.

04

정답 ⑤

지속적인 경기불황에 따라 2개 혹은 그 이상의 직업을 가지는 사람이 늘고 있다. 특히 주 5일제와 주 52시간 근무제가 시행되면서 이러한 투잡은 더욱 확대되고 있으며, 경제적 이유, 자아실현, 실직 대비 등으로 인해 투잡을 원하는 사람들이 늘어가고 있다. 또한 취업 이후에도 지속적인 경력 개발의 중요성이 점점 커지고 있으며 환경의 변화가 잦고, 평생직장이라는 개념이 약해지면서 취업 이후에도 자신의 직업을 유지하기 위해 노력하는 것이 좋다.

풀이 전략!

자기개발능력에서는 시사적인 문제들이 종종 출제된다. 청년 취업난을 반영한 사례, 창업에 뛰어든 사람들의 사례 등이 주어지고 각 사례들에서 시사하는 바를 찾게 하는 것이 대표적인 유형이다. 이러한 사례들은 주로 신문의 특별기획섹션 내지는 시사잡지 등에서 확인할 수 있으므로 평소 이런 자료들을 유심히 읽으며 자기 나름대로의 분석을 해보는 것이 좋다.

03 | 대표유형 적중문제

정답 및 해설 p.057

| 01 | 모듈형

01 다음 〈보기〉 중 자기개발의 특징에 대한 설명으로 옳은 것을 모두 고르면?

> **보기**
> ㄱ. 자기개발의 주체와 객체는 자신이므로 자기개발의 성공적 수행을 위해서는 자신에 대한 이해가 필요하다.
> ㄴ. 자기개발은 가능한 환경과 시기적 필요성이 갖추어진 경우에 수행하여야 한다.
> ㄷ. 타인의 방법보다 자신에게 알맞은 자기개발 방법을 추구하는 것이 바람직하다.
> ㄹ. 완성도 있는 자기개발을 위해, 자기개발은 생활과 구분되어 이루어져야 한다.

① ㄱ, ㄴ　　　　　　　　　　　② ㄱ, ㄷ
③ ㄴ, ㄷ　　　　　　　　　　　④ ㄴ, ㄹ
⑤ ㄷ, ㄹ

02 다음 중 경력개발이 필요하게 된 사례를 환경 차원, 조직 차원, 개인 차원에 따라 순서대로 바르게 나열한 것은?

> ㄱ. 기업의 승진적체가 심해지고 있다.
> ㄴ. 국내 기업들의 경력자 이직이 증가하고 있다.
> ㄷ. 곧 아내가 출산하여 가족이 늘어난다.
> ㄹ. 승진에 전문기술이 더 중요하게 되었다.
> ㅁ. 기업 문화가 능력주의 문화로 변하였다.
> ㅂ. 돈보다는 워라밸을 선호하는 추세가 되었다.

	환경 차원	개인 차원	조직 차원
①	ㄴ, ㅂ	ㄷ, ㄹ	ㄱ, ㅁ
②	ㄴ, ㅁ	ㄷ, ㄱ	ㄹ, ㅂ
③	ㄹ, ㄷ	ㄱ, ㅁ	ㅂ, ㄴ
④	ㄷ, ㄹ	ㄱ, ㅂ	ㄴ, ㅁ
⑤	ㄱ, ㄴ,	ㅂ, ㄹ	ㅁ, ㄷ

※ 다음 글을 읽고 이어지는 질문에 답하시오. [3~4]

> 1년 전 회사 송년회 자리에서 김사원은 자신의 사내 멘토이자 대학 동문인 같은 팀 박과장에게 다이어리를 한 권 선물 받았다. 다이어리의 내용은 회사에서 주는 일반 다이어리와는 달리 좀 다르게 구성되어 있었다. 하루 업무를 중요한 순서대로 정리하고 진행 여부를 체크하는 칸이 있었고 일일 단위로 자신이 잘한 일과 제일 상단에는 개선하고 보완할 점을 쓰는 칸이 별도로 마련되어 있었다.
>
> 박과장은 자신의 멘토였던 옆 팀 이팀장으로부터 대리 때 같은 다이어리를 선물 받았다고 이야기하며 1년간 꾸준히 작성하고 스스로를 성찰하는 시간을 가지면 회사생활을 하는데 많은 도움이 될 거라고 이야기했다. 박과장의 조언대로 김사원은 지난 1년 간 휴가를 제외하고는 업무를 수행하는 날은 하루도 거르지 않고 다이어리를 작성했고, 잘한 점과 개선할 점을 다시금 생각해 보는 시간을 갖게 되었다. 성찰이 거듭될수록 자신에 대해 돌아보게 되고 앞으로 나아갈 수 있는 더 나은 아이디어가 많이 떠올랐다. 그 결과 올해 송년회에서는 업무 개선 아이디어를 가장 많이 제안한 사원으로 대표이사의 표창과 금일봉을 받게 되었다. 김사원은 1년간의 노력이 결실을 맺었다는 생각에 스스로에 대한 동기부여가 되었다.

03 다음 중 김사원이 1년간 다이어리를 작성하고 성찰하는 과정을 거치면서 나아지게 된 점을 〈보기〉에서 모두 고르면?

> **보기**
> ㉠ 지속적인 성장의 기회 마련
> ㉡ 다른 일을 하는 데 있어 노하우 축적
> ㉢ 창의적인 사고 향상

① ㉠   ② ㉠, ㉡

③ ㉠, ㉢   ④ ㉡, ㉢

⑤ ㉠, ㉡, ㉢

04 다음 중 김사원이 다이어리를 통해 스스로의 성찰을 위해 한 질문으로 적절하지 않은 것은?

① 지금 일이 잘 진행되거나 그렇지 않은 이유는 무엇인가?

② 이 상태를 변화시키거나 혹은 유지하기 위해 해야 하는 일은 무엇인가?

③ 이번 일 중 다르게 수행했다면 더 좋은 성과를 냈을 일은 무엇인가?

④ 이번 일의 문제점이 드러나지 않기 위해서는 무엇을 해야 하는가?

⑤ 했던 일 중에 잘했던 일과 잘못했던 일은 무엇인가?

※ 다음 글을 읽고 이어지는 질문에 답하시오. **[5~6]**

직장생활 6년 차인 김대리는 올해 과장 승진이 가능한 연차가 되었다. 김대리의 회사는 과장부터 팀장이 될 수 있는 기회가 주어진다. 김대리는 대리가 되면서 조직생활에서 팀장이 되어 리더십을 꼭 발휘해 보겠다는 목표를 세웠고, 궁극적으로는 회사에서 영업담당 임원이 되겠다는 비전을 가지고 직장생활을 하고 있다. 김대리는 대리승진을 하면서부터 지난 몇 년간 매해 자신의 역할과 능력을 생각해 활동목표와 세부목표를 세우고 업무 및 개인생활 등 일정을 세워 꾸준히 실행해 왔다. 사내외 강의도 듣고 공부도 하면서 업무를 좀 더 잘 수행하기 위한 방법도 다양화했다. 하지만 나름 ㉠ 자기관리를 해왔는데 매년 비슷할 뿐 점점 더 나아지고 있다는 생각이 들지 않았고, 이런 활동들이 형식적이 되어가고 있다는 생각도 들었다. 그러던 중 사내 멘토인 박팀장과 이야기를 나누게 되었다.

05 다음 중 김대리가 ㉠과 같은 생각을 하게 되는 이유로 가장 적절한 것은?

① 비전 및 목적이 정립되지 않아서
② 반성 및 피드백을 하지 않아서
③ 과제를 발견하지 못해서
④ 수행에 문제가 있어서
⑤ 계획을 수립하지 않아서

06 다음 중 김대리가 ㉠과 같은 생각을 극복하기 위해 스스로에게 해야 하는 질문으로 적절하지 않은 것은?

① 어떤 목표를 성취하였는가?
② 일을 수행하는 동안 어떤 문제에 직면했는가?
③ 우선순위, 일정에 따라 계획적으로 수행하였는가?
④ 나에게 가장 중요한 것은 무엇인가?
⑤ 어떻게 결정을 내리고 행동했는가?

07 다음 글에서 간과하고 있는 자기개발의 특징으로 옳은 것은?

> 100세 시대는 이제 옛말이다. 하루가 다르게 발전하는 의학기술로 이제 110세 시대, 120세 시대는 물론, 머지않아 언제까지 살지 예측할 수 없는 시대가 올 것이다. 그렇기 때문에 미래에 대한 준비는 더욱 더 중요한 시대에 우리는 살고 있다. 지금 잘 다니고 있는 회사도 언젠가 은퇴할 것이고, 그 은퇴 후의 삶은 누구도 책임져 주지 않기에, 우리 모두 지금 이 순간 자기개발에 힘써야 할 것이다. 이러한 자기 개발은 개개인 자신이 주체가 되어 이루어져야 하는데, 이는 각자 현재 처해있는 상황과 지향 하는 바 그리고 선호하는 방식이 모두 다르기 때문이다. 또한 바쁜 현대 사회에 자기개발을 위해 시간을 내기란 쉽지 않기 때문에 현재 본인이 하고 있는 일과 관련이 있는 분야, 혹은 일상생활에서 이루어지기 쉬운 활동의 방향으로 자기개발 분야를 정하는 것도 좋은 방법이 될 것이다. 이와 더불어 장기간적인 목표보다는 단기간적인 목표를 정해 하나하나 이뤄나간다면 그로 인한 성취감으로 인해 자기개발을 할 수 있는 에너지는 더욱더 상승될 것이다.

① 자기개발을 모든 사람이 할 필요는 없다.
② 자기개발은 자신이 아닌 타인의 의해 이루어져야 더 효과적이다.
③ 자기개발을 통해 지향하는 바와 선호하는 방법은 사람마다 비슷하다.
④ 자기개발은 일과는 별개로 이루어져야 하는 활동이다.
⑤ 자기개발은 단기간이 아닌 평생에 걸쳐 이루어져야 한다.

08 다음 사례의 밑줄 친 ㉠과 관련된 욕구로 가장 적절한 것은?

> A사원 : 사내 게시판에 공지된 교육프로그램 참여 신청에 관한 안내문은 보셨나요?
> B대리 : 봤지. 안 그래도 신청해야 하나 고민 중이야.
> A사원 : 대리님이 꼭 따고 싶다고 하셨던 자격증 강의잖아요.
> B대리 : ㉠ 아니, 나는 아침잠이 많아서…. 너무 이른 시간이라 참여할 수 있을지 걱정이야.
> A사원 : 그런 이유로 고민할 시간도 없어요. 선착순 마감되기 전에 얼른 신청하세요!

① 안전의 욕구   ② 사회적 욕구
③ 생리적 욕구   ④ 존경의 욕구
⑤ 자기실현의 욕구

성인 여성을 대상으로 의상 코디네이터로 5년 간 일하다가 일을 그만 두고 2년 전 여성의류를 파는 인터넷 쇼핑몰을 창업한 B씨는 최근 다시 코디네이터 일자리를 알아보고 있다. 코디네이터 일을 하면서 옷에 대해서는 나름 전문성을 가지고 있다고 생각했고 장시간 노동과 박봉 등 회사의 근무 여건도 너무 열악해서 '이럴 바에는 창업을 해 보자.'라는 생각으로 일단 뛰어들었다. 2년이 지난 지금 사무실을 겸하는 B씨의 집에는 의류재고가 발 딛을 틈 없이 쌓여있고, 같이 일하던 동료도 얼마 전부터 일자리를 알아보고 있다. 2년 간 바쁘게 일한 것 같은데 버는 돈은 코디네이터로 일할 때의 월급 기준으로 80% 정도만 겨우 가져가고 서버운영비, 물품대금 등을 지불하고 나니 이 달이 지나면 적자를 면하기 어려운 지경에 놓여 있다. B씨는 코디네이션을 잘하는 것과 장사를 잘하는 것 사이에는 큰 괴리가 있다는 것을 창업 2년 만에 절실히 깨닫게 되었다. 많은 시간을 투자해 창업에 대해 꼼꼼하게 준비하지 못한 점 특히, 들어가는 비용, 자신의 전문분야를 살린 창업 아이템인가에 대한 문제를 심사숙고하지 않은 것이 후회가 되었다.

09 다음 중 B씨가 회사를 그만 두고 창업을 하게 된 계기로 볼 수 없는 것은?

① 회사생활에 대한 불만을 가지고 있었다.
② 인터넷 확산으로 손쉽게 창업을 할 수 있는 환경이 되었다.
③ 정치, 경제적 변화에 민감하게 대응해야 한다고 생각했다.
④ 자신의 전문성을 살려 창업을 해 보고 싶은 욕구가 있었다.
⑤ 회사의 급여에 만족하지 못하고 있었다.

10 다음 중 B씨가 성공적인 창업을 위해 준비했어야 하는 요인으로 보기 어려운 것은?

① 자신의 흥미, 재능, 가치, 라이프스타일을 철저히 이해했어야 한다.
② 자신의 사업을 경영하고 싶다는 열망을 가지고 시작했어야 한다.
③ 업무 환경에 대한 충분한 정보를 조사하고 분석했어야 한다.
④ 창업에 대해 구체적인 목표와 전략을 수립하여 실행해야 한다.
⑤ 코디네이터와 사업 경영이 다른 직무라는 것에 대한 이해가 부족했다.

11 S사원은 자기개발을 위해 먼저 자신의 흥미·적성·특성 등을 파악했다. 다음 중 S사원이 얻을 수 있는 효과로 적절하지 않은 것은?

① 자아정체감을 형성할 수 있다.

② 성장욕구가 증가하게 된다.

③ 자기개발 방법을 결정할 수 있다.

④ 직업생활에서 회사의 요구를 파악할 수 있다.

⑤ 객관적으로 자신을 인식할 수 있다.

12 다음은 경력개발의 단계를 나타낸 자료이다. 빈칸 ㉠에 대한 설명으로 적절하지 않은 것은?

〈경력개발의 단계〉

1단계 : 직무정보 탐색
↓
2단계 : 자신과 환경 이해
↓
3단계 : 경력목표 설정
↓
4단계 : _____㉠_____
↓
5단계 : 실행 및 평가

① 자기인식 관련 워크숍에 참여하거나 특정 직무와 직업에 대한 설명 자료를 확인한다.

② 자신의 역량 개발을 위해 대학원, 교육프로그램 등의 활동에 참여한다.

③ 자신을 알리고 다른 사람과 상호작용할 수 있는 기회를 늘린다.

④ 직장에서 업무시간에 경력개발을 한다.

⑤ 현 직무를 기반으로 성장할 수 있도록 성공적으로 직무를 수행한다.

CHAPTER 10

직업윤리

합격 Cheat Key

직업윤리는 업무를 수행함에 있어 원만한 직업생활을 위해 필요한 태도, 매너, 올바른 직업관이다. 직업윤리는 필기시험뿐만 아니라 서류를 제출하면서 자기소개서를 작성할 때와 면접을 시행할 때도 포함되는 항목으로 들어가지 않는 공사·공단이 없을 정도로 필수 능력으로 꼽힌다.

직업윤리의 세부 능력은 근로 윤리·공동체 윤리로 나눌 수 있다. 구체적인 문제 상황을 제시하여 해결하기 위해 어떤 대안을 선택해야 할지에 관한 문제들이 출제된다.

1 오답을 통해 대비하라!

이론을 따로 정리하는 것보다는 문제에서 본인이 생각하는 모범답안을 선택하고 틀렸을 경우 그 이유를 정리하는 방식으로 학습하는 것이 효율적이다. 암기하기보다는 이해에 중점을 두고 자신의 상식으로 문제를 푸는 것이 아니라 해당 문제가 어느 영역 어떤 하위 능력의 문제인지 파악하는 훈련을 한다면 답이 보일 것이다.

2 직업윤리와 일반윤리를 구분하라!

일반윤리와 구분되는 직업윤리의 특징을 이해해야 한다. 통념상 비윤리적이라고 일컬어지는 행동도 특정한 직업에서는 허용되는 경우가 있다. 그러므로 문제에서 주어진 상황을 판단할 때는 우선 직업의 특성을 고려해야 한다.

3 직업윤리의 하위능력을 파악해 두어라!

직업윤리의 경우 직장생활 경험이 없는 수험생들은 조직에서 일어날 수 있는 구체적인 직업윤리와 관련된 내용에 흥미가 없고 이를 이해하는 데 어려움이 있을 수 있다. 그러나 문제에서는 구체적인 상황·사례를 제시하는 문제가 나오기 때문에 직장에서의 예절을 정리하고 문제 상황에서 적절한 대처를 선택하는 연습을 하는 것이 중요하다.

4 면접에서도 유리하다!

많은 공사·공단에서 면접 시 직업윤리에 관련된 질문을 하는 경우가 많다. 직업윤리 이론 학습을 미리 해 두면 본인의 가치관을 세우는 데 도움이 되고 이는 곧 기업의 인재상과도 연결되기 때문에 미리 준비해 두면 필기시험에서 합격하고 면접을 준비할 때도 수월할 것이다.

01 | 모듈이론

01 직업윤리의 의의

(1) 윤리란 무엇인가?

① 윤리의 의미 〔기〕〔實〕

인간과 인간 사이에서 지켜야 할 도리를 바르게 하는 것 또는 인간사회에 필요한 올바른 질서라고 해석할 수 있다.

② 윤리규범의 형성

- 인간의 특성 : 기본적인 욕구 충족에 도움이나 방해가 되는 사물 등에 선호를 가지게 된다.
- 사회적 인간 : 인간은 사회의 공동 목표 달성과 구성원들의 욕구 충족에 도움이 되는 행위는 찬성하고, 반대되는 행위는 비난한다.
- 윤리규범의 형성 : 인간의 기본적인 특성과 사회성에 부합하는 행위가 반복되면서 무엇이 옳고 그른지에 대한 윤리규범이 형성된다.

(2) 비윤리적 행위의 원인과 유형 〔기〕〔實〕

① 비윤리적 행위의 원인

무지	어떤 사람이 선이라고 생각하고 노력하는 대상이 실제로는 악이라는 사실을 모르거나 그것을 달성하기 위한 수단적 덕목들을 제대로 알지 못하는 경우이다.
무관심	자신의 행위가 비윤리적이라는 것은 알고 있지만, 윤리적인 기준에 따라 행동하는 것을 중요하게 여기지 않는 경우이다.
무절제	자신의 행위가 잘못이라는 것을 알고 그러한 행위를 하지 않으려고 하지만, 자신의 통제를 벗어나는 어떤 요인으로 인하여 비윤리적 행위를 저지르는 것이다.

② 비윤리적 행위의 유형

도덕적 타성	사람의 행동이나 사회현상에도 기존 패턴을 반복하려는 경향, 즉 타성(惰性, Inertia)이 존재한다. 타성은 나태함이나 게으름의 뜻을 내포하고 있는데, 바람직한 행동이 무엇인지 알고 있으면서도 취해야 할 행동을 취하지 않는 무기력한 모습이라고 할 수 있다.
도덕적 태만	비윤리적인 결과를 피하기 위하여 일반적으로 필요한 주의나 관심을 기울이지 않는 것을 말한다.
거짓말	상대를 속이려는 의도로 표현되는 메시지라고 할 수 있다. 주로 말이나 글로 표현되는 것에 한정하며, 상대를 속이려는 의도가 있는 것을 말한다.

(3) 직업과 직업윤리

① 직업의 특징 기출

종류	내용
계속성	주기적으로 일을 하거나 명확한 주기가 없어도 계속 행해지며, 현재 하고 있는 일을 계속할 의지와 가능성이 있어야 함을 의미한다.
경제성	경제적 거래 관계가 성립되는 활동이어야 한다. 따라서 무급 자원봉사나 전업 학생은 직업으로 보지 않으며, 자연 발생적인 이득의 수취나 우연하게 발생하는 경제적 과실에 전적으로 의존하는 활동도 직업으로 보지 않는다.
윤리성	비윤리적인 영리 행위나 반사회적인 활동을 통한 경제적 이윤추구는 직업 활동으로 인정되지 않음을 의미한다.
사회성	모든 직업 활동이 사회 공동체적 맥락에서 의미 있는 활동이어야 한다는 것이다.
자발성	속박된 상태에서의 제반 활동은 경제성이나 계속성의 여부와 상관없이 직업으로 보지 않는다는 것이다.

② 직업윤리의 의미

직업 활동을 하는 개인이 자신의 직무를 잘 수행하고 자신의 직업과 관련된 직업과 사회에서 요구하는 규범에 부응하여 개인이 갖추고 발달시키는 직업에 대한 신념·태도·행위를 의미한다.

③ 직업윤리의 종류 기출

종류	내용
소명의식	자신이 맡은 일은 하늘에 의해 맡겨진 일이라고 생각하는 태도
천직의식	자신의 일이 자신의 능력과 적성에 꼭 맞는다 여기며, 그 일에 열성을 가지고 성실히 임하는 태도
직분의식	자신이 하고 있는 일이 사회나 기업을 위해 중요한 역할을 하고 있다고 믿고, 자신의 활동을 수행하는 태도
책임의식	직업에 대한 사회적 역할과 책무를 충실히 수행하고 책임을 다하는 태도
전문가의식	자신의 일이 누구나 할 수 있는 것이 아니라 해당 분야의 지식과 교육을 밑바탕으로 성실히 수행해야만 가능한 것이라 믿고 수행하는 태도
봉사의식	직업 활동을 통해 다른 사람과 공동체에 대하여 봉사하는 정신을 갖추고 실천하는 태도

④ 직업윤리의 5대 기본원칙 기출

종류	내용
객관성의 원칙	업무의 공공성을 바탕으로 공사 구분을 명확히 하고, 모든 것을 숨김없이 투명하게 처리하는 원칙을 말함
고객 중심의 원칙	고객에 대한 봉사를 최우선으로 생각하고, 현장 중심·실천 중심으로 일하는 원칙을 말함
전문성의 원칙	자기 업무에 전문가로서의 능력과 의식을 가지고 책임을 다하며, 능력을 연마하는 원칙을 말함
정직과 신용의 원칙	업무와 관련된 모든 것을 숨김없이 정직하게 수행하고, 본분과 약속을 지켜 신뢰를 유지하는 원칙을 말함
공정 경쟁의 원칙	법규를 준수하고, 경쟁 원리에 따라 공정하게 행동하는 원칙을 말함

⑤ 개인윤리와 직업윤리의 조화

- 개인윤리를 기반으로 공동의 협력을 추구한다.
- 규모가 큰 공동의 재산, 정보 등을 개인의 권한하에 위임한다.
- '팔은 안으로 굽는다.'로 표현되는 공사 구분의 모호함을 배제한다.

OX 문제

01 직업이란 경제적인 보상이 있어야 하며, 본인의 자발적 의사에 의한 것이어야 한다. 또한 장기적으로 계속해서 일하는 지속성이 있어야 한다. [   ]

02 모든 윤리적 가치는 시대와 상황을 떠나서 절대적이므로 변하지 않는다. [   ]

03 직업윤리의 기본원칙 중 객관성의 원칙이란 업무의 공공성을 바탕으로 공과 사 구분을 명확히 하고, 모든 것을 숨김없이 투명하게 처리하는 원칙을 말한다. [   ]

---

01 [O]

02 [×] 윤리적 가치는 불변의 진리가 아니라 시대와 사회 상황에 따라 조금씩 다르게 변화하는 것이다.

03 [O]

---

02 근로윤리

(1) 근면한 태도

① 근면의 개념적 특성 기념

 ㉠ 고난의 극복 : 근면은 과거의 고난을 극복한 경험을 통해 형성되고, 현재의 고난을 극복할 수 있는 자원이 된다.

 ㉡ 개인의 절제나 금욕 : 근면은 고난을 극복하기 위해서 금전과 시간, 에너지를 사용할 수 있도록 준비하는 것이다.

 ㉢ 장기적이고 지속적인 행위 과정 : 근면은 고난을 극복하기 위해서 어려움 속에서도 목표를 완성시킴으로써 결과에 만족하고 이를 마무리하면서 그 가치를 완성하는 것이다.

② 근면의 종류 기념

종류	내용
외부로부터 강요당한 근면	• 삶(생계)의 유지를 위한 필요에 의해서 강요된 근면 예 오직 삶의 유지를 위해 열악한 노동 조건에서 기계적으로 일하는 것
자진해서 하는 근면	• 자신의 것을 창조하며 조금씩 자신을 발전시키고, 시간의 흐름에 따라 자아를 확립시켜 가는 근면 예 세일즈맨이 자신의 성과를 높이기 위해 노력하는 것

(2) 정직과 성실

① 정직의 의의 기념

 타인이 전하는 말·행동이 사실과 부합된다는 신뢰가 없다면 일일이 직접 확인해야 하므로 사람들의 행동은 상당한 제약을 피할 수 없으며, 조직과 사회 체제의 유지 자체가 불가능해진다.

② 성실의 의미 기술

사전적 의미	정성스럽고 참됨을 의미하며, 단어의 본질을 살펴보았을 때 그 의미가 근면함보다는 충(忠) 혹은 신(信)의 의미와 더 가까움
심리학적 의미	사회규범이나 법을 존중하고 충동을 통제하며, 목표 지향적 행동을 조직하고 유지하며 목표를 추구하도록 동기를 부여하는 것을 의미하기도 함

③ 현대 사회에서의 성실성

- 성실의 항상성은 다른 덕목들의 모태가 되며, 어떠한 일을 할 때 꾸준히 자신의 정성을 다하도록 만든다. 이는 조직에서 생활을 영위할 때 중요한 요인으로 작동한다.
- 성실이 항상 긍정적인 측면만 지니고 있는 것은 아니다. 성실은 시대 개념적 차원에서 볼 때 현대 사회와 어울리지 않는 한계성 또한 지니고 있다.

OX 문제

01 성실의 항상성은 덕목들로부터 파생된 것으로, 현대에서 필수적인 요소로 작용한다. [ ]

02 성실은 항상 긍정적인 측면만 지니므로 언제나 지켜야 할 사회규범이다. [ ]

03 성실의 사전적 의미는 정성스럽고 참됨으로 풀이할 수 있으며, 단어의 본질을 살펴보았을 때 그 의미가 근면함보다는 충(忠) 혹은 신(信)의 의미에 더 가깝다. [ ]

01 [×] 성실의 특징인 항상성은 다른 덕목들의 모태가 된다.
02 [×] 성실은 현대 사회와 어울리지 않는 한계가 있다.
03 [○]

---

03 공동체윤리

(1) 봉사와 사회적 책임, 준법의식

① 봉사와 사회적 책임의 의미 기술

봉사	다른 사람과 공동체에 대하여 봉사하는 정신을 갖추고 실천하는 태도를 의미하며, 나아가 고객의 가치를 최우선으로 하는 고객 서비스 개념
책임의식	직업에 대한 사회적 역할과 책무를 충실히 수행하고 책임지려는 태도이며, 맡은 업무를 어떠한 일이 있어도 수행해 내는 태도

② 기업의 사회적 책임(CSR; Corporate Social Responsibility)
단순히 이윤 추구를 하는 집단의 형태를 벗어나 자신들이 벌어들인 이익의 일부분을 사회로 환원하는 개념을 말한다.

③ 준법의 의미

> - 민주시민으로서 기본적으로 지켜야 하는 의무이며 생활 자세이다.
> - 민주사회의 법과 규칙을 준수하는 것은 시민으로서의 자신의 권리를 보장받고, 다른 사람의 권리를 보호하며 사회질서를 유지하는 역할을 수행하는 것이다.

④ 우리사회의 준법의식

> - 여전히 사회적 부패 현상이 만연해 있으며, 이러한 현상은 올바름에 대한 기준과 윤리적 판단 기준을 흐리게 한다.
> - 민주주의와 시장경제는 구성원들에게 자유와 권리를 주는 동시에 규율의 준수와 책임을 요구하므로 개개인의 의식 변화와 함께 체계적 접근과 단계별 실행을 통한 제도적·시스템적 기반의 확립이 필요하다.

(2) 직장에서의 예절

① 예절의 의미

일정한 생활문화권에서 오랜 생활습관을 통해 하나의 공통된 생활방법으로 정립되어 관습적으로 행해지는 사회계약적인 생활규범을 말한다.

② 에티켓과 매너

에티켓	사람과 사람 사이에 마땅히 지켜야 할 규범으로서 형식적 측면이 강함
매너	형식을 나타내는 방식으로서 방법적 성격이 강함

③ 비즈니스 매너 기출

㉠ 인사 예절

> - 비즈니스에서 가장 일반적인 인사법인 악수는 윗사람이 아랫사람에게, 여성이 남성에게 청한다.
> - 소개를 할 때는 연소자를 연장자에게, 내가 속해 있는 회사의 관계자를 타 회사의 관계자에게, 동료를 고객에게 먼저 소개한다.
> - 명함을 건넬 때는 왼손으로 받치고 오른손으로 건네는데, 자신의 이름이 상대방을 향하도록 한다. 또한, 손아랫사람이 손윗사람에게 먼저 건네고 상사와 함께라면 상사가 먼저 건네도록 한다.

㉡ 전화 예절

> - 전화는 태도나 표정을 보여줄 수 없으므로 상냥한 목소리와 정확한 발음에 유의한다.
> - 전화가 연결되면 담당자 확인 후 자신을 소개하고, 간결하고 정확하게 용건을 전달한다. 전화를 끊기 전 내용을 다시 한 번 정리해 확인하며, 담당자가 없을 땐 전화번호를 남긴다.
> - 전화를 받을 때는 벨이 3~4번 울리기 전에 받는다.

ⓒ 이메일 예절

> • 이메일을 쓸 때는 서두에 소속과 이름을 밝힌다.
> • 업무 성격에 맞는 형식을 갖추고 올바른 철자와 문법을 사용한다.
> • 메일 제목은 반드시 쓰고, 간결하면서 핵심을 알 수 있게 작성한다.

④ 직장 내 괴롭힘 기출

근로기준법에 따른 사용자 또는 근로자가 직장에서의 지위 또는 관계 등의 우위를 이용하여 업무상 적정 범위를 넘어 다른 근로자에게 신체적·정신적 고통을 주거나 근무환경을 악화시키는 행위를 말한다.

⑤ 직장 내 성희롱 기출

남녀고용평등과 일·가정 양립 지원에 관한 법률에 따른 사업주·상급자 또는 근로자가 직장 내의 지위를 이용하거나 업무와 관련하여 다른 근로자에게 성적 언동 등으로 성적 굴욕감 또는 혐오감을 느끼게 하거나 성적 언동 또는 그 밖의 요구 등에 따르지 아니하였다는 이유로 근로 조건 및 고용에서 불이익을 주는 것을 말한다.

OX 문제

01 책임이란 주어진 업무 또는 스스로 맡은 업무를 어떠한 일이 있어도 수행해 내는 태도이다. [　]

02 직업세계에서 다른 직종에 비해 더 많은 이익을 얻는 집단이라 해도 그들의 이익 분배에 대해 특별히 달리 생각할 필요는 없다. [　]

03 기업의 사회적 책임이란 단순히 이윤 추구를 하는 집단의 형태를 벗어나 자신들이 벌어들인 이익의 일부분을 사회로 환원하는 개념으로, 최근 들어 핵심적인 가치로 부각되고 있다. [　]

---

01 [O]

02 [×] 직업세계에서 다른 직종에 비해 더 많은 이익을 얻는 집단은 그렇지 않은 집단들에게 그들의 이익을 분배할 수 있는 사회 환원 의식도 가져야 할 것이다.

03 [O]

02 | 직업윤리 맛보기

※ 다음 글을 읽고 이어지는 질문에 답하시오. [1~2]

○○동의 지역공동체는 도시재생사업의 일환으로 만들어지게 되었다. 낙후된 지역으로 노인들이 대다수를 차지했던 이 지역은 공동육아시설 운영, 교육 및 커뮤니티 카페사업을 통해 지역 경제 상생발전을 도모하고 있다.

이 지역공동체는 다양한 활동을 통해 지역을 살아있는 공간으로 만들고 커뮤니티 확장과 나눔을 실천해 나 갔다. 그로 인해 갈등을 대화로 해결하며 진정한 이웃사촌이 될 수 있었다.

최근 코로나19의 여파로 인해 이 지역공동체의 공동육아시설과 강의실, 카페 등은 운영이 수개월째 중단된 상태이다. 이러한 위기 상황에도 불구하고 이 지역공동체는 커뮤니티 구성원을 중심으로 결속력을 보이며, 시설 및 온라인 커뮤니티를 통해 나눔과 정보 교류 등을 꾸준히 진행하고 있다.

01 다음 중 윤리라는 본질적인 의미에서 볼 때, 윗글은 인간의 어떤 특성을 설명하고 있는가?

① 유희적 존재   ② 문화적 존재

③ 사회적 존재   ④ 정치적 존재

⑤ 윤리적 존재

02 윤리적 가치와 윤리적 규범이라는 측면에서 위기 상황임에도 불구하고 지속적인 운영이 되고 있는 이 공동체의 시사점으로 가장 적절한 것은?

① 지역 주민을 위한 교류 공간 활성화

② 주민 일자리 제공 및 수익 창출을 통한 지역 경제 상생발전

③ 지역 일대 명소로 자리매김

④ 유대감과 결속력 기반의 공동체 의식

⑤ 주민들의 소명의식 증대

01

③

사회적 존재인 개인의 욕구는 개인의 행동에 따라 충족되는 것이 아니라, 다른 삶의 행동과 협력을 바탕으로 충족된다. 제시문은 지역공동체가 다양한 활동을 통해 다른 구성원들과 소통과 협력하는 장으로 발전하는 인간의 사회적 존재로서의 모습을 설명하고 있다.

① 유희적 존재 : 놀이를 하는 존재이다.
② 문화적 존재 : 사회와 소통하면서 서로 공감하는 존재이다.
④ 정치적 존재 : 국가를 이루고 개인과 공동체의 문제에 대한 정치 활동을 하는 존재이다.
⑤ 윤리적 존재 : 인간이 도덕적으로 자율성을 가지고 있는 존재이다.

02

④

주어진 공동체의 시사점으로 가장 적절한 것은 위기 상황임에도 불구하고 윤리적 측면에서 유대감과 결속력 기반의 공동체 의식에 대한 것이다.

풀이 전략!

최근 중요성이 부각되고 있는 직업윤리 영역은 추상적인 내용들로 가득 차 있는 탓에 학습하기가 만만치 않은 부분이다. 그러나 이 영역은 일부 암기가 필요한 부분을 제외하고는 대부분 '바르게 살아가는 법' 그 이상도 이하도 아니므로 크게 부담을 가질 필요가 없다. 다만, 공공분야에서 근무하는 사람이라면 반드시 알아두어야 할 일명 '김영란 법'에 대한 내용은 정리해둘 필요가 있다.

김대리 : (전화벨이 다섯 차례 넘게 울리자) 누가 전화 좀 받아요. 제가 통화 중이라.
홍사원 : (전화를 돌려받으며) 네. 전화 받았습니다. A기업 영업팀 홍길동 사원입니다. 아! 김대리님이요.
　　　　지금 통화 중이신데요. 나중에 다시 전화 주세요.
(전화 통화가 끝나고)
김대리 : 홍길동씨, 아까 저 찾는 전화인 것 같던데. 어디서 전화 왔어요?
홍사원 : 잘 모르겠는데요. 여자 분이셨어요.
김대리 : 네? 오늘 고객사에서 중요한 전화 올 게 있었는데. 누군지 안 여쭤 봤어요?
홍사원 : 네. 굳이 말씀하시지 않으셔서….

03 다음 중 홍사원의 전화예절에 대한 문제점으로 적절하지 않은 것은?

① 전화벨이 3~4번 울리기 전에 받는다.
② 담당자에게 전화와 관련된 내용을 전달한다.
③ 긍정적인 말로서 전화 통화를 마치도록 하고, 전화를 건 상대방에게 감사의 표시를 한다.
④ 자신이 누구인지를 즉시 말한다.
⑤ 상대방의 용건을 물어보지 않았다.

04 다음 중 김대리가 홍사원의 전화예절에 대해서 난색을 보인 이유로 적절하지 않은 것은?

① 상대방이 누구인지 물어보지 않았다.
② 전화를 대신 받았는데, 자신의 소속과 성명을 명확하게 밝히지 않았다.
③ 통화를 시작하고 마무리할 때 감사 인사를 하지 않았다.
④ 상대방의 용건이 무엇인지 메모하지 않았다.
⑤ 담당자에게 용건을 전달하지 않았다.

03

정답 ④

홍사원은 자신이 누구인지 즉시 말하였다.

> **전화예절**
> • 전화를 받을 때는 벨이 3∼4번 울리기 전에 받는다.
> • 회사명과 부서명, 이름을 밝힌 뒤 상대방의 용건을 정확하게 확인한다.
> • 용건에 즉답하기 어려우면 양해를 구한 뒤, 회신 가능한 시간을 약속한다.
> • 통화 담당자가 없으면 자리를 비운 이유를 간단히 설명하고, 통화가 가능한 시간을 알려준다.
> • 용건을 물어본 후 처리할 수 있으면 처리한다.
> • 전화를 끊으면 담당자에게 정확한 메모를 전달한다.

04

정답 ②

홍사원은 전화를 대신 받았고, 자신의 소속과 성명을 밝혔다.

김대리가 홍사원의 전화예절에 대해 난색을 표시한 이유는 상대방이 누구이고, 용건이 무엇인지에 대해 파악하지 않고 전화가 왔다는 메모도 남기지 않았다는 점과 전화를 준 고객에 대한 감사 인사를 하지 않고 담당자에게 메모를 전달하지 않는 등 전화예절에 어긋나게 전화를 받은 점이다.

> **풀이 전략!**
>
> 의외로 많은 수험생들이 전화 예절 등 비즈니스 매너에 대한 문제들을 잘 처리하지 못한다. 이는 평소 가까운 지인들에게 하는 행동과 업무상 만나게 되는 사람들에게 하는 행동이 다르기 때문인데, 현실적으로 이를 단기간에 체화시키기는 어려우므로 본 교재에서 설명하고 있는 내용들을 암기하는 것도 하나의 방법이다. 다만, 어차피 합격 후 근무를 하게 되면 이 내용들과 같이 실천해야 할 것이니, 지금부터라도 이런 에티켓들을 하나하나 체화시켜 보기로 하자.

03 | 대표유형 적중문제

정답 및 해설 p.059

| 01 | 모듈형

01 다음 중 직업인에게 요구되는 기본자세로 적절한 것을 〈보기〉에서 모두 고르면?

> **보기**
>
> ㉠ 소명의식 　　　　　　　　 ㉡ 천직의식
> ㉢ 특권의식 　　　　　　　　 ㉣ 봉사정신
> ㉤ 협동정신 　　　　　　　　 ㉥ 지배정신
> ㉦ 책임의식 　　　　　　　　 ㉧ 회피의식
> ㉨ 전문의식 　　　　　　　　 ㉩ 공평무사한 자세

① ㉠, ㉡, ㉢, ㉣, ㉤, ㉥, ㉩
② ㉠, ㉡, ㉣, ㉤, ㉦, ㉨, ㉩
③ ㉠, ㉢, ㉤, ㉥, ㉦, ㉧, ㉨
④ ㉠, ㉢, ㉤, ㉥, ㉧, ㉨, ㉩
⑤ ㉠, ㉢, ㉥, ㉦, ㉧, ㉨, ㉩

02 다음 사례를 읽고 K대리에게 필요한 직업윤리로 가장 적절한 것은?

> K대리는 늦잠을 자서 약속 시간을 지키기가 빠듯했고, 결국은 과속으로 경찰에 단속되었다.
> 경　찰 : 안녕하세요. 제한속도 60km 이상 과속하셨습니다.
> K대리 : 어머님이 위독하다는 연락을 받고 경황이 없어서 그랬습니다.
> 경　찰 : 그래도 과속하셨습니다. 벌점 15점에 벌금 6만 원입니다.
> K대리 : 이번에 벌점을 받으면 면허정지 됩니다. 한 번만 봐주세요.

① 창의력 　　　　　　　　　 ② 협동심
③ 근면 　　　　　　　　　　 ④ 자주
⑤ 준법

※ 다음 글을 읽고 이어지는 질문에 답하시오. [3~4]

> 탄력근무제와 주 52시간제가 시행되면서 해외사업팀에서 남미지역을 담당하고 있는 김대리는 아침시간을 활용해 회사 근처 스페인어 학원에 다닐 수 있는 시간을 확보하게 되었다. 과거와는 달리 정해진 출퇴근 시간을 지키다 보니 저녁시간도 여유로워지고 오래 전부터 계획했던 스페인어 공부도 시작할 수 있게 된 것이다.
>
> 예전에는 저녁에 알람을 몇 개씩 맞춰 놓고 자도 한 달에 3 ~ 4회 지각을 해서 팀장님께 주의를 받기도 했었는데, 스스로 목표를 세우고 하고 싶은 공부를 시작하게 되니 회사에 지각하는 일도 없어지고 업무에 집중할 수 있게 되었다. 결국 1년 후 김대리는 업무 성과를 인정받게 되어 높은 인사고과를 받게 되었다.

03 다음 중 근면에 대한 설명으로 적절하지 않은 것은?

① 스스로 자진해서 하는 근면이다.

② 능동적이며 적극적인 태도로 임하게 된다.

③ 시간의 흐름에 따라 자아를 확립시켜 나가게 되는 계기가 된다.

④ 외부로부터 강요당한 근면이다.

⑤ 자신의 것을 창조하며 자신을 발전시키는 태도이다.

04 다음 중 직장생활에서 근면하기 위해 필요한 자세로 적절하지 않은 것은?

① 자진해서 하는 일이라고 생각하는 것

② 일상을 대수롭지 않게 느끼고 돈을 받고 하는 일이라고 생각하는 것

③ 능동적이고 적극적인 태도로 임하는 것

④ 자신의 일에 대한 의욕과 즐겁게 시간을 보내는 것에 대한 의미를 생각해 보는 것

⑤ 자신의 것을 창조하며 자신을 발전시키는 일이라고 생각하는 것

세계적으로도 우수한 기술을 가지고 있는 A중공업은 지난 해 정부의 해외 발전소 공사 사업 건을 수주하기 위해 기관 관계자에게 수억 원의 뇌물을 건넸다. A중공업의 영업임원과 기관 관계자는 대학 선후배 사이로 수년간 골프모임을 지속한 사실도 파악되었다. 이 사건으로 인해 A중공업은 향후 5년간 공공사업에 대한 입찰이 금지되었다. 대규모 공사 프로젝트 발주가 급격히 감소한 요즘, 정부 사업에 대한 수주가 원천적으로 금지된 것은 회사 입장에서도 정부 입장에서도 엄청난 손실이다.

A중공업은 발전소 사업 외에 조선 사업도 수행하고 있는 업체라 당장 정부가 발주한 특수선 건조 사업에도 직격탄을 맞게 되었다. A중공업은 과거처럼 업계의 관행을 답습하다가 회사의 존폐에 대한 위기까지 맞게 된 것이다.

05 다음 중 윗글의 내용과 관련된 부패의 원인 중 관계가 적은 것은?

① 사회적 윤리의식의 부재
② 효율적 사회시스템의 미비
③ 공사 구분을 모호하게 하는 문화적 특성
④ 건전한 가치관의 미정립
⑤ 부패한 과거를 답습하는 문화

06 다음 중 윗글에 대한 설명으로 적절하지 않은 것은?

① 거래당사자 간의 부도덕의 문제에 불과하며, 사회적 비용으로 보기에는 무리가 있다.
② 공적인 입장의 사람이 자신의 권한과 권력을 이용해 이익을 취한 사례이다.
③ 사회 전체 시스템의 정상적인 가동을 방해하는 요인이 된다.
④ 막대한 사회적 비용을 수반하게 되며 사회구성원 전체에게 피해를 주게 된다.
⑤ 건전한 이윤추구의 가치를 훼손시키는 사례이다.

07 다음 중 정직과 신용을 구축하기 위한 지침으로 적절하지 않은 것은?

① 신뢰는 축적되는 것이므로 정직과 신용의 자산을 매일 조금씩이라도 쌓아가야 한다.

② 정직한 이미지에 해가 되지 않도록 잘못한 것은 감출 수 있는 한 감추도록 한다.

③ 개인적인 인정에 치우쳐 부정직한 것에 눈감지 않도록 한다.

④ 부정직한 관행은 인정하지 않는다.

⑤ 사소한 것이라도 나 하나쯤이라는 생각을 하지 않는다.

08 다음의 대화에서 K대리가 저지른 전화예절의 실수로 가장 적절한 것은?

> K대리 : 안녕하세요. A출판부 K대리입니다. 무엇을 도와드릴까요?
> S부장 : 아, K대리! 나 영업부 S부장이네.
> K대리 : (펜과 메모지를 준비한다.) 네! S부장님, 안녕하세요. 어떤 일로 전화 주셨습니까?
> S부장 : 다음 달에 예정되어 있는 신간도서 계획서를 좀 보고 싶어서 말이야.
> K대리 : 네, 부장님. 지금 바로 준비해서 갖다 드리겠습니다.
> S부장 : 고맙네. 이따 보지.
> K대리 : 네! 이만 전화 끊겠습니다.

① 언제나 펜과 메모지를 곁에 두어 메시지를 받아 적을 수 있도록 한다.

② 전화 받은 사람이 누구인지를 즉시 말한다.

③ 통화를 마칠 때, 전화를 건 상대방에게 감사의 표시를 한다.

④ 천천히, 명확하게 예의를 갖추고 말한다.

⑤ 말을 할 때 상대방의 이름을 함께 사용한다.

> 김사원 : 팀장님, 시간 괜찮으시면 이번에 새로 거래를 하게 된 ○○물산 박대표님 오셨는데 함께 미팅하시
> 겠습니까?
> (김사원과 이팀장 모두 박대표와 처음 만나 미팅을 진행하는 경우이다.)
> 이팀장 : 어 그러지. 회의실로 모셔 와.
> (이재현 팀장보다 연배가 훨씬 위인 반 백의 거래처 대표가 회의실로 김사원과 함께 들어온다.)
> 김사원 : 팀장님, ○○물산 박한우 대표님이십니다. 박한우 대표님, 여기는 저희 구매팀장님을 맡고 계신
> 이재현 팀장님입니다.
> 이팀장 : (악수를 청하며) 처음 뵙겠습니다. 이재현입니다. 먼 길 와주셔서 감사합니다. 김사원에게 말씀 많
> 이 들었습니다. 함께 일하게 되어 기쁩니다. 앞으로 좋은 파트너로 서로 도움이 되면 좋겠습니다.
> 많이 도와 주십시오.
> 박대표 : 처음 뵙겠습니다. 박한우입니다. 기회 주셔서 감사합니다. 열심히 하겠습니다. 과거부터 영업본부
> 장이신 성전무님과 인연이 있어 이팀장님 말씀은 많이 들었습니다. 말씀대로 유능하신 분이라는
> 생각이 듭니다.
> (박대표는 이팀장과 악수를 한 후 김사원과도 악수를 한다. 왼손잡이인 김사원은 자연스럽게 왼손을 내밀어
> 미소를 지으며 손을 가볍게 흔들며 '김철수입니다. 잘 부탁드리겠습니다.'라는 인사를 건넨다.)
> 이팀장 : 과찬이십니다. 그럼 잠시 이번 포워딩 건에 대해 말씀 나누죠.
> 이팀장 : (미팅이 끝난 후) 김철수씨, 나랑 잠깐 이야기 좀 할까?

09 다음 중 소개예절에서 김사원이 한 실수로 적절하지 않은 것은?

① 나이 어린 사람을 연장자에게 먼저 소개하지 않았다.

② 내가 속해 있는 회사의 관계자를 타 회사의 관계자에게 먼저 소개하지 않았다.

③ 소개하는 사람에 대해 성과 이름을 함께 말하지 않았다.

④ 동료임원을 고객, 손님에게도 소개하였다.

⑤ 소개할 때 나이를 고려하지 않았다.

10 다음 중 악수예절에서 김사원이 한 실수로 가장 적절한 것은?

① 악수를 할 때 상대를 바라보며 가벼운 미소를 지었다.

② 악수를 할 때 간단한 인사 몇 마디를 주고받았다.

③ 악수를 할 때 너무 강하게 쥐어짜듯이 손을 잡지 않았다.

④ 악수를 할 때 왼손잡이라서 왼손으로 악수를 했다.

⑤ 악수를 할 때 이름을 말하며 인사를 했다.

PART 2

최종점검 모의고사

제 1 회 모의고사(필수영역)

🕐 응시시간 : 70분　　📋 문항 수 : 60문항

| 01 | 의사소통능력

01　다음 글의 내용으로 가장 적절한 것은?

> 선물환거래란 계약일로부터 일정시간이 지난 뒤 특정일에 외환의 거래가 이루어지는 것이다. 현재 약정한 금액으로 미래에 결제하게 되기 때문에, 선물환계약을 체결하게 되면 약정된 결제일까지 매매 쌍방 모두 결제가 이연된다. 선물환거래는 보통 환리스크를 헤지(Hedge)하기 위한 목적으로 이용된다. 예를 들어 1개월 이후 달러로 거래 대금을 수령할 예정인 수출한 기업은 1개월 후 달러를 매각하는 대신 원화를 수령하는 선물환계약을 통해 원/달러 환율변동에 따른 환리스크를 헤지할 수 있다.
>
> 이외에도 선물환거래는 금리차익을 얻는 것과 투기적 목적 등을 가지고 있다. 선물환거래에는 일방적으로 선물환을 매입하는 것 또는 매도 거래만 발생하는 Outright Forward 거래가 있으며, 선물환거래가 스왑거래의 일부분으로써 현물환거래와 같이 발생하는 Swap Forward 거래가 있다. Outright Forward 거래는 만기 때 실물 인수도가 일어나는 일반 선물환거래와 만기 때 실물의 인수 없이 차액만을 정산하는 차액결제선물환(NDF; Non-Deliverable Forward) 거래로 구분된다.
>
> 옵션(Option)이란 거래당사자들이 미리 가격을 정하고, 그 가격으로 미래의 특정시점이나 그 이전에 자산을 사고파는 권리를 매매하는 계약으로, 선도 및 선물, 스왑거래 등과 같은 파생금융상품이다. 옵션은 매입권리가 있는 콜옵션(Call Option)과 매도권리가 있는 풋옵션(Put Option)으로 구분된다. 옵션거래로 매입이나 매도할 수 있는 권리를 가지게 되는 옵션매입자는 시장가격의 변동에 따라 자기에게 유리하거나 불리한 경우를 판단하여, 옵션을 행사하거나 포기할 수도 있다. 옵션매입자는 선택할 권리에 대한 대가로 옵션매도자에게 프리미엄을 지급하고, 옵션매도자는 프리미엄을 받는 대신 옵션매입자가 행사하는 옵션에 따라 발생하는 것에 대해 이해하는 책임을 가진다. 옵션거래의 손해와 이익은 행사가격, 현재가격 및 프리미엄에 의해 결정된다.

① 선물환거래는 투기를 목적으로 사용되기도 한다.

② 옵션은 미래에 조건이 바뀌어도 계약한 금액을 지불해야 한다.

③ 선물환거래는 권리를 행사하거나 포기할 수 있다.

④ 옵션은 환율변동 리스크를 해결하는 데 좋은 선택이다.

⑤ 선물환거래는 행사가격, 현재가격, 프리미엄가에 따라 손해와 이익이 발생한다.

02 다음 글에서 언급한 내용으로 적절하지 않은 것은?

> 최근 세계적으로 사막화가 빠른 속도로 진행되고 있다. 이러한 사막화가 인류에게 심각한 위협이라는 인식을 전 세계가 공유해야만 한다. 유엔의 조사결과, 이대로 가면 지구 육지 면적의 3분의 1이 사막화될 것으로 예상된다.
> 사막화란 건조 지대에서 일어나는 토지 황폐화 현상으로, 지구 온난화를 비롯한 지구 환경의 변화 때문에 발생한다. 과도한 경작으로 땅을 혹사시키거나 무분별한 벌목으로 삼림을 파괴하는 인간의 잘못된 활동에 의해서도 일어날 수 있다. 사막화는 많은 나라에서 진행되기 때문에 심각한 문제이다. 그중 특히 심각한 곳은 아프리카이고 중동이나 호주, 중국도 심각한 수준이다.
> 사막화의 피해는 눈에 띌 정도로 뚜렷하게 나타난다. 우선 생산력을 잃은 토지에서 식물이 자랄 수 없게 되고 농경이 불가능해진다. 이것은 식량 생산의 감소를 의미한다. 또한, 식수가 부족하게 될 것이다. 최근 중동 지역이나 호주 같은 나라들은 이 문제를 해결하기 위해 바닷물을 담수화 과정을 거쳐 식수로 만들고 있다.

① 사막화를 막는 방안
② 사막화가 심한 지역
③ 사막화 진행 이유
④ 사막화의 정의
⑤ 사막화의 부정적 전망

03 다음 중 문서의 종류와 작성이 바르게 연결되지 않은 것은?

① 공문서 : 마지막엔 반드시 '끝' 자로 마무리한다.
② 설명서 : 복잡한 내용은 도표화한다.
③ 기획서 : 상대가 요구하는 것이 무엇인지 고려하여 작성한다.
④ 보고서 : 상대에게 어필해 상대가 채택하게끔 설득력 있게 작성한다.
⑤ 공문서 : 날짜는 연도와 원일을 반드시 함께 언급해야 한다.

04 A사원은 입사 후 처음으로 보고서를 작성하게 되었다. 다음 중 보고서라는 양식 자체에 대해 A사원이 이해한 내용으로 가장 적절한 것은?

① 전문용어는 이해하기 어렵기 때문에 최대한 사용하지 말아야 해.
② 상대의 선택을 받아야 하니, 상대가 요구하는 것이 무엇인지 파악하는 것이 가장 중요해.
③ 이해를 돕기 위해서 관련 자료는 최대한 많이 첨부하는 것이 좋아.
④ 문서와 관련해서 받을 수 있는 질문에 대비해야 해.
⑤ 한 장에 담아내는 것이 원칙이니까 내용이 너무 길어지지 않게 신경 써야겠어.

05 다음은 신규서비스 이벤트 기획안이다. 이에 대한 내용으로 적절하지 않은 것은?

〈개인정보 강화를 위한 신규서비스 이벤트 기획안〉

최근 증가하고 있는 고객의 요구에 대응하고 신규서비스를 알리기 위한 방안으로 다음과 같이 기획서를 제출합니다.

부서	고객서비스처	날짜	2024년 8월 3일
참여자	A대리, B주임, C사원, D사원, E사원		
기획목적	개인정보 도용 최소화를 통해 외부적 위협요소를 제거		
환경분석	• 공공기관에서 개인정보 강화 및 보안 시스템 도입이 증가 • 개인정보 보호에 대한 사회적 니즈가 증가하는 추세		
현황 인식	• 신규서비스에 대한 인지도가 23% 이하로 조사 • 공사 내 정보 보안 인식이 계속적으로 증가(전년 대비 3.2% 증가)		
문제점 도출	• 개인정보의 범위가 모호 • 서비스가 도입되었으나 이용방법을 모르는 고객 및 직원이 다수		
목표설정	• 개인정보의 범위 구체화 • 신규서비스에 대한 사용자 인지도를 50% 이상으로 증가 • 이벤트를 통한 홍보로 공사 내 정보 보안 인식 재고		
해결방안	• 개인정보 노출도가 높은 직원들에게 어필할 수 있는 이벤트 경품 제공 • 개인정보 강화 사용방법을 숙지할 수 있는 Q&A식 퀴즈 이벤트 기획		
일정	8월 13~16일		이벤트 페이지 제작 요청
	8월 17~18일		이벤트 스토리보드 공유
	8월 19~21일		이벤트 세팅 및 웹페이지 완료
	8월 22일~9월 5일		이벤트 진행
인원	총 6명(고객서비스처 3명, 기획혁신처 2명, 홍보실 1명)		
비용	이벤트 경품 100만 원		
첨부파일	작년 이벤트 진행성과 자료 및 기획서 첨부		

① G대리 : 기획에 따른 기대효과가 빠져 있네요. 이 부분을 추가하면 좋겠습니다.

② H대리 : 이벤트는 약 15일간 진행되네요. 구체적인 홍보 전략이 들어간다면 더욱 좋을 것 같습니다.

③ I주임 : 효과적인 내용 전달을 위해 개인정보 보호에 대한 사회적 니즈나 신규서비스 인식에 관한 표 또는 그래프를 활용하는 것은 어떨까요?

④ J주임 : 기획안은 기획 단계에 작성하는 것이므로 관련 내용을 깊이 있게 다루지 않는 것이 필요할 것 같습니다.

⑤ K사원 : 기획목적에서 개인정보 도용 최소화를 통해 외부적 위협요소를 제거한다고 하셨는데 이를 구체적으로 제시하면 좋을 것 같습니다.

06 다음 중 (가) ~ (마) 문단의 소제목으로 적절하지 않은 것은?

> (가) 우리 경제는 1997년을 기준으로 지난 30년간 압축성장을 이룩하는 과정에서 많은 문제점을 안게 되었다. 개발을 위한 물자 동원을 극대화하는 과정에서 가명·무기명 금융거래 등 잘못된 금융 관행이 묵인되어 음성·불로 소득이 널리 퍼진 소위 지하경제가 번창한 것이다.
>
> (나) 이에 따라 계층 간 소득과 조세 부담의 불균형이 심화되었으며, 재산의 형성 및 축적에 대한 불신이 팽배해져 우리 사회의 화합과 지속적인 경제성장의 장애 요인이 되고 있었다. 또한 비실명거래를 통해 부정한 자금이 불법 정치자금·뇌물·부동산투기 등에 쓰이면서 각종 비리와 부정부패의 온상이 되기도 하였다. 이로 인하여 일반 국민들 사이에 위화감이 조성되었으며, 대다수 국민들의 근로의욕을 약화시키는 요인이 되었다.
>
> (다) 이와 같이 비실명 금융거래의 오랜 관행에서 발생되는 폐해가 널리 번짐에 따라 우리 경제가 더 나은 경제로 진입하기 위해서는 금융실명제를 도입하여 금융거래를 정상화할 필요가 절실했으며, 그러한 요구가 사회단체를 중심으로 격렬하게 제기되었다.
>
> (라) 이에 문민정부는 과거 정권에서 부작용을 우려하여 실시를 유보하였던 금융실명제를 과감하게 도입했다. 금융실명제는 모든 금융거래를 실제의 명의(實名)로 하도록 함으로써 금융거래와 부정부패·부조리를 연결하는 고리를 차단하여 깨끗하고 정의로운 사회를 구현하고자 하는 데 의미가 있었다.
>
> (마) 이러한 금융실명제가 도입되면서 금융 거래의 투명성은 진전되었으나 여전히 차명 거래와 같은 문제점은 존재했다. 이전까지는 탈세 목적을 가진 차명 거래가 적발되어도 법률로 계좌를 빌려준 사람과 실소유주를 처벌할 수 없었던 것이다.

① (가) : 잘못된 금융 관행으로 나타난 지하경제
② (나) : 비실명 금융거래의 폐해
③ (다) : 금융실명제의 경제적 효과
④ (라) : 금융실명제의 도입과 의미
⑤ (마) : 금융실명제 도입에서 나타난 허점

07 다음 중 공문서의 특성에 대한 설명으로 가장 적절한 것은?

① 반드시 일정한 양식과 격식을 갖추어 작성하여야 한다.
② 날짜 다음에 괄호를 사용할 경우 반드시 마침표를 찍어야 한다.
③ 복잡한 내용은 도표를 통해 시각화하여 이해도를 높인다.
④ 여러 장에 담아내는 것이 원칙이다.
⑤ 회사 내부로 전달되는 글이므로 누가, 언제, 어디서, 무엇을, 어떻게(혹은 왜)가 드러나지 않아도 된다.

08 다음 글의 논지 전개 구조를 바르게 설명한 것은?

> ㉠ 중국에 생원이 있듯이 우리나라에는 양반이 있다. 중국의 고정림(顧亭林)이 온 천하 사람이 생원이 되는 것을 우려하였던 것처럼 나는 온 나라 사람이 양반이 되는 것을 우려한다.
>
> ㉡ 그런데 양반의 폐단은 더욱 심한 바가 있다. 생원은 실제로 과거에 응시해서 생원 칭호를 얻는 것이지만, 양반은 문무관(文武官)도 아니면서 허명(虛名)만 무릅쓰는 것이다.
>
> ㉢ 생원은 정원(定員)이 있으나 양반은 도대체 한절(限節)이 없으며, 생원은 세월이 지남에 따라 변천이 있으나 양반은 한번 얻으면 백세토록 버리지 않는다.
>
> ㉣ 항차 생원의 폐는 양반이 모두 다 겸하여 지녔음에랴.
>
> ㉤ 그러하니 내가 바라는 것은, 온 나라 사람이 양반이 되어 온 나라에 양반이 없는 것과 같이 되도록 하는 것이다.

① ㉡·㉢·㉣은 ㉤의 근거가 된다.
② ㉠은 이 글의 중심 문단이다.
③ ㉡은 ㉠의 상술 문단이다.
④ ㉢은 ㉠의 상술 문단이다.
⑤ ㉣은 ㉠의 부연 문단이다.

09 다음 중 밑줄 친 ㉠에 대한 설명으로 가장 적절한 것은?

> 오늘날 유전 과학자들은 유전자의 발현에 관한 ㉠ 물음에 관심을 갖고 있다. 맥길 대학의 연구팀은 이 물음에 답하려고 연구를 수행하였다. 어미 쥐가 새끼를 핥아주는 성향에는 편차가 있다. 어떤 어미는 다른 어미보다 더 많이 핥아주었다. 많이 핥아주는 어미가 돌본 새끼들은 인색하게 핥아주는 어미가 돌본 새끼들보다 외부 스트레스에 무디게 반응했다. 게다가 인색하게 핥아주는 친어미에게서 새끼를 떼어내어 많이 핥아주는 양어미에게 두어 핥게 하면, 새끼의 스트레스 반응 정도는 양어미의 새끼 수준과 비슷해졌다.
>
> 연구팀은 어미가 누구든 많이 핥인 새끼는 그렇지 않은 새끼보다 뇌의 특정 부분, 특히 해마에서 글루코코르티코이드 수용체들, 곧 GR들이 더 많이 생겨났다는 것을 발견했다. 이렇게 생긴 GR의 수는 성체가 되어도 크게 바뀌지 않았다. GR의 수는 GR 유전자의 발현에 달려있다. 이 쥐들의 GR 유전자는 차이는 없지만 그 발현 정도에는 차이가 있을 수 있다. 이 발현을 촉진하는 인자 중 하나가 NGF 단백질인데, 많이 핥인 새끼는 그렇지 못한 새끼에 비해 NGF 수치가 더 높다.
>
> 스트레스 반응 정도는 코르티솔 민감성에 따라 결정되는데 GR이 많으면 코르티솔 민감성이 낮아지게 하는 되먹임 회로가 강화된다. 이 때문에 똑같은 스트레스를 받아도 많이 핥인 새끼는 그렇지 않은 새끼보다 더 무디게 반응한다.

① 코르티솔 유전자는 어떻게 발현되는가?
② 유전자는 어떻게 발현하여 단백질을 만드는가?
③ 핥아주는 성향의 유전자는 어떻게 발현되는가?
④ 후천 요소가 유전자의 발현에 영향을 미칠 수 있는가?
⑤ 유전자 발현에 영향을 미치는 유전 요인에는 무엇이 있는가?

10 다음 글을 근거로 판단할 때, A학자의 언어체계에서 표기와 그 의미의 연결이 적절하지 않은 것은?

A학자는 존재하는 모든 사물을 자연적인 질서에 따라 나열하고 그것들의 지위와 본질을 표현하는 적절한 기호를 부여하면 보편언어를 만들 수 있다고 생각했다.

이를 위해 A학자는 우선 세상의 모든 사물을 40개의 '속(屬)'으로 나누고, 속을 다시 '차이(差異)'로 세분했다. 예를 들어 8번째 속인 돌은 순서대로 아래와 같이 6개의 차이로 분류된다.

(1) 가치 없는 돌

(2) 중간 가치의 돌

(3) 덜 투명한 가치 있는 돌

(4) 더 투명한 가치 있는 돌

(5) 물에 녹는 지구의 응결물

(6) 물에 녹지 않는 지구의 응결물

이 차이는 다시 '종(種)'으로 세분화되었다. 예를 들어, '가치 없는 돌'은 그 크기, 용도에 따라서 8개의 종으로 분류되었다.

이렇게 사물을 전부 분류한 다음에 A학자는 속, 차이, 종에 문자를 대응시키고 표기하였다.

예를 들어, 7번째 속부터 10번째 속까지는 다음과 같이 표기된다.

(7) 원소 : de

(8) 돌 : di

(9) 금속 : do

(10) 잎 : gw

차이를 나타내는 표기는 첫 번째 차이부터 순서대로 b, d, g, p, t, c, z, s, n을 사용했고, 종은 순서대로 w, a, e, i, o, u, y, yi, yu를 사용했다. 따라서 'di'는 돌을 의미하고 'dib'는 가치 없는 돌을 의미하며, 'diba'는 가치 없는 돌의 두 번째 종을 의미한다.

① ditu – 물에 녹는 지구의 응결물의 여섯 번째 종

② gwpyi – 잎의 네 번째 차이의 네 번째 종

③ dige – 덜 투명한 가치 있는 돌의 세 번째 종

④ deda – 원소의 두 번째 차이의 두 번째 종

⑤ donw – 금속의 아홉 번째 차이의 첫 번째 종

11 다음 글의 내용 전개상 특징으로 가장 적절한 것은?

> 광고는 문화 현상이다. 이 점에 대해서 의심하는 사람은 거의 없다. 그럼에도 불구하고 많은 사람들이 광고를 단순히 경제적인 영역에서 활동하는 상품 판매 도구로만 인식하고 있다. 이와 같이 광고를 경제현상에 집착하여 논의하게 되면 필연적으로 극단적인 옹호론과 비판론으로 양분될 수밖에 없다. 예컨대 옹호론에서 보면 마케팅적 설득이라는 긍정적 성격이 부각되는 반면, 비판론에서는 이데올로기적 조작이라는 부정적 성격이 두드러지는 이분법적 대립이 초래된다는 것이다.
>
> 물론 광고는 숙명적으로 상품 판촉수단으로서의 굴레를 벗어날 수 없다. 상품광고가 아닌 공익광고나 정치광고 등도 현상학적으로는 상품 판매를 위한 것이 아니라 할지라도, 본질적으로 상품과 다를 바 없이 이념과 슬로건, 그리고 정치적 후보들을 판매하고 있다.
>
> 그런데 현대적 의미에서 상품 소비는 물리적 상품 교환에 그치는 것이 아니라 기호와 상징들로 구성된 의미 교환 행위로 파악된다. 따라서 상품은 경제적 차원에만 머무르는 것이 아니라 문화적 차원에서 논의될 필요가 있다. 현대사회에서 상품은 기본적으로 물질적 속성의 유용성과 문제적 속성의 상징성이 이중적으로 중첩되어 있다. 더구나 최근 상품의 질적인 차별이 없어짐으로써 상징적 속성이 더욱더 중요하게 되었다.
>
> 현대 광고에 나타난 상품의 모습은 초기 유용성을 중심으로 물질적 기능이 우상으로 숭배되는 모습에서, 근래 상품의 차이가 사람의 차이가 됨으로써 기호적 상징이 더 중요시되는 토테미즘 양상으로 변화되었다고 한다. 이와 같은 광고의 상품 '채색' 활동 때문에 현대사회의 지배적인 '복음'은 상품의 소유와 소비를 통한 욕구 충족에 있다는 비판을 받는다. 광고는 상품과 상품이 만들어 놓는 세계를 미화함으로써 개인의 삶과 물질적 소유를 보호하기 위한 상품 선택의 자유와 향락을 예찬한다. 이러한 맥락에서 오늘날 광고는 소비자와 상품 사이에서 일어나는 일종의 담론이라고 할 수 있다. 광고 읽기는 단순히 광고를 수용하거나 해독하는 행위에 그치지 않고 '광고에 대한 비판적인 안목을 갖고 비평을 시도하는 것'을 뜻한다고 할 수 있다.

① 대상을 새로운 시각으로 바라보고 이해할 수 있게 하였다.
② 대상의 의미를 통시적 관점으로 고찰하고 있다.
③ 대상의 문제점을 파악하고 나름의 해결책을 모색하고 있다.
④ 대상에 대한 견해 중 한쪽에 치우쳐 논리를 전개하고 있다.
⑤ 대상에 대한 상반된 시각을 예시를 통해 소개하고 있다.

12 A대리는 B사원에게 일일업무일지 작성 방법을 전달하라는 지시를 받고 B사원의 업무일지를 살펴보았다. B사원이 작성한 업무일지를 보고 B사원에게 말해 줄 유의사항으로 적절하지 않은 것은?

일일업무일지	소속	출판사업부	작성자	B사원
	날짜	\multicolumn{3}{l}{2024년 8월 2일}		

분류	일과	비고
오늘 할 일	1. 원고정리 (△) 2. 출간회의 (○) 　– 5월 출간일정 체크 3. 저자미팅 　– 오후 3:00 ○○대학 경제학과 김지원 교수님 (○) 4. 디자인팀 업무협조요청 (×)	
내일 할 일		

① 일과는 오전과 오후 업무로 나누어 기재해 주세요.

② 끝내지 못한 업무가 있다면 업무일지에서 삭제하는 것이 좋아요.

③ 업무 외의 지시사항은 비고란에 기록하세요.

④ 내부 회의나 외부 사람과의 미팅은 간략하게 내용도 적어주는 것이 좋아요.

⑤ 장·단기 업무를 따로 구분해 기재하면 업무진행에 도움이 됩니다.

13 A는 공기업 취업스터디에 가입하였다. 첫 모임에서 각자 공기업 분석을 하기로 해 평소 입사하고 싶었던 H공사를 맡아 분석하기로 하였다. 자료를 찾아보던 중 H공사의 친환경 활동에 대한 글을 보게 되었고 내용을 간략히 적어 발표하려고 한다. 다음 중 A가 정리한 주제로 적절하지 않은 것은?

변전소 주거용 복합건물은 전자계에 의한 인체 영향 논란이 지속되는 현실에서 국민에게 전자계에 대한 올바른 정보를 제공하고 전력설비에 대한 새로운 인식을 심어주고자 도심 내에서 혐오시설로 인식되는 변전소를 지하에 배치시키고 그 위에 H공사 직원을 위한 아파트를 건설하는 사업입니다. 실제 주거용 복합건물의 전자계를 측정한 결과 우리가 일상생활에서 늘 사용하는 냉장고, TV 같은 가전제품과 비교해도 현저히 낮은 수치가 발생하는 것이 입증되었습니다. H공사는 앞으로 환경, 사람, 지역과 조화를 이루는 전력설비 건설을 계속 추진해 나갈 계획입니다.

현재 지중에 설치된 맨홀은 배수시설이 없고 오염물이 유입되어 대부분의 맨홀이 심각하게 오염되었으며 청소과정에서 주변지역으로 배출되기 때문에 주변환경오염에 심각한 원인이 될 수 있습니다. 이에 맨홀에서 발생하는 오수를 정화하여 방류하기 위해서 당사에서는 맨홀청소와 오수처리 작업이 동시에 가능한 장비를 개발하였습니다. 장비의 개발로 인하여 기존 작업의 문제점을 해결하였고, 작업시간의 단축을 실현하였으며, 기존 인력작업으로 인한 경제적 손실을 장비의 활용으로 개선하고, 작업의 효율성을 증대하였습니다. 본 장비의 현장적용으로 작업자의 안전, 도로결빙, 차량정체, 민원발생 등 여러 문제점을 해결할 수 있을 것입니다.

기존의 전주는 회색콘크리트가 자연경관과 조화를 이루지 못하여 경관을 해치는 혐오시설로 인식되어 왔습니다. 이러한 인식을 불식시키고자 자연경관에 조화를 이루도록 녹색, 적갈색의 천연광물로 만든 도료로 색칠하여 환경친화적인 전주를 만들었습니다. 앞으로도 H공사는 환경과 조화를 이루는 전력설비 건설을 계속 추진해 나갈 계획입니다.

서울 시내에 지상에 설치되어 있는 기기(변압기, 개폐기)에 대하여 주민들의 이설 및 설치 반대 민원이 증가하고 있습니다. 이에 H공사의 이미지를 압축한 지상기기 설치로 고객친화 홍보효과를 제고하기 위하여 기존의 특성과 기능을 유지한 채 미관을 고려한 새로운 외함을 개발하게 되었습니다. 이를 통하여 도심경관에서도 사랑받을 수 있는 설비가 되도록 지속적으로 디자인을 개발하고 확대 보급할 예정입니다.

가공송전선로 건설공사의 철탑을 설치하기 위하여 필요한 건설 자재는 운반용 자재 운반로를 개설하여 시공하는 것이 경제적이며 일반적으로 적용하는 공법이나, 이로 인한 산림의 훼손이 불가피함에 따라 친환경적인 시공법에 대한 도입이 적극적으로 요구되고 있습니다. H공사는 산림자원 및 자연환경 보전에 대한 인식확산에 따라 가공송전선로 건설공사 시공 시 산림의 형질변경을 최소화하고자 삭도 및 헬기를 이용하여 공사용 자재를 운반함으로써 산림자원 보전에 기여하고 있습니다.

① 친환경 주거용 복합변전소 건설
② 배전용 맨홀 청소 및 오수 처리장비 개발
③ 환경친화 칼라전주 개발 사용
④ 도심미관을 해치는 지상기기의 최소화
⑤ 삭도 및 헬기를 이용한 공사용 자재 운반

14 다음 중 밑줄 친 ㉠에 대한 평가로 가장 적절한 것은?

일어나기 매우 어려운 사건이 일어났다고 매우 믿을 만한 사람이 증언했을 때, 우리는 그 사건이 일어났다고 추론할 수 있는가? 증언하는 사람이 거짓말을 자주 해서 믿을 만하지 않은 사람이거나 증언이 진기한 사건에 관한 것이라면, 증언의 믿음직함은 떨어질 수밖에 없다. 흄은 증언이 단순히 진기한 사건 정도가 아니라 기적 사건에 관한 것인 경우를 다룬다. 기적이 일어났다고 누군가 증언했다고 생각해 보자. 흄의 이론에 따르면, 그 증언이 거짓일 확률과 그 기적이 실제로 일어날 확률을 비교해서, 후자가 더 낮다면 우리는 기적 사건이 일어나지 않았다고 생각하고, 전자가 더 낮다면 우리는 그 증언이 거짓이 아니라고 생각해야 한다. 한편 프라이스의 이론에 따르면, 그 증언이 참일 확률이 기적이 일어날 확률보다 훨씬 높으면, 우리는 그 증언으로부터 기적이 실제로 일어났으리라고 추론할 수 있다.

예컨대 가람은 ㉠ 거의 죽어가는 사람이 살아나는 기적이 일어났다고 증언했다. 그런 기적이 일어날 확률은 0.01%지만, 가람은 매우 믿을 만한 사람이어서 그의 증언이 거짓일 확률은 0.1%다. 의심 많은 나래는 가람보다 더 믿을 만한 증인이다. 나래도 그런 기적을 증언했는데 그의 증언이 거짓일 확률은 0.001%다.

① 흄의 이론에 따르면, 나래가 ㉠에 대해 거짓말했다고 생각해야 한다.

② 흄의 이론에 따르면, ㉠에 대한 가람의 증언이 받아들일 만하다고 생각해야 한다.

③ 프라이스의 이론에 따르면, 가람이 ㉠에 대해 거짓말했다고 생각해야 한다.

④ 흄의 이론에 따르든 프라이스의 이론에 따르든, 가람의 증언으로부터 ㉠이 실제로 일어났으리라고 추론할 수 있다.

⑤ 흄의 이론에 따르든 프라이스의 이론에 따르든, 나래의 증언으로부터 ㉠이 실제로 일어났으리라고 추론할 수 있다.

※ 다음은 H재단의 연구개발사업 추진절차에 대한 내용이다. 이어지는 질문에 답하시오. [15~16]

15 다음은 연구개발사업 추진절차에서 언급하고 있지 않은 추진절차이다. 제시된 절차를 순서대로 바르게 나열한 것은?

① ㉡ – ㉢ – ㉣ – ㉤ – ㉠
② ㉡ – ㉣ – ㉢ – ㉠ – ㉤
③ ㉢ – ㉡ – ㉣ – ㉠ – ㉤
④ ㉣ – ㉡ – ㉢ – ㉠ – ㉤
⑤ ㉣ – ㉢ – ㉡ – ㉤ – ㉠

16 다음 중 빈칸 ⓐ에 들어갈 내용으로 가장 적절한 것은?

① 전문가평가 : 연구개발과제 평가단 구성, 발표 심사
② 연구비 지급
③ 과제 선정결과 통보 및 협약체결요령, 제출구비 서류 안내
④ 연구기관 : 연차실적·계획서 제출(당해 연도 연구종료 1개월 전)
⑤ 사전검토

17 다음은 산업현장 4대 필수 안전수칙에 대한 글이다. 이를 토대로 답변하기 어려운 질문은 무엇인가?

〈나를 지키는 안전에너지 산업현장 4대 필수 안전수칙〉

□ 안전보건교육 실시
  • 작업 전에 모든 작업자가 유해·위험요인을 인지하고, 안전한 작업방법을 이행할 수 있도록 교육을 실시
  • 사업주는
    – 근로자와 관리감독자에 대하여 정기적으로 안전보건교육을 실시해야 합니다.
    – 근로자 신규채용 시 또는 작업내용 변경 시 안전보건교육을 실시해야 합니다.
    – 유해·위험 작업을 하는 근로자에 대하여 관련 안전보건교육을 실시해야 합니다.
    – 건설 현장 일용근로자에 대하여 기초안전·보건교육을 이수하도록 해야 합니다.
    ※ 이를 위반 시 500만 원 이하의 과태료를 부과받게 됩니다.
  • 근로자는
    – 사업주가 실시하는 안전보건교육에 참석해야 합니다.
    – 안전보건교육 내용을 잘 숙지해야 합니다.
    – 안전보건교육 내용에 따라 안전하게 작업해야 합니다.
                    … (후략) …

---

① 산업현장 필수 안전수칙은 총 몇 종류인가요?
② 안전보건교육을 실시하지 않으면 과태료가 얼마인가요?
③ 안전보건교육을 실시와 관련하여 근로자가 지켜야 할 내용은 무엇인가요?
④ 안전보건교육을 실시하지 않아도 되는 면제대상은 누구인가요?
⑤ 건설 현장 일용근로자들이 받아야 할 안전보건교육은 무엇인가요?

18 다음 중 밑줄 친 부분의 맞춤법이 옳지 않은 것은?

① 바리스타로서 자부심을 가지고 커피를 내렸다.

② 어제는 왠지 피곤한 하루였다.

③ 용감한 시민의 제보로 진실이 드러났다.

④ 점심을 먹은 뒤 바로 설겆이를 했다.

⑤ 그 나무는 밑동만 남아 있었다.

19 다음 사례에 가장 적절한 사자성어는?

> 아무개는 어릴 때부터 능력이 뛰어났다. 학교를 다니며 전교 1등을 놓친 적이 없고, 운동도 잘해서 여러 운동부에서 가입을 권유 받기도 하였다. 그런 아무개는 주변 사람들을 무시하면서 살았고, 시간이 지나자 그의 주변에는 아무도 없게 되었다. 후에 아무개는 곤경에 처해 도움을 청해 보려했지만 연락을 해도 아무도 도와주지 않았다. 아무개는 이 상황에 처해서야 지난날의 자신의 삶을 반성하며 돌아보게 되었다. 이후 아무개는 더 이상 주변사람을 무시하거나 우쭐대지 않고, 자신의 재능을 다른 사람을 위해 사용하기 시작했다.

① 새옹지마(塞翁之馬)　　　　② 개과천선(改過遷善)

③ 전화위복(轉禍爲福)　　　　④ 사필귀정(事必歸正)

⑤ 자과부지(自過不知)

20 다음 글에서 밑줄 친 결론을 이끌어내기 위해 추리해야 할 전제를 〈보기〉에서 모두 고르면?

이미지란 우리가 세계에 대해 시각을 통해 얻는 표상을 가리킨다. 상형문자나 그림문자를 통해서 얻은 표상도 여기에 포함된다. 이미지는 세계의 실제 모습을 아주 많이 닮았으며 그러한 모습을 우리 뇌 속에 복제한 결과이다. 그런데 우리의 뇌는 시각적 신호를 받아들일 때 시야에 들어 온 세계를 한꺼번에 하나의 전체로 받아들이게 된다. 즉, 대다수의 이미지는 한꺼번에 지각된다. 예를 들어 우리는 새의 전체 모습을 한꺼번에 지각하지 머리, 날개, 꼬리 등을 개별적으로 지각한 후 이를 머릿속에서 조합하는 것이 아니다.

표음문자로 이루어진 글을 읽는 것은 이와는 다른 과정이다. 표음문자로 구성된 문장에 대한 이해는 그 문장의 개별적인 문법적 구성요소들로 이루어진 특정한 수평적 연속에 의존한다. 문장을 구성하는 개별 단어들, 혹은 각 단어를 구성하는 개별 문자들이 하나로 결합하여 비로소 의미 전체가 이해되는 것이다. 비록 이 과정이 너무도 신속하고 무의식적으로 이루어지기는 하지만 말이다. 알파벳을 구성하는 기호들은 개별적으로는 아무런 의미도 가지지 않으며 어떠한 이미지도 나타내지 않는다. 일련의 단어군은 한꺼번에 파악될 수도 있겠지만, 표음문자의 경우 대부분 언어는 개별 구성요소들이 하나의 전체로 결합하는 과정을 통해 이해된다.

남성적인 사고는 사고 대상 전체를 구성요소 부분으로 분해한 후 그들 각각을 개별화시키고 이를 다시 재조합하는 과정으로 진행된다. 그에 비해 여성적인 사고는 분해되지 않은 전체 이미지를 통해서 의미를 이해하는 특징을 지닌다. 그림 문자로 구성된 글의 이해는 여성적인 사고 과정을, 표음문자로 구성된 글의 이해는 남성적인 사고 과정을 거친다. 여성은 대체로 여성적 사고를, 남성은 대체로 남성적 사고를 한다는 점을 고려할 때 <u>표음문자 체계의 보편화는 여성의 사회적 권력을 약화하는 결과를 낳게 된다.</u>

> **보기**
> ㄱ. 그림문자를 쓰는 사회에서는 남성의 사회적 권력이 여성의 그것보다 우월하였다.
> ㄴ. 표음문자 체계는 기능적으로 분화된 복잡한 의사소통을 가능하도록 하였다.
> ㄷ. 글을 읽고 이해하는 능력은 사회적 권력에 영향을 미친다.

① ㄱ ② ㄴ
③ ㄷ ④ ㄱ, ㄴ
⑤ ㄴ, ㄷ

21 다음은 성별별 국민연금 가입자 수에 대한 자료이다. 이에 대한 설명으로 옳은 것은?

〈성별별 국민연금 가입자 수〉

(단위 : 명)

구분	사업장 가입자	지역 가입자	임의 가입자	임의계속 가입자	합계
남성	8,059,994	3,861,478	50,353	166,499	12,138,324
여성	5,775,011	3,448,700	284,127	296,644	9,804,482
합계	13,835,005	7,310,178	334,480	463,143	21,942,806

① 남성 사업장 가입자 수는 남성 지역 가입자 수의 2배 미만이다.

② 여성 사업장 가입자 수는 나머지 여성 가입자 수를 모두 합친 것보다 적다.

③ 전체 지역 가입자 수는 전체 사업장 가입자 수의 50% 미만이다.

④ 전체 가입자 중 여성 가입자 수의 비율은 40% 이상이다.

⑤ 가입자 수가 많은 순서대로 나열하면 '사업장 가입자 – 지역 가입자 – 임의 가입자 – 임의계속 가입자' 순서이다.

22 다음은 A국과 B국의 축구 대결을 앞두고 양국의 골키퍼, 수비(중앙 수비, 측면 수비), 미드필드, 공격(중앙 공격, 측면 공격) 능력을 영역별로 평가한 결과이다. 이에 대한 설명으로 옳지 않은 것은?(단, 원 중심에서 멀어질수록 점수가 높아진다)

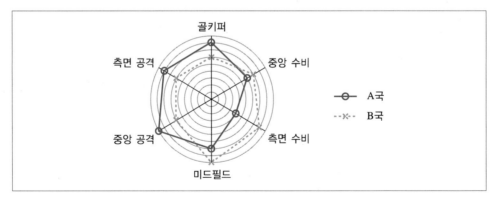

① A국은 공격보다 수비에 약점이 있다.

② B국은 미드필드보다 수비에서의 능력이 뛰어나다.

③ A국과 B국은 측면 수비 능력에서 가장 큰 차이가 난다.

④ A국과 B국 사이에 가장 작은 차이를 보이는 영역은 중앙 수비이다.

⑤ 골키퍼의 역량이 보다 뛰어난 국가는 A국이다.

23 보라는 제주도 맛집 열 곳 중에서 세 곳을 골라 아침, 점심, 저녁을 먹으려고 한다. 가능한 경우의 수는?

① 420가지
② 560가지
③ 600가지
④ 720가지
⑤ 750가지

24 비가 온 날의 다음 날에 비가 올 확률은 0.7, 비가 오지 않는 날의 다음 날에 비가 올 확률은 0.4이다. 수요일에 비가 왔을 때, 금요일에 비가 올 확률은?

① 0.4
② 0.56
③ 0.61
④ 0.77
⑤ 0.82

25 A기업에서는 조직 개편을 하려고 하는데, 5명을 한 팀으로 개편하면 2명이 팀에 편성되지 않고, 6명을 한 팀으로 개편하면 팀에 편성되지 않는 사람은 없지만, 5명을 한 팀으로 조직을 개편했을 때보다 2팀이 줄어든다. 5명을 한 팀으로 개편했을 때, 만들어지는 팀은 총 몇 팀인가?

① 12팀
② 13팀
③ 14팀
④ 15팀
⑤ 16팀

26 해선이가 학교로 출발한 지 5분 후, 동생이 따라 나왔다. 동생은 매분 100m의 속력으로 걷고 해선이는 매분 80m의 속력으로 걷는다면, 두 사람은 동생이 출발한 뒤 몇 분 후에 만나는가?

① 15분
② 20분
③ 25분
④ 30분
⑤ 35분

PART 2

27 귀하는 미디어 매체별 이용자 분포 자료를 토대로 보고서에 추가할 그래프를 제작하였다. 완성된 보고서를 상사에게 제출하였는데, 그래프 중에서 잘못된 것이 있다고 피드백을 받았다. 귀하가 다음의 자료를 토대로 그래프를 검토할 때, 수정이 필요한 것은 무엇인가?

〈미디어 매체별 이용자 분포〉

(단위 : %)

구분		TV	스마트폰	PC / 노트북
사례 수		7,000명	6,000명	4,000명
성별	남자	49.4	51.7	51.9
	여자	50.6	48.3	48.1
연령	10대	9.4	11.2	13.0
	20대	14.1	18.7	20.6
	30대	17.1	21.1	23.0
	40대	19.1	22.2	22.6
	50대	18.6	18.6	15.0
	60세 이상	21.7	8.2	5.8
직업	사무직	20.1	25.6	28.2
	서비스직	14.8	16.6	14.9
	생산직	20.3	17.0	13.4
	학생	13.2	16.8	19.4
	주부	20.4	17.8	18.4
	기타	0.6	0.6	0.6
	무직	10.6	5.6	5.1
소득	상	31.4	35.5	38.2
	중	45.1	49.7	48.8
	하	23.5	14.8	13.0
도시 규모	대도시	45.3	47.5	49.5
	중소도시	37.5	39.6	39.3
	군지역	17.2	12.9	11.2

① 연령대별 스마트폰 이용자 수(단위 : 명)

② 성별별 매체이용자 수(단위 : 명)

③ 매체별 소득수준 구성비

④ TV＋스마트폰 이용자의 도시규모별 구성비

⑤ 사무직 이용자의 매체별 구성비

PART 2

28 다음은 창업보육센터의 현황에 대한 자료이다. 이에 대한 설명으로 옳지 않은 것을 〈보기〉에서 모두 고르면?

〈연도별 창업보육센터 수 및 지원금액〉

〈연도별 창업보육센터당 입주업체 수 및 매출액〉

(단위 : 개, 억 원)

구분	2021년	2022년	2023년
창업보육센터당 입주업체 수	16.6	17.1	16.8
창업보육센터당 입주업체 매출액	85.0	91.0	86.7

※ 한 업체는 1개의 창업보육센터에만 입주한다.

보기

ㄱ. 2023년 창업보육센터 지원금액의 전년 대비 증가율은 창업보육 센터 수 증가율의 5배 이상 이다.

ㄴ. 2023년 창업보육센터의 전체 입주업체 수는 전년보다 적다.

ㄷ. 창업보육센터당 지원금액이 가장 적은 해는 2018년이며, 가장 많은 해는 2023년이다.

ㄹ. 창업보육센터 입주업체의 전체 매출액은 2021년 이후 매년 증가하였다.

① ㄱ, ㄴ   ② ㄱ, ㄷ

③ ㄴ, ㄷ   ④ ㄴ, ㄹ

⑤ ㄷ, ㄹ

29 다음은 2019 ~ 2023년 갑 국의 사회간접자본(SOC) 투자규모에 대한 자료이다. 이에 대한 설명으로 옳지 않은 것은?(단, 소수점 둘째 자리에서 반올림한다)

〈갑 국의 사회간접자본(SOC) 투자규모〉

(단위 : 조 원, %)

구분＼연도	2019년	2020년	2021년	2022년	2023년
SOC 투자규모	20.5	25.4	25.1	24.4	23.1
총지출 대비 SOC 투자규모 비중	7.8	8.4	8.6	7.9	6.9

① 2023년 총지출은 300조 원 이상이다.

② 2020년 SOC 투자규모의 전년 대비 증가율은 30% 이하이다.

③ 2020 ~ 2023년 동안 SOC 투자규모가 전년에 비해 가장 큰 비율로 감소한 해는 2023년이다.

④ 2020 ~ 2023년 동안 SOC 투자규모와 총지출 대비 SOC 투자규모 비중의 전년 대비 증감방향은 동일하다.

⑤ 2024년 SOC 투자규모의 전년 대비 감소율이 2023년과 동일하다면, 2024년 SOC 투자규모는 20조 원 이상이다.

30 다음은 K전자의 2023년 분기별 손익 현황에 대한 자료이다. 이에 대한 설명으로 옳은 것을 〈보기〉에서 모두 고르면?

〈2023년 분기별 손익 현황〉

(단위 : 억 원)

구분		1분기	2분기	3분기	4분기
손익	매출액	9,332	9,350	8,364	9,192
	영업손실	278	491	1,052	998
	당기순손실	261	515	1,079	1,559

※ $[영업이익률(\%)] = \dfrac{[영업이익(손실)]}{(매출액)} \times 100$

보기

ㄱ. 2023년 3분기의 영업이익이 가장 높다.

ㄴ. 2023년 4분기의 영업이익률은 2023년 1분기보다 감소하였다.

ㄷ. 2023년 2 ~ 4분기 매출액은 직전 분기보다 증가하였다.

ㄹ. 2023년 3분기의 당기순손실은 직전 분기 대비 100% 이상 증가하였다.

① ㄱ, ㄴ   ② ㄱ, ㄷ

③ ㄴ, ㄷ   ④ ㄴ, ㄹ

⑤ ㄷ, ㄹ

31 서울에 위치한 A회사는 거래처인 B, C회사에 소포를 보냈다. 서울에 위치한 B회사에는 800g의 소포를, 인천에 위치한 C회사에는 2.4kg의 소포를 보냈다. 두 회사로 보낸 소포의 총중량은 16kg 이하이고, 택배요금의 합계는 6만 원이다. S택배회사의 요금표가 다음과 같을 때, A회사는 800g 소포와 2.4kg 소포를 각각 몇 개씩 보냈는가?(단, 소포는 각 회사로 1개 이상 보낸다)

〈S택배회사 요금표〉

구분	~ 2kg	~ 4kg	~ 6kg	~ 8kg	~ 10kg
동일지역	4,000원	5,000원	6,500원	8,000원	9,500원
타지역	5,000원	6,000원	7,500원	9,000원	10,500원

	800g	2.4kg
①	12개	2개
②	12개	4개
③	9개	2개
④	9개	4개
⑤	6개	6개

32 정희는 5명으로 구성된 인사팀에서 비품을 담당하고 있다. 비품을 신청할 때가 되어 다음과 같이 비품을 주문하려고 하는데, 정해진 예산은 25,000원이다. 다음 비품을 모두 주문하고 남은 돈으로 1자루에 250원짜리 볼펜을 주문한다고 할 때, 볼펜 몇 타를 살 수 있겠는가?(단, 볼펜 1타는 볼펜 12자루이다)

〈주문 비품 목록〉

물품	가격	개수
지우개	500원	인사팀 인원 수
계산기	5,700원	1개
형광펜	600원	3개

① 2타   ② 3타

③ 4타   ④ 5타

⑤ 6타

33 다음은 2023년 경제자유구역 입주 사업체 투자재원조달 실태조사 결과이다. 이에 대한 설명으로 옳은 것을 〈보기〉에서 모두 고르면?

〈2023년 경제자유구역 입주 사업체 투자재원조달 실태조사 결과〉

(단위 : 백만 원, %)

구분		전체		국내투자		해외투자	
		금액	비중	금액	비중	금액	비중
국내재원	자체	4,025	57.2	2,682	52.6	1,343	69.3
	정부	2,288	32.5	2,138	42.0	150	7.7
	기타	356	5.0	276	5.4	80	4.2
	소계	6,669	94.7	5,096	100.0	1,573	81.2
해외재원	소계	365	5.3	–	–	365	18.8
합계		7,034	100.0	5,096	100.0	1,938	100.0

보기

ㄱ. 자체 재원조달금액 중 국내투자에 사용되는 금액이 차지하는 비중은 60%를 초과한다.
ㄴ. 해외재원은 모두 해외투자에 사용되고 있다.
ㄷ. 국내재원 중 정부조달금액이 차지하는 비중은 40%를 초과한다.
ㄹ. 국내재원 중 국내투자금액은 해외투자금액의 3배 미만이다.

① ㄱ, ㄴ
② ㄱ, ㄷ
③ ㄴ, ㄷ
④ ㄴ, ㄹ
⑤ ㄷ, ㄹ

34 다음은 주요 온실가스의 연평균 농도 변화 추이를 나타낸 자료이다. 이에 대한 설명으로 옳지 않은 것은?

〈주요 온실가스 연평균 농도 변화 추이〉

구분	2017년	2018년	2019년	2020년	2021년	2022년	2023년
이산화탄소 농도(ppm)	387.2	388.7	389.9	391.4	392.5	394.5	395.7
오존전량(DU)	331	330	328	325	329	343	335

① 이산화탄소의 농도는 계속해서 증가하고 있다.
② 오존전량은 계속해서 증가하고 있다.
③ 2023년 오존전량은 2017년 대비 4DU 증가했다.
④ 2023년 이산화탄소의 농도는 2018년 대비 7ppm 증가했다.
⑤ 전년 대비 2023년 오존전량의 감소율은 2.5% 미만이다.

35 다음은 OECD 국가의 대학졸업자 취업에 대한 자료이다. A∼L국가 중 전체 대학졸업자 대비 대학
졸업자 중 취업자 비율이 OECD 평균보다 높은 국가끼리 바르게 짝지어진 것은?

- [대학졸업자 취업률(%)]$=\dfrac{(대학졸업자\ 중\ 취업자)}{(대학졸업자\ 중\ 경제활동인구)}\times 100$

- [대학졸업자의 경제활동인구 비중(%)]$=\dfrac{(대학졸업자\ 중\ 경제활동인구)}{(전체\ 대학졸업자)}\times 100$

① A, D

② B, C

③ D, H

④ G, K

⑤ H, L

36 K기업의 연구소에서는 신소재 물질을 개발하고 있다. 최근 새롭게 연구하고 있는 4가지 물질에 대한 농도를 측정하기 위해 A ~ D연구기관에 검사를 요청하였다. 측정결과가 다음과 같을 때, 이를 이해한 내용으로 옳지 않은 것은?

① 물질 1에 대한 B기관과 D기관의 실험오차율은 동일하다.

② 물질 3에 대한 실험오차율은 A기관이 가장 크다.

③ 물질 1에 대한 B기관의 실험오차율은 물질 2에 대한 A기관의 실험오차율보다 작다.

④ 물질 2에 대한 A기관의 실험오차율은 물질 2에 대한 나머지 기관의 실험오차율 합보다 작다.

⑤ A기관의 실험 결과를 제외하면, 4개 물질의 유효농도 값은 A기관의 결괏값을 제외하기 전보다 작아진다.

37 다음은 미국이 환율조작국을 지정하기 위해 만든 요건별 판단기준과 A ~ K국에 대한 자료이다. 이에 대한 설명으로 옳은 것을 〈보기〉에서 모두 고르면?

〈요건별 판단기준〉

요건	X 현저한 대미무역수지 흑자	Y 상당한 경상수지 흑자	Z 지속적 환율시장 개입
판단기준	대미무역수지 200억 달러 초과	GDP 대비 경상수지 비중 3% 초과	GDP 대비 외화자산순매수액 비중 2% 초과

※ 요건 중 세 가지를 모두 충족하면 환율조작국으로 지정된다.
※ 요건 중 두 가지만을 충족하면 관찰대상국으로 지정된다.

〈환율조작국 지정 관련 자료〉

(단위 : 10억 달러, %)

구분	대미무역수지	GDP 대비 경상수지 비중	GDP 대비 외화자산순매수액 비중
A	365.7	3.1	−3.9
B	74.2	8.5	0.0
C	68.6	3.3	2.1
D	58.4	−2.8	−1.8
E	28.3	7.7	0.2
F	27.8	2.2	1.1
G	23.2	−1.1	1.8
H	17.6	−0.2	0.2
I	14.9	−3.3	0.0
J	14.9	14.6	2.4
K	−4.3	−3.3	0.1

보기

㉠ 환율조작국으로 지정되는 국가는 없다.
㉡ B국은 X요건과 Y요건을 충족한다.
㉢ 관찰대상국으로 지정되는 국가는 모두 4곳이다.
㉣ X요건의 판단기준을 '대미무역수지 200억 달러 초과'에서 '대미무역수지 150억 달러 초과'로 변경하여도 관찰대상국 및 환율조작국으로 지정되는 국가들은 동일하다.

① ㉠, ㉡　　　　　　　　　　　② ㉠, ㉢
③ ㉡, ㉣　　　　　　　　　　　④ ㉢, ㉣
⑤ ㉡, ㉢, ㉣

38 다음은 2023년 공항철도를 이용한 월별 여객 수송실적이다. 빈칸 (A) ~ (C)에 들어갈 수를 순서대로 바르게 나열한 것은?

〈공항철도 이용 여객 현황〉

(단위 : 명)

구분	수송인원	승차인원	유입인원
1월	209,807	114,522	95,285
2월	208,645	117,450	(A)
3월	225,956	133,980	91,976
4월	257,988	152,370	105,618
5월	266,300	187,329	78,971
6월	(B)	189,243	89,721
7월	328,450	214,761	113,689
8월	327,020	209,875	117,145
9월	338,115	(C)	89,209
10월	326,307	219,077	107,230

※ 유입인원은 환승한 인원이다.
※ (수송인원)=(승차인원)+(유입인원)

	(A)	(B)	(C)
①	101,195	278,884	243,909
②	101,195	268,785	243,909
③	91,195	268,785	248,906
④	91,195	278,964	248,906
⑤	90,095	278,964	249,902

39 다음은 도시폐기물량 상위 10개국의 도시폐기물량지수와 한국의 도시폐기물량을 나타낸 자료이다. 이에 대한 설명으로 옳은 것을 〈보기〉에서 모두 고르면?

〈도시폐기물량 상위 10개국의 도시폐기물량지수〉

순위	2020년		2021년		2022년		2023년	
	국가	지수	국가	지수	국가	지수	국가	지수
1	미국	12.05	미국	11.94	미국	12.72	미국	12.73
2	러시아	3.40	러시아	3.60	러시아	3.87	러시아	4.51
3	독일	2.54	브라질	2.85	브라질	2.97	브라질	3.24
4	일본	2.53	독일	2.61	독일	2.81	독일	2.78
5	멕시코	1.98	일본	2.49	일본	2.54	일본	2.53
6	프랑스	1.83	멕시코	2.06	멕시코	2.30	멕시코	2.35
7	영국	1.76	프랑스	1.86	프랑스	1.96	프랑스	1.91
8	이탈리아	1.71	영국	1.75	이탈리아	1.76	터키	1.72
9	터키	1.50	이탈리아	1.73	영국	1.74	영국	1.70
10	스페인	1.33	터키	1.63	터키	1.73	이탈리아	1.40

※ (도시폐기물량지수)= $\dfrac{(\text{해당 연도 해당 국가의 도시폐기물량})}{(\text{해당 연도 한국의 도시폐기물량})}$

〈한국의 도시폐기물량〉

(만 톤)
- 2020년: 1,901
- 2021년: 1,858
- 2022년: 1,786
- 2023년: 1,788

보기

㉠ 2023년 도시폐기물량은 미국이 일본의 4배 이상이다.
㉡ 2022년 러시아의 도시폐기물량은 8,000만 톤 이상이다.
㉢ 2023년 스페인의 도시폐기물량은 2020년에 비해 감소하였다.
㉣ 영국의 도시폐기물량은 터키의 도시폐기물량보다 매년 많다.

① ㉠, ㉢   ② ㉠, ㉣
③ ㉡, ㉢   ④ ㉡, ㉣
④ ㉢, ㉣

40 다음은 세계 음악 시장의 규모에 대한 자료이다. 〈조건〉에 근거하여 2024년 음악 시장의 규모를 구하면?(단, 소수점 둘째 자리에서 반올림한다)

〈세계 음악 시장 규모〉

(단위 : 백만 달러)

구분		2019년	2020년	2021년	2022년	2023년
공연음악	후원	5,930	6,008	6,097	6,197	6,305
	티켓 판매	20,240	20,688	21,165	21,703	22,324
	합계	26,170	26,696	27,262	27,900	28,629
음반	디지털	8,719	9,432	10,180	10,905	11,544
	다운로드	5,743	5,986	6,258	6,520	6,755
	스트리밍	1,530	2,148	2,692	3,174	3,557
	모바일	1,447	1,298	1,230	1,212	1,233
	오프라인 음반	12,716	11,287	10,171	9,270	8,551
	합계	30,155	30,151	30,531	31,081	31,640
합계		56,325	56,847	57,793	58,981	60,269

- 2024년 공연음악 후원금은 2023년보다 1천 1천 8백만 달러, 티켓 판매는 2023년보다 7억 4천만 달러가 증가할 것으로 예상된다.
- 스트리밍 시장의 경우 빠르게 성장하는 추세로 2024년 스트리밍 시장 규모는 2019년 스트리밍 시장 규모의 2.5배가 될 것으로 예상된다.
- 오프라인 음반 시장은 점점 감소하는 추세로 2024년 오프라인 음반 시장 규모는 2023년 대비 6%의 감소율을 보일 것으로 예상된다.

	공연음악	스트리밍	오프라인 음반
①	29,487백만 달러	3,711백만 달러	8,037.9백만 달러
②	29,487백만 달러	3,825백만 달러	8,037.9백만 달러
③	29,685백만 달러	3,825백만 달러	7,998.4백만 달러
④	29,685백만 달러	4,371백만 달러	7,998.4백만 달러
⑤	30,298백만 달러	4,371백만 달러	7,598.2백만 달러

41 귀하는 점심식사 중 식당에 있는 TV에서 정부의 정책에 대한 뉴스가 나오는 것을 보았다. 함께 점심을 먹는 동료들과 뉴스를 보고 나눈 대화의 내용으로 적절하지 않은 것은?

〈뉴스〉

앵커 : 저소득층에게 법률서비스를 제공하는 정책을 구상 중입니다. 정부는 무료로 법률자문을 하겠다고 자원하는 변호사를 활용하는 자원봉사제도, 정부에서 법률 구조공단 등의 기관을 신설하고 변호사를 유급으로 고용하여 법률서비스를 제공하는 유급법률구조제도, 정부가 법률서비스의 비용을 대신 지불하는 법률보호제도 등의 세 가지 정책대안 중 하나를 선택할 계획입니다.

이 정책대안을 비교하는 데 고려해야 할 정책목표는 비용저렴성, 접근용이성, 정치적 실현가능성, 법률서비스의 전문성입니다. 정책대안과 정책목표의 관계는 화면으로 보여드립니다. 각 대안이 정책목표를 달성하는 데 유리한 경우는 (+)로, 불리한 경우는 (−)로 표시하였으며, 유·불리 정도는 같습니다. 정책목표에 대한 가중치의 경우, '0'은 해당 정책목표를 무시하는 것을, '1'은 해당 정책목표를 고려하는 것을 의미합니다.

〈정책대안과 정책목표의 상관관계〉

정책목표	가중치		정책대안		
	A안	B안	자원봉사제도	유급법률구조제도	법률보호제도
비용저렴성	0	0	+	−	−
접근용이성	1	0	−	+	−
정치적 실현가능성	0	0	+	−	+
전문성	1	1	−	+	−

① A안과 B안 중 어떤 것을 적용하더라도 정책대안 비교의 결과는 달라지지 않을 것으로 보여.

② 비용저렴성을 달성하기에 가장 유리한 정책대안은 자원봉사제도로군.

③ 반대로 B안에 가중치를 적용할 경우 자원봉사제도가 가장 적절한 정책대안으로 평가받게 될 것 같아.

④ 아마도 전문성 면에서는 유급법률구조제도가 자원봉사제도보다 더 좋은 정책 대안으로 평가받게 되겠군.

⑤ A안에 가중치를 적용할 경우 유급법률구조제도가 가장 적절한 정책대안으로 평가받게 되지 않을까?

42 이웃해 있는 10개의 건물에 초밥가게, 옷가게, 신발가게, 편의점, 약국, 카페가 있다. 카페가 3번째 건물에 있을 때, 다음 〈조건〉을 토대로 항상 옳은 것은?(단, 한 건물에 한 가지 업종만 들어갈 수 있다)

조건
- 초밥가게는 카페보다 앞에 있다.
- 초밥가게와 신발가게 사이에 건물이 6개 있다.
- 옷가게와 편의점은 인접할 수 없으며, 옷가게와 신발가게는 인접해 있다.
- 신발가게 뒤에 아무것도 없는 건물이 2개 있다.
- 2번째와 4번째 건물은 아무것도 없는 건물이다.
- 편의점과 약국은 인접해 있다.

① 카페와 옷가게는 인접해 있다.
② 초밥가게와 약국 사이에 2개의 건물이 있다.
③ 편의점은 6번째 건물에 있다.
④ 신발가게는 8번째 건물에 있다.
⑤ 옷가게는 5번째 건물에 있다.

43 S공사 전략기획처 직원 A ~ G 7명은 신입사원 입사 기념으로 단체로 영화관에 갔다. 〈조건〉에 따라 자리에 앉는다고 할 때, 다음 중 항상 옳은 것은?(단, 가장 왼쪽부터 첫 번째 자리로 한다)

조건
- 7명은 한 열에 나란히 앉는다.
- 한 열에는 7개의 좌석이 있다.
- 양 끝자리 옆에는 비상구가 있다.
- D와 F는 나란히 앉지 않는다.
- A와 B 사이에는 한 명이 앉아 있다.
- G는 왼쪽에 사람이 있는 것을 싫어한다.
- C와 G 사이에는 한 명이 앉아 있다.
- G는 비상구와 붙어 있는 자리를 좋아한다.

① E는 D와 F 사이에 앉는다.
② G와 가장 멀리 떨어진 자리에 앉는 사람은 D이다.
③ C의 양옆에는 A와 B가 앉는다.
④ D는 비상구와 붙어 있는 자리에 앉는다.
⑤ 두 번째 자리에는 B가 앉는다.

44 L마트에서는 최근 시간관리 매트릭스에 대한 교육을 실시했다. 시간관리 매트릭스는 효율적으로 시간관리를 할 수 있도록 중요한 일과 중요하지 않은 일의 우선순위를 나누는 분류 방법이다. 다음 중 강의를 들은 A씨가 교육 내용을 적용하여 ⓐ~ⓒ를 순서대로 바르게 나열한 것은?

〈시간관리 매트릭스〉

구분	긴급한 일	긴급하지 않은 일
중요한 일	제1사분면	제2사분면
중요하지 않은 일	제3사분면	제4사분면

※ 각 사분면의 좌표의 위치는 우선 순위 정도에 고려하지 않는다.

A씨는 L마트 고객지원팀 사원이다. A씨는 ⓐ 다음 주에 상부에 보고할 내용을 마무리 하는 도중 고객으로부터 '상품을 먹은 후 두드러기가 나서 일상생활이 힘들 정도다.'라는 ⓑ 불만 접수를 받았다. 고객은 오늘 내로 해결할 방법을 알려달라는 강한 불만을 제기했다. 아직 업무는 다 끝내지 못한 상태고, 오늘 저녁에 ⓒ <u>친구와 약속이 있다</u>. 약속 시간까지는 2시간 정도 남은 상태이다.

	제1사분면	제2사분면	제3사분면	제4사분면
①	ⓐ	ⓒ	ⓑ	-
②	ⓑ	ⓐ	-	ⓒ
③	ⓑ, ⓒ	-	-	ⓐ
④	-	ⓐ	ⓒ	ⓑ
⑤	ⓒ	-	ⓐ, ⓑ	-

45 S공사에 입사한 A~E신입사원은 〈조건〉과 같이 각각 2개 항목의 물품을 신청하였다. 5명의 신입사원 중 2명의 진술이 거짓일 때, 다음 중 신청 사원과 신청 물품을 바르게 나열한 것은?

> **조건**
>
> 신입사원이 신청한 항목은 4개이며, 항목별 신청 사원의 수는 다음과 같다.
> - 필기구 : 2명
> - 의자 : 3명
> - 복사용지 : 2명
> - 사무용 전자제품 : 3명

> A : 나는 필기구를 신청하였고, E는 거짓말을 하고 있다.
> B : 나는 의자를 신청하지 않았고, D는 진실을 말하고 있다.
> C : 나는 의자를 신청하지 않았고, E는 진실을 말하고 있다.
> D : 나는 필기구와 사무용 전자제품을 신청하였다.
> E : 나는 복사용지를 신청하였고, B와 D는 거짓말을 하고 있다.

① A – 복사용지   ② A – 의자
③ C – 필기구   ④ C – 사무용 전자제품
⑤ E – 필기구

46 다음 문제해결절차에 따라 (가) ~ (마)를 순서대로 바르게 나열한 것은?

〈문제해결절차〉

문제 인식 → 문제 도출 → 원인 분석 → 해결안 개발 → 실행 및 평가

(가) 파악된 핵심문제에 대한 분석을 통해 근본 원인을 도출한다.
(나) 실행계획을 실제 상황에 적용하는 활동으로 당초 장애가 되는 문제의 원인들을 해결안을 사용하여 제거한다.
(다) 해결해야 할 전체 문제를 파악하여 우선순위를 정하고, 선정 문제에 대한 목표를 명확히 한다.
(라) 문제로부터 도출된 근본 원인을 효과적으로 해결할 수 있는 최적의 해결방안을 수립한다.
(마) 선정된 문제를 분석하여 해결해야 할 것이 무엇인지를 명확히 한다.

① (가) – (나) – (다) – (라) – (마)
② (나) – (마) – (가) – (라) – (다)
③ (다) – (가) – (마) – (나) – (라)
④ (다) – (마) – (가) – (라) – (나)
⑤ (라) – (나) – (마) – (가) – (다)

47 K공사는 필리핀의 신재생에너지 시장에 진출하려고 한다. 전략기획팀의 M대리는 3C 분석 방법을 통해 다음과 같은 결과를 도출하였다. K공사의 필리핀 시장 진출에 대한 판단으로 가장 적절한 것은?

〈필리핀 시장 진출 3C 분석 결과〉

3C	상황분석
고객(Customer)	• 아시아국가 중 전기요금이 높은 편에 속함 • 태양광, 지열 등 훌륭한 자연환경 조건 기반 • 신재생에너지 사업에 대한 필리핀 정부의 적극적 추진 의지
경쟁사(Competitor)	• 필리핀 민간 기업의 투자 증가 • 중국 등 후발국의 급속한 성장 • 체계화된 기술 개발 부족
자사(Company)	• 필리핀 화력발전사업에 진출한 이력 • 필리핀의 태양광 발전소 지분 인수 • 현재 미국, 중국 등 4개국에서 풍력과 태양광 발전소 운영 중

① 풍부한 자연환경 조건을 가진 필리핀 신재생에너지 시장의 성장 가능성은 높지만, 경쟁사에 비해 체계적이지 못한 자사의 기술 개발 역량이 필리핀 시장 진출에 걸림돌이 될 것이다.

② 필리핀 시장에 대한 정보가 부족한 자사가 성장 가능성이 높은 신재생에너지 시장에 진출하기 위해서는 현재 급속한 성장을 보이고 있는 중국 등과 협력하여 함께 진출하는 것이 바람직하다.

③ 필리핀은 전기요금이 높아 국민들의 전력 사용량이 많지 않을 것으로 예상되며, 열악한 전력 인프라로 신재생에너지 시장의 발전 가능성 또한 낮을 것으로 예상되므로 자사의 필리핀 시장 진출은 바람직하지 않다.

④ 훌륭한 자연환경 조건과 사업에 대한 정부의 추진 의지를 바탕으로 한 필리핀의 신재생에너지 시장에서는 필리핀 민간 기업이나 후발국과의 치열한 경쟁이 예상되나, 자사의 진출 이력을 바탕으로 경쟁력을 확보할 수 있을 것이다.

⑤ 필리핀은 정부의 적극적 추진 의지로 신재생에너지 시장이 급성장하고 있으나, 민간 기업의 투자와 다른 아시아국가의 급속한 성장으로 경쟁이 치열하므로 자사는 비교적 경쟁이 덜한 중국 시장으로 진출하는 것이 바람직하다.

※ K기업은 새로 출시할 화장품과 관련하여 회의를 하였다. 다음 자료를 보고 이어지는 질문에 답하시오. [48~49]

신제품 홍보 콘셉트 기획 1차 미팅			
참여자	• 제품 개발팀 : A과장, B대리 • 기획팀 : C과장, D대리, E사원 • 온라인 홍보팀 : F대리, G사원		
회의 목적	신제품 홍보 방안 수립, 제품명 개발	회의 날짜	2024.08.02.(금)

〈제품 특성〉

1. 여드름 치료에 적합한 화장품
2. 성분이 순하고, 향이 없음
3. 이용하기 좋은 튜브형 용기로 제작
4. 타사 여드름 관련 화장품보다 가격이 저렴함

〈회의 결과〉

• 제품 개발팀 : 자사 제품의 특성을 분석
• 기획팀 : 특성에 맞고 소비자의 흥미를 유발하는 제품명 개발
• 온라인 홍보팀 : 현재 출시된 타사 제품에 대한 소비자 반응 확인, 온라인 설문조사 실시

48 다음 회의까지 해야 할 일로 적절하지 않은 것은?

① B대리 : 우리 제품이 피부자극이 적은 성분을 사용했다는 것을 성분표로 작성해 확인해봐야겠어.

② C과장 : 여드름 치료 화장품이니 주로 청소년층이 우리 제품을 구매할 가능성이 커. 그러니 청소년층에게 흥미를 일으킬 수 있는 이름을 고려해야겠어.

③ D대리 : 현재 판매되고 있는 타사 여드름 제품들의 특성을 조사해야지.

④ F대리 : 화장품과 관련된 커뮤니티에서 타사의 여드름 제품에 대한 반응을 확인해야겠다.

⑤ G사원 : 여드름이 고민인 사람들이 많이 모인 커뮤니티에서 온라인 설문조사를 할 수 있는지 살펴봐야겠어.

49 온라인 홍보팀 G사원은 온라인에서 타사의 여드름 화장품에 대한 소비자의 반응을 조사해 추후 회의에 가져갈 생각이다. 다음 중 회의에 가져갈 반응으로 적절하지 않은 것은?

① A응답자 : 여드름용 화장품에 들어간 알코올 성분 때문에 얼굴이 화끈거리고 따가워요.

② B응답자 : 화장품이 유리용기에 담겨있어 쓰기에 불편해요.

③ C응답자 : 향이 강한 제품이 많아 거부감이 들어요.

④ D응답자 : 여드름 화장품을 사용하는데 가격이 비싸 부담돼요.

⑤ E응답자 : 여드름용 화장품을 판매하는 매장이 적어 구매하기가 불편해요.

50 다음 자료와 상황을 토대로 K씨가 취해야 할 적절한 조치로 가장 적절한 것은?

〈S공사의 AMI를 이용한 사회안전망 시스템 구성도〉

S공사가 구축한 사회안전망 시스템 구성도

AMI 2024년까지 전국으로 확대
웨어러블 기기 찬 치매환자
전봇대에 설치된 센서가 감지
일정 거리 벗어나면 보호자에
연락

S공사 하반기 본격 서비스
전력 사용 패턴 분석
독거노인 신변 이상도 확인

AMI(지능형 전력계량 인프라)
통신을 이용해 전기 사용량을
원격으로 측정하고, 전력 수요·
공급 정보를 실시간으로 파악해
전력망 효율을 올리는 시스템

*AMI : Advanced Metering Infrastructure

〈상황〉

나주시에서 사회복지사로 근무하고 있는 K씨는 독거노인을 관리하는 업무를 맡고 있다. K씨의 주된 업무는 마을을 돌며 독거노인과 말동무를 해주며 건강상태를 체크하여 수시로 필요한 조치들을 하는 것이다. 그리고 작년부터 새로운 업무 하나가 추가되었다. 그것은 S공사에서 제공하는 원격검침시스템(AMI)에 표시되는 독거노인의 전력량을 체크하여 안전을 확인하는 업무다. 따라서 K씨는 출근하자마자 독거노인들의 전력사용량과 패턴을 수시로 모니터링하며 변동사항을 기록한다.
K씨는 자신이 관리하는 어느 독거노인의 전력사용량이 전날 오후부터 현저히 떨어져 있는 것을 발견했다. 확인 차 수차례 전화를 걸어보았지만 연락이 닿지 않고 있다.

① 이상하지만 좀 더 상황을 지켜보기로 한다.
② 즉시 가까운 경찰서와 소방서에 신고하고 다른 업무를 본다.
③ 상사에게 보고 후 현장으로 출발하여 확인하고, 이상 시 119에 신고한다.
④ S공사에 전화를 걸어 기기 이상을 체크한다.
⑤ 전력 사용량을 계속 주시하면서 이전에 발생한 유사한 사례를 확인한다.

51 영희는 회사 앞의 빌라에 혼자 살고 있다. 빌라는 A동과 B동으로 각각 5층이며, 층별로 3호까지 있다(1호, 2호, 3호). 또한 빌라에 거주하고 있는 1인 가구는 4가구(남자 2, 여자 2), 2인 가구는 3가구(노부부, 중년부부, 신혼부부), 3인 가구는 1가구, 4인 가구는 1가구이며, 같은 층에 사는 인원은 총 5명을 넘지 않는다. 제시된 〈조건〉을 참고할 때, 다음 중 옳지 않은 것은?(단, A동 5층 3호와 B동 1층 2호는 사정상 창고로 사용하고 있다)

> **조건**
> - 여고를 졸업하고 취업 준비를 위해 혼자 상경한 은희는 영희와 학교 동창이고, 혼자 사는 영희의 옆집에 산다.
> - A동에 사는 인원은 총 11명으로, B동에 사는 총 인원보다 5명 더 많다.
> - 부부와 아들 한 명이 사는 집은 부부와 아들과 딸이 사는 집 바로 아래에 있다.
> - 일주일 전에 결혼한 신혼부부인 희수는 4층에 살고 있으며, 아직 같은 층 이웃은 없다.
> - 1인 가구 남자들은 모두 B동에 산다.
> - 노부부는 1층에 살고 있으며, 같은 층에는 총 4명이 산다.
> - A동 5층에는 1인 가구 여자들이 산다.

① 희수는 A동에 산다.
② 4인 가구와 3인 가구가 정확하게 몇 호에 사는지는 알 수 없다.
③ 노부부는 B동에 산다.
④ A동에는 중년부부가 산다.
⑤ B동에 사는 인원의 성비를 비교했을 때, 남자가 여자의 2배이다.

※ L공사는 직원들의 복지를 개선하고자 체육관 개선공사를 계획하고 있다. 다음은 체육관 개선공사 입찰에 참여한 A ~ F기업을 입찰기준에 따라 분야별로 10점 척도로 점수화한 자료이다. 이어지는 질문에 답하시오. [52~53]

<입찰업체의 분야별 점수>

(단위 : 점)

입찰기준 입찰업체	운영건전성 점수	환경친화자재 점수	시공실적 점수	디자인 점수	공간효율성 점수
A	6	7	3	4	7
B	7	3	9	8	5
C	5	9	6	1	3
D	8	2	8	2	9
E	9	6	5	8	5
F	6	4	6	3	4

<입찰업체별 입찰가격>

(단위 : 억 원)

입찰업체	입찰가격
A	5
B	11
C	7
D	6
E	9
F	10

52 L공사는 제시된 선정방식에 따라 체육관 개선공사 업체를 선정하고자 한다. 다음 중 최종 선정될 업체는?

- 입찰가격이 9억 원 이하인 업체를 선정대상으로 한다.
- 운영건전성 점수와 시공실적 점수, 공간효율성 점수에 1 : 2 : 2의 가중치를 적용하여 합산한 값이 가장 높은 3개 업체를 중간 선정한다.
- 중간 선정된 업체들 중 디자인 점수가 가장 높은 곳을 최종 선정한다.

① A
② C
③ D
④ E
⑤ F

53 L공사가 내부 판단에 따라 환경친화자재 점수도 포함하여 공정하게 업체를 선정하고자 한다. 다음 변경된 선정방식에 따라 최종 선정될 업체는?

> • 입찰가격이 11억 원 미만인 업체를 선정대상으로 한다.
> • 운영건전성 점수, 환경친화자재 점수, 시공실적 점수, 디자인 점수의 가중치를 2 : 1 : 3 : 1로 하여 점수를 합산한다.
> • 시공실적 점수가 16점 미만인 업체는 선정에서 제외한다.
> • 합산한 점수가 가장 높은 2개 업체를 중간 선정한다.
> • 중간 선정된 업체들 중 운영건전성 점수가 더 높은 곳을 최종 선정한다.

① A   ② C
③ D   ④ E
⑤ F

PART 2

54 다음 글을 근거로 판단할 때, 가락을 연주하기 위해 ⑭를 누른 상태로 줄을 튕기는 횟수는?

> 줄이 하나인 현악기가 있다. 이 악기는 줄을 누를 수 있는 지점이 ㉮부터 ㉺까지 총 11곳 있고, 이 중 어느 한 지점을 누른 상태로 줄을 튕겨서 연주한다. ㉮를 누르고 줄을 튕기면 A음이 나고, ㉯를 누르고 줄을 튕기면 A음보다 반음 높은 소리가 난다. 이런 식으로 ㉮ ~ ㉺ 순서로 누르는 지점을 옮길 때마다 반음씩 더 높은 소리가 나며, 최저 A음부터 최고 G음까지 낼 수 있다.
> 이들 음은 다음과 같은 규칙이 있다.
> • 반음 차이 두 개의 합은 한 음 차이와 같다.
> • A음보다 B음이, C음보다 D음이, D음보다 E음이, F음보다 G음이 한 음 높고, 둘 중 낮은음보다 반음 높은음은 낮은음의 이름 오른쪽에 #을 붙여 표시한다.
> • B음보다 C음이, E음보다 F음이 반음 높다.

〈가락〉

E D# E D# E B D C A A A B E G B C

① 0회   ② 1회
③ 2회   ④ 3회
⑤ 4회

※ 다음은 A항만공사의 홍보관인 월드마린센터 안내문과 예약 내역이다. 이어지는 질문에 답하시오.
[55~56]

▶ 관람 안내
• 관람일시 : 매주 월 ~ 금요일 / 09:00 ~ 17:40(약 30분 소요)
• 휴일(토·일·공휴일)은 홍보관 휴관

구분	기존	변경
평일	09:00 ~ 17:00	09:00 ~ 17:40
토요일(공휴일)	09:00 ~ 17:00	휴관
일요일	09:00 ~ 12:00(오전)	휴관

• 홍보관 위치 : 전라남도 광양시 항만대로 465 월드마린센터 19층
• 장소가 협소하여 최대 45명까지 동시 관람이 가능하며, 45인 이상인 경우는 30분씩 교대로 관람 가능
• 1일 최대 관람인원은 70명임

〈4월 예약 내역〉

일	월	화	수	목	금	토
1	2	3 13시 7명	4	5	6 16시 32명	7
8	9 12시 65명	10	11 15시 18명	12 11시 8명	13	14
15	16	17 17시 70명	18 16시 38명	19	20	21
22	23	24 13시 5명	25	26	27	28
29	30					

55 월드마린센터 예약 관리를 담당하는 C대리는 새롭게 변경된 휴관일과 관람시간을 추가한 안내문을 만들었다. 다음 중 안내문의 내용으로 옳지 않은 것은?

① 평일 관람 시간은 하루 기준 40분 더 늘었으니 조금 더 여유로운 관람이 가능합니다.
② 홍보관 휴관일은 휴일에 한정하며 토·일·공휴일이 포함됩니다.
③ 월드마린센터는 서울과 광양 두 곳에 위치하므로 예약 시 지점을 잘 확인해 주세요.
④ 홍보관 관람 시 평균적으로 30분이 소요됩니다.
⑤ 하루 최대 관람인원은 70명이므로 늦지 않게 방문해 주세요.

56 D고등학교는 신청자에 한해 현장학습을 진행한다. 월드마린센터를 현장학습 장소로 선정해 제시된 〈조건〉에 따라 예약하려고 한다. 다음 중 관람예약일로 가장 적절한 날은?

> **조건**
> • 1 ~ 3학년의 현장학습일은 동일하다.
> • 신청자 중 1학년은 33명, 2학년은 27명, 3학년은 3명이다.
> • 학사일정상 최대한 빠른 주에 예약한다.
> • 홀수 주는 현장학습을 할 수 없다.
> • 매주 금요일은 모의고사가 있어 3학년은 현장학습을 할 수 없다.

① 10일

② 13일

③ 19일

④ 24일

⑤ 28일

57 A ~ C 세 명은 각각 킥보드, 자전거, 오토바이 중에 한 대를 가지고 있고, 그 이름을 쌩쌩이, 날쌘이, 힘찬이로 지었다. 다음 〈조건〉을 보고 기구를 가진 사람과 이름, 기구를 순서대로 바르게 나열한 것은?

> **조건**
> • A가 가진 것은 힘찬이와 부딪힌 적이 있다.
> • B가 가진 자전거는 쌩쌩이와 색깔이 같지 않고, 날쌘이와 색깔이 같다.
> • C의 날쌘이는 오토바이보다 크기가 작다.

① A – 날쌘이 – 오토바이

② A – 쌩쌩이 – 킥보드

③ B – 날쌘이 – 자전거

④ C – 힘찬이 – 자전거

⑤ C – 날쌘이 – 킥보드

58 다음 (가) ~ (다)는 일상생활에서 자주 발견되는 논리적 오류에 대해 설명한다. (가) ~ (다)에 해당하는 논리적 오류 유형이 바르게 연결된 것은?

> (가) 상대가 의도하지 않은 것을 강조하거나 허점을 비판하여 자신의 주장을 내세운다. 상대방의 주장과 전혀 상관없는 별개의 논리를 만들어 공격하는 경우도 있다.
> (나) 적절한 증거 없이 몇몇 사례만을 토대로 결론을 내린다. 일부를 조사한 통계 자료나 대표성이 없는 불확실한 자료를 사용하기도 한다.
> (다) 타당한 논거보다는 많은 사람들이 수용한다는 것을 내세워 어떤 주장을 정당화하려 할 때 발생한다.

	(가)	(나)	(다)
①	인신공격의 오류	애매성의 오류	애매성의 오류
②	인신공격의 오류	성급한 일반화의 오류	과대 해석의 오류
③	허수아비 공격의 오류	성급한 일반화의 오류	대중에 호소하는 오류
④	허수아비 공격의 오류	무지의 오류	대중에 호소하는 오류
⑤	애매성의 오류	무지의 오류	허수아비 공격의 오류

59 다음 중 정수장 수질검사 현황에 대해 바르게 설명한 사람은?

〈정수장 수질검사 현황〉

급수 지역	항목						검사결과	
	일반세균 100 이하 (CFU/mL)	대장균 불검출 (수/100mL)	NH3-N 0.5 이하 (mg/L)	잔류염소 4.0 이하 (mg/L)	구리 1 이하 (mg/L)	망간 0.05 이하 (mg/L)	적합	기준 초과
함평읍	0	불검출	불검출	0.14	0.045	불검출	적합	없음
이삼읍	0	불검출	불검출	0.27	불검출	불검출	적합	없음
학교면	0	불검출	불검출	0.13	0.028	불검출	적합	없음
엄다면	0	불검출	불검출	0.16	0.011	불검출	적합	없음
나산면	0	불검출	불검출	0.12	불검출	불검출	적합	없음

① A사원 : 함평읍의 잔류염소는 가장 낮은 수치를 보였고, 기준치에 적합하네.
② B사원 : 모든 급수지역에서 일반세균이 나오지 않았어.
③ C사원 : 기준치를 초과한 곳은 없었지만 적합하지 않은 지역은 있어.
④ D사원 : 대장균과 구리가 검출되면 부적합 판정을 받는구나.
⑤ E사원 : 구리가 검출되지 않은 지역은 세 곳이야.

60 다음 자료와 〈조건〉을 바탕으로 철수, 영희, 민수, 철호가 상품을 구입한 쇼핑몰을 바르게 나열한 것은?

〈이용약관의 주요 내용〉

쇼핑몰	주문 취소	환불	배송비	포인트 적립
A	주문 후 7일 이내 취소 가능	10% 환불수수료+송금수수료 차감	무료	구입 금액의 3%
B	주문 후 10일 이내 취소 가능	환불수수료+송금수수료 차감	20만 원 이상 무료	구입 금액의 5%
C	주문 후 7일 이내 취소 가능	환불수수료+송금수수료 차감	1회 이용 시 1만 원	없음
D	주문 후 당일에만 취소 가능	환불수수료+송금수수료 차감	5만 원 이상 무료	없음
E	취소 불가능	고객 귀책 사유에 의한 환불 시에만 10% 환불수수료	1만 원 이상 무료	구입 금액의 10%
F	취소 불가능	원칙적으로 환불 불가능 (사업자 귀책 사유일 때만 환불 가능)	100g당 2,500원	없음

조건

- 철수는 부모님의 선물로 등산용품을 구입하였는데, 판매자의 업무착오로 배송이 지연되어 판매자에게 전화로 환불을 요구하였다. 판매자는 판매금액 그대로를 통장에 입금해 주었고 구입 시 발생한 포인트도 유지하여 주었다.
- 영희는 옷을 구매할 때 배송료를 고려하여 한 가지씩 여러 번에 나누어 구매하기보다는 가능한 한꺼번에 주문하곤 하였다.
- 인터넷 사이트에서 영화티켓을 20,000원에 주문한 민수는 다음날 같은 티켓을 18,000원에 파는 가게를 발견하고 전날 주문한 물건을 취소하려 했지만 취소가 되지 않아 곤란을 겪은 적이 있다.
- 가방을 100,000원에 구매한 철호는 도착한 물건의 디자인이 마음에 들지 않아 환불 및 송금수수료와 배송료를 감수하는 손해를 보면서도 환불할 수밖에 없었다.

	철수	영희	민수	철호
①	E	B	C	D
②	F	E	D	B
③	E	D	F	C
④	F	C	E	B
⑤	E	C	B	D

| 01 |　의사소통능력

01　다음 글의 내용으로 적절하지 않은 것은?

> 사람의 눈이 원래 하나였다면 과연 세계를 입체적으로 지각할 수 있었을까? 입체 지각은 대상까지의 거리를 인식하여 세계를 3차원으로 파악하는 과정을 말한다. 입체 지각은 눈으로 들어오는 시각 정보로부터 다양한 단서를 얻어 이루어지는데, 이를 양안 단서와 단안 단서로 구분할 수 있다. 양안 단서는 양쪽 눈이 함께 작용하여 얻어지는 것으로, 양쪽 눈에서 보내오는 시차(視差)가 있는 유사한 상이 대표적이다. 단안 단서는 한쪽 눈으로 얻을 수 있는 것인데, 사람은 단안 단서만으로도 이전의 경험으로부터 추론에 의하여 세계를 3차원으로 인식할 수 있다. 망막에 맺히는 상은 2차원이지만 그 상들 사이의 깊이의 차이를 인식하게 해 주는 다양한 실마리들을 통해 입체 지각이 이루어진다.
>
> 동일한 물체가 크기가 다르게 시야에 들어오면 우리는 더 큰 시각(視角)을 가진 쪽이 더 가까이 있다고 인식한다. 이렇게 물체의 상대적 크기는 대표적인 단안 단서이다. 또 다른 단안 단서로는 '직선 원근'이 있다. 우리는 앞으로 뻗은 길이나 레일이 만들어 내는 평행선의 폭이 좁은 쪽이 넓은 쪽보다 멀리 있다고 인식한다. 또 하나의 단안 단서인 '결 기울기'는 같은 대상이 집단적으로 어떤 면에 분포할 때, 시야에 동시에 나타나는 대상들의 연속적인 크기 변화로 얻어진다. 예를 들면 들판에 만발한 꽃을 보면 앞쪽은 꽃이 크고 뒤로 가면서 서서히 꽃이 작아지는 것으로 보이는데 이러한 시각적 단서가 쉽게 원근감을 일으킨다.
>
> 어떤 경우에는 운동으로부터 단안 단서를 얻을 수 있다. '운동 시차'는 관찰자가 운동할 때 정지한 물체들이 얼마나 빠르게 움직이는 것처럼 보이는지가 물체들까지의 상대적 거리에 대한 실마리를 제공하는 것이다. 예를 들어 기차를 타고 가다 창밖을 보면 가까이에 있는 나무는 빨리 지나가고 멀리 있는 산은 거의 정지해 있는 것처럼 보인다.

① 세계를 입체적으로 지각하기 위해서는 단서가 되는 다양한 시각 정보가 필요하다.

② 단안 단서에는 물체의 상대적 크기, 직선 원근, 결 기울기, 운동 시차 등이 있다.

③ 사고로 한쪽 눈의 시력을 잃은 사람은 입체 지각이 불가능하다.

④ 대상까지의 거리를 인식할 수 있어야 세계를 입체적으로 지각할 수 있다.

⑤ 이동하는 차 안에서 창밖을 보면 가까이에 있는 건물이 멀리 있는 건물보다 더 빨리 지나간다.

02 다음 문단을 논리적 순서대로 바르게 나열한 것은?

> (가) 하지만 막상 앱을 개발하려 할 때 부딪히는 여러 난관이 있다. 여행지나 주차장에 한 정보를 모으는 것도 문제이고, 정보를 지속적으로 갱신하는 것도 문제이다. 이런 문제 때문에 결국 아이디어를 포기하는 경우가 많다.
>
> (나) 그러나 이제는 아이디어를 포기하지 않아도 된다. 바로 공공 데이터가 있기 때문이다. 공공 데이터는 공공 기관에서 생성, 취득하여 관리하고 있는 정보 중 전자적 방식으로 처리되어 누구나 이용할 수 있도록 국민들에게 제공된 것을 말한다.
>
> (다) 현재 정부에서는 공공 데이터 포털 사이트를 개설하여 국민들이 쉽게 이용할 수 있도록 하고 있다. 공공 데이터 포털 사이트에서는 800여 개 공공 기관에서 생성한 15,000여 건의 공공 데이터를 제공하고 있으며, 제공하는 공공 데이터의 양을 꾸준히 늘리고 있다.
>
> (라) 앱을 개발하려는 사람들은 아이디어가 넘친다. 사람들이 여행 준비를 위해 많은 시간을 허비하는 것을 보면 한 번에 여행 코스를 짜 주는 앱을 만들어 보고 싶어 하고, 도심에 주차장을 못 찾아 헤매는 사람들을 보면 주차장을 쉽게 찾아 주는 앱을 만들어 보고 싶어 한다.

① (다) – (가) – (나) – (라) 　　② (다) – (나) – (가) – (라)
③ (다) – (라) – (나) – (가) 　　④ (라) – (가) – (나) – (다)
⑤ (라) – (나) – (다) – (가)

03 다음 대화에서 B사원의 의사소통의 문제점으로 가장 적절한 것은?

> A사원 : 배송 지연으로 인한 고객의 클레임을 해결하기 위해서는 일단 입고된 상품을 먼저 배송하고, 추가 배송료를 부담하더라도 나머지 상품은 입고되는 대로 다시 배송하는 방법이 나을 것 같습니다.
> B사원 : 글쎄요. A사원의 그간 업무 스타일로 보았을 때, 방금 제시한 그 처리 방법이 효율적일지 의문이 듭니다.

① 짐작하기 　　　　　② 판단하기
③ 조언하기 　　　　　④ 비위 맞추기
⑤ 대답할 말 준비하기

04 다음 중 밑줄 친 ㉠의 사례로 적절하지 않은 것은?

어떤 물체가 물이나 공기와 같은 유체 속에서 자유 낙하할 때 물체에는 중력, 부력, 항력이 작용한다. 중력은 물체의 질량에 중력 가속도를 곱한 값으로 물체가 낙하하는 동안 일정하다. ㉠부력은 어떤 물체에 의해서 배제된 부피만큼의 유체의 무게에 해당하는 힘으로, 항상 중력의 반대 방향으로 작용한다. 빗방울에 작용하는 부력의 크기는 빗방울의 부피에 해당하는 공기의 무게이다. 공기의 밀도는 물의 밀도의 1,000분의 1 수준이므로, 빗방울이 공기 중에서 떨어질 때 부력이 빗방울의 낙하 운동에 영향을 주는 정도는 미미하다. 그러나 스티로폼 입자와 같이 밀도가 매우 작은 물체가 낙하할 경우에는 부력이 물체의 낙하 속도에 큰 영향을 미친다.

물체가 유체 내에 정지해 있을 때와는 달리, 유체 속에서 운동하는 경우에는 물체의 운동에 저항하는 힘인 항력이 발생하는데, 이 힘은 물체의 운동 방향과 반대로 작용한다. 항력은 유체 속에서 운동하는 물체의 속도가 커질수록 이에 상응하여 커진다. 항력은 마찰항력과 압력항력의 합이다. 마찰항력은 유체의 점성 때문에 물체의 표면에 가해지는 항력으로, 유체의 점성이 크거나 물체의 표면적이 클수록 커진다. 압력항력은 물체가 이동할 때 물체의 전후방에 생기는 압력 차에 의해 생기는 항력으로, 물체의 운동 방향에서 바라본 물체의 단면적이 클수록 커진다.

안개비의 빗방울이나 미세 먼지와 같이 작은 물체가 낙하하는 경우에는 물체의 전후방에 생기는 압력 차가 매우 작아 마찰항력이 전체항력의 대부분을 차지한다. 빗방울의 크기가 커지면 전체항력 중 압력항력이 차지하는 비율이 점점 커진다. 반면 스카이다이버와 같이 큰 물체가 빠른 속도로 떨어질 때에는 물체의 전후방에 생기는 압력차에 의한 압력항력이 매우 크므로 마찰항력이 전체항력에 기여하는 비중은 무시할 만하다.

빗방울이 낙하할 때 처음에는 중력 때문에 빗방울의 낙하 속도가 점점 증가하지만, 이에 따라 항력도 커지게 되어 마침내 항력과 부력의 합이 중력의 크기와 같아지게 된다. 이때 물체의 가속도가 0이 되므로 빗방울의 속도는 일정해지는데, 이렇게 일정해진 속도를 종단 속도라 한다. 유체 속에서 상승하거나 지면과 수평으로 이동하는 물체의 경우에도 종단 속도가 나타나는 것은 이동 방향으로 작용하는 힘과 반대 방향으로 작용하는 힘의 평형에 의한 것이다.

① 물이 가득 찬 비커 윗부분에 떠 있는 축구공
② 허리에 납덩이들을 묶은 띠를 감고 물질을 하는 해녀
③ 해금의 줄을 활대로 켜서 음악을 들려주는 연주자
④ 배영을 하기 전에 물에 누워 가만히 떠 있는 수영 선수
⑤ 물탱크에 채운 물의 양을 조절함으로써 수중에서의 높낮이를 조절하는 잠수함

05 다음 빈칸에 들어갈 단어로 가장 적절한 것은?

> 정부는 선거와 관련하여 신고자에 대한 _____을 대폭 강화하기로 하였다.

① 보훈(報勳)　　　　　　　　　② 공훈(功勳)
③ 공로(功勞)　　　　　　　　　④ 포상(褒賞)
⑤ 공적(功績)

06 다음 글의 중심 내용으로 가장 적절한 것은?

> 쇼펜하우어에 따르면 우리가 살고 있는 세계의 진정한 본질은 의지이며 그 속에 있는 모든 존재는 맹목적인 삶에의 의지에 의해서 지배당하고 있다. 쇼펜하우어는 우리가 일상적으로 또는 학문적으로 접근하는 세계는 단지 표상의 세계일뿐이라고 주장하는데, 인간의 이성은 단지 이러한 표상의 세계만을 파악할 수 있을 뿐이다. 그에 따르면 존재하는 세계의 모든 사물들은 우선적으로 표상으로서 드러나게 된다. 시간과 공간 그리고 인과율에 의해서 파악되는 세계가 나의 표상인데, 이러한 표상의 세계는 오직 나에 의해서, 즉 인식하는 주관에 의해서만 파악되는 세계이다. 쇼펜하우어에 따르면 이러한 주관은 모든 현상의 세계, 즉 표상의 세계에서 주인의 역할을 하는 '나'이다.
> 이러한 주관을 이성이라고 부를 수도 있는데, 이성은 표상의 세계를 이끌어가는 주인공의 역할을 하는 것이다. 그러나 쇼펜하우어는 여기서 한발 더 나아가 표상의 세계에서 주인의 역할을 하는 주관 또는 이성은 의지의 지배를 받는다고 주장한다. 즉, 쇼펜하우어는 이성에 의해서 파악되는 세계의 뒤편에는 참된 본질적 세계인 의지의 세계가 있으므로 표상의 세계는 제한적이며 표면적인 세계일 뿐, 결코 이성에 의해서 또는 주관에 의해서 결코 파악될 수 없다고 주장한다. 오히려 그는 그동안 인간이 진리를 파악하는 데 최고의 도구로 칭송받던 이성이나 주관을 의지에 끌려 다니는 피지배자일 뿐이라고 비판한다.

① 세계의 본질로서 의지의 세계
② 표상 세계의 극복과 그 해결 방안
③ 의지의 세계와 표상의 세계 간의 차이
④ 세계의 주인으로서 주관의 표상 능력
⑤ 표상 세계 안에서의 이성의 역할과 한계

07 다음 중 '뉴로리더십'에 대한 설명으로 적절하지 않은 것은?

미래학자인 다니엘 핑크(Daniel Pink)는 앞으로의 세상은 하이콘셉트(High-Concept), 하이터치(High-Touch)의 시대가 될 것이라고 했다. 하이콘셉트는 예술적, 감성적 아름다움을 창조하는 능력을 말하며, 하이터치는 공감을 이끌어내는 능력을 말한다. 즉, 미래에는 뇌를 쓰는 방식이 달라져야 함을 의미한다.

지금까지의 세계는 체계화된 정보를 바탕으로 품질 좋은 제품을 대량생산하여 규모의 경제를 이루고, 시장을 개척해 부지런히 노력하면 어느 정도는 성공할 수 있는 경쟁체제였다. 경쟁사보다 논리적이고 체계적으로 정보를 분석해 소비자의 니즈를 만족시킬 수 있도록 하는 좌뇌형 사회였다고 할 수 있다.

하지만 세상은 빠르게 변하고 있다. 정보를 많이 가지고 있는 것보다는 그 정보를 이용해 어떤 새로운 아이디어를 도출해 내느냐가 더욱 중요한 시대가 된 것이다. 동일한 정보를 가지고 남들이 미처 생각하지 못했던 아이디어를 떠올리고 숨겨진 고객의 니즈를 이끌어냄으로써 시장을 주도할 수 있는 통찰력과 창의력이 중요한 성공 포인트가 되고 있다.

하지만 4차 산업혁명이 강조되고 있는 오늘날, 우리나라에서는 안타깝게도 창의적인 아이디어를 바탕으로 혁신적인 비즈니스 모델을 만들어낸 기업은 거의 보이지 않는 것 같다. 최근 기술분석 잡지인 〈MIT Technology Review〉의 발표에 따르면 세계 50대 혁신기업 중에 우리나라 기업은 단 하나도 들지 못했다.

창의적인 아이디어가 중요한 4차 산업혁명 시대에는 경영의 패러다임도 그에 맞춰 변화해야 한다. 무엇보다 큰 틀에서 세상의 변화를 바라보고 그것을 선도할 수 있는 통찰력이 필요하다. 그러나 아쉽게도 우리나라 기업은 여전히 '일' 중심의 관리문화가 굳건하게 자리잡고 있어 '나무는 보되 숲은 보지 못하는' 근시안적 자세에서 벗어나지 못하고 있다. 아무리 시스템이 잘 갖춰져 있고 관리체계가 뛰어나도 사람이라는 자원이 투입되지 않고서는 좋은 아이디어가 도출될 수 없다. 창의적인 아이디어란 결국 사람의 머리를 거치지 않고서는 나올 수 없기 때문이다.

결국 관리의 중심축이 '일'에서 '사람'으로 바뀌지 않으면 안 된다. '일' 중심의 관리문화에서는 초점이 '효율'과 '생산성'에 맞춰져 있으며 사람은 그것을 보조하는 일개 수단에 지나지 않는다. 반면, '사람' 중심의 관리문화에서는 '창조성'과 '가치'에 초점이 맞춰져 있다. 효율과 생산성을 높이기 위한 수단에 불과했던 사람 그 자체가 관리의 중심이 된다. 사람이 관리의 중심이 되기 위해서는 인간이 가진 두뇌의 특성을 이해해야 한다. 두뇌의 작동 메커니즘과 생물학적인 특성이 이해되어야만 그것이 가진 잠재력과 가치를 최대한으로 활용할 수 있다. 이러한 관점에서 인간의 두뇌 특성을 이해하고 모든 조직 구성원이 최대한 창의적으로 뇌를 활용할 수 있게 함으로써 미래의 경영 환경에서 살아남을 수 있도록 만들어주는 혁신적인 툴이 뉴로리더십이라 하겠다.

① 구성원들이 최대한 창의적으로 뇌를 활용할 수 있게 하는 것이다.

② 창조성과 가치가 관리의 중심축이라고 말할 수 있다.

③ 일보다 사람을 우선시하는 관리문화를 말한다.

④ 인간이 가진 두뇌의 특성을 이해하는 것을 바탕으로 한다.

⑤ 근시안적인 자세를 가지고 행동하는 리더십을 말한다.

08 다음 글을 통해 알 수 있는 내용으로 적절하지 않은 것은?

> 사물인터넷이 산업 현장에 적용되고, 디지털 관련 도구가 통합됨에 따라 일관된 전력 시스템의 필요성이 높아지고 있다. 다양한 산업시설 및 업무 현장에서의 예기치 못한 정전이나 낙뢰 등 급격한 전원 환경의 변화는 큰 손실과 피해로 이어질 수 있다. 이제 전원 보호는 데이터센터뿐만 아니라 반도체, 석유, 화학 및 기계 등 모든 분야에서 필수적인 존재가 되었다.
> UPS(Uninterruptible Power Supply; 무정전 전원 장치)는 일종의 전원 저장소로, 갑작스럽게 정전이 발생하더라도 전원이 끊기지 않고 계속해서 공급되도록 하는 장치이다. 갑작스러운 전원 환경의 변화로부터 기업의 핵심 인프라인 서버를 보호함으로써 기업의 연속성 유지에 도움을 준다.
> UPS를 구매할 때는 용량을 우선적으로 고려해야 한다. 너무 적은 용량의 UPS를 구입하면 설비 사용량이 초과되어 제대로 작동조차 하지 않는 상황이 나타날 수 있다. 따라서 설비에 필요한 용량의 1.5배 정도인 UPS를 구입해야 한다.
> 또한 UPS 사용 시에는 주기적인 점검이 필요하다. 특히 실질적으로 에너지를 저장하고 있는 배터리는 일정 시점마다 교체가 필요하다. 일반적으로 UPS에 사용되는 MF배터리의 수명은 1년 정도로, 납산배터리 특성상 방전 사이클을 돌 때마다 용량이 급감하기 때문이다.

① UPS 배터리 교체 방법
② UPS의 역할
③ UPS 구매 시 고려사항
④ UPS 배터리 교체 주기
⑤ UPS의 필요성

PART 2

09 다음 중 문서작성의 의미와 중요성에 대한 설명으로 적절하지 않은 것은?

① 문서란 제안서, 보고서, 기획서, 편지, 메모, 공지사항 등이 문자로 구성된 것을 말한다.
② 직장인에게 있어 기획서나 보고서, 공문서 등의 문서를 작성할 수 있는 능력은 중요하다.
③ 문서 내용에는 대상·목적·시기가 포함되어야 한다.
④ 문서는 한 사안을 한 장의 용지에 작성해야 한다.
⑤ 문서를 작성할 때는 주로 한자를 사용하여 상대방이 쉽게 이해할 수 있도록 한다.

10 다음 글을 읽고 필자의 생각으로 가장 적절한 것은?

우리는 우리가 생각한 것을 말로 나타낸다. 또 다른 사람의 말을 듣고, 그 사람이 무슨 생각을 가지고 있는지를 짐작한다. 그러므로 생각과 말은 서로 떨어질 수 없는 깊은 관계를 가지고 있다.

그렇다면 말과 생각은 얼마만큼 깊은 관계를 가지고 있을까? 이 문제를 놓고 사람들은 오랫동안 여러 가지 생각을 하였다. 그 가운데 가장 두드러진 것이 두 가지 있다. 그 하나는 말과 생각이 서로 꼭 달라붙은 쌍둥이인데 한 놈은 생각이 되어 속에 감추어져 있고, 다른 한 놈은 말이 되어 사람 귀에 들리는 것이라는 생각이다. 다른 하나는 생각이 큰 그릇이고 말은 생각 속에 들어가는 작은 그릇이어서 생각에는 말 이외에도 다른 것이 더 있다는 생각이다.

이 두 가지 생각 가운데서 앞의 것은 조금만 깊이 생각해 보면 틀렸다는 것을 즉시 깨달을 수 있다. 우리가 생각한 것은 거의 대부분 말로 나타낼 수 있지만, 누구든지 가슴 속에 응어리진 어떤 생각이 분명히 있기는 한데 그것을 어떻게 말로 표현해야 할지 애태운 경험을 가지고 있을 것이다. 이것 한 가지만 보더라도 말과 생각이 서로 안팎을 이루는 쌍둥이가 아님은 쉽게 판명된다.

인간의 생각이라는 것은 매우 넓고 큰 것이며 말이란 결국 생각의 일부분을 주워 담는 작은 그릇에 지나지 않는다. 그러나 아무리 인간의 생각이 말보다 범위가 넓고 큰 것이라고 하여도 그것을 가능한 한 말로 바꾸어 놓지 않으면 그 생각의 위대함이나 오묘함이 다른 사람에게 전달되지 않기 때문에 말의 신세를 지지 않을 수가 없게 되어 있다. 그러니까 말을 통하지 않고는 생각을 전달할 수가 없는 것이다.

① 말은 생각의 폭을 확장시킨다.
② 말은 생각을 전달하기 위한 수단이다.
③ 생각은 말이 내면화된 쌍둥이와 같은 존재이다.
④ 말은 생각의 하위요소이다.
⑤ 말은 생각을 제한하는 틀이다.

11 다음 글의 제목으로 가장 적절한 것은?

> 영양분이 많은 물이 무조건 좋기만 한 것일까? 농업용 비료나 하수 등에서 배출되는 질소와 인 등으로 영양분이 많아진 하천의 수온이 상승하면 식물성 플랑크톤이 대량으로 증식하게 된다. 녹색을 띠는 플랑크톤이 수면을 뒤덮으면 물속으로 햇빛이 닿지 못하고 결국 물속의 산소가 고갈되어 물고기는 숨을 쉬기 어려워진다. 즉, 물속의 과도한 영양분이 오히려 물고기의 생존을 위협하는 것이다.
> 이처럼 부영양화된 물에서의 플랑크톤 증식으로 인한 녹조 현상은 경제발전과 각종 오염물질 배출량의 증가로 인해 심각한 사회문제가 되고 있다. 녹조는 냄새를 유발하는 물질과 함께 독소를 생성하여 수돗물의 수질을 저하시킨다. 특히 독성물질을 배출하는 녹조를 유해 녹조로 지정하여 관리하고 있는 현실을 고려하면 이제 녹조는 생태계뿐만 아니라 먹는 물의 안전까지도 위협한다.
> 하천의 생태계를 보호하고 우리가 먹는 물을 보호하기 위해서는 녹조의 발생 원인을 사전에 제거해야 한다. 이를 위해서는 무엇보다 생활 속에서의 작은 실천이 중요하다. 질소나 인이 첨가되지 않은 세제를 사용하고, 농가에서는 화학 비료 사용을 최소화하며 하천에 오염된 물이 흘러 들어가지 않도록 철저히 관리하는 노력을 기울여야 한다.

① 물고기의 생존을 위협하는 하천의 수질 오염
② 녹조를 가속화하는 이상 기온 현상
③ 하천의 부영양화, 물고기와 인간의 안전을 위협하다
④ 녹조 예방을 위한 정부의 철저한 관리 촉구
⑤ 수돗물 수질 향상을 위한 기술 개발의 필요성

12 다음 문단을 논리적 순서대로 바르게 나열한 것은?

> (가) 좋은 체력은 하루 이틀 사이에 이루어지지 않으며 이를 위해서는 공부, 식사, 수면, 운동의 개인별 특성에 맞는 규칙적인 생활관리와 알맞은 영양공급이 필수적이다. 또 이 시기는 신체적으로도 급격한 성장과 성숙이 이루어지는 중요한 시기로 좋은 영양상태를 유지하는 것은 수험을 위한 체력의 기반을 다지는 것뿐만 아니라 건강하고 활기찬 장래를 위한 준비가 된다는 점을 간과해서는 안 된다.
>
> (나) 우리나라의 중·고교생들은 많은 수가 입시전쟁을 치러야 하는 입장에 있다. 입시 준비 기간이라는 어려운 기간을 잘 이겨내어 각자가 지닌 목표를 달성하려면 꾸준한 노력과 총명한 두뇌가 중요하지만 마지막 승부수는 체력일 것이다.
>
> (다) 그러나 학생들은 많은 학습량, 수험으로 인한 스트레스, 밤새우기 등 불규칙한 생활을 하기도 하고, 식생활에 있어서도 아침을 거르고, 제한된 도시락 반찬으로 인한 불충분한 영양소 섭취, 잦은 야식, 미용을 위하여 무리하게 식사를 거르거나 절식을 하여 건강을 해치기도 한다. 또한 집 밖에서 보내는 시간이 많아 주로 패스트푸드, 편의식품점, 자동판매기를 통해 식사를 대체하고 있다.

① (가) – (나) – (다) ② (가) – (다) – (나)
③ (나) – (가) – (다) ④ (나) – (다) – (가)
⑤ (다) – (가) – (나)

13 다음 글에서 ㉠ ~ ㉤의 수정 방안으로 적절하지 않은 것은?

> 심리학자들은 학습 이후 망각이 생기는 심리적 이유를 다음과 같이 설명하고 있다. 앞서 배운 내용이 나중에 공부한 내용을 밀어내는 순행 억제, 뒤에 배운 내용이 앞에서 배운 내용을 기억의 저편으로 밀어내는 역행 억제, 또한 공부한 두 내용이 서로 비슷해 간섭이 일어나는 유사 억제 등이 작용해 기억을 방해했기 때문이라는 것이다. 이러한 망각을 뇌 속에서 어떤 기억을 잃어버린 것으로 이해해서는 ㉠ 안된다. 기억을 담고 있는 세포들은 내용물을 흘려버리지 않는다. 기억들은 여전히 ㉡ 머리 속에 있는 것이다. 우리가 뭔가 기억해 내려고 애쓰는데도 찾지 못하는 것은 기억들이 ㉢ 혼재해 있기 때문이다. ㉣ 그리고 학습한 내용을 일정한 원리에 따라 ㉤ 짜임새 있게 체계적으로 잘 정리한다면 학습한 내용을 어렵지 않게 기억해 낼 수 있다.

① ㉠ : 띄어쓰기가 올바르지 않으므로 '안 된다'로 고친다.
② ㉡ : 맞춤법에 어긋나므로 '머릿속에'로 고친다.
③ ㉢ : 문맥에 어울리지 않으므로 '잠재'로 수정한다.
④ ㉣ : 앞 문장과의 관계를 고려하여 '그러므로'로 고친다.
⑤ ㉤ : 의미가 중복되므로 '체계적으로'를 삭제한다.

14 다음 글의 내용으로 가장 적절한 것은?

> OECD에 따르면 평균 수면시간이 프랑스는 8시간 50분, 미국은 8시간 38분, 영국은 8시간 13분이며, 우리나라는 7시간 49분으로 OECD 회원국 중 한국인의 수면시간이 가장 적다. 사회 특성상 다른 국가에 비해 근무 시간이 많아 수면시간이 짧은 것도 문제지만, 수면의 질 또한 낮아지고 있어 문제가 심각하다.
>
> 최근 수면장애 환자가 급격히 증가하는 추세다. 국민건강보험공단에 따르면 수면장애로 병원을 찾은 환자는 2010년 46만 1,000명에서 2015년 72만 1,000명으로 5년 새 56% 이상 급증했다. 당시 병원을 찾은 사람이 70만 명을 넘었다면, 현재 수면장애로 고통받는 사람은 더 많을 것으로 추산된다. 수면장애는 단순히 잠을 이루지 못하는 불면증뿐 아니라 충분한 수면을 취했음에도 낮 동안 각성을 유지하지 못하는 기면증(과다수면증), 잠들 무렵이면 다리가 쑤시거나 저리는 증상, 코골이와 동반되어 수면 중에 호흡이 멈춰 숙면을 취하지 못하는 수면무호흡증 등 수면의 양과 질 저하로 생긴 다양한 증상을 모두 포괄한다. 수면장애는 학습장애, 능률 저하는 물론이고 교통사고 등 안전사고, 정서장애, 사회 적응 장애의 원인이 될 수 있다. 방치하게 되면 지병이 악화되고 심근경색증, 뇌졸중 등 심각한 병을 초래하기도 한다.
>
> 수면장애 환자는 여성이 42만 7,000명으로 남성(29만 1,000명)보다 1.5배 정도 더 많다. 여성은 임신과 출산, 폐경과 함께 찾아오는 갱년기 등 생체주기에 따른 영향으로 전 연령에서 수면장애가 보다 빈번하게 나타나는 경향을 보이는 것으로 보고된다. 특히 폐경이 되면 여성호르몬인 에스트로겐이 줄어들면서 수면과 관련이 있는 아세틸콜린 신경전달 물질의 분비 역시 저하되어 체내 시계가 혼란스러움을 느끼게 돼 밤에 잘 잠들지 못하거나 자주 깨며 새벽에 일찍 일어나는 등 여러 형태의 불면증이 동반된다.
>
> 또 연령별로는 40·50대 중·장년층이 36.6%로 가장 큰 비중을 차지했고, 이에 비해 20·30대는 17.3%로 나타났다. 흔히 나이가 들면 생체시계에 변화가 생겨 깊은 잠은 비교적 줄어들고 꿈 수면이 나타나는 시간이 빨라지게 돼 상대적으로 얕은 수면과 꿈 수면이 많아지게 된다.

① 한국인의 수면시간은 근무 시간보다 짧다.
② 수면장애 환자는 20·30대에 가장 많다.
③ 수면장애 환자는 여성보다 남성이 더 많다.
④ 한국인의 수면의 질이 낮아지고 있다.
⑤ 여성의 경우 에스트로겐의 증가가 불면증에 영향을 미친다.

15 다음 글의 집필 의도로 가장 적절한 것은?

미술가가 얻어내려고 하는 효과가 어떤 것인지는 결코 예견할 수 없기 때문에 이러한 종류의 규칙을 설정하기는 불가능하며, 또한 이것이 진리이다. 미술가는 일단 옳다는 생각이 들면 전혀 조화되지 않는 것까지 시도하기를 원할지 모른다. 하나의 그림이나 조각이 어떻게 되어 있어야 제대로 된 것인지 말해 줄 수 있는 규칙이 없기 때문에 우리가 어떤 작품을 걸작이라고 느끼더라도 그 이유를 정확한 말로 표현한다는 것은 거의 불가능하다. 그러나 그렇다고 어느 작품이나 다 마찬가지라거나, 사람들이 취미에 대해 논할 수 없다는 뜻은 아니다. 만일 그러한 논의가 별 의미가 없는 것이라 하더라도 그러한 논의들은 우리에게 그림을 더 보도록 만들고, 우리가 그림을 더 많이 볼수록 전에는 발견하지 못했던 점들을 깨달을 수 있게 된다. 그림을 보면서 각 시대의 미술가들이 이룩하려 했던 조화에 대한 감각을 발전시키고, 이러한 조화들에 의해 우리의 느낌이 풍부해질수록 우리는 더욱 그림 감상을 즐기게 될 것이다. 취미에 관한 문제는 논의의 여지가 없다는 오래된 경구는 진실이겠지만, 이로 인해 '취미는 개발될 수 있다.'는 사실이 숨겨져서는 안 된다. 예컨대 차를 즐겨 마시지 않는 사람들은 여러 가지 차를 혼합해서 만드는 차와 다른 종류의 차가 똑같은 맛을 낸다고 느낄지 모른다. 그러나 만일 그들이 여가(餘暇)와 기회가 있어 그러한 맛의 차이를 찾아내려 한다면 그들은 자기가 좋아하는 혼합된 차의 종류를 정확하게 식별해 낼 수 있는 진정한 감식가가 될 수 있을 것이다.

① 미의 표현 방식을 설명하기 위해
② 미술에 대한 관심을 불러일으키기 위해
③ 미술 교육이 나아갈 방향을 제시하기 위해
④ 미술 작품 감상의 올바른 태도를 제시하기 위해
⑤ 미술을 통해 얻는 효과를 이해시키기 위해

16 다음 글에서 나타나는 경청의 방해요인은?

내 친한 친구는 한 번도 약속을 지킨 적이 없던 것 같다. 작년 크리스마스 때의 약속, 지난 주말에 했던 약속 모두 늦게 오거나 당일에 문자로 취소 통보를 했었다. 그 친구가 오늘 학교에서 나에게 다음 주말에 개봉하는 영화를 함께 보러 가자고 했고, 나는 당연히 다음 주에는 그 친구와 만날 수 없을 것이라고 생각했다.

① 판단하기　　　　　　　　② 조언하기
③ 언쟁하기　　　　　　　　④ 걸러내기
⑤ 비위 맞추기

17 다음 문단을 논리적 순서대로 바르게 나열한 것은?

> (가) 동아시아의 문명 형성에 가장 큰 영향력을 끼친 책을 꼽을 때, 그중에 『논어』가 빠질 수 없다. 『논어』는 공자(B.C 551 ~ 479)가 제자와 정치인 등을 만나서 나눈 이야기를 담고 있다. 공자의 활동기간으로 따져보면 『논어』는 지금으로부터 대략 2,500년 전에 쓰인 것이다. 지금의 우리는 한나절에 지구 반대편으로 날아다니고, 여름에 겨울 과일을 먹는 그야말로 공자는 상상할 수도 없는 세상에 살고 있다.
>
> (나) 2,500년 전의 공자와 그가 대화한 사람 역시 우리와 마찬가지로 '호모 사피엔스'이기 때문이다. 2,500년 전의 사람도 배고프면 먹고, 졸리면 자고, 좋은 일이 있으면 기뻐하고, 나쁜 일이 있으면 화를 내는 오늘날의 사람과 다름없었다. 불의를 보면 공분하고, 전쟁보다 평화가 지속되기를 바라고, 예술을 보고 들으며 즐거워했는데, 오늘날의 사람도 마찬가지이다.
>
> (다) 물론 2,500년의 시간으로 인해 달라진 점도 많고 시대와 문화에 따라 '사람다움이 무엇인가?'에 대한 답은 다를 수 있지만, 사람은 돌도 아니고 개도 아니고 사자도 아니라 여전히 사람일 뿐인 것이다. 즉 현재의 인간이 과거보다 자연의 힘에 두려워하지 않고 자연을 합리적으로 설명할 수는 있지만, 인간적 약점을 극복하고 신적인 존재가 될 수는 없는 그저 인간일 뿐인 것이다.
>
> (라) 『논어』의 일부는 여성과 아동, 이민족에 대한 당시의 편견을 드러내고 있어 이처럼 달라진 시대의 흐름에 따라 폐기될 수밖에 없지만, 이를 제외한 부분은 '오래된 미래'로서 읽을 가치가 있는 것이다.
>
> (마) 이론의 생명 주기가 짧은 학문의 경우, 2,500년 전의 책은 역사적 가치가 있을지언정 이론으로서는 폐기 처분이 당연시된다. 그런데 왜 21세기의 우리가 2,500년 전의 『논어』를 지금까지도 읽고, 또 읽어야 할 책으로 간주하고 있는 것일까?

① (가) – (마) – (나) – (라) – (다)

② (가) – (마) – (나) – (다) – (라)

③ (가) – (마) – (다) – (나) – (라)

④ (나) – (다) – (가) – (마) – (라)

⑤ (마) – (가) – (나) – (다) – (라)

18 다음 중 ㉠∼㉢에 들어갈 단어를 순서대로 바르게 나열한 것은?

> 약속은 시간과 장소가 정확해야 한다. 새내기 영업사원 시절의 일이다. 계약 문제로 고객을 만나기 위해 많은 차량으로 ㉠ 혼잡(混雜) / 요란(搖亂)한 회사 부근을 간신히 빠져나와 약속장소로 갔다. 그러나 고객은 그곳에 없었다. 급히 휴대전화로 연락을 해 보니 다른 곳에서 기다리고 있다는 것이었다. 큰 실수였다. 약속 장소를 ㉡ 소동(騷動) / 혼동(混同)하여 고객을 기다리게 한 것이다. 고객과 약속을 정할 때 전에 만났던 곳에서 만나자는 말에 별생각 없이 그렇게 하겠다고 하는 바람에 이런 ㉢ 혼선(混線) / 갈등(葛藤)이 빚어졌던 것이다.

	㉠	㉡	㉢
①	혼잡	소동	갈등
②	요란	소동	혼선
③	요란	혼동	갈등
④	혼잡	혼동	혼선
⑤	혼잡	소동	혼선

19 P사원의 상사가 P사원에게 다음과 같이 문서를 작성해 제출할 것을 요청하였다. 다음 중 P사원이 작성해야 할 문서의 종류는 무엇인가?

> 이번 문서를 토대로 P사원의 업무 결과가 평가되므로 이 점 유의하여 작성해 주시길 바랍니다. 최대한 핵심적인 내용으로 간결하게 작성하시고, 복잡한 내용은 도표나 그림을 활용하는 것이 좋겠죠? 그리고 참고한 자료가 있다면 모두 함께 제시해 주어야 합니다. 최종적으로 부장님께 제출하기 전에 제가 확인을 할 예정이지만, P사원도 제출하기 전에 잘못 작성된 부분은 없는지 등의 점검을 해 주시기 바랍니다.

① 보도자료   ② 설명서

③ 보고서   ④ 제안서

⑤ 기획서

20 다음 중 밑줄 친 ㉠의 주장으로 가장 적절한 것은?

> 문화가 발전하려면 저작자의 권리 보호와 저작물의 공정 이용이 균형을 이루어야 한다. 저작물의 공정 이용이란 저작권자의 권리를 일부 제한하여 저작권자의 허락이 없어도 저작물을 자유롭게 이용하는 것을 말한다. 비영리적인 사적 복제를 허용하는 것이 그 예이다. 우리나라의 저작권법에서는 오래전부터 공정 이용으로 볼 수 있는 저작권 제한 규정을 두었다.
>
> 그런데 디지털 환경에서 저작물의 공정 이용은 여러 장애에 부딪혔다. 디지털 환경에서는 저작물을 원본과 동일하게 복제할 수 있고 용이하게 개작할 수 있다. 따라서 저작물이 개작되더라도 그것이 원래 창작물인지 이차적 저작물인지 알기 어렵다. 그 결과 디지털화된 저작물의 이용 행위가 공정 이용의 범주에 드는 것인지 가늠하기가 더 어려워졌고 그에 따른 처벌 위험도 커졌다.
>
> 이러한 문제를 해소하기 위한 시도의 하나로 포괄적으로 적용할 수 있는 '저작물의 정한 이용' 규정이 저작권법에 별도로 신설되었다. 그리하여 저작권자의 동의가 없어도 저작물을 공정하게 이용할 수 있는 영역이 확장되었다. 그러나 공정 이용 여부에 대한 시비가 자율적으로 해소되지 않으면 예나 지금이나 법적인 절차를 밟아 갈등을 해소해야 한다.
>
> 저작물 이용자들이 처벌에 대한 불안감을 여전히 느낀다는 점에서 저작물의 자유 이용 허락 제도와 같은 '저작물의 공유' 캠페인이 주목을 받고 있다. 이 캠페인은 저작권자들이 자신의 저작물에 일정한 이용 허락 조건을 표시해서 이용자들에게 무료로 개방하는 것을 말한다. 캠페인 참여자들은 저작권자와 이용자들의 자발적인 참여를 통해 자유롭게 활용할 수 있는 저작물의 양과 범위를 확대하려고 노력한다. 이들은 저작물의 공유가 확산되면 디지털 저작물의 이용이 활성화되고 그 결과 인터넷이 더욱 창의적이고 풍성한 정보 교류의 장이 될 것이라고 본다. 그러나 캠페인에 참여한 저작물을 이용할 때 허용된 범위를 벗어난 경우 법적 책임을 질 수 있다.
>
> 한편 ㉠다른 시각을 가진 사람들도 있다. 이들은 저작물의 공유 캠페인이 확산되면 저작물을 창조하려는 사람들의 동기가 크게 감소할 것이라고 우려한다. 이들은 결과적으로 활용 가능한 저작물이 줄어들게 되어 이용자들도 피해를 당하게 된다고 주장한다. 또 디지털 환경에서는 사용료 지불 절차 등이 간단해져서 '저작물의 공정한 이용' 규정을 별도로 신설할 필요가 없었다고 본다. 이들은 저작물의 공유 캠페인과 신설된 공정 이용 규정으로 인해 저작권자들의 정당한 권리가 침해받고 있으므로 이를 시정하는 것이 오히려 공익에 더 도움이 된다고 말한다.

① 이용 허락 조건을 저작물에 표시하면 창작 활동이 더욱 활성화된다.

② 저작권자의 정당한 권리 보호를 위해 저작물의 공유 캠페인이 확산되어야 한다.

③ 비영리적인 경우 저작권자의 동의가 없어도 복제가 허용되는 영역을 확대해야 한다.

④ 저작권자가 자신들의 노력에 상응하는 대가를 정당하게 받을수록 창작 의욕이 더 커진다.

⑤ 자신의 저작물을 자유롭게 이용하도록 양보하는 것은 다른 저작권자의 저작권 개방을 유도하여 공익을 확장시킨다.

21 농부 A씨는 자신의 논을 모두 경작하는 데 8일이 걸린다. 경작을 시작한 첫날부터 마지막 날까지 항상 전날의 2배 넓이를 경작한다고 할 때, 논 전체의 $\frac{1}{4}$ 을 완료한 날은 경작을 시작한 지 며칠째 되는 날인가?

① 3일

② 4일

③ 5일

④ 6일

⑤ 7일

22 어떤 고등학생이 13살 동생, 40대 부모님, 65세 할머니와 함께 박물관에 가려고 한다. 주말에 입장할 때와 주중에 입장할 때의 요금 차이는?

〈박물관 입장료〉

구분	주말	주중
어른	20,000원	18,000원
중·고등학생	15,000원	13,000원
어린이	11,000원	10,000원

※ 어린이 : 3살 이상 ~ 13살 이하
※ 경로 : 65세 이상은 50% 할인

① 8,000원

② 9,000원

③ 10,000원

④ 11,000원

⑤ 12,000원

23 다음은 1호선 지하역사 공기질 측정결과에 대한 자료이다. 이에 대한 설명으로 옳지 않은 것을 〈보기〉에서 모두 고르면?

〈1호선 지하역사 공기질 측정결과〉

역사명	측정항목 및 기준								
	PM-10	CO_2	HCHO	CO	NO_2	Rn	석면	O_3	TVOC
	$\mu g/m^3$	ppm	$\mu g/m^3$	ppm	ppm	Bq/m^3	이하/cc	ppm	$\mu g/m^3$
기준치	140	1,000	100	9	0.05	148	0.01	0.06	500
1호선 평균	91.4	562	8.4	0.5	0.026	30.6	0.01 미만	0.017	117.7
서울역	86.9	676	8.5	0.6	0.031	25.7	0.01 미만	0.009	56.9
시청	102.0	535	7.9	0.5	0.019	33.7	0.01 미만	0.022	44.4
종각	79.4	562	9.5	0.6	0.032	35.0	0.01 미만	0.016	154.4
종각3가	87.7	495	6.4	0.6	0.036	32.0	0.01 미만	0.008	65.8
종로5가	90.1	591	10.4	0.4	0.020	29.7	0.01 미만	0.031	158.6
동대문	89.4	566	9.2	0.7	0.033	28.5	0.01 미만	0.016	97.7
동묘앞	93.6	606	8.3	0.5	0.018	32.0	0.01 미만	0.023	180.4
신설동	97.1	564	4.8	0.4	0.015	44.5	0.01 미만	0.010	232.1
제기동	98.7	518	8.0	0.5	0.024	12.0	0.01 미만	0.016	98.7
청량리	89.5	503	11.4	0.6	0.032	32.5	0.01 미만	0.014	87.5

보기

㉠ CO가 1호선 평균보다 낮게 측정된 역사는 종로5가역과 신설동역이다.

㉡ HCHO가 가장 높게 측정된 역과 가장 낮게 측정된 역의 평균은 1호선 평균 HCHO 수치보다 높다.

㉢ 시청역은 PM-10이 가장 높게 측정됐지만, TVOC는 가장 낮게 측정되었다.

㉣ 청량리역은 3가지 항목에서 1호선 평균이 넘는 수치가 측정됐다.

① ㉠, ㉡
② ㉠, ㉢
③ ㉡, ㉢
④ ㉡, ㉣
⑤ ㉢, ㉣

24 다음은 유아교육 규모에 대한 자료이다. 이에 대한 설명으로 옳지 않은 것을 〈보기〉에서 모두 고르면?

〈유아교육 규모〉

구분	2017년	2018년	201+년	2020년	2021년	2022년	2023년
유치원 수(원)	8,494	8,275	8,290	8,294	8,344	8,373	8,388
학급 수(학급)	20,723	22,409	23,010	23,860	24,567	24,908	25,670
원아 수(명)	545,263	541,603	545,812	541,550	537,822	537,361	538,587
교원 수(명)	28,012	31,033	32,095	33,504	34,601	35,415	36,461
취원율(%)	26.2	31.4	35.3	36.0	38.4	39.7	39.9
교원 1인당 원아 수(명)	19.5	17.5	17.0	16.2	15.5	15.2	14.8

보기

㉠ 유치원 원아 수의 변동은 매년 일정한 흐름을 보이지는 않는다.
㉡ 교원 1인당 원아 수가 적어지는 것은 원아 수 대비 학급 수가 늘어나기 때문이다.
㉢ 취원율은 매년 증가하고 있는 추세이다.
㉣ 교원 수가 매년 증가하는 이유는 청년 취업과 관계가 있다.

① ㉠, ㉡   ② ㉠, ㉢
③ ㉡, ㉣   ④ ㉢, ㉣
⑤ ㉠, ㉢, ㉣

25 다음은 청소년의 경제의식에 대한 설문조사 결과이다. 이에 대한 설명으로 옳은 것은?

<경제의식에 대한 설문조사 결과>

(단위 : %)

설문 내용	구분	전체	성별		학교별	
			남	여	중학교	고등학교
용돈을 받는지 여부	예	84.2	82.9	85.4	87.6	80.8
	아니오	15.8	17.1	14.6	12.4	19.2
월간 용돈 금액	5만 원 미만	75.2	73.9	76.5	89.4	60
	5만 원 이상	24.8	26.1	23.5	10.6	40
금전출납부 기록 여부	기록한다.	30	22.8	35.8	31	27.5
	기록 안 한다.	70	77.2	64.2	69.0	72.5

① 용돈을 받는 남학생의 비율이 용돈을 받는 여학생의 비율보다 높다.

② 월간 용돈을 5만 원 미만으로 받는 비율은 중학생이 고등학생보다 높다.

③ 고등학생 전체 인원을 100명이라 한다면, 월간 용돈을 5만 원 이상 받는 학생은 40명이다.

④ 금전출납부는 기록하는 비율이 기록 안 하는 비율보다 높다.

⑤ 용돈을 받지 않는 중학생 비율이 용돈을 받지 않는 고등학생 비율보다 높다.

26 다음은 K사진관이 올해 찍은 사진의 용량 및 개수를 나타낸 자료이다. 올해 찍은 사진을 모두 모아서 한 개의 USB에 저장하려고 할 때, 최소 몇 GB의 USB가 필요한가?[단, 1MB = 1,000KB, 1GB = 1,000MB이며, 합계 파일 용량(GB)은 소수점 첫째 자리에서 버림한다]

<올해 사진 자료>

구분	크기(cm)	용량	개수
반명함	3×4	150KB	8,000개
신분증	3.5×4.5	180KB	6,000개
여권	5×5	200KB	7,500개
단체사진	10×10	250KB	5,000개

① 3.0GB

② 3.5GB

③ 4.0GB

④ 4.5GB

⑤ 5.0GB

27 A ~ H 8명의 후보 선수 중 4명을 뽑을 때, A, B, C를 포함하여 뽑을 확률은?

① $\dfrac{1}{14}$ ② $\dfrac{1}{5}$

③ $\dfrac{3}{8}$ ④ $\dfrac{1}{2}$

⑤ $\dfrac{3}{5}$

28 다음은 2023년 우리나라의 LPCD(Liter Per Capital Day)에 대한 자료이다. 1인 1일 사용량에서 영업용 사용량이 차지하는 비중과 1인 1일 가정용 사용량의 하위 두 항목이 차지하는 비중을 순서대로 바르게 나열한 것은?(단, 소수점 셋째 자리에서 반올림한다)

※ LPCD(Liter Per Capital Day) : 1인 1일 물 사용량으로 지역·국가 간 물 사용량을 비교할 수 있게 하고, 수자원을 효율적으로 활용할 수 있게 하는 지표

① 27.57%, 16.25%   ② 27.57%, 19.24%

③ 28.37%, 18.33%   ④ 28.37%, 19.24%

⑤ 30.56%, 20.78%

29 다음은 지역별 전력 최종에너지 소비량 변화에 대한 자료이다. 〈보기〉 중 이에 대한 설명으로 옳지 않은 것은?

〈지역별 전력 최종에너지 소비량 변화〉

구분	2013년 소비량(천 TOE)	2013년 비중(%)	2023년 소비량(천 TOE)	2023년 비중(%)	연평균 증가율(%)
전국	28,588	100.0	41,594	100.0	3.8
서울	3,485	12.2	3,903	9.4	1.1
부산	1,427	5.0	1,720	4.1	1.9
대구	1,063	3.7	1,286	3.1	1.9
인천	1,562	5.5	1,996	4.8	2.5
광주	534	1.9	717	1.7	3.0
대전	624	2.2	790	1.9	2.4
울산	1,793	6.3	2,605	6.3	3.8
세종	–	–	227	0.5	–
경기	5,913	20.7	9,034	21.7	4.3
강원	1,065	3.7	1,394	3.4	2.7
충북	1,244	4.4	1,974	4.7	4.7
충남	1,931	6.8	4,067	9.8	7.7
전북	1,169	4.1	1,899	4.6	5.0
전남	1,617	5.7	2,807	6.7	5.7
경북	2,852	10.0	3,866	9.3	3.1
경남	2,072	7.2	2,913	7.0	3.5
제주	238	0.8	381	0.9	4.8

<보기>

전력은 모든 지역에서 소비가 증가하였다. 특히 ㉠ 충청남도가 7.7%로 가장 높은 상승세를 나타냈으며, 이어서 ㉡ 전라도가 5%대의 연평균 증가율을 보이며 뒤를 이었다. 또한 ㉢ 서울과 달리 부산 및 인천 지역은 그에 비해 증가율이 상대적으로 낮은 편인 것으로 나타났다.

인구가 가장 많은 경기도는 20%대의 비중을 유지하면서 가장 높은 수준의 전력을 소비하는 지역으로 나타났으며, ㉣ 2013년에 두 번째로 많은 전력을 소비했던 서울은 충청남도에 밀려 2023년에는 세 번째가 되었다. 한편, ㉤ 전국 에너지 소비량은 10년 사이 10,000천 TOE 이상의 증가를 나타냈다.

① ㉠

② ㉡

③ ㉢

④ ㉣

⑤ ㉤

30 다음은 지식경제부에서 2023년 11월에 발표한 산업경제지표 추이이다. 이에 대한 설명으로 옳지 않은 것은?

① 2023년 8월을 기점으로 위 세 가지 부분은 모두 하락세를 보이고 있다.

② 환율은 5월 이후 하락세에 있으므로 원화가치는 높아질 것이다.

③ 유가는 6월까지는 큰 폭으로 하락했으나, 그 이후 9월까지 서서히 상승세를 보이고 있다.

④ 숫자상의 변동 폭이 가장 작은 것은 유가이다.

⑤ 주가는 5월에 급락했다가 9월 말까지 서서히 회복세를 보였으나, 현재는 다시 하락해서 2023년 4월선을 회복하지 못하고 있다.

31 A와 B는 휴일을 맞아 B의 집에서 49km 떨어진 전시회에 가기 위해 각자 집에서 출발하여 전시회 주차장에서 만나려고 한다. B는 항상 70km/h의 속력으로 운전하고, A는 항상 55km/h의 속력으로 운전한다. 전시회장에서 B의 집이 A의 집보다 더 멀어 30분 먼저 출발해야 같은 시간에 전시회 주차장에 도착할 수 있을 때, A와 B의 집 사이의 거리는 몇 km인가?(단, A와 B의 운전 방향은 같다)

① 37km

② 38km

③ 39km

④ 40km

⑤ 41km

32 다음은 2023년 K시 5개 구 주민의 돼지고기 소비량에 대한 자료이다. 〈조건〉을 참고할 때 변동계수가 3번째로 큰 곳은?

〈5개 구 주민의 돼지고기 소비량 통계〉

(단위 : kg)

구분	평균(1인당 소비량)	표준편차
A	( )	5.0
B	( )	4.0
C	30	6.0
D	12	4.0
E	( )	8.0

※ (변동계수)$=\dfrac{(표준편차)}{(평균)}\times100$

보기

- A구의 1인당 소비량과 B구의 1인당 소비량을 합하면 C구의 1인당 소비량과 같다.
- A구의 1인당 소비량과 D구의 1인당 소비량을 합하면 E구 1인당 소비량의 2배와 같다.
- E구의 1인당 소비량은 B구의 1인당 소비량보다 6.0kg 더 많다.

① A구
② B구
③ C구
④ D구
⑤ E구

33 농도가 10%인 A소금물 200g과 농도가 20%인 B소금물 300g이 있다. A소금물에 ag의 물을 첨가하고, B소금물은 bg을 버렸다. 늘어난 A소금물과 줄어든 B소금물을 합친 결과, 농도가 10%인 500g의 소금물이 되었을 때, A소금물에 첨가한 물의 양은?

① 100g
② 120g
③ 150g
④ 180g
⑤ 200g

34 제품 A는 1개에 600원, 제품 B는 1개에 1,000원이다. H사원이 거스름돈을 전혀 남기지 않고 12,000원으로 제품 A와 B를 살 수 있는 경우의 수는?(단, A만 모두 사거나 B만 모두 사는 것도 가능하다)

① 4가지   ② 5가지

③ 6가지   ④ 7가지

⑤ 8가지

35 K건설은 다음 〈조건〉에 따라 자재를 구매·관리하고자 한다. (가)안과 (나)안의 비용 차이는?

구분	(가)안		(나)안	
	2분기	3분기	2분기	3분기
분기별 소요량(개)	30	50	30	50
분기별 구매량(개)	40	40	60	20
자재구매 단가(원)	7,000	10,000	7,000	10,000

조건
- 1분기 동안 80개의 자재를 구매한다.
- 자재의 분기당 재고관리비는 개당 1,000원이다.
- 자재는 묶음 단위로만 구매할 수 있고, 한 묶음은 20개이다.

① 1만 원   ② 2만 원

③ 3만 원   ④ 4만 원

⑤ 5만 원

※ K기업은 모든 임직원에게 다음 규칙으로 사원번호를 부여한다. 이어지는 질문에 답하시오. **[36~37]**

〈사원번호 부여 기준〉

M	0	1	2	4	0	1	0	1
성별	부서		입사연도		입사월		입사순서	

- 사원번호 부여 순서 : [성별] – [부서] – [입사연도] – [입사월] – [입사순서]
- 성별 구분

남성	여성
M	W

- 부서 구분

운영지원부	인사부	기획부	보험급여부	자격관리부
01	02	03	04	05

- 입사연도 : 연도별 끝자리를 2자리 숫자로 기재(예 2024년 – 24)
- 입사월 : 2자리 숫자로 기재(예 5월 – 05)
- 입사순서 : 해당 월의 누적 입사순서(예 해당 월의 3번째 입사자 – 03)

36 다음 중 사원번호가 'W05230401'인 사원에 대한 설명으로 적절하지 않은 것은?

① 2023년 자격관리부서 최초의 여직원이다.
② 2023년에 입사하였다.
③ 4월에 입사한 여성이다.
④ 'M03230511' 사원보다 입사일이 빠르다.
⑤ 자격관리부서로 입사하였다.

37 다음 K기업의 2023년 하반기 신입사원 명단을 참고할 때, 기획부에 입사한 여성은 모두 몇 명인가?

M01230903	W03231005	M05230912	W05230913	W01231001	W04231009
W02230901	M04231101	W01230905	W03230909	M02231002	W03231007
M03230907	M01230904	W02230902	M04231008	M05231107	M01231103
M03230908	M05230910	M02231003	M01230906	M05231106	M02231004
M04231101	M05230911	W03231006	W05231105	W03231104	M05231108

① 2명   ② 3명
③ 4명   ④ 5명
⑤ 6명

38 K공사는 우리나라 사람들의 해외취업을 돕기 위해 박람회를 열고자 한다. 국가별 상황과 〈조건〉을 근거로 할 때, K공사가 박람회 장소로 선택할 나라는?

〈국가별 상황〉

국가	경쟁력	비고
인도네시아	한국 기업이 100개 이상 진출해 있으며, 안정적인 정치 및 경제 구조를 가지고 있다.	두 번의 박람회를 열었으나 실제 취업까지 연결되는 성과가 미미하였다.
아랍에미리트	UAE 자유무역지역에 다양한 다국적 기업이 진출해 있다.	석유가스산업, 금융산업에는 외국 기업의 진출이 불가하다.
중국	한국 기업이 170개 이상 진출해 있으며, 현지 기업의 80% 이상이 우리나라 사람의 고용을 원한다.	중국 청년의 실업률이 높아 사회문제가 되고 있다.
미얀마	2013년 기준 약 2,500명의 한인이 거주 중이며, 한류 열풍이 거세게 불고 있다.	내전으로 우리나라 사람들의 치안이 보장되지 않는다.
베트남	여성의 사회진출이 높고 정치, 경제, 사회 각 분야에서 많은 여성이 활약 중이다.	한국 기업 진출을 위한 인프라 구축이 잘 되어 있다.

조건

1. K공사의 해외 EPS센터가 있는 나라여야 한다.
    – 해외 EPS센터(15개국) : 필리핀, 태국, 인도네시아, 베트남, 스리랑카, 몽골, 우즈베키스탄, 파키스탄, 캄보디아, 중국, 방글라데시, 키르기스스탄, 네팔, 미얀마, 동티모르
2. 100개 이상의 한국 기업이 진출해 있어야 한다.

① 인도네시아
② 아랍에미리트
③ 중국
④ 미얀마
⑤ 베트남

39 다음은 제품 생산에 따른 공정 관리를 나타낸 자료이다. 이에 대한 설명으로 옳은 것을 〈보기〉에서 모두 고르면?(단, 각 공정은 동시 진행이 가능하다)

공정 활동	선행 공정	시간(분)
A. 부품 선정	없음	2
B. 절삭 가공	A	2
C. 연삭 가공	A	5
D. 부품 조립	B, C	4
E. 전해 연마	D	3
F. 제품 검사	E	1

※ 공정 간 부품의 이동 시간은 무시하며, A공정부터 시작되어 공정별로 1명의 작업 담당자가 수행한다.

보기

ㄱ. 전체 공정을 완료하기 위해서는 15분이 소요된다.

ㄴ. 첫 제품 생산 후부터 1시간마다 3개씩 제품이 생산된다.

ㄷ. B공정이 1분 더 지연되어도 전체 공정 시간은 변화가 없다.

① ㄱ
② ㄴ
③ ㄱ, ㄷ
④ ㄴ, ㄷ
⑤ ㄱ, ㄴ, ㄷ

40 K기업에 근무하는 귀하는 부하직원 5명(A ~ E)을 대상으로 마케팅 전략에 대한 의견을 물었다. 이에 대해 직원 5명은 찬성과 반대 둘 중 하나의 의견을 제시했다. 다음 〈조건〉이 모두 참일 때 옳은 것은?

조건

• A 또는 D 둘 중 적어도 하나가 반대하면 C는 찬성하고 E는 반대한다.
• B가 반대하면 A는 찬성하고 D는 반대한다.
• D가 반대하면 C도 반대한다.
• E가 반대하면 B도 반대한다.
• 적어도 한 사람은 반대한다.

① A는 찬성하고 B는 반대한다.
② A는 찬성하고 E는 반대한다.
③ B와 D는 반대한다.
④ C는 반대하고 D는 찬성한다.
⑤ C와 E는 찬성한다.

41 K회사는 창립 10주년을 맞이하여 전 직원 단합대회를 준비하고 있다. 이를 위해 사장인 B씨는 여행상품 중 한 가지를 선정하려 하는데, 직원 투표 결과를 통해 결정하려고 한다. 직원 투표 결과와 여행상품별 1인당 경비는 다음과 같고, 추가로 행사를 위한 부서별 고려사항을 참고하여 선택할 경우 이에 대한 설명으로 옳은 것을 〈보기〉에서 모두 고르면?

〈직원 투표 결과〉

상품내용		투표 결과(표)					
여행상품	1인당 비용(원)	총무팀	영업팀	개발팀	홍보팀	공장1	공장2
A	500,000	2	1	2	0	15	6
B	750,000	1	2	1	1	20	5
C	600,000	3	1	0	1	10	4
D	1,000,000	3	4	2	1	30	10
E	850,000	1	2	0	2	5	5

〈여행상품별 혜택 정리〉

상품명	날짜	장소	식사제공	차량지원	편의시설	체험시설
A	5/10 ~ 5/11	해변	○	○	×	×
B	5/10 ~ 5/11	해변	○	○	○	×
C	6/7 ~ 6/8	호수	○	○	○	×
D	6/15 ~ 6/17	도심	○	×	○	○
E	7/10 ~ 7/13	해변	○	○	○	×

〈부서별 고려사항〉

• 총무팀 : 행사 시 차량 지원이 가능함
• 영업팀 : 6월 초순에 해외 바이어와 가격 협상 회의 일정이 있음
• 공장1 : 3일 연속 공장 비가동 시 제품의 품질 저하가 예상됨
• 공장2 : 7월 중순 공장 이전 계획이 있음

보기

㉠ 여행상품 비용으로 총 1억 500만 원이 필요하다.
㉡ 투표 결과, 가장 인기가 많은 여행상품은 B이다.
㉢ 공장1의 A, B 투표 결과가 바뀐다면 여행상품 선택은 변경된다.

① ㉠
② ㉠, ㉡
③ ㉠, ㉢
④ ㉡, ㉢
⑤ ㉠, ㉡, ㉢

42 다음 기사에 나타난 문제 유형에 대한 설명으로 옳은 것은?

> 도색이 완전히 벗겨진 차선과 지워지기 직전의 흐릿한 차선이 서울 강남의 도로 여기저기서 발견되고 있다. 알고 보니 규격 미달의 불량 도료 때문이었다. 시공 능력이 없는 업체들이 서울시가 발주한 도색 공사를 따낸 뒤, 브로커를 통해 전문 업체에 공사를 넘겼고, 이 과정에서 수수료를 떼인 전문 업체들은 손해를 만회하기 위해 값싼 도료를 사용한 것이다. 차선용 도료에 값싼 일반용 도료를 섞다 보니 야간에 차선이 잘 보이도록 하는 유리알이 제대로 붙어있지 못해 차선 마모는 더욱 심해졌다. 지난 4년간 서울 전역에서는 74건의 부실시공이 이뤄졌고, 총 공사 대금은 183억 원에 달하는 것으로 밝혀졌다.

① 발생형 문제로, 일탈 문제에 해당한다.
② 발생형 문제로, 미달 문제에 해당한다.
③ 탐색형 문제로, 잠재문제에 해당한다.
④ 탐색형 문제로, 예측문제에 해당한다.
⑤ 탐색형 문제로, 발견문제에 해당한다.

43 B는 금융상품에 가입하고자 한다. 다음 〈조건〉이 모두 참일 때, 항상 거짓인 것은?

> **조건**
> • B는 햇살론, 출발적금, 희망예금, 미소펀드, 대박적금 중 세 개의 금융상품에 가입한다.
> • 햇살론을 가입하면 출발적금에는 가입하지 않으며, 미소펀드에도 가입하지 않는다.
> • 대박적금에 가입하지 않으면 햇살론에 가입한다.
> • 미소펀드에 반드시 가입한다.
> • 미소펀드에 가입하거나 출발적금에 가입하면, 희망예금에 가입한다.

① 희망예금에 가입한다.
② 대박적금에 가입한다.
③ 미소펀드와 햇살론 중 하나의 금융상품에만 가입한다.
④ 출발적금에 가입한다.
⑤ 햇살론에는 가입하지 않는다.

※ 다음은 A마트의 배송이용약관이다. 이어지는 질문에 답하시오. **[44~45]**

<배송이용약관>

▲ 배송기간
① 당일배송상품은 오전 주문 시 상품 당일 오후 배송(단, 당일 배송 주문마감 시간은 지점마다 상이함)
② 일반배송상품은 전국 택배점 상품은 상품 결제 완료 후 평균 2~4일 이내 배송완료
③ 일반배송상품은 택배사를 이용해 배송되므로 주말, 공휴일, 연휴에는 배송되지 않음
④ 당일배송의 경우 각 지점에 따라 배송정책이 상이하므로 이용매장에 직접 확인해야 함
⑤ 꽃 배송은 전국 어디서나 3시간 내에 배달 가능(단, 도서 산간지역 등 일부 지역 제외, 근무시간 내 주문접수되어야 함)

▲ 배송비
① A클럽(A마트 점포배송)을 제외한 상품은 무료배송이 원칙(단, 일부 상품의 경우 상품가격에 배송비가 포함될 수 있으며, 도서지역의 경우 도선료, 항공료 등이 추가될 수 있음)
② A클럽 상품은 지점별로 배송비 적용 정책이 상이함(해당점 이용안내 확인 필요)
③ 도서상품은 배송비 무료
④ CD / DVD 상품은 39,000원 미만 주문 시 배송비 3,000원 부과
⑤ 화장품 상품은 30,000원 미만 주문 시 배송비 3,000원 부과
⑥ 기타 별도의 배송비 또는 설치비가 부과되는 경우에는 해당 상품의 구매페이지에 게재함

▲ 배송확인
① [나의 e쇼핑 → 나의 쇼핑정보 → 주문 / 배송현황]에서 배송현황의 배송조회 버튼을 클릭하여 확인할 수 있음
② 주문은 [주문완료] → [결제완료] → [상품준비 중] → [배송 중] → [배송완료] 순으로 진행
  • [주문완료] : 상품대금의 입금 미확인 또는 결제가 미완료된 접수 상태
  • [결제완료] : 대금결제가 완료되어 주문을 확정한 상태
  • [상품준비 중] : 공급처가 주문내역을 확인 후 상품을 준비하여 택배사에 발송을 의뢰한 상태
  • [배송 중] : 공급처에 배송지시를 내린 상태(공급처가 상품을 발송한 상태)
  • [배송완료] : 배송이 완료되어 고객님이 상품을 인수한 상태
※ 배송주소가 2곳 이상인 경우 주문할 상품의 상세페이지에서 [대량주문하기] 버튼을 클릭하면 여러 배송지로 상품 보내기 가능(배송주소를 여러 곳 설정할 때는 직접 입력 또는 엑셀파일로 작성 후 파일업로드 2가지 방식 이용)

44 서울 R대학의 기숙사 룸메이트인 갑과 을은 A마트에서 각각 물건을 구매했다. 두 명 모두 일반배송 상품을 이용하였으며, 갑은 화장품 세트를, 을은 책 3권을 구매하였다. 이 경우 각각 물건을 구매하는 데 배송비를 포함하여 얼마가 들었는가?(단, 갑이 구매한 화장품 세트는 29,900원이며, 을이 구매한 책은 각각 10,000원이다)

	갑	을
①	29,900원	30,000원
②	29,900원	33,000원
③	30,900원	33,000원
④	32,900원	33,000원
⑤	32,900원	30,000원

45 서울에 사는 병은 A마트에서 해운대에 사시는 부모님께 보내드릴 사과 한 박스를 주문했다. 사과는 A마트 일반배송상품으로 가격은 32,000원인데 현재 25% 할인을 하고 있다. 배송비를 포함하여 상품을 구매하는 데 총 얼마가 들었으며, 상품은 부모님 댁에 늦어도 언제까지 배송될 예정인가?

일	월	화	수	목	금	토
1	2	3	4	5	6 상품 결제완료	7
8	9	10	11	12	13	14

	총가격	배송 완료일
①	24,000원	9일 월요일
②	24,000원	12일 목요일
③	27,000원	10일 화요일
④	32,000원	12일 목요일
⑤	32,000원	13일 금요일

46 다음 글에 나타난 창의적 사고 개발 방법으로 가장 적절한 것은?

'신차 출시'라는 같은 주제에 대해서 판매방법, 판매대상 등의 힌트를 통해 사고 방향을 미리 정해서 발상한다. 이때, 판매방법이라는 힌트에 대해서는 '신규 해외 수출 지역을 물색한다.'라는 아이디어를 떠올릴 수 있을 것이다.

① 자유 연상법　　　　　　　　② 강제 연상법
③ 비교 발상법　　　　　　　　④ 비교 연상법
⑤ 자유 발상법

47 K기업에서는 인건비를 줄이기 위해 다양한 방식을 고민하고 있다. 다음 정보를 참고할 때, 가장 적절한 방법은 무엇인가?(단, 한 달은 4주이다)

〈정보〉

- 정직원은 오전 8시부터 오후 7시까지 평일·주말 상관없이 주 6일 근무하며, 1인당 월 급여는 220만 원이다.
- 계약직원은 오전 8시부터 오후 7시까지 평일·주말 상관없이 주 5일 근무하며, 1인당 월 급여는 180만 원이다.
- 아르바이트생은 평일 3일, 주말 2일로 하루 9시간씩 근무하며, 평일은 시급 9,000원, 주말은 시급 12,000원이다.
- 현재 정직원 5명, 계약직원 3명, 아르바이트생 3명이 근무 중이며 전체 인원을 줄일 수는 없다.

① 계약직원을 정직원으로 전환한다.
② 계약직원을 아르바이트생으로 전환한다.
③ 아르바이트생을 정직원으로 전환한다.
④ 아르바이트생을 계약직원으로 전환한다.
⑤ 직원을 더 이상 채용하지 않고 아르바이트생만 채용한다.

※ 다음은 자동차에 번호판을 부여하는 규칙이다. 이어지는 질문에 답하시오. [48~49]

〈자동차 번호판 부여 규칙〉

각 숫자는 다음의 사항을 나타낸다.
① 자동차의 종류
② 자동차의 용도
③ 자동차의 등록번호

▶ 자동차의 종류

구분	숫자 기호
승용차	01 ~ 69
승합차	70 ~ 79
화물차	80 ~ 97
특수차	98 ~ 99

▶ 자동차의 용도

구분		문자 기호
비사업용		가, 나, 다, 라, 마, 거, 너, 더, 러, 머, 서, 어, 저, 고, 노, 도, 로, 모, 보, 소, 오, 조, 구, 누, 두, 루, 무, 부, 수, 우, 주
사업용	택시	아, 바, 사, 자
	택배	배
	렌터카	하, 허, 호

▶ 자동차의 등록번호
차량의 고유번호로 임의로 부여

48 A씨는 이사를 하면서 회사와 거리가 멀어져 출퇴근을 위해 새 승용차를 구입하였다. 다음 중 A씨가 부여받을 수 있는 자동차 번호판으로 옳지 않은 것은?

① 23겨 4839
② 67거 3277
③ 42서 9961
④ 31주 5443
⑤ 12모 4839

49 다음 중 나머지와 성격이 다른 자동차 번호판은?

① 80가 8425
② 84배 7895
③ 92보 1188
④ 81오 9845
⑤ 97주 4763

50 다음에 제시된 문제해결방법을 바르게 연결한 것은?

(가) 상이한 문화적 토양을 가지고 있는 구성원을 가정하고, 서로의 생각을 직설적으로 주장하고 논쟁이나 협상을 통해 서로의 의견을 조정해 가는 방법이다. 이때 논리, 즉 사실과 원칙에 근거한 토론이 중심적 역할을 한다.

(나) 깊이 있는 커뮤니케이션을 통해 서로의 문제점을 이해하고 공감함으로써 창조적인 문제해결을 도모한다. 초기에 생각하지 못했던 창조적인 해결 방법이 도출되고, 동시에 구성원의 동기와 팀워크가 강화된다.

(다) 조직 구성원들을 같은 문화적 토양을 가지고 이심전심으로 서로를 이해하는 상황으로 가정한다. 무언가를 시사하거나 암시를 통하여 의사를 전달하고 기분을 서로 통하게 함으로써 문제해결을 도모하려고 한다.

	(가)	(나)	(다)
①	퍼실리테이션	하드 어프로치	소프트 어프로치
②	소프트 어프로치	하드 어프로치	퍼실리테이션
③	소프트 어프로치	퍼실리테이션	하드 어프로치
④	하드 어프로치	퍼실리테이션	소프트 어프로치
⑤	하드 어프로치	소프트 어프로치	퍼실리테이션

| 04 | 자원관리능력

51 K공사는 신규 사업을 위해 협력업체를 선정하려고 한다. 협력업체 후보 갑 ~ 병 중 총점이 가장 높은 업체를 선정할 것이다. 업체 평가 기준과 협력업체 정보를 근거로 회의를 하고 있는 K공사의 직원 중 잘못된 내용을 말하고 있는 사람은?

〈업체 평가 기준〉

• 평가항목과 배점비율

평가항목	품질	가격	직원규모	합계
배점비율	50%	40%	10%	100%

• 가격 점수

가격(만 원)	500 미만	500 ~ 549	550 ~ 599	600 ~ 649	650 ~ 699	700 이상
점수	100	98	96	94	92	90

• 직원규모 점수

직원규모(명)	100 초과	100 ~ 91	90 ~ 81	80 ~ 71	70 ~ 61	60 이하
점수	100	97	94	91	88	85

〈협력업체 정보〉

업체	품질 점수	가격(만 원)	직원규모(명)
갑	88	575	93
을	85	450	95
병	87	580	85

※ 품질 점수의 만점은 100점으로 한다.

> 김대리 : 총점이 가장 높은 업체는 을이고, 가장 낮은 업체는 병이네요.
> 최부장 : 갑과 을의 직원규모는 달라도 같은 점수를 얻었구만.
> 박과장 : 갑이 현재보다 가격을 30만 원 더 낮게 제시한다면, 을보다 더 높은 총점을 얻을 수 있을 것 같은데.
> 정대리 : 병이 현재보다 직원규모를 10명 더 늘린다면, 갑보다 더 높은 총점을 받을 수 있겠네요.
> 이사원 : 총점 1위와 2위 업체의 점수 차이가 1점도 안 되네요.

① 김대리   ② 최부장
③ 박과장   ④ 정대리
⑤ 이사원

※ 다음은 K공사의 출장여비 기준에 대한 자료이다. 이어지는 질문에 답하시오. [52~53]

〈K공사의 출장여비 기준〉

구분	숙박(1박)	교통비	일비	식비
실비	• 1·2급 : 실비 • 3급 : 80,000원 • 4·5·6급 : 50,000원	• 서울·경기지역 : 1일 10,000원 • 나머지 지역 : 1일 15,000원	30,000원/일	20,000원/일

※ 2급 이상 차이 나는 등급과 출장에 동행하게 된 경우, 높은 등급이 묵는 호텔에서 묵을 수 있는 금액을 지원한다.

1급	2급	3급	4급	5급	6급
이사장	이사	부장	차장	과장	대리

※ 출장비는 이사장, 이사>부장>차장>과장>대리의 순서로 차등하다(부장부터 일비 만 원씩 감소).
※ 항공은 외국으로 출장을 갈 경우에 해당한다.

52 다음 중 자료에 대한 설명으로 옳은 것은?

① 외국으로 출장을 다니는 B과장이 항상 같은 객실에서 묵는다면 총비용은 언제나 같다.

② 서울·경기지역으로 1박 2일 출장을 가는 C차장의 출장비는 20만 원 이상이다.

③ 같은 조건으로 출장을 간다면 이사장이 이사보다 출장비를 많이 받는다.

④ 이사장과 함께 출장을 가게 된 A대리는 이사장과 같은 호텔, 같은 등급의 객실에서 묵을 수 있다.

⑤ 자동차를 이용해 무박으로 지방 출장을 가는 부장과 차장의 비용은 같다.

53 A부장과 P차장이 9박 10일로 함께 제주도 출장을 가게 되었다. 동일한 출장비를 제공하기 위하여 P차장의 호텔을 한 단계 업그레이드할 때, P차장이 원래 묵을 수 있는 호텔보다 얼마나 이득인가?

① 230,000원   ② 250,000원

③ 270,000원   ④ 290,000원

⑤ 310,000원

54 다음은 K기업 직원들의 이번 주 초과근무 계획표이다. 하루에 5명 이상 초과근무를 할 수 없고, 초과근무 시간은 각자 일주일에 10시간을 초과할 수 없다고 한다. 1명만 초과근무 일정을 수정할 수 있을 때, 규칙에 어긋난 요일과 그 날에 속한 사람 중 변경해야 할 직원은 누구인가?(단, 주말은 1시간당 1.5시간으로 계산한다)

<초과근무 계획표>

성명	초과근무 일정	성명	초과근무 일정
김혜정	월요일 3시간, 금요일 3시간	김재건	수요일 1시간
이설희	토요일 6시간	신혜선	수요일 4시간, 목요일 3시간
임유진	토요일 3시간, 일요일 1시간	한예리	일요일 6시간
박주환	목요일 2시간	정지원	월요일 6시간, 목요일 3시간
이지호	화요일 4시간	최명진	화요일 5시간
김유미	금요일 6시간, 토요일 2시간	김우석	목요일 1시간
정해리	월요일 5시간	이상엽	목요일 6시간, 일요일 3시간

	요일	직원		요일	직원
①	월요일	김혜정	②	목요일	정지원
③	목요일	이상엽	④	토요일	임유진
⑤	토요일	김유미			

55 다음 사례는 어떤 자원 활용의 방해 요인인가?

신설학교 조사위원회는 K시 교육청이 신설학교를 개교하면서 책걸상과 교탁, 수납장 등 18종의 비품과 기자재를 일괄 구매하여 매년 수십억 원의 예산이 사장되고 있다고 발표했다. 신설학교 기자재는 학생 수가 100% 차는 완성 학급을 기준으로 구입하지만 개교 1～2년 차에는 완성 학급 수가 절반 수준에 불과한 학교가 상당수여서 기자재와 비품이 남아돌아 방치되고 있는 것이다. 신설학교 조사위원회는 "지난해 개교한 24개 학교의 교육청 일괄 구매 예산은 53억 3천여만 원이었으나 15억 원 규모에 달하는 비품을 사용하지 않고 방치했다."라고 밝혔다.

① 시간자원
② 예산자원
③ 물적자원
④ 인적자원
⑤ 에너지자원

56 K회사는 사내 요리대회를 진행하고 있다. 최종 관문인 협동심 평가는 이전 평가를 통과한 참가자 A∼D 4명이 한 팀이 되어 역할을 나눠 제한시간 내에 하나의 요리를 만드는 것이다. 재료손질, 요리보조, 요리, 세팅 및 정리 4개의 역할이 있고, 협동심 평가 후 참가자별 기존 점수에 가산점을 더하여 최종 점수를 계산할 때, 참가자들의 의견을 모두 수렴하여 역할을 선정한 것은?

〈참가자별 점수 분포〉

(단위 : 점)

구분	A참가자	B참가자	C참가자	D참가자
기존 점수	90	95	92	97

〈각 역할을 성실히 수행 시 가산점〉

(단위 : 점)

구분	재료손질	요리보조	요리	세팅 및 정리
가산점	5	3	7	9

※ 협동심 평가의 각 역할은 한 명만 수행할 수 있다.

조건
- C참가자는 손에 습진이 있어 재료손질 역할을 원하지 않는다.
- A참가자는 깔끔한 성격으로 세팅 및 정리 역할을 원한다.
- D참가자는 손재주가 없어 재료손질 역할을 원하지 않는다.
- B참가자는 적극적인 성격으로 어떤 역할이든지 자신 있다.
- 최종점수는 100점을 넘을 수 없다.

	재료손질	요리보조	요리	세팅 및 정리
①	A	D	C	B
②	B	C	D	A
③	B	D	C	A
④	C	A	D	B
⑤	D	C	A	B

57 다음 중 A씨가 시간관리를 통해 일상에서 얻을 수 있는 효과로 적절하지 않은 것은?

> A씨는 일과 생활의 균형을 유지하기 위해 항상 노력한다. 매일 아침 가족들과 함께 아침 식사를 하며 대화를 나눈 후 출근 준비를 한다. 출근길 지하철에서는 컴퓨터 자격증 공부를 틈틈이 하고 있다. 업무를 진행하는 데 있어서 컴퓨터 사용 능력이 부족하다는 것을 스스로 느꼈기 때문이다. 회사에 출근 시간보다 여유롭게 도착하면 먼저 오늘의 업무 일지를 작성하여 무슨 일을 해야 하는지 파악한다. 근무 시간에는 일정표를 바탕으로 정해진 순서대로 일을 진행한다. 퇴근 후에는 가족과 영화를 보거나 저녁 식사를 하며 시간을 보낸다. A씨는 철저한 시간관리를 통해 후회 없는 생활을 하고 있다.

① 스트레스 감소   ② 균형적인 삶
③ 생산성 향상   ④ 목표 성취
⑤ 사회적 인정

58 다음은 K공사 인사팀의 하계 휴가 스케줄이다. G사원은 휴가를 신청하기 위해 하계 휴가 스케줄을 확인하였다. 인사팀 팀장인 A부장은 25 ～ 28일은 하계 워크숍 기간이므로 휴가 신청이 불가능하며, 하루에 6명 이상은 사무실에 반드시 있어야 한다고 팀원들에게 공지했다. G사원이 휴가를 쓸 수 있는 기간으로 옳은 것은?

구분	3 월	4 화	5 수	6 목	7 금	10 월	11 화	12 수	13 목	14 금	17 월	18 화	19 수	20 목	21 금	24 월	25 화	26 수	27 목	28 금
																	8월 휴가			
A부장	■	■																		
B차장								■	■	■										
C과장	■	■	■	■	■															
D대리										■	■	■								
E주임														■	■					
F주임								■	■											
G사원																				
H사원						■	■	■	■											

※ 스케줄에 색칠된 부분은 해당 직원의 휴가 예정일이다.
※ G사원은 4일 이상 휴가를 사용해야 한다(토, 일 제외).

① 8월 7 ～ 11일   ② 8월 6 ～ 11일
③ 8월 11 ～ 16일   ④ 8월 13 ～ 18일
⑤ 8월 19 ～ 24일

59 A사원은 K호텔에서 연회장 예약 일정을 관리하고 있다. 다음과 같은 고객의 전화를 받았을 때, A사원의 판단으로 옳지 않은 것은?

〈12월 연회장 예약 일정〉

*예약 : 연회장 이름(시작시간)

일	월	화	수	목	금	토
1 라벤더(13) 팬지(17)	2 팬지(15)	3 민트(14) 세이지(16)	4 세이지(14)	5 라벤더(11) 세이지(16)	6 민트(13) 세이지(18)	7 민트(11) 세이지(16)
8 민트(12) 라벤더(17)	9 민트(17)	10 세이지(15)	11 라벤더(13) 팬지(16)	12 라벤더(15) 세이지(16)	13 세이지(14) 팬지(15)	14 민트(11) 팬지(16)

〈호텔 연회장 현황〉

구분	수용 가능 인원	최소 투입인력	이용시간
민트	300명	35명	3시간
라벤더	300명	30명	2시간
팬지	250명	25명	3시간
세이지	200명	20명	2시간

※ 오전 10시부터 시작하여 오후 9시에 모든 업무를 종료함
※ 연회부의 동시간대 투입인력은 총 50명을 넘을 수 없음
※ 연회시작 전, 후 1시간씩 연회장 세팅 및 정리

〈고객〉 저희 회사에서 연말을 맞이하여 12월 초에 송년회를 개최하려고 합니다. 그래서 연회장을 예약하려고 하는데, 가능한지 확인 부탁드립니다. 인원은 총 250명이고, 월, 화, 수요일은 피하고 싶습니다. 그리고 행사는 정오에서 저녁 7시 사이에 진행할 수 있도록 알아봐 주십시오.

① 12월 초에 행사를 진행하길 원하니까 최대한 첫 번째 주에 예약이 될 수 있도록 검토해야겠군.
② 송년회 참석인원을 고려했을 때, 세이지를 제외한 나머지 연회장은 모두 가능하겠군.
③ 저녁 7시 이전에 마칠 수 있는 시간대를 고려하여 일자를 확인해야 해.
④ 목요일부터 일요일까지 일정을 검토했을 때, 주말은 예약이 불가능해.
⑤ 만약 팬지가 가능하다면 최소 투입인력은 25명이 되어야겠어.

60 다음 글을 읽고 파악했을 때 성격이 다른 비용은?

> 예산관리란 활동이나 사업에 소요되는 비용을 산정하고 예산을 편성하는 것뿐만 아니라 예산을 통제하는 것 또한 포함되는데, 이러한 예산은 대부분 개인 또는 기업에서 한정되어 있기 때문에 정해진 예산을 얼마나 효율적으로 사용하는지는 매우 중요한 문제이다. 하지만 어떤 활동이나 사업의 비용을 추정하거나 예산을 잡는 작업은 결코 생각하는 것만큼 쉽지 않다. 무엇보다 추정해야 할 매우 많은 유형의 비용이 존재하기 때문이다. 이러한 비용은 크게 제품 생산 또는 서비스를 창출하기 위해 직접 소비되는 비용인 직접비용과 제품 생산 또는 서비스를 창출하기 위해 소비된 비용 중에서 직접비용을 제외한 비용으로, 제품 생산에 직접 관련되지 않은 비용인 간접비용으로 나눌 수 있다.

① 보험료
② 건물관리비
③ 잡비
④ 통신비
⑤ 광고비

모의고사(통합)

제 **3** 회

🕐 응시시간 : 90분　📄 문항 수 : 80문항　정답 및 해설 p.088

| 01 | 의사소통능력

01 다음 〈보기〉 중 언어의 친교적 기능이 드러난 대화를 모두 고르면?

> **보기**
>
> ㉠ A : 오늘 날씨가 춥네. 밥은 먹었니?
> 　B : 옷을 좀 더 따뜻하게 입고 다녀야겠네.
> ㉡ A : 얘, 이제 곧 저녁 먹어야 하는데 지금 어디 가니?
> 　B : 우체국에 잠시 다녀올게요.
> ㉢ A : 이만 가봐야겠다. 이따가 전화하자.
> 　B : 오늘 정말 즐거웠어.
> ㉣ A : 김대리, 여행은 어디로 다녀왔나?
> 　B : 네, 부장님. 홍콩과 마카오로 다녀왔습니다.
> ㉤ A : 이렇게 헤어지기 너무 아쉽다.
> 　B : 그래, 조만간 밥 한번 먹자.
> ㉥ A : 오랜만이네, 너 요즘도 거기서 근무하니?
> 　B : 그래, 너도 잘 지내고 있지?

① ㉠, ㉡　　　　　　　　② ㉡, ㉣
③ ㉠, ㉢, ㉤　　　　　　④ ㉡, ㉣, ㉥
⑤ ㉠, ㉢, ㉤, ㉥

02 다음 글을 바탕으로 한 추론으로 적절하지 않은 것은?

3자 물류란 물류 관련 비용의 절감을 위해 제품 생산을 제외한 물류 전반을 특정 물류 전문업체에 위탁하는 것을 말한다. 예전엔 단순히 비용 절감을 위해 물류 부문을 아웃소싱하는 것을 의미했으나, 최근 들어선 전문 물류 회사가 제품의 생산공정으로부터 고객에게 이르는 전 단계를 효율화하는 것으로 의미가 넓어졌다. 일반 물류와 다른 점은 3자 물류는 화주업체와 1년 이상 장기간의 계약에 의해 제휴관계를 맺고 복수의 물류기능을 하나로 묶어 통합 물류서비스를 제공한다는 데 있다. 3자 물류는 계약에 기반을 두기 때문에 계약물류라고도 한다. 국내에서 3자 물류는 1997년 외환위기를 기점으로 발전하기 시작했다. 외환위기 이후 기업들이 자사의 핵심역량에 집중하고 비주력영역을 아웃소싱을 통해 기업구조를 개선하려는 의지를 보였기 때문이다. 이때를 기점으로 물류의 아웃소싱이 활발히 검토되기 시작했다. 최근 들어 그룹단위의 물류가 아웃소싱 시장으로 나오기 시작하는 등 3자 물류가 활기를 띠고 있다. 물류업체들도 3자 물류 시장을 잡기 위해 혈안이다.

① 3자 물류란 제품 생산을 제외한 물류 전반을 전문업체에 위탁하는 것을 말한다.
② 과거에는 단순한 비용 절감을 위해 아웃소싱을 했다.
③ 3자 물류의 범위가 과거보다 확장되었다.
④ 3자 물류는 화주업체와 3년 이상 장기간의 계약을 필수적으로 한다.
⑤ 3자 물류는 계약물류라고도 한다.

03 다음 글의 문맥상 빈칸에 들어갈 말로 가장 적절한 것은?

과학은 한 형태의 자연에 대한 지식이라는 사실 그 자체만으로도 한없이 귀중하고, 과학적 기술이 인류에게 가져온 지금까지의 혜택은 아무리 부정하려 해도 부정될 수 없다. 앞으로도 보다 많고 보다 정확한 과학 지식과 고도로 개발된 과학적 기술이 필요하다. 그러나 문제의 핵심은 생태학적이고 예술적인 자연관, 즉 존재 일반에 대한 넓고 새로운 시각, 포괄적인 맥락에서 과학적 지식과 기술의 의미에 눈을 뜨고 그러한 지식과 기술을 활용함에 있다. 그렇지 않고 오늘날과 같은 추세로 그러한 지식과 기술을 당장의 욕망을 위해서 인간 중심적으로 개발하고 이용한다면 그 효과가 당장에는 인간에게 만족스럽다 해도 머지않아 자연의 파괴뿐만 아니라 인간적 삶의 파괴, 그리고 궁극적으로는 인간 자신의 멸망을 초래하고 말 것이다. 한마디로 지금 우리에게 필요한 것은 과학적 비전과 과학적 기술의 의미를 보다 포괄적인 의미에서 이해하는 작업이다. 이러한 작업을 _____라 불러도 적절할 것 같다.

① 예술의 다양화　　　　　　　　② 예술의 기술화
③ 과학의 예술화　　　　　　　　④ 과학의 현실화
⑤ 예술의 과학화

04 다음 글에서 〈보기〉의 문장이 들어갈 위치로 가장 적절한 곳은?

오늘날 인류가 왼손보다 오른손을 선호하는 경향은 어디서 비롯되었을까? 오른손을 귀하게 여기고 왼손을 천대하는 현상은 어쩌면 산업화 이전 사회에서 배변 후 사용할 휴지가 없었다는 사실과 관련이 있을 법하다. (가)

맨손으로 배변 뒤처리를 하는 것은 불쾌할 뿐더러 병균을 옮길 위험을 수반하는 일이었다. 이런 위험의 가능성을 낮추는 간단한 방법은 음식을 먹거나 인사할 때 다른 손을 사용하는 것이었다. 기술 발달 이전의 사회는 대개 왼손을 배변 뒤처리에, 오른손을 먹고 인사하는 일에 사용했다. (나)

나는 이런 배경이 인간 사회에 널리 나타나는 '오른쪽'에 대한 긍정과 '왼쪽'에 대한 반감을 어느 정도 설명해 줄 수 있으리라고 생각한다. 그러나 이 설명은 왜 애초에 오른손이 먹는 일에, 그리고 왼손이 배변 처리에 사용되었는지 설명해주지 못한다. 동서양을 막론하고, 왼손잡이 사회는 확인된 바 없다. (다)

한쪽 손을 주로 쓰는 경향은 뇌의 좌우반구의 기능 분화와 관련되어 있는 것으로 보인다. 보고된 증거에 따르면, 왼손잡이는 읽기와 쓰기, 개념적·논리적 사고 같은 좌반구 기능에서 오른손잡이보다 상대적으로 미약한 대신 상상력, 패턴 인식, 창의력 등 전형적인 우반구 기능에서는 상대적으로 기민한 경우가 많다. (라)

나는 이성 대 직관의 힘겨루기, 뇌의 두 반구 사이의 힘겨루기가 오른손과 왼손의 힘겨루기로 표면화된 것이 아닐까 생각한다. 즉, 오른손이 원래 왼손보다 더 능숙했기 때문이 아니라 뇌의 좌반구가 인간의 행동을 지배하는 권력을 갖게 되었기 때문에 오른손 선호에 이르렀다는 생각이다. (마)

> **보기**
>
> 따라서 근본적인 설명은 다른 곳에서 찾아야 할 것 같다.

① (가) ② (나)
③ (다) ④ (라)
⑤ (마)

최근 환경에 대한 관심이 증가하면서 상표에도 '에코, 녹색' 등 친환경을 표방하는 상표 출원이 꾸준히 증가하는 것으로 나타났다. 특허청에 따르면, '친환경' 관련 상표 출원은 최근 10여 년간 연평균 1,200여 건이 출원돼 꾸준한 관심을 받아온 것으로 나타났다. 친환경 관련 상표는 제품의 친환경적 측면을 나타내는 대표적인 문구인 '친환경, 에코, ECO, 녹색, 그린, 생태' 등의 문자를 포함하고 있는 상표이며 출원 건수는 상품류를 기준으로 한다. 즉, 단류 출원은 1건, 2개류에 출원된 경우 2건으로 계산한다.

작년 한 해 친환경 상표가 가장 많이 출원된 제품은 화장품(79건)이었으며, 그다음으로 세제(50건), 치약(48건), 샴푸(47건) 순으로 조사됐다. 특히, 출원 건수 상위 10개 제품 중 7개가 일상생활에서 흔히 사용하는 미용, 위생 등 피부와 관련된 상품인 것으로 나타나 깨끗하고 순수한 환경에 대한 관심이 친환경 제품으로 확대되고 있는 것으로 분석됐다.

2007년부터 2017년까지의 친환경 관련 상표의 출원 실적을 보면, 영문자 'ECO'가 4,820건으로 가장 많이 사용되어 기업이나 개인은 제품의 '친환경'을 나타내는 상표 문구로 'ECO'를 가장 선호하는 것으로 드러났다. 다음으로는 '그린'이 3,862건, 한글 '에코'가 3,156건 사용됐고 '초록', '친환경', '녹색', '생태'가 각각 766건, 687건, 536건, 184건으로 그 뒤를 이었다. 특히, '저탄소·녹색성장'이 국가 주요 정책으로 추진되던 2010년에는 '녹색'을 사용한 상표 출원이 매우 증가한 것으로 나타났고, 친환경·유기농 먹거리 등에 대한 수요가 늘어나면서 2015년에는 '초록'이 포함된 상표 출원이 상대적으로 증가한 것으로 조사됐다.

최근 환경과 건강에 대한 관심이 증가하면서 이러한 친환경 관련 상표를 출원하여 등록받는 것이 소비자들의 안전한 구매를 촉진하는 길이 될 수 있다.

① 친환경 상표가 가장 많이 출원된 제품인 화장품의 경우 대부분 안전하다고 믿고 사용해도 된다.
② 국가 주요 정책이나 환경에 대한 관심이 상표 출원에 많은 영향을 미친다.
③ 환경과 건강에 대한 관심이 증가하지만 '친환경'을 강조하는 상표 출원의 증가세가 주춤할 것으로 전망된다.
④ 영문 'ECO'와 한글 '에코'의 의미가 동일하므로 한글 '에코'의 상표 문구 출원이 높아져 영문 'ECO'를 역전할 가능성이 높다.
⑤ 친환경 세제를 개발한 P사는 ECO 달세제, ECO 별세제 2개의 상품을 모두 '표백제 및 기타 세탁용 제제'의 상품류로 등록하여 출원건수는 2건으로 계산될 수 있다.

06 다음 글의 내용으로 적절하지 않은 것은?

최근 4차 산업혁명과 사물인터넷의 관심이 매우 증대하고 있다. 제4차 산업혁명은 디지털, 바이오, 물리학 등 다양한 경계를 융합한 기술혁명이 그 핵심이며, 기술융합을 위하여 사물인터넷을 적극적으로 활용한다는 것이 주요내용이라 할 수 있다. 제4차 산업혁명은 2016년 초 세계경제포럼의 가장 중요한 회의인 다보스포럼의 주제로 '제4차 산업혁명의 이해'가 채택됨으로 전 세계 많은 사람들의 주목을 받는 어젠다*로 급부상하게 된다. 제4차 산업혁명을 촉발시키는 중요한 기술 중 하나는 사물인터넷이다.

미국의 정보기술 연구회사 가트너(Gartner)는 2011년 10대 전략기술 중 하나로 사물인터넷을 선정한 이후 사물인터넷과 그 확장 개념들이라 할 수 있는 만물인터넷 및 만물정보 등을 현재까지 매년 10대 전략기술에 포함시키고 있을 정도로 사물인터넷은 정보통신기술 중 가장 중요한 기술로 자리잡았다.

사물인터넷을 활용하는 정보통신기술의 변화를 반영하는 스마트도시가 전 세계적으로 확산 중에 있다. 그 결과 2008년 선진국을 중심으로 20여 개에 불과하던 스마트도시 관련 프로젝트는 최근 5년 사이 중국, 인도, 동남아시아, 남미, 중동 국가들을 포함하여 600여 개 이상의 도시에서 추진 중에 있다.

우리나라는 한국형 스마트도시라고 할 수 있는 유비쿼터스도시(U-city) 프로젝트를 해외 도시들에 비하여 비교적 빠르게 추진하였다. 한국에서는 2003년부터 시민 삶의 질 향상 및 도시 경쟁력 제고를 목표로 신도시 개발과정에 직접 적용하는 U-city 프로젝트를 추진하였으며, 해외 국가들에 비하여 빠른 정책적 지원 및 스마트도시 구축과 운영을 위한 재정 투자 등을 통하여 실무적 경험이 상대적으로 우위에 있다.

하지만 최근 신도시형 스마트도시 구축 위주의 한국형 스마트도시 모델은 한계점을 노출하게 된다. 최근 국내 건설경기 침체, 수도권 제2기 신도시 건설의 만료 도래 등으로 U-city 투자가 위축되었으며, 대기업의 U-city 참여 제한 등으로 신도시 중심의 U-city 사업 모델 성장 동력이 축소되는 과정을 최근까지 겪어왔다. 또한, U-city 사업이 지능화시설물 구축 혹은 통합운영센터의 건설로 표면화되었지만, 공공 주도 및 공급자 중심의 스마트도시 시설투자는 정책 수혜자인 시민의 체감으로 이어지지 못하는 한계가 발생하고 있다.

* 어젠다 : 모여서 서로 의논할 사항이나 주제

① 제4차 산업혁명은 디지털, 바이오, 물리학 등 다양한 경계를 융합한 기술혁명이 그 핵심이다.
② 제4차 산업혁명을 촉발시키는 중요한 기술 중 하나는 사물인터넷이다.
③ 만물인터넷 및 만물정보 등은 사물인터넷의 확장개념으로 정보통신기술의 중요한 기술로 자리잡았다.
④ 우리나라는 한국형 스마트도시라고 할 수 있는 유비쿼터스도시(U-city) 프로젝트를 비교적 빠르게 추진하였다.
⑤ 스마트도시 시설투자의 수혜자인 시민의 체감으로 이어지지 못하는 이유는 대기업 주도의 투자이기 때문이다.

07 다음은 에너지 기술 활용 방안과 관련한 기사와 K공사의 사업 수행 내역에 대한 글이다. 밑줄 친 단어가 의미하는 다섯 가지 용어로 옳은 것은?

(가) S공단은 오는 20일 고양시 일산 킨텍스에서 4차 산업혁명의 핵심기술인 <u>AICBM</u>과 관련한 에너지 정책이 나아갈 방향을 조명하고 발전방안을 논의하기 위한 '4차 산업혁명 대응 AICBM·에너지 융합 BIZ 전략 세미나'를 개최한다고 12일 밝혔다. 이번 세미나는 최근 전 세계의 트렌드인 4차 산업혁명의 핵심기술과 에너지 분야가 접목된 다양한 사례들을 소개하고, 그간의 성과를 공유하기 위해 마련된 자리이다. 세미나 세션은 통신사를 중심으로 한 정보통신 분야, 신규 비즈 산업을 소개하는 건물관리 분야, 4차 산업혁명 시대의 에너지제도 추진전략 등 총 세 분야로 짜여졌다.

먼저 정보통신 세션에서는 각 통신사가 에너지 분야와 결합해 추진 중인 각종 에너지 솔루션과 비즈니스 모델을 소개하고, 건물관리 세션에서는 건물에너지 진단이나 분석·제어·운영 등의 최신 기술과 에너지저장장치(ESS)를 활용한 수요자원 거래시장 참여방안 및 구체적인 사례 등을 소개할 예정이다. 또한 S공단이 ICT(정보통신기술)를 활용해 추진에 박차를 가하고 있는 보일러 성능검사, 에너지 진단제도 등에 관한 앞으로의 추진방향과 서울시를 모델로 스마트에너지 시티를 구현하기 위한 추진전략을 발표할 계획이다.

(나) K공사에서는 <u>AICBM</u>을 활용하여 S/W 플랫폼 기술을 확보하고 계통운영분야에 적용을 확대하고 있다. 4차 산업혁명에 대한 선도적 대응과 미래 에너지 사업 지원을 위한 AICBM Solution은 전력계통 전반의 운영시스템 고도화·지능화·최적화와 함께 미래에너지 시장창출을 위한 핵심 융합기술로서 전방위로 확산될 것이 예상된다. 이를 위한 중점 사업 방향으로 경영지원 및 전력계통 전 분야에 활용이 가능한 전력시장 특화 AI솔루션을 확보하고, 유무선 융합 및 고정밀 기술을 적용하여 전력설비 감시용 지능형 단말장치를 개발하며, K공사 및 전력 그룹사를 지원하는 에너지 클라우드 실증센터를 구축 및 운영하고, 빅데이터를 분석하고 시각화 도구를 탑재하여 플랫폼의 고도화를 이루고 있다. 또한, 스마트 시티 및 미래 에너지 사업에 대비한 모바일 어플리케이션 개발 및 서비스 확대에도 주력하고 있다.

---

① AR(증강현실), ICT, Cloud, Biomass, Mobile

② AI, IoT, Computer Networking, Big Data, Machine Learning

③ AI, IoT, Cloud, Big Data, Mobile

④ AR(증강현실), ICT, Cloud, Biomass, Machine Learning

⑤ AI, ICT, Cloud, Big Data, Mobile

08 다음 글의 전체 흐름과 맞지 않는 한 곳을 찾아 수정하려고 할 때, 가장 적절한 것은?

'단일환자방식'은 숫자가 아닌 문자를 암호화하는 가장 기본적인 방법이다. 이는 문장에 사용된 문자를 일정한 규칙에 따라 일대일 대응으로 재배열하여 문장을 암호화하는 방법이다. 예를 들어, 철수가 이 방법에 따라 영어 문장 'I LOVE YOU'를 암호화하여 암호문으로 만든다고 해보자. 철수는 먼저 알파벳을 일대일 대응으로 재배열하는 규칙을 정하고, 그 규칙에 따라 'I LOVE YOU'를 'Q RPDA LPX'와 같이 암호화하게 될 것이다. 이때 철수가 사용한 규칙에는 ㉠ 'I를 Q로 변경한다.', 'L을 R로 변경한다.' 등이 포함되어 있는 셈이다.

우리가 단일환자방식에 따라 암호화한 영어 문장을 접한다고 해보자. 그 암호문을 어떻게 해독할 수 있을까? ㉡ <u>우리가 그 암호문에 단일환자방식의 암호화 규칙이 적용되어 있다는 것을 알고 있다면 문제가 쉽게 해결될 수도 있다.</u> 알파벳의 사용 빈도를 파악하여 일대일 대응의 암호화 규칙을 추론해낼 수 있기 때문이다. 이제 통계 자료를 통해 영어에서 사용되는 알파벳의 사용 빈도를 조사해 보니 E가 12.51%로 가장 많이 사용되었고 그 다음 빈도는 T, A, O, I, N, S, R, H의 순서라는 것이 밝혀졌다고 하자. ㉢ <u>물론 이러한 통계 자료를 확보했다고 해도 암호문이 한두 개밖에 없다면 암호화 규칙을 추론하기는 힘들 것이다.</u> 그러나 암호문을 많이 확보하면 할수록 암호문을 해독할 수 있는 가능성이 높아질 것이다.

이제 누군가가 어떤 영자 신문에 포함되어 있는 모든 문장을 단일환자방식의 암호화 규칙 α에 따라 암호문들로 만들었다고 해보자. 그 신문 전체에 사용된 알파벳 수는 충분히 많기 때문에 우리는 암호문들에 나타난 알파벳 빈도의 순서에 근거하여 규칙 α가 무엇인지 추론할 수 있다. ㉣ <u>만일 규칙 α가 앞서 예로 든 철수가 사용한 규칙과 동일하다면, 암호문들에 가장 많이 사용된 알파벳은 E일 가능성이 높을 것이다.</u> 그런데 조사 결과 암호문들에는 영어 알파벳 26자가 모두 사용되었는데, 그 중 W가 25,021자로 가장 많이 사용되었고, 이후의 빈도는 P, F, C, H, Q, T, N의 순서라는 것이 밝혀졌다. 따라서 우리는 철수가 정한 규칙은 규칙 α가 아니라고 추론할 수 있다. 또한 규칙 α에 대해 추론하면서 암호문들을 해독할 수 있다. 예를 들어, ㉤ <u>암호문 'H FPW HP'는 'I ATE IT'를 암호화한 것이라는 사실을 알 수 있게 될 것이다.</u>

① ㉠ : 'Q를 I로 변경한다.', 'R을 L로 변경한다.'로 수정한다.

② ㉡ : '우리가 그 암호문에 단일환자방식의 암호화 규칙이 적용되어 있지 않다고 생각한다 해도 문제는 쉽게 해결될 수 있다.'로 수정한다.

③ ㉢ : '이러한 통계 자료를 확보하게 되면 자동적으로 암호화 규칙을 추론할 수 있게 될 것이다.'로 수정한다.

④ ㉣ : '만일 규칙 α가 앞서 철수가 사용한 규칙과 동일하다면, 암호문들에 가장 많이 사용된 알파벳은 A일 가능성이 높을 것이다.'로 수정한다.

⑤ ㉤ : '암호문 'I ATE IT'는 'H FPW HP'를 암호화한 것이라는 사실을 알 수 있게 될 것이다.'로 수정한다.

K기업은 도자기를 판매하고 있다. K기업의 영업팀에 근무하는 김대리는 도자기 원재료의 납기와 가격을 논의하기 위하여 공급업체 담당자와 회의를 진행하려고 한다. 공급업체 담당자는 가격 인상과 납기 조정을 계속적으로 요청하고 있지만, 현재 매출 부분에서 위기를 겪고 있는 상황이라 제안을 받아들일 수 없는 김대리는 어떻게든 상황을 이해시키고자 한다.

09 다음 상황에서 김대리가 상대방을 이해시키고자 할 때 사용하는 의사표현방법으로 가장 적절한 것은?

① 구체적이고 공개적인 칭찬을 해서 상대방을 더욱 기쁘게 한다.

② 먼저 사과를 한 다음, 모호한 표현보다 단호하게 의사를 밝힌다.

③ 자신의 의견에 공감할 수 있도록 논리적으로 이야기한다.

④ 구체적인 기간과 순서를 명확하게 제시한다.

⑤ 먼저 칭찬을 하고, 잘못된 점을 질책한 후 격려를 한다.

10 다음 〈보기〉 중 김대리가 우선적으로 취해야 하는 의사표현방법으로 적절한 것을 모두 고르면?

보기
㉠ 가장 먼저 사과를 한 다음, 타당한 이유를 밝힌다.
㉡ 모호한 태도보다는 단호한 방식의 의사표현 테크닉이 필요하다.
㉢ 직설적인 화법보다 비유를 통해 상대방의 자존심을 지켜준다.
㉣ 하나를 얻기 위해 다른 하나를 양보하겠다는 자세가 필요하다.

① ㉠, ㉡   ② ㉠, ㉣

③ ㉡, ㉢   ④ ㉡, ㉣

⑤ ㉢, ㉣

11   다음 제시된 단어와 동의 또는 유의 관계인 단어는 무엇인가?

항거

① 굴복
② 투항
③ 저항
④ 손실
⑤ 손해

12   다음 중 밑줄 친 (가)와 (나)의 예시로 적절하지 않은 것은?

사회적 관계에 있어서 상호주의란 '행위자 갑이 을에게 베푼 바와 같이 을도 갑에게 똑같이 행하라.'는 행위 준칙을 의미한다. 상호주의 원형은 '눈에는 눈, 이에는 이'로 표현되는 탈리오의 법칙에서 발견된다. 그것은 일견 피해자의 손실에 상응하는 가해자의 처벌을 정당화한다는 점에서 가혹하고 엄격한 성격을 드러낸다. 만약 상대방의 밥그릇을 빼앗았다면 자신의 밥그릇도 미련 없이 내주어야 하는 것이다. 그러나 탈리오 법칙은 온건하고도 합리적인 속성을 동시에 함축하고 있다. 왜냐하면 누가 자신의 밥그릇을 발로 찼을 경우 보복의 대상은 밥그릇으로 제한되어야지 밥상 전체를 뒤엎는 것으로 확대될 수 없기 때문이다. 이러한 일대일 방식의 상호주의를 (가) 대칭적 상호주의라 부른다. 하지만 엄밀한 의미의 대칭적 상호주의는 우리의 실제 일상생활에서 별로 흔하지 않다. 오히려 '되로 주고 말로 받거나, 말로 주고 되로 받는' 교환 관계가 더 일반적이다. 이를 대칭적 상호주의와 대비하여 (나) 비대칭적 상호주의라 일컫는다.

그렇다면 교환되는 내용이 양과 질의 측면에서 정확한 대등성을 결여하고 있음에도 불구하고, 교환에 참여하는 당사자들 사이에 비대칭적 상호주의가 성행하는 이유는 무엇인가? 그것은 셈에 밝은 이른바 '경제적 인간(Homo Economicus)'들에게 있어서 선호나 기호 및 자원이 다양하기 때문이다. 말하자면 교환에 임하는 행위자들이 각인각색인 까닭에 비대칭적 상호주의가 현실적으로 통용될 수밖에 없으며, 어떤 의미에서는 그것만이 그들에게 상호 이익을 보장할 수 있는 것이다.

① (가) : A국과 B국 군대는 접경지역에서 포로 5명씩을 맞교환했다.
② (가) : 오늘 우리 아이를 옆집에서 맡아주는 대신 다음에 옆집 아이를 하루 맡아주기로 했다.
③ (가) : 동생이 내 발을 밟아서 볼을 꼬집어주었다.
④ (나) : 필기노트를 빌려준 친구에게 고맙다고 밥을 샀다.
⑤ (나) : 옆집 사람이 우리 집 대문을 막고 차를 세웠기에 타이어에 펑크를 냈다.

13 다음 중 빈칸에 들어갈 용어를 바르게 연결한 것은?

> 경청이란 다른 사람의 말을 주의 깊게 들으며, ___㉠___ 하는 능력이다. 경청은 대화의 과정에서 당신에 대한 ___㉡___ 을/를 쌓을 수 있는 최고의 방법이다. 우리가 경청하면 상대는 본능적으로 안도감을 느낀다. 그리고 우리가 말을 할 경우, 자신도 모르게 더 ___㉢___ 하게 된다. 이런 심리적 효과로 인해 우리의 말과 메시지, 감정은 아주 효과적으로 상대에게 전달된다.

	㉠	㉡	㉢
①	설득	인정	의지
②	설득	신뢰	의지
③	공감	신뢰	집중
④	공감	친분	집중
⑤	공감	친분	의지

14 S씨가 다음 기사문을 읽고 가족들과 함께하는 시간을 갖기 위해 '가족의 밤'을 진행하기로 결심했을 때, 이는 문서이해 과정 중 어느 단계에 해당하는가?

> 〈6남매를 성공적으로 키운 K씨〉
>
> K씨 부부는 처음부터 집안에 책상 18개를 구해놓고 애들이 보든 말든 거기서 책을 읽었다. K씨는 공부습관을 들이는 데는 '규칙적 학습'이 열쇠라는 평범한 경험담을 강조했다. K씨는 아이들의 나이와 성향에 맞춰 공부 시간과 양을 함께 정했다. 계획에 무리가 없도록 했고, 아이들은 자신이 정한 양을 해낼 수 있었다. 또한, K씨 가족은 무슨 일이 있어도 아침 식사를 같이 했다. 매주 금요일 밤은 '가족의 밤'으로 TV를 함께 보며 의견을 나누었고, 토요일 아침 식사 후에도 반드시 가족회의를 열었다.

① 문서의 목적 이해
② 문서 작성의 배경·주제 파악
③ 문서에 쓰인 정보와 제시된 현안 파악
④ 자신에게 요구되는 행동에 관한 내용 분석
⑤ 문서에서 이해한 목적 달성을 위해 취해야 할 행동 결정

15 다음 글을 근거로 판단할 때, 〈보기〉에서 적절한 것을 모두 고르면?

> 하와이 원주민들이 사용하던 토속어는 1898년 하와이가 미국에 병합된 후 미국이 하와이 학생들에게 사용을 금지하면서 급격히 소멸되었다. 그러나 하와이 원주민들이 소멸한 토속어를 부활시키기 위해 1983년 '아하 푸나나 레오'라는 기구를 설립하여 취학 전 아동부터 중학생까지의 원주민들을 대상으로 집중적으로 토속어를 교육한 결과 언어 복원에 성공했다.
>
> 한편, 언어의 다양성을 지키려는 노력뿐만 아니라 언어의 통일성을 추구하려는 노력도 있었다. 안과 의사였던 자멘호프는 유태인, 폴란드인, 독일인, 러시아인들이 서로 다른 언어를 사용함으로써 갈등과 불화가 생긴다고 판단하고 예외와 불규칙이 없는 문법과 알기 쉬운 어휘에 기초해 국제공통어 에스페란토를 만들어 1887년 발표했다. 그의 구상은 '1민족 2언어주의'에 입각하여 같은 민족끼리는 모국어를, 다른 민족과는 중립적이고 배우기 쉬운 에스페란토를 사용하자는 것이었다.
>
> 에스페란토의 문자는 영어 알파벳 26개 문자에서 Q, X, W, Y의 4개 문자를 빼고 영어 알파벳에는 없는 Ĉ, Ĝ, Ĥ, Ĵ, Ŝ, Ŭ의 6개 문자를 추가하여 만들어졌다. 문법의 경우 가급적 불규칙 변화를 없애고 각 어간에 품사 고유의 어미를 붙여 명사는 -o, 형용사는 -a, 부사는 -e, 동사원형은 -i로 끝낸다. 예를 들어 '사랑'은 amo, '사랑의'는 ama, '사랑으로'는 ame, '사랑하다'는 ami이다. 시제의 경우 어간에 과거형은 -is, 현재형은 -as, 미래형은 -os를 붙여 표현한다.
>
> 또한, 1자 1음의 원칙에 따라 하나의 문자는 하나의 소리만을 내고, 소리 나지 않는 문자도 없으며, 단어의 강세는 항상 뒤에서 두 번째 모음에 있기 때문에 사전 없이도 쉽게 읽을 수 있다. 특정한 의미를 갖는 접두사와 접미사를 활용하여 많은 단어를 파생시켜 사용하므로 단어 암기를 위한 노력이 크게 줄어드는 것도 중요한 특징이다. 아버지는 patro, 어머니는 patrino, 장인은 bopatro, 장모는 bopatrino인 것이 그 예이다.
>
> ※ 에스페란토에서 모음은 A, E, I, O, U이며 반모음은 Ŭ이다.

보기

ㄱ. 에스페란토의 문자는 모두 28개로 만들어졌다.
ㄴ. 미래형인 '사랑할 것이다.'는 에스페란토로 amios이다.
ㄷ. '어머니'와 '장모'를 에스페란토로 말할 때 강세가 있는 모음은 같다.
ㄹ. 자멘호프의 구상에 따르면 동일한 언어를 사용하는 하와이 원주민끼리도 에스페란토만을 써야 한다.

① ㄱ, ㄷ   ② ㄱ, ㄹ
③ ㄴ, ㄹ   ④ ㄱ, ㄴ, ㄷ
⑤ ㄴ, ㄷ, ㄹ

16 화창한 어느 날 낮에 3%의 설탕물 400g이 들어있는 컵을 창가에 놓아두었다. 저녁에 살펴보니 물이 증발하여 농도가 5%가 되었다. 남아있는 물의 양은 몇 g인가?

① 220g

② 230g

③ 240g

④ 250g

⑤ 260g

17 한나는 집에서 학교까지 자전거를 타고 등교하는 데 50분이 걸린다. 학교에서 수업을 마친 후에는 버스를 타고 학원으로 이동하는 데 15분이 소요된다. 자전거의 평균 속력은 6km/h, 버스의 평균 속력은 40km/h라고 할 때 한나가 집에서 학교를 거쳐 학원까지 이동한 총거리는?

① 6km

② 9km

③ 12km

④ 15km

⑤ 18km

18 양궁 대회에 참여한 진수, 민영, 지율, 보라 네 명의 최고점이 모두 달랐다. 진수의 최고점과 민영이의 최고점의 2배를 합한 점수가 10점이었고, 지율이의 최고점과 보라의 최고점의 2배를 합한 점수가 35점이었다. 진수의 2배, 민영이의 4배와 지율이의 5배를 한 총점이 85점이었다면, 보라의 최고점은 몇 점인가?

① 8점

② 9점

③ 10점

④ 11점

⑤ 12점

19 다음은 K공장에서 근무하는 근로자들의 임금수준 분포를 나타낸 자료이다. 근로자 전체에게 지급된 임금(월 급여)의 총액이 2억 원일 때, 이에 대한 설명으로 옳은 것을 〈보기〉에서 모두 고르면?

〈공장 근로자의 임금수준 분포〉

임금수준(만 원)	근로자 수(명)
월 300 이상	4
월 270 이상 300 미만	8
월 240 이상 270 미만	12
월 210 이상 240 미만	26
월 180 이상 210 미만	30
월 150 이상 180 미만	6
월 150 미만	4
합계	90

보기
㉠ 근로자당 평균 월 급여액은 230만 원 이하이다.
㉡ 절반 이상의 근로자들이 월 210만 원 이상의 급여를 받고 있다.
㉢ 월 180만 원 미만의 급여를 받는 근로자의 비율은 약 14%이다.
㉣ 적어도 15명 이상의 근로자가 월 250만 원 이상의 급여를 받고 있다.

① ㉠
② ㉠, ㉡
③ ㉠, ㉡, ㉣
④ ㉡, ㉢, ㉣
⑤ ㉠, ㉡, ㉢, ㉣

20 고등학생들을 대상으로 가장 좋아하는 색깔을 조사하니 빨간색, 파란색, 검은색이 차지하는 비율이 2 : 3 : 5라면 학생 2명을 임의로 선택할 때, 좋아하는 색이 다를 확률은?(단, 조사 인원은 충분히 많다)

① $\dfrac{27}{50}$

② $\dfrac{29}{50}$

③ $\dfrac{31}{50}$

④ $\dfrac{33}{50}$

⑤ $\dfrac{32}{45}$

21 누리와 수연이는 같이 운동을 하기로 했다. 누리는 걸어서, 수연이는 자전거를 타고 운동을 했으며, 운동을 시작한 위치는 같았다. 누리가 15km를 먼저 이동했고, 수연이는 자전거를 이용해서 누리보다 10km/h 빠르게 움직인다. 수연이가 자전거를 타고 40km를 이동해서 누리를 만났다면, 두 사람이 함께 운동한 시간은 얼마인가?

① 1시간   ② 1시간 30분

③ 2시간   ④ 2시간 30분

⑤ 3시간

22 다음과 같은 유통과정에서 상승한 최종 배추가격은 협동조합의 최초 구매가격 대비 몇 % 상승했는가?

판매처	구매처	판매가격
산지	협동조합	재배 원가에 10% 이윤을 붙임
협동조합	도매상	산지에서 구입가격에 20% 이윤을 붙임
도매상	소매상	협동조합으로부터 구입가격이 판매가의 80%
소매상	소비자	도매상으로부터 구입가격에 20% 이윤을 붙임

① 90%   ② 80%

③ 70%   ④ 60%

⑤ 50%

23 A씨는 25% 농도의 코코아 700mL를 즐겨 마신다. A씨가 마시는 코코아에 들어간 코코아 분말의 양은 얼마인가?(단, 1mL＝1g이다)

① 170g ② 175g
③ 180g ④ 185g
⑤ 190g

※ 다음은 일정한 규칙으로 배열한 수열이다. 빈칸에 들어갈 알맞은 수를 고르시오. **[24~26]**

24

| 4 | 4 | 8 | 24 | 96 | ( ) |

① 400 ② 420
③ 440 ④ 460
⑤ 480

25

| 2 | 5 | 2 | ( ) | 9 | 6 | 18 |

① 3 ② 4
③ 5 ④ 6
⑤ 7

26

| 1 | 3 | 4 | ( ) | 10 | 19 | 19 | 27 |

① 11 ② 12
③ 13 ④ 14
⑤ 15

27 다음 글과 〈조건〉을 근거로 판단할 때, 2순위와 4순위를 바르게 짝지은 것은?

> 심야에 오토바이 폭주족들이 굉음을 내고 도로를 질주하여 주민들이 잠을 잘 수가 없다는 민원이 경찰청에 끊임없이 제기되고 있다. 경찰청은 이 문제를 해결하기 위해 대책을 논의하였다. 그 결과 안전그물 설치, 전담반 편성, CCTV 설치, 처벌 강화, 시민자율방범의 5가지 대안을 마련하였고, 그 대안별 우선순위를 알고자 한다.

조건

평가 기준 \ 대안	㉠ 안전그물 설치	㉡ 전담반 편성	㉢ CCTV 설치	㉣ 처벌강화	㉤ 시민자율방범
효과성	8	5	5	9	4
기술적 실현가능성	7	2	1	6	3
경제적 실현가능성	6	1	3	8	1
행정적 실현가능성	6	6	5	5	5
법적 실현가능성	6	5	5	5	5

• 우선순위는 각 대안별 평가 기준 점수의 합계가 높은 순으로 정한다.
• 합계점수가 같은 경우에는 법적 실현가능성 점수가 높은 대안이 우선순위가 높고, 법적 실현가능성 점수도 같은 경우에는 효과성 점수, 효과성 점수도 같은 경우에는 행정적 실현가능성 점수, 행정적 실현가능성 점수도 같은 경우에는 기술적 실현가능성 점수가 높은 대안 순으로 우선순위를 정한다.

	2순위	4순위		2순위	4순위
①	㉠	㉡	②	㉡	㉣
③	㉣	㉡	④	㉣	㉢
⑤	㉣	㉤			

※ 다음은 음식 업종 사업자 수 현황에 대한 자료이다. 이어지는 질문에 답하시오. [28~29]

〈음식 업종 사업자 수 현황〉

(단위 : 명)

구분	2020년	2021년	2022년	2023년
커피음료점	25,151	30,446	36,546	43,457
패스트푸드점	27,741	31,174	32,982	34,421
일식전문점	12,997	13,531	14,675	15,896
기타외국식전문점	17,257	17,980	18,734	20,450
제과점	12,955	13,773	14,570	15,155
분식점	49,557	52,725	55,013	55,474
기타음식점	22,301	24,702	24,818	24,509
한식전문점	346,352	360,209	369,903	375,152
중식전문점	21,059	21,784	22,302	22,712
호프전문점	41,796	41,861	39,760	37,543
간이주점	19,849	19,009	17,453	16,733
구내식당	35,011	31,929	29,213	26,202
합계	632,026	659,123	675,969	687,704

28 2020년 대비 2023년 사업자 수의 감소율이 두 번째로 큰 업종의 감소율을 바르게 구한 것은?(단, 소수점 둘째 자리에서 반올림한다)

① 25.2%
② 18.5%
③ 15.7%
④ 10.2%
⑤ 9.9%

29 다음 중 자료에 대한 설명으로 옳지 않은 것은?

① 기타음식점의 2023년 사업자 수는 전년보다 309명 감소했다.
② 전체 음식 업종 사업자 수 중 구내식당의 비중은 2020년이 가장 높다.
③ 사업자 수가 해마다 감소하는 업종은 두 곳이다.
④ 2020년 대비 2022년 일식전문점 사업자 수의 증감률은 약 15.2%이다.
⑤ 2021년의 전체 음식 업종 사업자 수에서 분식점 사업자 수가 차지하는 비중과 패스트푸드점 사업자 수가 차지하는 비중의 차이는 5%p 미만이다.

30 다음은 2014 ~ 2023년 물이용부담금 총액에 대한 자료이다. 이에 대한 설명으로 옳지 않은 것을 〈보기〉에서 모두 고르면?

〈물이용부담금 총액〉

(단위 : 억 원)

※ 상수원 상류지역에서의 수질개선 및 주민지원 사업을 효율적으로 추진하기 위한 재원 마련을 위해 최종수요 자에게 물 사용량에 비례하여 물이용부담금 부과
※ 한강, 낙동강, 영·섬유역의 물이용부담금 단가는 170원/m³, 금강유역은 160원/m³

보기

㉠ 물이용부담금 총액은 지속적으로 증가하는 추세를 보이고 있다.

㉡ 2015 ~ 2023년 중 물이용부담금 총액이 전년 대비 가장 많이 증가한 해는 2016년이다.

㉢ 2023년 물이용부담금 총액에서 금강유역 물이용부담금 총액이 차지하는 비중이 20%라면, 2023년 금강유역에서 사용한 물의 양은 약 10.83억m³이다.

㉣ 2023년 물이용부담금 총액은 전년 대비 약 3.2% 이상 증가했다.

① ㉠

② ㉡

③ ㉢

④ ㉠, ㉣

⑤ ㉡, ㉢

| 03 | 문제해결능력

31 퇴직을 앞둔 회사원 K씨는 1년 뒤 샐러드 도시락 프랜차이즈 가게를 운영하고자 한다. 다음은 K씨가 회사 근처 샐러드 도시락 프랜차이즈 가게에 대해 SWOT 분석을 실시한 결과이다. 분석에 따른 대응 전략으로 적절한 것을 〈보기〉에서 모두 고르면?

<표>

〈샐러드 도시락 프랜차이즈 가게 SWOT 분석 결과〉

강점(Strength)	약점(Weakness)
• 다양한 연령층을 고려한 메뉴 • 월별 새로운 메뉴 제공	• 부족한 할인 혜택 • 홍보 및 마케팅 전략의 부재
기회(Opportunity)	위협(Threat)
• 건강한 식단에 대한 관심 증가 • 회사원들의 간편식 점심 수요 증가	• 경기 침체로 인한 외식 소비 위축 • 주변 음식점과의 경쟁 심화

보기

ㄱ. 다양한 연령층이 이용할 수 있도록 새로운 한식 도시락을 출시한다.

ㄴ. 계절 채소를 이용한 샐러드 런치 메뉴를 출시한다.

ㄷ. 제품의 가격 상승을 유발하는 홍보 방안보다 먼저 품질 향상 방안을 마련해야 한다.

ㄹ. 주변 회사와 제휴하여 이용 고객에 대한 할인 서비스를 제공한다.

① ㄱ, ㄴ
② ㄱ, ㄷ
③ ㄴ, ㄷ
④ ㄴ, ㄹ
⑤ ㄷ, ㄹ

32 S무역회사에 지원하여 최종 면접을 앞둔 K씨는 성공적인 PT 면접을 위해 회사에 대한 정보를 파악하고 그에 따른 효과적인 전략을 알아보고자 한다. K씨가 분석한 S무역회사에 대한 SWOT 결과가 다음과 같을 때, 분석 결과에 대응하는 전략과 그 내용의 연결이 적절하지 않은 것은?

<table>
<tr><td colspan="2" align="center">〈S무역회사 SWOT 분석 결과〉</td></tr>
<tr><td align="center">강점(Strength)</td><td align="center">약점(Weakness)</td></tr>
<tr><td>• 우수한 역량의 인적자원 보유
• 글로벌 네트워크 보유
• 축적된 풍부한 거래 실적</td><td>• 고객 니즈 대응에 필요한 특정 분야별 전문성 미흡
• 신흥 시장 진출 증가에 따른 경영 리스크</td></tr>
<tr><td align="center">기회(Opportunity)</td><td align="center">위협(Threat)</td></tr>
<tr><td>• 융·복합화를 통한 정부의 일자리 창출 사업
• 해외 사업을 위한 협업 수요 확대
• 수요자 맞춤식 서비스 요구 증대</td><td>• 타사와의 경쟁 심화
• 정부의 예산 지원 감소
• 무역시장에 대한 일부 부정적 인식 존재</td></tr>
</table>

① SO전략 : 우수한 인적자원을 활용한 무역 융·복합 사업 추진
② WO전략 : 분야별 전문 인력 충원을 통한 고객 맞춤형 서비스 제공 확대
③ ST전략 : 글로벌 네트워크를 통한 해외 시장 진출
④ ST전략 : 풍부한 거래 실적을 바탕으로 시장에서의 경쟁력 확보
⑤ WT전략 : 리스크 관리를 통한 안정적 재무역량 확충

33 다음은 문제해결절차의 문제 인식 단계에 대한 설명이다. 빈칸에 들어갈 말이 바르게 연결된 것은?

문제 인식 단계에서는 일련의 절차를 통해 해결해야 할 문제를 파악한다. 문제가 발생하였을 때, 가장 먼저 해야 하는 일은 ___㉠___ 으로, 주로 3C 분석이나 SWOT 분석이 사용된다. ___㉠___ 을 통해 현상을 파악한 후에는 ___㉡___ 의 단계를 거친다. ___㉡___ 을 위해서는 다양한 후보안을 찾는 것이 바람직하다. 마지막으로 ___㉢___ 에서는 여러 과제안들 중 각각의 효과 및 실행 가능성 등을 평가해 우선순위를 부여하여 가장 우선순위가 높은 안을 선정한다. 우선순위 평가 시에는 과제의 목적, 목표 등을 종합적으로 고려한다.

	㉠	㉡	㉢
①	과제 도출	과제 선정	과제 실행
②	과제 분석	주요 과제 도출	과제 선정
③	과제 분석	과제 선정	주요 과제 도출
④	환경 분석	과제 선정	주요 과제 도출
⑤	환경 분석	주요 과제 도출	과제 선정

34 다음은 두 고생물학자 간에 벌어진 가상 대화이다. 두 사람의 보고와 주장이 모두 참이라고 가정할 경우, 항상 거짓인 것을 〈보기〉에서 모두 고르면?

> A : 지난해 일본 북해도에서는 다양한 암모나이트 화석이 많이 발견되었고, 그 때문에 북해도는 세계적으로 유명한 암모나이트 산지로 알려지게 되었습니다. 중생대 표준화석은 여러 가지가 있지만, 그중에서도 암모나이트는 세계적으로 대표적인 표준화석입니다. 표준화석은 지층의 지질 시대를 지시하는 화석으로, 특징 있는 형태와 넓은 분포, 다량의 산출 및 한정된 지질 시대에 생존했다는 조건을 갖춘 화석을 의미합니다.
>
> B : 그렇습니다. 암모나이트는 중생대 바다를 지배한 동물이었고, 중생대 육지에서는 공룡이 군림하였습니다. 공룡 화석은 다양한 지역에서 산출되며, 중생대에만 한정되어 생존하였습니다. 그런데 우리나라에서는 경상도 지역을 중심으로 분포된 중생대 지층에서 암모나이트 화석은 발견되지 않았고, 공룡 화석만 발견된다고 들었습니다.
>
> A : 말씀하신 것처럼, 경상도 지역에서 표준화석인 암모나이트가 산출되고 있지 않지만 공룡 화석들은 많이 산출되고 있습니다. 그리고 지금까지는 경상도 지역의 바다 환경에서 퇴적된 중생대 지층이 확인되었다는 보고가 없습니다.
>
> B : 저는 가까운 일본에서 암모나이트가 발견되는 것을 보면 경상도 지역에서도 분명히 암모나이트가 나올 가능성이 있다고 생각합니다. 중생대에 우리나라 바다에서 퇴적된 해성층이 있었을 가능성이 있으므로 다시 조사해야 할 필요가 있습니다.

보기

ㄱ. 우리나라 경상도 지역은 옛날 중생대 때에는 모두 육지였다.
ㄴ. 공룡 화석은 암모나이트 화석과 같은 중생대 표준화석이 아니다.
ㄷ. 우리나라에서도 암모나이트 화석이 발견될 가능성이 있다.
ㄹ. 세계적으로 중생대에는 육지와 바다가 모두 존재하였다.
ㅁ. 일본 북해도 지역에는 바다에서 퇴적된 해성층이 분포되어 있다.
ㅂ. 경상도에서 암모나이트 화석이 산출되지 않는 것을 보면, 경상도 지역에는 중생대 지층이 없다.

① ㄱ, ㄴ, ㄷ

② ㄱ, ㄴ, ㄹ

③ ㄱ, ㄴ, ㅂ

④ ㄴ, ㅁ, ㅂ

⑤ ㄷ, ㄹ, ㅂ

※ 다음은 호텔별 연회장 대여 현황에 대한 자료이다. 이어지는 질문에 답하시오. [35~36]

〈호텔별 연회장 대여 현황〉

건물	연회장	대여료	수용 가능 인원	회사로부터 거리	비고
A호텔	연꽃실	140만 원	200명	6km	2시간 이상 대여 시 추가비용 40만 원
B호텔	백합실	150만 원	300명	2.5km	1시간 초과 대여 불가능
C호텔	매화실	150만 원	200명	4km	이동수단 제공
C호텔	튤립실	180만 원	300명	4km	이동수단 제공
D호텔	장미실	150만 원	250명	4km	–

35 총무팀에 근무하고 있는 이대리는 김부장에게 다음과 같은 지시를 받았다. 이대리가 연회장 예약을 위해 지불해야 하는 예약금은 얼마인가?

> 다음 주에 있을 회사창립 20주년 기념행사를 위해 준비해야 할 것들 알려 줄게요. 먼저 다음 주 금요일 오후 6시부터 8시까지 사용 가능한 연회장 리스트를 뽑아서 행사에 적합한 연회장을 예약해 주세요. 연회장 대여를 위한 예산은 160만 원이고, 회사에서의 거리가 가까워야 임직원들이 이동하기에 좋을 것 같아요. 행사 참석 인원은 240명이고, 이동수단을 제공해 준다면 우선적으로 고려하도록 하세요. 예약금은 대여료의 10%라고 하니 예약 완료하고 지불하도록 하세요.

① 14만 원   ② 15만 원
③ 18만 원   ④ 140만 원
⑤ 150만 원

36 회사창립 20주년 기념행사의 연회장 대여 예산이 200만 원으로 증액된다면, 이대리는 어떤 연회장을 예약하겠는가?

① A호텔 연꽃실   ② B호텔 백합실
③ C호텔 매화실   ④ C호텔 튤립실
⑤ D호텔 장미실

37 다음 글을 근거로 판단할 때, 국제행사의 개최도시로 선정될 곳은?

> K사무관은 대한민국에서 열리는 국제행사의 개최도시를 선정하기 위해 다음과 같은 후보 도시 평가표를 만들었다. 후보 도시 평가표에 따른 점수와 국제해양기구의 의견을 모두 반영하여, 합산점수가 가장 높은 도시를 개최도시로 선정하고자 한다.

〈후보 도시 평가표〉

구분	서울	인천	대전	부산	제주
1) 회의 시설 1,500명 이상 수용 가능한 대회의장 보유 등	A	A	C	B	C
2) 숙박 시설 도보거리에 특급 호텔 보유 등	A	B	A	A	C
3) 교통 공항 접근성 등	B	A	C	B	B
4) 개최 역량 대규모 국제행사 개최 경험 등	A	C	C	A	B

※ A : 10점, B : 7점, C : 3점

〈국제해양기구의 의견〉

- 외국인 참석자의 편의를 위해 '교통'에서 A를 받은 도시의 경우, 추가로 5점을 부여해 줄 것
- 바다를 끼고 있는 도시의 경우, 추가로 5점을 부여해 줄 것
- 예상 참석자가 2,000명 이상이므로 '회의 시설'에서 C를 받은 도시는 제외할 것

① 서울
② 인천
③ 대전
④ 부산
⑤ 제주

38 다음은 논리적 사고를 개발하기 위한 방법을 그림으로 나타낸 자료이다. 이에 대한 내용으로 가장 적절한 것은?

① 눈앞에 있는 정보로부터 의미를 찾아내어 가치 있는 정보를 이끌어낸다.
② 논리적으로 분해한 문제의 원인을 나무 모양으로 나열하여 문제를 해결한다.
③ 하위의 사실이나 현상부터 사고하여 상위의 주장을 만들어간다.
④ 내·외부적으로 발생되는 장점 및 단점을 종합적으로 고려하여 해결 방안을 찾는다.
⑤ '중복 없이, 누락 없이'를 통해 상위의 개념을 하위의 개념으로 논리적으로 분해한다.

39 A~E사원이 강남, 여의도, 상암, 잠실, 광화문 다섯 지역에 각각 출장을 간다. 다음 대화에서 한 명은 거짓말을 하고 나머지 네 명은 진실을 말하고 있을 때, 항상 거짓인 것은?

A : B는 상암으로 출장을 가지 않는다.
B : D는 강남으로 출장을 간다.
C : B는 진실을 말하고 있다.
D : C는 거짓말을 하고 있다.
E : C는 여의도, A는 잠실로 출장을 간다.

① A사원은 광화문으로 출장을 가지 않는다.
② B사원은 여의도로 출장을 가지 않는다.
③ C사원은 강남으로 출장을 가지 않는다.
④ D사원은 잠실로 출장을 가지 않는다.
⑤ E사원은 상암으로 출장을 가지 않는다.

40 다음 중 SWOT 분석에 대한 설명으로 적절하지 않은 것은?

> 강점, 약점, 기회, 위협요인을 분석·평가하고, 이들을 서로 연관 지어 전략을 개발하고 문제해결
> 방안을 개발하는 방법이다.

	강점 (Strengths)	약점 (Weaknesses)
기회 (Opportunities)	SO	WO
위협 (Threats)	ST	WT

① 강점과 약점은 외부환경요인에 해당하며, 기회와 위협은 내부환경요인에 해당한다.
② SO전략은 강점을 살려 기회를 포착하는 전략을 의미한다.
③ ST전략은 강점을 살려 위협을 회피하는 전략을 의미한다.
④ WO전략은 약점을 보완하여 기회를 포착하는 전략을 의미한다.
⑤ WT전략은 약점을 보완하여 위협을 회피하는 전략을 의미한다.

※ K공사 인사팀에 근무하고 있는 C대리는 A사원과 B차장의 승진심사를 위해 다음과 같이 표를 작성하였다. 이어지는 질문에 답하시오. [41~42]

〈승진심사 점수표〉

(단위 : 점)

소속	직위	업무			업무평점	능력	태도	승진심사 평점
		업무실적	개인평가	조직기여도				
총무팀	A사원	86	70	80		80	60	
자산팀	B차장	80	85	90		77	85	85

※ 승진심사 평점은 업무평점 80%, 능력 10%, 태도 10%로 계산한다.
※ 직위에 따른 업무평정 계산 기준
 - 사원 ~ 대리 : (업무실적)×0.5, (개인평가)×0.3, (조직기여도)×0.2
 - 과장 ~ 부장 : (업무실적)×0.3, (개인평가)×0.2, (조직기여도)×0.5

41 다음 중 B차장의 업무평점으로 옳은 것은?

① 78점   ② 80점
③ 83점   ④ 86점
⑤ 89점

42 다음 중 A사원의 승진심사 평점으로 옳은 것은?

① 65점   ② 70점
③ 78점   ④ 82점
⑤ 84점

43 다음 글을 근거로 판단할 때, 이에 대한 설명으로 옳은 것을 〈보기〉에서 모두 고르면?

> K국의 영유아보육법은 영유아가 안전하고 쾌적한 환경에서 건강하게 성장할 수 있도록 다음과 같이 어린이집의 보육교사 최소 배치 기준을 규정하고 있다.
>
> | 연령 | 보육교사 대비 영유아 비율 |
> | --- | --- |
> | (1) 만 1세 미만 | 1 : 3 |
> | (2) 만 1세 이상 만 2세 미만 | 1 : 5 |
> | (3) 만 2세 이상 만 3세 미만 | 1 : 7 |
>
> 위와 같이 연령별로 반을 편성하고 반마다 보육교사를 배치하되, 다음 기준에 따라 혼합반을 운영할 수 있다.
>
> | 혼합반 편성 | 보육교사 대비 영유아 비율 |
> | --- | --- |
> | (1)과 (2) | 1 : 3 |
> | (2)와 (3) | 1 : 5 |
> | (1)과 (3) | 편성 불가능 |

보기

ㄱ. 만 1세 미만 영유아 4명, 만 1세 이상 만 2세 미만 영유아 5명을 보육하는 어린이집은 보육교사를 최소 3명 배치해야 한다.

ㄴ. 만 1세 이상 만 2세 미만 영유아 6명, 만 2세 이상 만 3세 미만 영유아 12명을 보육하는 어린이집은 보육교사를 최소 3명 배치해야 한다.

ㄷ. 만 1세 미만 영유아 1명, 만 2세 이상 만 3세 미만 영유아 2명을 보육하는 어린이집은 보육교사를 최소 1명 배치해야 한다.

① ㄱ
② ㄴ
③ ㄷ
④ ㄱ, ㄴ
⑤ ㄱ, ㄷ

> 오팀장 : 저는 주로 팀원들이 자신의 적성에 맞고 흥미를 가지고 있는 업무를 할 때 성과가 높아진다고 생각합니다.
>
> 이팀장 : 저는 인력 배치를 통해 팀원 개개인이 자신들의 역량을 발휘해 줄 것을 기대하고 있습니다. 그래서 저는 팀원들은 개개인의 능력이나 성격 등과 가장 적합한 위치에 배치해 팀의 효율성을 높이고 싶습니다. 즉, 작업이나 직무가 요구하는 요건과 개인이 보유하고 있는 역량을 균형 있게 배치하는 것을 선호하는 편입니다.
>
> 김팀장 : 저는 인력 배치를 할 때 작업량과 여유 또는 부족 인원을 감안하여 소요 인원을 결정하여 배치하는 것을 선호합니다.
>
> 박부장 : 팀장님들의 의견 잘 들었습니다. 말씀해 주신 인력 배치 유형들을 적절하게 조화하여 팀을 운영한다면 더 좋은 성과를 낼 수 있겠네요.

44 다음 중 각 팀장이 가장 선호하는 인력 배치 유형을 바르게 짝지은 것은?

	오팀장	이팀장	김팀장
①	양적배치	질적배치	적성배치
②	질적배치	적성배치	양적배치
③	적성배치	질적배치	양적배치
④	적성배치	양적배치	질적배치
⑤	양적배치	적성배치	질적배치

45 다음 중 오팀장이 선호하는 인력 배치 유형의 특징으로 옳은 것은?

① 자신의 업무에 흥미를 느낄 수 있는 곳으로 배치된다.

② 작업량과 조업도, 여유 또는 부족 인원을 감안하여 소요 인원을 결정 및 배치한다.

③ 능력이나 성격 등과 가장 적합한 위치에 배치하는 것이다.

④ 개인에게 능력을 발휘할 수 있는 기회와 장소를 부여한다.

⑤ 모든 팀원을 평등하게 고려해서 배치한다.

※ 다음은 K회사의 원재료 정리에 대한 내용이다. 이어지는 질문에 답하시오. **[46~47]**

〈K회사의 원재료 재고 현황〉

원재료	입고 일시	무게(kg)	원재료	입고 일시	무게(kg)
ⓐ	2024.05.01 09:00	5	ⓐ	2024.05.01 16:14	2
ⓑ	2024.05.01 10:12	7	ⓒ	2024.05.01 16:49	3
ⓒ	2024.05.01 13:15	4	ⓐ	2024.05.01 17:02	5
ⓑ	2024.05.01 14:19	6	ⓑ	2024.05.01 17:04	4
ⓒ	2024.05.01 15:20	8	ⓒ	2024.05.01 19:04	8
ⓐ	2024.05.01 15:30	6	ⓑ	2024.05.01 21:49	5

〈K회사의 보관 방식〉

• K회사는 원재료 ⓐ, ⓑ, ⓒ를 받으면 무게에 따라 상자에 담아 포장한 후 보관한다.
• 원재료 ⓐ, ⓑ, ⓒ는 1개의 상자에 같이 포장이 가능하지만, 1개의 상자는 12kg을 초과할 수 없다.
• 원재료 ⓐ, ⓑ, ⓒ는 입고될 때 무게 그대로 분리하지 않고 포장한다.

46 K회사의 보관 방식에 따라 입고 순서대로 원재료를 상자에 담아 보관할 때 필요한 상자의 개수는?

① 6개 　　　　　　　　　② 7개
③ 8개 　　　　　　　　　④ 9개
⑤ 10개

47 원재료를 무게 순으로 하여 무거운 것부터 K회사의 보관 방식에 따라 보관한다면, 4번째 상자에 있는 원재료는?

① ⓐ 　　　　　　　　　② ⓐ, ⓑ
③ ⓐ, ⓒ 　　　　　　　　④ ⓑ, ⓒ
⑤ ⓐ, ⓑ, ⓒ

48 다음과 같은 상황에서 A기업이 얻을 수 있는 효과로 적절하지 않은 것은?

> A기업은 전자가격표시기(ESL; Electronic Shelf Label)를 점포별로 확대 설치한다고 밝혔다. 전자가격표시기는 과거 종이에 표시했던 상품의 가격 등을 전자 종이와 같은 디지털 장치를 활용해 표시하는 방식으로, 중앙 서버에서 상품정보를 변경하면 무선 통신을 통해 매장 내 전자가격표시기에 자동 반영된다. 기존 시스템의 경우 매주 평균 3,700여 개의 종이 가격표를 교체하는 데 평균 31시간이 걸렸으나, 전자가격표시 도입 이후 관련 업무에 투입되는 시간은 기존의 1/10 수준인 3.8시간으로 단축됐다.
> 현장에서 근무하는 직원들은 세일 행사 직전에는 30분 ~ 1시간 정도 일찍 출근하거나 전날 늦게 퇴근해 가격을 점검해야 했다. 그러나 전자가격표시기를 도입한 이후 업무가 간소화되면서 정시 출퇴근도 수월해졌다는 반응이다. A기업은 전자가격표시기 운영 데이터를 바탕으로 업그레이드 버전을 확대 적용할 방안이다.

① 생산성 향상 ② 가격 인상
③ 위험 감소 ④ 시장 점유율 증가
⑤ 고용 인력 증가

49 다음 중 예산에 대한 설명으로 옳지 않은 것은?

① 사전적 의미는 필요한 비용을 미리 헤아려 계산하는 것이다.
② 좁은 범위에서는 개인의 수입·지출에 관한 것도 포함된다.
③ 예산은 유한하기 때문에 예산관리를 해야 한다.
④ 대부분 정해진 예산범위 안에서 계획을 세우게 된다.
⑤ 예산관리는 예산을 수립하고 집행하는 데 있어 필요하다.

50 다음 중 빈칸에 들어갈 용어로 가장 적절한 것은?

> N회사에 근무 중인 S씨는 물품을 효과적으로 관리하기 위해 _____의 원칙에 따라 안 쓰는 이면지를 서랍 하단에 별도로 모아두고 있다.

① 동일성 ② 유사성
③ 구분성 ④ 명료성
⑤ 변별성

| 05 | 정보능력

51 다음 중 Windows에서 32bit 운영체제인지 64bit 운영체제인지 확인하는 방법으로 옳은 것은?

① [시작] 단추의 바로 가기 메뉴 – [속성]

② [시작] 단추 – [컴퓨터]의 바로 가기 메뉴 – [속성]

③ [시작] 단추 – [제어판]의 바로 가기 메뉴 – [관리 센터]

④ [시작] 단추 – [기본 프로그램]의 바로 가기 메뉴 – [열기]

⑤ [시작] 단추 – [컴퓨터]의 바로 가기 메뉴 – [네트워크]

52 다음 중 OJT에 대한 설명으로 옳은 것은?

① 별도의 외부 기관을 통해 직무 교육을 받으며 기업에 적응할 수 있도록 돕는 시스템이다.

② 지도자는 교육자가 스스로 깨달아야 하므로 지식을 전달하는 능력은 부족하여도 무관하다.

③ OJT는 과거에는 없던 최신식 신입사원 직무 교육 과정이다.

④ 신입사원에게 직무 경험을 쌓을 수 있는 기회를 제공한다.

⑤ 보통 같은 신입사원끼리 짝을 이루어 경쟁하는 과정에서 직무를 익힌다.

53 다음 글에서 알 수 있는 2차 자료에 해당되는 것은?

> 우리는 흔히 필요한 정보를 수집할 수 있는 원천을 정보원(Sources)이라 부른다. 정보원은 정보를 수집하는 사람의 입장에서 볼 때 공개된 것은 물론이고 비공개된 것도 포함되며 수집자의 주위에 있는 유형의 객체 가운데서 발생시키는 모든 것이 정보원이라 할 수 있다.
> 이러한 정보원은 크게 1차 자료와 2차 자료로 구분할 수 있다. 1차 자료는 원래의 연구성과가 기록된 자료를 의미한다. 2차 자료는 1차 자료를 효과적으로 찾아보기 위한 자료 혹은 1차 자료에 포함되어 있는 정보를 압축·정리해서 읽기 쉬운 형태로 제공하는 자료를 의미한다.

① 학술회의자료

② 백과사전

③ 출판 전 배포자료

④ 학위논문

⑤ 신문

54 다음 워크시트와 같이 평점이 3.0 미만인 행 전체에 셀 배경색을 지정하고자 한다. 이를 위해 조건부 서식 설정에서 사용할 수식으로 옳은 것은?

◢	A	B	C	D
1	학번	학년	이름	평점
2	20959446	2	강혜민	3.38
3	21159458	1	김경식	2.60
4	21059466	2	김병찬	3.67
5	21159514	1	장현정	1.29
6	20959476	2	박동현	3.50
7	21159467	1	이승현	3.75
8	20859447	4	이병훈	2.93
9	20859461	3	강수빈	3.84

① =$D2<3

② =$D&2<3

⑤ =D2>3

③ =D2<3

④ =D$2<3

55 다음은 J사의 일일판매내역이다. (가) 셀에 〈보기〉와 같은 함수를 입력했을 때 나타나는 값으로 옳은 것은?

◢	A	B	C	D
1				(가)
2				
3	제품이름	단가	수량	할인적용
4	J소스	200	5	90%
5	J아이스크림	100	3	90%
6	J맥주	150	2	90%
7	J커피	300	1	90%
8	J캔디	200	2	90%
9	J조림	100	3	90%
10	J과자	50	6	90%

보기

=SUMPRODUCT(B4:B10,C4:C10,D4:D10)

① 2,610

③ 2,710

⑤ 2,910₩

② 2,700

④ 2,900

| 06 | 기술능력

56 다음 중 산업재해에 해당되는 사례가 아닌 것은?

① 산업활동 중의 사고로 인해 사망하는 경우
② 근로자가 휴가 기간 중 사고로 부상당한 경우
③ 회사에 도보로 통근을 하는 도중 교통사고를 당하는 경우
④ 일용직, 계약직, 아르바이트생이 산업활동 중 부상당하는 경우
⑤ 유해 물질에 의한 중독 등으로 직업성 질환에 걸리거나 신체적 장애를 가져오는 경우

57 다음 설명에 해당하는 벤치마킹으로 가장 적절한 것은?

동일한 업종의 기업을 대상으로 상품이나 기술 및 경영방식 등을 배워 자사에 맞게 재창조하는 것으로, 동일한 업종이긴 하나 윤리적 문제가 발생할 여지가 없기 때문에 정보에 대한 접근 및 자료 수집이 용이하다. 하지만 문화나 제도적인 차이가 있기 때문에 이로 인해 발생할 문제에 대한 분석을 철저히 하지 않는다면 잘못된 결과를 얻을 수 있다.

① 내부 벤치마킹
② 경쟁적 벤치마킹
③ 비경쟁적 벤치마킹
④ 글로벌 벤치마킹
⑤ 간접적 벤치마킹

※ A씨는 K음식물처리기를 사용하기 전 주의사항을 알아보고자 설명서를 읽었다. 이어지는 질문에 답하시오. **[58~59]**

<K음식물처리기 사용 시 주의사항>

■ 음식물 쓰레기 투입 전 주의사항
 - 씻어서 넣어 주세요.
 - 수분을 제거 후 넣어 주세요.
 - 잘라서 조금씩 넣어 주세요.
 - 투입 가능한 물질만 넣어 주세요.
   ※ 투입 가능한 물질과 투입 불가능한 물질

투입 가능한 물질	투입 불가능한 물질
- 과일, 야채류 - 어류 및 육류 - 과자 등의 곡류 - 김치류 - 생선뼈 - 계란	- 동물 뼈 - 조개껍데기류 - 줄기류 - 씨앗류 - 질기거나 딱딱한 껍질류 - 약품류 - 커피찌꺼기 - 고무 등의 기타 비음식류

■ 제품 보관 방법
 • 단기간(10일 미만) 미사용 시
  - 전원 플러그를 뽑지 말고 연결한 상태를 유지해 주세요. 전원 플러그를 뽑으면 재사용 시 미생물 활동이 저하되거나 악취가 발생할 수 있습니다.
  - 재사용 시 내부가 건조하면 수분기가 조금 있는 음식물쓰레기 또는 소량의 물을 함께 넣어 주세요.
 • 장기간(10일 이상) 미사용 시
  - 장기간 미사용 시 2일 전부터 음식물 쓰레기 투입을 멈추고 제습모드를 작동시켜 분해물이 건조 상태를 유지할 수 있도록 해 주세요.
  - 분해 잔여물을 모두 배출하여 완벽하게 밀폐 후 보관하면 제품 재사용 시 잔여물을 재사용할 수 있습니다.
  - 수개월 이상 미사용할 경우에는 분해 잔여물을 모두 폐기하고 제품 재사용 시 미생물을 재구입하여 사용해 주세요.
  - 제품 보관 시 전원플러그를 뽑고 필터, 뚜껑 등을 깨끗하게 청소 후 건조하고 통풍이 잘 되는 곳에 보관해 주세요.

■ 고장신고 전 확인사항

증상	발생원인	해결방법
전원이 들어오지 않습니다.	전원플러그 연결 불량	전원 플러그를 연결하고 전원버튼을 눌러 주세요.
	전원버튼 미입력	
소음이 발생합니다.	무엇인가 부딪히는 소리	딱딱한 이물질을 제거해 주세요.
	'뽀드득' 등의 마찰음	소량의 수분을 공급해 주세요.
분해 잔해물에서 악취가 납니다.	청국장 냄새	정상입니다.
	시큼한 냄새	사용을 중단하고 밥 등을 투입해 주세요. 그 후에도 이상 발생 시 미생물 교환 또는 고객센터로 문의해 주세요.
악취가 유출됩니다.	각종 악취	제품의 덮개가 잘 덮여 있는지 확인해 주시고 덮여 있다면 필터를 교체해 주세요.
발효분해가 안 됩니다.	음식물 과다 투입	하루 정도 음식물 투입을 중단하고 제습 모드를 작동해 주세요.
	섬유질이 많은 음식 투입	시간이 지나면 분해됩니다. 꼭 잘라서 넣어 주세요.
벌레가 꼬입니다.	완전분해되지 않은 채 전원 중단	미생물을 교체해 주세요.

■ 고장신고 : 다음과 같은 증상이 지속되면 고객센터로 문의해 주세요.
 – 모터 등의 기계적인 소음
 – 음식물이 잘 안 섞이는 경우(모터 불량일 수 있습니다)
 – 점검 불이 들어오는 경우
 – 기타 제품 이상

58 다음 중 음식물처리기에 넣을 수 없는 음식물 쓰레기는?

① 콩밥
② 감기약
③ 고등어구이
④ 껍질을 깐 삶은 달걀
⑤ 데친 브로콜리

59 K음식물처리기 고객센터 B직원은 여러 건의 고객 문의를 받았다. 다음 중 바로 고장신고를 접수해야 하는 문의는?

① 음식물이 잘 안 섞입니다.
② 분해 잔여물에서 청국장 냄새가 납니다.
③ 제품에서 벌레가 나옵니다.
④ 내부에서 무엇인가 부딪히는 소리가 납니다.
⑤ 작동 시 눈 밟는 듯한 '뽀드득' 소리가 납니다.

60 다음 글에서 설명하는 기술혁신의 특성으로 가장 적절한 것은?

> 새로운 기술을 개발하기 위한 아이디어의 원천이나 신제품에 대한 소비자의 수요, 기술개발의 결과
> 등은 예측하기가 매우 어렵기 때문에 기술개발의 목표나 일정, 비용, 지출, 수익 등에 대한 사전계
> 획을 세우기란 쉽지 않다. 또 이러한 사전계획을 세운다고 하더라도 모든 기술혁신의 성공이 사전
> 의도나 계획대로 이루어지진 않는다. 때로는 그러한 성공들은 우연한 기회에 이루어지기도 하기 때
> 문이다.

① 장기간의 시간을 필요로 한다.

② 매우 불확실하다.

③ 지식 집약적인 활동이다.

④ 기업 내에서 많은 논쟁을 유발한다.

⑤ 부서 단독으로 수행되지 않으며, 조직의 경계를 넘나든다.

61 다음 중 업무수행 성과를 높이기 위한 행동전략을 잘못 사용하고 있는 사람은?

> A사원 : 저는 해야 할 일이 생기면 미루지 않고, 그 즉시 바로 처리하려고 노력합니다.
> B사원 : 저는 여러 가지 일이 생기면 비슷한 업무끼리 묶어서 한 번에 처리하곤 합니다.
> C대리 : 저는 다른 사람이 일하는 방식과 다른 방식으로 생각하여 더 좋은 해결책을 발견하기도
> 합니다.
> D대리 : 저도 C대리의 의견과 비슷합니다. 저는 저희 팀의 업무 지침이 마음에 들지 않아 저만의
> 방식을 찾고자 합니다.
> E인턴 : 저는 저희 팀에서 가장 일을 잘한다고 평가받는 김부장님을 제 역할모델로 삼았습니다.

① A사원
② B사원
③ C대리
④ D대리
⑤ E인턴

62 다음 중 A사원이 처리해야 할 첫 번째 업무와 마지막 업무를 바르게 연결한 것은?

> A씨, 우리 팀이 준비하는 프로젝트가 마무리 단계인 건 알고 있죠? 이제 곧 그동안 진행해 온 팀
> 프로젝트를 발표해야 하는데 A씨가 발표자로 선정되어서 몇 가지 말씀드릴 게 있어요. 9월 둘째
> 주 월요일 오후 4시에 발표를 할 예정이니 그 시간에 비어있는 회의실을 찾아보고 예약해 주세요.
> 오늘이 벌써 첫째 주 수요일이네요. 보통 일주일 전에는 예약해야 하니 최대한 빨리 확인하고 예약
> 해 주셔야 합니다. 또 발표 내용을 PPT 파일로 만들어서 저한테 메일로 보내 주세요. 검토 후 수정
> 사항을 회신할 테니 반영해서 최종본 내용을 브로슈어에 넣어 주세요. 최종 내용을 모두 입력하면
> 디자인팀 D대리님께 파일을 넘겨줘야 해요. 디자인팀에서 작업 후 인쇄소로 보낼 겁니다. 최종 브
> 로슈어는 1층 인쇄소에서 받아오시면 되는데 원래는 한나절이면 찾을 수 있지만 이번에 인쇄 주문
> 건이 많아서 다음 주 월요일에 찾을 수 있을 거예요. 아, 그리고 브로슈어 내용 정리 전에 작년에
> 프로젝트 발표자였던 B주임에게 물어보면 어떤 식으로 작성해야 할지 이야기해 줄 거예요.

① PPT 작성, D대리에게 파일 전달
② 회의실 예약, B주임에게 조언 구하기
③ 회의실 예약, 인쇄소 방문
④ B주임에게 조언 구하기, 인쇄소 방문
⑤ 회의실 예약, D대리에게 파일 전달

63 다음은 대부분 조직에서 활용하고 있는 부서명과 담당 업무의 예를 나타낸 자료이다. 이를 근거로 할 때, 부서명과 그 담당 업무의 내용이 적절하지 않은 것은?

부서명	담당 업무 내용
총무부	주주총회 및 이사회개최 관련 업무, 의전 및 비서업무, 집기비품 및 소모품의 구매와 관리, 사무실 임차 및 관리, 차량 및 통신시설의 운영, 국내외 출장 업무 협조, 복리후생 업무, 법률자문과 소송관리, 사내외 홍보 광고업무
인사부	조직기구의 개편 및 조정, 업무분담 및 조정, 인력수급계획 및 관리, 직무 및 정원의 조정 종합, 노사관리, 평가관리, 상벌관리, 인사발령, 교육체계 수립 및 관리, 임금제도, 복리후생제도 및 지원업무, 복무관리, 퇴직관리
기획부	경영계획 및 전략 수립, 전사기획업무 종합 및 조정, 중장기 사업계획의 종합 및 조정, 경영정보 조사 및 기획보고, 경영진단업무, 종합예산수립 및 실적관리, 단기사업계획 종합 및 조정, 사업계획, 손익추정, 실적관리 및 분석
회계부	회계제도의 유지 및 관리, 재무상태 및 경영실적 보고, 결산 관련 업무, 재무제표 분석 및 보고, 법인세, 부가가치세, 국세 지방세 업무자문 및 지원, 보험가입 및 보상업무, 고정자산 관련 업무
영업부	판매 계획, 판매예산의 편성, 시장조사, 광고 선전, 견적 및 계약, 제조지시서의 발행, 외상매출금의 청구 및 회수, 제품의 재고 조절, 거래처로부터의 불만처리, 제품의 사후관리, 판매원가 및 판매가격의 조사 검토

① 사옥 이전에 따르는 이전 비용 산출과 신사옥 입주를 대내외에 홍보해야 할 업무는 기획부 소관 업무이다.

② 작년 판매분 중 일부 제품에 하자가 발생하여 고객의 클레임을 접수하고 하자보수 등의 처리를 담당하는 것은 영업부의 주도적인 역할이다.

③ 회사의 지속가능경영보고서에 수록되어 주주들에게 배포될 경영실적 관련 자료를 준비하느라 회계부 직원들은 연일 야근 중이다.

④ 사무실 이전 계획에 따라 새로운 사무실의 층간 배치와 해당 위치별 공용 사무용기 분배 관련 작업은 총무부에서 실시한다.

⑤ 지난달 퇴직자의 퇴직급여 수령액에 문제가 있어 인사부 직원은 회사 퇴직급여 규정을 찾아보고 정정 사항을 바로잡았다.

※ 다음은 K공사 연구소의 주요 사업별 연락처이다. 이어지는 질문에 답하시오. [64~65]

〈주요 사업별 연락처〉

주요 사업	담당부서	연락처
고객 지원	고객지원팀	033-739-7001
감사, 부패방지 및 지도 점검	감사실	033-739-7011
국제협력, 경영 평가, 예산 기획, 규정, 이사회	전략기획팀	033-739-7023
인재 개발, 성과 평가, 교육, 인사, ODA사업	인재개발팀	033-739-7031
복무노무, 회계 관리, 계약 및 시설	경영지원팀	033-739-7048
품질 평가 관리, 품질 평가 관련 민원	평가관리팀	033-739-7062
가공품 유통 전반(실태조사, 유통정보), 컨설팅	유통정보팀	033-739-7072
대국민 교육, 기관 마케팅, 홍보 관리, CS, 브랜드 인증	고객홍보팀	033-739-7082
이력 관리, 역학조사 지원	이력관리팀	033-739-7102
유전자 분석, 동일성 검사	유전자분석팀	033-739-7111
연구사업 관리, 기준 개발 및 보완, 시장 조사	연구개발팀	033-739-7133
정부3.0, 홈페이지 운영, 대외자료 제공, 정보 보호	정보사업팀	033-739-7000

PART 2

64 다음 중 K공사 연구소의 주요 사업별 연락처를 본 채용 지원자의 반응으로 옳지 않은 것은?

① K공사 연구소는 1개의 실과 11개의 팀으로 이루어져 있구나.
② 예산 기획과 경영 평가는 같은 팀에서 종합적으로 관리하는구나.
③ 평가업무라 하더라도 평가 특성에 따라 담당하는 팀이 달라지는구나.
④ 홈페이지 운영은 고객홍보팀에서 마케팅과 함께 하는구나.
⑤ 부패방지를 위한 부서를 따로 두었구나.

65 다음 민원인의 요청을 듣고 난 후 민원을 해결하기 위해 연결해 주어야 할 부서로 옳은 것은?

민원인	얼마 전 신제품 품질 평가 등급 신청을 했습니다. 신제품 품질에 대한 등급에 대해 이의가 있습니다. 관련 건으로 담당자분과 통화하고 싶습니다.
상담직원	불편을 드려서 죄송합니다. ＿＿＿＿＿＿＿＿＿＿ 연결해 드리겠습니다. 잠시만 기다려 주십시오.

① 지도 점검 업무를 담당하고 있는 감사실로
② 연구사업을 관리하고 있는 연구개발팀으로
③ 기관의 홈페이지 운영을 전담하고 있는 정보사업팀으로
④ 이력 관리 업무를 담당하고 있는 이력관리팀으로
⑤ 품질 평가를 관리하는 평가관리팀으로

66 다음 상황에서 나타난 고객 유형에 대한 대처 방법으로 가장 적절한 것은?

> 직원 : 반갑습니다. 고객님, 찾으시는 제품 있으실까요?
> 고객 : 아이가 에어드레서가 필요하다고 해서요, 제품 좀 보러왔어요.
> 직원 : 그렇군요. 그럼 고객님, K제품 한번 보시겠어요? 이번에 나온 신제품인데요, 기존 제품들이 살균과 미세먼지제거기능 및 냄새분해기능만 있었다면, 이 제품은 그 기능에 더하여 바이러스 제거 기능이 추가되었습니다.
> 고객 : 가격이 얼마인가요?
> 직원 : 가격은 기존 제품의 약 1.8배 정도로 ×××만 원이지만, 이번에 저희 매장에서 2024년 신제품은 5%의 할인이 적용되기 때문에 지금 타사대비 최저가로 구매가 가능합니다.
> 고객 : 아, 비싸네요. 근데 바이러스가 눈에 안 보이는데 정말 제거되는지 믿을 수 있나요? 그냥 신제품이라고 좀 비싸게 파는 건 아닐까 생각이 드네요.

① 잠자코 고객의 의견을 경청하고 사과를 하도록 한다.
② 고객의 이야기를 경청하고, 맞장구치고, 추켜세우고, 설득한다.
③ 분명한 증거나 근거를 제시하여 고객이 확신을 갖도록 유도한다.
④ 과시욕이 충족될 수 있도록 고객의 언행을 제지하지 않고 인정해 준다.
⑤ 의외로 단순하게 생각하는 면이 있으므로 고객의 호감을 얻기 위해 노력한다.

67 다음 상황에서 나타나는 협상전략으로 가장 적절한 것은?

> K먹자골목에 있는 상가들은 수십 년간 역사를 이어온 상가들이 대부분이다 보니 서로 부모님은 물론 조부모님까지 아는 사이들이 대다수이다. 이로 인해 상가들끼리는 관계가 매우 돈독해 손님들이 지나가도 과도한 고객행위를 하지 않고 영업을 하는 비교적 조용한 골목이었다. 하지만 최근에 근처에 신도시가 들어서면서 많은 상가들이 들어와 K먹자골목에는 손님들이 눈에 띄게 줄어들었다. 이에 대부분의 상가들이 적자를 보는 상황임에도 불구하고 타지역처럼 손님들에게 과도한 호객행위를 하는 대신 상가들끼리 힘을 합쳐 K먹자골목 거리를 손님들이 방문하고 싶도록 새롭게 바꾸기로 하였다.

① 협력전략
② 유화전략
③ 회피전략
④ 무행동전략
⑤ 경쟁전략

68 다음 중 훌륭한 팀워크를 유지하기 위한 기본요소로 적절하지 않은 것은?

① 팀원 간 공동의 목표의식과 강한 도전의식을 가진다.
② 팀원 간에 상호 신뢰하고 존중한다.
③ 서로 협력하면서 각자의 역할에 책임을 다한다.
④ 팀원 개인의 능력이 최대한 발휘되는 것이 핵심이다.
⑤ 강한 자신감으로 상대방의 사기를 드높인다.

69 다음 중 바람직한 리더십의 사례로 적절하지 않은 것은?

① 김팀장은 팀의 목표를 명확히 정의하고, 팀원들에게 팀의 현안에 대해 구체적으로 인지시켰다.
② 이팀장은 팀원들이 자발적으로 과제를 해결해나갈 수 있도록 지원하였다.
③ 장팀장은 각 팀원이 업무를 적극적으로 수행할 수 있도록 개개인을 격려하였다.
④ 박팀장은 '무엇을 할까?'보다 '어떻게 할까?'에 초점에 두고 팀을 지휘하였다.
⑤ 양팀장은 팀원들이 소신 있게 자신의 의견을 나타낼 수 있도록 개방적 분위기를 조성하였다.

70 다음 글을 읽고 리더(Leader)의 입장에서 이해한 내용으로 가장 적절한 것은?

> 존 맥스웰(John Maxwell)의 저서 『121가지 리더십 불변의 법칙』 중 첫 번째 법칙으로 '뚜껑의 법칙'을 살펴볼 수 있다. 뚜껑의 법칙이란 용기(容器)를 키우려면 뚜껑의 크기도 그에 맞게 키워야만 용기로서의 역할을 제대로 할 수 있으며, 그렇지 않으면 병목 현상이 생겨 제 역할을 할 수 없다는 것이다.

① 리더는 자신에 적합한 인재를 등용할 수 있어야 한다.
② 참된 리더는 부하직원에게 기회를 줄 수 있어야 한다.
③ 리더는 부하직원의 실수도 포용할 수 있어야 한다.
④ 크고 작은 조직의 성과는 리더의 역량에 달려 있다.
⑤ 리더의 재능이 용기의 크고 작음을 결정한다.

| 09 | 자기개발능력

71 다음은 인사팀 직원들이 경력개발을 하는 이유에 대해 나눈 대화 내용이다. 대화 내용에서 같은 이유를 이야기하고 있는 사람을 바르게 짝지은 것은?

> Q사원 : 경력개발은 좋은 인간관계를 위해 꼭 필요한 것 같아요.
> R대리 : 현대사회는 빠르게 변화하고 있어. 지식정보사회에 적응하려면 경력을 개발해야 해.
> S과장 : 요즘 사회에는 평생직장이라는 개념이 사라졌잖아. 우리 나이 때에도 이직하는 사람들이 늘어났을 정도니까…. 이직을 준비하기 위해서라도 경력개발은 쉬지 않고 이뤄져야 해.
> T사원 : 전 자기 만족을 위해서 경력개발을 해야 한다고 생각해요. 한자리에 서 있지 않고 끊임없이 앞으로 나아간다는 기쁨이 있잖아요.

① R대리, S과장   ② Q사원, S과장

③ R대리, T사원   ④ Q사원, T사원

⑤ S과장, T사원

72 H씨는 외국어능력을 키우기 위해서 영어학원에 등록했다. 그런데 몸이 좋지 않거나 다른 약속이 생겨서 뜻대로 참석하지 못하고 있다. H씨의 자기개발을 방해하는 요인과 비슷한 사례는?

① A씨는 입사한 지 5년이 지났지만 아직 자신이 잘하는 일이 무엇인지 알 수 없어 고민이다.

② 신입사원 B씨는 직장 선배에게 회사 일도 중요하지만 개인적인 능력개발도 중요하다는 이야기를 들었다. 하지만 B씨는 어디서부터 어떤 것을 시작해야 할지 혼란스럽다.

③ C씨는 주말마다 봉사활동을 다니고 있지만 잦은 회식과 과음으로 최근엔 봉사활동에 나가지 못하고 있다.

④ D씨는 외국계 회사로 이직했다. 이직 후 D씨는 이전과는 다른 회사 분위기에 적응하느라 2주째 동호회에 나가지 못하고 있다.

⑤ E씨는 대기업에서 근무하고 있지만 하고 있는 업무가 적성에 맞지 않아 고민이다. 그렇다고 적성에 맞는 일을 찾아가기에는 너무 늦은 것 같다.

73 직장인 A씨는 그동안 자기개발을 통해 능력을 신장시키고 다른 사람과 차별성을 갖추었다. 그러나 이에 대한 PR을 하지 않아 자신의 가치에 대한 각인이 부족한 상태이다. 다음 중 자신을 PR하는 방법으로 옳지 않은 것은?

① 소셜 네트워크를 활용한다.
② 인적 네트워크를 활용한다.
③ 자신만의 명함을 만든다.
④ 업무를 더욱 성실하게 수행한다.
⑤ 경력 포트폴리오를 만든다.

74 신입사원 A씨는 회사에 입사한 후 자신의 능력을 높은 업무성과를 통해 발휘하고 싶다는 생각이 들었다. 그래서 A씨는 앞으로 회사생활에서의 행동전략을 세웠다. A씨가 세운 행동전략으로 옳은 것을 〈보기〉에서 모두 고르면?

> **보기**
> ㉠ 그날 할 일은 바로바로 처리해야겠다.
> ㉡ 회사 내 일을 잘한다고 소문이 난 B대리님이 어떻게 일하시는지 살펴보고 참고해야겠다.
> ㉢ 다른 사람들이 일하는 방법을 보고 그 방법대로 일해야겠다.
> ㉣ 회사의 업무 지침은 참고만 하고 나에게 맞는 업무 지침을 세워야겠다.

① ㉠
② ㉠, ㉡
③ ㉠, ㉡, ㉢
④ ㉡, ㉢, ㉣
⑤ ㉠, ㉡, ㉢, ㉣

75 다음 중 자기관리의 단계를 순서대로 바르게 나열한 것은?

> ㉠ 일정 수립
> ㉡ 과제 발견
> ㉢ 수행
> ㉣ 반성 및 피드백
> ㉤ 비전 및 목표 정립

① ㉠ - ㉢ - ㉡ - ㉤ - ㉣
② ㉠ - ㉢ - ㉤ - ㉡ - ㉣
③ ㉠ - ㉣ - ㉡ - ㉢ - ㉤
④ ㉤ - ㉡ - ㉠ - ㉢ - ㉣
⑤ ㉤ - ㉢ - ㉡ - ㉠ - ㉣

76 다음 중 비윤리적 행위의 원인에 대해 바르게 설명한 사람을 모두 고르면?

> 지원 : 비윤리적 행위의 주요 원인으로 무지, 무관심, 무절제, 자유 4가지를 꼽을 수 있어.
> 창인 : 어떤 사람이 악이라는 사실을 모른 채 선이라고 생각하여 노력하였다면, 이는 무관심에서
> 비롯된 비윤리적 행위에 해당해.
> 기율 : 자신의 행위가 비윤리적이라는 것을 알고 있으면서도 윤리적 기준을 따르는 것을 대수롭지
> 않게 여긴다면, 이는 무관심에서 비롯된 비윤리적 행위라고 볼 수 있어.
> 지현 : 자신의 행위가 비윤리적이라는 것을 알고 있으면서도 이를 통해 얻을 수 있는 이익이 주는
> 유혹이 너무 커 비윤리적 행위를 한다면, 이는 무절제에서 비롯된 것이야.

① 지원, 창인
② 지원, 기율
③ 창인, 기율
④ 창인, 지현
⑤ 기율, 지현

77 A사원은 입사한 이후로 가장 중요한 업무를 맡게 되었다. 업무 수행에 앞서 A사원은 상사인 E대리에게 업무에 대한 자세한 설명을 들었다. A사원은 E대리의 설명을 분명히 집중해서 들었지만, 처음 맡게 된 업무라 긴장을 한 나머지 설명의 일부분을 잊어버렸다. 이때 A사원이 해야 할 일로 가장 적절한 것은?

① 자신이 기억하는 범위 내에서 업무를 수행한 뒤 E대리에게 나머지 업무를 부탁한다.
② 회사 내 가이드라인을 참고하여 업무를 수행한다.
③ E대리에게 찾아가 상황을 밝히고, 다시 한 번 설명을 듣도록 한다.
④ G부장에게 찾아가 업무를 바꿔 달라고 부탁한다.
⑤ 기억나지 않는 부분은 직접 판단해 처리한다.

78 명함은 비즈니스맨에게는 없어서는 안 될 업무상 소도구의 하나라고 할 수 있다. 다음 중 명함을 교환하는 예절로 가장 적절한 것은?

① 명함은 한 손으로 건네도 예의에 어긋나지 않는다.
② 명함은 고객이 바로 볼 수 있도록 건넨다.
③ 이름의 한자 발음을 물어보는 것은 실례이다.
④ 명함을 동시에 주고받을 때는 왼손으로 주고 오른손으로 받는다.
⑤ 정중하게 인사를 하고 나서 명함을 내밀 때는 회사명과 이름을 밝히지 않아도 된다.

79 다음 글을 읽고 직장생활에 바르게 적용한 사람은?

> 정의는 선행이나 호의를 베푸는 것과 아주 밀접한 관련이 있다. 그러나 선행이나 호의에도 몇 가지 주의할 점이 있다. 첫째, 받는 자에게 피해가 되지 않도록 주의해야 하고 둘째, 베푸는 자는 자신이 감당할 수 있는 능력 내에서 베풀어야 하며 셋째, 각자 받을 만한 가치에 따라서 베풀어야 한다.
>
> — 키케로『의무론』
>
> 공자께서 말씀하시기를 "윗사람으로서 아랫사람을 너그럽게 관용할 줄 모르고, 예도를 행함에 있어 공경심이 없으며, 사람이 죽어 장례를 치르는 문상자리에서도 애도할 줄 모른다면 그런 인간을 어찌 더 이상 볼 가치가 있다 하겠느냐?"라고 하였다.
>
> —『논어』팔일 3-26

① A사원 : 며칠 후에 우리 부장님 생신이라 비상금을 털어서 고급 손목시계 하나 해 드리려고.

② B사원 : 지난주에 장례식장에 갔는데 육개장이 그렇게 맛있더라고.

③ C사원 : 내가 준 김밥을 먹고 배탈이 났다고? 냉장보관을 안 하긴 했는데….

④ D부장 : G사원이 어제 회식자리에서 내 옷에 김칫국물을 흘렸으니 세탁비를 받아야겠어.

⑤ E과장 : 출근해서 사원들과 즐겁게 아침인사를 나누었어. 내가 먼저 반갑게 아침인사를 건네면 기분이 좋아져 좋은 하루를 보낼 수 있거든.

80 다음은 직업의 의미에 대한 설명이다. 이를 참고할 때, 직업의 사례로 가장 적절한 것은?

> 직업은 경제적 보상이 있어야 하고, 본인의 자발적 의사에 의한 것이어야 하며, 장기적으로 계속해서 일하는 지속성을 가지고 있어야 한다.

① 보드게임을 좋아하는 승호는 퇴근 후 보드게임 동아리에 참여하고 있다.

② 커피를 좋아하는 현희는 카페에서 커피를 연구하며 바리스타로 일하고 있다.

③ 영희는 동네 요양원을 찾아가 청소, 빨래 등을 하며 봉사활동을 하였다.

④ 꽃을 좋아하는 민정이는 주말마다 꽃꽂이를 취미활동으로 하고 있다.

⑤ 지연이의 할아버지는 일본 제철소에서 강제노동에 시달린 경험을 갖고 계시다.

PART 2

작은 기회로부터 종종 위대한 업적이 시작된다.

– 데모스테네스 –

PART 3

채용 가이드

01 | 블라인드 채용 소개

1. 블라인드 채용이란?

채용 과정에서 편견이 개입되어 불합리한 차별을 야기할 수 있는 출신지, 가족관계, 학력, 외모 등의 편견요인은 제외하고, 직무능력만을 평가하여 인재를 채용하는 방식입니다.

2. 블라인드 채용의 필요성

- 채용의 공정성에 대한 사회적 요구
  - 누구에게나 직무능력만으로 경쟁할 수 있는 균등한 고용기회를 제공해야 하나, 아직도 채용의 공정성에 대한 불신이 존재
  - 채용상 차별금지에 대한 법적 요건이 권고적 성격에서 처벌을 동반한 의무적 성격으로 강화되는 추세
  - 시민의식과 지원자의 권리의식 성숙으로 차별에 대한 법적 대응 가능성 증가
- 우수인재 채용을 통한 기업의 경쟁력 강화 필요
  - 직무능력과 무관한 학벌, 외모 위주의 선발로 우수인재 선발기회 상실 및 기업경쟁력 약화
  - 채용 과정에서 차별 없이 직무능력중심으로 선발한 우수인재 확보 필요
- 공정한 채용을 통한 사회적 비용 감소 필요
  - 편견에 의한 차별적 채용은 우수인재 선발을 저해하고 외모·학벌 지상주의 등의 심화로 불필요한 사회적 비용 증가
  - 채용에서의 공정성을 높여 사회의 신뢰수준 제고

3. 블라인드 채용의 특징

편견요인을 요구하지 않는 대신 직무능력을 평가합니다.

※ 직무능력중심 채용이란?
기업의 역량기반 채용, NCS기반 능력중심 채용과 같이 직무수행에 필요한 능력과 역량을 평가하여 선발하는 채용방식을 통칭합니다.

4. 블라인드 채용의 평가요소

직무수행에 필요한 지식, 기술, 태도 등을 과학적인 선발기법을 통해 평가합니다.

평가기준 = 직무수행에 필요한 직무능력

※ 과학적 선발기법이란?
직무분석을 통해 도출된 평가요소를 서류, 필기, 면접 등을 통해 체계적으로 평가하는 방법으로 입사지원서, 자기소개서, 직무수행능력평가, 구조화 면접 등이 해당됩니다.

5. 블라인드 채용 주요 도입 내용

• 입사지원서에 인적사항 요구 금지
  – 인적사항에는 출신지역, 가족관계, 결혼여부, 재산, 취미 및 특기, 종교, 생년월일(연령), 성별, 신장 및 체중, 사진, 전공, 학교명, 학점, 외국어 점수, 추천인 등이 해당
  – 채용 직무를 수행하는 데 있어 반드시 필요하다고 인정될 경우는 제외
    예 특수경비직 채용 시 : 시력, 건강한 신체 요구
        연구직 채용 시 : 논문, 학위 요구 등
• 블라인드 면접 실시
  – 면접관에게 응시자의 출신지역, 가족관계, 학교명 등 인적사항 정보 제공 금지
  – 면접관은 응시자의 인적사항에 대한 질문 금지

6. 블라인드 채용 도입의 효과성

• 구성원의 다양성과 창의성이 높아져 기업 경쟁력 강화
  – 편견을 없애고 직무능력 중심으로 선발하므로 다양한 직원 구성 가능
  – 다양한 생각과 의견을 통하여 기업의 창의성이 높아져 기업경쟁력 강화
• 직무에 적합한 인재선발을 통한 이직률 감소 및 만족도 제고
  – 사전에 지원자들에게 구체적이고 상세한 직무요건을 제시함으로써 허수 지원이 낮아지고, 직무에 적합한 지원자 모집 가능
  – 직무에 적합한 인재가 선발되어 직무이해도가 높아져 업무효율 증대 및 만족도 제고
• 채용의 공정성과 기업이미지 제고
  – 블라인드 채용은 사회적 편견을 줄인 선발 방법으로 기업에 대한 사회적 인식 제고
  – 채용과정에서 불합리한 차별을 받지 않고 실력에 의해 공정하게 평가를 받을 것이라는 믿음을 제공하고, 지원자들은 평등한 기회와 공정한 선발과정 경험

02 | 서류전형 가이드

01 채용공고문

1. 채용공고문의 변화

기존 채용공고문	변화된 채용공고문
• 취업준비생에게 불충분하고 불친절한 측면 존재 • 모집분야에 대한 명확한 직무관련 정보 및 평가기준 부재 • 해당분야에 지원하기 위한 취업준비생의 무분별한 스펙 쌓기 현상 발생	• NCS 직무분석에 기반한 채용공고를 토대로 채용전형 진행 • 지원자가 입사 후 수행하게 될 업무에 대한 자세한 정보 공지 • 직무수행내용, 직무수행 시 필요한 능력, 관련된 자격, 직업기초능력 제시 • 지원자가 해당 직무에 필요한 스펙만을 준비할 수 있도록 안내
• 모집부문 및 응시자격 • 지원서 접수 • 전형절차 • 채용조건 및 처우 • 기타사항	• 채용절차 • 채용유형별 선발분야 및 예정인원 • 전형방법 • 선발분야별 직무기술서 • 우대사항

2. 지원 유의사항 및 지원요건 확인

채용 직무에 따른 세부사항을 공고문에 명시하여 지원자에게 적격한 지원 기회를 부여함과 동시에 채용과정에서의 공정성과 신뢰성을 확보합니다.

구성	내용	확인사항
모집분야 및 규모	고용형태(인턴 계약직 등), 모집분야, 인원, 근무지역 등	채용직무가 여러 개일 경우 본인이 해당되는 직무의 채용규모 확인
응시자격	기본 자격사항, 지원조건	지원을 위한 최소자격요건을 확인하여 불필요한 지원을 예방
우대조건	법정·특별·자격증 가점	본인의 가점 여부를 검토하여 가점 획득을 위한 사항을 사실대로 기재
근무조건 및 보수	고용형태 및 고용기간, 보수, 근무지	본인이 생각하는 기대수준에 부합하는지 확인하여 불필요한 지원을 예방
시험방법	서류·필기·면접전형 등의 활용방안	전형방법 및 세부 평가기법 등을 확인하여 지원전략 준비
전형일정	접수기간, 각 전형 단계별 심사 및 합격자 발표일 등	본인의 지원 스케줄을 검토하여 차질이 없도록 준비
제출서류	입사지원서(경력·경험기술서 등), 각종 증명서 및 자격증 사본 등	지원요건 부합 여부 및 자격 증빙서류 사전에 준비
유의사항	임용취소 등의 규정	임용취소 관련 법적 또는 기관 내부 규정을 검토하여 해당여부 확인

02 　직무기술서

직무기술서란 직무수행의 내용과 필요한 능력, 관련 자격, 직업기초능력 등을 상세히 기재한 것으로 입사 후 수행하게 될 업무에 대한 정보가 수록되어 있는 자료입니다.

1. 채용분야

[설명]

NCS 직무분류 체계에 따라 직무에 대한 「대분류 – 중분류 – 소분류 – 세분류」 체계를 확인할 수 있습니다. 채용 직무에 대한 모든 직무기술서를 첨부하게 되며 실제 수행 업무를 기준으로 세부적인 분류정보를 제공합니다.

채용분야	분류체계			
사무행정	대분류	중분류	소분류	세분류
분류코드	02. 경영 · 회계 · 사무	03. 재무 · 회계	01. 재무	01. 예산
				02. 자금
			02. 회계	01. 회계감사
				02. 세무

2. 능력단위

[설명]

직무분류 체계의 세분류 하위능력단위 중 실질적으로 수행할 업무의 능력만 구체적으로 파악할 수 있습니다.

능력단위	(예산)	03. 연간종합예산수립　04. 추정재무제표 작성 05. 확정예산 운영　06. 예산실적 관리
	(자금)	04. 자금운용
	(회계감사)	02. 자금관리　04. 결산관리 05. 회계정보시스템 운용　06. 재무분석 07. 회계감사
	(세무)	02. 결산관리　05. 부가가치세 신고 07. 법인세 신고

3. 직무수행내용

[설명]

세분류 영역의 기본정의를 통해 직무수행내용을 확인할 수 있습니다. 입사 후 수행할 직무내용을 구체적으로 확인할 수 있으며, 이를 통해 입사서류 작성부터 면접까지 직무에 대한 명확한 이해를 바탕으로 자신의 희망직무 인지 아닌지, 해당 직무가 자신이 알고 있던 직무가 맞는지 확인할 수 있습니다.

직무수행내용	(예산) 일정기간 예상되는 수익과 비용을 편성, 집행하며 통제하는 일
	(자금) 자금의 계획 수립, 조달, 운용을 하고 발생 가능한 위험 관리 및 성과평가
	(회계감사) 기업 및 조직 내 · 외부에 있는 의사결정자들이 효율적인 의사결정을 할 수 있도록 유용한 정보를 제공, 제공된 회계정보의 적정성을 파악하는 일
	(세무) 세무는 기업의 활동을 위하여 주어진 세법범위 내에서 조세부담을 최소화시키는 조세전략을 포함하고 정확한 과세소득과 과세표준 및 세액을 산출하여 과세당국에 신고 · 납부하는 일

4. 직무기술서 예시

태도	(예산) 정확성, 분석적 태도, 논리적 태도, 타 부서와의 협조적 태도, 설득력
	(자금) 분석적 사고력
	(회계 감사) 합리적 태도, 전략적 사고, 정확성, 적극적 협업 태도, 법률준수 태도, 분석적 태도, 신속성, 책임감, 정확한 판단력
	(세무) 규정 준수 의지, 수리적 정확성, 주의 깊은 태도
우대 자격증	공인회계사, 세무사, 컴퓨터활용능력, 변호사, 워드프로세서, 전산회계운용사, 사회조사분석사, 재경관리사, 회계관리 등
직업기초능력	의사소통능력, 문제해결능력, 자원관리능력, 대인관계능력, 정보능력, 조직이해능력

5. 직무기술서 내용별 확인사항

항목	확인사항
모집부문	해당 채용에서 선발하는 부문(분야)명 확인 예 사무행정, 전산, 전기
분류체계	지원하려는 분야의 세부직무군 확인
주요기능 및 역할	지원하려는 기업의 전사적인 기능과 역할, 산업군 확인
능력단위	지원분야의 직무수행에 관련되는 세부업무사항 확인
직무수행내용	지원분야의 직무군에 대한 상세사항 확인
전형방법	지원하려는 기업의 신입사원 선발전형 절차 확인
일반요건	교육사항을 제외한 지원 요건 확인(자격요건, 특수한 경우 연령)
교육요건	교육사항에 대한 지원요건 확인(대졸 / 초대졸 / 고졸 / 전공 요건)
필요지식	지원분야의 업무수행을 위해 요구되는 지식 관련 세부항목 확인
필요기술	지원분야의 업무수행을 위해 요구되는 기술 관련 세부항목 확인
직무수행태도	지원분야의 업무수행을 위해 요구되는 태도 관련 세부항목 확인
직업기초능력	지원분야 또는 지원기업의 조직원으로서 근무하기 위해 필요한 일반적인 능력사항 확인

1. 입사지원서의 변화

기존지원서		능력중심 채용 입사지원서
직무와 관련 없는 학점, 개인신상, 어학점수, 자격, 수상경력 등을 나열하도록 구성	VS	해당 직무수행에 꼭 필요한 정보들을 제시할 수 있도록 구성

직무기술서		인적사항	성명, 연락처, 지원분야 등 작성 (평가 미반영)
직무수행내용		교육사항	직무지식과 관련된 학교교육 및 직업교육 작성
요구지식 / 기술	➡	자격사항	직무관련 국가공인 또는 민간자격 작성
관련 자격증		경력 및 경험사항	조직에 소속되어 일정한 임금을 받거나(경력) 임금 없이(경험) 직무와 관련된 활동 내용 작성
사전직무경험			

2. 교육사항

• 지원분야 직무와 관련된 학교 교육이나 직업교육 혹은 기타교육 등 직무에 대한 지원자의 학습 여부를 평가하기 위한 항목입니다.

• 지원하고자 하는 직무의 학교 전공교육 이외에 직업교육, 기타교육 등을 기입할 수 있기 때문에 전공 제한 없이 직업교육과 기타교육을 이수하여 지원이 가능하도록 기회를 제공합니다.

(기타교육 : 학교 이외의 기관에서 개인이 이수한 교육과정 중 지원직무와 관련이 있다고 생각되는 교육내용)

구분	교육과정(과목)명	교육내용	과업(능력단위)

PART 3

3. 자격사항

- 채용공고 및 직무기술서에 제시되어 있는 자격 현황을 토대로 지원자가 해당 직무를 수행하는 데 필요한 능력을 가지고 있는지를 평가하기 위한 항목입니다.
- 채용공고 및 직무기술서에 기재된 직무관련 필수 또는 우대자격 항목을 확인하여 본인이 보유하고 있는 자격사항을 기재합니다.

자격유형	자격증명	발급기관	취득일자	자격증번호

4. 경력 및 경험사항

- 직무와 관련된 경력이나 경험 여부를 표현하도록 하여 직무와 관련한 능력을 갖추었는지를 평가하기 위한 항목입니다.
- 해당 기업에서 직무를 수행함에 있어 필요한 사항만을 기록하게 되어 있기 때문에 직무와 무관한 스펙을 갖추지 않아도 됩니다.
- 경력 : 금전적 보수를 받고 일정기간 동안 일했던 경우
- 경험 : 금전적 보수를 받지 않고 수행한 활동

※ 기업에 따라 경력 / 경험 관련 증빙자료 요구 가능

구분	조직명	직위 / 역할	활동기간(년 / 월)	주요과업 / 활동내용

Tip

입사지원서 작성 방법

○ 경력 및 경험사항 작성
- 직무기술서에 제시된 지식, 기술, 태도와 지원자의 교육사항, 경력(경험)사항, 자격사항과 연계하여 개인의 직무역량에 대해 스스로 판단 가능

○ 인적사항 최소화
- 개인의 인적사항, 학교명, 가족관계 등을 노출하지 않도록 유의

부적절한 입사지원서 작성 사례
- 학교 이메일을 기입하여 학교명 노출
- 거주지 주소에 학교 기숙사 주소를 기입하여 학교명 노출
- 자기소개서에 부모님이 재직 중인 기업명, 직위, 직업을 기입하여 가족관계 노출
- 자기소개서에 석·박사 과정에 대한 이야기를 언급하여 학력 노출
- 동아리 활동에 대한 내용을 학교명과 더불어 언급하여 학교명 노출

1. 자기소개서의 변화

- 기존의 자기소개서는 지원자의 일대기나 관심 분야, 성격의 장·단점 등 개괄적인 사항을 묻는 질문으로 구성되어 지원자가 자신의 직무능력을 제대로 표출하지 못합니다.
- 능력중심 채용의 자기소개서는 직무기술서에 제시된 직업기초능력(또는 직무수행능력)에 대한 지원자의 과거 경험을 기술하게 함으로써 평가 타당도의 확보가 가능합니다.

1. 우리 회사와 해당 지원 직무분야에 지원한 동기에 대해 기술해 주세요.

2. 자신이 경험한 다양한 사회활동에 대해 기술해 주세요.

3. 지원 직무에 대한 전문성을 키우기 위해 받은 교육과 경험 및 경력사항에 대해 기술해 주세요.

4. 인사업무 또는 팀 과제 수행 중 발생한 갈등을 원만하게 해결해 본 경험이 있습니까? 당시 상황에 대한 설명과 갈등의 대상이 되었던 상대방을 설득한 과정 및 방법을 기술해 주세요.

5. 과거에 있었던 일 중 가장 어려웠던(힘들었던) 상황을 고르고, 어떤 방법으로 그 상황을 해결했는지를 기술해 주세요.

자기소개서 작성 방법
① 자기소개서 문항이 묻고 있는 평가 역량 추측하기

예시

- 팀 활동을 하면서 갈등 상황 시 상대방의 니즈나 의도를 명확히 파악하고 해결하여 목표 달성에 기여했던 경험에 대해서 작성해 주시기 바랍니다.
- 다른 사람이 생각해내지 못했던 문제점을 찾고 이를 해결한 경험에 대해 작성해 주시기 바랍니다.

② 해당 역량을 보여줄 수 있는 소재 찾기(시간×역량 매트릭스)

예시

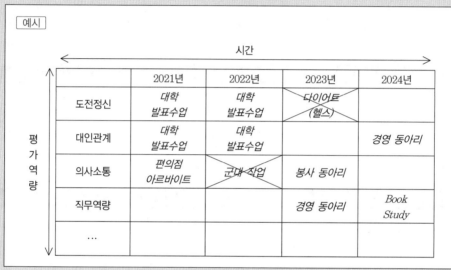

		2021년	2022년	2023년	2024년
평가역량	도전정신	대학 발표수업	대학 발표수업	~~다이어트 (헬스)~~	
	대인관계	대학 발표수업	대학 발표수업		경영 동아리
	의사소통	편의점 아르바이트	~~군대 작업~~	봉사 동아리	
	직무역량			경영 동아리	Book Study
	…				

③ 자기소개서 작성 Skill 익히기
- 두괄식으로 작성하기
- 구체적 사례를 사용하기
- '나'를 중심으로 작성하기
- 직무역량 강조하기
- 경험 사례의 차별성 강조하기

03 | 인성검사 소개 및 모의테스트

01　인성검사 유형

인성검사는 지원자의 성격특성을 객관적으로 파악하고 그것이 각 기업에서 필요로 하는 인재상과 가치에 부합하는가를 평가하기 위한 검사입니다. 인성검사는 KPDI(한국인재개발진흥원), K-SAD(한국사회적성개발원), KIRBS(한국행동과학연구소), SHR(에스에이치알) 등의 전문기관을 통해 각 기업의 특성에 맞는 검사를 선택하여 실시합니다. 대표적인 인성검사의 유형에는 크게 다음과 같은 세 가지가 있으며, 채용 대행 업체에 따라 달라집니다.

1. KPDI 검사

조직적응성과 직무적합성을 알아보기 위한 검사로 인성검사, 인성역량검사, 인적성검사, 직종별 인적성 검사 등의 다양한 검사 도구를 구현합니다. KPDI는 성격을 파악하고 정신건강 상태 등을 측정하고, 직무 검사는 해당 직무를 수행하기 위해 기본적으로 갖추어야 할 인지적 능력을 측정합니다. 역량검사는 특정 직무 역할을 효과적으로 수행하는 데 직접적으로 관련 있는 개인의 행동, 지식, 스킬, 가치관 등을 측정합니다.

2. KAD(Korea Aptitude Development) 검사

K-SAD(한국사회적성개발원)에서 실시하는 적성검사 프로그램입니다. 개인의 성향, 지적 능력, 기호, 관심, 흥미도를 종합적으로 분석하여 적성에 맞는 업무가 무엇인가 파악하고, 직무수행에 있어서 요구되는 기초능력과 실무능력을 분석합니다.

3. SHR 직무적성검사

직무수행에 필요한 종합적인 사고 능력을 다양한 적성검사(Paper and Pencil Test)로 평가합니다. SHR의 모든 직무능력검사는 표준화 검사입니다. 표준화 검사는 표본집단의 점수를 기초로 규준이 만들어진 검사이므로 개인의 점수를 규준에 맞추어 해석·비교하는 것이 가능합니다. S(Standardized Tests), H(Hundreds of Version), R(Reliable Norm Data)을 특징으로 하며, 직군·직급별 특성과 선발 수준에 맞추어 검사를 적용할 수 있습니다.

인성검사는 특히 면접질문과 관련성이 높습니다. 면접관은 지원자의 인성검사 결과를 토대로 질문을 하기 때문입니다. 일관적이고 이상적인 답변을 하는 것이 가장 좋지만, 실제 시험은 매우 복잡하여 전문가라 해도 일정 성격을 유지하면서 답변을 하는 것이 힘듭니다. 또한, 인성검사에는 라이 스케일(Lie Scale) 설문이 전체 설문 속에 교묘하게 섞여 들어가 있으므로 겉치레적인 답을 하게 되면 회답태도의 허위성이 그대로 드러나게 됩니다. 예를 들어 '거짓말을 한 적이 한 번도 없다.'에 '예'로 답하고, '때로는 거짓말을 하기도 한다.'에 '예'라고 답하여 라이 스케일의 득점이 올라가게 되면 모든 회답의 신빙성이 사라지고 '자신을 돋보이게 하려는 사람'이라는 평가를 받을 수 있으므로 주의해야 합니다. 따라서 모의테스트를 통해 인성검사의 유형과 실제 시험 시 어떻게 문제를 풀어야 하는지 연습해 보고 체크한 부분 중 자신의 단점과 연결되는 부분은 면접에서 질문이 들어왔을 때 어떻게 대처해야 하는지 생각해 보는 것이 좋습니다.

03 **유의사항**

1. 기업의 인재상을 파악하라!

인성검사를 통해 개인의 성격 특성을 파악하고 그것이 기업의 인재상과 가치에 부합하는지를 평가하는 시험이기 때문에 해당 기업의 인재상을 먼저 파악하고 시험에 임하는 것이 좋습니다. 모의테스트에서 인재상에 맞는 가상의 인물을 설정하고 문제에 답해 보는 것도 많은 도움이 됩니다.

2. 일관성 있는 대답을 하라!

짧은 시간 안에 다양한 질문에 답을 해야 하는데, 그 안에는 중복되는 질문이 여러 번 나옵니다. 이때 앞서 자신이 체크했던 대답을 잘 기억해뒀다가 일관성 있는 답을 하는 것이 중요합니다.

3. 모든 문항에 대답하라!

많은 문제를 짧은 시간 안에 풀려다 보니 다 못 푸는 경우도 종종 생깁니다. 하지만 대답을 누락하거나 끝까지 다 못했을 경우 좋지 않은 결과를 가져올 수도 있으니 최대한 주어진 시간 안에 모든 문항에 답할 수 있도록 해야 합니다.

※ 모의테스트는 질문 및 답변 유형 연습을 위한 것으로 실제 시험과 다를 수 있습니다.
※ 인성검사는 정답이 따로 없는 유형의 검사이므로 결과지를 제공하지 않습니다.

번호	내용	예	아니요
001	나는 솔직한 편이다.	☐	☐
002	나는 리드하는 것을 좋아한다.	☐	☐
003	법을 어겨서 말썽이 된 적이 한 번도 없다.	☐	☐
004	거짓말을 한 번도 한 적이 없다.	☐	☐
005	나는 눈치가 빠르다.	☐	☐
006	나는 일을 주도하기보다는 뒤에서 지원하는 것을 선호한다.	☐	☐
007	앞일은 알 수 없기 때문에 계획은 필요하지 않다.	☐	☐
008	거짓말도 때로는 방편이라고 생각한다.	☐	☐
009	사람이 많은 술자리를 좋아한다.	☐	☐
010	걱정이 지나치게 많다.	☐	☐
011	일을 시작하기 전 재고하는 경향이 있다.	☐	☐
012	불의를 참지 못한다.	☐	☐
013	처음 만나는 사람과도 이야기를 잘 한다.	☐	☐
014	때로는 변화가 두렵다.	☐	☐
015	나는 모든 사람에게 친절하다.	☐	☐
016	힘든 일이 있을 때 술은 위로가 되지 않는다.	☐	☐
017	결정을 빨리 내리지 못해 손해를 본 경험이 있다.	☐	☐
018	기회를 잡을 준비가 되어 있다.	☐	☐
019	때로는 내가 정말 쓸모없는 사람이라고 느낀다.	☐	☐
020	누군가 나를 챙겨주는 것이 좋다.	☐	☐
021	자주 가슴이 답답하다.	☐	☐
022	나는 내가 자랑스럽다.	☐	☐
023	경험이 중요하다고 생각한다.	☐	☐
024	전자기기를 분해하고 다시 조립하는 것을 좋아한다.	☐	☐

025	감시받고 있다는 느낌이 든다.	☐	☐
026	난처한 상황에 놓이면 그 순간을 피하고 싶다.	☐	☐
027	세상엔 믿을 사람이 없다.	☐	☐
028	잘못을 빨리 인정하는 편이다.	☐	☐
029	지도를 보고 길을 잘 찾아간다.	☐	☐
030	귓속말을 하는 사람을 보면 날 비난하고 있는 것 같다.	☐	☐
031	막무가내라는 말을 들을 때가 있다.	☐	☐
032	장래의 일을 생각하면 불안하다.	☐	☐
033	결과보다 과정이 중요하다고 생각한다.	☐	☐
034	운동은 그다지 할 필요가 없다고 생각한다.	☐	☐
035	새로운 일을 시작할 때 좀처럼 한 발을 떼지 못한다.	☐	☐
036	기분 상하는 일이 있더라도 참는 편이다.	☐	☐
037	업무능력은 성과로 평가받아야 한다고 생각한다.	☐	☐
038	머리가 맑지 못하고 무거운 느낌이 든다.	☐	☐
039	가끔 이상한 소리가 들린다.	☐	☐
040	타인이 내게 자주 고민상담을 하는 편이다.	☐	☐

※ 모의테스트는 질문 및 답변 유형 연습을 위한 것으로 실제 시험과 다를 수 있습니다.
※ 인성검사는 정답이 따로 없는 유형의 검사이므로 결과지를 제공하지 않습니다.

※ 이 성격검사의 각 문항에는 서로 다른 행동을 나타내는 네 개의 문장이 제시되어 있습니다. 이 문장들을 비교하여, 자신의 평소 행동과 가장 가까운 문장을 'ㄱ'열에 표기하고, 가장 먼 문장을 'ㅁ'열에 표기하십시오.

01 나는 _____

	ㄱ	ㅁ
A. 실용적인 해결책을 찾는다.	☐	☐
B. 다른 사람을 돕는 것을 좋아한다.	☐	☐
C. 세부 사항을 잘 챙긴다.	☐	☐
D. 상대의 주장에서 허점을 잘 찾는다.	☐	☐

02 나는 _____

	ㄱ	ㅁ
A. 매사에 적극적으로 임한다.	☐	☐
B. 즉흥적인 편이다.	☐	☐
C. 관찰력이 있다.	☐	☐
D. 임기응변에 강하다.	☐	☐

03 나는 _____

	ㄱ	ㅁ
A. 무서운 영화를 잘 본다.	☐	☐
B. 조용한 곳이 좋다.	☐	☐
C. 가끔 울고 싶다.	☐	☐
D. 집중력이 좋다.	☐	☐

04 나는 _____

	ㄱ	ㅁ
A. 기계를 조립하는 것을 좋아한다.	☐	☐
B. 집단에서 리드하는 역할을 맡는다.	☐	☐
C. 호기심이 많다.	☐	☐
D. 음악을 듣는 것을 좋아한다.	☐	☐

PART 3

05 나는 _____

	ㄱ	ㅁ
A. 타인을 늘 배려한다.	☐	☐
B. 감수성이 예민하다.	☐	☐
C. 즐겨하는 운동이 있다.	☐	☐
D. 일을 시작하기 전에 계획을 세운다.	☐	☐

06 나는 _____

	ㄱ	ㅁ
A. 타인에게 설명하는 것을 좋아한다.	☐	☐
B. 여행을 좋아한다.	☐	☐
C. 정적인 것이 좋다.	☐	☐
D. 남을 돕는 것에 보람을 느낀다.	☐	☐

07 나는 _____

	ㄱ	ㅁ
A. 기계를 능숙하게 다룬다.	☐	☐
B. 밤에 잠이 잘 오지 않는다.	☐	☐
C. 한 번 간 길을 잘 기억한다.	☐	☐
D. 불의를 보면 참을 수 없다.	☐	☐

08 나는 _____

	ㄱ	ㅁ
A. 종일 말을 하지 않을 때가 있다.	☐	☐
B. 사람이 많은 곳을 좋아한다.	☐	☐
C. 술을 좋아한다.	☐	☐
D. 휴양지에서 편하게 쉬고 싶다.	☐	☐

09 나는 _____

	ㄱ	ㅁ
A. 뉴스보다는 드라마를 좋아한다.	☐	☐
B. 길을 잘 찾는다.	☐	☐
C. 주말엔 집에서 쉬는 것이 좋다.	☐	☐
D. 아침에 일어나는 것이 힘들다.	☐	☐

10 나는 _____

	ㄱ	ㅁ
A. 이성적이다.	☐	☐
B. 할 일을 종종 미룬다.	☐	☐
C. 어른을 대하는 게 힘들다.	☐	☐
D. 불을 보면 매혹을 느낀다.	☐	☐

11 나는 _____

	ㄱ	ㅁ
A. 상상력이 풍부하다.	☐	☐
B. 예의 바르다는 소리를 자주 듣는다.	☐	☐
C. 사람들 앞에 서면 긴장한다.	☐	☐
D. 친구를 자주 만난다.	☐	☐

12 나는 _____

	ㄱ	ㅁ
A. 나만의 스트레스 해소 방법이 있다.	☐	☐
B. 친구가 많다.	☐	☐
C. 책을 자주 읽는다.	☐	☐
D. 활동적이다.	☐	☐

PART 3

04 | 면접전형 가이드

01 면접유형 파악

1. 면접전형의 변화

기존 면접전형에서는 일상적이고 단편적인 대화나 지원자의 첫인상 및 면접관의 주관적인 판단 등에 의해서 입사 결정 여부를 판단하는 경우가 많았습니다. 이러한 면접전형은 면접 내용의 일관성이 결여되거나 직무 관련 타당성이 부족하였고, 면접에 대한 신뢰도에 영향을 주었습니다.

기존 면접(전통적 면접)		능력중심 채용 면접(구조화 면접)
• 일상적이고 단편적인 대화 • 인상, 외모 등 외부 요소의 영향 • 주관적인 판단에 의존한 총점 부여 ⇩ • 면접 내용의 일관성 결여 • 직무관련 타당성 부족 • 주관적인 채점으로 신뢰도 저하	VS	• 일관성 　– 직무관련 역량에 초점을 둔 구체적 질문 목록 　– 지원자별 동일 질문 적용 • 구조화 　– 면접 진행 및 평가 절차를 일정한 체계에 의해 구성 • 표준화 　– 평가 타당도 제고를 위한 평가 Matrix 구성 　– 척도에 따라 항목별 채점, 개인 간 비교 • 신뢰성 　– 면접진행 매뉴얼에 따라 면접위원 교육 및 실습

2. 능력중심 채용의 면접 유형

① 경험 면접
- 목적 : 선발하고자 하는 직무 능력이 필요한 과거 경험을 질문합니다.
- 평가요소 : 직업기초능력과 인성 및 태도적 요소를 평가합니다.

② 상황 면접
- 목적 : 특정 상황을 제시하고 지원자의 행동을 관찰함으로써 실제 상황의 행동을 예상합니다.
- 평가요소 : 직업기초능력과 인성 및 태도적 요소를 평가합니다.

③ 발표 면접
- 목적 : 특정 주제와 관련된 지원자의 발표와 질의응답을 통해 지원자 역량을 평가합니다.
- 평가요소 : 직무수행능력과 인지적 역량(문제해결능력)을 평가합니다.

④ 토론 면접
- 목적 : 토의과제에 대한 의견수렴 과정에서 지원자의 역량과 상호작용능력을 평가합니다.
- 평가요소 : 직무수행능력과 팀워크를 평가합니다.

1. 경험 면접

① 경험 면접의 특징
- 주로 직업기초능력에 관련된 지원자의 과거 경험을 심층 질문하여 검증하는 면접입니다.
- 직무능력과 관련된 과거 경험을 평가하기 위해 심층 질문을 하며, 이 질문은 지원자의 답변에 대하여 '꼬리에 꼬리를 무는 형식'으로 진행됩니다.

> - 능력요소, 정의, 심사 기준
>   - 평가하고자 하는 능력요소, 정의, 심사기준을 확인하여 면접위원이 해당 능력요소 관련 질문을 제시합니다.
> - Opening Question
>   - 능력요소에 관련된 과거 경험을 유도하기 위한 시작 질문을 합니다.
> - Follow-up Question
>   - 지원자의 경험 수준을 구체적으로 검증하기 위한 질문입니다.
>   - 경험 수준 검증을 위한 상황(Situation), 임무(Task), 역할 및 노력(Action), 결과(Result) 등으로 질문을 구분합니다.

경험 면접의 형태

[면접관 1]　[면접관 2]　[면접관 3]　　　[면접관 1]　[면접관 2]　[면접관 3]

[지원자]　　　　　　[지원자 1]　[지원자 2]　[지원자 3]

〈일대다 면접〉　　　　　　〈다대다 면접〉

② 경험 면접의 구조

S(Situation)　귀하가 처해 있던 상황에 대해 말해 보시오.

T(Task)　귀하가 수행한 과제 / 과업은 무엇인가?

A(Action)　어떻게 행동(대응)했는가?

R(Result)　그 행동의 결과는 어땠는가?

③ 경험 면접 질문 예시(직업윤리)

시작 질문	
1	남들이 신경 쓰지 않는 부분까지 고려하여 절차대로 업무(연구)를 수행하여 성과를 낸 경험을 구체적으로 말해 보시오.
2	조직의 원칙과 절차를 철저히 준수하며 업무(연구)를 수행한 것 중 성과를 향상시킨 경험에 대해 구체적으로 말해 보시오.
3	세부적인 절차와 규칙에 주의를 기울여 실수 없이 업무(연구)를 마무리한 경험을 구체적으로 말해 보시오.
4	조직의 규칙이나 원칙을 고려하여 성실하게 일했던 경험을 구체적으로 말해 보시오.
5	타인의 실수를 바로잡고 원칙과 절차대로 수행하여 성공적으로 업무를 마무리하였던 경험에 대해 말해 보시오.

후속 질문		
상황 (Situation)	상황	구체적으로 언제, 어디에서 경험한 일인가?
		어떤 상황이었는가?
	조직	어떤 조직에 속해 있었는가?
		그 조직의 특성은 무엇이었는가?
		몇 명으로 구성된 조직이었는가?
	기간	해당 조직에서 얼마나 일했는가?
		해당 업무는 몇 개월 동안 지속되었는가?
	조직규칙	조직의 원칙이나 규칙은 무엇이었는가?
임무 (Task)	과제	과제의 목표는 무엇이었는가?
		과제에 적용되는 조직의 원칙은 무엇이었는가?
		그 규칙을 지켜야 하는 이유는 무엇이었는가?
	역할	당신이 조직에서 맡은 역할은 무엇이었는가?
		과제에서 맡은 역할은 무엇이었는가?
	문제의식	규칙을 지키지 않을 경우 생기는 문제점 / 불편함은 무엇인가?
		해당 규칙이 왜 중요하다고 생각하였는가?
역할 및 노력 (Action)	행동	업무 과정의 어떤 장면에서 규칙을 철저히 준수하였는가?
		어떻게 규정을 적용시켜 업무를 수행하였는가?
		규정은 준수하는 데 어려움은 없었는가?
	노력	그 규칙을 지키기 위해 스스로 어떤 노력을 기울였는가?
		본인의 생각이나 태도에 어떤 변화가 있었는가?
		다른 사람들은 어떤 노력을 기울였는가?
	동료관계	동료들은 규칙을 철저히 준수하고 있었는가?
		팀원들은 해당 규칙에 대해 어떻게 반응하였는가?
		규칙에 대한 태도를 개선하기 위해 어떤 노력을 하였는가?
		팀원들의 태도는 당신에게 어떤 자극을 주었는가?
	업무추진	주어진 업무를 추진하는 데 규칙이 방해되진 않았는가?
		업무수행 과정에서 규정을 어떻게 적용하였는가?
		업무 시 규정을 준수해야 한다고 생각한 이유는 무엇인가?

		규칙을 어느 정도나 준수하였는가?
결과 (Result)	평가	그렇게 준수할 수 있었던 이유는 무엇이었는가?
		업무의 성과는 어느 정도였는가?
		성과에 만족하였는가?
		비슷한 상황이 온다면 어떻게 할 것인가?
	피드백	주변 사람들로부터 어떤 평가를 받았는가?
		그러한 평가에 만족하는가?
		다른 사람에게 본인의 행동이 영향을 주었다고 생각하는가?
	교훈	업무수행 과정에서 중요한 점은 무엇이라고 생각하는가?
		이 경험을 통해 느낀 바는 무엇인가?

2. 상황 면접

① 상황 면접의 특징

직무 관련 상황을 가정하여 제시하고 이에 대한 대응능력을 직무관련성 측면에서 평가하는 면접입니다.

- 상황 면접 과제의 구성은 크게 2가지로 구분
  - 상황 제시(Description) / 문제 제시(Question or Problem)
- 현장의 실제 업무 상황을 반영하여 과제를 제시하므로 직무분석이나 직무전문가 워크숍 등을 거쳐 현장성을 높임
- 문제는 상황에 대한 기본적인 이해능력(이론적 지식)과 함께 실질적 대응이나 변수 고려능력(실천적 능력) 등을 고르게 질문해야 함

상황 면접의 형태

[면접관 1]　[면접관 2]

[연기자 1]　[연기자 2]　　　　　　[면접관 1]　[면접관 2]

[지원자]　　　　　　[지원자 1]　[지원자 2]　[지원자 3]
〈시뮬레이션〉　　　　　　　　〈문답형〉

② 상황 면접 예시

상황 제시	인천공항 여객터미널 내에는 다양한 용도의 시설(사무실, 통신실, 식당, 전산실, 창고 면세점 등)이 설치되어 있습니다.	실제 업무 상황에 기반함
	금년에 소방배관의 누수가 잦아 메인 배관을 교체하는 공사를 추진하고 있으며, 당신은 이번 공사의 담당자입니다.	배경 정보
	주간에는 공항 운영이 이루어져 주로 야간에만 배관 교체 공사를 수행하던 중, 시공하는 기능공의 실수로 배관 연결 부위를 잘못 건드려 고압배관의 소화수가 누출되는 사고가 발생하였으며, 이로 인해 인근 시설물에 누수에 의한 피해가 발생하였습니다.	구체적인 문제 상황
문제 제시	일반적인 소방배관의 배관연결(이음)방식과 배관의 이탈(누수)이 발생하는 원인에 대해 설명해 보시오.	문제 상황 해결을 위한 기본 지식 문항
	담당자로서 본 사고를 현장에서 긴급히 처리하는 프로세스를 제시하고, 보수완료 후 사후적 조치가 필요한 부분 및 재발방지 방안에 대해 설명해 보시오.	문제 상황 해결을 위한 추가 대응 문항

3. 발표 면접

① 발표 면접의 특징

- 직무관련 주제에 대한 지원자의 생각을 정리하여 의견을 제시하고, 발표 및 질의응답을 통해 지원자의 직무능력을 평가하는 면접입니다.
- 발표 주제는 직무와 관련된 자료로 제공되며, 일정 시간 후 지원자가 보유한 지식 및 방안에 대한 발표 및 후속 질문을 통해 직무적합성을 평가합니다.

> - 주요 평가요소
>   - 설득적 말하기 / 발표능력 / 문제해결능력 / 직무관련 전문성
> - 이미 언론을 통해 공론화된 시사 이슈보다는 해당 직무분야에 관련된 주제가 발표면접의 과제로 선정되는 경우가 최근 들어 늘어나고 있음
> - 짧은 시간 동안 주어진 과제를 빠른 속도로 분석하여 발표문을 작성하고 제한된 시간 안에 면접관에게 효과적인 발표를 진행하는 것이 핵심

발표 면접의 형태

[면접관 1] [면접관 2]   [면접관 1] [면접관 2]

[지원자]   [지원자 1] [지원자 2] [지원자 3]

〈개별 과제 발표〉   〈팀 과제 발표〉

※ 면접관에게 시각적 효과를 사용하여 메시지를 전달하는 쌍방향 커뮤니케이션 방식
※ 심층면접을 보완하기 위한 방안으로 최근 많은 기업에서 적극 도입하는 추세

② 발표 면접 예시

---

1. 지시문

당신은 현재 A사에서 직원들의 성과평가를 담당하고 있는 팀원이다. 인사팀은 지난주부터 사내 조직문화관련 인터뷰를 하던 도중 성과평가제도에 관련된 개선 니즈가 제일 많다는 것을 알게 되었다. 이에 팀장님은 인터뷰 결과를 종합하려 성과평가제도 개선 아이디어를 A4용지에 정리하여 신속 보고할 것을 지시하셨다. 당신에게 남은 시간은 1시간이다. 자료를 준비하는 대로 당신은 팀원들이 모인 회의실에서 5분 간 발표할 것이며, 이후 질의응답을 진행할 것이다.

2. 배경자료

〈성과평가제도 개선에 대한 인터뷰〉

최근 A사는 회사 사세의 급성장으로 인해 작년보다 매출이 두 배 성장하였고, 직원 수 또한 두 배로 증가하였다. 회사의 성장은 임금, 복지에 대한 상승 등 긍정적인 영향을 주었으나 업무의 불균형 및 성과보상의 불평등 문제가 발생하였다. 또한 수시로 입사하는 신입직원과 경력직원, 퇴사하는 직원들까지 인원들의 잦은 변동으로 인해 평가해야 할 대상이 변경되어 현재의 성과평가제도로는 공정한 평가가 어려운 상황이다.

[생산부서 김상호]
우리 팀은 지난 1년 동안 생산량이 급증했기 때문에 수십 명의 신규인력이 급하게 채용되었습니다. 이 때문에 저희 팀장님은 신규 입사자들의 이름조차 기억 못할 때가 많이 있습니다. 성과평가를 제대로 하고 있는지 의문이 듭니다.

[마케팅 부서 김흥민]
개인의 성과평가의 취지는 충분히 이해합니다. 그러나 현재 평가는 실적기반이나 정성적인 평가가 많이 포함되어 있어 객관성과 공정성에는 의문이 드는 것이 사실입니다. 이러한 상황에서 평가제도를 재수립하지 않고, 인센티브에 계속 반영한다면, 평가제도에 대한 반감이 커질 것이 분명합니다.

[교육부서 홍경민]
현재 교육부서는 인사팀과 밀접하게 일하고 있습니다. 그럼에도 인사팀에서 실시하는 성과평가제도에 대한 이해가 부족한 것 같습니다.

[기획부서 김경호 차장]
저는 저의 평가자 중 하나가 연구부서의 팀장님인데, 일 년에 몇 번 같이 일하지 않는데 어떻게 저를 평가할 수 있을까요? 특히 연구팀은 저희가 예산을 배정하는데, 저에게는 좋지만….

4. 토론 면접

① 토론 면접의 특징
- 다수의 지원자가 조를 편성해 과제에 대한 토론(토의)을 통해 결론을 도출해가는 면접입니다.
- 의사소통능력, 팀워크, 종합인성 등의 평가에 용이합니다.

> - 주요 평가요소
>   - 설득적 말하기, 경청능력, 팀워크, 종합인성
> - 의견 대립이 명확한 주제 또는 채용분야의 직무 관련 주요 현안을 주제로 과제 구성
> - 제한된 시간 내 토론을 진행해야 하므로 적극적으로 자신 있게 토론에 임하고 본인의 의견을 개진할 수 있어야 함

토론 면접의 형태

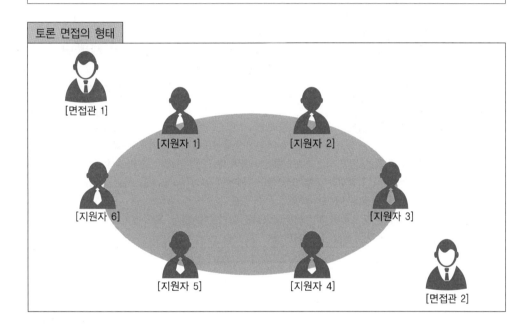

② 토론 면접 예시

고객 불만 고충처리

1. 들어가며

최근 우리 상품에 대한 고객 불만의 증가로 고객고충처리 TF가 만들어졌고 당신은 여기에 지원해 배치받았다. 당신의 업무는 불만을 가진 고객을 만나서 애로사항을 듣고 처리해 주는 일이다. 주된 업무로는 고객의 니즈를 파악해 방향성을 제시해 주고 그 해결책을 마련하는 일이다. 하지만 경우에 따라서 고객의 주관적인 의견으로 인해 제대로 된 방향으로 의사결정을 하지 못할 때가 있다. 이럴 경우 설득이나 논쟁을 해서라도 의견을 관철시키는 것이 좋을지 아니면 고객의 의견대로 진행하는 것이 좋을지 결정해야 할 때가 있다. 만약 당신이라면 이러한 상황에서 어떤 결정을 내릴 것인지 여부를 자유롭게 토론해 보시오.

2. 1분 자유 발언 시 준비사항

• 당신은 의견을 자유롭게 개진할 수 있으며 이에 따른 불이익은 없습니다.
• 토론의 방향성을 이해하고, 내용의 장점과 단점이 무엇인지 문제를 명확히 말해야 합니다.
• 합리적인 근거에 기초하여 개선방안을 명확히 제시해야 합니다.
• 제시한 방안을 실행 시 예상되는 긍정적·부정적 영향요인도 동시에 고려할 필요가 있습니다.

3. 토론 시 유의사항

• 토론 주제문과 제공해드린 메모지, 볼펜만 가지고 토론장에 입장할 수 있습니다.
• 사회자의 지정 또는 발표자가 손을 들어 발언권을 획득할 수 있으며, 사회자의 통제에 따릅니다.
• 토론회가 시작되면, 팀의 의견과 논거를 정리하여 1분간의 자유발언을 할 수 있습니다. 순서는 사회자가 지정합니다. 이후에는 자유롭게 상대방에게 질문하거나 답변을 하실 수 있습니다.
• 핸드폰, 서적 등 외부 매체는 사용하실 수 없습니다.
• 논제에 벗어나는 발언이나 지나치게 공격적인 발언을 할 경우, 위에서 제시한 유의사항을 지키지 않을 경우 불이익을 받을 수 있습니다.

1. 면접 Role Play 편성

- 교육생끼리 조를 편성하여 면접관과 지원자 역할을 교대로 진행합니다.
- 지원자 입장과 면접관 입장을 모두 경험해 보면서 면접에 대한 적응력을 높일 수 있습니다.

> **Tip**

면접 준비하기

1. 면접 유형 확인 필수
   - 기업마다 면접 유형이 상이하기 때문에 해당 기업의 면접 유형을 확인하는 것이 좋음
   - 일반적으로 실무진 면접, 임원면접 2차례에 거쳐 면접을 실시하는 기업이 많고 실무진 면접과 임원 면접에서 평가요소가 다르기 때문에 유형에 맞는 준비방법이 필요
2. 후속 질문에 대한 사전 점검
   - 블라인드 채용 면접에서는 주요 질문과 함께 후속 질문을 통해 지원자의 직무능력을 판단
     → STAR 기법을 통한 후속 질문에 미리 대비하는 것이 필요

05 | 주요 공기업 최신 면접 기출질문

1. 코레일 한국철도공사

[경험면접]
- 이미 완수된 작업을 창의적으로 개선한 경험이 있다면 말해 보시오.
- 작업을 창의적으로 개선했을 때 주변인의 반응에 대해 말해 보시오.
- 타인과 협업했던 경험에 대해 말해 보시오.
- 다른 사람과의 갈등을 해결한 경험이 있다면 말해 보시오.
- 추가로 어필하고 싶은 본인의 역량에 대해 말해 보시오.
- 자기개발을 어떻게 하는지 말해 보시오.
- 인생을 살면서 실패해 본 경험이 있다면 말해 보시오.
- 팀워크를 발휘한 경험이 있다면 본인의 역할과 성과에 대해 말해 보시오.
- 본인의 장점과 단점은 무엇인지 말해 보시오.
- 본인의 장단점을 업무와 연관지어 말해 보시오.
- 성공이나 실패의 경험으로 얻은 교훈이 있다면 이를 직무에 어떻게 적용할 것인지 말해 보시오.
- 본인이 중요하게 생각하는 가치관에 대해 말해 보시오.
- 공공기관의 직원으로서 중요시해야 하는 덕목이나 역량에 대해 말해 보시오.
- 인간관계에서 스트레스를 받은 경험이 있다면 말해 보시오.
- 코레일의 직무를 수행하기 위해 특별히 더 노력한 부분이 있다면 말해 보시오.
- 주변 사람이 부적절한 일을 했을 때 어떻게 해결했는지 말해 보시오.

[직무상황면접]
- 동료가 일하기 싫다며 일을 제대로 하지 않을 경우 어떻게 대처할 것인지 말해 보시오.
- 노력한 프로젝트의 결과가 안 좋을 경우 어떻게 해결할 것인지 말해 보시오.
- 상사와 가치관이 대립한다면 어떻게 해결할 것인지 말해 보시오.
- 상사가 불법적인 일을 시킨다면 어떻게 행동할 것인지 말해 보시오.

2. 국민건강보험공단

[토론면접]
- 출생신고제와 보호출산제의 병행 방향을 제시해 보시오.
- 섭식장애에 대한 지원 방향을 제시해 보시오.
- 저소득층의 당뇨 관리 방안은 무엇인가?
- 공단에 제시하고 싶은 개인정보보호 강화 방안은 무엇인가?
- 국민건강보험공단의 보장성을 강화할 수 있는 방안은 무언인가?
- 상병수당을 효과적으로 홍보할 수 있는 방안은 무엇인가?
- 고령화시대에서 국민건강보험공단의 이상적인 사업 추진 방향은 무엇인가?

[상황면접]
- 선임이 나에게는 잡일을 시키고 동기에게는 중요한 일을 시킨다면 본인은 어떻게 할 것인가?
- 열심히 자료 조사를 했는데 선임이 상사에게 본인이 찾았다고 하는 상황에서 어떻게 대처할 것인가?
- 선임 A와 선임 B의 업무방식이 다른데 각자의 방식대로 업무를 처리하라고 하는 경우 본인은 어떻게 할 것인가?
- 갑작스럽게 전산 시스템이 먹통이 되어 고객 응대가 불가능한 상황일 때 어떻게 대처할 것인가?
- 공단 사업에 불만을 가진 고객들이 지사 앞에서 시위를 하여 내방 민원인들이 지사를 들어오지 못하고 있다면 어떻게 행동할 것인가?
- 지사에 방문한 고객이 비효율적인 제도를 논리적으로 지적하면서 화를 내고 있다면 신입사원으로서 어떻게 대응할 것인가?
- 사후관리 대상자들이 전화를 받지 않고 상담을 진행하려 해도 대상자들이 본인의 검진결과를 모른다. 본인이 담당자라면 어떻게 하겠는가?
- 해당 방안에서 가장 어려울 것이라고 생각하는 것은 무엇인가?
- 노인들을 응대할 때 가장 중요한 것은 무엇인가?
- 민원인이 자신의 생각만 고집하며 계속 우긴다면 신입사원으로서 어떻게 대처할 것인가?

[경험행동면접]
- 사회복지와 관련된 경험이 적은 편인데, 관련된 지식은 어떤 것들이 있는지 말해 보시오.
- 성장의 동력이 되었던 실패 경험이 있는가?
- 성실하다는 평을 들어본 경험이 있다면 이야기해 보시오.
- 상사와 가치관이 대립된다면 어떻게 대처할 것인지 말해 보시오.
- 본인이 가지고 있는 역량 중 어떤 업무에 전문성이 있다고 생각하는가?
- 가장 자신 있는 업무와 이와 관련된 이슈를 아는 대로 말해 보시오.
- 업무 중 모르는 것이 있다면 어떻게 대처하겠는가?
- 업무를 숙지하는 노하우가 있다면 말해 보시오.
- 악성 민원을 대처해 본 경험이 있다면 말해 보시오.
- 상사의 긍정적 또는 부정적 피드백을 받은 경험이 있는가?
- 동료와의 갈등상황이 생긴다면 어떻게 대처하겠는가?
- 끈기를 가지고 노력했던 경험이 있는가?
- 공공기관 직원이 갖춰야 할 중요한 가치나 덕목은 무엇이라고 생각하는가?
- 실패하거나 힘들었던 경험에서 후회하는 부분은 무엇이며 지금 다시 돌아간다면 어떻게 할 것인가?

3. 한국전력공사

- 타인과의 갈등 상황이 발생했을 때, 지원자만의 해결 방안이 있는가?
- 우리 공사에 관련한 최신 기사에 대하여 간략하게 말해 보시오.
- 정확성과 신속성 중 무엇을 더 중요하게 생각하는가?
- 지원자의 좌우명은 무엇인가?
- 지원자의 단점을 말해 보시오.
- 최근의 시사이슈를 한 가지 말해 보고, 그에 대한 본인의 생각을 말해 보시오.
- 최근에 겪은 변화에 대하여 말해 보시오.
- 지원자의 특별한 장점에 대하여 말해 보시오.
- 우리 공사에 입사한다면, 포부에 대하여 말해 보시오.
- 지원자는 팀 프로젝트에 적극적으로 참여한 것 같은데, 적극성과 신중함 중 어느 쪽에 가깝게 프로젝트를 진행했는가?
- 우리 공사가 추구하는 가치가 무엇인지 알고 있는가?

4. 건강보험심사평가원

- 본인의 역량을 발휘할 수 있는 부서는 어디인지 말해 보시오.
- 원칙과 상황 중 어느 것을 중요하게 생각하는지 말해 보시오.
- 업무를 익히는 노하우에 대해 말해 보시오.
- 본인의 강점을 직무와 연관지어 말해 보시오.
- 본인의 단점으로 인해 발생할 수 있는 문제와 이를 개선하기 위한 방안을 말해 보시오.
- 인생을 살면서 가장 몰입했던 일이 무엇인지 말해 보시오.
- 그 일에 몰입하게 된 이유에 대해 말해 보시오.
- 꾸준히 해온 자기계발이 있다면 말해 보시오.
- 신뢰를 받은 경험이 있다면 말해 보시오.
- 건강보험심사평가원에서 가장 관심 있게 본 것에 대해 말해 보시오.
- 건강보험심사평가원의 업무에서 발휘할 수 있는 자신의 역량은 무엇인지 말해 보시오.
- 고객 서비스 정신이란 무엇이라고 생각하는지 말해 보시오.
- 팀원들과 함께 해오던 프로젝트를 갈아 엎어야 하는 상황이 발생한다면 어떻게 대처할지 말해 보시오.
- 힘들지만 끝까지 해낸 경험이 있다면 말해 보시오.
- 건강보험심사평가원의 가치 중 가장 중요하다 생각하는 것은 무엇인지 말해 보시오.
- 건강보험심사평가원에서 해 보고 싶은 업무가 있다면 무엇인지 말해 보시오.

5. 서울교통공사

- 자신의 소통 역량을 어필할 수 있는 경험이 있다면 말해 보시오.
- 본인의 강점과 업무상 필요한 자질을 연관 지어 이야기해 보시오.
- 경쟁하던 상대방을 배려한 경험이 있다면 말해 보시오.
- 책에서 배우지 않았던 지식을 활용했던 경험이 있다면 말해 보시오.
- 타인과의 소통에 실패했던 경험이 있는지, 이를 통해 느낀 점은 무엇인지 말해 보시오.
- 본인의 직업관을 솔직하게 말해 보시오.
- 정보를 수집하는 본인만의 기준이 있다면 말해 보시오.
- 긍정적인 에너지를 발휘했던 경험이 있다면 말해 보시오.
- 서울교통공사와 관련하여 최근 접한 이슈가 있는지, 그에 대한 본인의 생각은 어떠한지 말해 보시오.
- 팀 프로젝트 과정 중에 문제를 겪었던 경험이 있는지, 그런 경험이 있다면 문제를 어떻게 효과적으로 해결했는지 말해 보시오.
- 본인은 주위 사람들로부터 어떤 평가를 받는 사람인지 말해 보시오.
- 본인이 맡은 바보다 더 많은 일을 해 본 경험이 있는지 말해 보시오.
- 평소 생활에서 안전을 지키기 위해 노력했던 습관이 있다면 말해 보시오.
- 기대했던 목표보다 더 높은 성과를 거둔 경험이 있다면 말해 보시오.
- 공공데이터의 활용 방안에 대해 말해 보시오.
- 상대방을 설득하는 본인만의 방법에 대해 말해 보시오.
- 지하철 객차 내에서 느낀 불편한 점이 있는지 말해 보시오.
- 본인의 스트레스 해소 방안에 대해 말해 보시오.
- 서울교통공사에 입사하기 위해 참고했던 자료 중 세 가지를 골라 말해 보시오.
- 본인의 악성민원 응대 방법에 대해 말해 보시오.
- 기획안을 작성하고자 할 때 어떤 자료를 어떻게 참고할 것인지 말해 보시오.

6. LH 한국토지주택공사

[업무직]
- 가장 최근에 실패한 경험과 그것을 어떻게 극복하였는지 말해 보시오.
- 입사 후 어떻게 적응해 나갈 것인가?
- 지금까지 살면서 겪은 일 중 가장 자랑할 만한 일을 말해 보시오.
- 본인의 평소 별명이 무엇인가?
- 공기업을 택한 이유가 무엇인가?
- 소통을 잘할 수 있는 방법이 무엇이라고 생각하는가?
- 새로운 것에 도전한 사례를 말해 보시오.

- 이력서에 기재된 사항을 잘 확인해봤는가?
- 현장근무가 가능한가?
- 현장에서 근무하다 민원 등의 난처한 상황이 발생한다면 어떻게 대처하겠는가?
- LH에서 진행하고 있는 사업 중 관심 있는 사업과 그 이유는 무엇인가?
- LH 계약직에 지원한 이유가 무엇인가?
- 주거급여 수급자가 본인에게 욕을 하거나 민원응대 거부를 하면 어떻게 대응할 것인가?
- 국가에 대해 어떻게 생각하는가?

7. LX 한국국토정보공사

[상황면접]
- 지적 재조사로 인해 민원인의 경계를 조정해야 하는 상황이라면 어떻게 행동하겠는가?
- 상사가 업무와 무관한 지시를 내린다면 어떻게 하겠는가?
- 공금 횡령 등 회사에 재무적 손실을 야기하는 부당한 지시를 내린다면 어떻게 대처하겠는가?
- 지적측량 업무 민원이 많이 밀려 있으며, 업무처리는 선임이 거의 맡아서 하고 있다. 신입직원인 지원자는 업무처리 능력도 부족하고 민원을 처리하는 것도 어려운 상황이다. 이 상황에서 지원자는 어떻게 대처할 것인가?
- 업무수행 중 민원이 발생하였다면 어떻게 대처하겠는가?

[경험면접]
- 팀 활동을 할 때, 자신의 노력으로 성과를 보인 경험을 말해 보시오.
- 살면서 힘들었던 경험에 대해 말해 보시오.
- 지원한 직무에 대해서 경험이 없을 때, 어떻게 극복할 것인가?
- 인턴생활을 하면서 어려운 점이 있었는가?
- 자신은 리더형과 팔로워형 중 무엇에 더 가까운가?
- 준비한 자격증은 무엇이며 전공이 무엇인가?
- 협력을 통해 성과를 낸 경험에 대해 말해 보시오.
- 정보의 편향을 막기 위한 본인만의 방법이 있는가?
- 직무와 간접적으로 관련된 자료를 분석한 경험이 있다면, 그 경험에 대해 구체적으로 말해 보시오.
- 지원자가 직접 수집한 정보를 바탕으로 문제를 해결한 경험이 있다면, 그 경험에 대해 구체적으로 말해 보시오.

8. 한국산업인력공단

- 한국산업인력공단이 디지털 시대에 맞춰 변화해야 한다고 생각하는 2가지를 말해 보시오.
- 내키지 않는 업무를 했던 경험을 말해 보시오.
- 주변 사람들에게 받았던 피드백에 대해 말해 보시오.
- 주변 사람들이 본인을 어떻게 생각하는지 말해 보시오.
- 한국산업인력공단의 사업을 보다 널리 알릴 수 있는 방안에 대해 말해 보시오.
- 한국산업인력공단의 여러 사업 중 본인이 가장 관심 있는 사업에 대해 설명해 보시오.
- 본인이 지원한 직무에 기여할 수 있는 역량을 말해 보시오.
- 공직자로서 가장 중요하다고 생각하는 것이 무엇인지 말해 보시오.
- 선배에게 피드백을 받기 위해 노력했던 경험을 말해 보시오.
- 리더의 자질이 무엇이라고 생각하는지 말해 보시오.
- 입사 후 가장 맡고 싶은 사업은 무엇이며, 이에 어떤 태도로 임할 것인지 말해 보시오.

9. 한국농어촌공사

- 안전 관련 경험에 대해 말해 보시오.
- 회의 문화에 대해 말해 보시오.
- 한국농어촌공사 채용 과정에서 준비한 것을 말해 보시오.
- 한국농어촌공사 채용을 준비하면서 인상 깊었던 공사의 사업을 말해 보시오.
- 동료 또는 상사로부터 받은 긍정적인 피드백에 대해 말해 보시오.
- 동료 또는 상사로부터 받은 부정적인 피드백에 대해 말해 보시오.
- 갈등해결을 위해 중요하다고 생각하는 부분에 대해 말해 보시오.
- 한국농어촌공사에 입사하기 위해 가장 필요한 역량을 말해 보시오.
- 한국농어촌공사에 기여하기 위한 방안을 말해 보시오.

10. 국민연금공단

- 자신이 함께 일하기 힘든 사람의 유형을 설명하고, 어떻게 동기부여를 할 것인지 말해 보시오.
- 본인의 장점을 소개하고, 그 점이 우리 회사에 어떻게 기여할 수 있는지 말해 보시오.
- 워라벨을 중요시하는 요즘 신입사원들의 분위기에 대해 어떻게 생각하는지 말해 보시오.
- 리더십이란 무엇이라고 생각하는지 말해 보시오.
- 주 52시간 근무제도 활성화를 위한 강점 강화 방법과 문제의 극복 방안을 말해 보시오.
- 저출생 시대에 국민연금공단이 사회를 위하여 할 수 있는 일에 대해 말해 보시오.
- 우리 공단이 운영하고 있는 연금제도가 다른 연금과 다른 점이 무엇인지 말해 보시오.
- 공단 창단일을 기념하여 오케스트라를 초청하려고 하는데, MZ세대 신입사원들은 아이돌 가수의 공연을 원할 경우 어떻게 대처할 것인지 말해 보시오.
- 향후 우리 공단이 해결해야 할 가장 큰 과제와 대책을 말해 보시오.
- 키오스크 사용을 어려워하는 노령층을 위해 어떻게 할 것인지 말해 보시오.
- 공공기관의 직원으로서 함양해야 한다고 생각하는 자세가 무엇인지 말해 보시오.
- 본인은 어떤 사람을 보았을 때 '일을 잘한다.'라고 느끼는지 말해 보시오.
- 자신을 한 문장으로 설명해 보시오.
- 퇴근 후 중요한 약속이 있는데 갑자기 급한 업무가 주어졌을 때 어떻게 할 것인지 말해 보시오.
- 국민연금공단의 직원으로서 가져야 할 자세에 대해 말해 보시오.
- 우리 공단에 입사하기 위하여 노력했던 점에 대해 자격증 취득을 제외하고 말해 보시오.
- 조직 생활을 하면서 책임감이나 성실성을 인정 받았던 경험이 있다면 말해 보시오.
- 고객만족을 위해 노력한 경험이 있다면 말해 보시오.
- 화가 난 민원인이 폭력을 행사하려고 할 경우 어떻게 대응할 것인지 말해 보시오.
- 노령의 민원인이 본인의 말을 알아듣지 못할 경우 어떻게 응대할 것인지 말해 보시오.

11. 한국가스공사

- 살면서 불합리한 일을 개선한 적이 있는가?
- 자기주도적으로 한 일을 말해 보시오.
- 프로젝트를 진행한 경험이 있는가? 있다면 그 경험을 통해 얻은 것과 보완하고 싶은 것을 말해 보시오.
- 지원한 분야와 관련하여 가장 열정적으로 임했던 업무에 대해 말해 보시오.
- 전공에 대한 지식을 업무에 어떻게 녹여낼 것인지 말해 보시오.
- 분쟁 시 어떻게 해결할지 그 과정을 말해 보시오.
- 포기하지 않고 일을 완수한 경험을 말해 보시오.
- 창의적인 경험으로 문제를 해결했던 적이 있는가?
- 트라우마 극복 방법을 말해 보시오.
- 한국가스공사에 지원하게 된 동기는 무엇인가?

현재 나의 실력을 객관적으로 파악해 보자!

모바일 OMR
답안채점 / 성적분석 서비스

도서에 수록된 모의고사에 대한 객관적인 결과(정답률, 순위)를 종합적으로 분석하여 제공합니다.

OMR 입력

성적분석

채점결과

※OMR 답안채점 / 성적분석 서비스는 등록 후 30일간 사용 가능합니다.

도서 내 모의고사 우측 상단에 위치한 QR코드 찍기 → 로그인 하기 → '시작하기' 클릭 → '응시하기' 클릭 → 나의 답안을 모바일 OMR 카드에 입력 → '성적분석 & 채점결과' 클릭 → 현재 내 실력 확인하기

시대에듀
공기업 취업을 위한 NCS
직업기초능력평가 시리즈

NCS부터 전공까지 완벽 학습 "통합서" 시리즈

공기업 취업의 기초부터 차근차근! 취업의 문을 여는 Master Key!

NCS 영역 및 유형별 체계적 학습 "집중학습" 시리즈

영역별 이론부터 유형별 모의고사까지! 단계별 학습을 통한 Only Way!

2025
최 신 판

합격의 모든 것!

기업별 NCS 시리즈
누적 판매량

공기업

편저 | SDC(Sidae Data Center)

고졸채용

통합기본서
직업기초능력 + 면접

정답 및 해설

시대에듀

Add+

2024년 주요 공기업
NCS 기출복원문제

끝까지 책임진다! 시대에듀!

QR코드를 통해 도서 출간 이후 발견된 오류나 개정법령, 변경된 시험 정보, 최신기출문제, 도서 업데이트 자료 등이 있는지 확인해 보세요! 시대에듀 합격 스마트 앱을 통해서도 알려 드리고 있으니 구글 플레이나 앱 스토어에서 다운받아 사용하세요. 또한, 파본 도서인 경우에는 구입하신 곳에서 교환해 드립니다.

2024 | 주요 공기업
NCS 기출복원문제

01	02	03	04	05	06	07	08	09	10	11	12	13	14	15	16	17	18	19	20
③	④	⑤	③	②	③	①	③	④	⑤	②	③	③	①	④	②	①	⑤	①	②
21	22	23	24	25	26	27	28	29	30	31	32	33	34	35	36	37	38	39	40
①	④	③	③	②	④	③	②	②	④	②	④	③	④	①	②	④	③	②	③
41	42	43	44	45	46	47	48	49	50										
③	③	③	⑤	②	③	②	②	①	⑤										

01
정답 ③

제시된 시는 신라시대 6두품 출신의 문인인 최치원이 지은 『촉규화』이다. 최치원은 자신을 향기 날리는 탐스런 꽃송이에 비유하여 뛰어난 학식과 재능을 뽐내고 있지만, 수레와 말 탄 사람에 비유한 높은 지위의 사람들이 자신을 외면하는 현실을 한탄하고 있다.

> **최치원**
> 신라시대 6두품 출신의 문인으로, 12세에 당나라로 유학을 간 후 6년 만에 당의 빈공과에 장원으로 급제할 정도로 학문적 성취가 높았다. 그러나 당나라에서 제대로 인정을 받지 못했고, 신라에 돌아와서도 6두품이라는 출신의 한계로 원하는 만큼의 관직에 오르지는 못하였다. 『촉규화』는 최치원이 당나라 유학시절에 지은 시로 알려져 있으며, 자신을 알아주지 않는 시대에 대한 개탄을 담고 있다. 최치원은 인간 중심의 보편성과 그에 따른 다양성을 강조하였고, 신라의 쇠퇴로 인해 이러한 그의 정치 이념과 사상은 신라 사회에서는 실현되지 못하였으나 이후 고려 국가의 체제 정비에 영향을 미쳤다.

02
정답 ④

네 번째 문단에서 백성들이 적지 않고, 토산품이 구비되어 있지만 이로운 물건이 세상에 나오지 않고, 그렇게 하는 방법을 모르기 때문에 경제를 윤택하게 하는 것 자체를 모른다고 하였다. 따라서 조선의 경제가 윤택하지 못한 이유를 부족한 생산량이 아니라 유통의 부재로 보고 있다.

[오답분석]
① 세 번째 문단에서 쓸모없는 물건을 사용하여 유용한 물건을 유통하고 거래하지 않는다면 유용한 물건들이 대부분 한 곳에 묶여서 고갈될 것이라고 하며 유통이 원활하지 않은 현실을 비판하고 있다.
② 세 번째 문단에서 옛날의 성인과 제왕은 유통의 중요성을 알고 있었기 때문에 주옥과 화폐 등의 물건을 조성하여 재물이 원활하게 유통될 수 있도록 노력했다고 하며 재물 유통을 위한 성현들의 노력을 제시하고 있다.
③ 여섯 번째 문단에서 재물을 우물에 비유하여 설명하고 있다. 재물의 소비를 하지 않으면 물을 길어내지 않는 우물처럼 말라 버릴 것이며, 소비를 한다면 물을 퍼내는 우물처럼 물이 가득할 것이라며 재물에 대한 소비가 경제의 규모를 늘릴 것이라고 강조하고 있다.
⑤ 여섯 번째 문단에서 비단옷을 입지 않으면 비단을 짜는 사람과 베를 짜는 여인 등 관련 산업 자체가 황폐해질 것이라고 하고 있다. 따라서 산업의 발전을 위한 적당한 사치(소비)가 있어야 함을 주장하고 있다.

03

정답 ⑤

'말로는 친한 듯 하나 속으로는 해칠 생각이 있음'을 뜻하는 한자성어는 '口蜜腹劍(구밀복검)'이다.
• 刻舟求劍(각주구검) : 융통성 없이 현실에 맞지 않는 낡은 생각을 고집하는 어리석음

오답분석

① 水魚之交(수어지교) : 아주 친밀하여 떨어질 수 없는 사이
② 結草報恩(결초보은) : 죽은 뒤에라도 은혜를 잊지 않고 갚음
③ 靑出於藍(청출어람) : 제자나 후배가 스승이나 선배보다 나음
④ 指鹿爲馬(지록위마) : 윗사람을 농락하여 권세를 마음대로 함

04

정답 ③

③에서 '뿐이다'는 체언(명사, 대명사, 수사)인 '셋'을 수식하므로 조사로 사용되었다. 따라서 앞말과 붙여 써야 한다.

오답분석

① 종결어미 '−는지'는 앞말과 붙여 써야 한다.
② '만큼'은 용언(동사, 형용사)인 '애쓴'을 수식하므로 의존명사로 사용되었다. 따라서 앞말과 띄어 써야 한다.
④ '큰지'와 '작은지'는 모두 연결어미 '−ㄴ지'로 쓰였으므로 앞말과 붙여 써야 한다.
⑤ '−판'은 앞의 '씨름'과 합성어를 이루므로 붙여 써야 한다.

05

정답 ②

'채이다'는 '차이다'의 잘못된 표기이다. 따라서 '차였다'로 표기해야 한다.
• 차이다 : 주로 남녀 관계에서 일방적으로 관계가 끊기다.

오답분석

① 금세 : 지금 바로. '금시에'의 준말
③ 핼쑥하다 : 얼굴에 핏기가 없고 파리하다.
④ 낯설다 : 전에 본 기억이 없어 익숙하지 아니하다.
⑤ 곰곰이 : 여러모로 깊이 생각하는 모양

06

정답 ③

한자어에서 'ㄹ' 받침 뒤에 연결되는 'ㄷ, ㅅ, ㅈ'은 된소리로 발음되므로 [몰쌍식]으로 발음해야 한다.

오답분석

①・④ 받침 'ㄴ'은 'ㄹ'의 앞이나 뒤에서 [ㄹ]로 발음하지만, 결단력, 공권력, 상견례 등에서는 [ㄴ]으로 발음한다.
② 받침 'ㄱ(ㄲ, ㅋ, ㄳ, ㄺ), ㄷ(ㅅ, ㅆ, ㅈ, ㅊ, ㅌ, ㅎ), ㅂ(ㅍ, ㄼ, ㄿ, ㅄ)'은 'ㄴ, ㅁ' 앞에서 [ㅇ, ㄴ, ㅁ]으로 발음한다.
⑤ 받침 'ㄷ, ㅌ(ㄾ)'이 조사나 접미사의 모음 'ㅣ'와 결합되는 경우에는 [ㅈ, ㅊ]으로 바꾸어서 뒤 음절 첫소리로 옮겨 발음한다.

07

정답 ①

$865 \times 865 + 865 \times 270 + 135 \times 138 - 405$
$= 865 \times 865 + 865 \times 270 + 135 \times 138 - 135 \times 3$
$= 865 \times (865 + 270) + 135 \times (138 - 3)$
$= 865 \times 1,135 + 135 \times 135$
$= 865 \times (1,000 + 135) + 135 \times 135$
$= 865 \times 1,000 + (865 + 135) \times 135$
$= 865,000 + 135,000$
$= 1,000,000$
따라서 식을 계산하여 나온 수의 백의 자리는 0, 십의 자리는 0, 일의 자리는 0이다.

08

정답 ③

터널의 길이를 xm라 하면 다음과 같은 식이 성립한다.

$$\frac{x+200}{60} : \frac{x+300}{90} = 10 : 7$$

$$\frac{x+300}{90} \times 10 = \frac{x+200}{60} \times 7$$

$\rightarrow \ 600(x+300) = 630(x+200)$

$\rightarrow \ 30x = 54,000$

$\therefore \ x = 1,800$

따라서 터널의 길이는 1,800m이다.

09

정답 ④

나열된 수의 규칙은 (첫 번째 수)×[(두 번째 수)−(세 번째 수)]=(네 번째 수)이다.
따라서 빈칸에 들어갈 수는 9×(16−9)=63이다.

10

정답 ⑤

제시된 수열은 +3, +5, +7, +9, … 씩 증가하는 수열이다.
따라서 빈칸에 들어갈 수는 97+21=118이다.

11

정답 ②

A반과 B반 모두 2번의 경기를 거쳐 결승에 만나는 경우는 다음과 같다.

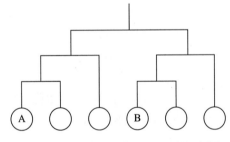

이때 남은 네 반을 배치할 때마다 모두 다른 경기가 진행되므로 구하고자 하는 경우의 수는 4!=24가지이다.

12

정답 ③

첫 번째 조건에 따라 ①, ②는 70대 이상에서 도시의 여가생활 만족도(1.7점)가 같은 연령대의 농촌(ㄹ) 만족도(3.5점)보다 낮으므로 제외되고, 두 번째 조건에 따라 도시에서 10대의 여가생활 만족도는 농촌에서 10대(1.8점)의 2배보다 높으므로 1.8×2=3.6점을 초과해야 하나 ④는 도시에서 10대(ㄱ)의 여가생활 만족도가 3.5점이므로 제외된다. 또한, 세 번째 조건에 따라 ⑤는 도시에서 여가생활 만족도가 가장 높은 연령대인 40대(3.9점)보다 30대(ㄴ)가 4.0점으로 높으므로 제외된다.
따라서 마지막 조건까지 만족하는 것은 ③이다.

13

정답 ③

K제품의 가격을 10,000원 인상할 때 판매량은 $(10,000-160)$개이고, 20,000원 인상할 때 판매량은 $(10,000-320)$개이다. 또한, 가격을 10,000원 인하할 때 판매량은 $(10,000+160)$개이고, 20,000원 인하할 때 판매량은 $(10,000+320)$개이다. 따라서 가격이 $(500,000+10,000x)$원일 때 판매량은 $(10,000-160x)$개이므로, 총판매금액을 y원이라 하면 $(500,000+10,000x)\times(10,000-160x)$원이 된다.

y는 x에 대한 이차식이므로 이를 표준형으로 표현하면 다음과 같다.

$$y=(500,000+10,000x)\times(10,000-160x)$$
$$=-1,600,000\times(x+50)\times(x-62.5)$$
$$=-1,600,000\times(x^2-12.5x-3,125)$$
$$=-1,600,000\times\left(x-\frac{25}{4}\right)^2+1,600,000\times\left(\frac{25}{4}\right)^2+1,600,000\times3,125$$

따라서 $x=\dfrac{25}{4}$일 때 총판매금액이 최대이지만 가격은 10,000원 단위로만 변경할 수 있으므로 $\dfrac{25}{4}$와 가장 가까운 자연수인 $x=6$일 때 총판매금액이 최대가 된다. 그러므로 제품의 가격은 $500,000+10,000\times6=560,000$원이다.

14

정답 ①

방사형 그래프는 여러 평가 항목에 대하여 중심이 같고 크기가 다양한 원 또는 다각형을 도입하여 구역을 나누고, 각 항목에 대한 도수 등을 부여하여 점을 찍은 후 그 점끼리 이어 생성된 다각형으로 자료를 분석할 수 있다. 따라서 방사형 그래프인 ①을 사용하면 항목별 비교 및 균형을 쉽게 파악할 수 있다.

15

정답 ④

3월의 경우 K톨게이트를 통과한 영업용 승합차 수는 229천 대이고, 영업용 대형차 수는 139천 대이다.
$139\times2=278>229$이므로 3월의 영업용 승합차 수는 영업용 대형차 수의 2배 미만이다.
따라서 모든 달에서 영업용 승합차 수는 영업용 대형차 수의 2배 이상이 아니므로 옳지 않은 설명이다.

오답분석

① 각 달의 전체 승용차 수와 전체 승합차 수의 합은 다음과 같다.
- 1월 : $3,807+3,125=6,932$천 대
- 2월 : $3,555+2,708=6,263$천 대
- 3월 : $4,063+2,973=7,036$천 대
- 4월 : $4,017+3,308=7,325$천 대
- 5월 : $4,228+2,670=6,898$천 대
- 6월 : $4,053+2,893=6,946$천 대
- 7월 : $3,908+2,958=6,866$천 대
- 8월 : $4,193+3,123=7,316$천 대
- 9월 : $4,245+3,170=7,415$천 대
- 10월 : $3,977+3,073=7,050$천 대
- 11월 : $3,953+2,993=6,946$천 대
- 12월 : $3,877+3,040=6,917$천 대

따라서 전체 승용차 수와 승합차 수의 합이 가장 많은 달은 9월이고, 가장 적은 달은 2월이다.

② 4월을 제외하고 K톨게이트를 통과한 비영업용 승합차 수는 월별 3,000천 대(=300만 대)를 넘지 않는다.

③ 모든 달에서 (영업용 대형차 수)$\times10\geq$ (전체 대형차 수)이므로 영업용 대형차 수의 비율은 모든 달에서 전체 대형차 수의 10% 이상이다.

⑤ 승용차가 가장 많이 통과한 달은 9월이고, 이때 영업용 승용차 수의 비율은 9월 전체 승용차 수의 $\dfrac{140}{4,245}\times100 \fallingdotseq 3.3\%$로 3% 이상이다.

16

정답 ②

제시된 열차의 부산역 도착시간을 계산하면 다음과 같다.
• KTX
　8:00(서울역 출발) → 10:30(부산역 도착)
• ITX-청춘
　7:20(서울역 출발) → 8:00(대전역 도착) → 8:15(대전역 출발) → 11:05(부산역 도착)
• ITX-마음
　6:40(서울역 출발) → 7:20(대전역 도착) → 7:35(대전역 출발) → 8:15(울산역 도착) → 8:30(울산역 출발) → 11:00(부산역 도착)
• 새마을호
　6:30(서울역 출발) → 7:30(대전역 도착) → 7:40(ITX-마음 출발 대기) → 7:55(대전역 출발) → 8:55(울산역 도착) → 9:10(울산역 출발) → 10:10(동대구역 도착) → 10:25(동대구역 출발) → 11:55(부산역 도착)
• 무궁화호
　5:30(서울역 출발) → 6:50(대전역 도착) → 7:05(대전역 출발) → 8:25(울산역 도착) → 8:35(ITX-마음 출발 대기) → 8:50(울산역 출발) → 10:10(동대구역 도착) → 10:30(새마을호 출발 대기) → 10:45(동대구역 출발) → 12:25(부산역 도착)
따라서 가장 늦게 도착하는 열차는 무궁화호로, 12시 25분에 부산역에 도착한다.

〔오답분석〕
① ITX-청춘은 11시 5분에 부산역에 도착하고, ITX-마음은 11시에 부산역에 도착한다.
③ ITX-마음은 정차역인 대전역과 울산역에서 다른 열차와 시간이 겹치지 않는다.
④ 부산역에 가장 빨리 도착하는 열차는 KTX로, 10시 30분에 도착한다.
⑤ 무궁화호는 울산역에서 8시 15분에 도착한 ITX-마음으로 인해 8시 35분까지 대기하며, 동대구역에서 10시 10분에 도착한 새마을호로 인해 10시 30분까지 대기한다.

17

정답 ①

A과장과 팀원 1명은 7시 30분까지 사전 회의를 가져야 하므로 8시에 출발하는 KTX만 이용할 수 있다. 남은 팀원 3명은 11시 30분까지 부산역에 도착해야 하므로 10시 30분에 도착하는 KTX, 11시 5분에 도착하는 ITX-청춘, 11시에 도착하는 ITX-마음을 이용해야 하며, 이 중 가장 저렴한 열차를 이용해야 하므로 ITX-마음을 이용한다. 따라서 KTX 2인, ITX-마음 3인의 요금을 계산하면 $(59,800 \times 2)+(42,600 \times 3)=119,600+127,800=247,400$원이다.

18

정답 ⑤

A는 B의 부정적인 의견들을 구조화하여 B가 그러한 논리를 가지게 된 궁극적 원인인 경쟁력 부족을 찾아내었고, 이러한 원인을 해소할 수 있는 방법을 찾아 자신의 계획을 재구축하여 B에게 설명하였다. 따라서 제시문에서 나타난 논리적 사고의 구성요소는 상대 논리의 구조화이다.

〔오답분석〕
① 설득 : 논증을 통해 나의 생각을 다른 사람에게 이해·공감시키고, 타인이 내가 원하는 행동을 하도록 하는 것이다.
② 구체적인 생각 : 상대가 말하는 것을 잘 알 수 없을 때, 이미지를 떠올리거나 숫자를 활용하는 등 구체적인 방법을 활용하여 생각하는 것이다.
③ 생각하는 습관 : 논리적 사고를 개발하기 위해 일상적인 모든 것에서 의문점을 가지고 그 원인을 생각해 보는 습관이다.
④ 타인에 대한 이해 : 나와 상대의 주장이 서로 반대될 때, 상대의 주장 전부를 부정하지 않고 상대의 인격을 존중하는 것이다.

19

정답 ①

마지막 조건에 따라 C는 항상 두 번째에 도착하게 되고, 첫 번째 조건에 따라 A − B가 순서대로 도착했으므로 A, B는 첫 번째로
도착할 수 없다. 또한 두 번째 조건에서 D는 E보다 늦게 도착하므로 가능한 경우를 정리하면 다음과 같다.

구분	첫 번째	두 번째	세 번째	네 번째	다섯 번째
경우 1	E	C	A	B	D
경우 2	E	C	D	A	B

따라서 E는 항상 가장 먼저 도착한다.

20

정답 ②

전제 1의 전건(P)인 'TV를 오래 보면'은 후건(Q)인 '눈이 나빠진다.'가 성립하는 충분조건이며, 후건은 전건의 필요조건이 된다(P
→ Q). 그러나 삼단논법에서 단순히 전건을 부정한다고 해서 후건 또한 부정되지는 않는다($\sim$P → $\sim$Q, 역의 오류). 철수가 TV를
오래 보지 않아도 눈이 나빠질 수 있는 가능성은 얼마든지 있기 때문이다. 이러한 형식적 오류를 '전건 부정의 오류'라고 한다.

오답분석

① 사개명사의 오류 : 삼단논법에서 개념이 4개일 때 성립하는 오류이다(A는 B이고, A와 C는 모두 D이다. 따라서 B는 C이다).
③ 후건 긍정의 오류 : 후건을 긍정한다고 전건 또한 긍정이라고 하는 오류이다(P → Q이므로 Q → P이다. 이의 오류).
④ 선언지 긍정의 오류 : 어느 한 명제를 긍정하는 것이 필연적으로 다른 명제의 부정을 도출한다고 여기는 오류이다(A는 B와
C이므로 A가 B라면 반드시 C는 아니다. ∵ B와 C 둘 다 해당할 가능성이 있음).
⑤ 매개념 부주연의 오류 : 매개념(A)이 외연 전부(B)에 대하여 성립되지 않을 때 발생하는 오류이다(A는 B이고 C는 B이므로
A는 C이다).

21

정답 ①

K공단에서 위촉한 자문 약사는 다제약물 관리사업 대상자가 먹고 있는 약물의 복용상태, 부작용, 중복 등을 종합적으로 검토하고
그 결과를 바탕으로 상담, 교육 및 처방조정 안내를 실시한다. 또한 우리나라는 2000년에 시행된 의약 분업의 결과, 일부 예외사항
을 제외하면 약사는 환자에게 약물의 처방을 할 수 없다. 따라서 약사는 환자의 약물점검 결과를 의사에게 전달하여 처방에 반영될
수 있도록 할 뿐 직접적인 처방을 할 수는 없다.

오답분석

② 다제약물 관리사업으로 인해 중복되는 약물을 파악하고 조치할 수 있다. 실제로 세 번째 문단의 다제약물 관리사업 평가에서
효능이 유사한 약물을 중복해서 복용하는 환자가 40.2% 감소되는 등의 효과가 확인되었다.
③ 다제약물 관리사업은 10종 이상의 약을 복용하는 만성질환자를 대상으로 약물관리 서비스를 제공하는 사업이다.
④ 병원의 경우 입원 및 외래환자를 대상으로 의사, 약사 등으로 구성된 다학제팀이 약물관리 서비스를 제공하는 반면, 지역사회에
서는 다제제 협업 시스템이 미흡하다는 의견이 나오고 있다. 이에 K공단은 도봉구 의사회와 약사회, 전문가로 구성된 지역협의
체를 구성하여 의·약사 협업 모형을 개발하였다.

22

정답 ④

제시문의 첫 번째 문단은 아토피 피부염의 정의를 나타내므로 이어서 연결될 수 있는 문단은 아토피 피부염의 원인을 설명하는
(라) 문단이다. 또한, (가) 문단의 앞부분 내용이 (라) 문단의 뒷부분과 연계되므로 (가) 문단이 다음에 오는 것이 적절하다. 그리고
(나) 문단의 첫 번째 문장에서 앞의 약물치료와 더불어 일상생활에서의 예방법을 말하고 있으므로 (나) 문단의 앞에는 아토피 피부염
의 약물치료 방법인 (다) 문단이 오는 것이 가장 자연스럽다. 따라서 (라) − (가) − (다) − (나)의 순서로 나열해야 한다.

23

정답 ③

제시문은 뇌경색이 발생하는 원인과 발생했을 때 치료 방법을 소개하고 있다. 따라서 글의 주제로 가장 적절한 것은 '뇌경색의 발병 원인과 치료 방법'이다.

오답분석

① 뇌경색의 주요 증상에 대해서는 제시문에서 언급하고 있지 않다.
② 뇌경색 환자는 기전에 따라 항혈소판제나 항응고제 약물 치료를 한다고 하였지만, 글의 전체 내용을 담는 주제는 아니다.
④ 뇌경색이 발생했을 때의 조치사항은 제시문에서 언급하고 있지 않다.

24

정답 ③

2021년의 건강보험료 부과 금액은 전년 대비 $69,480-63,120=6,360$십억 원 증가하였다. 이는 2020년 건강보험료 부과 금액의 10%인 $63,120\times0.1=6,312$십억 원보다 크므로 2021년의 건강보험료 부과 금액은 전년 대비 10% 이상 증가하였음을 알 수 있다. 2022년 또한 $76,775-69,480=7,295$십억 $>69,480\times0.1=6,948$십억 원이므로 건강보험료 부과 금액은 전년 대비 10% 이상 증가하였다.

오답분석

① 제시된 자료를 통해 확인할 수 있다.
② 연도별 전년 대비 1인당 건강보험 급여비 증가액을 구하면 다음과 같다.
- 2020년 : $1,400,000-1,300,000=100,000$원
- 2021년 : $1,550,000-1,400,000=150,000$원
- 2022년 : $1,700,000-1,550,000=150,000$원
- 2023년 : $1,900,000-1,700,000=200,000$원

따라서 1인당 건강보험 급여비가 전년 대비 가장 크게 증가한 해는 2023년이다.

④ 2019년 대비 2023년의 1인당 건강보험 급여비 증가율은 $\dfrac{1,900,000-1,300,000}{1,300,000}\times100 ≒ 46\%$이므로 40% 이상 증가하였다.

25

정답 ②

'잎이 넓다.'를 P, '키가 크다.'를 Q, '더운 지방에서 자란다.'를 R, '열매가 많이 맺힌다.'를 S라 하면, 첫 번째 명제는 P → Q, 두 번째 명제는 ~P → ~R, 네 번째 명제는 R → S이다. 두 번째 명제의 대우인 R → P와 첫 번째 명제인 P → Q에 따라 R → P → Q이므로 네 번째 명제가 참이 되려면 Q → S인 명제 또는 이와 대우 관계인 ~S → ~Q인 명제가 필요하다.

오답분석

① ~P → S이므로 참인 명제가 아니다.
③ 제시된 모든 명제와 관련이 없는 명제이다.
④ R → Q와 대우 관계인 명제이지만, 네 번째 명제가 참임을 판단할 수 없다.

26

정답 ④

'풀을 먹는 동물'을 P, '몸집이 크다.'를 Q, '사막에서 산다.'를 R, '물속에서 산다.'를 S라 하면, 첫 번째 명제는 P → Q, 두 번째 명제는 R → ~S, 네 번째 명제는 S → Q이다. 네 번째 명제가 참이 되려면 두 번째 명제와 대우 관계인 S → ~R에 의해 ~R → P인 명제 또는 이와 대우 관계인 ~P → R인 명제가 필요하다.

오답분석

① Q → S로 네 번째 명제의 역이지만, 어떤 명제가 참이라고 해서 그 역이 반드시 참이 될 수는 없다.
② 제시된 모든 명제와 관련이 없는 명제이다.
③ R → Q이므로 참인 명제가 아니다.

27

정답 ③

모든 1과 사원은 가장 실적이 많은 2과 사원보다 실적이 많고, 3과 사원 중 일부는 가장 실적이 많은 2과 사원보다 실적이 적다.
따라서 3과 사원 중 일부는 모든 1과 사원보다 실적이 적다.

28

정답 ②

- A : 초청 목적이 6개월가량의 외국인 환자의 간병이므로 G-1-10 비자를 발급받아야 한다.
- B : 초청 목적이 국내 취업조건을 모두 갖춘 자의 제조업체 취업이므로 E-9-1 비자를 발급받아야 한다.
- C : 초청 목적이 K대학교 교환학생이므로 D-2-6 비자를 발급받아야 한다.
- D : 초청 목적이 국제기구 정상회의 참석이므로 A-2 비자를 발급받아야 한다.

29

정답 ②

나열된 수의 규칙은 [(첫 번째 수)+(두 번째 수)]×(세 번째 수)−(네 번째 수)=(다섯 번째 수)이다.
따라서 빈칸에 들어갈 수는 $(9+7) \times 5 - 1 = 79$이다.

30

정답 ④

두 주사위 A, B를 던져 나온 수를 각각 a, b라 할 때, 가능한 순서쌍 (a, b)의 경우의 수는 $6 \times 6 = 36$가지이다.
이때 $a = b$의 경우의 수는 (1, 1), (2, 2), (3, 3), (4, 4), (5, 5), (6, 6)으로 6가지이므로 $a \neq b$의 경우의 수는 $36 - 6 = 30$가지이다.
따라서 $a \neq b$일 확률은 $\dfrac{30}{36} = \dfrac{5}{6}$이다.

31

정답 ②

$$\dfrac{(\text{빨간색 공 2개 중 1개를 뽑는 경우의 수}) \times (\text{노란색 공 3개 중 2개를 뽑는 경우의 수})}{(\text{전체 공 5개 중 3개를 뽑는 경우의 수})} = \dfrac{{}_2C_1 \times {}_3C_2}{{}_5C_3} = \dfrac{2 \times 3}{\dfrac{5 \times 4 \times 3}{3 \times 2 \times 1}} = \dfrac{3}{5}$$

32

정답 ④

A씨와 B씨가 만날 때 A씨의 이동거리와 B씨의 이동거리의 합은 산책로의 둘레 길이와 같다.
그러므로 두 번째 만났을 때 (A씨의 이동거리)+(B씨의 이동거리)=2×(산책로의 둘레 길이)이다. 이때 A씨가 출발 후 x시간이 지났다면 다음 식이 성립한다.

$$3x + 7\left(x - \dfrac{1}{2}\right) = 4$$

$$\rightarrow 3x + 7x - \dfrac{7}{2} = 4$$

$$\therefore x = \dfrac{15}{20}$$

그러므로 $\dfrac{15}{20}$시간, 즉 45분이 지났음을 알 수 있다.
따라서 A씨와 B씨가 두 번째로 만날 때의 시각은 오후 5시 45분이다.

33

모니터 화면을 분할하는 단축키는 '〈Window 로고 키〉＋〈화살표 키〉'이다. 임의의 폴더나 인터넷 창 등이 열린 상태에서 '〈Window 로고 키〉＋〈왼쪽 화살표 키〉'를 입력하면 모니터 중앙을 기준으로 절반씩 좌우로 나눈 후 열린 폴더 및 인터넷 창 등을 왼쪽 절반 화면으로 밀어서 띄울 수 있다. 이 상태에서 다른 폴더나 인터넷 창 등을 열고 '〈Window 로고 키〉＋〈오른쪽 화살표 키〉'를 입력하면 같은 형식으로 오른쪽이 활성화된다. 또한, 왼쪽 또는 오른쪽으로 분할된 상태에서 〈Window 로고 키〉＋〈위쪽 / 아래쪽 화살표 키〉'를 입력하여 최대 4분할까지 가능하다. 단 '〈Window 로고 키〉＋〈위쪽 / 아래쪽 화살표 키〉'를 먼저 입력하여 화면을 상하로 분할할 수는 없다. 좌우 분할이 안 된 상태에서 '〈Window 로고 키〉＋〈위쪽 / 아래쪽 화살표 키〉'를 입력하면 창을 최소화 / 원래 크기 / 최대 크기로 변경할 수 있다.

34

'〈Window 로고 키〉＋〈D〉'를 입력하면 활성화된 모든 창을 최소화하고 바탕화면으로 돌아갈 수 있으며, 이 상태에서 다시 '〈Window 로고 키〉＋〈D〉'를 입력하면 단축키를 입력하기 전 상태로 되돌아간다. 비슷한 기능을 가진 단축키로 '〈Window 로고 키〉＋〈M〉'이 있지만, 입력하기 전 상태의 화면으로 되돌아갈 수는 없다.

오답분석

① 〈Window 로고 키〉＋〈R〉 : 실행 대화 상자를 여는 단축키이다.
② 〈Window 로고 키〉＋〈I〉 : 설정 창을 여는 단축키이다.
③ 〈Window 로고 키〉＋〈L〉 : PC를 잠그거나 계정을 전환하기 위해 잠금화면으로 돌아가는 단축키이다.

35

특정 텍스트를 다른 텍스트로 수정하는 함수는 「＝SUBSTITUTE(참조 텍스트, 수정해야 할 텍스트, 수정한 텍스트, [위치])」이며, [위치]가 빈칸이면 모든 수정해야 할 텍스트가 수정한 텍스트로 수정된다.
따라서 입력해야 할 함수식은 「＝SUBSTITUTE("서울특별시 영등포구 홍제동", "영등포", "서대문")」이다.

오답분석

② IF(조건, 참일 때 값, 거짓일 때 값) 함수는 조건부가 참일 때 TRUE 값을 출력하고, 거짓일 때 FALSE 값을 출력하는 함수이다. "서울특별시 영등포구 홍제동"＝"영등포"는 항상 거짓이므로 빈칸으로 출력된다.
③ MOD(수, 나눌 수) 함수는 입력한 수를 나눌 수로 나누었을 때 나머지를 출력하는 함수이므로 텍스트를 입력하면 오류가 발생한다.
④ NOT(인수) 함수는 입력된 인수를 부정하는 함수이며, 인수는 1개만 입력할 수 있다.

36

제시된 조건이 포함되는 셀의 수를 구하는 조건부 함수를 사용한다. 따라서 「＝COUNTIF(B2:B16, ">50000")」를 입력해야 한다.

37

지정된 자릿수 이하의 수를 버림하는 함수는 「＝ROUNDDOWN(버림할 수, 버림할 자릿수)」이다. 따라서 입력해야 할 함수는 「＝ROUNDDOWN((AVERAGE(B2:B16)), −2)」이다.

오답분석

① LEFT 함수는 왼쪽에서 지정된 차례까지의 텍스트 또는 인수를 출력하는 함수이다. 따라서 「＝LEFT((AVERAGE(B2:B16)), 2)」를 입력하면 '65'가 출력된다.
② RIGHT 함수는 오른쪽에서 지정된 차례까지의 텍스트 또는 인수를 출력하는 함수이다. 따라서 「＝RIGHT((AVERAGE(B2:B16)), 2)」를 입력하면 '33'이 출력된다.
③ ROUNDUP 함수는 지정된 자릿수 이하의 수를 올림하는 함수이다. 따라서 「＝ROUNDUP((AVERAGE(B2:B16)), −2)」를 입력하면 '65,400'이 출력된다.

38

오전 10시부터 오후 12시까지 근무를 할 수 있는 사람은 B뿐이고, 오후 6시부터 오후 8시까지 근무를 할 수 있는 사람은 D뿐이다. A와 C가 남은 오후 12시부터 오후 6시까지 나누어 근무해야 하지만, A는 오후 5시까지 근무할 수 있고 모든 직원의 최소 근무시간은 2시간이므로 A가 오후 12시부터 4시까지 근무하고, C가 오후 4시부터 오후 6시까지 근무할 때 인건비가 최소이다.

각 직원의 근무시간과 인건비를 정리하면 다음과 같다.

직원	근무시간	인건비
B	오전 10:00 ~ 오후 12:00	$10,500 \times 1.5 \times 2 = 31,500$원
A	오후 12:00 ~ 오후 4:00	$10,000 \times 1.5 \times 4 = 60,000$원
C	오후 4:00 ~ 오후 6:00	$10,500 \times 1.5 \times 2 = 31,500$원
D	오후 6:00 ~ 오후 8:00	$11,000 \times 1.5 \times 2 = 33,000$원

따라서 가장 적은 인건비는 $31,500 + 60,000 + 31,500 + 33,000 = 156,000$원이다.

39

「COUNTIF(셀의 범위, "조건")」 함수는 어떤 범위에서 제시되는 조건이 포함되는 셀의 수를 구하는 함수이다. 판매량이 30개 이상인 과일의 수를 구해야 하므로 [C9] 셀에 들어갈 함수식은 「=COUNTIF(C2:C8, ">=30")」이다.

오답분석

① MID 함수 : 지정한 셀의 텍스트의 일부를 추출하는 함수이다.
③ MEDIAN 함수 : 지정한 셀의 범위의 중간값을 구하는 함수이다.
④ AVERAGEIF 함수 : 어떤 범위에 포함되는 셀의 평균을 구하는 함수이다.
⑤ MIN 함수 : 지정한 셀의 범위의 최솟값을 구하는 함수이다.

40

팔로워십의 유형

구분	자아상	동료 / 리더의 시각	조직에 대한 자신의 느낌
소외형	• 자립적인 사람 • 일부러 반대의견 제시 • 조직의 양심	• 냉소적 • 부정적 • 고집이 셈	• 자신을 인정해 주지 않음 • 적절한 보상이 없음 • 불공정하고 문제가 있음
순응형	• 기쁜 마음으로 과업 수행 • 팀플레이를 함 • 리더나 조직을 믿고 헌신함	• 아이디어가 없음 • 인기 없는 일은 하지 않음 • 조직을 위해 자신의 요구를 양보	• 기존 질서를 따르는 것이 중요 • 리더의 의견을 거스르지 못함 • 획일적인 태도와 행동에 익숙함
실무형	• 조직의 운영 방침에 민감 • 사건을 균형 잡힌 시각으로 봄 • 규정과 규칙에 따라 행동함	• 개인의 이익을 극대화하기 위한 흥정에 능함 • 적당한 열의와 수완으로 업무 진행	• 규정 준수를 강조 • 명령과 계획의 빈번한 변경 • 리더와 부하 간의 비인간적 풍토
수동형	• 판단과 사고를 리더에 의존 • 지시가 있어야 행동	• 하는 일이 없음 • 제 몫을 하지 못함 • 업무 수행에는 감독이 필요	• 조직이 나의 아이디어를 원치 않음 • 노력과 공헌을 해도 소용이 없음 • 리더는 항상 자기 마음대로 함

41

갈등의 과정 단계

1. 의견 불일치 : 서로 생각이나 신념, 가치관, 성격이 다르므로 다른 사람들과의 의견 불일치가 발생한다. 의견 불일치는 상대방의 생각과 동기를 설명하는 기회를 주고 대화를 나누다 보면 오해가 사라지고 더 좋은 관계로 발전할 수 있지만, 그냥 내버려 두면 심각한 갈등으로 발전하게 된다.
2. 대결 국면 : 의견 불일치가 해소되지 않아 발생하며, 단순한 해결방안은 없고 다른 새로운 해결점을 찾아야 한다. 대결 국면에 이르게 되면 감정이 개입되어 상대방의 주장에 대한 문제점을 찾기 시작하고, 자신의 입장에 대해서는 그럴듯한 변명으로 옹호하면서 양보를 완강히 거부하는 상태에 이르는 등 상대방의 입장은 부정하면서 자기주장만 하려고 한다. 서로의 입장을 고수하려는 강도가 높아지면 긴장은 높아지고 감정적인 대응이 더욱 격화된다.
3. 격화 국면 : 상대방에 대하여 더욱 적대적으로 변하며, 설득을 통해 문제를 해결하기보다 강압적·위협적인 방법을 쓰려고 하며, 극단적인 경우 언어폭력이나 신체적 폭행으로 번지기도 한다. 상대방에 대한 불신과 좌절, 부정적인 인식이 확산되면서 갈등 요인이 다른 요인으로 번지기도 한다. 격화 국면에서는 상대방의 생각이나 의견, 제안을 부정하고, 상대방은 그에 대한 반격을 함으로써 자신들의 반격을 정당하게 생각한다.
4. 진정 국면 : 계속되는 논쟁과 긴장이 시간과 에너지를 낭비하고 있음을 깨달으며, 갈등상태가 무한정 유지될 수 없다는 것을 느끼고 흥분과 불안이 가라앉으면서 이성과 이해의 원상태로 돌아가려 한다. 이후 협상이 시작된다. 협상과정을 통해 쟁점이 되는 주제를 논의하고 새로운 제안을 하고 대안을 모색하게 된다. 진정 국면에서는 중개자, 조정자 등의 제3자가 개입함으로써 갈등 당사자 간에 신뢰를 쌓고 문제를 해결하는 데 도움이 되기도 한다.
5. 갈등의 해소 : 진정 국면에 들어서면 갈등 당사자들은 문제를 해결하지 않고는 자신들의 목표를 달성하기 어렵다는 것을 알게 된다. 모두가 만족할 수 없는 경우도 있지만, 불일치한 서로 간의 의견을 일치하려고 한다. 갈등의 해소는 회피형, 지배 또는 강압형, 타협형, 순응형, 통합 또는 협력형 등의 방법으로 이루어진다.

42

원만한 직업생활을 위해 직업인이 갖추어야 할 직업윤리는 근로윤리와 공동체윤리로 나누어지며, 각 윤리의 덕목은 다음과 같다.
- 근로윤리 : 일에 대한 존중을 바탕으로 근면하고, 성실하고, 정직하게 업무에 임하는 자세
  - 근면한 태도(㉠)
  - 정직한 행동(㉤)
  - 성실한 자세(㉻)
- 공동체윤리 : 인간존중을 바탕으로 봉사하며, 책임감 있게 규칙을 준수하고, 예의바른 태도로 업무에 임하는 자세
  - 봉사와 책임의식(㉡)
  - 준법성(㉢)
  - 예절과 존중(㉣)

43

직장 내 괴롭힘이 성립하려면 다음의 행위 요건이 성립해야 한다.
- 직장에서의 지위 또는 관계 등의 우위를 이용할 것
- 업무상 적정 범위를 넘는 행위일 것
- 신체적·정신적 고통을 주거나 근무환경을 악화시키는 행위일 것

A팀장이 지위를 이용하여 B사원에게 수차례 업무를 지시했지만 이는 업무상 필요성이 있는 정당한 지시이며, 완수해야 하는 적정 업무에 해당하므로 직장 내 괴롭힘으로 보기 어렵다.

오답분석

① 업무 이외에 개인적인 용무를 자주 지시하는 것은 업무상 적정 범위를 넘은 행위이다.
② 업무배제는 업무상 적정 범위를 넘은 행위로, 직장 내 괴롭힘의 주요 사례이다.
④ A대리는 동기인 B대리보다 지위상의 우위는 없으나, 다른 직원과 함께 수적 우위를 이용하여 괴롭혔으므로 직장 내 괴롭힘에 해당한다.
⑤ 지시나 주의, 명령행위의 모습이 폭행이나 과도한 폭언을 수반하는 등 사회 통념상 상당성을 결여하였다면 업무상 적정 범위를 넘었다고 볼 수 있으므로 직장 내 괴롭힘에 해당한다.

44

S는 자신의 일이 능력과 적성에 맞다 여기고 발전을 위해 열성을 가지고 성실히 노력하고 있다. 따라서 S의 사례에서 나타난 직업윤리 의식은 천직의식이다.

> **직업윤리 의식**
> • 소명의식 : 자신이 맡은 일은 하늘에 의해 맡겨진 일이라고 생각하는 태도이다.
> • 천직의식 : 자신의 일이 자신의 능력과 적성에 꼭 맞는다 여기고 그 일에 열성을 가지고 성실히 임하는 태도이다.
> • 직분의식 : 자신이 하고 있는 일이 사회나 기업을 위해 중요한 역할을 하고 있다고 믿고 자신의 활동을 수행하는 태도이다.
> • 책임의식 : 직업에 대한 사회적 역할과 책무를 충실히 수행하고 책임을 다하는 태도이다.
> • 전문가의식 : 자신의 일이 누구나 할 수 있는 것이 아니라 해당 분야의 지식과 교육을 밑바탕으로 성실히 수행해야만 가능한 것이라 믿고 수행하는 태도이다.
> • 봉사의식 : 직업 활동을 통해 다른 사람과 공동체에 대하여 봉사하는 정신을 갖추고 실천하는 태도이다.

45

경력개발의 단계별 내용
1. 직업 선택
   - 최대한 여러 직업의 정보를 수집하여 탐색한 후 나에게 적합한 최초의 직업을 선택함
   - 관련 학과 외부 교육 등 필요한 교육을 이수함
2. 조직 입사
   - 원하는 조직에서 일자리를 얻음
   - 정확한 정보를 토대로 적성에 맞는 적합한 직무를 선택함
3. 경력 초기
   - 조직의 규칙과 규범에 대해 배움
   - 직업과 조직에 적응해 감
   - 역량(지식, 기술, 태도)을 증대시키고 꿈을 추구해 나감
4. 경력 중기
   - 경력초기를 재평가하고 더 업그레이드된 꿈으로 수정함
   - 성인 중기에 적합한 선택을 하고 지속적으로 열심히 일함
5. 경력 말기
   - 지속적으로 열심히 일함
   - 자존심을 유지함
   - 퇴직 준비의 자세한 계획을 세움(경력 중기부터 준비하는 것이 바람직)

46

나열된 수는 짝수 개이므로 수를 작은 수부터 순서대로 나열했을 때, 가운데에 있는 두 수의 평균이 중앙값이다.

• 빈칸의 수가 7 이하인 경우 : 가운데에 있는 두 수는 7, 8이므로 중앙값은 $\frac{7+8}{2}=7.5$이다.

• 빈칸의 수가 8인 경우 : 가운데에 있는 두 수는 8, 8이므로 중앙값은 8이다.

• 빈칸의 수가 9 이상인 경우 : 가운데에 있는 두 수는 8, 9이므로 중앙값은 $\frac{8+9}{2}=8.5$이다.

따라서 중앙값이 8일 때 빈칸에 들어갈 수는 8이다.

47

$1 \sim 200$의 자연수 중에서 2, 3, 5 중 어느 것으로도 나누어떨어지지 않는 수의 개수는 각각 2의 배수, 3의 배수, 5의 배수가 아닌 수의 개수이다.

- $1 \sim 200$의 자연수 중 2의 배수의 개수 : $\frac{200}{2} = 100$이므로 100개이다.

- $1 \sim 200$의 자연수 중 3의 배수의 개수 : $\frac{200}{3} = 66 \cdots 2$이므로 66개이다.

- $1 \sim 200$의 자연수 중 5의 배수의 개수 : $\frac{200}{5} = 40$이므로 40개이다.

- $1 \sim 200$의 자연수 중 6의 배수의 개수 : $\frac{200}{6} = 33 \cdots 2$이므로 33개이다.

- $1 \sim 200$의 자연수 중 10의 배수의 개수 : $\frac{200}{10} = 20$이므로 20개이다.

- $1 \sim 200$의 자연수 중 15의 배수의 개수 : $\frac{200}{15} = 13 \cdots 5$이므로 13개이다.

- $1 \sim 200$의 자연수 중 30의 배수의 개수 : $\frac{200}{30} = 6 \cdots 20$이므로 6개이다.

따라서 $1 \sim 200$의 자연수 중에서 2, 3, 5 중 어느 것으로도 나누어떨어지지 않는 수의 개수는 $200 - [(100+66+40) - (33+20+13) + 6] = 200 - (206 - 66 + 6) = 54$개이다.

48

A지점에서 출발하여 최단거리로 이동하여 B지점에 도착하기까지 가능한 경로의 수를 구하면 다음과 같다.

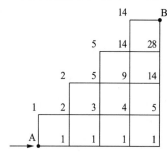

따라서 구하고자 하는 경우의 수는 42가지이다.

49

분침은 60분에 1바퀴 회전하므로 1분 지날 때 분침은 $\frac{360}{60} = 6°$ 움직이고, 시침은 12시간에 1바퀴 회전하므로 1분 지날 때 시침은 $\frac{360}{12 \times 60} = 0.5°$ 움직인다.

따라서 4시 30분일 때 시침과 분침이 만드는 작은 부채꼴의 각도는 $6 \times 30 - 0.5 \times (60 \times 4 + 30) = 180 - 135 = 45°$이므로, 부채꼴의 넓이와 전체 원의 넓이의 비는 $\frac{45}{360} = \frac{1}{8}$이다.

50

2020 ~ 2023년 동안 전년 대비 전체 설비 발전량 증감량과 신재생 설비 발전 증가량은 다음과 같다.

• 2020년

전체 설비 발전량 : $563,040-570,647=-7,607\text{GWh}$, 신재생 설비 발전량 : $33,500-28,070=5,430\text{GWh}$

• 2021년

전체 설비 발전량 : $552,162-563,040=-10,878\text{GWh}$, 신재생 설비 발전량 : $38,224-33,500=4,724\text{GWh}$

• 2022년

전체 설비 발전량 : $576,810-552,162=24,648\text{GWh}$, 신재생 설비 발전량 : $41,886-38,224=3,662\text{GWh}$

• 2023년

전체 설비 발전량 : $594,400-576,810=17,590\text{GWh}$, 신재생 설비 발전량 : $49,285-41,886=7,399\text{GWh}$

따라서 전체 설비 발전량 증가량이 가장 많은 해는 2022년이고, 신재생 설비 발전량 증가량이 가장 적은 해 또한 2022년이다.

[오답분석]

① 2020 ~ 2023년 기력 설비 발전량의 전년 대비 증감 추이는 '감소 - 감소 - 증가 - 감소'이지만, 전체 설비 발전량의 전년 대비 증감 추이는 '감소 - 감소 - 증가 - 증가'이다.

② 2019 ~ 2023년 전체 설비 발전량의 1%와 수력 설비 발전량을 비교하면 다음과 같다.

• 2019년 : $7,270 > 570,647 \times 0.01 \fallingdotseq 5,706\text{GWh}$

• 2020년 : $6,247 > 563,040 \times 0.01 \fallingdotseq 5,630\text{GWh}$

• 2021년 : $7,148 > 552,162 \times 0.01 \fallingdotseq 5,522\text{GWh}$

• 2022년 : $6,737 > 576,810 \times 0.01 \fallingdotseq 5,768\text{GWh}$

• 2023년 : $7,256 > 594,400 \times 0.01 = 5,944\text{GWh}$

따라서 2019 ~ 2023년 동안 수력 설비 발전량은 항상 전체 설비 발전량의 1% 이상이다.

③ 2019 ~ 2023년 전체 설비 발전량의 5%와 신재생 설비 발전량을 비교하면 다음과 같다.

• 2019년 : $28,070 < 570,647 \times 0.05 \fallingdotseq 28,532\text{GWh}$

• 2020년 : $33,500 > 563,040 \times 0.05 \fallingdotseq 28,152\text{GWh}$

• 2021년 : $38,224 > 552,162 \times 0.05 \fallingdotseq 27,608\text{GWh}$

• 2022년 : $41,886 > 576,810 \times 0.05 \fallingdotseq 28,841\text{GWh}$

• 2023년 : $49,285 > 594,400 \times 0.05 \fallingdotseq 29,720\text{GWh}$

따라서 2019년 신재생 설비 발전량은 전체 설비 발전량의 5% 미만이고, 그 외에는 5% 이상이다.

④ 신재생 설비 발전량은 꾸준히 증가하였지만 원자력 설비 발전량은 2022년에 전년 대비 감소하였다.

많이 보고 많이 겪고 많이 공부하는 것은 배움의 세 기둥이다.

– 벤자민 디즈라엘리 –

PART 1

직업기초능력평가

01 | 의사소통능력

01 대표유형 적중문제

| 01 | 모듈형

01	02	03	04	05	06	07	08	09	10
①	①	④	⑤	①	④	⑤	④	⑤	②

01　　　　　　　정답 ①

문장은 짧고 간결하게 작성해야 하며, 한자의 사용을 자제해야 한다.

02　　　　　　　정답 ①

오답분석

② 기획서 : 적극적으로 아이디어를 내고 기획해 하나의 프로젝트를 문서형태로 만들어, 상대방에게 기획의 내용을 전달하여 기획을 시행하도록 설득하는 문서이다.
③ 보고서 : 특정 일에 관한 현황이나 진행 상황 또는 연구・검토 결과 등을 보고하고자 할 때 작성하는 문서이다.
④ 비즈니스 레터 : 사업상의 이유로 고객이나 단체에 편지를 쓰는 것으로 직장업무나 개인 간의 연락, 직접 방문하기 어려운 고객관리 등을 위해 사용되는 비공식적 문서이다.
⑤ 보도자료 : 정부 기관이나 기업체, 각종 단체 등이 언론을 상대로 자신들의 정보가 기사로 보도되도록 하기 위해 보내는 자료이다.

03　　　　　　　정답 ④

언어적인 의사소통은 대화를 통해 상대방의 반응 등을 살펴 실시간으로 상대방을 설득할 수 있으므로 문서적인 의사소통에 비해 유동성이 크다.

04　　　　　　　정답 ⑤

제시된 문장은 과거 의사소통능력 수업에 대한 문제를 제기하고 있다. 따라서 이에 대한 문제점인 ㄷ이 제시된 문장 다음에 이어지는 것이 적절하다. ㄴ은 과거 문제점에 대한 해결법으로 '문제중심학습(PBL)'을 제시하므로 ㄷ 다음에 오는 것이 자연스러우며, ㄱ 역시 '문제중심학습(PBL)'에 대한 장점으로 ㄴ 다음에 오는 것이 적절하다. 마지막으로 ㄹ의 경우 '문제중심학습(PBL)'에 대한 주의할 점으로, 마지막에 오는 것이 가장 매끄럽다.

05　　　　　　　정답 ①

제시문에서는 악의적인 체납자에 대한 정부의 제재 강화를 언급하며, 대다수 국민에게 상대적 박탈감을 주는 고액 체납자를 강력한 제재로 다스려야 한다고 주장한다. 따라서 제시문과 관련 있는 한자성어로는 '한 사람을 벌주어 백 사람을 경계한다.'라는 뜻의 '다른 사람들에게 경각심을 불러일으키기 위하여 본보기로 한 사람에게 엄한 처벌을 하는 일'을 의미하는 '일벌백계(一罰百戒)'가 가장 적절하다.

오답분석

② 유비무환(有備無患) : 미리 준비가 되어 있으면 걱정할 것이 없음을 이르는 말
③ 일목파천(一目破天) : 일이 미처 때를 만나지 못함을 이르는 말
④ 가정맹어호(苛政猛於虎) : 가혹한 정치는 호랑이보다 무섭다는 뜻으로, 혹독한 정치의 폐가 큼을 이르는 말
⑤ 오십보백보(五十步百步) : 조금 낫고 못한 정도의 차이는 있으나 본질적으로는 차이가 없음을 이르는 말

06　　　　　　　정답 ④

커뮤니케이션 네트워크 형태 중 완전연결형은 가장 이상적인 형태로, 리더가 존재하지 않으며 누구나 커뮤니케이션을 주도할 수 있고 가장 구조화되지 않은 유형이다. 조직 안에서 정보교환이 완전하게 이루어지며 효과적이고, 구성원 간의 만족도와 참여도가 높은 특징이 있다.

07　　　　　　　정답 ⑤

P과장은 직원들에 대한 높은 관심으로 간섭하려는 경향이 있고, 남에게 자신의 업적을 이야기하며 인정받으려 하는 욕구가 강하다. 따라서 P과장은 타인에 대한 높은 관심과 간섭을 자제하고, 지나친 인정욕구에 대한 태도를 성찰할 필요성이 있다.

① P과장이 독단적으로 결정했다는 내용은 언급되어 있지 않다.
② 직원들은 P과장의 지나친 관심으로 힘들어하고 있는 상황이므로 적절하지 않은 조언 내용이다.
③ 직원들에게 지나친 관심을 보이는 P과장에게는 적절하지 않은 조언 내용이다.
④ 인정이 많다거나, 직원들의 요구를 거절하지 못한다는 내용은 제시문에서 찾을 수 없다.

08 정답 ④

개방적인 질문은 상대방의 다양한 생각을 이해하고, 상대방으로부터 보다 많은 정보를 얻기 위한 방법으로 이로 인하여 서로에 대한 이해의 정도를 높일 수 있다. 그러나 G씨에게 누구와 여행을 함께 가는지 묻는 F씨의 질문은 개방적 질문이 아닌 단답형의 대답이나 반응을 이끌어 내는 폐쇄적 질문에 해당하므로 ④는 개방적인 질문 방법에 대한 사례로 적절하지 않다.

09 정답 ⑤

희준은 민재의 말을 경청하지 않고 민재의 목소리 톤과 표정과 같은 단서들을 찾아 민재의 상황을 추측하는 짐작하기의 자세를 보이고 있다.

① 슬쩍 넘어가기에 대한 설명이다.
② 언쟁하기에 대한 설명이다.
③ 다른 생각하기에 대한 설명이다.
④ 판단하기에 대한 설명이다.

10 정답 ②

시험을 포기한다는 민재에 말에 잘 생각했다며 동의하는 맞장구의 경청 태도를 보이고 있다.

① 치켜 올리듯 가볍게 하는 맞장구 : "저런!", "그렇습니까?", "아닙니다.", "잘됐습니다.", "그렇게 하십시오."
③ 정리하는 맞장구 : "말하자면 이런 것입니까?", "~라는 것이지요?"
④ 재촉하는 맞장구 : "그래서 어떻게 되었습니까?"
⑤ 감탄하는 맞장구 : "역시", "대단하세요."

| 02 | 피듈형

01	02	03	04	05					
②	④	①	④	①					

01 정답 ④

제시문은 베토벤의 9번 교향곡에 대해 설명하고 있으며, 보기는 9번 교향곡이 '합창 교향곡'이라는 명칭이 붙은 이유에 대해 말하고 있다. 제시문의 세 번째 문장까지는 교향곡에 대해 설명하고 있고, 네 번째 문장부터는 교향곡에 대한 현대의 평가 및 가치에 대해 설명하고 있다. 따라서 보기는 교향곡에 대한 설명과 교향곡에 성악이 도입되었다는 설명을 한 다음 문장인 ㉡에 들어가는 것이 가장 적절하다.

02 정답 ④

제시문에서는 아들이 징역 10년이라는 중형에 처할 수 있는 상황에서 아들의 인생을 바로 잡아주기 위해 아들을 직접 신고한 어머니의 사례를 제시하고 있다. 따라서 제시문과 관련 있는 한자성어로는 '큰 도리를 지키기 위하여 부모나 형제도 돌아보지 않음'을 의미하는 '대의멸친(大義滅親)'이 가장 적절하다.

① 반포지효(反哺之孝) : 까마귀 새끼가 자라서 늙은 어미에게 먹이를 물어다 주는 효(孝)라는 뜻으로, 자식이 자란 후에 어버이의 은혜를 갚는 효성을 이르는 말
② 지록위마(指鹿爲馬) : 윗사람을 농락하여 권세를 마음대로 함을 이르는 말
③ 불구대천(不俱戴天) : 하늘을 함께 이지 못한다는 뜻으로, 이 세상에서 같이 살 수 없을 만큼 큰 원한을 가짐을 비유적으로 이르는 말
⑤ 권토중래(捲土重來) : 어떤 일에 실패한 뒤에 힘을 가다듬어 다시 그 일에 착수함을 비유하여 이르는 말

03 정답 ①

'유발하다'는 '어떤 것이 다른 일을 일어나게 하다.'의 의미를 지닌 단어로, 이미 사동의 의미를 지니고 있다. 따라서 사동 접미사 '-시키다'와 결합하지 않고 ㉠과 같이 사용할 수 있다.

04

제시문에서 치사율과 감염률에 대한 관계는 찾을 수 없다.

오답분석

① 첫 번째 문단에서 외부에서 침입하는 물질을 항원으로 취급한다고 하였으므로 수혈 시 항원-항체반응이 발생할 수 있다.
② 두 번째 문단에서 바이러스가 변이하면 우리 몸은 별개의 항원으로 취급한다고 하였으므로 바이러스에 다시 감염될 수 있다.
③ 네 번째 문단에서 60대 이상의 고연령층은 백신 접종 권고 대상이라고 하였다.
⑤ 첫 번째 문단에 따르면 항체가 항원(바이러스)의 기능을 억제한다고 하였으므로 항체가 적으면 억제 능력이 떨어져 완치 기간이 더 길어진다는 것을 추측할 수 있다.

05

항체가 너무 많으면 정상 세포를 공격할 수 있는 것은 '지나친 것은 오히려 없는 것만 못하다'라는 뜻을 지닌 과유불급이 적절하다.

오답분석

② 오매불망(寤寐不忘) : 자나 깨나 잊지 아니함, 매우 간절한 기다림을 일컫는 말
③ 와신상담(臥薪嘗膽) : 섶(땔감) 위에 누워서 쓸개를 맛보다, 어떤 목표를 위해 어떠한 고난과 역경도 참고 견뎌냄을 일컫는 말
④ 금의환향(錦衣還鄉) : 비단옷을 입고 고향으로 돌아가다, 출세하여 고향으로 돌아옴을 비유적으로 일컫는 말
⑤ 막역지우(莫逆之友) : 서로 거스름이 없는 친구, 허물없이 지내는 친구를 일컫는 말

| 03 | PSAT형

01	02	03	04	05					
⑤	④	④	②	⑤					

01

제시문은 좌뇌형 인간과 우뇌형 인간이라는 개념이 지닌 허점에 대하여 지적할 뿐, 브로카 영역과 베르니케 영역이 존재하는 좌반구가 손상을 받으면 언어 장애가 생긴다는 사실에 대해서는 긍정하고 있다. 실제로 베르니케 영역이 손상되면 '베르니케 실어증'이 생기며, 청각이나 시각은 정상이지만 말을 듣거나 읽었을 경우 그 내용을 이해할 수 없게 된다.

오답분석

① 말하기를 담당하는 브로카 영역과 듣기를 담당하는 베르니케 영역처럼, 사람은 특정 행동을 할 때 특정 부위의 뇌를 주로 사용하게 된다.
② 일상에서 흔히 좌뇌형 인간을 남성적, 우뇌형 인간을 여성적이라고 평가하지만, 좌뇌와 우뇌의 활용도 차이는 사후 해석에 가까운 근거 없는 개념이다.
③ 2014년 미국 펜실베이니아 연구팀의 연구결과에 따르면 여성의 경우 좌뇌와 우뇌의 상호 연결이 주로 발달하며, 남성의 경우 좌뇌와 우뇌 각각의 내부 연결이 주로 발달한다고 하였다. 따라서 여성의 경우 상대적으로 양쪽의 뇌가 골고루 활성화될 것이며, 남성의 경우 안쪽의 뇌가 집중적으로 활성화될 것이다.
④ 1998년 미국 듀크대학 연구팀의 실험에 따르면 남성은 공간 정보의 절대적 위치를, 여성은 공간 정보의 상대적 위치를 주로 활용하므로 남성에게 길을 물을 때 수치화된 답변이 나올 가능성이 여성에 비해 상대적으로 높을 것이다.

02

ⓔ은 올해 새롭게 오픈한 영문 포털을 통해 이용 가능한 서비스이므로 전년도 학기 연구 과제에서 사용하였다는 반응은 적절하지 않다.

03

제시문에서는 태학의 명륜당은 종학으로 만들어 국자 즉, 종실의 자제 및 공경의 적자가 다니게 하고, 비천당은 백성들이 다니는 학교로 만들어 별도로 운영해야 한다고 하였다. 즉, 국자와 서민들을 나누어 가르치던 주례의 전통을 따르는 것이 바람직하다고 주장하는 것이다.

① 태학의 명륜당은 종학으로 만들어 종실의 자제 및 공경의 적자가 다니게 하고, 비천당은 백성들이 다니는 학교로 만들어 별도로 운영하는 것이 합당할 것이라고 하였으므로 적절하지 않은 내용이다.

② 옛날 태학에서 사람들에게 풍악을 가르쳤기 때문에 명칭을 성균관이라 하였다는 것은 언급되어 있지만, 이러한 전통을 회복해야 한다는 내용은 언급되어 있지 않으므로 적절하지 않은 내용이다.

③ 옛날에 사람을 가르치는 법들 중 하나인 향학이 서민들을 교육하기 위한 기관이라는 것은 언급되어 있지만 이 내용만으로 향학의 설립을 통해 백성에 대한 교육을 강화해야 한다는 내용을 추론하기는 어려우므로 적절하지 않은 내용이다.

⑤ 제시문에서는 종실의 자제 및 공경의 적자와 백성들을 별도로 교육해야 한다고 주장하고 있으므로 이들을 통합하는 교육 과정이 필요하다는 것은 적절하지 않은 내용이다.

04

제시문에서 옵트인 방식은 수신 동의 과정에서 발송자와 수신자 모두에게 비용이 발생한다고 했으므로 수신자의 경제적 손실을 막을 수 있다는 ②는 적절하지 않다.

05

번아웃 증후군을 이겨내기 위한 방법 중 하나가 현재의 환경을 바꾸는 것이다. 현재 처해 있는 상황에서 지루함·무기력함에 빠져 있는 것이기 때문에, 환경을 바꾸어 새로운 활력과 자극을 얻을 수 있다.

02 심화문제

01	02	03	04	05	06	07	08	09	10
③	⑤	④	④	②	④	④	⑤	⑤	①

01

제시문은 영화의 리얼리즘 미학에 대한 바쟁의 영화관을 주제로 한다. 네 번째 문단에 따르면 바쟁은 '형식주의적 기교가 현실의 복잡성과 모호성을 침해하여 현실을 왜곡할 수 있다.'라고 보았기 때문에 '현실의 참모습을 변조하는 과도한 편집 기법보다는 단일한 숏(Shot)을 길게 촬영하는 롱 테이크 기법을 지지'하였다. 그것은 사건의 공간적 단일성을 존중하고 현실적 사건으로서의 가치를 보장한다고 여기기 때문이다. 따라서 ③과 같은 내용은 바쟁의 의견과 거리가 멀다.

02

바쟁의 영화관(映畫觀)에 동조한다면 리얼리즘적인 특성을 최대한 살릴 수 있도록 영화를 제작했을 것이다. 따라서 인위적인 편집이나 조작을 최대한 배제하고, 현실을 있는 그대로 재현하려고 했을 것이다. 또한, 네 번째 문단에서 언급한 것처럼 '관객의 시선에도 자유를 부여'하려고 했을 것이므로 ⑤와 같은 반응은 적절하지 않다.

03

㉠에서는 오랑우탄이 건초더미를 주목한 연구 결과를 통해 유인원도 다른 개체의 생각을 미루어 짐작하는 능력이 있다고 주장한다. 오랑우탄이 건초더미를 주목한 것은 B가 상자 뒤에 숨었다는 사실을 모르는 A의 입장이 되었기 때문이라는 것이다. 그러나 오랑우탄이 단지 건초더미가 자신에게 가까운 곳에 있었기 때문에 주목한 것이라면, 다른 개체의 입장이 아닌 자신의 입장에서 생각한 것이 되므로 ㉠은 약화된다.

① 외모의 유사성은 제시문에 나타난 연구 내용과 관련이 없다.

② 사람에게 동일한 실험을 한 후 비슷한 결과가 나왔다는 것은 사람도 유인원처럼 다른 개체의 생각을 미루어 짐작하는 능력이 있다는 것이므로 오히려 ㉠을 강화할 수 있다.

③ 새로운 오랑우탄을 대상으로 동일한 실험을 한 후 비슷한 결과가 나왔다는 것은 ㉠을 강화할 수 있다.

⑤ 제시문에서는 나머지 오랑우탄 10마리에 대해 언급하고 있지 않다.

04
정답 ④

탄소배출권거래제는 의무감축량을 초과 달성했을 경우 초과 분을 거래할 수 있는 제도이다. 따라서 온실가스의 초과 달성 분을 구입 혹은 매매할 수 있음을 추측할 수 있으며, 빈칸 이 후 문단에서도 탄소배출권을 일종의 현금화가 가능한 자산으로 언급함으로써 이러한 추측을 돕고 있다. 따라서 ④가 빈칸에 들어갈 내용으로 가장 적절하다.

오답분석
① 탄소배출권거래제가 탄소배출권이 사용되는 배경이라고는 볼 수 있으나, 다른 감축의무국가를 도움으로써 탄소배출권을 얻을 수 있다는 내용은 제시문에서 확인할 수 없다.
② 제시문에는 탄소배출권거래제가 가장 핵심적인 유연성체제라고는 언급되어 있지 않다.
③ 제시문에서 탄소배출권거래제가 6대 온실가스 중 이산화탄소를 줄이는 것을 특히 중요시한다는 내용은 확인할 수 없다.
⑤ 청정개발체제에 대한 설명이다.

05
정답 ②

제시문은 스타 시스템에 대한 문제점을 지적한 다음, 글쓴이 나름대로의 대안을 모색하고 있다.

06
정답 ④

욕망의 주체인 ⓑ만 ⓒ를 이상적 존재로 두고 닮고자 한다.

07
정답 ④

제시문에서 스타는 스타 시스템에 의해서 소비자들의 욕망을 부추기고 상품처럼 취급되어 소비되는 존재로서, 자신의 의지에 의해서 행위하는 것이 아니라 단지 스타 시스템에 의해 조종되고 있을 뿐이라 보고 있다.

08
정답 ⑤

제시문은 물리학의 근본 법칙들이 사실을 정확하게 기술하기 위해 조건을 추가할 경우 오히려 일반적인 상황이 아닌 특수한 상황만을 설명하게 되는 문제점을 서술하고 있으므로 ⑤가 논지로 가장 적절하다.

09
정답 ⑤

전화를 처음 발명한 사람으로 알려진 알렉산더 그레이엄 벨이 전화에 대한 특허를 받았음을 이야기하는 (라) 문단이 첫 번째 문단으로 적절하며, 다음으로 벨이 특허를 받은 뒤 치열한 소송전이 이어졌다는 (다) 문단이 오는 것이 자연스럽다. 이후 벨은 그레이와의 소송에서 무혐의 처분을 받으며 마침내 전화기의 발명자는 벨이라는 판결이 났다는 (나) 문단과 지금도 벨의 전화 시스템이 세계 통신망에 뿌리를 내리고 있다는 (가) 문단이 차례로 오는 것이 매끄럽다.

10
정답 ①

누가 먼저 전화를 발명했는지에 대한 치열한 소송이 있었지만, (나) 문단의 1887년 재판에서 전화의 최초 발명자는 벨이라는 판결에 따라 법적으로 전화를 처음으로 발명한 사람은 벨임을 알 수 있다.

오답분석
② 벨과 그레이는 1876년 2월 14일 같은 날에 특허를 신청했으나, 누가 먼저 제출했는지는 제시문을 통해 알 수 없다.
③ 무치는 1871년 전화에 대한 임시 특허만 신청하였을 뿐, 정식 특허로 신청하지 못하였다.
④ 벨이 만들어낸 전화 시스템은 현재 세계 통신망에 뿌리를 내리고 있다.
⑤ 소송 결과 그레이가 전화의 가능성을 처음 인지하긴 하였으나, 전화를 완성하기 위한 후속 조치를 취하지 않았다고 판단되었다.

02 | 수리능력

01 대표유형 적중문제

| 01 | 모듈형

01	02	03	04	05	06	07	08	09	10
④	③	②	②	④	⑤	③	②	④	④

01 　　정답 ④

A, B기차의 속력은 일정하며 두 기차가 터널 양 끝에서 동시에 출발하면 $\frac{1}{3}$ 지점에서 만난다고 했으므로 두 기차 중 하나는 다른 기차 속력의 2배인 것을 알 수 있다. 또한, A기차보다 B기차가 터널을 통과하는 시간이 짧으므로 B기차의 속력이 더 빠르다.

A기차의 길이를 xm, 속력을 ym/s라고 하자. B기차의 속력은 $2y$m/s이다.

$570+x=50 \times y$ ⋯ ㉠

$570+(x-60)=23 \times 2y$ ⋯ ㉡

㉠과 ㉡을 연립하면

$60=4y$

$\therefore y=15$

이를 ㉠에 대입하면

$x=50 \times 15-570$

$\therefore x=180$

따라서 A기차의 길이는 180m이다.

02 　　정답 ③

A기업의 복사지 한 달 사용량 : 20,000장÷10개월=2,000장/개월

A기업의 현재부터 한 달 사용량 : 2,000장×2=4,000장

따라서 4,000장×4=16,000장이므로 4개월 후에 연락해야 한다.

03 　　정답 ②

꺾은선 그래프는 시간이 흐름에 따라 변해가는 모습을 나타내는 데 많이 쓰인다. 따라서 변화의 추이가 중요한 날씨 변화, 에너지 사용 증가율, 물가의 변화 등을 나타내는 데 가장 적절하다.

[오답분석]

① 막대 그래프는 크거나 작거나, 많거나 적은 것을 한눈에 비교하여 읽는 데 적당하다.

③・④ 원 그래프나 띠 그래프는 전체를 100%로 놓고 그에 대한 부분의 비율을 나타내는 데 많이 쓰인다. 따라서 각각의 항목이 차지하는 비중이 어느 정도인지를 나타내거나 중요도나 우선순위를 고려해야 할 자료에 적절하다.

⑤ 그림 그래프는 지역이나 위치에 따라 수량의 많고 적음을 한 눈에 알 수 있도록 하기 때문에, 조사한 자료의 크기를 쉽게 비교할 필요성이 있는 자료에 적절하다.

04 　　정답 ②

2022년 세 기계의 구입 가격의 평균은 (1,900+1,600+1,300)÷3=1,600만 원이다.

2023년에 (다) 기계는 90회 사용하여 500만 원을 받고 팔 수 있으므로, 모든 기계의 판매 가격의 평균은 (1,000+500)÷3=500만 원이다.

05 　　정답 ④

(가) ~ (다) 기계를 구입한 후 전기요금이 발생하지 않는 자가발전 시스템을 도입할 예정이어서 전기요금이 발생하지 않을 것이므로 기계별 발생하는 지불 총액은 '(구입 가격)+[(관리비)×(사용 개월 수)]'만 계산하면 된다. 5년은 60개월이므로 그동안의 지불 총액은 다음과 같다.

• (가) 기계 : 1,900+(10×60)=2,500만 원

• (나) 기계 : 1,600+(20×60)=2,800만 원

• (다) 기계 : 1,300+(10×60)=1,900만 원

따라서 지불 총액이 가장 적은 기계는 (다)이다.

06
정답 ⑤

편차는 변량에서 평균을 뺀 값으로, 편차의 총합은 항상 0이 된다.
편차의 특성을 이용하면 $0+(-3)+x+3+9+(-3)=0$이 되므로 $x=-6$이다.

07
정답 ③

중앙값은 관찰값을 최솟값부터 최댓값까지 크기순으로 배열하였을 때 순서상 중앙에 위치하는 값을 말하며, 관찰값의 개수가 짝수인 경우에는 중앙에 위치하는 두 관찰값의 평균이 중앙값이 된다.
(가) ~ (바) 직원의 점수를 크기순대로 나열하면 91, 85, 83, 79, 76, 75가 되며, 관찰값의 개수가 짝수이므로 중앙에 위치하는 두 관찰값 83과 79의 평균인 81이 중앙값이 된다.

08
정답 ②

5명이 노란색 원피스 2벌, 파란색 원피스 2벌, 초록색 원피스 1벌 중 한 벌씩 선택하여 사는 경우의 수는 먼저 5명을 2명, 2명, 1명으로 이루어진 3개의 팀으로 나누는 방법과 동일하므로 $_5C_2 \times _3C_2 \times _1C_1 \times \frac{1}{2!} = \frac{5 \times 4}{2} \times 3 \times 1 \times \frac{1}{2} = 15$ 가지가 된다. 이때, 원피스 색깔 중 2벌인 색은 노란색과 파란색 2가지이므로 선택할 수 있는 경우의 수는 모두 $15 \times 2 = 30$가지이다.

09
정답 ④

5% 소금물의 소금의 양은 $0.05 \times 800 = 40$g이며, 여기에 30g의 소금을 더 넣었으므로 총 소금의 양은 70g이다. 증발한 물의 양을 xg이라 하면

$$\frac{40+30}{800+30-x} \times 100 = 14$$
$$\rightarrow 14 \times (830-x) = 7,000$$
$$\rightarrow 830-x = 500$$
$$\therefore x = 330$$

10
정답 ④

644와 476을 소인수분해하면
• $644 = 2^2 \times 7 \times 23$
• $476 = 2^2 \times 7 \times 17$
즉, 644와 476의 최대공약수는 $2^2 \times 7 = 28$이다. 이때, 직사각형의 가로에 설치할 수 있는 조명의 개수를 구하면 $644 \div 28 + 1 = 23 + 1 = 24$개이고, 세로에 설치할 수 있는 조명의 개수를 구하면 $476 \div 28 + 1 = 17 + 1 = 18$개이다. 따라서 조명의 최소 설치 개수를 구하면 $(24+18) \times 2 - 4 = 84 - 4 = 80$개이다.

| 02 | 피듈형

01	02	03	04	05	06	07	08		
③	④	②	①	⑤	①	②	④		

01
정답 ③

곡물별 2021년과 2022년의 소비량 변화는 다음과 같다.
• 소맥 소비량의 변화 : $679 - 697 = -18$백만 톤
• 옥수수 소비량의 변화 : $860 - 883 = -23$백만 톤
• 대두 소비량의 변화 : $258 - 257 = 1$백만 톤
따라서 소비량의 변화가 가장 작은 곡물은 대두이다.

오답분석
① 제시된 자료를 통해 알 수 있다.
② 제시된 자료를 통해 2023년에 모든 곡물의 생산량과 소비량이 다른 해에 비해 많았음을 알 수 있다.
④ • 2021년 전체 곡물 생산량 : $697 + 886 + 239 = 1,822$백만 톤
　• 2023년 전체 곡물 생산량 : $711 + 964 + 285 = 1,960$백만 톤
　따라서 2021년과 2023년의 전체 곡물 생산량의 차는 $1,960 - 1,822 = 138$백만 톤이다.
⑤ 2023년의 곡물별 생산량 대비 소비량의 비중을 구하면 다음과 같다.
　• 소맥 : $\frac{703}{711} \times 100 = 98.87\%$
　• 옥수수 : $\frac{937}{964} \times 100 = 97.20\%$
　• 대두 : $\frac{271}{285} \times 100 = 95.09\%$
　따라서 2023년에 생산량 대비 소비량의 비중이 가장 낮았던 곡물은 대두이다.

02
정답 ④

아이들의 수를 x명이라고 하자.
노트의 개수는 $7(x-14)+2 = 6(x-11)+2$
$\rightarrow x = 32$
즉, 아이들의 수는 32명, 노트의 개수는 $7 \times (32-14)+2 = 128$권이다.
따라서 1명당 나누어줄 노트의 개수는 $128 \div 32 = 4$권이다.

03
정답 ②

미술과 수학을 신청한 학생의 비율 차이는 $16 - 14 = 2$%p이고, 신청한 전체 학생은 200명이므로 수학을 선택한 학생 수는 미술을 선택한 학생 수보다 $200 \times 0.02 = 4$명 더 적다.

04

- 남자의 고등학교 진학률 : $\dfrac{861,517}{908,388} \times 100 \fallingdotseq 94.8\%$

- 여자의 고등학교 진학률 : $\dfrac{838,650}{865,323} \times 100 \fallingdotseq 96.9\%$

05

공립 중학교의 성별별 졸업자 수가 알려져 있지 않으므로 계산할 수 없다.

06

이메일 스팸 수신량이 가장 높은 시기는 2021년 하반기이지만, 휴대전화 스팸 수신량이 가장 높은 시기는 2020년 하반기이다.

오답분석

② 제시된 자료를 통해 모든 기간 이메일 스팸 수신량이 휴대전화 스팸 수신량보다 많음을 확인할 수 있다.

③ 이메일 스팸 수신량의 증가·감소 추이와 휴대전화 스팸 수신량의 증가·감소 추이가 일치하지 않으므로 서로 밀접한 관련이 있다고 보기 어렵다.

④ 이메일 스팸 총수신량의 평균은 0.6이고 휴대전화 스팸 총수신량의 평균은 약 0.19이다.

따라서 $\dfrac{0.6}{0.19} \fallingdotseq 3.16$으로 3배 이상이다.

⑤ 컴퓨터 사용량과 이메일 스팸 수신량이 정비례 관계에 있으므로, 컴퓨터 사용량이 증가하면 이메일 스팸 수신량도 증가한다. 따라서 이메일 스팸 수신량이 가장 높은 2021년 하반기에 국민의 컴퓨터 사용량이 제일 높았을 것이다.

07

2023년 1위 흑자국 중국의 흑자액은 10위 흑자국인 인도의 흑자액의 $\dfrac{47,779}{4,793} \fallingdotseq 9.97$배이므로 10배 미만이다.

오답분석

① 2021년부터 2023년까지 폴란드를 제외한 9개국은 모두 흑자국에 2번 이상을 포함된 것을 확인할 수 있다.

③ 싱가포르의 2021년 대비 2023년의 흑자액은 $\dfrac{11,890}{5,745} \fallingdotseq$ 2.07배이므로 옳은 설명이다.

④ 베트남의 2021년 대비 2023년의 흑자 증가율은 $\dfrac{8,466-4,780}{4,780} \times 100 \fallingdotseq 77.1\%$이므로 가장 높다.

⑤ 조사기간 동안 싱가포르와 베트남만이 매년 순위가 상승했다.

08

- 잘 익은 귤을 꺼낼 확률 : $1 - \left(\dfrac{10}{100} + \dfrac{15}{100} \right) = \dfrac{75}{100}$

- 썩거나 안 익은 귤을 꺼낼 확률 : $\dfrac{10}{100} + \dfrac{15}{100} = \dfrac{25}{100}$

따라서 한 사람은 잘 익은 귤, 다른 한 사람은 그렇지 않은 귤을 꺼낼 확률은 $2 \times \dfrac{75}{100} \times \dfrac{25}{100} = 37.5\%$이다.

| 03 | PSAT형

01	02	03	04	05					
④	①	③	⑤	③					

01

특수학교뿐 아니라 초등학교와 고등학교도 정규직 영양사보다 비정규직 영양사가 더 적다.

오답분석

① 급식인력은 4개의 학교 중 초등학교가 $34,184$명으로 가장 많다.

② 영양사 정규직 비율은 중학교가 $43.87 \left(= \dfrac{626}{1,427} \times 100 \right)$, 특수학교가 $94.69 \left(= \dfrac{107}{113} \times 100 \right)$로, 특수학교가 중학교보다 2배 이상 높다.

③ 중학교 정규직 영양사는 626명, 고등학교 비정규직 영양사는 603명이므로 옳은 내용이다($626 - 603 = 23$).

⑤ 초등학교, 중학교, 고등학교의 영양사와 조리사는 천 단위의 수인 데 반해 조리보조원은 만 단위이므로, 조리보조원이 차지하는 비율이 가장 높다는 것을 알 수 있다.

02

㉠ 그래프를 살펴보면 전체 구매액 중 50대 이상 연령대의 구매액 비중은 할인점이 가장 큰 것을 쉽게 알 수 있다.

㉡ 전체 구매액 중 여성의 구매액 비중이 남성보다 큰 유통업태는 오픈마켓과 할인점이다.

두 업태의 그래프를 살펴보면 오픈마켓의 40세 이상 구매액 비중은 약 67%, 할인점의 40세 이상 구매액 비중은 약 70%로 두 유통업태의 40세 이상 구매액 비중은 모두 60% 이상이다.

ⓒ 각 유통업태의 연령별 구매액 비중 그래프에서 20대 이하와 50대 이상이 차지하는 면적을 살펴보면 소셜커머스, 오픈마켓, 할인점에서는 50대 이상이 20대 이하보다 큰 비중을 차지함을 알 수 있다. 그러나 일반유통의 경우 50대 이상이 20대 이하보다 작은 비중을 차지한다.

ⓔ 40세 미만의 구매액 비중이 50% 미만인 유통업태는 소셜커머스, 오픈마켓, 할인점이다.

오픈마켓과 할인점은 여성의 구매액 비중이 남성보다 크지만, 소셜커머스의 경우 여성의 구매액 비중이 남성보다 작다.

03
정답 ③

이륜차와 관련된 교통사고는 $29+11=40\%$로 $2,500\times0.4=1,000$건이며, 30대 이하 가해자는 $38+21=59\%$로 $2,500\times0.59=1,475$명이다. 따라서 그 비율은 $\frac{1,000}{1,475}\times100 ≒ 67.8\%$이다.

① 60대 이상의 비율은 $100-(38+21+11+8)=22\%$로, 30대보다 높다.

② 사륜차와 사륜차 교통사고 사망건수는 $2,500\times0.42\times0.32=336$건이고, 20대 가해자 수는 $2,500\times0.38=950$명으로, 그 비율은 $\frac{336}{950}\times100 ≒ 35.4\%$이다.

④ 보행자와 관련된 교통사고는 $18+11=29\%$로 $2,500\times0.29=725$건이며, 그중 40%가 사망사건이라고 했으므로 사망건수는 $725\times0.4=290$건이다. 이때, 사륜차와 사륜차의 교통사고 사망건수는 336건이므로 보행자와 관련된 교통사고 사망건수보다 많다.

⑤ 사륜차와 이륜차 교통사고 사상자 수는 $2,500\times0.29=725$명이고, 이 중 사망자의 비율은 68%이므로 사망건수는 $725\times0.68=493$건이다. 따라서 사륜차와 사륜차 교통사고 사망건수인 336건보다 많다.

04
정답 ⑤

이륜차 또는 보행자와 관련된 교통사고는 $29+18+11=58\%$로 $2,500\times0.58=1,450$건이다. 이 중 20%의 가해자가 20대라고 했으므로 $1,450\times0.2=290$건이다. 전체 교통사고 중 20대 가해건수는 $2,500\times0.38=950$건이므로, 이륜차 또는 보행자와 관련된 교통사고 중 20대 가해자는 전체 교통사고 20대 가해자의 $\frac{290}{950}\times100 ≒ 30\%$를 차지한다.

05
정답 ③

2015 ~ 2023년 사이 장르별 공연 건수의 증가율은 다음과 같으며, 국악의 증가율이 가장 높다는 것을 알 수 있다.

• 양악 : $\frac{4,628-2,658}{2,658}\times100 ≒ 74\%$

• 국악 : $\frac{2,192-617}{617}\times100 ≒ 255\%$

• 무용 : $\frac{1,521-660}{660}\times100 ≒ 130\%$

• 연극 : $\frac{1,794-610}{610}\times100 ≒ 194\%$

① 2019년과 2022년에는 연극 공연 건수가 국악 공연 건수보다 더 많았다.

② 주어진 표에 기록된 수치들만 보면 매년 양악의 공연 건수가 가장 높았던 것처럼 보인다. 그러나 이 표에는 2021년의 무용 공연 건수 자료가 빠져있다. 그러므로 다른 해와 마찬가지로 2021년에도 역시 양악의 공연 건수가 무용 공연 건수보다 더 많았는지 아닌지의 여부는 이 표만 가지고는 확정적으로 판단할 수 없다.

④ 주어진 표에는 2021년의 무용 공연 건수가 제시되어 있지 않다. 그러므로 연극 공연 건수가 무용 공연 건수보다 많아진 것이 2022년부터라고 단정지을 수 없다.

⑤ 2022년에 비해 2023년에 공연 건수가 가장 많이 증가한 장르는 양악이다.

02 심화문제

01	02	03	04	05					
④	②	③	③	①					

01 　정답　④

ㄴ. 2023년 11월 운수업과 숙박 및 음식점업의 국내카드 승인액의 합은 159+1,031=1,190억 원으로, 도매 및 소매업의 국내카드 승인액의 40%인 3,261×0.4=1,304.4억 원보다 작다.

ㄹ. 2023년 9월 협회 및 단체·수리 및 기타 개인 서비스업의 국내카드 승인액은 보건 및 사회복지 서비스업 국내카드 승인액의 $\frac{155}{337}×100≒46.0\%$이다.

오답분석

ㄱ. 교육 서비스업의 2024년 1월 국내카드 승인액의 전월 대비 감소율은 $\frac{122-145}{145}×100≒-15.9\%$이다.

ㄷ. 2023년 10월부터 2024년 1월까지 사업시설관리 및 사업지원 서비스업의 국내카드 승인액의 전월 대비 증감 추이는 '증가 – 감소 – 증가 – 증가'이고, 예술·스포츠 및 여가관련 서비스업은 '증가 – 감소 – 감소 – 감소'이다.

02 　정답　②

제시된 식으로 응시자와 합격자 수를 계산하였을 때 다음과 같다.

구분	2019년	2020년	2021년	2022년	2023년
응시자	2,810	2,660	2,580	2,110	2,220
합격자	1,310	1,190	1,210	1,010	1,180

응시자 중 불합격자 수는 응시자에서 합격자 수를 뺀 값으로 연도별 알맞은 수치는 다음과 같다.
• 2019년 : 2,810-1,310=1,500명
• 2020년 : 2,660-1,190=1,470명
• 2021년 : 2,580-1,210=1,370명
• 2022년 : 2,110-1,010=1,100명
• 2023년 : 2,220-1,180=1,040명
따라서 제시된 수치는 접수자에서 합격자 수를 뺀 값으로 옳지 않은 그래프이다.

오답분석

① 미응시자 수는 접수자 수에서 응시자 수를 뺀 값이다.
• 2019년 : 3,540-2,810=730명
• 2020년 : 3,380-2,660=720명
• 2021년 : 3,120-2,580=540명
• 2022년 : 2,810-2,110=700명
• 2023년 : 2,990-2,220=770명
③·④·⑤ 제시된 자료를 통해 알 수 있다.

03 　정답　③

2020 ~ 2023년 가계대출과 기업대출의 전년 대비 증가액은 다음 표와 같다.

(단위 : 조 원)

구분	2020년	2021년	2022년	2023
가계대출	583.6-535.7=47.9	620-583.6=36.4	647.6-620=27.6	655.7-647.6=8.1
기업대출	546.4-537.6=8.8	568.4-546.4=22	587.3-568.4=18.9	610.4-587.3=23.1

따라서 2023년 기업대출의 전년 대비 증가액은 가계대출 증가액보다 높다.

오답분석

① 2019년 대비 2023년 부동산담보대출 증가율을 계산하면 $\frac{341.2-232.8}{232.8}×100≒46.6\%$이며, 가계대출 증가율은 $\frac{655.7-535.7}{535.7}×100≒22.4\%$이므로 부동산담보대출 증가율이 가계대출 증가율보다 더 높다.

② 주택담보대출이 세 번째로 높은 연도는 2021년이며, 이때 부동산담보대출(284.4조 원)이 기업대출의 50%인 $\frac{568.4}{2}=284.2$조 원보다 많다.

④ 2017년 은행대출은 459+462=921조 원이며, 2020년 은행대출은 583.6+546.4=1,130조 원이므로 2017년의 은행대출은 2020년 은행대출의 $\frac{921}{1,130}×100≒81.5\%$를 차지한다.

⑤ 2016 ~ 2023년 동안 전년 대비 주택담보대출이 가장 많이 증가한 해는 2019년이다.

(단위 : 조 원)

구분	2016년	2017년	2018년	2019년
증가액	300.9-279.7=21.2	309.3-300.9=8.4	343.7-309.3=34.4	382.6-343.7=38.9

구분	2020년	2021년	2022년	2023년
증가액	411.5-382.6=28.9	437.2-411.5=25.7	448-437.2=10.8	460.1-448=12.1

04 　정답　③

무를 제외한 다른 항목들의 조사단위가 모두 10kg이기 때문에 혼동하게끔 만들어놓은 선택지이다.

오답분석

①·②·④·⑤ 모두 주어진 표의 자료를 옳게 표시한 그래프이다.

05

정답 ①

ㄱ. 자녀와 동거하는 노인의 공적이전소득이 기타소득에서 차지하는 비중은 $\frac{14.5}{21.8} \times 100 ≒ 66.5\%$이다.

ㄷ. 노인독거의 근로소득 비율은 노인독거 재산소득과 기타소득 비율 합의 $\frac{10.5}{8.6+76.3} \times 100 = \frac{10.5}{84.9} \times 100 ≒ 12.4\%$를 차지한다.

오답분석

ㄴ・ㄹ. 주어진 자료에서 정확한 소득금액을 모르므로 알 수 없는 내용이다.

03 | 문제해결능력

01 대표유형 적중문제

| 01 | 모듈형

01	02	03	04	05	06	07	08												
①	④	②	①	⑤	①	②	③												

01
정답 ①

SWOT 분석은 내부 환경요인과 외부 환경요인의 2개의 축으로 구성되어 있다. 내부 환경요인은 자사 내부의 환경을 분석하는 것으로 자사의 강점과 약점으로 분석되며, 외부 환경요인은 자사 외부의 환경을 분석하는 것으로 기회와 위협으로 구분된다.

02
정답 ④

상황을 모두 고려하면 '자동차 관련 기업의 주식을 사서는 안 된다.'는 결론이 옳다.

오답분석
① 두 번째, 세 번째 상황은 고려하고 있지 않다.
② 세 번째 상황을 고려하고 있지 않다.
③ 상황을 모두 고려하고 있으나 자동차 산업과 주식시장이 어떻게 되는가를 전달하고 있지 않다.
⑤ 두 번째 상황을 고려하고 있지 않다.

03
정답 ②

문제해결과정
문제 인식 → 문제 도출 → 원인 분석 → 해결안 개발 → 실행 및 평가

04
정답 ①

분석적 사고
1. 성과 지향의 문제 : 기대하는 결과를 명시하고 효과적으로 달성하는 방법을 사전에 구상하고 실행에 옮긴다.
2. 가설 지향의 문제 : 현상 및 원인분석 전에 지식과 경험을 바탕으로 일의 과정이나 결과, 결론을 가정한 다음 검증 후 사실일 경우 다음 단계의 일을 수행한다.
3. 사실 지향의 문제 : 일상 업무에서 일어나는 상식, 편견을 타파하여 사고와 행동을 객관적 사실로부터 시작한다.

05

GE 맥킨지 매트릭스는 산업의 매력도와 사업의 강점을 이용하여 전략사업단위를 평가하는 방법으로, 여러 요인들을 종합적으로 고려하여 정교한 분석이 가능하므로 BCG 매트릭스보다 발전된 기법으로 평가받고 있다. 그러나 각 사업단위 간의 상호작용을 고려하지 않고, 복잡한 매트릭스로 인해 실제 적용이 어렵다는 단점이 있다.

> **GE 맥킨지 매트릭스**
> • 좌상의 청신호 지역 : 투자육성전략. 경쟁력 있는 사업으로 지속적인 투자를 통해 성장시키는 전략이 적절하다.
> • 대각선상의 주의신호 지역 : 선택적 개선전략. 경쟁력이 있을 것 같은 사업을 선택하여 수익을 창출하는 전략이 적절하다.
> • 우하의 적신호 지역 : 퇴출전략. 경쟁력이 약한 사업으로 철수나 최소한의 투자를 하는 전략이 적절하다.

06

A사업은 매력적인 사업으로, 집중적으로 투자하여야 한다. 그러나 시장 지위를 유지하면서 새로운 진출을 모색해야 하는 사업은 B사업이다.

GE 맥킨지 매트릭스 전략

산업매력도		고	중	저
	고	성장 / 집중 투자	시장 지위 유지·구축 투자	선택적 투자 / 회수 및 철수 시기 파악
	중	성장을 위한 투자 / 강점 극대화 투자	현상유지 / 선택적 투자	실패를 막기 위한 최소 투자
	저	선택적 투자 / 시장 지위 유지 및 신규 진출 탐색	강점이 가능한 곳 투자 / 나머지는 철수	철수에 도움이 되는 최소한 투자 / 철수

사업의 강점

07

①～⑤ 모두 미래사업에 대한 토론을 시작하는 것이다. 그러나 ②를 제외한 나머지는 신입직원들에게 부담을 주어, 관련 없는 의견을 내면 반응이 안 좋을 것 같아 선뜻 말하지 못할 것이다. 따라서 ②와 같이 마음껏 의견을 제시할 수 있도록 유도하는 것이 가장 적절한 말임을 알 수 있다.

08

혼잡한 시간대에도 같은 노선의 앞차를 앞지르지 못하는 버스 운행 규칙으로 인해 버스의 배차 간격이 일정하지 않은 문제가 나타났다.

| 02 | 피듈형

01	02	03	04	05	06														
①	③	④	④	③	②														

01

정답 ①

상자의 두 개의 안내문 중 하나는 참이고, 하나는 거짓이라 하였으므로 먼저 A상자의 첫 번째 안내문이 참, 두 번째 안내문이 거짓일 경우와 그 반대의 경우를 확인해 본다.
ⅰ) A상자의 첫 번째 안내문이 참, 두 번째 안내문이 거짓인 경우
  B, D상자 첫 번째 안내문, C상자 두 번째 안내문이 참이다.
  따라서 ①·②가 참, ③·④·⑤가 거짓이다.
ⅱ) A상자의 첫 번째 안내문이 거짓, 두 번째 안내문이 참인 경우
  B, C상자 첫 번째 안내문, D상자 두 번째 안내문이 참이다.
  따라서 ①·③·⑤가 참, ②가 거짓, ④는 참인지 거짓인지 알 수 없다.
그러므로 항상 옳은 것은 ①이다.

02

정답 ③

③은 제한된 증거를 가지고 결론을 도출하는 '성급한 일반화의 오류'의 사례로 볼 수 있다.

오답분석
① 권위에 호소하는 오류로 볼 수 있다. 도서 디자인과 무관한 인사부 최 부장님의 견해를 신뢰하여 발생하는 오류로 볼 수 있다.
② 대중에 호소하는 오류로 볼 수 있다. 소비자의 80%가 사용하고 있다는 점과 세탁기의 성능은 논리적으로 연결되지 않는다.
④ 인신공격의 오류로 볼 수 있다. 기획서 내용을 반박하면서 이와 무관한 B사원의 성격을 근거로 사용하여 발생하는 오류로 볼 수 있다.
⑤ 대중에 호소하는 오류로 볼 수 있다. 대마초 허용에 많은 사람들이 찬성했다는 이유만으로 대마초와 관련된 의약개발 투자를 주장하여 발생하는 오류로 볼 수 있다.

03

정답 ④

첫 번째 조건을 이용하여 B·C가 참가하는 경우, B·F가 참가하는 경우, C·F가 참가하는 경우로 나누어 본다.
ⅰ) B, C가 참가하는 경우 : B, C, D, E가 참가하고, F, G가 참가하지 않는다. 그러므로 A, H 중 한 명이 반드시 참가해야 하지만 마지막 명제의 대우에 의해 A가 참가하면 H도 참가해야 하므로 6명이 산악회에 참가하게 된다. 따라서 모순이다.
ⅱ) B, F가 참가하는 경우 : B, E, F, G가 참가하고, C, D가 참가하지 않는다. 따라서 ⅰ)의 경우와 마찬가지로 모순이다.
ⅲ) C, F가 참가하는 경우 : C, D, F, G가 참가하거나 C, E, F가 참가하고, B, D, G가 참가하지 않는다.
  이때, C, D, F, G가 참가하는 경우는 ⅰ)과 마찬가지로 모순이지만 C, E, F가 참가하는 경우 A, H는 참가한다.
따라서 반드시 산악회에 참가하는 사람은 H이다.

04

정답 ④

문제 도출은 선정된 문제를 분석하여 해결해야 할 것이 무엇인지를 명확히 하는 단계로, (가) 문제 구조 파악과 (나) 핵심 문제 선정의 절차를 거쳐 수행된다. 이때, 문제 구조 파악을 위해서는 현상에 얽매이지 말고 문제의 본질과 실제를 봐야 하며, 한쪽만 보지 말고 다면적으로 바라보며, 눈앞의 결과만 보지 말고 넓은 시야로 문제를 바라봐야 한다.

해결해야 할 전략 과제란 취약한 부분에 대해 보완해야 할 과제를 말한다. 따라서 이미 우수한 고객서비스 부문을 강화한다는 것은 전략 과제로 삼기에 적절하지 않다.

오답분석

① 해외 판매망이 취약하다고 분석되었으므로 중국시장의 판매유통망을 구축하는 전략 과제를 세우는 것은 적절하다.
② 중국시장에서 구매 방식이 대부분 온라인으로 이루어지는 데 반해, 자사의 온라인 구매시스템은 미흡하기 때문에 온라인 구매시스템을 강화한다는 전략 과제는 적절하다.
④ 중국기업들 간의 가격 경쟁이 치열하다는 것은 제품의 가격이 내려가고 있다는 의미인데, 자사는 생산원가가 높다는 약점이 있다. 그러므로 원가 절감을 통한 가격경쟁력 강화 전략은 적절하다.
⑤ 중국시장에서 인간공학이 적용된 제품을 지향하고 있으므로 인간공학을 기반으로 한 제품 개발을 강화하는 것은 적절한 전략 과제이다.

WT전략은 외부 환경의 위협 요인을 회피하고 약점을 보완하는 전략을 적용해야 한다. ②는 강점인 'S'를 강화하는 방법에 대해 이야기하고 있으므로 옳지 않다.

오답분석

① WO전략은 외부의 기회를 사용해 약점을 보완하는 전략이므로 옳다.
③ WT전략은 외부 환경의 위협 요인을 회피하고 약점을 보완하는 전략이므로 옳다.
④ SO전략은 기회를 활용하면서 강점을 더욱 강화시키는 전략이므로 옳다.
⑤ ST전략은 외부 환경의 위협을 회피하며 강점을 적극 활용하는 전략이므로 옳다.

| 03 | PSAT형

01	02	03	04	05															
④	⑤	⑤	⑤	④															

E가 수요일에 봉사를 간다면 A는 화요일(바), C는 월요일(다)에 가고, B와 D는 평일에 봉사를 가므로(라) 토요일에 봉사를 가는 사람은 없다.

오답분석

① B가 화요일에 봉사를 간다면 A는 월요일에 봉사를 가고(나), C는 수요일이나 금요일에 봉사를 가므로(다, 마) 토요일에 봉사를 가는 사람은 없다.
② D가 금요일에 봉사를 간다면 C는 수요일과 목요일에 봉사를 갈 수 없으므로(다, 마) 월요일이나 화요일에 봉사를 간다.
③ D가 A보다 봉사를 빨리 가면 D는 월요일, A는 화요일에 봉사를 가므로(바) C는 수요일이나 금요일에 봉사를 가게 된다(다, 마). C가 수요일에 봉사를 가면 E는 금요일에 봉사를 가게 되므로 B는 금요일에 봉사를 가지 않는다.
⑤ C가 A보다 빨리 봉사를 간다면 D는 목요일이나 금요일에 봉사를 간다(다, 라, 바).

02

정답 ⑤

- A지역 : 평화생명벨트에 해당하며, 평화열차를 통해 관광할 수 있다.
- B지역 : 서해골드벨트에 해당하며, 서해금빛열차를 통해 관광할 수 있다.
- C지역 : 남도해양벨트에 해당하며, 남도해양열차를 통해 관광할 수 있다.
- D지역 : 강원청정벨트에 해당하며, 정선아리랑열차를 통해 관광할 수 있다.
- E지역 : 중부내륙벨트에 해당하며, 백두대간협곡열차와 중부내륙순환열차를 통해 관광할 수 있다.

따라서 무가 선물을 받는다.

03

정답 ⑤

- A : 해외여행에 결격사유가 있다.
- B : 지원분야와 전공이 맞지 않다.
- C : 대학 재학 중이므로 지원이 불가능하다.
- D : TOEIC 점수가 750점 이상이 되지 않는다.
- E : 병역 미필로 지원이 불가능하다.

따라서 A∼E 5명 모두 지원자격에 부합하지 않는다.

04

정답 ⑤

규칙에 따라 사용할 수 있는 숫자는 1, 5, 6을 제외한 나머지 2, 3, 4, 7, 8, 9로 총 6개이다. (한 자리 수)×(두 자리 수)=156이 되는 수를 알기 위해서는 156의 소인수를 구해보면 된다. 156의 소인수는 3, 2^2, 13으로 여기서 156이 되는 수의 곱 중에 조건을 만족하는 것은 2×78과 4×39이다. 따라서 선택지 중에 A팀 또는 B팀에 들어갈 수 있는 암호배열은 '39'이다.

05

정답 ④

파일 이름에 주어진 규칙을 적용하여 암호를 구하면 다음과 같다.

1. 비밀번호 중 첫 번째 자리에는 파일 이름의 첫 문자가 한글일 경우 @, 영어일 경우 #, 숫자일 경우 *로 특수문자를 입력한다.
   - 2022매운전골Cset3인기준recipe8 → *
2. 두 번째 자리에는 파일 이름의 총 자리 개수를 입력한다.
   - 2022매운전골Cset3인기준recipe8 → *23
3. 세 번째 자리부터는 파일 이름 내에 숫자를 순서대로 입력한다. 숫자가 없을 경우 0을 두 번 입력한다.
   - 2022매운전골Cset3인기준recipe8 → *23202238
4. 그 다음 자리에는 파일 이름 중 한글이 있을 경우 초성만 순서대로 입력한다. 없다면 입력하지 않는다.
   - 2022매운전골Cset3인기준recipe8 → *23202238ㅁㅇㅈㄱㅇㄱㅈ
5. 그 다음 자리에는 파일 이름 중 영어가 있다면 뒤에 덧붙여 순서대로 입력하되, a, e, i, o, u만 'a=1, e=2, i=3, o=4, u=5'로 변형하여 입력한다(대문자·소문자 구분 없이 모두 소문자로 입력한다).
   - 2022매운전골Cset3인기준recipe8 → *23202238ㅁㅇㅈㄱㅇㄱㅈcs2tr2c3p2

따라서 주어진 파일 이름의 암호는 '*23202238ㅁㅇㅈㄱㅇㄱㅈcs2tr2c3p2'이다.

01	02	03	04	05															
③	③	①	④	③															

01

정답 ③

ⓒ 발생형 문제란 눈에 보이는 이미 일어난 문제로 당장 걱정하고 해결하기 위해 고민해야 하는 문제를 의미한다. 따라서 ⓒ은 신약의 임상시험으로 인해 임상시험자의 다수가 부작용을 보여 신약 개발이 전면 중단된 것으로 이미 일어난 문제에 해당한다.

㉠ 탐색형 문제란 눈에 보이지 않는 문제로 이를 방치하면 뒤에 큰 손실이 따르거나 결국 해결할 수 없는 문제로 확대되게 된다. 따라서 지금 현재는 문제가 아니지만 계속해서 현재 상태로 진행할 경우를 가정하고 앞으로 일어날 수 있는 문제로 인식하여야 한다. 이에 해당되는 것은 ㉠으로 지금과 같은 공급처에서 원료를 수입하게 되면 미래에는 원료의 단가가 상승하게 되어 회사 경영에 문제가 될 것이다. 따라서 이에 대한 해결책을 갖추어야 미래에 큰 손실이 발생하지 않을 것이다.

ⓒ 설정형 문제란 미래상황에 대응하는 장래 경영전략의 문제로 '앞으로 어떻게 할 것인가'에 대한 문제를 의미한다. 따라서 이는 미래의 상황에 대한 언급이 있는 ⓒ이 해당된다.

02

정답 ③

A ~ D 네 명의 진술을 정리하면 다음과 같다.

구분	진술 1	진술 2
A	C는 B를 이길 수 있는 것을 냈다.	B는 가위를 냈다.
B	A는 C와 같은 것을 냈다.	A가 편 손가락의 수는 B보다 적다.
C	B는 바위를 냈다.	A ~ D는 같은 것을 내지 않았다.
D	A, B, C 모두 참 또는 거짓을 말한 순서가 동일하다.	이 판은 승자가 나온 판이었다.

먼저 A ~ D는 반드시 가위, 바위, 보 세 가지 중 하나를 내야 하므로 그 누구도 같은 것을 내지 않았다는 C의 진술 2는 거짓이 된다. 따라서 C의 진술 중 진술 1이 참이 되므로 B가 바위를 냈다는 것을 알 수 있다. 이때, B가 가위를 냈다는 A의 진술 2는 참인 C의 진술 1과 모순되므로 A의 진술 중 진술 2가 거짓이 되는 것을 알 수 있다. 결국 A의 진술 중 진술 1이 참이 되므로 C는 바위를 낸 B를 이길 수 있는 보를 냈다는 것을 알 수 있다.

한편, 바위를 낸 B는 손가락을 펴지 않으므로 A가 편 손가락의 수가 자신보다 적었다는 B의 진술 2는 거짓이 된다. 따라서 B의 진술 중 진술 1이 참이 되므로 A는 C와 같은 보를 냈다는 것을 알 수 있다.

이를 바탕으로 A ~ C의 진술에 대한 참, 거짓 여부와 가위바위보를 정리하면 다음과 같다.

구분	진술 1	진술 2	가위바위보
A	참	거짓	보
B	참	거짓	바위
C	참	거짓	보

따라서 참 또는 거짓에 대한 A ~ C의 진술 순서가 동일하므로 D의 진술 1은 참이 되고, 진술 2는 거짓이 되어야 한다. 이때, 승자가 나오지 않으려면 D는 반드시 A ~ C와 다른 것을 내야 하므로 가위를 낸 것을 알 수 있다.

오답분석

① B와 같은 것을 낸 사람은 없다.
② 보를 낸 사람은 2명이다.
④ B가 기권했다면 가위를 낸 D가 이기게 된다.
⑤ 바위를 낸 사람은 1명이다.

03

정답 ①

오전 심층면접은 9시 10분에 시작하므로 12시까지 170분의 시간이 있고, 한 명당 15분씩 면접을 볼 때 가능한 면접 인원은 170÷15 ≒11명이다. 또한, 오후 심층면접은 1시부터 바로 진행할 수 있으므로 종료시간까지 240분의 시간이 있으며, 한 명당 15분씩 면접을 볼 때 가능한 인원은 240÷15=16명이다. 즉, 심층면접을 할 수 있는 최대 인원수는 11+16=27명이며, 27번째 면접자의 기본면접이 끝나기까지 걸리는 시간은 10×27+60(점심 및 휴식 시간)=330분이다. 따라서 마지막 심층면접자의 기본면접 종료 시각은 오전 9시+330분=오후 2시 30분이다.

04

정답 ④

예산이 가장 많이 드는 B사업과 E사업은 사업기간이 3년이므로, 최소 1년은 겹쳐야 한다는 것을 기반으로 연도별 가용예산을 참고하여 다음과 같은 표를 구성할 수 있다.

연도 및 가용예산 / 사업명	1년 20조	2년 24조	3년 28.8조	4년 34.5조	5년 41.5조
A		1	4		
B		15	18	21	
C					15
D	15	8			
E			6	12	24
실질사용예산 합	15	24	28	33	39

따라서 D사업을 첫해에 시작한다.

05

정답 ③

여행상품별로 점수를 정리하면 다음과 같다.

여행상품	1인당 비용(원)	총무팀	영업팀	개발팀	홍보팀	공장1	공장2	합계
A	500,000	2	1	2	0	15	6	26
B	750,000	1	2	1	1	20	5	30
C	600,000	3	1	0	1	10	4	19
D	1,000,000	3	4	2	1	30	10	50
E	850,000	1	2	0	2	5	5	15
투표 결과 합계		10	10	5	5	80	30	140

a. 투표 결과 가장 인기 높은 상품은 D이다. 그러나 공장1의 고려사항은 회사에 손해를 줄 수 있으므로, 2박 3일 상품이 아닌 1박 2일 상품 중 가장 인기 있는 B상품이 선택된다. 따라서 필요 비용은 750,000×140=105,000,000원으로 옳다.

c. 공장1의 A, B 투표 결과가 바뀐다면 여행 상품 A, B의 투표수가 각각 31, 25표가 되어 선택되는 여행 상품이 A로 변경된다.

오답분석

b. 가장 인기 높은 상품은 D이므로 옳지 않다.

04 | 자원관리능력

01 대표유형 적중문제

| 01 | 모듈형

01	02	03	04	05	06													
⑤	④	②	④	①	④													

01
정답 ⑤

물적자원을 효과적으로 관리하기 위해서는 먼저 사용 물품과 보관 물품으로 구분하고, 동일 및 유사 물품으로 분류한 뒤 물품을 적절하게 보관할 수 있는 장소를 선정해야 한다. 따라서 효과적인 물적자원관리 과정은 (다) → (나) → (가)의 순서로 이루어져야 한다.

02
정답 ④

물품은 일괄적으로 같은 장소에 보관하는 것이 아니라, 개별 물품의 재질, 부피, 무게 등 특성을 고려하여 보관 장소를 선정해야 한다.

오답분석

①·②·③·⑤ 물품에 따라 재질, 부피, 무게 등을 기준으로 물품을 분류하기도 하지만, 모든 물품의 분류 기준이 되는 것은 아니므로 재질, 부피, 무게 등을 모두 포함하는 물품의 특성이 기준이 된다.

03
정답 ②

자원관리과정
1. 필요한 자원의 종류와 양 확인하기
2. 이용 가능한 자원 수집하기
3. 자원 활용 계획 세우기
4. 계획대로 수행하기

04
정답 ④

㉠ A는 패스트푸드점이 가까운 거리에 있음에도 불구하고 배달료를 지불해야 하는 배달 앱을 통해 음식을 주문하고 있으므로 편리성을 추구하는 (나)에 해당한다.
㉡ B는 의자 제작에 필요한 재료들인 물적자원만 고려하고 시간은 고려하지 않았으므로 시간이라는 자원에 대한 인식 부재인 (다)에 해당한다.
㉢ C는 자원관리의 중요성을 인식하고 프로젝트를 완성하기 위해 나름의 계획을 세워 수행하였지만, 경험이 부족하여 계획한 대로 진행하지 못하였으므로 노하우 부족인 (라)에 해당한다.
㉣ D는 홈쇼핑 시청 중 충동적으로 계획에 없던 여행 상품을 구매하였으므로 비계획적 행동인 (가)에 해당한다.

05

정답 ①

적응전략방식은 단기 가용인원의 융통성을 최대한 활용할 수 있고, 예측위험성에 대한 비용이 감소하며, 환경이 급변할 경우 그 환경에 적응하면서 필요한 인력을 충원하므로, 직무와 인력 간의 적합성을 극대화 할 수 있다는 장점이 있다. 반면에 미래시점에 부족한 인력을 충원하지 못할 경우, 시장기회를 상실할 수 있고 조직의 효율성이 하락할 수 있다.

계획전략방식은 미래의 직무자격요건을 확보함으로써 외부노동시장의 의존성을 줄일 수 있고, 근로자의 능력개발 및 욕구충족에 따른 조직경쟁력이 강화되며, 인력배치의 유연함이 증가하는 장점이 있다. 반면에 미래의 직무자격요건에 대한 예측에 실패하였을 경우, 예측위험 비용이 발생하고 근로자의 교육비용이 증가될 수 있다.

06

정답 ④

D는 물품을 분실한 경우로 보관 장소를 파악하지 못한 경우와 비슷할 수 있으나, 분실한 경우에는 물품을 다시 구입하지 않으면 향후 활용할 수 없다는 점에서 차이가 있다. 물품을 분실한 경우 물품을 다시 구입해야 하므로 경제적인 손실을 가져올 수 있으며, 경우에 따라 동일한 물품이 시중에서 판매되지 않는 경우가 있을 수 있다.

| 02 | 피둘형

01	02	03	04	05															
④	①	④	④	③															

01

정답 ④

먼저 출하처가 농협의 온라인 거래소에 입찰 최저가격과, 배송 최소물량 등을 지정하여 상장하면 구매자는 출하처가 제시한 최저가격과 물량으로 입찰을 한다. 경매를 통한 낙찰 이후에는 익일배송을 원칙으로 하므로 출하처에서 바로 구매자에게 직접 배송을 하게 된다. 이후 온라인 거래소가 구매자 상품 수령과 검품 절차를 마친 거래 확정 건에 대하여 출하처에 대금을 선지급하고, 구매자가 최종적으로 온라인 거래소에 대금을 결제함으로써 거래가 완료된다. 따라서 온라인 거래소를 통한 입찰 경매는 ㉠ − ㉢ − ㉣ − ㉺ − ㉡ − ㉲의 순으로 이루어진다.

02

정답 ①

세상에 존재하는 모든 물체는 물적자원에 포함된다.

03

정답 ④

물품 보관 시에는 물품의 특성에 따라 보관 장소를 달리하여야 한다. 제시문처럼 종이와 유리, 플라스틱 같이 재질이 다를 경우에는 서로 부딪힘으로써 발생하는 각종 파손의 우려를 대비해 재질별로 보관하는 장소를 달리하여야 한다. 또한 상대적으로 무게와 부피가 클수록 아래로, 작을수록 위로 보관해야 파손을 줄일 수 있으며, 사용빈도 또한 높은 것은 출입구에 가까운 쪽으로 낮은 것은 출입구에서 먼 쪽으로 보관함으로써 활용빈도가 높은 물품을 반복적으로 가져다 쓸 때의 사고를 줄일 수 있다. 따라서 물품 보관 장소를 선정할 때 고려해야 할 요소로 적절하지 않은 것은 '모양'이다.

04

$20 \times 10 = 200$부이며, $200 \times 30 = 6,000$페이지이다. 이를 활용하여 업체당 인쇄비용을 구하면 다음 표와 같다.

구분	페이지 인쇄 비용	유광표지 비용	제본 비용	할인을 적용한 총비용
A	$6,000 \times 50 = 30$만 원	$200 \times 500 = 10$만 원	$200 \times 1,500 = 30$만 원	$30 + 10 + 30 = 70$만 원
B	$6,000 \times 70 = 42$만 원	$200 \times 300 = 6$만 원	$200 \times 1,300 = 26$만 원	$42 + 6 + 26 = 74$만 원
C	$6,000 \times 70 = 42$만 원	$200 \times 500 = 10$만 원	$200 \times 1,000 = 20$만 원	$42 + 10 + 20 = 72$만 원 → 200부 중 100부 5% 할인 → (할인 안 한 100부 비용)+(할인한 100부 비용) $= 36 + (36 \times 0.95) = 70$만 2천 원
D	$6,000 \times 60 = 36$만 원	$200 \times 300 = 6$만 원	$200 \times 1,000 = 20$만 원	$36 + 6 + 20 = 62$만 원
E	$6,000 \times 100 = 60$만 원	$200 \times 200 = 4$만 원	$200 \times 1,000 = 20$만 원	$60 + 4 + 20 = 84$만 원 → 총비용 20% 할인 $84 \times 0.8 = 67$만 2천 원

따라서 가장 저렴한 비용으로 인쇄할 수 있는 업체는 D인쇄소이다.

05

회의실에 2인용 테이블이 4개 있었고 첫 번째 주문 후 2인용 테이블 4개가 더 생겨 총 8개지만 16명만 앉을 수 있기 때문에 테이블 하나를 추가로 주문해야 한다. 의자는 회의실에 9개, 창고에 2개, 주문한 1개를 더하면 총 12개로 5개를 더 주문해야 한다.

| 03 | PSAT형

01	02	03	04	05	06														
④	①	④	④	③	②														

01

전자제품의 경우 관세와 부가세가 18%로 모두 동일하며, 전자제품의 가격이 다른 가격보다 월등하게 높기 때문에 대소비교는 전자제품만 비교해도 된다. 이 중 A의 TV와 B의 노트북은 가격이 동일하기 때문에 굳이 계산할 필요가 없고 TV와 노트북을 제외한 휴대폰과 카메라만 비교하면 된다. B의 카메라가 A의 휴대폰보다 비싸기 때문에 B가 더 많은 관세를 낸다.

구분	전자제품	전자제품 외
A	TV(110만), 휴대폰(60만)	화장품(5만), 스포츠용 헬멧(10만)
B	노트북(110만), 카메라(80만)	책(10만), 신발(10만)

B가 내야할 세금을 계산해보면, 우선 카메라와 노트북의 부가세를 포함한 관세율은 18%로, $190 \times 0.18 = 34.2$만 원이다. 이때, 노트북은 100만 원을 초과하므로 특별과세 $110 \times 0.5 = 55$만 원이 더 과세된다. 나머지 품목들의 세금은 책이 $10 \times 0.1 = 1$만 원, 신발이 $10 \times 0.23 = 2.3$만이다.

따라서 B가 내야 할 관세 총액은 $34.2 + 55 + 1 + 2.3 = 92.5$만 원이다.

02

정답 ①

K씨 가족은 4명이므로 4인용 이상의 자동차를 택해야 한다. 2인용인 B자동차를 제외한 나머지 4종류 자동차의 주행거리에 따른 연료비용은 다음과 같다.

- A자동차 : $\frac{140}{25} \times 1,640 ≒ 9,180$원

- C자동차 : $\frac{140}{19} \times 1,870 ≒ 13,780$원

- D자동차 : $\frac{140}{20} \times 1,640 = 11,480$원

- E자동차 : $\frac{140}{22} \times 1,870 = 11,900$원

따라서 K씨 가족은 A자동차를 이용하는 것이 가장 비용이 적게 든다.

03

정답 ④

문화회관 이용 가능 요일표와 주간 주요 일정표에 따라 B지점이 교육에 참석할 수 있는 요일과 시간대는 화요일 오후, 수요일 오후, 금요일 오전이다.

04

정답 ④

주어진 조건에 따라 사고 건수당 벌점을 고려하여 직원별 벌점을 계산하면 다음과 같다.
B, E는 전분기 총사고 건수가 0건으로 이번 분기 차감 혜택이 적용되어야 하지만, E의 경우 이번 분기 발신사고 건수가 5건으로 혜택을 받지 못한다.

(단위 : 점)

직원	수신물 오분류	수신물 분실	미발송	발신물 분실	벌점차감 혜택	총 벌점
A	−	2×4＝8	−	4×6＝24	×	32
B	2×2＝4	3×4＝12	3×4＝12	−	○(−5)	23
C	2×2＝4	−	3×4＝12	1×6＝6	×	22
D	−	2×4＝8	2×4＝8	2×6＝12	×	28
E	1×2＝2	−	3×4＝12	2×6＝12	×	26

따라서 두 번째로 높은 벌점을 부여받는 수발실 직원은 D이다.

05

정답 ③

벌점이 낮을수록 등수가 높으므로 이를 고려해 각 직원이 지급받을 성과급을 계산하면 다음과 같다.

직원	총 벌점	등수	지급비율	성과급 지급액
A	32점	5	50%(30점 초과)	50만 원
B	23점	2	90%	90만 원
C	22점	1	100%	100만 원
D	28점	4	80%	80만 원
E	26점	3	90%	90만 원

따라서 B직원과 E직원이 지급받을 성과급 총액은 90＋90＝180만 원이다.

06

대화 내용에서 각자 연차 및 교육 일정을 정리하면 다음과 같다.

10월 달력						
일요일	월요일	화요일	수요일	목요일	금요일	토요일
	1	2 E사원 연차	3 개천절	4	5	6
7	8	9 한글날	10 A과장 연차	11 D대리 교육	12 D대리 교육	13
14	15 C사원 연차	16	17 D대리 연차	18 B대리 교육	19 B대리 교육	20
21	22	23	24 B대리 연차	25	26	27
28	29 워크샵	30 워크샵	31			

달력에서 바로 확인 가능한 사실은 세 번째 주에 3명의 직원이 연차 및 교육을 신청했다는 것이다. 그러나 B대리와 C사원이 먼저 신청했으므로 D대리가 옳지 않음을 알 수 있고, B대리의 말에서 자신이 교육받는 주에 다른 사람 2명 신청 가능할 것 같다고 한 것은 네 번째 조건에 어긋난다.

따라서 옳지 않은 말을 한 직원은 B대리와 D대리임을 알 수 있다.

02 심화문제

01	02	03	04	05															
④	④	④	⑤	②															

01

정답 ④

ㄱ. 대도시 간 예상 최대 소요시간의 모든 구간에서 주중이 주말보다 소요시간이 적게 걸림을 알 수 있다.

ㄴ. 주중 전국 교통량 중 수도권에서 지방으로 가는 교통량의 비율은 $\frac{42}{380} \times 100 ≒ 11.1\%$이다.

ㄹ. 서울 – 광주 구간 주중 예상 최대 소요시간과 서울 – 강릉 구간 주말 예상 최대 소요시간은 3시간 20분으로 같다.

오답분석

ㄷ. 지방에서 수도권으로 가는 주말 예상 교통량은 주중 예상 교통량보다 $\frac{51-35}{35} \times 100 ≒ 45.7\%$ 많다.

02

정답 ④

먼저 조건과 급여명세서가 바르게 표시되어 있는지 확인해 보면, 국민연금과 고용보험은 조건의 금액과 일치한다. 4대 보험 중 건강보험과 장기요양을 계산하면 건강보험은 기본급의 6.24%로 회사와 50%씩 부담한다고 하여 $2,000,000 \times 0.0624 \times 0.5 = 62,400$원이지만 급여명세서에는 $67,400 - 62,400 = 5,000$원이 더 공제되었으므로 다음 달에 5,000원을 돌려받게 된다. 또한 장기요양은 건강보험료의 7.0% 중 50%로 $2,000,000 \times 0.0624 \times 0.07 \times 0.5 = 4,368$원이며, 약 4,360원이므로 맞게 지급되었다.

네 번째 조건에서 야근수당은 기본급의 2%로 $2,000,000 \times 0.02 = 40,000$원이며, 이틀 동안 야근하여 8만 원을 받고, 상여금은 5%로 $2,000,000 \times 0.05 = 100,000$원을 받아야 하지만 급여명세서에는 5만 원으로 명시되어 있다.

A대리가 다음 달에 받게 될 소급액은 덜 받은 상여금과 더 공제된 건강보험료로 $50,000 + 5,000 = 55,000$원이다.

소급액을 반영한 다음 달 급여명세서는 다음과 같다.

(단위 : 원)

성명 : A	직위 : 대리		지급일 : 2024-6-25
지급항목	지급액	공제항목	공제액
기본급	2,000,000	소득세	17,000
상여금	–	주민세	1,950
기타	–	고용보험	13,000
식대	100,000	국민연금	90,000
교통비	–	장기요양	4,360
복지후생	–	건강보험	62,400
소급액	55,000	연말정산	–
		공제합계	188,710
지급 총액	2,155,000	차감수령액	1,966,290

따라서 A대리가 받게 될 다음 달 수령액은 1,966,290원이다.

03

정답 ④

B동의 변학도는 매주 월, 화 오전 8시부터 오후 3시까지 하는 카페 아르바이트 때문에 화 ~ 금 오전 9시 30분부터 오후 12시까지 진행되는 '그래픽 편집 달인 되기' 교육을 수강할 수 없다.

04

정답 ⑤

가격, 조명도, A/S 등의 요건이 주어진 조건에 모두 부합한다.

[오답분석]

① 예산이 150만 원이므로 예산을 초과하여 적절하지 않다.

② 신속한 A/S가 조건이므로 해외 A/S만 가능하여 적절하지 않다.

③ 조명도가 5,000lx 미만이므로 적절하지 않다.

④ 가격과 조명도도 적절하고 특이사항도 문제없지만 가격이 저렴한 제품을 우선으로 한다고 하였으므로 E가 적절하다.

05

정답 ②

왕복 시간이 2시간, 배차 간격이 15분이라면 첫차가 재투입되는 데 필요한 앞차의 수는 첫차를 포함해서 8대이다(∵ 15분×8대＝2시간이므로 8대 버스가 운행된 이후 9번째에 첫차 재투입 가능).

운전사는 왕복 후 30분의 휴식을 취해야 하므로 첫차를 운전했던 운전사는 2시간 30분 뒤에 운전을 시작할 수 있다. 따라서 8대의 버스로 운행하더라도 운전자는 150분 동안 운행되는 버스 150÷15＝10대를 운전하기 위해서는 10명의 운전사가 필요하다.

05 | 정보능력

| 01 | 모듈형

01	02	03	04	05	06	07	08	09	10
③	③	②	③	③	①	⑤	③	⑤	⑤

11	12	13	14	15
③	④	①	①	③

01 　　　정답 ③

좋은 자료가 있다고 해서 항상 훌륭한 분석이 되는 것은 아니다. 좋은 자료가 있어도 그것을 평범한 것으로 바꾸는 것만으로는 훌륭한 분석이라고 할 수 없다. 훌륭한 분석이란 하나의 메커니즘을 그려낼 수 있고, 동향, 미래를 예측할 수 있는 것이어야 한다.

02 　　　정답 ③

정보란 자료를 일정한 프로그램에 따라 컴퓨터가 처리・가공함으로써 특정한 목적을 달성하는 데 필요하거나 특정한 의미를 가진 것으로 다시 생산된 것으로 특정한 상황에 맞도록 평가한 의미 있는 기록이 되기도 하고, 사용하는 사람과 사용하는 시간에 따라 달라질 수도 있다.

오답분석

A. 정보의 가치는 우리의 요구, 사용 목적, 그것이 활용되는 시기와 장소에 따라서 다르게 평가되기 때문에 상대적이다.
D. 자료는 평가되지 않은 상태의 숫자나 문자들의 나열을 의미하고, 지식은 어떤 특정의 목적을 달성하기 위해 과학적 또는 이론적으로 추상화되거나 정립되어 있는 일반화된 정보이다.

03 　　　정답 ②

바이러스나 해킹 프로그램 방지를 위해 항시 백신프로그램을 실행해 실시간 보호를 해야 하며, 주기적인 검사도 실시해야 한다.

오답분석
① 의심가는 e-메일은 열어보지 말고 바로 삭제하도록 한다.
③ 백신 프로그램은 자동 업데이트를 설정하여 새로운 바이러스나 해킹을 예방해야 한다.
④ 회원 가입한 사이트의 패스워드는 유추하기 쉬운 비밀번호는 사용을 자제하고 주기적으로 변경해야 한다.
⑤ 구입비용을 아끼려고 불법 소프트웨어를 사용하다가는 해킹이나 단속 등으로 더 큰 유지비용이 발생할 수 있고, 업데이트의 서비스 제공도 받을 수 없다.

04 　　　정답 ③

[제품 종류] - [생산 지역] - [일련번호]의 순서로 코드가 부여된다. 여수의 코드는 YE, 제품의 종류는 DSL, 일련번호는 생산된 순서를 나타내기 때문에 여수에서 8번째로 생산된 DSLR 카메라의 코드는 'DSL - YE - 8'이다.

오답분석
① 여수에서 8번째로 생산된 미니 카메라의 일련번호이다.
② 생산된 순서, 생산 지역, 제품의 종류 순으로 나열되어 일련번호 코드의 부여 순서가 잘못되었다.
④ 생산 지역 및 제품 종류 코드와 코드의 순서가 모두 틀렸다.
⑤ 원주에서 8번째로 생산된 필름 카메라의 일련번호이다.

05 　　　정답 ③

'DFC'는 제품 종류의 코드로 필름 카메라를, 'YE'는 생산지역 코드로 여수를 나타낸다. 일련번호는 생산된 순서를 나타내므로 옳은 것은 ③이다.

오답분석
① 경주에서 20번째로 생산된 미니 카메라의 코드는 'DMC - GY - 20'이다.
② 여수에서 20번째로 생산된 미니 카메라의 코드는 'DMC - YE - 20'이다.
④ 원주에서 10번째로 생산된 DSLR 카메라를 코드로 표기하면 'DSL- WO - 10'이다.
⑤ 부산에서 10번째로 생산된 디지털 카메라를 코드로 표기하면 'DCA - BU - 10'이다.

06

정답 ①

1차 자료보다는 1차 자료를 가공한 2차 자료가 활용할 때 효율성이 더 높다.

오답분석

ⓒ 논문은 2차 자료가 아니라 1차 자료에 해당된다.

ⓒ 인포메이션(Information)은 객관적인 단순 정보에 해당되며, 이를 분석 및 가공하여 특정 기능을 하도록 한 것은 인텔리전스(Intelli- gence)에 해당된다. 회의 내용과 같이 예측 기능을 하는 정보는 인텔리전스이다.

1차 자료 · 2차 자료
정보원은 1차 자료와 2차 자료로 구분된다. 1차 자료는 원래의 연구 성과가 기록된 자료를 의미하며, 2차 자료는 1차 자료를 효과적으로 찾아보기 위한 자료 혹은 1차 자료에 포함되어 있는 정보를 압축·정리해서 읽기 쉬운 형태로 제공하는 자료를 의미한다. 1차 자료로는 단행본, 학술지와 학술지 논문, 학술회의 자료, 연구보고서, 학위논문, 특허 정보, 표준 및 규격 자료, 레터, 출판 전 배포 자료, 신문, 잡지, 웹 정보자원 등이 있으며, 2차 자료로는 사전, 백과사전, 편람, 연감, 서지 데이터베이스 등이 있다.

07

정답 ⑤

제시문에서 '응용프로그램과 데이터베이스를 독립시킴으로써 데이터를 변경시키더라도 응용프로그램은 변경되지 않는다.'라고 하였다. 따라서 데이터 논리적 의존성이 아닌, 데이터 논리적 독립성이 특징으로 옳다.

오답분석

① '다량의 데이터는 사용자의 질의에 대한 신속한 응답 처리를 가능하게 한다.'라는 내용이 실시간 접근성에 해당한다.

② '삽입, 삭제, 수정, 갱신 등을 통하여 항상 최신의 데이터를 유동적으로 유지할 수 있으며'라는 내용을 통해 데이터베이스는 그 내용을 변화시키면서 계속적인 진화를 하고 있음을 알 수 있다.

③ '여러 명의 사용자가 동시에 공유가 가능하고'라는 부분에서 동시 공유가 가능함을 알 수 있다.

④ '각 데이터를 참조할 때는 사용자가 요구하는 내용에 따라 참조가 가능함'이라는 부분에서 내용에 의한 참조임을 알 수 있다.

08

정답 ③

피벗 테이블에 셀에 메모를 삽입한 경우 데이터를 정렬하여도 메모는 피벗 테이블의 셀에 고정되어 있다.

09

정답 ⑤

사용자가 먼저 허락해야 원격으로 사용자 컴퓨터를 조작하고 작동할 수 있다.

10

정답 ⑤

금융 거래 시 신용카드 번호와 같은 금융정보 등을 저장할 경우 암호화하여 저장하고, 되도록 PC방, 공용 컴퓨터와 같은 개방 환경을 이용하지 않도록 해야 한다.

11

정답 ③

[폴더 옵션]에서는 파일 및 폴더의 숨김 표시 여부를 설정할 수 있다. 하지만 속성 일괄 해제는 폴더창에서 직접 해야 한다.

12

정답 ④

㉠에 들어갈 내용으로 적절한 것은 '여러 개의 연관된 파일'이며, ㉡에 들어갈 내용으로 적절한 것은 '한 번에 한 개의 파일'이다.

13

정답 ①

피벗 테이블의 결과 표시 장소는 다른 시트도 가능하다.

14

정답 ①

오답분석

② 한 번 복사하거나 잘라낸 내용은 다른 것을 복사하거나 잘라내기 전까지 계속 붙이기를 할 수 있다.

③ 복사와 잘라내기한 내용은 클립보드(Clipboard)에 보관된다.

④ 복사는 문서의 분량에 변화를 주지 않지만, 잘라내기는 문서의 분량을 줄인다.

⑤ 〈Ctrl〉+〈X〉는 잘라내기, 〈Ctrl〉+〈C〉는 복사하기의 단축키이다.

15

정답 ③

메일 내용에서 검색기록 삭제 시 기존에 체크되어 있는 항목 외에도 모든 항목을 체크하라고 되어 있으나, 괄호 안에 '즐겨찾기 웹 사이트 데이터 보존 부분은 체크 해제할 것'이라고 명시되어 있으므로 모든 항목을 체크하는 행동은 옳지 않다.

| 02 | 엑셀형

01	02	03	04	05	06	07		
①	③	②	⑤	④	③	⑤		

01

정답 ①

LEN 함수는 문자열의 문자 수를 구하는 함수이므로 숫자를 반환한다. 「=LEN(A2)」은 '서귀포시'로 문자 수가 4이며, 여기서 −1을 하면 [A2] 열의 3번째 문자까지를 지정하는 것이므로 [C2] 셀과 같이 나온다. 텍스트 문자열의 시작지점부터 지정한 수만큼의 문자를 반환하는 LEFT 함수를 사용하면 「=LEFT(A2,LEN(A2)−1)」가 옳다.

02

정답 ③

VLOOKUP 함수는 「=VLOOKUP(첫 번째 열에서 찾으려는 값,찾을 값과 결과로 추출할 값들이 포함된 데이터 범위,값이 입력된 열의 열 번호,일치 기준)」으로 구성된다. 찾으려는 값은 [B2]가 되어야 하며, 추출할 값들이 포함된 데이터 범위는 [E2:F8]이고, 자동 채우기 핸들을 이용하여 사원들의 교육점수를 구해야 하므로 [$E$2:$F$8]과 같이 절대참조가 되어야 한다. 그리고 값이 입력된 열의 열 번호는 [E2:F8] 범위에서 2번째 열이 값이 입력된 열이므로 2가 되어야 하며, 정확히 일치해야 하는 값을 찾아야 하므로 FALSE 또는 0이 들어가야 한다.

03

정답 ②

ISNONTEXT 함수는 값이 텍스트가 아닐 경우 논리값 'TRUE'를 반환한다. [A2] 셀의 값은 텍스트이므로 함수의 결괏값으로 'FALSE'가 산출된다.

오답분석
① ISNUMBER 함수 : 값이 숫자일 경우 논리값 'TRUE'를 반환한다.
③ ISTEXT 함수 : 값이 텍스트일 경우 논리값 'TRUE'를 반환한다.
④ ISEVEN 함수 : 값이 짝수이면 논리값 'TRUE'를 반환한다.
⑤ ISODD 함수 : 값이 홀수이면 논리값 'TRUE'를 반환한다.

04

정답 ⑤

「=SUM(합계를 구할 처음 셀:합계를 구할 마지막 셀)」으로 표시해야 한다. 판매수량과 추가판매를 더하는 것은 비연속적인 셀을 더하는 것이므로 연속하는 영역을 입력하고 ','로 구분해준 뒤 다음 영역을 다시 지정해야 한다. 따라서 [B6] 셀에 들어갈 수식으로 「=SUM(B2:B5,C2,C5)」이 옳다.

05

정답 ④

ROUND 함수, ROUNDUP 함수, ROUNDDOWN 함수의 기능은 다음과 같다.
• ROUND(인수, 자릿수) 함수 : 인수를 지정한 자릿수로 반올림한 값을 구한다.
• ROUNDUP(인수, 자릿수) 함수 : 인수를 지정한 자릿수로 올림한 값을 구한다.
• ROUNDDOWN(인수, 자릿수) 함수 : 인수를 지정한 자릿수로 내림한 값을 구한다.
함수에서 단위별 자릿수는 다음과 같다.

만 단위	천 단위	백 단위	십 단위
−4	−3	−2	−1
일 단위	소수점 첫째 자리	소수점 둘째 자리	소수점 셋째 자리
0	1	2	3

[B9] 셀에 입력된 1,260,000 값은 [B2] 셀에 입력된 1,252,340의 값을 만 단위로 올림하여 나타낸 것임을 알 수 있다. 따라서 [B9] 셀에 입력된 함수는 ROUNDUP 함수로 볼 수 있으며, 만 단위를 나타내는 자릿수는 −4이므로 ④가 옳다.

06

정답 ③

SUM 함수는 인수들의 합을 구할 때 사용한다.
• [B12] : 「=SUM(B2:B11)」
• [C12] : 「=SUM(C2:C11)」

오답분석
① REPT : 텍스트를 지정한 횟수만큼 반복한다.
② CHOOSE : 인수 목록 중에서 하나를 고른다.
④ AVERAGE : 인수들의 평균을 구한다.
⑤ DSUM : 지정한 조건에 맞는 데이터베이스에서 필드 값들의 합을 구한다.

07

정답 ⑤

매출액 중 최댓값을 구해야 하므로 MAX 함수를 사용한다. 매출 현황은 [B2] 셀에서 [B11] 셀까지이므로 입력해야 할 함수식은 「=MAX(B2:B11)」이다.

오답분석
①・③ MIN 함수는 최솟값을 구하는 함수이다.
②・④ 함수의 참조 범위가 잘못되었다.

| 03 | 코딩형

01	02	03	04					
⑤	③	②	③					

01
정답 ⑤

바깥쪽 i-for문이 4번 반복되고 안쪽 j-for문이 6번 반복되므로 j-for문 안에 있는 문장은 총 24번 반복된다.

02
정답 ③

for 반복문은 i 값이 0부터 1씩 증가하면서 10보다 작을 때까지 수행하므로 i 값은 각 배열의 인덱스(0 ~ 9)를 가리키게 되고, num에는 i가 가르키는 배열 요소 값의 합이 저장된다. arr 배열의 크기는 10이고 초기값들은 배열의 크기 10보다 작으므로 나머지 요소들은 0으로 초기화된다. 따라서 배열 arr는 {1, 2, 3, 4, 5, 0, 0, 0, 0, 0}으로 초기화되므로 이 요소들의 합 15와 num의 초기값 10에 대한 합은 25이다.

03
정답 ②

증감 연산자(++, --)는 피연산자를 1씩 증가시키거나 감소시킨다. 수식에서 증감 연산자가 피연산자의 후위에 사용되었을 때는 값을 먼저 리턴하고 증감시킨다.
temp=i++;은 temp에 i를 먼저 대입하고 난 뒤 i 값을 증가시키기 때문에 temp는 10, i는 11이 된다. temp=i--; 역시 temp에 먼저 i 값을 대입한 후 감소시키기 때문에 temp는 11, i는 10이 된다.

04
정답 ③

char *arr[]={"AAA","BBB","CCC"}의 각각 문자열에 접근하기 위해서는 *(arr)=AAA, *(arr+1)=BBB, *(arr+2)=CCC 형태로 접근하여 문자열을 출력할 수 있다. 따라서 *(arr+1)을 출력하게 되면 BBB가 된다.

06 | 기술능력

| 01 | 모듈형

01	02	03	04	05	06	07	08	09	10
④	④	②	③	①	⑤	③	①	①	⑤
11	12	13	14						
③	②	④	④						

01
정답 ④

기술경영자의 능력
1. 기술을 기업의 전반적인 전략 목표에 통합시키는 능력
2. 빠르고 효과적으로 새로운 기술을 습득하고 기존의 기술에서 탈피하는 능력
3. 기술을 효과적으로 평가할 수 있는 능력
4. 기술 이전을 효과적으로 할 수 있는 능력
5. 새로운 제품개발 시간을 단축할 수 있는 능력
6. 크고 복잡하고 서로 다른 분야에 걸쳐 있는 프로젝트를 수행할 수 있는 능력
7. 조직 내의 기술 이용을 수행할 수 있는 능력
8. 기술 전문 인력을 운용할 수 있는 능력

02
정답 ④

하인리히의 법칙은 큰 사고로 인해 산업재해가 일어나기 전에 작은 사고나 징후인 '불안전한 행동 및 상태'가 보인다는 주장이다.

03
정답 ②

교수자와 동료들 간의 인간적인 접촉이 상대적으로 적고 관리가 제대로 되지 않아 중도탈락률이 높은 것은 E-Learning을 활용한 기술교육에 대한 설명이다.

전문 연수원을 통한 기술과정 연수
- 연수 시설이 없어 체계적인 교육을 받기 어려운 회사의 경우, 전문적인 교육을 통해 양질의 인재양성 기회를 제공한다.
- 각 분야의 전문가가 진행하는, 이론을 겸한 실무 중심의 교육을 실시할 수 있다.
- 다년간에 걸친 연수 분야의 노하우를 가지고 체계적이고 현장과 밀착된 교육이 가능하다.
- 최신 실습장비, 시청각 시설, 전산 시설 등 교육에 필요한 각종 부대시설을 활용할 수 있다.
- 산학협력연수 및 국내외 우수연수기관과 협력한 연수도 가능하다.
- 연수비가 자체적으로 교육을 하는 것보다 저렴하며, 고용보험환급을 받을 수 있어 교육비 부담이 적다.

04
정답 ③

OJT(On – The – Job Training)는 조직 안에서 피교육자인 종업원이 직무에 종사하면서 지도교육을 받는 것으로 모든 관리·감독자는 업무 수행상의 지휘감독자이자 업무 수행 과정에서 부하직원의 능력향상을 책임지는 교육자이어야 한다는 생각을 기반으로 한다.

오답분석
① Action Learning : 현실적인 문제들을 해결하면서 진행되는 학습의 형태로, 학습자가 현장의 문제를 해결하면서 아이디어를 도출하고, 이를 실제로 적용하는 과정 등에서 나타나는 학습을 한다.
② E-Learning : 컴퓨터를 이용한 학습방법이다.
④ Off JT(Off-the Job Training) : 직장 내에서 교육훈련을 실시하는 OJT를 보다 효과적으로 하려는 목적에서 직장 밖에서 강의 등을 통한 교육훈련이다.
⑤ Problem Based Learning(문제중심학습; PBL) : 실제 문제를 중심으로 수업 상황을 구조화하는 방법이다. 학습자들이 소그룹 학습에 능동적으로 참여하여 협력적이고 자기 주도적으로 문제를 해결하고, 이를 통해 문제해결능력을 기르도록 하는 교수 학습 형태로서 '문제에 대한 이해와 문제 해결을 위해 이루어지는 활동과정에서 산출되는 학습'을 의미한다.

05
정답 ①

상향식 기술선택(Bottom Up Approach)은 기술자들로 하여금 자율적으로 기술을 선택하게 함으로써 기술자들의 흥미를 유발할 수 있고, 이를 통해 그들의 창의적인 아이디어를 활용할 수 있다는 장점이 있다.

② 상향식 기술선택은 기술자들로 하여금 자율적으로 기술을 선택하게 함으로써 시장에서 불리한 기술이 선택될 수 있다.

③ 상향식 기술선택은 기술자들이 자신의 과학기술 전문 분야에 대한 지식과 흥미만을 고려하여 기술을 선택하게 함으로써, 시장의 고객들이 요구하는 제품이나 서비스를 개발하는 데 부적합한 기술이 선택될 수 있다.

④ 하향식 기술선택은 기술에 대한 체계적인 분석을 한 후, 기업이 획득해야 하는 대상기술과 목표기술수준을 결정한다.

⑤ 하향식 기술선택은 먼저 기업이 직면하고 있는 외부환경과 기업의 보유 자원에 대한 분석을 통해 기업의 중·장기적인 사업목표를 설정하고, 이를 달성하기 위해 확보해야 하는 핵심고객층과 그들에게 제공하고자 하는 제품과 서비스를 결정한다.

06 정답 ⑤

벤치마킹은 비교대상에 따라 내부·경쟁적·비경쟁적·글로벌 벤치마킹으로 분류되며, 네스프레소는 뛰어난 비경쟁 기업의 유사 분야를 대상으로 벤치마킹하는 비경쟁적 벤치마킹을 했다. 비경쟁적 벤치마킹은 아이디어 창출 가능성은 높으나 가공하지 않고 사용하면 실패할 가능성이 높다.

① 내부 벤치마킹에 대한 내용이다.
②·③ 글로벌 벤치마킹에 대한 내용이다.
④ 경쟁적 벤치마킹에 대한 내용이다.

07 정답 ③

연구개발에 참가한 연구원과 엔지니어들이 그 기업을 떠나는 경우 기술과 지식의 손실이 크게 발생하는 점을 볼 때, 기술혁신을 새로운 지식과 경험의 축적으로 나타나는 지식 집약적인 활동이라는 특성으로 설명하고 있다.

기술혁신의 특성
기술혁신은 그 과정 자체가 매우 불확실하고 장기간의 시간을 필요로 한다.

08 정답 ①

성과차이 분석에 대한 설명이다.
개선계획 수립은 성과차이에 대한 원인 분석을 진행하고 개선을 위한 성과목표를 결정하며, 성과목표를 달성하기 위한 개선계획을 수립하는 것이다.

벤치마킹의 주요 단계
1. 범위 결정 : 벤치마킹이 필요한 상세 분야를 정의하고 목표와 범위를 결정하며 벤치마킹을 수행할 인력들을 결정
2. 측정범위 결정 : 상세분야에 대한 측정항목을 결정하고, 측정항목이 벤치마킹의 목표를 달성하는 데 적정한가를 검토
3. 대상 결정 : 비교분석의 대상이 되는 기업·기관들을 결정하고, 대상 후보별 벤치마킹 수행의 타당성을 검토하여 최종적인 대상 및 대상별 수행방식을 결정
4. 벤치마킹 : 직접 또는 간접적인 벤치마킹을 진행
5. 성과차이 분석 : 벤치마킹 결과를 바탕으로 성과차이를 측정항목별로 분석
6. 개선계획 수립 : 성과차이에 대한 원인 분석을 진행하고 개선을 위한 성과목표를 결정하며, 성과목표를 달성하기 위한 개선계획을 수립
7. 변화 관리 : 개선목표 달성을 위한 변화사항을 지속적으로 관리하고, 개선 후 변화사항과 예상했던 변화사항을 비교

09 정답 ①

기술시스템(Technological System)은 개별 기술이 네트워크로 결합하는 것을 말한다. 인공물의 집합체만이 아니라 투자회사, 법적 제도, 정치, 과학, 자연자원을 모두 포함하는 것으로 사회기술시스템이라고도 한다.

10 정답 ⑤

비교 대상에 따른 벤치마킹의 종류

비교 대상에 따른 분류	내용
내부 벤치마킹	같은 기업 내의 다른 지역, 타 부서, 국가 간의 유사한 활용을 비교 대상으로 함
경쟁적 벤치마킹	동일 업종에서 고객을 직접적으로 공유하는 경쟁기업을 대상으로 함
비경쟁적 벤치마킹	제품, 서비스 및 프로세스의 단위 분야에 있어 가장 우수한 실무를 보이는 비경쟁적 기업 내의 유사 분야를 대상으로 함
글로벌 벤치마킹	프로세스에 있어 최고로 우수한 성과를 보유한 동일업종의 비경쟁적 기업을 대상으로 함

11

정답 ③

㉠ 벤치마킹은 상호 관련성을 기반으로 수행되므로 모든 참가자들은 파트너와 정보를 상호 교환함으로써 서로 이익이 될 수 있다
㉡ 벤치마킹을 수행하기 위해서는 먼저 파트너 기업과의 프로세스가 비교 가능한 것이거나 유사성이 존재해야 한다는 전제가 있어야 한다.
㉢ 프로세스의 측정은 자사와 파트너사의 프로세스 성과를 비교하기 위해서 반드시 수행되어야 한다.
㉣ 자사나 경쟁사의 프로세스 측정과 검사결과는 타당한 실적 자료나 연구 자료에 의한 근거를 갖고 있어야 한다.

12

정답 ②

기술경영자에게는 빠르고 효과적으로 새로운 기술을 습득하는 능력 뿐만 아니라, 기존의 기술에서 탈피하는 능력 또한 필요하다.

기술경영자에게 필요한 능력
- 기술을 기업의 전반적인 전략 목표에 통합시키는 능력
- 기술 전문 인력을 운용할 수 있는 능력
- 빠르고 효과적으로 새로운 기술을 습득하고 기존의 기술에서 탈피하는 능력
- 조직 내의 기술 이용을 수행할 수 있는 능력
- 복잡하고 서로 다른 분야에 걸쳐 있는 프로젝트를 수행할 수 있는 능력
- 효과적으로 평가할 수 있는 능력
- 기술 이전을 효과적으로 할 수 있는 능력
- 제품개발 시간을 단축할 수 있는 능력

13

정답 ④

빌 게이츠는 의뢰사가 요구한 개발을 위해 처음부터 개발에 몰두하기보다 재빠르게 요구에 적합한 시애틀 컴퓨터사의 86-DOS에 대해 알아보고 판권을 구입하였으며, 그것을 근간으로 하여 IBM-PC에 거의 유일하게 알맞은 PC-DOS를 개발하여 자사상표인 MS-DOS로 세계시장을 장악할 수 있었다. 이를 통해 기술경영자는 빠르고 효과적으로 새로운 기술을 습득하여 시장에서 요구하는 적합한 기술혁신을 할 수 있는 능력을 갖추어야 함을 배울 수 있다.

14

정답 ④

○○기업은 동영상 업로드 시 자체 개발한 알고리즘으로 변환 과정을 생략하고 바로 재생할 수 있는 '노 컷 어댑티브 스트리밍' 기술인 에어브로드 기술을 개발하여 기존의 불편함을 개선하였다. 이는 새로운 기술을 습득하고, 기존의 기술에서 탈피하는 기술경영자의 능력을 보여준 사례이다.

| 02 | 피듈형

01	02	03	04	05	06	07	08	09	10
③	③	③	①	⑤	③	④	②	③	④

01

정답 ③

타는 듯한 냄새가 나진 않았는지는 냄새가 날 때의 확인사항이다.

세척이 잘되지 않은 때의 확인사항
- 식기가 겹쳐있는지
- 세척날개가 회전할 때 식기와 부딪치는지
- 세척날개의 구멍이 막혔는지
- 필터가 찌꺼기 등으로 인해 막혔는지
- 필터가 제대로 장착이 됐는지
- 전용세제를 적정량 사용했는지

02

정답 ③

식기배열을 다시 하는 것은 세척이 잘 되지 않은 경우의 조치 방법 중 하나이다.

식기세척기가 작동이 되지 않을 때의 조치방법
- 문 중앙을 딸깍 소리가 날 때까지 눌러 확실하게 닫아준다.
- 수도꼭지가 잠겨있는지 확인 후 열어준다.
- 단수는 아닌지 다른 곳의 수도꼭지도 확인한다.
- 설정된 양만큼 급수될 때까지 기다린다.
- 버튼 잠금 설정이 되어 있는 경우 '전원'과 '동작'을 동시에 3초간 눌러 해제한다.

03

정답 ③

세척날개를 분리하고 세척하지 않으면 세척날개의 구멍이 막힐 수 있으며, 그로 인해 세척이 잘 되지 않아 세척 후 오염이 남는다.

04

정답 ①

처음 상태와 바뀐 상태를 비교하면 1번과 4번 기계는 모양이 바뀌지 않고, 2번 기계는 시계 방향으로 90°, 3번 기계는 시계 반대 방향으로 90° 회전했다. 우선 2번 기계가 시계 방향으로 90° 회전하려면 'O' 또는 'ㅁ' 스위치를 눌러야 한다. 이때 'ㅁ' 스위치를 누를 경우, 결과가 같아지려면 3번 기계가 180° 회전해야 한다. 즉, 스위치를 추가로 2번 눌러야 한다. 그러므로 'ㅁ' 스위치를 누르면 안 된다. 결국 'O'와 '■' 스위치를 누르면 주어진 결과와 같은 형태가 된다.

05

정답 ⑤

처음 상태와 바뀐 상태를 비교하면 1번과 2번 기계는 시계 방향으로 90°, 3번과 4번 기계는 시계 반대 방향으로 90° 회전했다. 우선 1번 기계가 시계 방향으로 90° 회전하려면 'O' 또는 '●' 스위치를 눌러야 한다. 이때 '●' 스위치를 누를 경우, 결과가 같아지려면 4번 기계가 180° 회전해야 한다. 즉, 스위치를 추가로 2번 눌러야 한다. 그러므로 '●' 스위치를 누르면 안 된다. 결국 'O'와 '◑' 스위치를 누르면 주어진 결과와 같은 형태가 된다.

06

정답 ③

처음 상태와 바뀐 상태를 비교하면 3번 기계만 180° 회전했다. 우선 3번 기계가 180° 회전하려면 '◑'와 '■' 스위치를 반드시 눌러야 한다. 그러면 1번과 4번 기계는 각각 시계 반대 방향으로 90° 회전한 상태가 되므로 추가로 스위치를 한 번 눌러 원상태로 돌려야 한다. 따라서 추가로 누를 스위치는 '●'이다.

07

정답 ④

결과가 가장 큰 값을 구해야 하므로 최대한 큰 수가 있는 구간으로 이동해야 하며, 세 번째 조건에 따라 총 10번의 이동이 가능하다. 반복 이동으로 가장 커질 수 있는 구간은 D-E구간이지만 음수가 있으므로 왕복 2번을 이동하여 값을 양수로 만들어야 한다. D-E구간에서 4번 이동하고 마지막에 E-F구간 1번 이동하는 것을 제외하면 출발점인 A에서 D-E구간을 왕복하기 전까지 총 5번을 이동할 수 있다. D-E구간으로 가기 전 가장 큰 값은 C에서 E로 가는 것이므로 C-E-D-E-D-E-F로 이동한다. 또한, 출발점인 A에서 C까지 4번 이동하려면 A-B-B-B-C밖에 없다.
따라서 A-B-B-B-C-E-D-E-D-E-F 순서로 이동한다.
∴ $1 \times 2 \times 2 \times 2 \times 3 \times (-2) \times 3 \times (-2) \times 3 \times 1 = 864$

08

정답 ②

A-B-C-D-E-D-C-D-E-F
: $100 \times 1 \times 2 \times 2 \times 3 \times (-2) \times 1 \times 2 \times 3 \times 1 = -14,400$

오답분석

① A-B-B-E-D-C-E-C-E-F
: $100 \times 1 \times 2 \times 2 \times (-2) \times 1 \times 3 \times (-1) \times 3 \times 1 = 7,200$
③ A-B-E-D-C-E-C-D-E-F
: $100 \times 1 \times 2 \times (-2) \times 1 \times 3 \times (-1) \times 2 \times 3 \times 1 = 7,200$
④ A-B-C-D-E-D-E-D-E-F
: $100 \times 1 \times 2 \times 2 \times 3 \times (-2) \times 3 \times (-2) \times 3 \times 1 = 43,200$
⑤ A-B-B-C-E-D-E-D-E-F
: $100 \times 1 \times 2 \times 2 \times 3 \times (-2) \times 3 \times (-2) \times 3 \times 1 = 43,200$

09

정답 ③

아이를 혼자 두지 않고, 항상 벨트를 채워야 한다는 것은 유아용 식탁 의자의 장소 선정 시 고려해야 할 사항보다 사용 시 주의해야 할 사항으로 적절하다.

10

정답 ④

연마 세제나 용제는 유아용 식탁 의자를 손상시킬 수 있으므로 사용하지 않는다.

07 | 조직이해능력

| 01 | 모듈형

01	02	03	04	05	06	07	08	09	10
⑤	③	③	③	①	④	③	①	③	⑤

01
정답 ⑤

델파이 기법은 반복적인 설문 조사를 통해 의견 차이를 좁혀 합의를 도출하는 방식으로 이를 순서대로 나열한 것은 ⑤이다.

02
정답 ③

문제에 대한 원인을 물어 근본 원인을 도출하는 5Why의 사고법으로 문제를 접근한다.
- 팀 내의 실적이 감소하고 있는 이유 : 고객과의 PB 서비스 계약 건수 감소
- 고객과의 PB 서비스 계약 감소 : 절대적인 고객 수 감소
- 절대적인 고객 수가 감소 : 미흡한 재무설계 제안서
- 재무설계가 미흡한 이유 : 은행 금융상품의 다양성 부족
- 금융상품의 다양성 부족 : 고객 정보의 수집 부족
따라서 고객정보의 수집 부족이 근본적인 원인이다.

03
정답 ③

제시된 대화는 인수인계에 대해 이야기하고 있다.

오답분석
① 업무지침 : 업무를 수행할 때 안내자 역할을 하는 것으로, 조직의 업무지침은 개인이 임의로 업무를 수행하지 않고 조직의 목적에 부합할 수 있도록 안내한다.
② 체크리스트 : 업무의 각 단계를 효과적으로 수행했는지를 스스로 점검해볼 수 있는 도구로, 시간의 흐름을 표현하는 데에는 한계가 있지만 업무를 세부적인 활동들로 나누고 각 활동별로 기대되는 수행수준을 달성했는지를 확인하는 데에 효과적이며 반복되는 업무의 경우 편리하게 사용할 수 있다.
④ 직무기술서 : 해당 직무의 특징과 직무에 필요한 중요한 것을 기록한 문서이다.
⑤ 간트 차트 : 간트가 창안한 작업진도 도표로, 단계별로 업무 전체 시간을 바(Bar) 형식으로 표시한 것이다. 일정을 한눈에 볼 수 있고, 단계별로 소요되는 시간과 각 업무활동 사이의 관계를 보여준다.

04
정답 ③

인수인계를 할 때는 관리자와 인수인계에 대해 상의하며 인수인계 문서의 초안을 작성하고 동료들과 소통한 후 정식 인수인계 문서를 작성한다. 후임자에게 도움을 주되 맡았던 모든 일을 일일이 다 디테일하게 인수인계를 하기는 어렵다.

05
정답 ①

D기업은 원가우위전략에 속하는 가격 고정이라는 카테고리 전략을 실행하였다.

오답분석
② 차별화전략 : 둘 이상의 세분시장들을 표적시장으로 선정하여, 각 세분시장에 적합한 마케팅 믹스프로그램을 제공하는 전략이다.
③ 집중화전략 : 기업이 전체시장을 대상으로 하지 않고 시장의 일부에만 집중적으로 마케팅활동을 하거나 작은 하위시장을 독점상태로 유도하는 마케팅전략이다.
④ 혁신전략 : 기존의 제품을 간단하게 외형만 바꾸지 않고, 의미 있고 독특한 변화를 통해 혁신을 추구하는 전략이다.
⑤ 비차별화전략 : 시장을 세분화하지 않고 전체시장에 대응하는 마케팅 활동이다.

06
정답 ④

전략 평가 및 피드백은 기업 실적을 객관적으로 분석하여 결과에 대한 근본 원인을 도출하는 단계로, D기업의 원가우위전략과 차별화된 정책이 근본 원인이라고 도출하고 있다.

오답분석
① 전략 환경 분석 : 내·외부 환경을 분석하는 것으로 시장, 경쟁사, 기술 등을 분석하여 경쟁에서 성공요인을 도출하도록 한다.
② 경영전략 도출 : 경쟁우위 전략을 도출하여 기업성장과 효율성 극대화라는 목표를 달성할 수 있도록 지원하는 것이다.
③ 경영전략 실행 : 목표와 미션을 이해하고 조직 역량을 분석하며 세부 실행 계획을 수립하여 업무를 실행한다.
⑤ 전략 목표 설정 : 전략 목표란 조직의 임무를 수행하기 위하여 중장기적으로 계획하여 추진하고자 하는 중점사업방향을 의미하며, 조직의 임무를 좀 더 가시화한 목표라고 할 수 있다. 3~5개 정도로 설정함이 적정하고 표현형식은 구체적이고 명확하게 서술되어야 한다.

07
정답 ③

제시문에 나타난 L그룹의 경영전략에는 1등 전략과 관련된 내용이 없다.

> **1등 전략**
> 시장점유율의 유지를 위해 혁신적인 신제품 발매, 가격 경쟁전략이나 판매촉진 강화 전략 등을 행함으로써 경쟁 회사의 진입장벽을 높이는 방법

08
정답 ①

조직문화를 구성하는 7S 중 리더십스타일은 구성원들을 이끌어 나가는 경영관리자들의 관리스타일로서, 구성원들의 동기부여와 상호작용, 조직분위기와 나아가서는 실무성과에 직접적인 영향을 준다.

오답분석
② 구성원 : 기업의 인력구성, 구성원들의 능력 및 전문성, 신념, 욕구와 동기, 지각과 태도, 행동 등을 포함한다.
③ 제도 : 기업경영의 의사결정, 보상제도와 인센티브, 경영정보와 의사결정시스템, 경영계획과 목적설정시스템, 결과 측정과 조정 및 통제 등 경영 각 분야의 관리제도와 절차를 포함한다.
④ 관리기술 : 기업의 각종 물리적 하드웨어 기술과 이에 탑재된 소프트웨어 기술, 경영기술과 기법 등을 포함한다.
⑤ 공유가치 : 기업 구성원들이 함께 하는 가치관으로써, 다른 조직문화의 구성요소에 영향을 주는 핵심요소이다.

09
정답 ③

OJT에 의한 교육방법의 4단계는 다음과 같다.
ⓒ 제1단계 : 배울 준비를 시킨다.
ⓒ 제2단계 : 작업을 설명한다.
ⓒ 제3단계 : 시켜본다.
ⓒ 제4단계 : 가르친 결과를 본다.
따라서 순서대로 바르게 나열한 것은 ⓒ - ⓒ - ⓒ - ⓒ이다.

10
정답 ⑤

근로자대표가 기업의 의사결정구조에 사용자와 대등한 지분을 가지고 참여하는 공동의사결정제도와 근로자와 사용자가 상호 협조하여 근로자의 복지증진과 기업의 건전한 발전을 목적으로 구성하는 노사협의회제도는 경영참가의 사례로 볼 수 있다. 자본참가의 경우 근로자가 경영방침에 따라 회사의 주식을 취득하는 종업원지주제도, 노동제공을 출자의 한 형식으로 간주하여 주식을 제공하는 노동주제도 등을 사례로 볼 수 있다.

| 02 | 피둘형

01	02	03	04	05	06				
①	②	③	②	④	②				

01
정답 ①

베트남 사람들은 매장에 직접 방문해서 구입하는 것을 더 선호하므로 인터넷, TV광고와 같은 간접적인 방법의 홍보를 활성화하는 것은 신사업 전략으로 적절하지 않다.

02
정답 ②

우선 박비서에게 회의 자료를 받아와야 하므로 비서실을 들러야 한다. 다음으로 기자단 간담회는 대회 홍보 및 기자단 상대 업무를 맡은 홍보팀에서 자료를 정리할 것이므로 홍보팀을 거쳐야 한다. 또한, 승진자 인사 발표 소관 업무는 인사팀이 담당한다고 볼 수 있으며, 회사의 차량 배차에 대한 업무는 총무팀과 같은 지원부서의 업무로 보는 것이 적절하다.

03
정답 ③

시설관리팀(Facility Management)은 일반적으로 총무 직무 중 하부 직무에 해당하는 팀으로, 다양한 종류의 건물의 시설 운영에 관련된 업무를 도맡아 하는 직종이며 재경부분에 속한다.

04
정답 ②

K씨가 담당하고 있는 업무는 영업업무이다. 영업업무에는 일반적으로 판매 계획, 판매예산의 편성, 시장조사, 광고 선전, 견적 및 계약, 제조지시서의 발행, 외상매출금의 청구 및 회수, 제품의 재고 조절, 거래처로부터의 불만처리, 제품의 애프터서비스, 판매원가 및 판매가격의 조사 검토 등이 있다.

05
정답 ④

교육 홍보물의 교육내용은 '연구개발의 성공을 보장하는 R&D 기획서 작성'과 'R&D 기획서 작성 및 사업화 연계'이므로 K사원이 속한 부서의 업무는 R&D 연구 기획과 사업 연계이다. 따라서 장비 활용 지원은 부서의 업무로 적절하지 않다.

06
정답 ②

교육을 바탕으로 기획서를 작성하여 성과를 내는 것은 교육의 효과성으로, 이는 교육을 받은 회사 또는 사람의 역량이 가장 중요하다. 홍보물과 관련이 적은 개발 지원에 대한 답변은 K사원이 답하기 어려운 질문이다.

CHAPTER

08 | 대인관계능력

01	02	03	04	05	06	07	08	09	10	11	12	13	14	15			
②	③	④	④	④	②	②	⑤	⑤	②	④	②	④	②	③			

01

정답 ②

제시문에서 M기업의 대외홍보팀은 최근 팀 구성원 간의 마찰과 갈등이 수차례 발생하고 있다고 하였으므로, 의견 불일치 및 마찰이 일어나는 격동기에 해당한다.

팀의 발전 단계

형성기	• 서로 낯선 단계 • 팀보다는 개별적, 개인적 성향이 강하고 서로의 행동에 신중하고 친절함 • 팀 리더에 의존하는 경향 • 다음 단계로 향하는 동안 조직원끼리 서로 간에 알아가려는 노력을 함
격동기	• 개인 간의 성격파악이 되어, 자기 의견을 말하기 시작 • 의견충돌이 잦고, 상대에 대한 비판적인 자세가 나타남
규범기	• 구성원 간의 이해가 안정화 • 하나의 팀으로 인식되어 팀 의식이 시작되는 단계 • 팀의 문제해결에 집중함
해지기	• 프로젝트 수행이 완료되고 팀이 해체하는 단계 • 프로젝트를 수행하면서 겪었던 성공과 실패 등을 정리하고 평가를 수행

02

정답 ③

ⓒ 연우진 대리는 팀의 갈등 원인이 자기중심적인 이기적인 팀원들 때문이라고 하였다. 팀원들이 팀보다는 모두 개인성과에 집중하여 경쟁하느라 서로가 서로를 경계하여 협업이 발생하지 않는다고 하였다.

ⓒ 김성주 사원은 조직의 정체성이 원인이라고 하였다. 팀원들이 팀의 목표에 대해 이해하지 못해서 역할 분담과 책임 분담도 잘 되지 않아 갈등이 발생할 수밖에 없다며, 조직에 대한 이해 부족을 팀워크 저해 요소로 꼽았다.

03

정답 ④

정형권 대리는 팀이 자신의 아이디어를 원치 않고, 노력과 공헌을 해도 아무런 소용과 보상이 없다고 말하는 것으로 볼 때 수동형 멤버십에 해당한다.

멤버십 유형의 특성

구분	동료와 리더의 시각	조직에 대한 자신의 느낌
소외형	• 냉소적 • 부정적 • 고집이 셈	• 자신을 인정해 주지 않음 • 적절한 보상이 없음 • 불공정하고 문제가 있음

순응형	• 아이디어가 없음 • 인기 없는 일은 하지 않음 • 조직을 위해 자신과 가족의 요구를 양보함	• 기존 질서를 따르는 것이 중요함 • 리더의 의견에 반하는 것은 어려움 • 획일적인 태도와 행동에 익숙함
실무형	• 개인의 이익을 극대화하기 위한 흥정에 능함 • 적당한 열의와 평범한 수완으로 업무 수행	• 규정 준수를 강조 • 명령과 계획의 빈번한 변경 • 리더와 부하간의 비인간적인 풍토
수동형	• 하는 일이 없음 • 제 몫을 하지 못함 • 업무 수행에는 감독이 반드시 필요	• 조직이 내 아이디어를 원치 않음 • 노력과 공헌을 해도 소용이 없음 • 리더는 항상 자기마음대로 함
주도형	• 이상적인 유형으로 독립접이며 혁신적 • 건설적 비판을 하며, 자기 나름의 개성이 있고 창조적 • 솔선수범하고 주인의식을 가지고 있으며, 적극적으로 참여하고 자발적이며, 기대이상의 성과를 내려고 노력함	

04
정답 ④

A부서는 빠른 실천과 피드백을 위해 개개인의 재량을 확대시키고자 한다. 이를 위해서는 결재 단계를 간소화하여 개인적 책임을 강조하고, 통제를 제한하는 자율적 유형의 팀워크를 적용하는 것이 적합하다. 따라서 자율적 유형의 팀워크의 핵심 가치로 옳은 것은 개인적 책임과 제한된 조망이다.

팀워크 유형
• 협력 : 구성원 간 협력과 시너지 효과 강조
• 통제 : 일관성과 전체적 조직 차원에서의 조망 강조
• 자율 : 개인적 책임과 제한된 통제, 제한된 조망 강조

05
정답 ④

A사원이 속한 팀의 직원들은 판단과 사고를 리더에 의존하고 지시가 있어야 행동하는 특징이 있다. 이는 수동형 멤버십에 해당한다.

[오답분석]
① 소외형 : 자립적이고 일부러 반대의견을 제시하기도 하는 유형이다.
② 순응형 : 기쁜 마음으로 과업을 수행하며, 리더나 조직을 믿고 헌신하고, 팀플레이를 하는 유형이다.
③ 실무형 : 조직의 운영방침에 민감하고, 규정과 규칙에 따라 행동하며 사건을 균형 잡힌 시각으로 보는 유형이다.
⑤ 주도형 : 조직과 팀의 목적달성을 위해 독립적이면서 혁신적으로 사고하고, 역할을 적극적으로 실천하는 이상적인 유형이다.

06
정답 ②

A사원이 속한 팀은 수동형 멤버십에 해당한다. 수동형 팔로워가 가지는 특성은 판단 및 사고를 리더에게 의존하고 지시가 있어야 행동한다는 점이다.

[오답분석]
① 주도형 팔로워의 특징이다.
③ 순응형 팔로워의 특징이다.
④ 실무형 팔로워의 특징이다.
⑤ 소외형 팔로워의 특징이다.

07
정답 ②

팀워크와 응집력의 차이는 팀 성과의 유무이다. 응집력은 사람들로 하여금 집단에 머물도록 만들고, 그 집단의 멤버로서 계속 남아 있기를 원하게 만드는 힘이다. 팀워크는 단순히 사람들이 모여 있는 것이 아닌 목표 달성의 의지를 가지고 성과를 내는 것을 뜻한다.

08

수동형 사원은 자신의 능력과 노력을 조직으로부터 인정받지 못해 자신감이 떨어지는 모습을 보인다. 따라서 자신의 업무에 대해 자신감을 키워주는 것이 적절하다.

오답분석

① 적절한 보상이 없다고 느끼는 소외형 사원에게 팀에 대한 협조의 조건으로 보상을 제시하는 것은 적절하지 않다.
② 리더는 팀원을 배제시키지 않고 팀 목표를 위해 팀원들이 자발적으로 업무에 참여하도록 노력해야 한다.
③ 순응형 사원에 대해서는 그들의 잠재력 개발을 통해 팀 발전을 위한 창의적인 모습을 갖도록 해야 한다.
④ 실무형 사원에 대해서는 징계를 통해 규정 준수를 억지로 강조하는 모습보다는 의사소통을 통해 규정을 이해시키는 것이 적절하다.

09

김일동 이사의 리더십 역량은 코칭이다. 코칭은 문제 및 진척 상황을 팀원들과 함께 자세하게 살피고 지도 및 격려하는 활동을 의미하며 지침보다는 질문과 논의를 통해, 통제보다는 경청과 지원을 통해 상황의 발전과 좋은 결과를 이끌어낸다. 직원들을 코칭하는 리더는 팀원 자신이, 권한과 목적의식을 가지고 있는 중요한 사람이라는 사실을 느낄 수 있도록 이끌어 주어야 한다. 또한 팀원들이 자신만의 장점과 성공 전략을 활용할 수 있도록 적극적으로 도와야 할 것이다.

오답분석

①·② 동기부여 방법에 대한 설명이다.
③ 독재자 유형의 리더십에 대한 설명이다.
④ 관리자에 대한 설명이다.

10

코칭의 혜택
• 문제 해결 과정에 적극적으로 노력
• 높은 품질의 제품 생산
• 전반적으로 상승된 효율성 및 생산성
• 동기를 부여받은 직원들의 자신감 넘치는 노동력
• 철저한 책임감을 갖춘 직원들
• 기업에 값진 기여를 하는 파트너로서 인식

11

김사원은 과업수행에 거리낌이 없고 순응적이며, 팀플레이에 능숙하고, 리더와 조직을 신뢰하며 헌신하는 순응형 멤버십 유형에 해당한다. 따라서 동료들은 김사원이 참신한 아이디어도 없고 인기 없는 일은 반기지 않지만, 조직을 위해 희생한다고 보고 있다.

오답분석

ㄹ. 업무 수행에 반드시 감독이 필요한 것은 수동형 멤버십에 대한 판단이다.

12

거래처의 관리에 있어서 최초 선정 시 또는 임원이나 동료의 추천 시에는 추천된 업체와 그렇지 않은 업체와의 가격, 서비스 비교를 통해 결정한다. 결정된 업체와는 일정기간을 유지하여 장기거래처로서의 이점을 활용하지만, 오래된 거래업체라고 해도 가끔 타 업체와의 비교분석으로 교차점검을 하는 것이 바람직하다.

13

전화를 다른 부서로 연결할 때 양해를 구하지 않았으며, 다른 부서의 사람이 전화를 받을 수 있는 상황인지를 사전에 확인하지 않았다.

14

고객이 잘못 이해하고 있다고 하더라도 고객의 말에 반박하지 말고 먼저 공감해야 한다. 즉, 고객이 그렇게 말할 수 있음을 이해하는 것이 중요하다.

15

A시는 문제를 해결하기 위한 방법을 제시했고, B시 역시 같은 목표를 위해 해결할 방법을 제시하여 서로 최선의 해법을 찾아 해결하였다. 이는 '나도 이기고, 너도 이기는 방법(Win – Win)'으로 통합형에 해당된다. 통합형은 서로의 차이를 인정하고 배려하는 신뢰감과 공개적인 대화를 필요로 하며, 가장 적절한 갈등해결 유형이다.

오답분석

① 회피형(Avoiding) : '나도 지고, 너도 지는 방법(I Lose – You Lose)'으로, 자신과 상대방에 대한 관심이 모두 낮다.
② 수용형(Accommodating) : '나는 지고, 너는 이기는 방법(I Lose – You Win)'으로, 자신에 대한 관심은 낮고 상대방에 대한 관심은 높다.
④ 타협형(Compromising) : '서로가 타협적으로 주고받는 방법(Give and Take)'으로, 자신에 대한 관심과 상대방에 대한 관심이 중간 정도이다.
⑤ 경쟁형(Competing＝지배형) : '나는 이기고, 너는 지는 방법(I Win – You Lose)'으로, 자신에 대한 관심은 높고 상대방에 대한 관심은 낮다.

09 | 자기개발능력

01	02	03	04	05	06	07	08	09	10
②	①	⑤	④	②	④	⑤	③	③	②
11	12								
④	①								

01

정답 ②

ㄱ. 자기개발에서 개발의 주체와 객체는 자기 자신이므로 자신이 자신의 능력, 적성, 특성 등을 이해하고, 목표성취를 위해 자신을 관리하며 개발해야 한다.

ㄷ. 자기개발은 개별적인 과정으로서 자기개발을 통해 지향하는 바와 선호하는 방법 등이 사람마다 다르므로 자신에게 알맞은 자기개발 전략이나 방법을 선정하여야 한다.

오답분석

ㄴ. 자기개발은 평생에 걸쳐서 이루어지는 과정이다. 우리를 둘러싸고 있는 환경은 끊임없이 변화하고 있으므로 환경에 적응하기 위해서는 지속적인 자기개발이 필요하다.

ㄹ. 자기개발은 생활 가운데 이루어져야 한다. 자기개발은 자신이 현재 하고있는 직무 혹은 지향하는 직업 세계와 관련하여 자신의 역할 및 능력을 점검하고 개발계획을 수립해야 한다.

02

정답 ①

경력개발이 필요한 상황
• 환경변화
  – 지식정보의 빠른 변화
  – 인력난 심화
  – 삶의 질 추구
  – 중견사원 이직 증가
• 조직요인
  – 경영전략 변화
  – 승진적체
  – 직무환경 변화
  – 능력주의 문화
• 개인요인
  – 발달단계에 따른 가치관, 신념 변화
  – 전문성 축적 및 성장 요구 증가
  – 개인의 고용시장 가치 증대

03

정답 ⑤

성찰은 잘한 일과 개선할 점을 생각하는 과정을 통해 다른 일을 하는 데 노하우가 축적되며 자기성장의 기회가 된다. 그리고 다른 사람과 신뢰감을 형성할 수 있고 지속적인 사고과정을 통해 창의적인 사고를 할 수 있다. 또한 지속적인 연습을 통하여 보다 잘할 수 있게 되기 때문에 연습이 이루어져서 습관화되면, 중요한 일이 발생했을 때 기존의 성찰을 통해 축적한 노하우를 발현할 수 있다.

04

정답 ④

매일 자신이 오늘 했던 일 중에 잘했던 일과 잘못했던 일을 생각해 보고, 이에 대한 이유와 앞으로의 개선점을 아무 형식 없이 적고, 이것이 모이게 되면 자신의 역량을 향상시켜 줄 나만의 자료가 된다. 일의 문제점이 드러나지 않기 위해서는 무엇을 해야 하는지는 성찰을 위한 질문으로 적절하지 않다.

05

정답 ②

자기관리 단계는 '비전 및 목적 정립 → 과제 발견 → 일정 수립 → 수행 → 반성 및 피드백'이다. 김대리가 자기 성장이 생각만큼 이루어지지 않고 형식적으로 자기관리를 하는 느낌을 받은 것은 반성 및 피드백 단계를 수행하지 않았기 때문이다.

오답분석

① 김대리는 과장이 되어 리더십을 발휘해 보겠다는 목표를 정립했다.

③ 일정을 세워 강의를 듣고 공부를 하는 등의 과제 수행을 했다.

④ 수행에 문제가 있다는 내용은 글에서 찾을 수 없다.

⑤ 일정을 세워 꾸준히 실행했다.

06

정답 ④

반성 및 피드백 단계에서는 일을 수행하고 나면 다음의 질문을 통해 분석하고, 결과를 피드백하여 다음 수행에 반영한다. 여기서는 어떤 목표를 성취하였는지, 일을 수행하는 동안 어떤 문제에 직면했는지, 어떻게 결정을 내리고 행동했는지, 우선순위와 일정에 따라 계획적으로 수행하였는지에 대해 질문해 보아야 한다. 나에게 가장 중요한 것이 무엇인지에 대한 질문은 비전 및 목적 정립의 단계에서 해야 하는 질문이다.

07

정답 ⑤

자기개발은 일시적으로 이루어지는 과정이 아닌, 평생에 걸쳐서 이루어지는 과정이다. 이는 우리의 직업생활을 둘러싸고 있는 환경은 끊임없이 변화하고 있으며, 우리에게도 지속적으로 학습해 적응하기를 요구하고 있기 때문이다.

오답분석

① 자기개발은 자신을 개발하여 효과적으로 업무를 수행하게 하고, 현대사회와 같이 급속하게 변화하는 환경에 적응하도록 해, 자신이 설정한 목표를 달성하고 보다 보람되고 나은 삶을 영위하게 하기 때문에 특정한 사람이 아닌 모든 사람이 해야 하는 활동이다.

② 자기를 개발한다고 하는 것은 스스로 계획하고 실행한다는 의미로, 이는 자신의 능력, 적성, 특성 등을 이해하고, 목표성취를 위해 스스로를 관리하며 개발하는 것이다. 따라서 자기개발에서 개발의 주체는 타인이 아니라 자기 자신이다.

③ 자기개발은 개별적인 과정으로서 사람마다 자기개발을 통해 지향하는 바와 선호하는 방법 등이 다르다. 따라서 개인은 자신의 이해를 바탕으로, 자신에게 앞으로 닥칠 환경변화를 예측하고 자신에게 적합한 목표를 설정하며 자신에게 알맞은 자기개발 전략이나 방법을 선정하여야 한다.

④ 우리의 인생은 일과 밀접한 관련이 있으며, 대부분 일과 간련하여 인간관계를 맺고 일과 관련하여 우리의 능력을 발휘하고 개발한다. 따라서 자기개발은 일과 관련된 것이 하는 것이 좋은 편이다.

08

정답 ③

㉠은 생리적 욕구가 자기개발을 방해하는 장애요인으로 작용한 것으로, 생리적 욕구는 인간의 생명 자체를 유지시켜 주는 기본적인 욕구로서 음식물, 수면, 성생활 등 본능적 생리현상에 따른 욕구를 말한다.

매슬로의 욕구단계
- 생리적 욕구 : 인간의 생명 자체를 유지시켜 주는 기본적인 욕구
- 안전의 욕구 : 위협으로부터의 해방, 안정을 추구하는 욕구
- 사회적 욕구 : 다른 사람들과 인간관계를 맺고 싶어 하고, 집단에 소속되고 싶어 하는 욕구
- 존경의 욕구 : 다른 사람에게 인정받기를 원하는 욕구
- 자기실현의 욕구 : 자신의 목표를 끊임없이 추구하며 성취를 통해 만족을 얻고자 하는 욕구

09

정답 ③

B씨가 창업한 계기는 장시간 노동과 박봉 등 회사의 열악한 근무조건에 대한 불만과 자신이 여성의류에 대해 전문성을 가지고 있다고 생각한 점, 인터넷과 통신기술의 발달로 공간이나 시간의 제약 없이 손쉽게 창업을 할 수 있었다는 것이다. 정치, 경제적 변화에 대한 부분은 창업의 이유가 될 수 있지만 B씨의 사례에는 언급되어 있지 않다.

10

정답 ②

인터넷의 확산으로 공간이나 시간의 제약 없이 손쉽게 창업을 할 수 있지만, 창업에 성공하기 위해서는 자신의 흥미, 재능, 가치, 라이프스타일을 철저히 이해하고, 업무 환경에 대한 충분한 정보를 얻은 후에 구체적인 목표와 전략을 수립하여 실행해야 한다. B씨는 창업이 본인의 직무를 살려 개발하고 발전하는 일이라 생각하고 도전했지만, 코디네이터와 창업, 즉 사업은 전혀 다른 직무라는 것을 고려하지 않았기 때문에 그에 따른 단계별 준비도 충분히 이뤄질 수 없었다. 또한 B씨는 사업에 대한 열망을 가지고 시작했으나, 창업 준비가 미흡했던 점에 대해 후회하고 있다.

11

정답 ④

자기개발의 첫 단계인 자신의 흥미 · 적성 · 특성 등을 파악하는 자아인식을 통해서 직업생활에서 회사가 아닌 자신의 요구를 파악하고 자신의 능력 및 기술을 이해할 수 있다.

12

정답 ①

㉠은 '경력개발 전략수립' 단계로, 전 단계에서 경력목표를 설정하면 이를 달성하기 위해 활동계획을 수립하는 단계이다.

오답분석

② 대학원, 교육프로그램 등의 활동에 참여하는 것은 자신의 현재 직무수행능력을 향상시킴과 동시에 미래의 직무를 위해서도 경력개발이 가능하다.

③ 상사나 직장 선후배 등 경력목표와 관련이 되는 인적 네트워크를 구축하여 정보나 지원을 받을 수 있다.

④ 직장에서는 개인이 외부에서 얻는 것보다 더 풍부한 인적 · 물적자원, 기술력 등을 얻을 수 있다.

⑤ 성공적인 직무의 수행은 승진의 기회를 확대하는 것은 물론, 미래의 고용 가능성을 높일 수 있다.

10 | 직업윤리

01	02	03	04	05	06	07	08	09	10
②	⑤	④	②	②	①	②	③	③	④

01　정답 ②

직업인의 기본자세
- 소명의식
- 천직의식
- 봉사정신
- 협동정신
- 책임의식
- 전문의식
- 공평무사한 자세

02　정답 ⑤

준법이란 민주 시민으로서 기본적으로 지켜야 하는 의무이자 생활 자세이며, 민주 사회에서 법과 규칙을 준수하는 것은 시민으로서의 자신의 권리를 보장받고, 다른 사람의 권리를 보호해 주며, 사회 질서를 유지하는 역할을 한다. 어떻게 보면 별 것 아니라고 생각될 수 있는 교통질서이지만, 한 사람의 질서 거부가 전체 시스템의 마비로 이어질 수 있다. 그리고 그 피해는 결국 다른 사람은 물론 나 자신에게도 돌아오게 되기 때문에 개개인의 준법의식이 매우 중요하다.

03　정답 ④

근면에는 두 종류가 있다. 첫째는 외부로부터 강요당한 근면이고, 둘째는 스스로 자진해서 하는 근면이다. 제시문의 내용은 자진해서 하는 근면에 대한 설명이다. 김대리가 아침에 하는 외국어 공부는 능동적이며 적극적인 태도가 바탕이 된다. 자진해서 하는 근면은 자신의 것을 창조하며 조금씩 자신을 발전시키고 시간의 흐름에 따라 자아를 확립시켜 나가는 것이다.

04　정답 ②

직장생활에서 일상을 대수롭지 않게 느끼고 돈을 받고 하는 일이라고 생각하는 것은 수동적이고 소극적인 태도로 근면하기 위해 필요한 자세와는 반대의 태도이다. 직업생활에서 근면한 자세를 유지하기 위해서는 직장에서 하는 일의 의의와 가치를 생각하고 적극적으로 임하는 태도가 필요하다.

05　정답 ②

부패의 원인은 사회적 윤리의식의 부재, 공사 구분을 모호하게 하는 문화적 특성, 건전한 가치관의 미정립, 과도한 법규의 규제, 효율적 사회 시스템의 미비, 과거를 답습하는 문화 등 여러 가지가 있을 수 있다.
제시문에서는 사회시스템에 대한 내용은 언급되지 않았다.

06　정답 ①

제시문은 정부 사업을 수주하는 업체가 정부기관의 권력을 이용해 이익을 취하며 기업의 건전한 이윤추구의 가치를 훼손시키는 사례이다. 부패는 사회시스템 전체가 유기적으로 움직이는 데 피해를 주고 다른 사회구성원들로 하여금 엄청난 사회적 비용을 물도록 하여 국가와 사회의 정상적인 발전을 저해하는 것이다. 따라서 거래당사자 간의 문제에 그치는 것이 아니라 사회적 비용으로 보아야 한다.

07　정답 ②

잘못된 것을 감추기 시작하면 점점 상황이 악화될 수 있고, 거짓이 밝혀질 수도 있다. 잘못한 것을 밝히는 것이 더 큰 잘못을 막고 정직과 신용을 구축할 수 있는 방법이다.

08　정답 ③

K대리의 전화 모습을 보면 통화를 마칠 때, 전화를 건 상대방에게 감사의 표시를 하지 않았음을 확인할 수 있다. '네! 전화 주셔서 감사합니다. 이만 전화 끊겠습니다.'와 같이 전화를 건 상대방에게 감사의 표시를 하는 것이 적절하다.

김사원은 소개예절에 따라 소개하는 사람에 대해 성과 이름을 함께 말했다.

소개예절
- 직장에서 비즈니스 매너상 소개를 할 때는 직장 내에서의 서열과 나이를 고려한다.
- 나이 어린 사람을 연장자에게 먼저 소개한다.
- 내가 속해 있는 회사의 관계자를 타 회사의 관계자에게 소개한다.
- 동료를 고객에게 먼저 소개한다.
- 반드시 성과 이름을 함께 말한다.

악수는 오른손으로 하는 것이 일반적인 악수예절이다.

악수예절
- 비즈니스에서 악수를 하는 동안에는 상대에게 집중하는 의미로 눈을 맞추고 미소를 짓는다.
- 악수를 할 때는 오른손을 사용하고, 너무 강하게 쥐어 짜듯이 잡지 않는다.
- 악수는 서로의 이름을 말하고 간단한 인사 몇 마디를 주고받는 정도의 시간 안에 끝내야 한다.
- 악수는 윗사람이 아랫사람에게, 여성이 남성에게, 선배가 후배에게 청한다.

PART 2

최종점검 모의고사

01	02	03	04	05	06	07	08	09	10	11	12	13	14	15	16	17	18	19	20
①	①	④	④	④	③	①	①	④	②	①	②	④	⑤	②	①	④	④	②	③
21	22	23	24	25	26	27	28	29	30	31	32	33	34	35	36	37	38	39	40
④	②	④	③	③	②	④	④	④	④	①	④	①	②	②	④	⑤	④	①	②
41	42	43	44	45	46	47	48	49	50	51	52	53	54	55	56	57	58	59	60
③	④	③	②	②	④	④	③	⑤	③	④	④	③	⑤	③	①	⑤	③	②	③

| 01 | 의사소통능력

01

정답 ①

제시문의 두 번째 문단에 따르면 선물환거래는 금리차익을 얻는 것과 투기적 목적 등을 가지고 있다.

[오답분석]
②·④ 선물환거래에 대한 내용이다.
③·⑤ 옵션에 대한 내용이다.

02

정답 ①

[오답분석]
② 사막화가 심한 지역은 아프리카, 중동, 호주, 중국이다.
③ 사막화는 지구 온난화, 과도한 경작, 무분별한 벌목으로 인한 삼림 파괴 등에 의해 일어날 수 있다.
④ 사막화란 건조 지대에서 일어나는 토지 황폐화 현상이다.
⑤ 사막화가 계속 진행된다면 결국 식량 생산의 감소와 식수 부족으로 이어지게 된다.

03

정답 ④

기획서에 대한 설명이다. 보고서는 궁금한 점에 대해 질문 받을 것에 대비하고, 업무상 진행과정에서 작성하므로 핵심내용을 구체적으로 제시해야 한다.

04

정답 ④

어떤 사안에 대한 '보고'를 한다는 것은 그 내용에 대한 충분한 이해가 되었다는 것이다. 즉, 그 내용과 관련해서 어떤 질문을 받아도 답변이 가능해야 한다.

12
정답 ②

'오늘 할 일' 중 끝내지 못한 업무가 있다면 따로 기재하여 다음날 처리할 수 있도록 해야 한다. B사원은 '4. 디자인팀 업무협조요청'을 마무리 짓지 못해 (×) 표시를 해놓았다. 이 업무는 '내일 할 일'에 추가로 기재하는 것이 적절하다.

13
정답 ④

지상기기에 H공사의 이미지를 압축한 디자인을 적용한 새로운 외함을 개발했으며 지속적으로 디자인을 개발하고 확대 보급한다고 하였다. 따라서 '도심미관에 적합한 지상기기 외함 개발'이 적절한 주제이다.

14
정답 ⑤

㉠에 대한 가람과 나래의 증언을 흄과 프라이스의 이론에 따라 판단하면 다음과 같다.
• 가람 : 증언이 거짓일 확률 0.1%, 증언이 참일 확률 99.9%
　– 흄의 이론 : 증언이 거짓일 확률(0.1%)>기적이 일어날 확률(0.01%) → 기적이 일어나지 않았을 것
　– 프라이스의 이론 : 증언이 참일 확률(99.9%)>기적이 일어날 확률(0.01%) → 기적이 실제로 일어났을 것
• 나래 : 증언이 거짓일 확률 0.001%, 증언이 참일 확률 99.999%
　– 흄의 이론 : 증언이 거짓일 확률(0.001%)<기적이 일어날 확률(0.01%) → 기적이 실제로 일어났을 것
　– 프라이스의 이론 : 증언이 참일 확률(99.999%)>기적이 일어날 확률(0.01%) → 기적이 실제로 일어났을 것
따라서 흄의 이론에 따르든 프라이스 이론에 따르면 나래의 증언으로부터 ㉠이 실제로 일어났으리라고 추론할 수 있다.

[오답분석]
① 흄의 이론에 따르면 나래의 증언은 거짓이 아니라고 생각해야 한다.
② 흄의 이론에 따르면 가람의 증언은 받아들일 수 없다고 생각해야 한다.
③ 프라이스의 이론에 따르면 가람의 증언으로부터 기적이 실제 일어났으리라고 추론할 수 있다.
④ 프라이스의 이론에 따르면 가람의 증언으로부터 ㉠이 실제 일어났을 것이라고 추론할 수 있으나, 흄의 이론에 따르면 가람의 증언은 거짓이라고 생각해야 한다.

15
정답 ②

사업을 추진하기 위해서는 먼저 ⓛ 수요조사를 통해 ② 시행계획을 수립한 후 ⓒ 세부계획에 대한 공고를 통해 연구기관의 접수를 받는다. 이후 제시된 자료에 나타난 절차를 거친 후, ㉠ 최종평가를 진행하고 이를 통해 제출된 ⓜ 연구결과를 활용하여 계약을 체결한다.

16
정답 ①

제시된 자료에 따르면 선정평가는 사전검토 → 전문기관검토 → 전문가평가 → 심의위원회 심의ㆍ조정 단계로 진행된다. 따라서 전문기관의 검토 다음 단계인 ⓐ에 들어갈 내용으로는 전문가평가인 가장 ①이 가장 적절하다.

17
정답 ④

제시문에서는 안전보건교육 면제대상에 관한 내용을 다루고 있지 않으므로 ④의 질문에 답변하기 어렵다.

18
정답 ④

먹고 난 뒤의 그릇을 씻어 정리하는 일을 뜻하는 어휘는 '설거지'이다.

① ~로서 : 지위나 신분 또는 자격을 나타내는 격조사
② 왠지 : 왜 그런지 모르게. 또는 뚜렷한 이유도 없이
③ 드러나다 : 가려 있거나 보이지 않던 것이 보이게 됨
⑤ 밑동 : 긴 물건의 맨 아랫동아리

19

개과천선(改過遷善)은 지난날의 잘못을 고쳐 착하게 된다는 의미이다.

① 새옹지마(塞翁之馬) : 세상의 좋고 나쁨은 예측할 수 없음을 이르는 말
③ 전화위복(轉禍爲福) : 안 좋은 일이 좋은 일로 바뀜을 이르는 말
④ 사필귀정(事必歸正) : 처음에는 시비(是非) 곡직(曲直)을 가리지 못하여 그릇되더라도 모든 일은 결국에 가서는 반드시 정리(正理)로 돌아감을 이르는 말
⑤ 자과부지(自過不知) : 자신의 잘못을 알지 못함을 이르는 말

20

여성적인 사고는 분해되지 않은 전체 이미지를 통해서 의미를 이해하는 특징을 가지며, 남성적인 사고는 사고 대상 전체를 구성요소 부분으로 분해한 후 그들 각각을 개별화하고 이를 다시 재조합하는 과정으로 진행된다고 하였다. 따라서 글쓴이는 여성들은 그림문자를, 남성들은 표음문자를 이해하는 데 유리하므로, 표음문자 체계의 보편화는 여성의 사회적 권력을 약화하는 결과를 낳았다고 주장하고 있다. 이 결론이 나오기 위해서는 '글을 읽고 이해하는 능력은 사회적 권력에 영향을 미친다.'는 전제가 필요하다.

ㄱ. 그림문자를 쓰는 사회에서는 여성적인 사고를 필요로 하기 때문에 여성들의 사회적 권력이 남성보다 우월하였을 것이라고 추측할 수 있다.
ㄴ. 표음문자 체계가 기능적으로 복잡한 의사소통을 가능하게 하였는지는 제시되어 있지 않다.

| 02 | 수리능력

21

전체 가입자 중 여성 가입자 수의 비율은 $\frac{9,804,482}{21,942,806} \times 100 \fallingdotseq 44.7\%$이다.

① 남성 사업장 가입자 수는 8,059,994명으로 남성 지역 가입자 수의 2배인 3,861,478×2=7,722,956명보다 많다.
② 여성 가입자 전체 수인 9,804,482명에서 여성 사업장 가입자 수인 5,775,011명을 빼면 4,029,471명이므로 여성 사업장 가입자 수가 나머지 여성 가입자 수를 모두 합친 것보다 많다.
③ 전체 지역 가입자 수는 전체 사업장 가입자 수의 $\frac{7,310,178}{13,835,005} \times 100 \fallingdotseq 52.8\%$이다.
⑤ 가입자 수가 많은 집단 순서는 '사업장 가입자 – 지역 가입자 – 임의계속 가입자 – 임의 가입자' 순서이다.

22

정답 ②

원 중심에서 멀어질수록 점수가 높아지는데, B국의 경우 수비보다 미드필드가 원 중심에서 먼 곳에 표시가 되어 있으므로 B국은 수비보다 미드필드에서의 능력이 뛰어남을 알 수 있다.

23

정답 ④

10개 중 3개를 선택해 순서대로 나열하는 경우의 수는 $_{10}P_3=10\times9\times8=720$가지이다.

24

정답 ③

ⅰ) 목요일, 금요일에 비가 올 확률 : $0.7\times0.7=0.49$
ⅱ) 목요일에 비가 오지 않고, 금요일에 비가 올 확률 : $(1-0.7)\times0.4=0.12$
∴ $0.49+0.12=0.61$
따라서 금요일에 비가 올 확률은 0.61이다.

25

정답 ③

5명을 한 팀으로 개편했을 때, 만들어지는 팀의 수를 x개라 하면 다음과 같다.
$5\times x+2=6\times(x-2)$
∴ $x=14$
따라서 만들어지는 팀은 총 14팀이다.

26

정답 ②

동생이 출발한 뒤 만나게 될 때까지 걸리는 시간을 x분이라 하면 다음과 같다.
$80\times5+80x=100x$
∴ $x=20$
따라서 다시 만나게 될 때까지 걸리는 시간은 20분이다.

27

정답 ④

TV+스마트폰 이용자의 도시규모별 구성비는 다음과 같다.

구분	TV	스마트폰
사례 수	7,000명	6,000명
대도시	45.3%	47.5%
중소도시	37.5%	39.6%
군지역	17.2%	12.9%

• 대도시 : $\left(45.3\%\times\dfrac{7,000}{13,000}+47.5\%\times\dfrac{6,000}{13,000}\right)\times100≒46.32\%$

• 중소도시 : $\left(37.5\%\times\dfrac{7,000}{13,000}+39.6\%\times\dfrac{6,000}{13,000}\right)\times100≒38.47\%$

• 군지역 : $\left(17.2\%\times\dfrac{7,000}{13,000}+12.9\%\times\dfrac{6,000}{13,000}\right)\times100≒15.22\%$

① 연령대별 스마트폰 이용자 비율에 사례 수(조사인원)를 곱하면 이용자 수를 구할 수 있다.
② 매체별 성별별 이용자 비율에 사례 수(조사인원)를 곱하면 구할 수 있다.
③ 주어진 표에서 확인할 수 있다.
⑤ 각 사례 수(조사인원)에서 사무직에 종사하는 대상의 수를 도출한 뒤, 매체별 비율을 산출하여야 한다.

구분	TV	스마트폰	PC / 노트북
사례 수(a)	7,000명	6,000명	4,000명
사무직 비율(b)	20.1%	25.6%	28.2%
사무직 대상수($a \times b = c$)	1,407명	1,536명	1,128명
합계(d)		4,071명	
비율($c \div d \times 100$)	34.56%	37.73%	27.71%

28

정답 ④

ㄴ. • 2022년 : $279 \times 17.1 ≒ 4,771$개
   • 2023년 : $286 \times 16.8 ≒ 4,805$개
ㄹ. • 2021년 : $273 \times 85 = 23,205$억 원
   • 2022년 : $279 \times 91 = 25,389$억 원
   • 2023년 : $286 \times 86.7 ≒ 24,796$억 원

ㄱ. • 2023년 창업보육센터 지원금액의 전년 대비 증가율 : $\frac{353 - 306}{306} \times 100 ≒ 15.4\%$

   • 2023년 창업보육센터 수의 전년 대비 증가율 : $\frac{286 - 279}{279} \times 100 ≒ 2.5\%$

   따라서 2023년 창업보육센터 수의 전년 대비 증가율의 5배는 약 12.5%이다.
ㄷ. 자료를 통해 확인할 수 있다.

29

정답 ④

2020 ~ 2023년 동안 SOC 투자규모의 전년 대비 증감방향은 '증가 – 감소 – 감소 – 감소'이고, 총지출 대비 SOC 투자규모 비중은 '증가 – 증가 – 감소 – 감소'이다.

① 2023년 총지출을 a조 원이라고 가정하면 $a \times 0.069 = 23.1$조 원이므로, $a = \frac{23.1}{0.069} ≒ 334.8$이므로 300조 원 이상이다.

② 2020년 SOC 투자규모의 전년 대비 증가율은 $\frac{25.4 - 20.5}{20.5} \times 100 ≒ 23.9\%$이므로 30% 이하이다.

③ 2020 ~ 2023년 동안 SOC 투자규모가 전년에 비해 가장 큰 비율로 감소한 해는 2023년이다.

   • 2021년 : $\frac{25.1 - 25.4}{25.4} \times 100 ≒ -1.2\%$

   • 2022년 : $\frac{24.4 - 25.1}{25.1} \times 100 ≒ -2.8\%$

   • 2023년 : $\frac{23.1 - 24.4}{24.4} \times 100 ≒ -5.3\%$

⑤ 2024년 SOC 투자규모의 전년 대비 감소율이 2023년과 동일하다면, 2024년 SOC 투자규모는 $23.1 \times (1 - 0.053) ≒ 21.9$조 원이다.

30

ㄴ. 2023년 1분기의 영업이익률은 $\frac{-278}{9,332} \times 100 \fallingdotseq -2.98\%$이며, 4분기의 영업이익률은 $\frac{-998}{9,192} \times 100 \fallingdotseq -10.86\%$이다. 따라서 2023년 4분기의 영업이익률은 1분기보다 감소하였음을 알 수 있다.

ㄹ. 2023년 3분기의 당기순손실은 직전 분기 대비 $\frac{1,079-515}{515} \times 100 \fallingdotseq 109.51\%$ 증가하였으므로, 100% 이상 증가하였음을 알 수 있다.

오답분석

ㄱ. 1분기의 영업이익이 가장 크다.

ㄷ. 2023년 2분기와 4분기의 매출액은 직전 분기보다 증가하였으나, 3분기의 매출액은 2분기보다 감소하였다.

31

800g 소포의 개수를 x개, 2.4kg 소포의 개수를 y개라 하면 다음 식이 성립한다.

$800 \times x + 2,400 \times y \leq 16,000 \rightarrow x + 3y \leq 20 \cdots$ ㉠

B회사는 동일지역, C회사는 타지역이므로

$4,000 \times x + 6,000 \times y = 60,000 \rightarrow 2x + 3y = 30 \rightarrow 3y = 30 - 2x \cdots$ ㉡

㉡을 ㉠에 대입하면

$x + 30 - 2x \leq 20 \rightarrow x \geq 10 \cdots$ ㉢

이때 ㉡, ㉢을 동시에 만족하는 값은 $x = 12$, $y = 2$이다.

따라서 A회사는 800g 소포는 12개, 2.4kg 소포는 2개를 보냈음을 알 수 있다.

32

비품을 주문하고 남은 돈으로 구매할 수 있는 볼펜은 $[(25,000-500\times5-5,700-600\times3)\div250]\div12=5$타이다.

33

ㄱ. 자체 재원조달금액 중 국내투자에 사용되는 금액이 차지하는 비중은 $\frac{2,682}{4,025} \times 100 \fallingdotseq 66.6\%$이므로 옳다.

ㄴ. 주어진 자료를 보면 해외재원은 국내투자와 해외투자로 양분되나 국내투자분에 해당하는 내용이 없으므로 옳다.

오답분석

ㄷ. 국내재원 중 정부조달금액이 차지하는 비중은 $\frac{2,288}{6,669} \times 100 \fallingdotseq 34.3\%$이므로 40% 미만이다.

ㄹ. 국내재원 중 해외투자금액 대비 국내투자금액의 비율은 $\frac{5,096}{1,573} \times 100 \fallingdotseq 323.9\%$이므로 3배 이상이다.

34

오존전량의 증감 추이는 '감소 - 감소 - 감소 - 증가 - 증가 - 감소'이므로 옳지 않은 설명이다.

오답분석

① 이산화탄소의 농도는 계속해서 증가하고 있는 것을 확인할 수 있다.

③ 2023년 오존전량은 2017년 대비 335-331=4DU 증가했다.

④ 2023년 이산화탄소의 농도는 2018년 대비 395.7-388.7=7ppm 증가했다.

⑤ 전년 대비 2023년 오존전량의 감소율은 $\frac{343-335}{343} \times 100 \fallingdotseq 2.33\%$이므로 2.5% 미만이다.

35

$\dfrac{(대학졸업자\ 취업률)}{(전체\ 대학졸업자)} \times 100 = (대학졸업자\ 취업률) \times (대학졸업자의\ 경제활동인구\ 비중) \times \dfrac{1}{100}$ 이다.

따라서 OECD 평균은 $40 \times 50 \times \dfrac{1}{100} = 20\%$이고, 이보다 높은 국가는 B, C, E, F, G, H이다.

36

같은 물질에 대한 각 기관의 실험오차율의 크기 비교는 실험오차의 크기 비교로 할 수 있다.
물질 2에 대한 각 기관의 실험오차를 구하면 다음과 같다.
• A기관 : $|26-11.5| = 14.5$
• B기관 : $|7-11.5| = 4.5$
• C기관 : $|7-11.5| = 4.5$
• D기관 : $|6-11.5| = 5.5$
B, C, D기관의 실험오차의 합은 $4.5+4.5+5.5 = 14.5$이다.
따라서 물질 2에 대한 A기관의 실험오차율은 물질 2에 대한 나머지 기관의 실험오차율의 합과 같다.

[오답분석]
① • 물질 1에 대한 B기관의 실험오차 : $|7-4.5| = 2.5$
  • 물질 1에 대한 D기관의 실험오차 : $|2-4.5| = 2.5$
  즉, 두 기관의 실험오차와 유효농도가 동일하므로 실험오차율도 동일하다.
② 실험오차율이 크려면 실험오차가 커야 한다. 물질 3에 대한 각 기관의 실험오차를 구하면 다음과 같다.
  • A기관 : $|109-39.5| = 69.5$
  • B기관 : $|15-39.5| = 24.5$
  • C기관 : $|16-39.5| = 23.5$
  • D기관 : $|18-39.5| = 21.5$
  따라서 물질 3에 대한 실험오차율은 A기관이 가장 크다.
③ • 물질 1에 대한 B기관의 실험오차 : $|7-4.5| = 2.5$
  • 물질 1에 대한 B기관의 실험오차율 : $\dfrac{2.5}{4.5} \times 100 ≒ 55.56\%$
  • 물질 2에 대한 A기관의 실험오차 : $|26-11.5| = 14.5$
  • 물질 2에 대한 A기관의 실험오차율 : $\dfrac{14.5}{11.5} \times 100 ≒ 126.09\%$
  따라서 물질 1에 대한 B기관의 실험오차율은 물질 2에 대한 A기관의 실험오차율보다 작다.
⑤ 자료를 보면 A기관의 실험 결과는 모든 물질에 대해서 평균보다 높다. 따라서 A기관의 실험 결과를 제외한다면 유효농도 값(평균)은 제외하기 전보다 작아진다.

37

ⓛ B국의 대미무역수지와 GDP 대비 경상수지 비중은 각각 742억 달러, 8.5%로 X요건과 Y요건을 충족한다.
ⓒ 세 가지 요건 중 두 가지 요건만 충족하면 관찰대상국으로 지정된다.
  • X요건과 Y요건을 충족하는 국가 : A, B, C, E
  • X요건과 Z요건을 충족하는 국가 : C
  • Y요건과 Z요건을 충족하는 국가 : C, J
  C국가는 X, Y, Z요건을 모두 충족한다.
  따라서 관찰대상국으로 지정되는 국가는 A, B, E, J로 4곳이다.
ⓔ X요건의 판단기준을 '대미무역수지 150억 달러 초과'로 변경할 때, 새로 X요건을 충족하는 국가는 H국이다. 그러나 H국은 Y요건과 Z요건을 모두 충족하지 않으므로 환율조작국이나 관찰대상국으로 지정될 수 없다. 따라서 옳은 설명이다.

㉠ X, Y, Z요건을 모두 충족하면 환율조작국으로 지정된다. 각 요건을 충족하는 국가를 나열하면 다음과 같다.

- X요건을 충족하는 국가 : A, B, C, D, E, F, G
- Y요건을 충족하는 국가 : A, B, C, E, J
- Z요건을 충족하는 국가 : C, J

따라서 환율조작국으로 지정되는 국가는 C국가이다.

38

수송인원은 승차인원과 유입인원의 합이므로 빈칸을 모두 구하면 다음과 같다.

(A) $208,645=117,450+A \rightarrow A=91,195$
(B) $B=189,243+89,721 \rightarrow B=278,964$
(C) $338,115=C+89,209 \rightarrow C=248,906$

따라서 바르게 짝지어진 것은 ④이다.

39

㉠ 제시된 자료의 각주에 의해 같은 해의 각국의 도시폐기물량지수는 그 해 한국의 도시폐기물량을 기준해 도출된다. 즉, 같은 해의 여러 국가의 도시폐기물량을 비교할 때 도시폐기물량지수로도 비교가 가능하다. 2023년 미국과 일본의 도시폐기물량지수는 각각 12.73, 2.53이며, $2.53 \times 4 = 10.12 < 12.73$이므로 옳은 설명이다.

㉢ 2020년 한국의 도시폐기물량은 1,901만 톤이므로 2020년 스페인의 도시폐기물량은 $1,901 \times 1.33 = 2,528.33$만 톤이다. 도시폐기물량 상위 10개국의 도시폐기물량지수 자료를 보면 2023년 스페인의 도시폐기물량지수는 상위 10개국에 포함되지 않았음을 확인할 수 있다. 즉, 스페인의 도시폐기물량은 도시폐기물량지수 10위인 이탈리아의 도시폐기물량보다 적다. 2023년 한국의 도시폐기물량은 1,788만 톤이므로 이탈리아의 도시폐기물량은 $1,788 \times 1.40 = 2,503.2$만 톤이다. 즉, 2023년 이탈리아의 도시폐기물량은 2020년 스페인의 도시폐기물량보다 적다. 따라서 2023년 스페인의 도시폐기물량은 2020년에 비해 감소했다.

㉡ 2022년 한국의 도시폐기물량은 1,786만 톤이므로 2022년 러시아의 도시폐기물량은 $1,786 \times 3.87 = 6,911.82$만 톤이다.

㉣ 2023년의 경우 터키의 도시폐기물량지수는 영국보다 높다. 따라서 2023년 영국의 도시폐기물량은 터키의 도시폐기물량보다 적다.

40

- 공연음악 시장 규모 : 2024년 후원 규모는 $6,305+118=6,423$백만 달러이고, 2024년 티켓 판매 규모는 $22,324+740=23,064$백만 달러이다. 따라서 2024년 공연음악 시장 규모는 $6,423+23,064=29,487$백만 달러이다.
- 스트리밍 시장 규모 : 2019년 스트리밍 시장의 규모가 1,530백만 달러이므로, 2024년의 스트리밍 시장 규모는 $1,530 \times 2.5 = 3,825$백만 달러이다.
- 오프라인 음반 시장 규모 : 2024년 오프라인 음반 시장 규모를 x백만 달러라 하면, $\dfrac{x-8,551}{8,551} \times 100 = -6\%$이므로

$x = -\dfrac{6}{100} \times 8,551 + 8,551 ≒ 8,037.9$이다. 따라서 8,037.9백만 달러이다.

| 03 | 문제해결능력

41

정답 ③

B안의 가중치는 전문성인데 자원봉사제도는 (−)이므로 적절하지 못한 판단이다.

[오답분석]

① B안에 가중치를 적용할 경우 전문성에 가중치를 적용하므로 (+)를 보이는 유급법률구조제도가 가장 적절하며, A안에 가중치를 적용할 경우 ②에 의해 유급법률구조제도가 가장 적절하다. 따라서 어떤 것을 적용하더라도 결과는 같다.
② 비용저렴성을 달성하려면 (+)를 보이는 자원봉사제도가 가장 유리하다.
④ 전문성 면에서는 유급법률구조제도가 (+), 자원봉사제도가 (−)로 옳은 설명이다.
⑤ A안에 가중치를 적용할 경우 접근용이성과 전문성에 가중치를 적용하므로 두 정책목표 모두에서 (+)를 보이는 유급법률구조제도가 가장 적절하다.

42

정답 ④

주어진 조건을 정리하면 다음과 같은 순서로 위치한다.
초밥가게 − × − 카페 − × − 편의점 − 약국 − 옷가게 − 신발가게 − × − ×

[오답분석]

① 카페와 옷가게 사이에 3개의 건물이 있다.
② 초밥가게와 약국 사이에 4개의 건물이 있다.
③ 편의점은 5번째 건물에 있다.
⑤ 옷가게는 7번째 건물에 있다.

43

정답 ③

다음 논리 순서에 따라 주어진 조건을 정리하면 쉽게 접근할 수 있다.
• 여섯 번째, 여덟 번째 조건 : G는 첫 번째 자리에 앉는다.
• 일곱 번째 조건 : C는 세 번째 자리에 앉는다.
• 네 번째, 다섯 번째 조건 : 만약 A와 B가 네 번째, 여섯 번째 또는 다섯 번째, 일곱 번째 자리에 앉으면, D와 F는 나란히 앉을 수 없다. 따라서 A와 B는 두 번째, 네 번째 자리에 앉는다. 이때, 남은 자리는 다섯, 여섯, 일곱 번째 자리이므로, D와 F는 다섯, 여섯 번째 또는 여섯, 일곱 번째 자리에 앉게 되고, 나머지 한 자리에 E가 앉는다.
이 사실을 종합하여 주어진 조건을 표로 정리하면 다음과 같다.

구분	첫 번째	두 번째	세 번째	네 번째	다섯 번째	여섯 번째	일곱 번째
경우 1	G	A	C	B	D	F	E
경우 2	G	A	C	B	F	D	E
경우 3	G	A	C	B	E	D	F
경우 4	G	A	C	B	E	F	D
경우 5	G	B	C	A	D	F	E
경우 6	G	B	C	A	F	D	E
경우 7	G	B	C	A	E	D	F
경우 8	G	B	C	A	E	F	D

따라서 어떠한 경우에도 C의 옆자리에는 항상 A와 B가 앉는다.

[오답분석]

① 조건에서 D와 F는 나란히 앉는다고 하였다.
②·④ 경우 4, 8인 때에만 성립한다.
⑤ B는 어떠한 경우에나 두 번째 또는 네 번째에 앉는다.

44

②

ⓑ 고객이 당장 오늘 내로 문제 해결 방법을 알려달라는 강한 불만을 제기했으므로 긴급하면서도 중요한 문제이다. 그러므로 제1사분면에 위치하는 것이 가장 적절하다.

ⓐ 다음 주에 상부에 보고해야 하는 업무는 중요하지만, 아직 시간이 조금 남아있는 상태이므로 긴급한 업무는 아니다. 그러므로 제2사분면에 위치하는 것이 가장 적절하다.

ⓒ 친구와의 약속은 업무에서 중요하지 않고 긴급한 일이 아니다. 그러므로 제4사분면에 위치하는 것이 가장 적절하다.

45

정답 ②

A~E의 진술에 따르면 B와 D의 진술은 반드시 동시에 참 또는 거짓이 되어야 하며, B와 E의 진술은 동시에 참이나 거짓이 될 수 없다.

1) B와 D의 진술이 거짓인 경우
   A와 C의 진술이 서로 모순되므로 성립하지 않는다.
2) A와 E의 진술이 거짓인 경우
   A의 진술에 따르면 E의 진술은 참이 되어, B와 D도 모두 거짓말을 하는 것이 성립하지 않는다.
3) C와 E의 진술이 거짓인 경우
   A~E의 진술에 따라 정리하면 다음과 같다.

항목	필기구	의자	복사용지	사무용 전자제품
신청 사원	A, D	C		D

의자를 신청한 사원의 수는 3명이므로 필기구와 사무용 전자제품 2항목을 신청한 D와 의자를 신청하지 않은 B를 제외한 A, E가 의자를 신청했음을 알 수 있다. 또한, E는 복사용지를 신청하지 않았으므로 E가 신청한 나머지 항목은 자연스럽게 사무용 전자제품이 된다. 이와 함께 남은 항목의 개수에 따라 신청 사원을 배치하면 다음과 같이 정리할 수 있다.

항목	필기구	의자	복사용지	사무용 전자제품
신청 사원	A, D	A, C, E	B, C	B, D, E

따라서 신청 사원과 신청 물품이 바르게 연결된 것은 ②이다.

46

정답 ④

일반적인 문제해결절차는 문제 인식, 문제 도출, 원인 분석, 해결안 개발, 실행 및 평가의 5단계를 따른다. 먼저 해결해야 할 전체 문제를 파악하여 우선순위를 정하고, 선정 문제에 대한 목표를 명확히 한 후 선정된 문제를 분석하여 해결해야 할 것이 무엇인지를 명확히 한다. 다음으로 이 분석 결과를 토대로 근본 원인을 도출하고, 근본원인을 효과적으로 해결할 수 있는 최적의 해결책을 찾아 실행 및 평가한다. 따라서 문제해결절차는 (다) → (마) → (가) → (라) → (나)의 순서로 진행된다.

47

정답 ④

오답분석

① 체계화된 기술 개발 부족은 자사가 아닌 경쟁사에 대한 분석 결과이므로 적절하지 않다.
② 자사는 필리핀 화력발전사업에 진출한 이력을 지니고 있으며, 현재 필리핀의 태양광 발전소 지분을 인수하였으므로 중국 등과 협력하기보다는 필리핀 정부와 협력하는 것이 바람직하다.
③ 필리핀의 높은 전기요금은 원료비가 적게 드는 신재생에너지를 통해 낮출 수 있다. 또한 열악한 전력 인프라는 분석 결과에 나타나 있지 않다.
⑤ 자사는 현재 중국 시장에서 풍력과 태양광 발전를 운영 중에 있으므로 중국 시장으로의 진출은 대안으로 적절하지 않다. 또한 중국 시장이 경쟁이 적은지 알 수 없다.

48

회의 목적은 신제품 홍보 방안 수립 및 제품명 개발이며 회의 이후 이러한 목적을 달성할 수 있도록 업무를 진행해야 한다. 기획팀의 D대리는 신제품의 특성에 적합하고 소비자의 흥미를 유발하는 제품명을 개발해야 하는 업무를 맡고 있으므로 자사의 제품과 관계없는 타사 제품들의 특성을 조사하는 것은 적절하지 않다.

49

⑤의 경우 오프라인에서의 제품 접근성에 대한 소비자의 반응으로 온라인 홍보팀이 회의에 필요한 타사 제품에 대한 소비자 반응과 관련이 없다.

50

오답분석

① · ④ · ⑤ 혹시 있을지 모를 독거노인의 건강상 문제에 대한 소극적인 대처방법이다.
② 자신의 업무에 대한 책임감이 결여된 대처방법이다.

51

주어진 조건을 정리하면 다음과 같다.

〈A동 – 11명 거주〉

구분	1호	2호	3호
5층	영희(1) / 은희(1)		창고
4층		신혼부부(2)	
3층			
2층			
1층			

3인 가구(3), 4인 가구(4)

〈B동 – 6명 거주〉

구분	1호	2호	3호
5층			
4층			
3층			
2층			
1층	노부부(2) / 중년부부(2)	창고	중년부부(2) / 노부부(2)

1인 가구(남), 1인 가구(남)

따라서 A동에는 영희 · 은희(여자 1인 가구), 신혼부부(2인 가구), 3인 가구, 4인 가구가 거주하고(총 11명), B동에는 노부부(2인 가구), 중년부부(2인 가구), 남자 1인 가구 2가구가 거주한다(총 6명).

오답분석

① 얼마 전에 결혼한 희수는 신혼부부로 A동 4층에 거주한다.
② 3인 가구와 4인 가구가 서로 위 · 아래층에 사는 것은 알 수 있지만, 정확한 호수는 주어진 조건만으로는 알 수 없다.
③ 두 번째와 여섯 번째 조건에 따라 노부부와 중년부부는 B동 1층에 거주한다. 따라서 노부부는 B동에 산다.
⑤ B동은 1인 가구 2가구(모두 남자), 노부부, 중년부부가 거주한다. 따라서 총 인원 6명 중 남자는 4명, 여자는 2명으로 남자가 여자의 2배이다.

52

정답 ④

입찰가격이 9억 원 이하인 업체는 A, C, D, E이고, 이 업체들에 가중치를 적용한 점수와 이에 따른 디자인 점수를 나타내면 다음과 같다.

(단위 : 점)

입찰기준 / 입찰업체	운영건전성 점수	시공실적 점수	공간효율성 점수	총합	디자인 점수
A	6	6(=3×2)	14(=7×2)	26(=6+6+14)	4
C	5	12(=6×2)	6(=3×2)	23(=5+12+6)	1
D	8	16(=8×2)	18(=9×2)	42(=8+16+18)	2
E	9	10(=5×2)	10(=5×2)	29(=9+10+10)	8

중간 선정된 A, D, E 중 디자인 점수가 가장 높은 업체는 E이다. 따라서 E가 최종 선정된다.

53

정답 ③

입찰가격이 11억 원 미만인 업체는 B를 제외한 A, C, D, E, F이고, 이 업체들에 가중치를 적용한 점수와 이에 따른 최종 선정 결과를 나타내면 다음과 같다.

(단위 : 점)

입찰기준 / 입찰업체	운영건전성 점수	환경친화자재 점수	시공실적 점수	디자인 점수	총합	비고
A	12(=6×2)	7	9(=3×3)	4	32(=12+7+9+4)	시공실적 점수 기준미달
C	10(=5×2)	9	18(=6×3)	1	38(=10+9+18+1)	중간 선정
D	16(=8×2)	2	24(=8×3)	2	44(=16+2+24+2)	중간 선정
E	18(=9×2)	6	15(=5×3)	8	47(=18+6+15+8)	시공실적 점수 기준미달
F	12(=6×2)	4	18(=6×3)	3	37(=12+4+18+3)	탈락

중간 선정된 C, D 중 운영건전성 점수가 더 높은 업체는 D이다. 따라서 D가 최종 선정된다.

54

정답 ⑤

규칙에 맞추어 음과 악기의 지점을 연결하면 다음과 같다.

㉮	㉯	㉰	㉱	㉲	㉳	㉴	㉵	㉶	㉷	㉸
A	A#	B	C	C#	D	D#	E	F	F#	G

따라서 ㉵에 해당하는 음은 E이며, E는 가락에 4회 나타나므로 ㉵를 누른 상태로 줄을 튕기는 횟수는 4회이다.

55

정답 ③

월드마린센터는 광양시에 있으며, 서울에 있다는 내용은 관람 안내에서 찾아볼 수 없다.

56

정답 ①

홀수 주는 현장학습을 할 수 없으므로 1·3·5째주는 제외한다. 1~3학년의 현장학습일은 동일하므로 하루에 총 63명이 관람한다. 따라서 짝수 주에 1일 최대 관람 인원을 초과하지 않는 날을 고르면 둘째 주 10, 13일, 넷째 주 23~26일이다. 여기서 학사일정상 가장 빠른 주에 홍보관을 가야하므로 둘째 주 10, 13일 중 선택한다. 금요일은 모의고사가 있어 3학년이 현장학습을 참여할 수 없으므로 13일을 제외한 10일이 가장 적절하다.

57

두 번째 조건에 의해 B는 자전거를, 세 번째 조건에 의해 C는 킥보드를 가지고 있음을 알 수 있다. 따라서 A는 오토바이를 가지고 있다. B가 가진 자전거의 색깔은 쌩쌩이와 다르고, 날쌘이와 같다고 하였으므로 자전거의 이름은 '힘찬이'이다. 세 번째 조건에 의해 C의 킥보드의 이름은 '날쌘이'이므로 A의 오토바이 이름은 '쌩쌩이'가 된다. 이를 표로 정리하면 다음과 같다.

구분	킥보드	자전거	오토바이
A			쌩쌩이
B		힘찬이	
C	날쌘이		

따라서 기구를 가진 사람과 기구의 이름, 기구를 순서대로 바르게 나열한 것은 ⑤이다.

58

(가) 허수아비 공격의 오류 : 상대가 의도하지 않은 것을 강조하거나 허점을 비판하여 자신의 주장을 내세운다.

(나) 성급한 일반화의 오류 : 적절한 증거가 부족함에도 불구하고 몇몇 사례만을 토대로 성급하게 결론을 내린다.

(다) 대중에 호소하는 오류 : 타당한 논거를 제시하지 않고 많은 사람들이 그렇게 생각하거나 행동한다는 것을 논거로 제시한다.

오답분석

• 인신공격의 오류 : 주장이 아닌 상대방을 공격하여 논박한다.

• 애매성의 오류 : 여러 가지 의미로 해석될 수 있는 용어를 사용하여 혼란을 일으킨다.

• 무지의 오류 : 상대가 자신의 주장을 입증하지 못함을 근거로 상대를 반박한다.

59

오답분석

① 잔류염소에서 가장 낮은 수치를 보인 지역은 나산면(0.12mg/L)이고, 함평읍(0.14mg/L)은 세 번째로 낮다.

③ 기준치를 초과한 곳도 없고, 모두 적합 판정을 받았다.

④ 함평읍과 학교면, 엄다면은 구리가 검출되었지만 적합 판정을 받았다.

⑤ 구리가 검출되지 않은 지역은 이삼읍과 나산면으로 두 곳이다.

60

제시된 문제는 각각의 조건에서 해당되지 않는 쇼핑몰을 체크하여 선지에서 하나씩 제거하는 방법으로 푸는 것이 좋다.

• 철수 : C, D, F는 포인트 적립이 안 되므로 해당 사항이 없다(②・④ 제외).

• 영희 : A는 배송비가 없으므로 해당 사항이 없다.

• 민수 : A, B, C는 주문 취소가 가능하므로 해당 사항이 없다(①・⑤ 제외).

• 철호 : 환불 및 송금수수료, 배송비가 포함되었으므로 A, D, E, F에는 해당 사항이 없다.

01	02	03	04	05	06	07	08	09	10	11	12	13	14	15	16	17	18	19	20
③	④	②	③	④	⑤	⑤	①	⑤	②	③	③	③	④	④	①	②	④	③	④
21	22	23	24	25	26	27	28	29	30	31	32	33	34	35	36	37	38	39	40
④	①	④	③	②	⑤	①	③	③	①	②	④	③	②	④	①	④	③	③	④
41	42	43	44	45	46	47	48	49	50	51	52	53	54	55	56	57	58	59	60
③	②	④	⑤	②	②	④	①	②	④	④	④	③	③	③	③	⑤	②	④	③

| 01 | 의사소통능력

01
정답 ③

사람은 한쪽 눈으로 얻을 수 있는 단안 단서만으로도 이전의 경험으로부터 추론에 의하여 세계를 3차원으로 인식할 수 있다. 즉, 사고로 한쪽 눈의 시력을 잃어도 남은 한쪽 눈에 맺히는 2차원의 상들은 다양한 실마리를 통해 입체 지각이 가능하다.

02
정답 ④

제시문은 정부가 제공하는 공공 데이터를 활용한 앱 개발에 대한 설명으로, 먼저 다양한 앱을 개발하려는 사람들을 통해 화제를 제시한 (라) 문단이 오는 것이 적절하며, 이러한 앱 개발에 있어 부딪히는 문제들을 제시한 (가) 문단이 그 뒤에 오는 것이 적절하다. 다음으로 이러한 문제들을 해결하기 위한 방법으로 공공 데이터를 제시하는 (나) 문단이 오고, 공공 데이터에 대한 추가 설명으로 공공 데이터를 위한 정부의 노력인 (다) 문단이 마지막으로 오는 것이 적절하다.

03
정답 ②

B사원은 현재 문제 상황과 관련이 없는 A사원의 업무 스타일을 근거로 들며, A사원의 의견을 무시하고 있다. 즉, 상대방에 대한 부정적인 판단 때문에 상대방의 말을 듣지 않는 태도가 B사원의 경청을 방해하고 있는 것이다.

오답분석

① 짐작하기 : 상대방의 말을 듣고 받아들이기보다 자신의 생각에 들어맞는 단서들을 찾아 자신의 생각을 확인하는 것이다.
③ 조언하기 : 지나치게 다른 사람의 문제를 본인이 해결해 주고자 하여 상대방의 말끝마다 조언하려고 끼어드는 것이다.
④ 비위 맞추기 : 상대방을 위로하기 위해서 혹은 비위를 맞추기 위해서 너무 빨리 동의하는 것이다.
⑤ 대답할 말 준비하기 : 자신이 다음에 곧 할 말을 생각하기에 바빠 상대방이 말하는 것을 잘 듣지 않는 것이다.

04
정답 ③

제시문은 중력, 부력, 항력 등 유체 속에서 운동하는 물체에 작용하는 힘과 종단 속도를 설명하고 있다. 그중에서 부력은 어떤 물체에 의해서 배제된 부피만큼의 유체의 무게에 해당하는 힘으로, 항상 중력의 반대 방향으로 작용하며, 이때 중력의 방향은 수직 (연직) 방향이다. ③은 마찰력을 이용한 사례이므로 적절하지 않다.

05

포상(褒賞) : 1. 칭찬하고 장려하여 상을 줌
　　　　　　2. 각 분야에서 나라 발전에 뚜렷한 공로가 있는 사람에게 정부가 칭찬하고 장려하여 상을 줌. 또는 그 상

오답분석

① 보훈(報勳) : 공훈에 보답함
② 공훈(功勳) : 나라나 회사를 위하여 두드러지게 세운 공로
③ 공로(功勞) : 일을 마치거나 목적을 이루는 데 들인 노력과 수고. 또는 일을 마치거나 그 목적을 이룬 결과로서의 공적
⑤ 공적(功績) : 노력과 수고를 들여 이루어 낸 일의 결과

06

쇼펜하우어는 표상의 세계 안에서의 이성의 역할, 즉 시간과 공간, 인과율을 통해서 세계를 파악하는 주인의 역할을 함에도 불구하고 이 이성이 다시 의지에 종속됨으로써 제한적이며 표면적일 수밖에 없다는 한계를 지적하고 있다.

오답분석

① 세계의 본질은 의지의 세계라는 내용은 쇼펜하우어 주장의 핵심 내용이라는 점에서는 옳지만, 제시문의 주요 내용은 주관 또는 이성 인식으로 만들어내는 표상의 세계는 결국 한계를 가질 수밖에 없다는 것이다.
② 제시문에서는 표상 세계의 한계를 지적했을 뿐, 표상 세계의 극복과 그 해결 방안에 대한 내용은 없다.
③ 제시문에서 의지의 세계와 표상 세계는 의지가 표상을 지배하는 종속관계라는 차이를 파악할 수는 있으나, 중심 내용으로는 적절하지 않다.
④ 쇼펜하우어가 주관 또는 이성을 표상의 세계를 이끌어 가는 능력으로 주장하고 있다는 점에서 타당하나 글의 중심 내용은 아니다.

07

근시안적인 자세를 가지고 행동하는 것, 즉 '나무는 보되 숲은 보지 못하는' 관점의 관리문화는 현재 우리나라의 관리문화를 말하고 있는 것이다. 따라서 ⑤가 적절하지 않음을 알 수 있다.

08

마지막 문단에서는 UPS 사용 시 배터리를 일정 주기에 따라 교체해 주어야 한다고 이야기하고 있을 뿐, 배터리 교체 방법에 대해서는 알 수 없다.

오답분석

② 두 번째 문단에 따르면 UPS는 일종의 전원 저장소로, 갑작스러운 전원 환경의 변화로부터 기업의 서버를 보호한다.
③ 세 번째 문단에 따르면 UPS를 구매할 때는 용량을 고려하여 필요 용량의 1.5배 정도인 UPS를 구입하는 것이 적절하다.
④ 마지막 문단에 따르면 가정용 UPS에 사용되는 MF배터리의 수명은 1년 정도이므로 이에 맞춰 주기적인 교체가 필요하다.
⑤ 첫 번째 문단에 따르면 일관된 전력 시스템의 필요성이 높아짐에 따라 큰 손실과 피해를 야기할 수 있는 급격한 전원 환경의 변화를 방지할 수 있는 UPS가 많은 산업 분야에서 필수적으로 요구되고 있다.

09

의미 전달에 중요하지 않은 경우에는 한자 사용을 자제하도록 하며, 상용한자의 범위 내에서 사용하여야 상대방의 문서이해에 도움이 된다.

10

제시문의 마지막 문단에서 '말이란 결국 생각의 일부분을 주워 담는 작은 그릇'이며, '말을 통하지 않고는 생각을 전달할 수가 없는 것'이라고 하며 말은 생각을 전달하기 위한 수단임을 주장하고 있다.

11

첫 번째 문단에서는 하천의 과도한 영양분이 플랑크톤을 증식시켜 물고기의 생존을 위협한다고 이야기하며, 두 번째 문단에서는 이러한 녹조 현상이 우리가 먹는 물의 안전까지도 위협한다고 이야기한다. 마지막 세 번째 문단에서는 생활 속 작은 실천을 통해 생태계와 인간의 안전을 위협하는 녹조를 예방해야 한다고 주장하고 있으므로 제목으로는 ③이 가장 적절하다.

12

(나) 입시 준비를 잘하기 위해서는 체력이 관건이다 → (가) 좋은 체력을 위해서는 규칙적인 생활관리와 알맞은 영양공급이 필수적이며, 특히 청소년기에는 좋은 영양상태를 유지하는 것이 중요하다 → (다) 그러나 우리나라 학생들의 식습관을 살펴보면 충분한 영양섭취가 이루어지지 못하고 있다의 순서대로 나열하는 것이 가장 적절하다.

13

글의 맥락상 ⓒ에는 '뒤섞이어 있음'을 의미하는 '혼재(混在)'가 쓰이는 것이 적절하다.
• 잠재(潛在) : 겉으로 드러나지 않고 속에 잠겨 있거나 숨어 있음

14

제시문에 따르면 최근 수면장애 환자의 급격한 증가를 통해 한국인의 수면의 질이 낮아지고 있음을 알 수 있다. 현재 한국인의 짧은 수면시간도 문제지만, 수면의 질 저하도 심각한 문제가 되고 있다.

[오답분석]
① 다른 국가에 비해 근무 시간이 많아 수면시간이 짧은 것일 뿐, 수면시간이 근무 시간보다 짧은지는 알 수 없다.
② 40・50대 중・장년층 수면장애 환자는 전체의 36.6%로 가장 큰 비중을 차지한다.
③ 수면장애 환자는 여성이 42만 7,000명으로 29만 1,000명의 남성보다 1.5배 정도 더 많다.
⑤ 폐경기 여성의 경우 여성호르몬인 에스트로겐이 줄어들면서 아세틸콜린 신경전달 물질의 분비가 저하됨에 따라 여러 형태의 불면증이 동반된다. 즉, 에스트로겐의 증가가 아닌 감소가 불면증에 영향을 미친다.

15

제시문에서는 작품을 올바르게 이해하기 위해서는 기존의 편협한 사고방식이나 태도에 얽매이지 말고 나름대로의 날카로운 안목과 감수성을 길러야 함을 강조하고 있다. 따라서 미술 작품을 올바르게 감상하기 위해 우리가 지녀야 할 태도를 제시하는 것이다.

16

제시문은 상대방에 대한 부정적인 판단 때문에 상대방의 말을 듣지 않는 것으로, 이에 해당하는 것은 '판단하기'이다.

[오답분석]
② 조언하기 : 다른 사람의 문제를 본인이 해결해 주고자 하는 것이다.
③ 언쟁하기 : 반대하고 논쟁하기 위해서만 상대방의 말에 귀를 기울이는 것이다.
④ 걸러내기 : 듣고 싶지 않은 것들을 막아버리는 것이다.
⑤ 비위 맞추기 : 상대방을 위로하기 위해서 혹은 비위를 맞추기 위해서 너무 빨리 동의하는 것을 말한다.

17

제시문은 2,500년 전 인간과 현대의 인간의 공통점을 언급하며 2,500년 전에 쓰인 『논어』가 현대에서 지니는 가치에 대하여 설명하고 있다. 따라서 (가) 『논어』가 쓰인 2,500년 전 과거와 현대의 차이점 → (마) 2,500년 전의 책인 『논어』가 폐기되지 않고 현대에서도 읽히는 이유에 대한 의문 → (나) 인간이라는 공통점을 지닌 2,500년 전 공자와 우리들 → (다) 2,500년의 시간이 흐르는 동안 인간의 달라진 부분과 달라지지 않은 부분에 대한 설명 → (라) 시대가 흐름에 따라 폐기될 부분을 제외하더라도 여전히 오래된 미래로서의 가치를 지니는 『논어』의 순으로 나열하는 것이 적절하다.

18

㉠ 혼잡(混雜) : 여럿이 한데 뒤섞이어 어수선함
㉡ 혼동(混同) : 구별하지 못하고 뒤섞어서 생각함
㉢ 혼선(混線) : 말이나 일 따위를 서로 다르게 파악하여 혼란이 생김

[오답분석]
• 요란(搖亂) : 시끄럽고 떠들썩함
• 소동(騷動) : 사람들이 놀라거나 흥분하여 시끄럽게 법석거리고 떠들어 대는 일
• 갈등(葛藤) : 개인이나 집단 사이에 목표나 이해관계가 달라 서로 적대시하거나 충돌함. 또는 그런 상태

19

보고서는 업무 진행 과정에서 쓰는 경우가 대부분이므로 무엇을 도출하고자 했는지 핵심내용을 구체적으로 제시해야 한다. 내용의 중복을 피하고 산뜻하고 간결하게 작성하며, 복잡한 내용일 때에는 도표나 그림을 활용한다. 또한 보고서는 개인의 능력을 평가하는 기본요인이므로 제출하기 전에 최종점검을 해야 한다. 따라서 P사원이 작성해야 할 문서는 보고서이다.

20

㉠의 주장을 요약하면 저작물의 공유 캠페인과 신설된 공정 이용 규정으로 인해 저작권자들의 정당한 권리가 침해받고, 이 때문에 창작물을 창조하는 사람들의 동기가 크게 감소한다는 것이다. 이에 따라 활용 가능한 저작물이 줄어들게 되어 이용자들도 피해를 당한다고 말한다. 따라서 ㉠은 저작권자의 권리를 인정해주는 것이 결국 이용자에게도 도움이 된다고 주장함을 추론할 수 있다.

| 02 | 수리능력

21

첫날 경작한 논의 넓이를 1이라고 할 때, 마지막 날까지 경작한 논의 넓이는 다음과 같다.

1일	2일	3일	4일	5일	6일	7일	8일
1	2	4	8	16	32	64	128

전체 경작한 논의 넓이가 128이므로 논 전체의 $\frac{1}{4}$ 넓이는 32이다. 따라서 A씨는 경작을 시작한 지 6일째 되는 날 논 전체의 $\frac{1}{4}$ 을 완료하게 된다.

22

- 주말 입장료 : $11{,}000+15{,}000+20{,}000\times2+20{,}000\times\dfrac{1}{2}=76{,}000$원

- 주중 입장료 : $10{,}000+13{,}000+18{,}000\times2+18{,}000\times\dfrac{1}{2}=68{,}000$원

따라서 요금 차이는 $76{,}000-68{,}000=8{,}000$원이다.

23

ⓒ HCHO가 가장 높게 측정된 역은 청량리역이고 가장 낮게 측정된 역은 신설동역이다. 두 역의 평균은 $\dfrac{11.4+4.8}{2}=8.1\mu g/m^3$
로 1호선 평균인 $8.4\mu g/m^3$보다 낮다.
ⓔ 청량리역은 HCHO, CO, NO_2, Rn 총 4가지 항목에서 1호선 평균보다 높게 측정되었다.

오답분석
ⓐ CO의 1호선 평균은 0.5ppm이며, 종로5가역과 신설동역은 0.4ppm이므로 옳다.
ⓒ 시청역은 PM-10이 $102.0\mu g/m^3$으로 가장 높게 측정됐지만, TVOC는 $44.4\mu g/m^3$로 가장 낮게 측정되었으므로 옳다.

24

ⓒ (교원 1인당 원아 수)$=\dfrac{(\text{원아 수})}{(\text{교원 수})}$이다. 따라서 교원 1인당 원아 수가 적어지는 것은 원아 수 대비 교원 수가 늘어나기 때문이다.
ⓔ 제시된 자료만으로는 알 수 없다.

25

월간 용돈을 5만 원 미만으로 받는 비율은 중학생 89.4%, 고등학생 60%로 중학생이 고등학생보다 높다.

오답분석
① 용돈을 받는 남학생과 여학생의 비율은 각각 82.9%, 85.4%이다. 따라서 여학생이 더 높다.
③ 고등학교 전체 인원을 100명이라 한다면 그 중에 용돈을 받는 학생은 약 80.8명이다. 80.8명 중에 용돈을 5만 원 이상 받는
학생의 비율은 40%이므로 $80.8\times0.4\fallingdotseq32.3$명이다.
④ 전체에서 금전출납부의 기록, 미기록 비율은 각각 30%, 70%이다. 따라서 기록하는 비율이 더 낮다.
⑤ 용돈을 받지 않는 중학생과 고등학생 비율은 각각 12.4%, 19.2%이다. 따라서 용돈을 받지 않는 고등학생 비율이 더 높다.

26

사진별 개수에 따른 총용량을 구하면 다음과 같다.
- 반명함 : $150\times8{,}000=1{,}200{,}000$KB
- 신분증 : $180\times6{,}000=1{,}080{,}000$KB
- 여권 : $200\times7{,}500=1{,}500{,}000$KB
- 단체사진 : $250\times5{,}000=1{,}250{,}000$KB
사진 용량 단위 KB를 MB로 전환하면 다음과 같다.
- 반명함 : $1{,}200{,}000\div1{,}000=1{,}200$MB
- 신분증 : $1{,}080{,}000\div1{,}000=1{,}080$MB
- 여권 : $1{,}500{,}000\div1{,}000=1{,}500$MB
- 단체사진 : $1{,}250{,}000\div1{,}000=1{,}250$MB
따라서 모든 사진의 용량을 더하면 총 $1{,}200+1{,}080+1{,}500+1{,}250=5{,}030$MB이고, 5,030MB는 5.03GB이므로 필요한 USB의
최소 용량은 5GB이다.

27

8명의 선수 중 4명을 뽑는 경우의 수는 $_8C_4=\dfrac{8\times7\times6\times5}{4\times3\times2\times1}=70$가지이고, A, B, C를 포함하여 4명을 뽑는 경우의 수는 A, B, C를 제외한 5명 중 1명을 뽑으면 되므로 $_5C_1=5$가지이다.

따라서 8명의 후보 선수 중 4명을 뽑을 때, A, B, C를 포함하여 뽑을 확률은 $\dfrac{5}{70}=\dfrac{1}{14}$ 이다.

28

• 1인 1일 사용량에서 영업용 사용량이 차지하는 비중 : $\dfrac{80}{282}\times100 ≒ 28.37\%$

• 1인 1일 가정용 사용량의 하위 두 항목이 차지하는 비중 : $\dfrac{20+13}{180}\times100 ≒ 18.33\%$

29

부산(1.9%) 및 인천(2.5%) 지역에서는 증가율이 상대적으로 낮게 나와 있으나, 서울(1.1%) 또한 마찬가지이다.

[오답분석]

㉠·㉡ 자료를 통해 확인할 수 있다.

㉣ 2023년 에너지 소비량은 경기(9,034천 TOE), 충남(4,067천 TOE), 서울(3,903천 TOE)의 순서이다.

㉤ 전국 에너지 소비량은 2013년이 28,588천 TOE, 2023년이 41,594천 TOE로, 10년 사이에 13,006천 TOE의 증가를 보이고 있다.

30

9월 말을 기점으로 이후의 그래프가 모두 하향곡선을 그리고 있다.

[오답분석]

② 환율이 하락하면 반대로 원화가치가 높아진다.

③·⑤ 표를 통해 쉽게 확인할 수 있다.

④ 유가 범위는 125~85 사이의 변동 폭을 보이고 있다.

31

A집과 B집 사이의 거리를 $x$km, A집에서 전시회 주차장까지 걸린 시간을 y시간이라고 하자.
A집과 B집 사이의 거리와 B집에서 전시회 주차장까지 거리를 구하면 다음과 같다.

$70\times\left(y+\dfrac{30}{60}\right)-55\times y=x \cdots ㉠$

$70\times\left(y+\dfrac{30}{60}\right)=49$km

$\rightarrow y+\dfrac{30}{60}=\dfrac{49}{70}$

$\rightarrow y+0.5=0.7$

$\therefore y=0.2$

㉠에 y를 대입하여 x를 구하면

$\therefore x=49-55\times0.2=38$

따라서 A집과 B집 사이의 거리는 38km이다.

32

정답 ④

A, B, E구의 1인당 소비량을 각각 a, b, e라고 하자.

제시된 조건을 식으로 나타내면 다음과 같다.

• 첫 번째 조건 : $a+b=30 \cdots$ ㉠
• 두 번째 조건 : $a+12=2e \cdots$ ㉡
• 세 번째 조건 : $e=b+6 \cdots$ ㉢

㉢을 ㉡에 대입하여 식을 정리하면,

$a+12=2(b+6) \rightarrow a-2b=0 \cdots$ ㉣

㉠−㉣을 하면 $3b=30 \rightarrow b=10$, $a=20$, $e=16$

A~E구의 변동계수를 구하면 다음과 같다.

• A구 : $\dfrac{5}{20} \times 100 = 25\%$

• B구 : $\dfrac{4}{10} \times 100 = 40\%$

• C구 : $\dfrac{6}{30} \times 100 = 20\%$

• D구 : $\dfrac{4}{12} \times 100 ≒ 33.33\%$

• E구 : $\dfrac{8}{16} \times 100 = 50\%$

따라서 변동계수가 3번째로 큰 곳은 D구이다.

33

정답 ③

A소금물에 첨가한 물의 양은 ag, 버린 B소금물의 양은 bg, 늘어난 A소금물과 줄어든 B소금물을 합친 소금물의 양은 500g이다. 또한 농도는 10%라고 하였으므로, 다음 식이 성립한다.

$(200+a)+(300-b)=500 \rightarrow a-b=0 \cdots$ ㉠

$(200 \times 0.1)+(300-b) \times 0.2=500 \times 0.1 \rightarrow 20+60-0.2b=50 \rightarrow 0.2b=30 \rightarrow b=150 \cdots$ ㉡

따라서 ㉡을 ㉠에 대입하면 $a=150$이므로, A소금물에 첨가한 물의 양은 150g이다.

34

정답 ②

구입한 제품 A의 개수를 a개, 제품 B의 개수를 b개라고 하자(a, $b \geq 0$).

$600a+1,000b=12,000$

$\rightarrow 3a+5b=60$

a와 b를 (a, b)의 순서쌍으로 나타내면 다음과 같다.

(0, 12), (5, 9), (10, 6), (15, 3), (20, 0)

따라서 구하고자 하는 경우의 수는 5가지이다.

35

정답 ④

• (가)안 : 2 · 3분기 자재구매 비용은 $7,000 \times 40 + 10,000 \times 40 = 680,000$원이다. 2분기에 재고가 10개가 남으므로 재고관리비는 $10 \times 1,000 = 10,000$원이다. 따라서 자재구매 · 관리 비용은 $680,000 + 10,000 = 690,000$원이다.
• (나)안 : 2 · 3분기 자재구매 비용은 $7,000 \times 60 + 10,000 \times 20 = 620,000$원이다. 2분기에 재고가 30개가 남으므로 재고관리비는 $30 \times 1,000 = 30,000$원이다. 따라서 자재구매 · 관리 비용은 $620,000 + 30,000 = 650,000$원이다.

따라서 (가)안과 (나)안의 비용 차이는 $690,000 - 650,000 = 40,000$원이다.

| 03 | 문제해결능력

36

입사순서는 해당 월의 누적 입사순서이므로 'W05220401'은 4월의 첫 번째 입사자임을 나타낼 뿐, 해당 사원이 2022년 자격관리부서 최초의 여직원인지는 알 수 없다.

37
정답 ④

사원번호의 부서 구분 기준에 따라 여성 입사자 중 기획부에 입사한 사원을 정리하면 다음과 같다.

M01230903	W03231005	M05230912	W05230913	W01231001	W04231009
W02230901	M04231101	W01230905	W03230909	M02231002	W03231007
M03230907	M01230904	W02230902	M04231008	M05231107	M01231103
M03230908	M05230910	M02231003	M01230906	M05231106	M02231004
M04231101	M05230911	W03231006	W05231105	W03231104	M05231108

따라서 여성(W) 입사자 중 기획부(03)에 입사한 사원은 모두 5명이다.

38
정답 ③

우선 아랍에미리트에는 해외 EPS센터가 없으므로 제외한다. 또한, 한국 기업이 100개 이상 진출해 있어야 한다는 두 번째 조건으로 인도네시아와 중국으로 후보를 좁힐 수 있으나 '우리나라 사람들의 해외취업을 위한 박람회'이므로 성공적인 박람회 개최를 위해선 취업까지 이어지는 것이 중요하다. 중국의 경우 청년 실업률은 높지만 경쟁력 부분에서 현지 기업의 80% 이상이 우리나라 사람을 고용하기를 원하므로 중국 청년 실업률과는 별개로 우리나라 사람들의 취업이 쉽게 이루어질 수 있음을 알 수 있다. 따라서 중국이 적절하다.

39
정답 ③

ㄱ. 공정 순서는 A → B · C → D → E → F로 전체 공정이 완료되기 위해서는 15분이 소요된다.
ㄷ. B공정이 1분 더 지연되어도 C공정에서 5분이 걸리기 때문에 전체 공정 시간에는 변화가 없다.

오답분석
ㄴ. 첫 제품 생산 후부터는 5분마다 1개의 제품이 생산되기 때문에 첫 제품 생산 후부터 1시간마다 12개의 제품이 생산된다.

40
정답 ④

주어진 조건에서 적어도 한 사람은 반대를 한다고 하였으므로, 한 명씩 반대한다고 가정하고 접근한다.
• A가 반대한다고 가정하는 경우
  첫 번째 조건에 의해 C는 찬성하고 E는 반대한다. 네 번째 조건에 의해 E가 반대하면 B도 반대한다. 이때, 두 번째 조건에서 B가 반대하면 A가 찬성하므로 모순이 발생한다. 따라서 A는 찬성이다.
• B가 반대한다고 가정하는 경우
  두 번째 조건에 의해 A는 찬성하고 D는 반대한다. 세 번째 조건에 의해 D가 반대하면 C도 반대한다. 이때, 첫 번째 조건의 대우에 의해 C가 반대하면 D가 찬성하므로 모순이 발생한다. 따라서 B는 찬성이다.
위의 두 경우에서 도출한 결론과 네 번째 조건의 대우를 함께 고려해보면 B가 찬성하면 E가 찬성하고 첫 번째 조건의 대우에 의해 D도 찬성이다. 따라서 A, B, D, E 모두 찬성이며, 마지막 조건에 의해 적어도 한 사람은 반대하므로 나머지 C가 반대임을 알 수 있다.

41

제시된 직원 투표 결과를 정리하면 다음과 같다.

(단위 : 표)

여행상품	1인당 비용(원)	총무팀	영업팀	개발팀	홍보팀	공장1	공장2	합계
A	500,000	2	1	2	0	15	6	26
B	750,000	1	2	1	1	20	5	30
C	600,000	3	1	0	1	10	4	19
D	1,000,000	3	4	2	1	30	10	50
E	850,000	1	2	0	2	5	5	15
합계		10	10	5	5	80	30	140

㉠ 가장 인기 높은 여행상품은 D이다. 그러나 공장1의 고려사항은 회사에 손해를 줄 수 있으므로, 2박 3일 여행상품이 아닌 1박 2일 여행상품 중 가장 인기 있는 B가 선택된다. 따라서 750,000×140＝105,000,000원이 필요하므로 옳다.
㉢ 공장1의 A, B 투표 결과가 바뀐다면 여행상품 A, B의 투표 수가 각각 31, 25표가 되어 선택되는 여행상품이 A로 변경된다.

오답분석
㉡ 가장 인기 높은 여행상품은 D이므로 옳지 않다.

42

도색이 벗겨진 차선과 지워지기 직전의 흐릿한 차선은 현재 직면하고 있으면서 바로 해결 방법을 찾아야 하는 문제이므로 눈에 보이는 발생형 문제에 해당한다. 발생형 문제는 기준을 일탈함으로써 발생하는 일탈 문제와 기준에 미달하여 생기는 미달 문제로 나누어 볼 수 있는데, 기사에서는 정해진 규격 기준에 미달하는 불량 도료를 사용하여 문제가 발생하였다고 하였으므로 이를 미달 문제로 분류할 수 있다. 따라서 기사에 나타난 문제는 발생형 문제로, 미달 문제에 해당한다.

43

조건의 주요 명제들을 순서대로 논리 기호화하여 표현하면 다음과 같다.
• 두 번째 명제 : 햇살론 → (~출발적금 ∧ ~미소펀드)
• 세 번째 명제 : ~대박적금 → 햇살론
• 네 번째 명제 : 미소펀드
• 다섯 번째 명제 : (미소펀드 ∨ 출발적금) → 희망예금
네 번째 명제에 따라 미소펀드에는 반드시 가입하므로, 다섯 번째 명제에 따라 출발적금 가입여부와 무관하게 희망예금에 가입하고, 두 번째 명제의 대우[(미소펀드 ∨ 출발적금) → ~햇살론]에 따라 햇살론에는 가입하지 않는다. 또한 세 번째 명제의 대우(~햇살론 → 대박적금)에 따라 대박적금에는 가입하게 되므로 첫 번째 명제에 따라 미소펀드, 희망예금, 대박적금 3가지에는 가입하고, 햇살론, 출발적금에는 가입하지 않는다.

44

• 갑이 화장품 세트를 구매하는 데 든 비용
  – 화장품 세트 : 29,900원
  – 배송비 : 3,000원(일반배송상품이지만 화장품 상품은 30,000원 미만 주문 시 배송비 3,000원 부과)
• 을이 책 3권을 구매하는 데 든 비용
  – 책 3권 : 30,000원(각각 10,000원)
  – 배송비 : 무료(일반배송상품＋도서상품은 배송비 무료)
따라서 각각 물건을 구매하는 데 드는 비용은 갑은 32,900원, 을은 30,000원이다.

45

- 사과 한 박스의 가격 : 32,000×0.75(25% 할인)=24,000원
- 배송비 : 무료(일반배송상품, 도서지역에 해당되지 않음)
- 최대 배송 날짜 : 일반배송상품은 결제완료 후 평균 2 ~ 4일 이내 배송되므로(공휴일 및 연휴 제외) 금요일 결제 완료 후 토요일, 일요일을 제외하고 늦어도 12일 목요일까지 배송될 예정이다.

46

창의적 사고를 개발하는 방법
1. 자유 연상법 : 어떤 생각에서 다른 생각을 계속해서 떠올리는 작용을 통해 어떤 주제에서 생각나는 것을 계속해서 열거해 나가는 방법 예 브레인스토밍
2. 강제 연상법 : 각종 힌트에서 강제적으로 연결지어서 발상하는 방법 예 체크리스트
3. 비교 발상법 : 주제와 본질적으로 닮은 것을 힌트로 하여 새로운 아이디어를 얻는 방법 예 NM법, Synetics

47

현재 아르바이트생의 1인당 월 급여는 (평일)+(주말)=(3×9×4×9,000)+(2×9×4×12,000)=1,836,000원이므로, 월 급여는 정직원>아르바이트생>계약직원 순서이다. 따라서 전체인원을 줄일 수 없으므로 현 상황에서 인건비를 가장 많이 줄일 수 있는 방법은 아르바이트생을 계약직원으로 전환하는 것이다.

48

자동차의 용도별 구분을 보면 비사업용 자동차에 사용할 수 있는 문자기호는 'ㅏ, ㅓ, ㅗ, ㅜ' 뿐이다. 따라서 '겨'라고 한 ①은 옳지 않다.

49

84배 7895는 사업용인 택배차량이다.

[오답분석]
①·③·④·⑤는 비사업용 화물차량이다.

50

(가) 하드 어프로치 : 하드 어프로치에 의한 문제해결방법은 상이한 문화적 토양을 가지고 있는 구성원을 가정하고, 서로의 생각을 직설적으로 주장하고 논쟁이나 협상을 통해 서로의 의견을 조정해 가는 방법이다.
(나) 퍼실리테이션 : 퍼실리테이션이란 '촉진'을 의미하며, 어떤 그룹이나 집단이 의사결정을 잘 하도록 도와주는 일을 의미한다. 퍼실리테이션에 의한 문제해결방법은 깊이 있는 커뮤니케이션을 통해 서로의 문제점을 이해하고 공감함으로써 창조적인 문제해결을 도모한다.
(다) 소프트 어프로치 : 소프트 어프로치에 의한 문제해결방법은 대부분의 기업에서 볼 수 있는 전형적인 스타일로 조직 구성원들이 같은 문화적 토양을 가지고 이심전심으로 서로를 이해하는 상황을 가정한다.

PART 2

51

제시된 자료를 이용해 총점과 순위를 구하면 다음과 같다.

업체	총점(순위)	품질 점수	가격 점수	직원규모 점수
갑	92.1(2위)	44	38.4	9.7
을	92.2(1위)	42.5	40	9.7
병	91.3(3위)	43.5	38.4	9.4

병이 현재보다 직원규모를 10명 더 늘릴 때 직원규모 점수가 0.3점 올라가 갑과 가격 점수, 직원규모 점수가 동일하지만 품질 점수에서 0.5점이 뒤처지므로 갑보다 더 높은 총점을 받을 수 없다.

오답분석

② 직원규모 점수가 9.7점으로 같다.
③ 가격 점수가 0.8점 올라가므로 옳은 판단이다.

52

대리와 이사장은 2급 이상 차이 나기 때문에 A대리는 이사장과 같은 호텔 등급의 객실에서 묵을 수 있다.

오답분석

① 비행기 요금은 실비이기 때문에 총비용은 변동이 있을 수 있다.
② 숙박비 5만 원, 교통비 2만 원, 일비 6만 원, 식비 4만 원으로 C차장의 출장비는 17만 원이다.
③ 같은 조건이라면 이사장과 이사는 출장비가 같다.
⑤ 부장과 차장은 출장비가 다르기 때문에 부장이 더 많이 받는다.

53

• A부장의 숙박비 : 80,000×9=720,000원
• P차장의 숙박비 : 50,000×9=450,000원
따라서 P차장의 호텔을 한 단계 업그레이드했을 때, 720,000−450,000=270,000원 이득이다.

54

요일별로 직원들의 초과근무 일정을 정리하면 목요일 초과근무자가 5명임을 알 수 있다.

월	화	수	목	금	토	일
김혜정 정해리 정지원	이지호 최명진	김재건 신혜선	박주환 신혜선 정지원 김우석 이상엽	김혜정 김유미	이설희 임유진 김유미	임유진 한예리 이상엽

목요일 초과근무자 중 단 1명만 초과근무 일정을 수정해야 한다면 목요일 6시간과 일요일 3시간 일정으로 6+3×1.5=10.5시간을 근무하는 이상엽 직원의 일정을 수정해야 한다. 따라서 목요일에 초과근무 예정인 이상엽 직원의 요일과 시간을 수정해야 한다.

55

비품과 기자재를 일괄 구매하면서 매년 수십억 원의 예산이 사장되는 결과를 볼 때, 활용하지 않는 물품, 즉 물적자원을 구입해놓고 창고에 방치하고 있는 것을 확인할 수 있다.

56

정답 ③

주어진 조건에 의하면 C참가자는 재료손질 역할을 원하지 않고, A참가자는 세팅 및 정리 역할을 원하고, D참가자 역시 재료손질 역할을 원하지 않는다. A참가자가 세팅 및 정리 역할을 하면 A참가자가 받을 수 있는 가장 높은 점수는 $90+9=99$점이고, C・D참가자는 요리보조, 요리 두 역할을 나눠가지면 된다. 마지막으로 B참가자는 어떤 역할이든지 자신 있으므로 재료손질을 담당하면 된다.

C・D참가자가 요리보조와 요리 역할을 나눠가질 때, D참가자는 기존 점수가 97점이므로, 요리를 선택할 경우 $97+7=104$점이 되어 100점이 넘어가므로 요리 역할을 선택할 수 없다. 따라서 A참가자는 세팅 및 정리, B참가자는 재료손질, C참가자는 요리, D참가자는 요리보조 역할을 담당하면 모든 참가자들의 의견을 수렴하면서 참가자 모두 최종점수가 100점을 넘지 않는다.

57

정답 ⑤

시간관리를 통해 스트레스 감소, 균형적인 삶, 생산성 향상, 목표 성취 등의 효과를 얻을 수 있다.

> **시간관리를 통해 얻을 수 있는 효과**
> • 스트레스 감소 : 사람들은 시간이 부족하면 스트레스를 받기 때문에 모든 시간 낭비 요인은 잠재적인 스트레스 유발 요인이라 할 수 있다. 따라서 시간관리를 통해 시간을 제대로 활용한다면 스트레스 감소 효과를 얻을 수 있다.
> • 균형적인 삶 : 시간관리를 통해 일을 수행하는 시간을 줄인다면, 일 외에 자신의 다양한 여가를 즐길 수 있다. 또한, 시간관리는 삶에 있어서 수행해야 할 다양한 역할들이 균형 잡힐 수 있도록 도와준다.
> • 생산성 향상 : 한정된 자원인 시간을 적절히 관리하여 효율적으로 일을 하게 된다면 생산성 향상에 큰 도움이 될 수 있다.
> • 목표 성취 : 목표를 성취하기 위해서는 시간이 필요하고, 시간은 시간관리를 통해 얻을 수 있다.

58

정답 ②

하루에 6명 이상 근무해야 하기 때문에 2명까지만 휴가를 중복으로 쓸 수 있다. G사원이 4일 동안 휴가를 쓰면서 최대 휴가 인원이 2명만 중복되게 하려면 6 ~ 11일만 가능하다.

[오답분석]
① G사원은 4일 이상 휴가를 사용해야 하기 때문에 3일인 7 ~ 11일은 불가능하다.
③・④・⑤ 4일 이상 휴가를 사용하지만 하루에 6명 미만의 인원이 근무하게 되어 불가능하다.

59

정답 ④

주말 예약 현황과 고객의 요구사항을 비교하여 가능한 날이 있는지 판단하면 된다. 7일(토)의 경우에는 16시에 세이지 연회장이 예약되어 있지만, 동시간대 인력이 30명이 남기 때문에 라벤더 연회장을 함께 사용할 수 있다. 라벤더 연회장은 수용인원이 300명까지이고, 세팅 및 정리시간을 포함하여 이용시간을 고려했을 때 저녁 7시 전까지 행사를 진행할 수 있으므로 고객의 요구사항에 모두 부합한다. 반면, 1일(일), 8일(일), 14일(토)은 동시간대 사용 가능한 연회장이 없으므로 예약이 불가능하다.

[오답분석]
① 고객이 12월 초에 예약할 수 있기를 원하므로 최대한 첫 번째 주에 예약을 할 수 있도록 돕는 것은 옳은 판단이다.
② 고객이 250명을 수용할 수 있는 연회장을 요구하였으므로, 세이지를 제외한 나머지 연회장이 가능하다는 판단은 옳다.
③ 고객이 정오부터 저녁 7시 사이에 행사가 진행되길 원하므로 옳은 판단이다.
⑤ 팬지를 기준으로 했을 때 수용 가능 인원인 250명에는 최소 투입인력 25명이 필요하므로 옳은 판단이다.

60

정답 ③

대표적인 직접비용으로는 재료비, 원료와 장비비, 시설비, 여행(출장)비와 잡비, 인건비가 있고, 간접비용으로는 보험료, 건물관리비, 광고비, 통신비, 사무비품비, 각종 공과금이 있다. 잡비는 직접비용에 해당되나 ①・②・④・⑤는 간접비용에 해당된다.

01	02	03	04	05	06	07	08	09	10	11	12	13	14	15	16	17	18	19	20
⑤	④	③	③	②	⑤	③	④	③	①	③	③	③	⑤	①	③	④	④	②	③
21	22	23	24	25	26	27	28	29	30	31	32	33	34	35	36	37	38	39	40
②	②	②	⑤	④	①	④	③	④	②	④	③	⑤	③	②	④	②	③	⑤	①
41	42	43	44	45	46	47	48	49	50	51	52	53	54	55	56	57	58	59	60
④	③	①	③	①	②	②	⑤	②	①	②	④	④	①	①	②	④	②	①	②
61	62	63	64	65	66	67	68	69	70	71	72	73	74	75	76	77	78	79	80
④	③	①	④	⑤	③	①	④	④	④	①	③	④	②	④	⑤	③	②	⑤	②

| 01 | 의사소통능력

01

정답 ⑤

언어의 친교적 기능이란 어떤 정보를 요구하거나 전달하기보다는 언어를 통해 사람들 간의 친밀한 관계를 확인하거나 유지하는 기능으로 대부분의 인사말이 이에 속한다. ㉠의 '밥은 먹었니?', ㉢의 '이따가 전화하자.', ㉤의 '조만간 밥 한번 먹자.', ㉥의 '너 요즘도 거기서 근무하니?' 등은 어떤 대답을 요구하거나 행동을 할 것을 요청하는 것이 아니라 특별한 의미 없이 친근함을 나타내고 있다.

오답분석

㉡·㉣ A가 대답을 요구하는 질문을 함으로써 B는 그에 대한 정보를 전달하고 있으므로 친교적 기능이 드러난 대화로 보기 어렵다.

02

정답 ④

제시문에 따르면 3자 물류는 화주업체와 1년 이상 장기간의 계약을 맺는다.

03

정답 ③

이러한 작업이 구체화된 바로 앞 문장을 보면 빈칸은 부분적 관점의 과학적 지식과 기술을, 포괄적인 관점의 예술적 세계관을 바탕으로 이해하는 작업이므로, 빈칸에는 '과학의 예술화'가 가장 적절하다.

04

정답 ③

보기의 내용으로 볼 때 이전의 내용과 다른 근본적인 설명의 예가 나와야 한다. (다) 앞의 문단은 왜 왼손이 배변 처리에 사용되었는지 설명해 주지 못한다고 하였고, (다) 뒤의 문단은 뇌의 좌우반구 기능 분화의 내용을 다루는 다른 설명이 있다. 따라서 (다)가 보기의 문장이 들어갈 위치로 가장 적절하다.

05

정답 ②

국가 주요 정책이나 환경에 대한 관심이 상표 출원에 많은 영향을 미치고 있음을 알 수 있다.

[오답분석]

① 친환경 상표가 가장 많이 출원된 제품이 화장품인 것은 맞지만 그 안전성에 대해서는 언급하고 있지 않기 때문에 유추하기 어렵다.

③ 환경과 건강에 대한 관심이 증가하면서 앞으로도 친환경 관련 상표 출원은 증가할 것으로 유추할 수 있다.

④ 2007년부터 2017년까지 영문자 ECO가 상표 출원 실적이 가장 높았으며 그다음은 그린, 에코 순이다. 제시문의 내용만으로는 유추하기 어렵다.

⑤ 출원 건수는 상품류를 기준으로 한다. ECO 달세제, ECO 별세제는 모두 친환경 세제라는 상품류에 속하므로 단류 출원 1건으로 계산한다.

06

정답 ⑤

U-city 사업이 지능화시설물 구축 혹은 통합운영센터의 건설로 표면화되었지만 공공 주도 및 공급자 중심의 스마트도시 시설투자는 정책 수혜자인 시민의 체감으로 이어지지 못하는 한계가 발생하고 있다. 또한, 대기업의 U-city 참여 제한 등으로 성장 동력이 축소되는 과정을 겪어왔다.

07

정답 ③

4차 산업혁명 시대를 맞아 산업 전반으로 부상한 기술의 핵심 키워드는 AICBM, 즉 AI(인공지능), IoT(사물인터넷), Cloud(클라우딩), Big Data(빅데이터), Moblie(모바일 기기)이다.

(나)에서는 이러한 기술 분야에 대한 간략한 사업 내용을 다음과 같이 소개하고 있다.

• 경영지원 및 전력계통 전 분야 활용 가능한 전력시장 특화 AI솔루션 확보(AI)

• 유무선 융합 및 고정밀 기술을 적용한 전력설비 감시용 지능형 단말장치 개발(IoT)

• K공사 및 전력 그룹사 지원 에너지 클라우드 실증센터 구축 및 운영(Cloud)

• 데이터 분석 및 시각화 도구를 탑재한 빅데이터 통합 플랫폼의 고도화(Big Data)

• 스마트 시티 및 미래 에너지 사업에 대비한 모바일 어플리케이션 개발 및 서비스 확대(Mobile)

08

정답 ④

통계자료에서 가장 많이 사용된 알파벳이 E이므로, 철수가 사용한 규칙 α에서는 E를 A로 변경하게 된다. 따라서 암호문에 가장 많이 사용된 알파벳은 A일 가능성이 높으므로 옳게 수정된 것이다.

[오답분석]

①·②·③·⑤ 제시문에서 사용된 기존의 문장이 적절한 것들이므로 수정이 필요 없다.

09

정답 ③

제시된 상황은 김대리가 공급업체 담당자를 설득해서 공급업체의 요청을 해결해야 하는 상황이다. 자신의 의견에 공감할 수 있도록 논리적으로 이야기하는 것은 상대방을 설득할 때 사용하는 적절한 의사표현방법이다.

[오답분석]

① 상대방을 칭찬할 때 사용하는 의사표현방법이다.

② 상대방의 요구를 거절할 때 사용하는 의사표현방법이다.

④ 상대방에게 부탁해야 할 때 사용하는 의사표현방법이다.

⑤ 상대방의 잘못을 지적해야 할 때 사용하는 의사표현방법이다.

10

정답 ①

김대리는 우선적으로 가격 인상과 납기 조정에 대한 공급처 담당자의 요청을 거절해야 한다. ⊙과 ⓒ은 상대방의 요구를 거절할 때 사용하는 의사표현방법이다.

[오답분석]

ⓒ 충고를 할 때 사용하는 의사표현방법이다.
ⓔ 설득을 할 때 사용하는 의사표현방법이다.

11

정답 ③

제시된 낱말 '항거(抗拒)'는 '순종하지 아니하고 맞서서 반항함'의 뜻이다. 이와 비슷한 단어로는 '어떤 힘이나 조건에 굽히지 아니하고 거역하거나 버팀'이라는 뜻의 '저항(抵抗)'이 있다.

12

정답 ③

교환되는 내용이 양과 질의 측면에서 정확히 대등하지 않기 때문에 ③은 비대칭적 상호주의의 예시에 해당한다.

13

정답 ③

경청이란 다른 사람의 말을 주의 깊게 들으며, 공감(⊙)하는 능력이다. 경청은 대화의 과정에서 당신에 대한 신뢰(ⓒ)를 쌓을 수 있는 최고의 방법이다. 우리가 경청하면 상대는 본능적으로 안도감을 느끼고, 우리가 말을 할 경우 자신도 모르게 더 집중(ⓒ)하게 된다.

14

정답 ⑤

S씨는 기사문을 통해 자식들을 훌륭하게 키운 K씨의 교육 방법을 파악하고, 가족들과 함께 시간을 보낼 수 있는 '가족의 밤'을 진행하기로 하였다. 이는 문서에서 이해한 목적 달성을 위해 취해야 할 행동을 생각하고 결정하는 단계에 해당한다.

문서이해의 구체적인 절차
1. 문서의 목적을 이해하기
2. 이러한 문서가 작성되게 된 배경과 주제를 파악하기
3. 문서에 쓰인 정보를 밝혀내고, 문서가 제시하고 있는 현안문제 파악하기
4. 문서를 통해 상대방의 욕구와 의도 및 내게 요구되는 행동에 관한 내용 분석하기
5. 문서에서 이해한 목적 달성을 위해 취해야 할 행동을 생각하고 결정하기
6. 상대방의 의도를 도표나 그림 등으로 메모하여 요약·정리해 보기

15

정답 ①

ㄱ. 에스페란토의 문자는 영어 알파벳 26개 문자에서 4개 문자를 빼고, 6개 문자를 추가하였으므로 총 $26-4+6=28$개의 문자로 만들어졌다.
ㄷ. 단어의 강세는 항상 뒤에서 두 번째 모음에 있다고 하였으므로 '어머니(patrino)'와 '장모(bopatrino)'에서 강세가 있는 모음은 뒤에서 두 번째 모음인 i로 서로 같다.

[오답분석]

ㄴ. 에스페란토는 어간에 품사 고유의 어미를 붙이는데, 명사 '사랑(amo)'의 경우 명사를 나타내는 -o를 붙인 것이다. 따라서 어간은 'am-'인 것을 알 수 있다. 또한, 미래 시제를 나타내는 경우는 어간에 -os를 붙인다. 따라서 에스페란토로 '사랑할 것이다.'는 어간 'am-'에 '-os'가 결합한 'amos'이다.
ㄹ. 자멘호프의 구상은 '1민족 2언어주의'에 입각하여 같은 민족끼리는 모국어를, 다른 민족과는 에스페란토를 사용하자는 것이었다. 따라서 동일한 언어를 사용하는 하와이 원주민끼리는 모국어를 사용해야 한다.

| 02 | 수리능력

16

증발한 물의 양을 xg이라 하면 다음과 같다.

$\frac{3}{100} \times 400 = \frac{5}{100} \times (400 - x)$

→ $1,200 = 2,000 - 5x$

∴ $x = 160$

따라서 증발한 물의 양이 160g이므로, 남아있는 설탕물의 양은 $400 - 160 = 240$g이다.

17

제시된 시간의 단위는 '분'이고, 속력의 단위는 'km/h'이므로 주의해야 한다.

(거리)=(속력)×(시간) → $6 \times \frac{50}{60} + 40 \times \frac{15}{60} = 5 + 10 = 15$

따라서 총이동거리는 15km이다.

18

진수, 민영, 지율, 보라 네 명의 최고점을 각각 a, b, c, d점이라고 하자.

$a + 2b = 10 \cdots$ ㉠

$c + 2d = 35 \cdots$ ㉡

$2a + 4b + 5c = 85 \cdots$ ㉢

㉢과 ㉠을 연립하면 $2 \times 10 + 5c = 85$ → $5c = 65$ → $c = 13$

c의 값을 ㉡에 대입하여 d를 구하면 $13 + 2d = 35$ → $2d = 22$ → $d = 11$

따라서 보라의 최고점은 11점이다.

19

㉠ 근로자가 총 90명이고 전체에게 지급된 임금의 총액이 2억 원이므로 근로자당 평균 월 급여액은 $\frac{2억\ 원}{90명} ≒ 222$만 원이다.

　따라서 평균 월 급여액은 230만 원 이하이므로 옳은 설명이다.

㉡ 월 210만 원 이상 급여를 받는 근로자 수는 $26 + 12 + 8 + 4 = 50$명이다. 따라서 총 90명의 절반인 45명보다 많으므로 옳은 설명이다.

[오답분석]

㉢ 월 180만 원 미만의 급여를 받는 근로자 수는 $6 + 4 = 10$명이다. 따라서 전체에서 $\frac{10}{90} ≒ 11\%$의 비율을 차지하고 있으므로 옳지 않은 설명이다.

㉣ 월 240만 원 이상 270만 원 미만의 구간에서 월 250만 원 이상 받는 근로자의 수는 주어진 자료만으로는 확인할 수 없다. 따라서 옳지 않은 설명이다.

20

정답 ③

(좋아하는 색이 다를 확률)=1−(좋아하는 색이 같을 확률)

ⅰ) 2명 모두 빨간색을 좋아할 확률 : $\left(\dfrac{2}{10}\right)^2$

ⅱ) 2명 모두 파란색을 좋아할 확률 : $\left(\dfrac{3}{10}\right)^2$

ⅲ) 2명 모두 검은색을 좋아할 확률 : $\left(\dfrac{5}{10}\right)^2$

따라서 학생 2명을 임의로 선택할 때, 좋아하는 색이 다를 확률은 $1-\left(\dfrac{4}{100}+\dfrac{9}{100}+\dfrac{25}{100}\right)=1-\dfrac{38}{100}=\dfrac{62}{100}=\dfrac{31}{50}$ 이다.

21

정답 ②

누리가 15km를 간 뒤에 수연이가 출발했으므로 수연이가 자전거로 40km를 이동했을 때 누리는 걸어서 40−15=25km를 이동했다. 누리의 걸을 때 속력을 $x$km/h라고 하자. 수연이가 자전거를 타고 움직인 속력은 $(x+10)$km/h이다.

$\dfrac{40}{x+10}=\dfrac{25}{x}$

$\rightarrow 40x=25(x+10)$

$\therefore x=\dfrac{50}{3}$

따라서 두 사람이 함께 운동한 시간은 $\dfrac{25}{\frac{50}{3}}=\dfrac{3}{2}$ 시간, 즉 1시간 30분이다.

22

정답 ②

• 산지에서 구매한 가격을 a원이라 하면

협동조합이 도매상에 판매한 가격 : $\left(1+\dfrac{20}{100}\right)\times a=1.2a$원

• 도매상의 판매가를 x원이라 하면 $\dfrac{80}{100}x=1.2a \rightarrow x=1.5a$

소매상의 판매가 : $\left(1+\dfrac{20}{100}\right)\times 1.5a=1.8a$원

따라서 협동조합의 최초 구매가격 대비 80% 상승했다.

23

정답 ②

용질이 녹아있는 용액의 농도는 다음과 같이 구한다.

(농도)$=\dfrac{(용질의 양)}{(용액의 양)}\times 100$

농도는 25%이고, 코코아 분말이 녹아있는 코코아 용액은 700mL이므로, 코코아 분말의 양은 700×0.25=175mL이다.

따라서 코코아 분말은 175g이 들어있음을 알 수 있다.

24

정답 ⑤

×1, ×2, ×3, …을 하는 수열이다.

따라서 96×5=480이다.

25

첫 항부터 +3, -3, ×3이 반복되는 수열이다.
따라서 2×3=6이다.

26

홀수 항에는 +3, +6, +9를 하고 짝수 항에는 8을 더하는 수열이다.

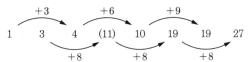

따라서 3+8=11이다.

27

대안별 평가점수의 합계를 구하면 다음과 같으며, 따라서 2순위는 ㉠과 ㉣, 4순위는 ㉡과 ㉢ 중 한 개가 차지하게 된다.

㉠	㉡	㉢	㉣	㉤
33	19	19	33	18

그런데 ㉠과 ㉣은 총점은 동일하지만 법적 실현가능성 점수에서 ㉠이 앞서므로 1순위는 ㉠, 2순위는 ㉣이 되며, ㉡과 ㉢은 총점뿐만 아니라 법적 실현가능성 점수, 효과성 점수까지 동일하므로 행정적 실현가능성에서 점수가 높은 ㉡이 3순위, ㉢이 4순위가 된다.

28

2020년 대비 2023년 사업자 수가 감소한 호프전문점, 간이주점, 구내식당의 감소율은 다음과 같다.

- 호프전문점 : $\frac{41,796-37,543}{41,796} \times 100 ≒ 10.2\%$
- 간이주점 : $\frac{19,849-16,733}{19,849} \times 100 ≒ 15.7\%$
- 구내식당 : $\frac{35,011-26,202}{35,011} \times 100 ≒ 25.2\%$

따라서 2020년 대비 2023년 사업자 수의 감소율이 두 번째로 큰 업종은 간이주점으로 감소율은 15.7%이다.

29

2020년 대비 2022년 일식전문점 사업자 수의 증감률은 $\frac{14,675-12,997}{12,997} \times 100 ≒ 12.91\%$이다.

[오답분석]

① 기타음식점의 2023년 사업자 수는 24,509명, 2022년 사업자 수는 24,818명이므로 24,818-24,509=309명 감소했다.

② 전체 음식 업종 사업자 수는 해마다 증가하는 반면 구내식당 사업자 수는 감소하기 때문에 비중이 점점 줄어드는 것을 알 수 있다. 이를 직접 계산하여 나타내면 다음과 같다.

- 2020년 : $\frac{35,011}{632,026} \times 100 ≒ 5.54\%$
- 2021년 : $\frac{31,929}{659,123} \times 100 ≒ 4.84\%$
- 2022년 : $\frac{29,213}{675,969} \times 100 ≒ 4.32\%$
- 2023년 : $\frac{26,202}{687,704} \times 100 ≒ 3.81\%$

③ 제시된 자료를 통해 사업자 수가 해마다 감소하는 업종은 간이주점, 구내식당 두 곳임을 알 수 있다.

⑤ 2021년의 전체 음식 업종 사업자 수에서 분식점 사업자 수가 차지하는 비중은 $\frac{52,725}{659,123} \times 100 ≒ 8.0\%$, 패스트푸드점 사업자 수가 차지하는 비중은 $\frac{31,174}{659,123} \times 100 ≒ 4.73\%$이므로, 둘의 차이는 8.0-4.73=3.27%p이다.

30

정답 ②

제시된 그래프에서 선의 기울기가 가파른 구간은 2014 ~ 2015년, 2015 ~ 2016년, 2018 ~ 2019년이다. 2015년, 2016년, 2019년 물이용부담금 총액의 전년 대비 증가폭을 구하면 다음과 같다.

• 2015년 : 6,631−6,166=465억 원
• 2016년 : 7,171−6,631=540억 원
• 2019년 : 8,108−7,563=545억 원

따라서 물이용부담금 총액이 전년 대비 가장 많이 증가한 해는 2019년이다.

[오답분석]

㉠ 제시된 자료를 통해 확인할 수 있다.

㉢ 2023년 금강유역 물이용부담금 총액 : 8,661×0.2=1,732.2억 원

   ∴ 2023년 금강유역에서 사용한 물의 양 : 1,732.2억 원÷160원/m³≒10.83억m³

㉣ 2023년 물이용부담금 총액의 전년 대비 증가율 : $\dfrac{8,661-8,377}{8,377}\times100≒3.39\%$

| 03 | 문제해결능력

31

정답 ④

ㄴ. 간편식 점심에 대한 회사원들의 수요가 증가함에 따라 계절 채소를 이용한 샐러드 런치 메뉴를 출시하는 것은 강점을 통해 기회를 포착하는 SO전략에 해당한다.

ㄹ. 경기 침체로 인한 외식 소비가 위축되고 있는 상황에서 주변 회사와의 제휴를 통해 할인 서비스를 제공하는 것은 약점을 보완하여 위협을 회피하는 WT전략에 해당한다.

[오답분석]

ㄱ. 다양한 연령층을 고려한 메뉴가 강점에 해당하기는 하나, 샐러드 도시락 가게에서 한식 도시락을 출시하는 것은 적절한 전략으로 볼 수 없다.

ㄷ. 홍보 및 마케팅 전략의 부재가 약점에 해당하므로 약점을 보완하기 위해서는 적극적인 홍보 활동을 펼쳐야 한다. 따라서 홍보 방안보다 먼저 품질 향상 방안을 마련하는 것은 적절한 전략으로 볼 수 없다.

32

정답 ③

보유한 글로벌 네트워크를 통해 해외 시장에 진출하는 것은 강점을 활용하여 기회를 포착하는 SO전략이다.

[오답분석]

① SO전략은 강점을 활용하여 외부환경의 기회를 포착하는 전략이므로 적절하다.
② WO전략은 약점을 보완하여 외부환경의 기회를 포착하는 전략이므로 적절하다.
④ ST전략은 강점을 활용하여 외부환경의 위협을 회피하는 전략이므로 적절하다.
⑤ WT전략은 약점을 보완하여 외부환경의 위협을 회피하는 전략이므로 적절하다.

33

문제 인식 단계

㉠ 환경 분석 : 문제가 발생하였을 경우 가장 먼저 해야 하는 일로, 주로 3C 분석이나 SWOT 분석 방법을 사용한다.

㉡ 주요 과제 도출 : 환경 분석을 통해 현상을 파악한 후에는 주요 과제 도출의 단계를 거친다. 과제 도출을 위해서는 다양한 과제 후보안을 도출해내는 일이 선행되어야 한다.

㉢ 과제 선정 : 도출된 여러 과제안들 중 효과 및 실행 가능성 등을 평가하여 우선순위를 부여하고 가장 우선순위가 높은 안을 선정한다.

34

ㄱ. B의 마지막 발언에 따르면 중생대에 우리나라 바다에서 퇴적된 해성층이 있었을 가능성이 있으므로 거짓이다.

ㄴ. B의 견해에 따르면 공룡 화석은 중생대에만 한정되어 생존하였다고 말하고 있다. 따라서 공룡 화석이 암모나이트 화석과 같은 중생대 표준화석이 아니라고 말할 수 없으므로 거짓이다.

ㅂ. 공룡 화석이 나왔으므로 경상도 지역에는 중생대 지층이 없다는 판단은 거짓이다.

[오답분석]

ㄷ. B의 마지막 발언에 따르면, 우리나라에서도 우리나라 바다에서 퇴적된 해성층이 있었을 가능성이 있으므로 당연히 암모나이트 화석이 발견될 가능성이 있다.

ㄹ. 육지의 표준화석인 공룡 화석과 바다의 표준화석인 암모나이트 화석이 같이 발견되었으므로 타당한 판단이다.

ㅁ. 일본 북해도에서 암모나이트가 발견되었으므로 바다에서 퇴적된 해성층이 분포되어 있다고 말할 수 있다.

35

A호텔 연꽃실은 2시간 이상 사용할 경우 추가비용이 발생하고, 수용 인원도 부족하다. B호텔 백합실은 1시간 초과 대여가 불가능하며, C호텔 매화실은 이동수단을 제공하지만 수용 인원이 적절하지 않다. 나머지 C호텔 튤립실과 D호텔 장미실을 비교했을 때, C호텔의 튤립실은 예산 초과로 예약할 수 없으므로 이대리는 대여료와 수용 인원의 조건이 맞는 D호텔 연회장을 예약하면 된다. 따라서 이대리가 지불해야 하는 예약금은 D호텔 대여료 150만 원의 10%인 15만 원이다.

36

예산이 200만 원으로 증액되었을 때, 조건에 부합하는 연회장은 C호텔 튤립실과 D호텔 장미실이다. 예산 내에서 더 저렴한 연회장을 선택해야 한다는 조건이 없고, 이동수단이 제공되는 연회장을 우선적으로 고려해야 하므로 이대리는 C호텔 튤립실을 예약할 것이다.

37

국제해양기구의 마지막 의견에서 회의 시설에서 C를 받은 도시는 후보도시에서 제외한다고 하였으므로 대전과 제주를 제외한 서울과 인천, 부산만을 놓고 판단하면 다음과 같다.

구분	서울	인천	부산
회의 시설	10	10	7
숙박 시설	10	7	10
교통	7	10	7
개최 역량	10	3	10
가산점	–	10	5
합산점수	37	40	39

따라서 합산점수가 가장 높은 인천이 개최도시로 선정된다.

PART 2

38

정답 ③

자료에 나타난 논리적 사고 개발 방법은 피라미드 구조 방법으로, 하위의 사실이나 현상부터 사고함으로써 상위의 주장을 만들어간다. 그림의 'a ~ i'와 같은 보조 메시지들을 통해 주요 메인 메시지인 '1 ~ 3'을 얻고, 다시 메인 메시지를 종합한 최종적인 정보를 도출해낸다.

[오답분석]

① So What 기법에 대한 내용이다.
② Logic Tree 기법에 대한 내용이다.
④ SWOT 기법에 대한 내용이다.
⑤ MECE 기법에 대한 내용이다.

39

정답 ⑤

다섯 명 중 단 한 명만이 거짓말을 하고 있으므로 C와 D 중 한 명은 반드시 거짓을 말하고 있다.

1) C의 진술이 거짓일 경우

B와 C의 말이 모두 거짓이 되므로 한 명만 거짓말을 하고 있다는 조건이 성립하지 않는다.

2) D의 진술이 거짓일 경우

구분	A	B	C	D	E
출장지역	잠실		여의도	강남	

이때, B는 상암으로 출장을 가지 않는다는 A의 진술에 따라 상암으로 출장을 가는 사람은 E임을 알 수 있다. 따라서 ⑤는 항상 거짓이 된다.

40

정답 ①

SWOT 분석은 내부환경요인과 외부환경요인의 2개의 축으로 구성되어 있다. 내부환경요인은 자사 내부의 환경을 분석하는 것으로 자사의 강점과 약점으로 분석되며, 외부환경요인은 자사 외부의 환경을 분석하는 것으로 기회와 위협으로 구분된다.

| 04 | 자원관리능력

41

정답 ④

직위에 따른 업무항목별 계산 기준에 따르면, B차장의 업무평점은 $(80 \times 0.3) + (85 \times 0.2) + (90 \times 0.5) = 86$점이다.

42

정답 ③

직위에 따른 업무평점 계산 기준에 따르면, A사원의 업무평점은 $(86 \times 0.5) + (70 \times 0.3) + (80 \times 0.2) = 80$점이다.
따라서 승진심사 평점은 업무(80%)+능력(10%)+태도(10%)이므로 $(80 \times 0.8) + (80 \times 0.1) + (60 \times 0.1) = 78$점이다.

43

정답 ①

개별반 편성 시 만 1세 미만 4명에는 보육교사 2명, 만 1세 이상 만 2세 미만 5명에는 보육교사 1명이 필요하여 총 3명이 필요하다. 혼합반 편성 시에는 영유아가 9명이므로 보육교사 3명이 필요하여 어떤 경우이든 최소 3명의 보육교사가 필요함을 알 수 있다.

ㄷ. 개별반 편성 시 만 1세 미만 1명에게는 보육교사 1명, 만 2세 이상 만 3세 미만 2명에도 보육교사 1명이 필요하여 총 2명이
필요하다. 이 그룹은 혼합반 편성이 불가능하므로 최소 2명의 보육교사가 필요함을 알 수 있다.

44

정답 ③

팀장	인력 배치 유형	내용
오팀장	적성배치	팀원들이 자신의 적성에 맞고 흥미를 가지고 있는 업무를 할 때 성과가 높아진다는 가정하에, 각 팀원의 적성 및 흥미에 따라 배치하는 인력 배치 유형이다.
이팀장	질적배치	팀원들을 개개인의 능력이나 성격 등과 가장 적합한 적재적소에 배치하여 팀원 개개인의 능력을 최대로 발휘해 줄 것을 기대하는 것으로서, 작업이나 직무가 요구하는 요건과 개인이 보유하고 있는 조건이 서로 균형 있고 적합하게 대응되어야 하는 인력 배치 유형이다.
김팀장	양적배치	작업량과 여유 또는 부족 인원을 감안해서 소요 인원을 결정하여 배치하는 인력 배치 유형이다.

45

정답 ①

오팀장이 선호하는 인력 배치 유형은 적성배치이다. 이는 팀원들이 각자의 적성에 맞고 흥미를 가지고 있는 업무를 할 때 성과가
높아진다고 가정하여 배치하는 것이다.

오답분석

② 양적배치 : 작업량과 조업도, 여유 또는 부족 인원을 감안하여 소요 인원을 결정 및 배치하는 것에 해당한다.

③ 질적배치 : 능력이나 성격 등과 가장 적합한 위치에 배치하는 것에 해당한다.

④ 능력주의 : 개인에게 능력을 발휘할 수 있는 기회와 장소를 부여하는 것으로 효과적인 인력배치를 위한 3가지 원칙 중 하나에
해당한다.

⑤ 균형주의 : 효과적인 인력배치를 위한 3가지 원칙 중 하나로, 모든 팀원에 대한 평등한 적재적소, 즉 팀 전체의 적재적소를
고려할 필요가 있다는 것이다.

46

정답 ②

K회사의 보관 방식에 따라 원재료를 입고 순서대로 보관할 때 필요한 상자 개수는 다음과 같다.

원재료	입고 일시	무게(kg)	필요 상자 개수
ⓐ	2024.05.01 09:00	5	1
ⓑ	2024.05.01 10:12	7	
ⓒ	2024.05.01 13:15	4	2
ⓑ	2024.05.01 14:19	6	
ⓒ	2024.05.01 15:20	8	3
ⓐ	2024.05.01 15:30	6	4
ⓐ	2024.05.01 16:14	2	
ⓒ	2024.05.01 16:49	3	
ⓐ	2024.05.01 17:02	5	5
ⓑ	2024.05.01 17:04	4	
ⓒ	2024.05.01 19:04	8	6
ⓑ	2024.05.01 21:49	5	7

따라서 필요한 상자는 총 7개이다.

PART 2

47

정답 ②

K회사의 보관 방식에 따라 원재료를 무게 순으로 보관할 때는 다음과 같다.

원재료	무게(kg)	필요 상자 개수
ⓒ	8	1
ⓒ	8	2
ⓑ	7	3
ⓑ	6	4
ⓐ	6	
ⓐ	5	5
ⓐ	5	
ⓑ	5	6
ⓒ	4	
ⓑ	4	7
ⓒ	3	
ⓐ	2	

따라서 4번째 상자에는 ⓐ, ⓑ가 있다.

48

정답 ⑤

A기업은 전자가격표시기 도입으로 작업 소요 시간을 일주일 평균 31시간에서 3.8시간으로 단축하였다. 기업의 입장에서 작업 소요 시간을 단축하게 되면 생산성 향상, 가격 인상, 위험 감소, 시장 점유율 증가의 효과를 얻을 수 있다.

49

정답 ②

넓은 범위에서 민간기업·공공단체 및 기타 조직체는 물론이고 개인의 수입·지출에 관한 것도 포함된다.

50

정답 ①

동일성의 원칙은 보관한 물품을 다시 활용할 때보다 쉽고 빠르게 찾을 수 있도록 같은 품종은 같은 장소에 보관하는 것을 말한다.

오답분석

② 유사성의 원칙 : 유사품은 인접한 장소에 보관한다.

| 05 | 정보능력

51
정답 ②

본인의 컴퓨터가 32bit 운영체제인지 64bit 운영체제인지 확인하려면 [시작] 단추 − [컴퓨터]의 바로 가기 메뉴 − [속성]으로 들어가서 확인하거나, [시작] 단추 − [제어판] − [시스템]을 통해 확인할 수 있다.

52
정답 ④

[오답분석]

① Off−JT에 대한 설명이다.
② 지도자는 지식을 전달하는 능력을 갖추어 신입사원에게 업무 정보 등을 전달할 수 있어야 한다.
③ 과거 목수, 대장장이 등의 견습공도 하나의 OJT 과정이다.
⑤ 경력이 있는 사람 밑에서 직무 교육이 이루어진다.

53
정답 ④

1차 자료	단행본, 학술지와 학술지 논문, 학술회의자료, 연구보고서, 학위논문, 특허정보, 표준 및 규격자료, 레터, 출판 전 배포자료, 신문, 잡지, 웹 정보자원 등
2차 자료	사전, 백과사전, 편람, 연감, 서지데이터베이스 등

54
정답 ①

원하는 행 전체에 서식을 넣고 싶다면 [열 고정] 형태로 조건부 서식을 넣어야 한다. [A2:D9]까지 영역을 잡고 조건부 서식 → 새 규칙 → 수식을 사용하여 서식을 지정할 셀 결정까지 들어간 다음 「=$D2<3」 식을 넣고 서식을 넣으면 적용된다.

55
정답 ①

(가)의 SUMPRODUCT 함수는 배열 또는 범위의 대응되는 값끼리 곱해서 그 합을 구하는 함수이다.
「=SUMPRODUCT(B4:B10,C4:C10,D4:D10)」는 $(B4 \times C4 \times D4) + (B5 \times C5 \times D5) \cdots + (B10 \times C10 \times D10)$의 값으로 나타난다. 따라서 (가) 셀에 나타나는 값은 2,610이다.

| 06 | 기술능력

56
정답 ②

근로자가 업무에 관계되는 건설물, 설비, 원재료, 가스, 증기, 분진 등에 의하거나, 직업과 관련된 기타 업무에 의하여 사망 또는 부상하거나 질병에 걸리게 되는 것을 산업재해로 정의하고 있기 때문에 휴가 중 일어나 사고는 업무와 무관하므로 산업재해가 아니다.

57
정답 ④

동일한 업종이지만 윤리적 문제가 발생할 여지가 없는 이유는 고객을 공유하지 않는 비경쟁적 관계에 해당하기 때문이다. 또한 문화와 제도적 차이가 있다는 내용으로 보아 국가가 다른 '글로벌 벤치마킹'에 해당된다는 것을 짐작할 수 있다.

58
정답 ②

감기약과 같은 약품류는 투입 불가능한 물질이다.

59
정답 ①

음식물이 잘 안 섞이면 모터 불량일 수 있으므로 고장접수를 해야 한다.

오답분석
② 분해 잔여물에서 청국장 냄새가 나는 것은 정상적인 분해 과정이다.
③ 음식물 쓰레기를 완전 분해하지 않은 상태에서 제품을 끄면 벌레가 발생할 수 있다.
④ 내부에서 부딪히는 소리가 나면 음식물 쓰레기 중 딱딱한 물질이 포함되어 있을 수 있다.
⑤ '뽀드득' 소리는 음식물 쓰레기가 건조할 때 발생할 수 있다.

60
정답 ②

제시문은 기술혁신의 예측 어려움, 즉 불확실성에 대해 설명하고 있으므로 ②가 가장 적절하다.

오답분석
① 기술개발로부터 이로 인한 기술혁신의 가시적인 성과가 나타나기까지는 비교적 장시간이 필요하다.
③ 인간의 지식과 경험은 빠른 속도로 축적되고 학습되는 데 반해 기술개발에 참가한 엔지니어의 지식은 문서화되기 어렵기 때문에 다른 사람들에게 쉽게 전파될 수 없고, 해당 엔지니어들이 그 기업을 떠나는 경우 기술과 지식의 손실이 크게 발생하여 기술개발을 지속할 수 없는 경우가 종종 발생한다. 이는 기술혁신의 지식 집약적 활동이라는 특성 때문이다.
④ 기술혁신은 기업의 기존 조직 운영 절차나 제품구성, 생산방식, 나아가 조직의 권력구조 자체에도 새로운 변화를 야기함으로써 조직의 이해관계자 간의 갈등을 유발하는데, 이는 기술혁신으로 인해 조직 내에서도 이익을 보는 집단과 손해를 보는 집단이 생기기 때문이다.
⑤ 기술혁신은 연구개발 부서 단독으로 수행될 수 없다. 예를 들어 새로운 제품에 관한 아이디어는 마케팅 부서를 통해 고객으로부터 수집되었을 것이며, 원재료나 설비는 구매 부서를 통해 얻어졌을 것이기 때문이다. 이처럼 기술혁신은 부서 간의 상호의존성을 갖고 있다.

61

정답 ④

회사와 팀의 업무 지침은 변화하는 환경 속에서 그 일의 전문가들에 의해 확립된 것이므로, 기본적으로 지켜야 할 것은 지키되 그 속에서 자신의 방식을 발견해야 한다. 따라서 본인이 속한 팀의 업무 지침이 마음에 들지 않는다는 이유로 이를 지키지 않고 본인만의 방식을 찾겠다는 D대리의 행동전략은 적절하지 않다.

62

정답 ③

A사원이 처리해야 하는 업무를 시간 순서대로 나열해 보면 '회의실 예약 – PPT 작성 – 메일 전송 – 수정사항 반영 – B주임에게 조언 구하기 – 브로슈어에 최종본 입력 – D대리에게 파일 전달 – 인쇄소 방문' 순서이다.

63

정답 ①

일반적으로 기획부의 업무는 제시된 표처럼 사업계획이나 경영점검 등 경영활동 전반에 걸친 기획 업무가 주를 이루며, 사옥 이전 관련 발생 비용 산출은 회계부, 대내외 홍보는 총무부에서 담당한다.

64

정답 ④

홈페이지 운영 등은 정보사업팀에서 한다.

오답분석
① 1개의 감사실과 11개의 팀으로 되어 있다.
② 예산 기획과 경영 평가는 전략기획팀에서 관리한다.
③ 경영 평가(전략기획팀), 성과 평가(인재개발팀), 품질 평가(평가관리팀) 등 각각 다른 팀에서 담당한다.
⑤ 감사실을 두어 감사, 부패방지 및 지도 점검을 하게 하였다.

65

정답 ⑤

품질 평가에 대한 관련 민원은 평가관리팀이 담당하고 있다.

66

고객의 불만유형은 크게 4가지로 거만형, 의심형, 트집형, 빨리빨리형이 있다. 이 중 고객은 제품의 기능에 대해 믿지 못하고 있으므로, 의심형에 해당한다. 의심형에는 분명한 증거나 근거를 제시해 고객이 확신을 갖도록 유도하는 대처가 필요하다.

오답분석

①·② 트집을 잡는 유형의 고객에게 적합한 방법으로, 이 외에도 '손님의 말씀이 맞습니다. 역시 손님께서 정확하십니다.' 하고 고객의 지적이 옳음을 표시한 후 '저도 그렇게 생각하고 있습니다만 …'하고 설득하는 것도 좋다.
④·⑤ 거만한 유형의 고객에게 적합한 방법으로, 이들에게는 정중하게 대하는 것이 가장 좋은 방법이다.

67

제시문은 협상 당사자들은 서로에 대한 정보를 많이 공유하고 있고, 서로에 대해 신뢰가 많이 쌓여있어 우호적 인간관계를 유지하고 있는 상황이므로 이에는 협력전략이 가장 적절하다. 협력전략에는 Win-Win 전략 등이 있다.

오답분석

② 유화전략이란 결과보다는 상대방과의 인간관계 유지를 선호하는 경우로써 상대방과의 충돌을 피해 자신의 이익보다는 상대방의 이익을 고려하는 경우에 필요한 전략이다. 이는 단기적으로는 자신이 손해를 보지만, 장기적 관점에서는 이익이 되는 Lose-Win 전략이 해당된다.
③ 회피전략이란 자신이 얻게 되는 결과나 인간관계 모두에 관심이 없어 협상의 가치가 매우 낮은 경우에 필요한 전략으로, 상대방에게 심리적 압박감을 주어 필요한 것을 얻어내려 하는 경우나 협상 이외의 방법으로 쟁점이 해결될 경우 쓰인다.
④ 무행동전략이란 회피전략에 해당하는 전략이다.
⑤ 경쟁전략이란 인간관계를 중요하게 여기지 않고, 자신의 이익을 극대화하려는 경우 쓰이는 전략으로, 대게 상대방에 비해 자신의 힘이 강한 경우나 상대방과의 인간관계가 나쁘고 신뢰가 전혀 없는 경우에 쓰인다.

68

팀워크는 개인의 능력이 발휘되는 것도 중요하지만 팀원들 간의 협력이 더 중요하다. 팀원 개개인의 능력이 최대치일 때 팀워크가 가장 뛰어난 것은 아니다.

69

리더는 구성원들이 목표 의식을 분명히 할 수 있도록 목표를 명확히 설정하고, 이를 위한 활동을 지원하여 자발적인 노력을 격려함으로써 조직 목표를 달성하기 위해 노력해야 한다. '무엇을 할까?'보다 '어떻게 할까?'에 초점을 두는 것은 리더가 아닌 관리자의 성향이며, '리더는 무엇을 할까?'에 초점을 맞추어야 한다.

70

뚜껑의 법칙에서 뚜껑은 리더를 의미하며, 뚜껑의 크기로 표현되는 리더의 역량이 조직의 성과를 이끈다는 것을 의미한다. 리더의 역량이 작다면 부하직원이 아무리 뛰어나도 병목 현상이 발생할 수 있는 것이다.

| 09 | 자기개발능력

71

정답 ①

R대리와 S과장은 경력개발의 이유로 환경변화를 이야기하고 있다. 환경변화에 따른 개발 요인에는 지식정보의 빠른 변화, 인력난 심화, 삶의 질, 중견사원 이직 증가 등이 있다.

72

정답 ③

H씨의 자기개발을 방해하는 장애요인은 다른 욕구가 더 강해서이다. 이와 비슷한 사례는 회식과 과음으로 인해 자기개발을 못한 C씨이다.

> **자기개발을 방해하는 장애요인**
> • 다른 욕구가 더 강해서 : 욕구와 감정
> • 제한적인 사고로 인하여
> • 문화적 장애 : 외부적인 요인
> • 자기개발 방법의 무지로 인하여

73

정답 ④

자기 브랜드 PR 방법
• 소셜 네트워크 활용 : 소셜 네트워크는 자신의 실무지식과 업무 경험, 성과물 등을 직접적으로 연결할 수 있으며, 형식의 제약 없이 자유롭게 자신을 표현할 수 있다. 또한 별도의 비용이나 전문적인 기술 없이 이용할 수 있어 편리하다는 장점이 있다.
• 인적 네트워크 활용 : 자신에 대한 긍정적인 말을 전하는 적극적인 지지자를 확보하기 위해 인간관계를 잘 관리하는 것도 한 방법이다.
• 자신만의 명함 생성 : 명함은 자신의 얼굴이자 강력한 마케팅의 도구가 될 수 있기 때문에 자신의 명함을 기억할 수 있도록 변화를 주어야 한다.
• 경력 포트폴리오 생성 : 자신의 전문적인 능력이 무엇인지, 자신이 그동안 어떻게 인간관계를 쌓아 왔고, 어떠한 자기개발 노력을 해왔는지를 다른 사람에게 명확하게 보여줄 수 있다.

74

정답 ②

업무수행 성과를 높이기 위한 행동전략
• 자기자본이익률(ROE)을 높인다 : 자기자본이익률이란 경영자가 기업에 투자된 주주의 자본을 사용해 어느 정도 이익을 올리고 있는가를 나타내는 지표이며, 이는 기업의 당기순이익을 자기 자본으로 나눠 구한다.
• 일을 미루지 않는다 : 일을 하나둘 미루고 급하게 처리하다 보면 어느새 다른 일도 지속적으로 밀리게 되고, 일을 처리하는 데 최선을 다하지 못하게 된다. 따라서 해야 할 일이 있다면 지금 바로 하는 습관을 들여야 한다.
• 업무를 묶어서 처리한다 : 직업인들이 하는 일은 비슷한 속성을 가진 경우가 많다. 또한 한 번 움직일 때 여러 가지 일을 한 번에 처리해서 다시 같은 곳을 반복해서 가지 않도록 경로를 단축시킨다.
• 다른 사람과 다른 방식으로 일한다 : 다른 사람이 일하는 방식과 다른 방식으로 생각하다 보면, 의외로 창의적인 방법을 발견할 수도 있으며 업무성과도 높일 수 있다.
• 회사와 팀의 업무 지침을 따른다 : 회사와 팀의 업무 지침은 변화하는 환경 속에서 그 일의 전문가들에 의해 확립된 것이므로 기본적으로 지켜야 할 것은 지켜야 한다.
• 역할 모델을 설정한다 : 직장에서 가장 일을 잘한다고 평가받는 사람을 찾아 주의 깊게 살펴보고 그 사람을 참고하도록 노력하면 업무성과를 높일 수 있다.

75

자기관리 단계
1. 비전 및 목표 정립
2. 과제 발견
3. 일정 수립
4. 수행
5. 반성 및 피드백

| 10 | 직업윤리

76

정답 ⑤

- 기율 : 무관심이란 자신의 행위가 비윤리적이라는 것은 알고 있지만, 윤리적인 기준에 따라 행동해야 한다는 것을 중요하게 여기지 않는 것을 의미하므로 옳은 설명이다.
- 지현 : 무절제란 자신의 행위가 잘못이라는 것을 알고 그러한 행위를 하지 않으려고 함에도 불구하고 자신의 통제를 벗어나는 어떤 요인으로 인하여 비윤리적 행위를 저지르는 것이므로 옳은 설명이다.

오답분석
- 지원 : 비윤리적 행위의 주요 원인은 무지, 무관심, 무절제이며, 자유는 비윤리적 행위의 직접적 원인으로 볼 수 없다.
- 창인 : 어떤 사람이 악이라는 사실을 모른 채 선이라고 생각하여 노력하였다면, 이는 무관심이 아닌 무지에서 비롯된 것이다.

77

정답 ③

중요한 일을 맡았으므로 지시한 사항을 한 번 더 확인하고, 메모를 하여 실수하는 일이 없도록 해야 한다.

78

정답 ②

오답분석
① 명함은 두 손으로 건네되, 동시에 주고받을 때에는 부득이하게 한 손으로 건넨다.
③ 모르는 한자가 있을 때 물어보는 것은 실례가 아니다.
④ 명함을 동시에 주고받을 때는 오른손으로 주고 왼손으로 받는다.
⑤ 명함을 내밀 때는 정중하게 인사를 하고 나서 회사명과 이름을 밝히고 두 손으로 건네도록 한다.

79

정답 ⑤

E과장은 아랫사람에게 인사를 먼저 건네며 즐겁게 하루를 시작하는 공경심이 있는 예도를 행하였다.

오답분석
① 비상금을 털어 무리하게 고급 생일선물을 사는 것은 자신이 감당할 수 있는 능력을 벗어나는 것이므로 적절하지 않다.
② 장례를 치르는 문상자리에서 애도할 줄 모르는 것이므로 적절하지 않다.
③ 선행이나 호의를 베풀 때에도 받는 자에게 피해가 되지 않도록 주의해야 하므로 적절하지 않다.
④ 아랫사람의 실수를 너그럽게 관용하는 태도에 부합하지 않으므로 적절하지 않다.

80

정답 ②

바리스타로 일하는 것은 경제적 보상이 있으며, 자발적인 의사에 의한 것으로 볼 수 있고, 장기적으로 계속해서 일하는 점을 볼 때 직업의 사례로 적절하다. ①·③·④는 취미활동과 봉사활동으로, 경제적인 보상이 없으며, ⑤는 강제노동으로, 본인의 자발적인 의사에 위배되었다.

104 · 공기업 고졸채용 통합기본서

배우기만 하고 생각하지 않으면 얻는 것이 없고,
생각만 하고 배우지 않으면 위태롭다.

- 공자 -

우리가 해야 할 일은 끊임없이 호기심을 갖고
새로운 생각을 시험해 보고 새로운 인상을 받는 것이다.

- 월터 페이터 -

공기업 NCS 고졸채용 필기시험 답안카드

성 명

지원 분야

문제지 형별기재란

( )형 Ⓐ Ⓑ

수험번호

	0 1 2 3 4 5 6 7 8 9
	0 1 2 3 4 5 6 7 8 9
	0 1 2 3 4 5 6 7 8 9
	0 1 2 3 4 5 6 7 8 9
	0 1 2 3 4 5 6 7 8 9
	0 1 2 3 4 5 6 7 8 9
	0 1 2 3 4 5 6 7 8 9

감독위원 확인

(인)

번호	① ② ③ ④ ⑤	번호	① ② ③ ④ ⑤	번호	① ② ③ ④ ⑤
1	① ② ③ ④ ⑤	21	① ② ③ ④ ⑤	41	① ② ③ ④ ⑤
2	① ② ③ ④ ⑤	22	① ② ③ ④ ⑤	42	① ② ③ ④ ⑤
3	① ② ③ ④ ⑤	23	① ② ③ ④ ⑤	43	① ② ③ ④ ⑤
4	① ② ③ ④ ⑤	24	① ② ③ ④ ⑤	44	① ② ③ ④ ⑤
5	① ② ③ ④ ⑤	25	① ② ③ ④ ⑤	45	① ② ③ ④ ⑤
6	① ② ③ ④ ⑤	26	① ② ③ ④ ⑤	46	① ② ③ ④ ⑤
7	① ② ③ ④ ⑤	27	① ② ③ ④ ⑤	47	① ② ③ ④ ⑤
8	① ② ③ ④ ⑤	28	① ② ③ ④ ⑤	48	① ② ③ ④ ⑤
9	① ② ③ ④ ⑤	29	① ② ③ ④ ⑤	49	① ② ③ ④ ⑤
10	① ② ③ ④ ⑤	30	① ② ③ ④ ⑤	50	① ② ③ ④ ⑤
11	① ② ③ ④ ⑤	31	① ② ③ ④ ⑤	51	① ② ③ ④ ⑤
12	① ② ③ ④ ⑤	32	① ② ③ ④ ⑤	52	① ② ③ ④ ⑤
13	① ② ③ ④ ⑤	33	① ② ③ ④ ⑤	53	① ② ③ ④ ⑤
14	① ② ③ ④ ⑤	34	① ② ③ ④ ⑤	54	① ② ③ ④ ⑤
15	① ② ③ ④ ⑤	35	① ② ③ ④ ⑤	55	① ② ③ ④ ⑤
16	① ② ③ ④ ⑤	36	① ② ③ ④ ⑤	56	① ② ③ ④ ⑤
17	① ② ③ ④ ⑤	37	① ② ③ ④ ⑤	57	① ② ③ ④ ⑤
18	① ② ③ ④ ⑤	38	① ② ③ ④ ⑤	58	① ② ③ ④ ⑤
19	① ② ③ ④ ⑤	39	① ② ③ ④ ⑤	59	① ② ③ ④ ⑤
20	① ② ③ ④ ⑤	40	① ② ③ ④ ⑤	60	① ② ③ ④ ⑤

※ 본 답안지는 마킹연습용 모의 답안지입니다.

공기업 NCS 고졸채용 필기시험 답안카드

성 명	

지원 분야	

문제지 형별기재란	Ⓐ
( )형	Ⓑ

수 험 번 호	⓪ ① ② ③ ④ ⑤ ⑥ ⑦ ⑧ ⑨
	⓪ ① ② ③ ④ ⑤ ⑥ ⑦ ⑧ ⑨
	⓪ ① ② ③ ④ ⑤ ⑥ ⑦ ⑧ ⑨
	⓪ ① ② ③ ④ ⑤ ⑥ ⑦ ⑧ ⑨
	⓪ ① ② ③ ④ ⑤ ⑥ ⑦ ⑧ ⑨
	⓪ ① ② ③ ④ ⑤ ⑥ ⑦ ⑧ ⑨
	⓪ ① ② ③ ④ ⑤ ⑥ ⑦ ⑧ ⑨

감독위원 확인	(인)

1	① ② ③ ④ ⑤	21	① ② ③ ④ ⑤	41	① ② ③ ④ ⑤
2	① ② ③ ④ ⑤	22	① ② ③ ④ ⑤	42	① ② ③ ④ ⑤
3	① ② ③ ④ ⑤	23	① ② ③ ④ ⑤	43	① ② ③ ④ ⑤
4	① ② ③ ④ ⑤	24	① ② ③ ④ ⑤	44	① ② ③ ④ ⑤
5	① ② ③ ④ ⑤	25	① ② ③ ④ ⑤	45	① ② ③ ④ ⑤
6	① ② ③ ④ ⑤	26	① ② ③ ④ ⑤	46	① ② ③ ④ ⑤
7	① ② ③ ④ ⑤	27	① ② ③ ④ ⑤	47	① ② ③ ④ ⑤
8	① ② ③ ④ ⑤	28	① ② ③ ④ ⑤	48	① ② ③ ④ ⑤
9	① ② ③ ④ ⑤	29	① ② ③ ④ ⑤	49	① ② ③ ④ ⑤
10	① ② ③ ④ ⑤	30	① ② ③ ④ ⑤	50	① ② ③ ④ ⑤
11	① ② ③ ④ ⑤	31	① ② ③ ④ ⑤	51	① ② ③ ④ ⑤
12	① ② ③ ④ ⑤	32	① ② ③ ④ ⑤	52	① ② ③ ④ ⑤
13	① ② ③ ④ ⑤	33	① ② ③ ④ ⑤	53	① ② ③ ④ ⑤
14	① ② ③ ④ ⑤	34	① ② ③ ④ ⑤	54	① ② ③ ④ ⑤
15	① ② ③ ④ ⑤	35	① ② ③ ④ ⑤	55	① ② ③ ④ ⑤
16	① ② ③ ④ ⑤	36	① ② ③ ④ ⑤	56	① ② ③ ④ ⑤
17	① ② ③ ④ ⑤	37	① ② ③ ④ ⑤	57	① ② ③ ④ ⑤
18	① ② ③ ④ ⑤	38	① ② ③ ④ ⑤	58	① ② ③ ④ ⑤
19	① ② ③ ④ ⑤	39	① ② ③ ④ ⑤	59	① ② ③ ④ ⑤
20	① ② ③ ④ ⑤	40	① ② ③ ④ ⑤	60	① ② ③ ④ ⑤

※ 본 답안지는 마킹연습용 모의 답안지입니다.

공기업 NCS 고졸채용 필기시험 답안카드

성 명

지원 분야

문제지 형별기재란

( )형   Ⓐ
       Ⓑ

수 험 번 호

	⓪	①	②	③	④	⑤	⑥	⑦	⑧	⑨
	⓪	①	②	③	④	⑤	⑥	⑦	⑧	⑨
	⓪	①	②	③	④	⑤	⑥	⑦	⑧	⑨
	⓪	①	②	③	④	⑤	⑥	⑦	⑧	⑨
	⓪	①	②	③	④	⑤	⑥	⑦	⑧	⑨
	⓪	①	②	③	④	⑤	⑥	⑦	⑧	⑨
	⓪	①	②	③	④	⑤	⑥	⑦	⑧	⑨

감독위원 확인

㉘

문번						문번						문번						문번					
1	①	②	③	④	⑤	21	①	②	③	④	⑤	41	①	②	③	④	⑤	61	①	②	③	④	⑤
2	①	②	③	④	⑤	22	①	②	③	④	⑤	42	①	②	③	④	⑤	62	①	②	③	④	⑤
3	①	②	③	④	⑤	23	①	②	③	④	⑤	43	①	②	③	④	⑤	63	①	②	③	④	⑤
4	①	②	③	④	⑤	24	①	②	③	④	⑤	44	①	②	③	④	⑤	64	①	②	③	④	⑤
5	①	②	③	④	⑤	25	①	②	③	④	⑤	45	①	②	③	④	⑤	65	①	②	③	④	⑤
6	①	②	③	④	⑤	26	①	②	③	④	⑤	46	①	②	③	④	⑤	66	①	②	③	④	⑤
7	①	②	③	④	⑤	27	①	②	③	④	⑤	47	①	②	③	④	⑤	67	①	②	③	④	⑤
8	①	②	③	④	⑤	28	①	②	③	④	⑤	48	①	②	③	④	⑤	68	①	②	③	④	⑤
9	①	②	③	④	⑤	29	①	②	③	④	⑤	49	①	②	③	④	⑤	69	①	②	③	④	⑤
10	①	②	③	④	⑤	30	①	②	③	④	⑤	50	①	②	③	④	⑤	70	①	②	③	④	⑤
11	①	②	③	④	⑤	31	①	②	③	④	⑤	51	①	②	③	④	⑤	71	①	②	③	④	⑤
12	①	②	③	④	⑤	32	①	②	③	④	⑤	52	①	②	③	④	⑤	72	①	②	③	④	⑤
13	①	②	③	④	⑤	33	①	②	③	④	⑤	53	①	②	③	④	⑤	73	①	②	③	④	⑤
14	①	②	③	④	⑤	34	①	②	③	④	⑤	54	①	②	③	④	⑤	74	①	②	③	④	⑤
15	①	②	③	④	⑤	35	①	②	③	④	⑤	55	①	②	③	④	⑤	75	①	②	③	④	⑤
16	①	②	③	④	⑤	36	①	②	③	④	⑤	56	①	②	③	④	⑤	76	①	②	③	④	⑤
17	①	②	③	④	⑤	37	①	②	③	④	⑤	57	①	②	③	④	⑤	77	①	②	③	④	⑤
18	①	②	③	④	⑤	38	①	②	③	④	⑤	58	①	②	③	④	⑤	78	①	②	③	④	⑤
19	①	②	③	④	⑤	39	①	②	③	④	⑤	59	①	②	③	④	⑤	79	①	②	③	④	⑤
20	①	②	③	④	⑤	40	①	②	③	④	⑤	60	①	②	③	④	⑤	80	①	②	③	④	⑤

※ 본 답안지는 마킹연습용 모의 답안지입니다.

공기업 NCS 고졸채용 필기시험 답안카드

문번	1	2	3	4	5		문번	1	2	3	4	5		문번	1	2	3	4	5		문번	1	2	3	4	5
1	①	②	③	④	⑤		21	①	②	③	④	⑤		41	①	②	③	④	⑤		61	①	②	③	④	⑤
2	①	②	③	④	⑤		22	①	②	③	④	⑤		42	①	②	③	④	⑤		62	①	②	③	④	⑤
3	①	②	③	④	⑤		23	①	②	③	④	⑤		43	①	②	③	④	⑤		63	①	②	③	④	⑤
4	①	②	③	④	⑤		24	①	②	③	④	⑤		44	①	②	③	④	⑤		64	①	②	③	④	⑤
5	①	②	③	④	⑤		25	①	②	③	④	⑤		45	①	②	③	④	⑤		65	①	②	③	④	⑤
6	①	②	③	④	⑤		26	①	②	③	④	⑤		46	①	②	③	④	⑤		66	①	②	③	④	⑤
7	①	②	③	④	⑤		27	①	②	③	④	⑤		47	①	②	③	④	⑤		67	①	②	③	④	⑤
8	①	②	③	④	⑤		28	①	②	③	④	⑤		48	①	②	③	④	⑤		68	①	②	③	④	⑤
9	①	②	③	④	⑤		29	①	②	③	④	⑤		49	①	②	③	④	⑤		69	①	②	③	④	⑤
10	①	②	③	④	⑤		30	①	②	③	④	⑤		50	①	②	③	④	⑤		70	①	②	③	④	⑤
11	①	②	③	④	⑤		31	①	②	③	④	⑤		51	①	②	③	④	⑤		71	①	②	③	④	⑤
12	①	②	③	④	⑤		32	①	②	③	④	⑤		52	①	②	③	④	⑤		72	①	②	③	④	⑤
13	①	②	③	④	⑤		33	①	②	③	④	⑤		53	①	②	③	④	⑤		73	①	②	③	④	⑤
14	①	②	③	④	⑤		34	①	②	③	④	⑤		54	①	②	③	④	⑤		74	①	②	③	④	⑤
15	①	②	③	④	⑤		35	①	②	③	④	⑤		55	①	②	③	④	⑤		75	①	②	③	④	⑤
16	①	②	③	④	⑤		36	①	②	③	④	⑤		56	①	②	③	④	⑤		76	①	②	③	④	⑤
17	①	②	③	④	⑤		37	①	②	③	④	⑤		57	①	②	③	④	⑤		77	①	②	③	④	⑤
18	①	②	③	④	⑤		38	①	②	③	④	⑤		58	①	②	③	④	⑤		78	①	②	③	④	⑤
19	①	②	③	④	⑤		39	①	②	③	④	⑤		59	①	②	③	④	⑤		79	①	②	③	④	⑤
20	①	②	③	④	⑤		40	①	②	③	④	⑤		60	①	②	③	④	⑤		80	①	②	③	④	⑤

성 명

지원분야

문제지 형별기재란

형 (Ⓐ Ⓑ)

수험번호

	⓪	①	②	③	④	⑤	⑥	⑦	⑧	⑨
	⓪	①	②	③	④	⑤	⑥	⑦	⑧	⑨
	⓪	①	②	③	④	⑤	⑥	⑦	⑧	⑨
	⓪	①	②	③	④	⑤	⑥	⑦	⑧	⑨
	⓪	①	②	③	④	⑤	⑥	⑦	⑧	⑨
	⓪	①	②	③	④	⑤	⑥	⑦	⑧	⑨
	⓪	①	②	③	④	⑤	⑥	⑦	⑧	⑨

감독위원 확인

(인)

2025 최신판 시대에듀 공기업 NCS 고졸채용 통합기본서 + 무료NCS특강

개정9판1쇄 발행	2024년 10월 30일 (인쇄 2024년 08월 28일)
초 판 발 행	2015년 07월 20일 (인쇄 2015년 06월 16일)
발 행 인	박영일
책 임 편 집	이해욱
저 자	SDC(Sidae Data Center)
편 집 진 행	김재희 · 강승혜
표지디자인	조혜령
편집디자인	장하늬 · 장성복
발 행 처	(주)시대고시기획
출 판 등 록	제10-1521호
주 소	서울시 마포구 큰우물로 75 [도화동 538 성지 B/D] 9F
전 화	1600-3600
팩 스	02-701-8823
홈 페 이 지	www.sdedu.co.kr
I S B N	979-11-383-7675-4 (13320)
정 가	25,000원

공기업
NCS
고졸채용
통합기본서
직업기초능력 + 면접

기업별 맞춤 학습 "기본서" 시리즈

공기업 취업의 기초부터 심화까지! 합격의 문을 여는 **Hidden Key!**

기업별 시험 직전 마무리 "모의고사" 시리즈

실제 시험과 동일하게 마무리! 합격을 향한 **Last Spurt!**

※도서의 이미지 및 구성은 변동될 수 있습니다.